贾晓斌

中国药科大学二级教授，博士生导师。享受国务院政府特殊津贴专家、江苏省有突出贡献中青年专家、中华中医药学会科技之星、江苏省优秀科技工作者等。曾任国家中医药管理局中药释药系统重点研究室主任、学科带头人。美国华盛顿州立大学、新加坡国立大学高级访问学者，美国休斯敦大学博士后研究员。江苏省中医药领军人才，江苏省"333高层次人才培养工程"培养对象(第二层次)，江苏省"六大人才高峰"高层次人才培养对象，江苏省十三五"科教强卫工程"创新团队带头人。从事中药炮制与特色制药技术的传承与创新、组分结构中药创新基础与研发等研究。主持国家重点研发计划"中医药现代化研究"重点专项、国家自然科学基金重点项目、国家"重大新药创制"科技专项、国家自然科学基金面上项目、"十一五"国家科技支撑计划、国家中医药行业科研专项、古代经典名方制剂研发项目、中药注射剂及大品种再评价再发现再创新课题等50余项。累计发表论文600余篇，SCI源刊100余篇。获得发明专利授权30多项。研究成果获中华中医药学会科学技术奖一等奖、教育部科学技术一等奖等30余项。入选爱思唯尔全球2%顶尖科学家。主编《中药炮制学》等多部教材。

封 亮

中国药科大学教授，博士生导师。美国威斯康星医学院访问学者、江苏省"333高层次人才培养工程"培养对象(第三层次)、江苏省"六大人才高峰"高层次人才培养对象、江苏省青年医学重点人才、江苏省中医药十佳青年之星、江苏省"双创企业博士"等。兼任世界中医药学会联合会中药系统科学与工程专业委员会第二届理事会常务理事、中华中医药学会中药制药工程分会第二届委员会委员等。从事组分结构中药的发现、优化及研发；中药大分子多糖结构与功能等研究。主持国家"重大新药创制"科技专项、国家自然科学基金项目、企业横向课题等20余项，参与国家重点研发计划等20余项。研究成果获得陕西省科技进步奖二等奖，中华中医药学会科学技术奖一等奖，陕西高等学校科学技术奖一等奖，江苏中医药科学技术奖一等奖等10余项。获国家发明专利授权3项，完成新药研发多项。发表学术论文150余篇，SCI期刊80余篇。兼任多本杂志编委，参编教材多部。

中药产业技术概览

贾晓斌 封 亮 主编

科学出版社
北 京

内 容 简 介

作为一门传统学科领域,在中药现代化发展的20余年里,中药产业积极吸收融合现代科学技术,形成了一套适合中药行业的技术体系,引领了行业高速、健康发展,产生了重大的社会效益和经济效益。本书将从中药产业全生产链出发,分别对中药农业、中药工业和中药服务业所涉及的技术及其发展趋势进行概述;同时,从科学性和系统性的角度,展望新技术的发展,以期能够为读者提供一个中药产业技术的全局认识。

本书既可作为广大读者的科普读物,又可作为有兴趣读者的入门书,还可为从事中医药行业的研究人员提供技术参考,也可作为高等院校相关专业的本科生、硕士生及博士生的教学参考书。

图书在版编目(CIP)数据

中药产业技术概览/贾晓斌,封亮主编. —北京:科学出版社,2023.6
ISBN 978-7-03-075558-2

Ⅰ.①中… Ⅱ.①贾… ②封… Ⅲ.①中药材-制药工业-产业发展-研究-中国 Ⅳ.①F426.7

中国国家版本馆 CIP 数据核字(2023)第 085805 号

责任编辑:周 倩 孙 曼/责任校对:谭宏宇
责任印制:黄晓鸣/封面设计:殷 靓

科学出版社 出版
北京东黄城根北街16号
邮政编码:100717
http://www.sciencep.com

南京文脉图文设计制作有限公司排版
广东虎彩云印刷有限公司印刷
科学出版社发行 各地新华书店经销

*

2023年6月第 一 版 开本:(787×1092) 1/16
2024年5月第二次印刷 印张:28 插页:1
字数:660 000
定价:180.00元
(如有印装质量问题,我社负责调换)

《中药产业技术概览》编委会

主　编　贾晓斌　封　亮
副主编　陈志鹏　李志勇　孙冬梅　史亚军　吴志生　许风国
编　委（按姓氏笔画排序）

马维坤	中国药科大学
王　龙	中国药科大学
史亚军	陕西中医药大学
朱毛毛	南京市产品质量监督检验院
	（南京市质量发展与先进技术应用研究院）
许风国	中国药科大学
孙　娥	江苏省中医药研究院
孙冬梅	广东一方制药有限公司
孙宜春	国药集团同济堂（贵州）制药有限公司
李志勇	中国中医科学院中药研究所
杨　冰	中国药科大学
肖衍宇	中国药科大学
吴志生	北京中医药大学
邹俊波	陕西中医药大学
陆　萌	江苏食品药品职业技术学院
陈志鹏	南京中医药大学
封　亮	中国药科大学
赵　菁	济川药业集团有限公司
侯金才	神威药业集团有限公司
贾晓斌	中国药科大学

前言

围绕国家打造"健康中国"战略契机，加快中药现代化建设，实现中药产业的提质增效和转型升级是我国中医药发展的重大机遇。当前我国医药产业生态格局和行业运行规则正在剧变，中药产业正处于转型升级的关键时期，以临床价值、科学价值为核心的科技创新驱动，成为中药产业高质量发展的主要推动力。对接"中国制造2025"国家战略，发展智能制造已经成为中药产业发展的必然趋势。

中医药学是中华文明的瑰宝，凝聚着我国人民和中华民族的博大智慧。中药产业的发展要遵循中医药发展规律，传承精华，守正创新。中药产业包括以中药材种植加工为核心的中药农业、以中药制造为核心的中药工业和以中药医疗和保健品为核心的中药服务业等。大力推动中药产业的人才培养，发展并完善中药产业技术体系，提升中药产业的创新水平，是中医药高质量发展的重要基础。

技术是行业发展的核心动力。《中药产业技术概览》一书从中药产业全生产链出发，对每个环节现有技术及其发展趋势进行概述，同时，从科学性和系统性的角度，展望新技术的发展，以期能够为读者提供一个中药产业技术的全局认识。

本书是在全体编委共同努力下完成的。首先，第一章为中药产业与产业技术发展概述。第二章至第八章分别对中药材规范化生产技术，中药饮片加工炮制技术，民族药产业特色加工技术，中药配方颗粒生产与质控技术，中药制剂再评价再发现再创新技术，中药产品原料生产加工技术，中药产品成型技术与制剂产业化等中药产业的各个生产环节进行介绍。另外，第九章和第十章分别介绍了中药大健康产品产业技术，中药农兽药产品应用技术。第十一章为中药产业升级与智能制造，介绍了智能制造技术对中药产业升级的重要意义。第十二章介绍了中药品质现代分析技术，并在第十三章介绍了中药产品生产全过程质量控制技术。最后，第十四章对中医药现代服务技术进行了概述。

本书编写过程得到编者单位和领导的大力支持，也离不开参编人员在统稿过程的辛勤付出，在此一并表示感谢。本书编写过程还参考了一些文献和书籍，在此也向编写人员和原作者表示诚挚的谢意。

本书涉及学科领域较多，可能存在一些不足之处，希望广大读者指正，以便不断修订完善。

编 者
2023年1月

目 录

第一章　中药产业与产业技术发展概述 ··················· 1
第一节　概述 ································· 1
第二节　中药产业链分类 ························· 2
一、中药产业链上游——中药农业 ················· 2
二、中药产业链中游——中药工业 ················· 3
三、中药产业链下游——中药服务业 ··············· 4
第三节　中医药现代化与大健康产业 ················· 4
一、中医药现代化 ····························· 5
二、中药大健康产业 ··························· 6
第四节　中药产业技术发展概要 ··················· 7
一、中药产业传统技术 ························· 8
二、中药产业现代技术 ························· 8
三、中药产业前沿技术 ························· 9
第五节　中药产业政策与法规 ···················· 11
参考文献 ································· 14

第二章　中药材规范化生产技术 ····················· 16
第一节　概述 ································ 16
一、中药材资源现状 ·························· 16
二、中药材生产质量管理规范 ···················· 17
第二节　药用植物种植技术 ······················ 18
一、种子种苗选育技术 ························ 19
二、选地播种与移栽技术 ······················ 32
三、田间管理技术 ···························· 33
四、现代农业种植技术 ························ 35
第三节　药用动物的养殖技术 ···················· 37
一、引种技术 ································ 37
二、饲养技术 ································ 38
三、现代养殖技术 ···························· 40

第四节　药用矿物的开采技术 ·············· 43
　　　　一、矿物药的资源现状 ·············· 43
　　　　二、矿物药的分类 ·············· 43
　　　　三、矿物药的开采技术 ·············· 44
　　第五节　道地药材的生产技术 ·············· 44
　　　　一、道地药材的形成 ·············· 45
　　　　二、道地药材生产的意义 ·············· 46
　　　　三、道地药材的种植技术 ·············· 46
　　第六节　濒危中药材人工替代技术 ·············· 52
　　　　一、体外培育技术 ·············· 52
　　　　二、人工合成技术 ·············· 55
　　　　三、人工引流技术 ·············· 57
　　第七节　中药材采收与初加工技术 ·············· 57
　　　　一、中药材采收技术 ·············· 58
　　　　二、中药材初加工技术 ·············· 59
　　参考文献 ·············· 60

第三章　中药饮片加工炮制技术 ·············· 63
　　第一节　概述 ·············· 63
　　　　一、中药饮片产业发展 ·············· 63
　　　　二、中药炮制技术发展 ·············· 65
　　　　三、中药炮制理论发展 ·············· 72
　　第二节　饮片加工炮制技术 ·············· 81
　　　　一、净制 ·············· 81
　　　　二、切制 ·············· 83
　　　　三、炮炙 ·············· 88
　　　　四、饮片干燥技术 ·············· 95
　　　　五、炮制技术现代研究 ·············· 98
　　第三节　炮制流派及其技术 ·············· 102
　　　　一、樟帮炮制技术 ·············· 102
　　　　二、建昌帮炮制技术 ·············· 104
　　　　三、京帮炮制技术 ·············· 105
　　　　四、川帮炮制技术 ·············· 107
　　　　五、区域性特色炮制技术 ·············· 107
　　　　六、流派炮制技术的现代研究 ·············· 110
　　第四节　产地加工与炮制一体化技术 ·············· 112
　　　　一、产地加工与炮制一体化简述 ·············· 112

二、产地加工与炮制一体化技术研究进展 ………………………………………… 113
　　三、产地加工与炮制一体化技术体系的构建 ………………………………………… 115
　　四、硫黄熏蒸及其替代技术 ………………………………………… 117
参考文献 ………………………………………… 119

第四章　民族药产业特色加工技术 ………………………………………… 124
第一节　概述 ………………………………………… 124
第二节　藏药特色加工技术 ………………………………………… 125
　　一、去毒法 ………………………………………… 125
　　二、滋补药炮制方法 ………………………………………… 126
　　三、矿物类药物炮制法 ………………………………………… 126
　　四、药液辅料处理煅灰法 ………………………………………… 126
　　五、特殊炮制法 ………………………………………… 127
第三节　蒙药特色加工技术 ………………………………………… 130
　　一、熔制 ………………………………………… 130
　　二、煨制 ………………………………………… 130
　　三、煅淬法 ………………………………………… 131
　　四、酸奶飞法 ………………………………………… 131
　　五、诃子汤减毒法 ………………………………………… 131
　　六、黄油炮制法 ………………………………………… 131
　　七、奶制法 ………………………………………… 132
第四节　维吾尔药特色加工技术 ………………………………………… 132
　　一、取汁法 ………………………………………… 132
　　二、取油法 ………………………………………… 133
　　三、取膏法 ………………………………………… 133
　　四、库西台法 ………………………………………… 133
　　五、木尼孜其·木斯力汤药制作技艺 ………………………………………… 134
第五节　傣药特色加工技术 ………………………………………… 134
　　一、"芬雅"（磨药法） ………………………………………… 134
　　二、"能雅"（蒸药法） ………………………………………… 135
　　三、剌药 ………………………………………… 135
第六节　壮药、瑶药特色加工技术 ………………………………………… 135
　　一、磨制法 ………………………………………… 135
　　二、制霜法 ………………………………………… 135
　　三、药物浸泡法 ………………………………………… 136
　　四、特殊火制技术 ………………………………………… 136
第七节　彝药特色加工技术 ………………………………………… 136

第八节　其他民族药特色加工技术 137
一、苗药特色加工技术 137
二、侗药特色加工技术 137
三、哈萨克药特色加工技术 138
四、土家药特色加工技术 138

参考文献 138

第五章　中药配方颗粒生产与质控技术 141
第一节　概述 141
一、中药配方颗粒发展现状 141
二、中药配方颗粒生产技术概况 143
三、中药配方颗粒质控技术概况 144
第二节　中药配方颗粒生产技术 145
一、常规生产技术 146
二、中药配方颗粒特色生产技术 147
第三节　中药配方颗粒质控技术 150
一、中药产业常规质控技术在配方颗粒中的应用 151
二、中药配方颗粒特色质控技术 155

参考文献 159

第六章　中药制剂再评价再发现再创新技术 162
第一节　概述 162
一、中药上市后再评价、再发现、再创新有助于提升中药产业水平 163
二、中药可持续的再创新需要以再评价为基础 164
三、面临的安全性及临床有效性问题迫切需要实施再评价 164
第二节　中药再评价技术 164
一、基于系统评价/Meta 分析技术明确中药临床定位 165
二、基于临床循证评价的中药有效性再评价技术 166
三、基于真实世界临床研究的中药安全性再评价技术 166
四、药效物质基础再评价技术 168
五、中药制剂工艺再评价技术 171
第三节　中药再发现技术 173
一、以临床精准定位为导向的中药再发现 173
二、物质基础组分结构特征发现技术 174
三、基于系统生物学的中药再发现技术 177
第四节　中药再创新技术 179
一、复方创新中药 179

二、组分结构创新中药 ·· 181
　　三、单分子实体创新中药 ·· 184
参考文献 ··· 189

第七章　中药产品原料生产加工技术 ·· 191
第一节　概述 ·· 191
　　一、以前处理工艺为特征的中药制剂与产品发展 ·· 191
　　二、中药产品原料生产加工技术的发展 ·· 192
第二节　中药原料粉碎技术 ·· 196
　　一、传统粉碎技术 ··· 196
　　二、超微粉碎技术 ··· 197
第三节　中药原料提取技术 ·· 201
　　一、传统提取技术 ··· 201
　　二、超声提取法 ·· 205
　　三、微波辅助提取技术 ·· 206
　　四、酶法提取技术 ··· 208
　　五、超高压提取技术 ··· 210
　　六、超临界流体萃取法 ·· 210
　　七、动态逆流提取技术 ·· 213
第四节　中药溶媒溶质分离技术 ·· 215
　　一、传统浓缩技术 ··· 215
　　二、膜浓缩技术 ·· 218
　　三、冷冻浓缩技术 ··· 219
　　四、离心浓缩技术 ··· 220
　　五、蒸汽机械再压缩技术 ··· 220
第五节　中药精制分离纯化技术 ·· 222
　　一、醇沉法 ··· 222
　　二、絮凝沉淀法 ·· 224
　　三、柱层析分离纯化技术 ··· 225
　　四、膜分离技术 ·· 230
　　五、高速逆流色谱法 ··· 231
　　六、分子蒸馏技术 ··· 233
　　七、分子印迹技术 ··· 234
第六节　中药干燥技术 ·· 235
　　一、传统干燥技术 ··· 235
　　二、真空冷冻干燥技术 ·· 236
　　三、微波干燥技术 ··· 237

　　　　四、喷雾干燥技术 238
　　　　五、流化床干燥技术 239
　　参考文献 240

第八章　中药产品成型技术与制剂产业化 243
　　第一节　概述 243
　　　　一、传统剂型 244
　　　　二、现代剂型 245
　　　　三、高端制剂 247
　　第二节　中药制剂物料性质与表征技术 248
　　　　一、中药制剂物料的分类与特点 248
　　　　二、中药制剂物料性质体系的构建 248
　　　　三、中药制剂物料性质的表征技术 250
　　第三节　中药传统制剂成型技术与现代化 254
　　　　一、传统制丸技术 254
　　　　二、传统制粉技术 255
　　　　三、传统制膏技术 256
　　第四节　中药口服制剂成型技术与产业化 257
　　　　一、固体制剂技术 257
　　　　二、液体制剂技术 261
　　　　三、中药包装技术 264
　　第五节　中药非口服制剂成型技术与产业化 266
　　　　一、中药注射制剂技术 266
　　　　二、中药微针成型技术 268
　　　　三、中药雾化成型技术 269
　　第六节　中药高端制剂成型技术与规模化 270
　　　　一、共晶成型技术 271
　　　　二、微流控技术 272
　　　　三、3D打印技术 273
　　　　四、载体成型技术 274
　　参考文献 275

第九章　中药大健康产品产业技术 276
　　第一节　概述 276
　　第二节　中药保健食品生产技术 277
　　　　一、中药保健食品简介 277
　　　　二、中药保健食品研发理论依据 280

三、中药保健食品研发的选方技术 ………………………………………………… 283
　　　四、中药保健食品加工技术 …………………………………………………………… 284
　　　五、中药保健食品生产技术的应用 …………………………………………………… 292
　第三节　中药日化用品生产技术 ……………………………………………………………… 297
　　　一、中药日化用品简介 ………………………………………………………………… 297
　　　二、中药日化用品生产技术 …………………………………………………………… 298
　第四节　中药化妆品生产技术 ………………………………………………………………… 302
　　　一、中药化妆品简介 …………………………………………………………………… 302
　　　二、中药化妆品生产技术 ……………………………………………………………… 304
　　　三、新型技术在中药化妆品中的应用 ………………………………………………… 308
　第五节　其他大健康产品生产技术 …………………………………………………………… 311
　　　一、艾灸技术 …………………………………………………………………………… 311
　　　二、香囊制备技术 ……………………………………………………………………… 313
　　　三、中药足浴技术 ……………………………………………………………………… 314
　　　四、中药熏香制备技术 ………………………………………………………………… 315
　参考文献 …………………………………………………………………………………………… 316

第十章　中药农兽药产品应用技术 ……………………………………………………… 320
　第一节　概述 …………………………………………………………………………………… 320
　第二节　中药农药应用技术 …………………………………………………………………… 321
　　　一、中药农药报批 ……………………………………………………………………… 321
　　　二、中药农药制备技术 ………………………………………………………………… 322
　　　三、中药农药开发应用技术 …………………………………………………………… 325
　　　四、中药农药施药技术 ………………………………………………………………… 327
　　　五、微生物中药农药增效技术 ………………………………………………………… 331
　第三节　中药肥料应用技术 …………………………………………………………………… 333
　　　一、中药肥料制备技术 ………………………………………………………………… 333
　　　二、中药肥料施肥技术 ………………………………………………………………… 334
　第四节　中兽药应用技术 ……………………………………………………………………… 336
　　　一、中兽药报批及其分类 ……………………………………………………………… 336
　　　二、中兽药制备技术 …………………………………………………………………… 337
　　　三、中兽药开发应用技术 ……………………………………………………………… 340
　　　四、中兽药给药技术 …………………………………………………………………… 340
　第五节　中药饵料应用技术 …………………………………………………………………… 343
　　　一、中药饵料制备技术 ………………………………………………………………… 343
　　　二、中药饵料给药技术 ………………………………………………………………… 344
　参考文献 …………………………………………………………………………………………… 345

第十一章　中药产业升级与智能制造 … 348
第一节　概述 … 348
第二节　中药产业升级的现状与挑战 … 350
一、中药产业升级的现状 … 350
二、中药产业升级的挑战 … 351
第三节　中药产业各环节智能制造的发展趋势 … 353
一、中药智能制造概述 … 353
二、中药饮片产业 … 355
三、中药制剂物料产业 … 357
四、中药制剂产业 … 359
第四节　中药产业智能制造发展的难点与关键技术 … 361
一、中药产业智能制造发展的难点 … 361
二、中药产业智能制造发展的关键技术 … 363
参考文献 … 369

第十二章　中药品质现代分析技术 … 372
第一节　概述 … 372
第二节　真伪鉴别技术 … 373
一、性状鉴别 … 374
二、显微鉴别 … 379
三、分子生物鉴别 … 384
第三节　优劣鉴别技术 … 386
一、道地药材鉴别 … 387
二、化学成分鉴别 … 388
三、生物效应鉴别 … 395
参考文献 … 398

第十三章　中药产品生产全过程质量控制技术 … 400
第一节　概述 … 400
第二节　基于组分结构理论的生产全过程质量控制 … 400
一、以组分结构理论指导的生产全过程质量控制 … 401
二、中药大品种丹参滴注液物质基础组分结构特征与质量控制 … 403
第三节　基于光谱技术的生产全过程在线质量控制 … 405
一、中药生产过程分析技术 … 406
二、近红外光谱技术发展现状与优势 … 407
三、近红外光谱技术在过程质量控制中的应用 … 408
第四节　基于色谱技术的生产全过程离线质量控制 … 409

一、中药色谱指纹图谱技术 ………………………………………………… 410
　　二、色谱技术在中药量效关系研究中的应用 ………………………………… 411
第五节　中药产品全过程质量控制技术展望 …………………………………… 411
　　一、中药质量源于设计 …………………………………………………… 412
　　二、中药 CMC 研究 ……………………………………………………… 412
参考文献 …………………………………………………………………… 414

第十四章　中医药现代服务技术 …………………………………………… 417
第一节　概述 ……………………………………………………………… 417
第二节　中药汤剂煎煮服务技术 ………………………………………………… 418
　　一、智慧药房平台服务技术 ……………………………………………… 418
　　二、中药代煎监管模式服务技术 …………………………………………… 421
第三节　膏方服务技术 …………………………………………………… 422
　　一、科学的膏方管理体系与服务技术 ……………………………………… 423
　　二、膏方包装改良技术 …………………………………………………… 424
第四节　中药配方颗粒服务技术 ………………………………………………… 425
　　一、散装配方颗粒调剂技术 ……………………………………………… 426
　　二、袋装配方颗粒调剂技术 ……………………………………………… 427
第五节　个性化定制服务技术 …………………………………………………… 428
　　一、中药临方制剂技术 …………………………………………………… 428
　　二、中药产业大规模定制服务技术 ………………………………………… 429
参考文献 …………………………………………………………………… 430

第一章 中药产业与产业技术发展概述

第一节 概 述

中医药是我国各民族医药的统称,反映了中华民族对生命、健康和疾病的认识,具有悠久的历史和独特的理论及技术方法。以中医药的原创理论体系和思维为引导,充分运用现代化的科学技术手段发掘中医药的伟大宝库,系统阐述并深入挖掘中医药的科学内涵,利用现代化的技术手段促进中医药资源开发,加快提升中医药服务水平,将中医药的优势转化为推动社会经济向前发展的新动力,从而更好地惠及全人类健康,这是当代中医药人责无旁贷的历史重任[1]。

随着社会经济的发展和科技的进步,人们对健康有了更多的关注和更高的要求。自20世纪80~90年代以来,随着疾病谱发生改变,医学目的和医疗模式发生了重要变革,中医药学也日益受到关注,展现了广阔的发展前景。同时在党中央、国务院的高度重视下,中药产业发展迎来了天时、地利、人和的大好发展机遇。

中药行业产业链包括上游的中药农业,中游的中药工业,以及下游的中药服务业(图1.1)。上游的中药农业主要涉及中药材的种植和采集,该产业为产业链的中下游提供原材料,目前全国各地已建立多个中药材培育基地。中游的中药工业包括中药材的加工与炮制、制剂前物料的制备和中药产品的生产,是产业链中最关键的组成部分。下游的服务业包括中药产品的流通、中药健康服务(如艾灸、灸疗罐、推拿等)及逐渐衍

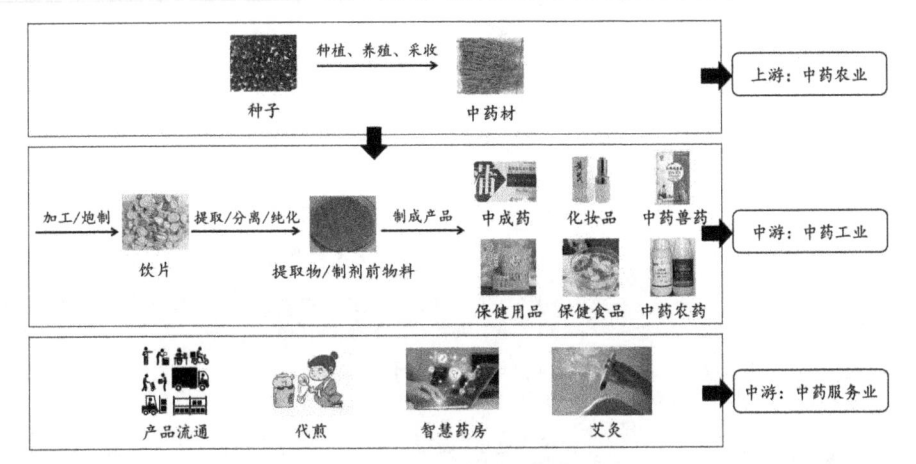

图1.1 中药产业链示意图

彩图1.1

生出的中药代煎、智慧药房等惠民服务。近年来，在现代科学技术飞速发展的背景下，中医药服务技术不断升级，服务质量得到极大改善。

第二节 中药产业链分类

一、中药产业链上游——中药农业

中药农业作为中药行业的上游，为中药饮片、中成药及中药保健品等中药大健康产品的生产提供主要原材料，是整个中药产业链的基础。

与常规农业相比，中药生态农业更加注重中药资源对环境条件的适应能力和顺应性，以及种植过程中对各种自然环境资源的充分利用。不同地区由于环境条件不同，适合该地区的中药生态农业模式也不同。根据不同地区的温度、水分和土壤等环境条件，结合各地区具体道地药材品种，按照区域对中药材生态种植模式进行系统梳理，从而发挥各区域的优势和特色，这对各地中药生态农业的发展和推广具有重要意义[2]。

自1988年以来，结合社会、生态、经济效益等各方面综合考虑，我国已建立了黄芪、人参、丹参、山茱萸、川芎、地黄等多种中药材的中药材生产质量管理规范（GAP）种植基地，并成功地种植和栽培了500多种中药材，提供了中药材市场约70%的商品量。2015年4月发布的《中药材保护和发展规划纲要（2015—2020年）》[2]是自中华人民共和国成立以来首个关于中药材的总体规划。该规划明确了中药开发的指导思想、主要目标、任务和措施，为下一阶段我国的中药材种植业建设指明了方向。

近年来，各地区将中药种植与当地的地理环境、民族传统、种植习惯相结合，形成了具有鲜明特色的药材资源格局，如西药、关药、浙药、川药、广药、北药、怀药等，各道地产区及其代表性药材见表1.1。

表1.1 各道地产区及其代表性药材

道地药材	主产区	代表性药材
关药	山海关以北、东北三省及内蒙古东部	人参、知母、鹿茸、防风、细辛、黄柏、五味子、关木通、刺五加、龙胆
北药	河北、山东、山西及内蒙古中部	决明子、红花、香草子、丹参、白芷、薏苡仁、桔梗、柴胡、香紫苏
西药	西安以西的广大地区（陕、甘、宁、青、新及内蒙古西部）	甘草、当归、大黄、黄芪、党参、枸杞子、冬虫夏草、黄花、麝香、马鹿茸、川贝母、肉苁蓉
怀药	河南	怀山药、怀牛膝、怀地黄、怀菊花
浙药	浙江	杭菊花、浙贝母、白术、杭白芍、玄参、延胡索、麦冬、山茱萸
川药	四川、西藏	川乌、川牛膝、川大黄、银杏、干姜、金钱草、川厚朴、佛手、川木香、天麻、石菖蒲、川白芷、丹参
华南药	长江以南，南岭以北（湘、鄂、苏、赣、皖、闽等）	地黄、白芍、牡丹皮、山药、禹白附、郁金、白术、薄荷、百合、天冬、白芷、广藿香
云贵药	云南、贵州	冬虫夏草、三七、黄连、天麻、杜仲、天冬、吴茱萸、云茯苓、云木香、红景天

续 表

道地药材	主产区	代表性药材
广药	广东、广西、海南及中国台湾	三七、石斛、鸡血藤、藿香、巴戟天、山豆根、肉桂、广金钱草、槟榔、砂仁
藏药	青藏高原地区	冬虫夏草、当归、黄芪、贝母、三七、天麻、灵芝、砂仁、钩藤、牡丹皮、木瓜、重楼、麻黄、黄连、柴胡、党参、乌头

二、中药产业链中游——中药工业

中药产业链中游为中药工业，包括中药材的加工炮制、中药提取物（制剂前物料）的制备及中药产品的生产等。

中药材在应用或制成剂型前进行必要的加工处理，该过程即为药材的炮制过程，又称炮炙、修事、修治等。在炮制前，通常会对中药材进行简单的初加工，例如，以根入药的中药材多带有泥土和其他异物，需要初步清洗干燥；以叶入药的中药材则需要进行挑选，去除茎干。中草药除少数如鲜生地、鲜石斛、鲜芦根等鲜用外，大多数均在产地进行初加工、干燥后备用。

中药炮制是基于中医药理论，以辨证施治为准则，根据用药需要和药物的自身性质，以及调剂、制剂的不同要求所采取的一项制药技术。中药炮制理论自古有之，其方法众多，一般与药效有着密切关系。炮制的主要目的是增加药物疗效，减小毒性或改变药物性味归经，便于保存，使用方便，以适应中医辨证施治及临床用药的要求[3]。表1.2列出了清代前三部炮制专著及其主要特点和贡献。

表1.2　清代前三部炮制专著及其主要特点和贡献

书名	作者	成书年代	载药	主要特点和贡献
《雷公炮炙论》	雷敩	南北朝刘宋时代	约300种	创建炮制新方法，概括炮制的作用；运用辅料炮制药物
《炮炙大法》	缪希雍	明代	439种	总结归纳"雷公炮炙十七法"；提出中药贮藏保管方法
《修事指南》	张仲岩	清代	232种	系统叙述各种炮制方法；进一步深化炮制理论

中药材经净制、切制或炮制等处理得到的中药称为"中药饮片"，饮片在制剂前需进行粉碎、提取、分离、干燥等一系列工艺得到提取物（即制剂前物料），以便于制剂。粉碎、提取、分离、干燥等一系列工艺称为前处理。样品前处理过程可对目标活性成分进行浓缩、富集，以减少其他物质或杂质等带来的影响。样品前处理方法较多，根据中药材所含活性成分的性质选择合适的前处理方法，就能对其进行较为准确的定性及定量分析，为其应用提供更广阔的空间。中药相关产品的研制已成为当今世界创新药物发展的潮流，明确中药产品的主要药理活性成分，并对其进行质量控制成为研发过程中的重要环节，加强对中药样品前处理方面的研究，将有利于推进中医药的发展。

中成药是以中药饮片为原料，为了预防及治疗疾病的需要，在中医药理论指导下，按规定的处方和制剂工艺将其加工制成一定剂型的中药产品，是经国家药品监督管理部门批准的商品化的一类中药制剂。任何中药供临床使用之前都将被制成适合于医疗或预防应用的形式，称为剂型。合适的剂型可发挥药物的最佳疗效，减少毒副作用，以及便于使用、储存和运输。中药的传统剂型为丸、散、膏、丹、酒、露、汤、锭，而随着中医药产业的发展，中药剂型也越来越多样化，已有片剂、胶囊剂、注射剂、滴丸剂、气雾剂等40多种。中药剂型的多样化具有改变药物的作用性质、改变药物的作用速度、降低（或消除）药物的毒副作用、产生靶向作用及影响药物的疗效等重要意义。

随着中药的发展和推广，人们对中药的了解越来越深入，中药产品已不再局限于中成药，其种类及用途越来越丰富并逐渐拓展至更多领域，如中药保健品、中药保健食品、中药化妆品、中药农药、中兽药等。

三、中药产业链下游——中药服务业

2015年国务院印发的《中医药健康服务发展规划（2015—2020年）》中提到：中医药健康服务是运用中医药理念、方法、技术等来维护和增进人民群众身心健康的活动，主要包括中医药养生、保健、医疗及康复服务，涉及健康养老、中医药文化、健康旅游等相关服务。充分发挥中医药的特色和优势，加快发展中医药健康服务，是全面发展中医药事业的必然要求，是促进健康服务业发展的重要任务，对于深化医药卫生体制改革、提升全民健康素质、转变经济发展方式具有重要意义[4]。

中医药健康服务业不再只是卫生资源，也是我国重要的经济、文化、社会和服务贸易资源。从针灸、按摩、足疗等各种养生保健服务到"治未病"中心、养生会馆等各类养生保健机构，以及中药茶、药膳、中药香囊等养生保健产品，促进中医药健康服务业发展不仅可以培育新的经济增长点，有效扩大国内需求，还能通过满足民众物质文化生活需要，改善人民群众的生活；既可以有效提高民众健康素质，又能成为吸纳就业的主要领域；不仅通过提供"非基本"养生保健服务成为基本医疗卫生服务的有效补充，还能有效推进中医药对外服务贸易。

中药产业链的下游产业还包括医药流通等行业。随着医疗流通体制改革步伐的加快，人口老龄化的加剧及在慢性病治疗中对中药产品安全性疗效方面认识的增强，中药市场消费需求活跃，中药商业销售额稳步增长。医药物流、电子商务项目先后建成投入运行并逐渐以连锁经营模式发展，加快了医药流通领域的结构调整和经营方式的现代化进程。医药流通行业的迅速发展，将直接促进中药生产企业的市场开拓及产品销售。但目前，我国的基本医疗保险制度改革、医疗体制改革和药品流通体制改革尚在进行，医药不分家等问题仍制约着药品流通企业的发展。此外，由于东西方文化背景、中西医理论体系的差异，中药在国际市场上尚未形成核心竞争力，国际市场开拓的难度也较大。

第三节　中医药现代化与大健康产业

中医药现代化研究是传承与创新的协同，科技创新能够驱动中医药事业发展方向的成功探索，而科学研究阐释并丰富了中医药理论内涵。事业与产业并重，才能催生出一批先进的方法和关键技术，提高研究水平，拓宽研究领域，推动中药产品提质增效，从而促进中药大健康产业发展。

一、中医药现代化

医药产业是关系国计民生的重要产业，是发展战略性新兴产业的重点领域，中药产业作为医药产业的重要组成部分，独具特色，占有十分显著的优势地位。中药产业集农业、工业、商业、服务业于一体，融传统和现代于一身，具有自主知识产权。在20世纪90年代，中药现代化作为国家发展战略被明确，并得到发展。有关中药现代化的基础研究课题得到全方位、大额度资助，并形成了以科研院校为主体、中药企业积极参与的局面，丰富了中药现代化的理论和学说。

根据国家和政府相关部门陆续出台的行业发展规划、相关政府部门对医药行业的总体导向、协会及企业关注的焦点问题等情况分析，我们总结并预测了中药行业当前及今后一段时间的发展特点和趋势。

（1）行业总体发展趋势将持续向好，医药消费需求增长，市场进一步扩容，医药产业特别是中药产业将继续保持高速增长，发展速度仍将高于GDP增速。中国是仅次于美国的全球第二大制药市场。我国中医药制造市场从2016年的637亿元增至2020年的737亿元，年均复合增长率为3.7%。2021年我国中医药市场规模达4 302亿元，预计2023年其市场规模将进一步增加至4 818亿元[5]。工业和信息化部发布的医药工业"十二五"发展规划中，医药工业总产值年均增长速度为20%，中药产业将保持20%以上的增长速度[6]。

（2）大企业、大品种、大品牌将越来越受到政策支持和市场追捧。大企业是国家政策导向和企业实力不断增强后继续发展的必然需求，国家通过政策扶优扶强，通过提高产品标准和良好生产规范（GMP）认证等多种途径淘汰落后产能，提高产业集中度。通过兼并重组造就一批大型医药企业集团。同时，国家大力扶持大品种开发，国家发展改革委、科学技术部也已经陆续启动中药大品种扶持项目。竞争格局也开始转变，由产品竞争转为技术、标准、管理、人才竞争，由单个企业之间的竞争上升为集团化竞争，国内竞争扩展到全球化竞争。

（3）实力强、品牌优的企业将实施多元化发展战略，业务板块逐步向大健康产业扩展。随着产业规模的不断扩大，企业实力的不断增强，一些大企业集团利用自身品牌优势，实施多元化发展战略。由单纯药品经营向高端的预防、保健、康复等方向进行产品和品牌延伸，并建立起大健康产业链，正逐渐成为中药企业现阶段的一种发展趋势。例如，同仁堂已经确立了在集团整体框架下发展现代制药业、零售商业和医疗服务三大板块的战略发展目标；天士力着力打造"大健康产业"，涵盖现代中药、生物药、化学药和特色医疗、功能饮品、生活健康、营养保健、健康酒业等领域；济川药业、云南白药、广药集团、修正药业、康美药业和河南宛西等企业也都纷纷涉足大健康产业，并且取得了显著成绩。这种趋势恰好与世界卫生组织倡导的健康理念及国家中医药管理局发布的《"十四五"中医药发展规划》中的指导原则相契合，坚持转变发展方式，突出特色与优势。从单一的疾病治疗模式，转变为既重视疾病治疗，又重视预防保健、养生康复并融合一体的综合防治模式。

（4）中药饮片产业一枝独秀，发展势头迅猛，增速远远高于医药行业平均水平。中药饮片是体现中医理论的精髓部分。我国自2009年9月21日起施行《国家基本药物目录》，2018年9月进行调整，调整后的2018年版《国家基本药物目录》总品种由原来的520种增至685种，包括西药417种、中成药268种[7]。此外，2020年版《中华人民共和国药典》颁布标准的中药饮片也有616种，因此大多数常用中药饮片都可以作为基本药物享受到相关优惠政策，促进了饮片在临床上的广泛使用，推动了饮片产业的快速发展。

（5）中药资源的保护、合理利用及中药材生产技术受到越来越多的关注和重视，中药材集约化、规范化、规模化种植基地建设的步伐也在加快，道地药材及GAP认证不断强化，使得整个中药材行业正高速发展。

中药材是中医药事业和中药产业发展的基础。目前部分中药材供需矛盾仍很突出，资源紧缺状况未得到根本改变，中药材质量参差不齐，中药材生产的规范化、集约化、产业化程度普遍较低，流通模式较为落后，导致中药材价格经常出现异常波动。从2009年上半年开始，中药材价格出现多轮暴涨，中药企业的生产成本不同程度增加，生产经营活动遇到了很大困难，直接影响了人民群众用药需求的满足。中药产业的健康可持续发展，亟须稳定的源头保障，因此推动中药材产业良性有序发展至关重要。值得欣慰的是，行业内产学研各界及相关政府部门正在积极推动相关政策措施的落实，积极推动中药材资源保护、种植、生产、加工、商业流通等环节的健康发展。工业和信息化部自"十二五"把中药材生产技术和支持企业中药材生产基地建设列为现代中药产品和技术发展重点以来，加大了对中药材种植基地的扶持力度，每年投入资金亿元以上。国家中医药管理局"十一五"期间提出道地药材规范化种植与基地建设项目[8]。源头抓起，提升药品质量是国家药品监督管理局近年来的主要政策导向之一，稳定原料来源，保证药品质量。

（6）产业发展受成本上升和药品降价政策双重挤压，药品质量安全风险加剧。为了加强对中药产业的监管，促进中药企业的合理化布局，我国近年来不断颁布一些法律规定，对中药栽培和生产条件、中成药审批程序，以及执业药师的配备都作出了明确的规定。

（7）中药现代化科技产业基地建设是推进现代中药产业发展的一项重要举措。在推进两个基地建设的过程中，一批从事数理科学、生命科学、信息科学等领域的专家，已开始投身于解决中药现代化发展的科学问题中。一大批中药企业联合科研院所和高等院校围绕着中药新药的开发、中成药品种的二次开发、中药生产关键技术研发、中药质量标准研究等建立技术联盟，互相之间紧密结合，取得了良好的成效，大力推进产学研结合，已成为加快中药产业现代化发展的必由之路。

二、中药大健康产业

大健康产业是具有巨大市场潜力的新兴产业，包括医疗产品、保健用品、营养食品、医疗器械、保健器具、休闲健身、健康管理、健康咨询等多个与人类健康紧密相关的生产和服务领域。21世纪健康产业已经成为全球热点，健康产业也将成为继IT互联网产业之后的全球财富集中产业。

随着推进健康中国建设战略的深入实施，各地相继出台多项举措助力大健康产业发展，并将发展大健康产业作为促进当地经济结构转型升级、推进供给侧结构性改革的着力点，以及新的经济增长点。同时，随着我国居民收入水平的不断提高，消费结构升级的不断加快，人们对生活质量要求的日益提高，健康产业迎来了前所未有的机遇和广阔的发展前景。

（一）大健康产业的发展特点

1. 服务链长　大健康产业是一条很长的产业链，我国健康产业已经形成了营养食品、保健食品、保健服务、保健用品、医药产业等成熟的产业体系。

2. 产业规模大　我国大健康产业已成为拉动国民经济的强大动力。

3. 增长速度快　2019年我国大健康产业规模达到8.78万亿元；据前瞻产业研究院发布的《中国大健康产业战略规划和企业战略咨询报告》数据显示，预计在2019~2023年，我国大健康产业规模年均复合增长率约为12.55%，在2023年将达到14.09万亿元。

4. 市场前景广　随着人民健康意识的增强，全国城市人口老龄化和城镇化的加速，健康需求剧增，未来市场前景将会非常广阔。

（二）大健康产业的发展趋势

1. 利好政策或将出台　人口老龄化、政策驱动、行业技术积累及人们追求健康的需求是推动我国大健康产业大发展的关键因素。在产业结构调整成为主流趋势的情况下，国家出台利好政策鼓励大健康产业发展的可能性非常大。

2. 中医药大健康比重持续增大　中医是中国五千年文明的智慧结晶，持续不断地推动着我国医药健康事业的发展。党和政府历来高度重视中医技术文化的传承和发展，明确提出要振兴传统中医药事业，并作出了全面的战略部署。

3. 全球医疗旅游产业方兴未艾　近年来，随着交通越来越便捷、互联网越来越发达，有更多的人不远万里到医疗旅游目的地求医问药。

4. 制药企业进军大健康领域　大健康市场的蓝海吸引制药企业跨界发展。近年来不少制药企业进军大健康领域，多涉及保健食品、功能性饮料或美容化妆品行业。

（三）中国营养保健品行业日渐成熟

随着社会经济的快速发展，注重健康已经成为当今人们的共识，健康即是财富，拥有健康也就是拥有了未来。大健康已被纳入国家战略，国家在"十三五"规划中特别强调健康美丽新中国，在国民从温饱向健康消费迈进的进程中，保健的意识变得强烈，由此也催生了保健品消费的大市场。

第四节　中药产业技术发展概要

新中国成立70多年来，我国中药产业已基本形成以科技创新为动力、中药农业为基础、中药工业为主体、中药装备工业为支撑、中药商业为枢纽的新兴产业体系，发展模式从粗放型向质量效益型转变，产业技术标准化和规范化水平明显提高，涌现出了一批具有市场竞争力的企业和产品[9]。中药产业是我国最重要的民族产业之一，随着改革开放的不断深入，特别是中药现代化战略的实施，中药产业技术不断发展，在技术创新与药品创新等方面都有了长足的进步。中药生产摆脱了过去作坊式的生产方式，通过加强引进和采用国内外先进工艺及成套装备，我国中药制造装备水平得到了大幅提升，促进了传统中药产业的技术升级，逐步实现了中药制造机械化和自动化，并逐渐向智能化迈进。

一、中药产业传统技术

当前我国医疗市场对于中药材的需求量逐年增大，这使得各地区都在积极开展适宜的中药材种植。不同中药材的生长对于温度、湿度、光照及水分等条件都有不同的要求，同时其生长环境也会直接影响产品的产出质量。传统中药种植作业从选种育种、田间管理到病虫害防治与采收均需要耗费大量的人力资源，种植和耕作过程需要耗费大量精力，缺乏种植经验也成为很多人想进入中药种植领域但是又不敢贸然行动的重要原因，当前农村劳动力的年龄结构逐渐老龄化，在精力与体力上都体现出诸多局限，导致中药种植行业一直不温不火，同时市场领域的中药产品质量也参差不齐，为促进中药种植行业的可持续发展，急需新型种植技术的引入，改变传统种植和作业模式存在的诸多弊端。

"炮制虽繁，必不敢省人工；品位虽贵，必不敢减物力"。中药饮片的加工炮制是中药临床使用或制剂前的一项非常有实用价值的传统技术，其主要目的是增效减毒。炮制技术主要包括净制加工、水制、火制、水火共制、其他制法（如润、切、蒸、煮、炒、焙、炮、煅、浸、飞等）。有较高知名度的"六大蒸药"，包括九蒸九晒熟地黄、黄精、何首乌、槐角、山茱萸、五味子的炮制技术将传统炮制方法体现得淋漓尽致。严格按照工艺要求，根据中药特性合理筛选炮制工具，能极大程度地保存药效。然而传统的炮制器具在操作时难免会因操作者的熟练程度及操作经验不同而导致炮制得到的中药饮片质量不一。

中医传统制剂是在中国传统药理论指导下，以中药为原料，加工制成具有一定规格且可直接用于防病、治病的药品。最具代表性的传统剂型有汤剂和丸散膏丹。在东汉时期对制药理论和制备法则已有认识，指出"药性有宜丸者，宜散者，宜水煎者，宜酒渍者，亦有一物兼宜者，亦有不可入汤酒者，并随药性，不得违越"，强调要根据药性选择剂型。千百年来，关于中医传统制剂历代医家在医疗实践中积累了丰富的经验，形成了独特的制剂技术，是中国传统医学宝库中的重要组成部分。

二、中药产业现代技术

随着科学技术的不断发展进步，传统工业、农业、制造业等都在逐步实现机械化和自动化，中药产业也紧跟时代脚步，已有部分环节实现了机械化和自动化，如中药材种植中大棚种植、机械化播种与采收等。除了机械化与自动化，规范化也是中药产业现代技术的核心。GAP是对药材种植生产全过程包括品种、环境、栽培方法、施肥、田间管理、采收加工、储藏运输等的控制标准和程序规范，目的是使原料集中，保证质量的均一性和稳定性。随着我国中药现代化进程的加快，特别是近十年来，我国中药产业的面貌发生了巨大变化，人工种植药材达到200余种，已建立了20个国家中药现代化科技产业基地，400多个中药材规范化种植基地，种植面积达2 000余万亩。随着GAP的发布，中药材种植产业正在向着规模化、规范化、现代化和国际化方向健康发展。

随着中药产业对炮制过程越来越重视,不仅促进了中药炮制生产设备的全自动化,还产生了新的炮制工艺,同时研制了中药炮制在线过程质量控制设备,实现了中药炮制的产地加工炮制一体化。在中药炮制技术领域,由于全国各地药材的自然资源、用药习惯、生活习俗、文化传统和方言语音的不同,各地的炮制加工各具鲜明的特色,从而形成了不同的炮制技术帮派。根据区域位置的不同,全国主流的炮制流派大致可以归纳为4个,即江西的樟帮、建昌帮,北京的京帮及四川的川帮。此外,贾天柱[10]提出通过"四新八化"的实施全方位提高饮片行业的水平,推进饮片产业智能化,从而促进中药现代化发展。其中药炮制"四新八化"理论主要为新工艺、新辅料、新设备、新理论,来源基地化、工艺规范化、标准国际化、原理清晰化、辅料多样化、规格一致化、产用智能化、流通网络化。

中药制剂前处理工艺技术包括粉碎技术、浸提技术、分离纯化技术及浓缩干燥技术。中药材粉碎能够增加药物的表面积,促进药物溶解,有利于制备各种药物剂型,便于调配、服用和发挥药效,便于新鲜药材的干燥和储存。从传统的药碾子到现如今层出不穷的粉碎工具都说明了中药粉碎的重要性。传统中药粉碎技术有干法粉碎,也称常规粉碎,指中药经过适当干燥处理后再进行粉碎。不同的药材适用不同的方法,如研磨水飞法适用于某些不溶于水的矿物药及剧毒药。

中药制药最核心内容便是对中药有效成分的提取和分离。无论提取技术如何发展,最主要的目的都是追求更加完整地提取中药中的有效成分。中药最传统的提取方法是煎煮法,然而中药品种繁多,药性各不相同,其提取方法也不能一概而论。为了尽可能多地提取出中药中的药效成分,从常用的浸渍法、煎煮法、加热回流法、超声提取法等到现在的超临界流体萃取技术、半仿生提取法、降膜式填料真空蒸馏提取法、分子蒸馏、絮凝分离和色谱分离及膜分离方法等,越来越多的提取分离方法应运而生,大大节省了提取分离过程损耗的时间和能源,更加高效的同时也更加智能环保。

随着医疗技术的不断提高,传统的中药制剂方法已无法满足中药现代化的发展需求,而加强新型药物制剂技术革新,以及与传统中药制剂技术的有效结合,已成为广大中医药产业需面临的关键难题。传统剂型中除汤剂仍然是中医临床首选剂型外,丸、散、膏仍被广泛使用。而在高新技术产业发达的现代,中药新剂型、新工艺、新技术不断涌现,如中药软胶囊、气雾剂、中药滴丸、缓释与控释制剂、中药脂质体等丰富了中药制剂的剂型,且不断涌现的新剂型也促进了中药制剂技术的不断发展。

三、中药产业前沿技术

近年来,我国中医药产业发展迅速,中药制造工业产值已接近万亿元规模。中医药不仅是国粹,也是我国具有独特优势的特色产业。中药复方制剂是中医药的特色和优势。相比化学药物原料药,中药复方制剂的药味成分复杂多样,服用剂量大、制剂规格大,药用辅料占比高,物料吸湿性大、黏性强,使得传统中药制剂生产中常常出现"产品质量低、生产效率低、生产能耗高"等一系列问题。如何达到中药大规格制剂的优质高效生产的同时又实现低耗能的绿色制造,是中药制剂制造业面临的一个难题。然而,单一从改进工艺、技术、装备的角度,或者依靠简单引进"洋"技术与设备都难以从根本上解决上述问题,要解决上述问题必须走自主创新之路,研发具有自主知识产权的核心技术和装备。

"融合人工智能、大数据、'互联网+'等先进技术，提高中药智能制造水平，是实现中药行业高质量发展的必经之路"。2015年发布的《中国制造2025》[11]中提出，"支持政产学研用联合攻关，开发智能产品和自主可控的智能装置并实现产业化。依托优势企业，紧扣关键工序智能化、关键岗位机器人替代、生产过程智能优化控制、供应链优化，建设重点领域智能工厂/数字化车间"；2016年2月，国务院印发的《中医药发展战略规划纲要（2016—2030年）》明确提出，要"推进中药工业数字化、网络化、智能化建设，加强技术集成和工艺创新，提升中药装备制造水平"[12]；2016年11月，工业和信息化部发布《医药工业发展规划指南》，为医药工业走向智能制造制定了目标："到2020年，医药生产过程自动化、信息化水平显著提升，大型企业关键工艺过程基本实现自动化，制造执行系统使用率达到30%以上，建成一批智能制造示范车间[13]"；2018年《政府工作报告》指出，"实施'中国制造2025'，推进工业强基、智能制造、绿色制造等重大工程，先进制造业加快发展"[14]。多项政策的颁布为我们指明了中药产业发展的道路：现阶段中药产业发展，需跟紧时代的步伐，将各种智能化技术应用于中药产业各方各面，以技术链创新为突破口，从根本上推动中药制剂"多、快、高、精"的发展，实现中药制剂制造技术的重大突破，提高中药的质量。

中药制造过程大多比较粗放，中药产业技术智能化将进一步改善中药产业的柔性化和自动化水准，生产过程中通过智能化的系统来识别判断生产过程药品的质量变化，反馈给相应的工艺或设备控制点，从而保证生产过程的全程可控，并显著减少药品制造过程的人力、物力和能源消耗，提高制药行业的整体水平。

随着对药品质量要求的越来越严，对制药过程人为的差错、交叉污染等的控制要求也越来越高。制药设备的选择与药品的质量息息相关，通过对制药设备和制药工艺的有效融合，集成一条智能化的制药生产线，集信息采集、在线检测、数据反馈为一体，实现制药过程自动化、智能化。康缘药业的热毒宁注射液的中药数字化智能化提取精制生产线就是一个示范：康缘药业通过与浙江大学合作，搭建了与生产过程控制、生产管理系统互通集成的实时通信与数据平台，实现了工业化与信息化的高度融合。

高度智能化的生产车间会逐步使用机器人来代替人工作业，促进生产过程的自动化与机械化，以此来降低生产成本、节约能耗、优化资源配置。例如，江中药业股份有限公司的中药保健品智能制造示范车间，这是目前国内最大的全自动化、智能化机器人应用的智能制造联体制剂车间。生产车间实现全智能化、现代化、无人化的生产和操作，工厂里只有机械手和无人驾驶小车。随着中国制造低成本优势不再，提高制药过程生产自动化水平成了企业发展的关键，实现从"制造"向"智造"转变。

未来的中药制造过程将实现智慧生产模式，集成信息化与智能化等关键技术和装备，结合先进的制造模式、制造系统和组织管理方式，促进未来制药过程的网络化、智能化、精密化、快速化和柔性化。智能信息收集与反馈将彻底改变制药企业的生产方式、管理方式和设计方式。如天士力制药集团针对中药产业在生产工艺、制造装备、在线控制等方面的技术瓶颈，创新整合各项先进制造技术，成功建设了符合美国食品药品监督管理局（FDA）和新版GMP要求的以"数字化、智能化、集成式"为特征的中药智能车间技术体系。

此外，中药产业智能化离不开实时在线检测与分析技术的应用。如康美药业"中药饮片智能制造试点示范"建设项目，通过于100种常用中药饮片的炮制过程中融入近红外光谱在线监测系统，建立了中药饮片炮制质量溯源体系，基本实现了生产过程中质量的监管和在线监测及全过程质量溯源，打造了新一代的中药饮片领域智能生产线，达到生产规模化、工艺规范化、质量标准化、检测手段现代化的效果。该示范为我国中医药行业的信息化应用提供了"两化"融合的范本，带动了中药产业的发展，加快了中药现代化、国际化的进程。

第五节　中药产业政策与法规

我国医药产业持续增长，已发展成为世界制药大国。中国医药产业的国际地位快速提升，市场占有率进一步扩大，并促使全球制药产业的重心向亚洲转移，中国、印度有望成为亚洲乃至世界的制药中心。然而，我国医药产业发展仍存在问题：

（1）整体上创新能力弱，自主创新产品少，国际市场竞争弱。我国人口占全世界的22%，但医药产业产值约占全球的7%，95%以上的化药是仿制药，难以承受国际竞争的强烈冲击。

（2）规范化、标准化程度低，中药新药难以进入国际医药主流市场。

（3）企业规模小，产品仍处于低水平重复状态，药物创新研究投入不足，创新人才队伍建设力度不够。科技重大专项"重大新药创制"是保障我国人民健康，维护国家经济安全和社会稳定的迫切要求，是促进我国医药产业实现跨越发展、建设医药强国的重大战略举措。

为提高整体创新力，增强国际市场竞争力，十一届全国人大常委会副委员长、中国工程院院士桑国卫曾提出：我国医药体系创新面临三大目标，即基本满足我国人民日益增长的健康和医疗需求；构筑国家药物创新技术体系、培养高水平专业人才队伍，为创新药物研究开发提供技术支撑；探索并建立符合我国国情、行之有效的创新药物研制的新模式和新机制[15]。随后，国家对中医药行业重视程度加深，并出台一系列支持政策与法规（表1.3），中医药行业受益于政策利好，产业规模不断增长。图1.2为中医药现代化二十年进程中对中医药产业现代化具有重要意义的事件。

表1.3　行业相关法规及政策

序号	法规政策	颁布部门	颁布时间	相关内容
1	《中药材生产质量管理规范（试行）》（已失效）	国家药品监督管理局	2002年4月	中药材生产和质量管理的基本准则，规范中药材生产企业生产中药材的全过程
2	《中华人民共和国中医药条例》（已失效）	国务院	2003年4月	规范境内从事中医医疗、预防、保健、康复服务和中医药教育、科研、对外交流及中医药事业管理活动
3	《国务院关于扶持和促进中医药事业发展的若干意见》	国务院	2009年5月	提升中药产业发展水平，促进中药资源可持续利用，促进民族医药产业发展

续 表

序号	法规政策	颁布部门	颁布时间	相关内容
4	《中药材保护和发展规划（2015—2020年）》	国家食品药品监督管理总局等12部委	2015年4月	规划到2020年，中药材现代生产流通体系初步建成，中药材保护和发展水平显著提高
5	《中医药发展战略规划纲要（2016—2030年）》	国务院	2016年2月	规划到2030年，中医药科技水平显著提高；中医药工业智能化水平迈上新台阶
6	《中医药健康服务发展规划（2015—2020年）》	国务院	2015年4月	规划到2020年，基本建立中医药健康服务体系，中医药健康服务成为推动经济社会转型发展的重要力量
7	《中华人民共和国中医药法》	全国人大常委会	2016年12月	明确中医药事业的重要地位和发展方针，加大对中医药事业的扶持力度
8	《关于做好医疗机构应用传统工艺配制中药制剂备案有关事宜的通知》	国家食品药品监督管理总局	2018年3月	抓紧完成传统中药制剂备案信息平台建设，加强对备案品种事中、事后监督；统筹做好传统中药制剂品种的审批与备案的衔接[16]
9	《国家药品监督管理局关于发布古代经典名方中药复方制剂简化注册审批管理规定的公告》	国家药品监督管理局	2018年5月	对来源于国家公布目录中的古代经典名方且无上市品种的中药复方制剂申请上市，实施简化审批；提交"经典名方物质基准"有关的申报资料[17]
10	《国家药品监督管理局关于发布古代经典名方中药复方制剂简化注册审批管理规定的公告》	国家药品监督管理局	2018年6月	科学规范中药分类管理和经典名方的研发注册申请路线，加大对传统中药经典的传承支持力度
11	《中药材生产质量管理规范》	国家食品药品监督管理总局	2022年3月	明确影响中药材质量的关键环节，开展质量风险评估，制定有效的生产管理与质量控制、预防措施；鼓励企业运用现代技术进行质量管控；制定符合生产实际的中药材生产技术规程。企业负责人应当对中药材质量负责[18]
12	《关于加强中医药健康服务科技创新的指导意见》	国家中医药管理局、科技部	2018年7月	促进中药资源综合开发利用及新药研发；创新发展中医药健康养生产品；提升服务信息化智能化水平[19]
13	《关于打赢脱贫攻坚战三年行动的指导意见》	中共中央、国务院	2018年6月	实施中药材产业扶贫行动计划，鼓励中药材企业到贫困地区建设中药材基地[20]
14	《全国道地药材生产基地建设规划（2018—2025年）》	农业农村部、国家药品监督管理局、国家中医药管理局	2018年12月	到2020年建立道地药材标准化生产体系，到2025年健全道地药材资源保护与监测体系[21]
15	《关于开展中医药服务出口基地建设工作的通知》	商务部、国家中医药管理局	2019年3月	到2025年，中医药服务出口基地全国布局基本完成。促进中医药服务出口的政策体系和监管规则初步形成，形成一批中医药服务世界知名品牌；中医药服务出口基地示范带动效应彰显，发展经验逐步推广至全国[22]
16	《中共中央 国务院关于促进中医药传承创新发展的意见》	中共中央、国务院	2019年10月	一、健全中医药服务体系；二、发挥中医药在维护和促进人民健康中的独特作用；三、大力推动中药质量提升和产业高质量发展；四、加强中医药人才队伍建设；五、促进中医药传承与开放创新发展；六、改革完善中医药管理体制机制[23]

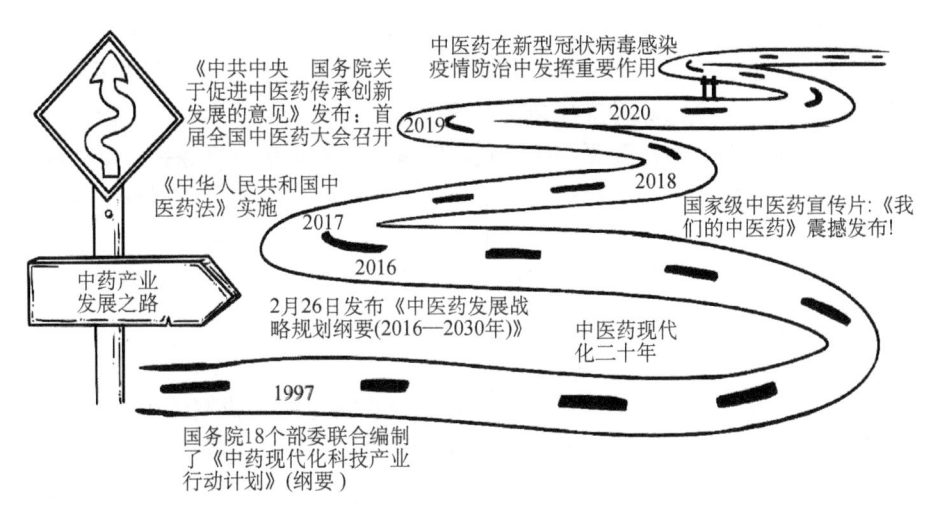

图1.2 中药产业发展之路

1993年，成立了由国务院18个部委组成的国家新药研究领导小组及专家委员会，提出了"1035"工程，主持具有自主知识产权的创新药物研究和少数中药复方制剂的二次开发。

1998年，科技部又明确提出了"中药现代化发展战略"，建议国家将"中药现代化科技产业行动计划"列为国家"九五"科技项目的重中之重加以实施。

1999年3月，科技部又提出了"中药现代化研究与产业化开发"实施方案。同年12月，启动了国家重点基础规划项目（"973计划"）——方剂关键科学问题的基础研究，为中药产业的发展提供了理论支持。

2000年后，政府有更多的部委参与到推动中药现代化的进程之中，推动的重心已由以资金支持为主转变为以政策引导为主，支持重点已由理论研究、开发研究转变为推进中药新产品、新工艺、新技术的工业化和产业化，并逐步形成以企业为主体，科研机构积极参与的格局。

2002年10月，相关部门制定了《中药现代化发展纲要》[24]，将中药现代化课题列入"十五"重点计划和2015年发展规划，提出了加大对中药工业现代化、中药材质量规范化、传统名优中成药现代化等关键技术的支持力度，力争实现中药产品立足国内，走向世界的奋斗目标。

自《中药现代化发展纲要（2002年至2010年）》颁布以后，据14个省份统计，2002~2004年，共组建中药筛选、安全评价和临床研究中心77个，各类重点实验室（研究室）21个、工程中心15个，中药产业科技水平有了很大提高。从实施中药现代化以来，中药产业以高出其他行业10个百分点的速度发展，成为高速发展的朝阳产业。

2007年1月科学技术部、卫生部、国家中医药管理局、国家食品药品监督管理局、教育部、中国科学院、中国工程院、国家自然科学基金委员会等16个部门联合制定了《中医药创新发展规划纲要（2006—2020年）》[25]，以推动"中医药传承与创新发展"为重点任务，为了满足国家经济社会发展和人民健康的需求，建设小康社会，实现中华民族的伟大复兴，进一步加快中医药现代化和国际化进程。

2016年2月26日，国务院发布了《中医药发展战略规划纲要（2016—2030

年)》[12]，提出到2020年，中医药产业现代化水平显著提高，中药工业总产值占医药工业总产值30%以上，中医药产业成为国民经济重要支柱之一。到2030年，中医药工业智能化水平迈上新台阶，对经济社会发展的贡献进一步增强。同时，要求加强中药资源保护利用，实施野生中药材资源保护工程，完善中药材资源分级保护、野生中药材物种分级保护制度，建立濒危野生药用动植物保护区、野生中药材资源培育基地和濒危稀缺中药材种植养殖基地，加强珍稀濒危野生药用动植物保护、繁育研究。

2016年12月25日，为继承和弘扬中医药，保障和促进中医药事业发展，保护人民健康，在十二届全国人大常委会第二十五次会议通过了《中华人民共和国中医药法》[26]，自2017年7月1日起施行。

2018年8月6日，国家中医药管理局发布中医药宣传片《我们的中医药》，片中回顾了中医药发展历程并详细介绍了当前中医药发展情况与取得的成果。

2019年，中医药行业扶持力度有增无减，特别是中华人民共和国成立以来第一次以国务院名义召开全国中医药大会，发布《中共中央 国务院关于促进中医药传承创新发展的意见》[23]，政策红利不断加码。2019年10月25日，全国中医药大会在北京召开。习近平强调"要遵循中医药发展规律，传承精华，守正创新，加快推进中医药现代化、产业化，坚持中西医并重，推动中医药和西医药相互补充、协调发展，推动中医药事业和产业高质量发展，推动中医药走向世界，充分发挥中医药防病治病的独特优势和作用，为建设健康中国、实现中华民族伟大复兴的中国梦贡献力量"[27]。在2020年的新型冠状病毒感染疫情中，我们用实践证明了中医药对新型冠状病毒感染确实有疗效，并在新型冠状病毒感染疫情中发挥了独特作用。在2021新年伊始，国务院发布了《关于加快中医药特色发展的若干政策措施》，提出要夯实中医药人才基础，提高中药产业发展活力，增强中医药发展动力，完善中西医结合制度等要求。近年来，立足中西医并重的发展理念，我国中医药服务体系日益完善，全国绝大部分的基层医疗能够提供中医药诊疗服务。随着社会经济的发展、居民生活的提升、健康意识的增强及利好政策的出台，市场对中医药的需求不断增加，从而推动产业的发展。

（贾晓斌　陈雅萍　毛玉芝）

参考文献

[1] 张伯礼,陈传宏.中药现代化二十年(1996—2015)[M].上海:上海科学技术出版社,2016.

[2] 工业和信息化部,国家中医药管理局,发展改革委,等.中药材保护和发展规划(2015—2020年)[Z].2015.4.14.

[3] 孙娥,徐凤娟,张振海,等.中药炮制机制研究进展及研究思路探讨[J].中国中药杂志,2014,39(3):363-369.

[4] 国务院.中医药健康服务发展规划(2015—2020年)[Z].2015.5.7.

[5] 中商情报网.2023年中国生物医药行业市场规模及细分市场规模预测分析[EB/OL].https://www.163.com/dy/article/HO5IOTAR0514810F.html.

[6] 工业和信息化部.医药工业"十二五"发展规划[Z].2012.1.19.

[7] 国家卫生健康委员会,国家中医药管理局.关于印发国家基本药物目录(2018年版)的通知[Z].

2018.9.30.
[8] 国家中医药管理局.中医药事业发展"十一五"规划[Z].2006.8.1.
[9] 国家中医药管理局.【壮丽70年中医药发展成就巡礼·产业篇】中药现代化助力产业跨越式发展[EB/OL].http://www.satcm.gov.cn/xinxifabu/shizhengyaowen/2019-09-20/11034.html,2019.9.20.
[10] 贾天柱.论中药炮制的"四新八化"[J].药学研究,2019,38(7):399-402.
[11] 国务院.中国制造2025[Z].2015.5.19.
[12] 国务院.中医药发展战略规划纲要(2016—2030年)[Z].2016.2.22.
[13] 工业和信息化部.医药工业发展规划指南[Z].2016.10.26.
[14] 李克强.2018年国务院政府工作报告[Z].中华人民共和国第十三届全国人民代表大会第一次会议.2018.3.5.
[15] 佚名.桑国卫:我国医药体系创新面临三大目标[J].中国科技投资,2008,7:11.
[16] 食品药品监管总局办公厅.关于做好医疗机构应用传统工艺配制中药制剂备案有关事宜的通知[Z].2018.3.16.
[17] 国家药品监督管理局.关于发布古代经典名方中药复方制剂简化注册审批管理规定的公告[Z].2018.5.29.
[18] 国家药品监督管理局.公开征求《中药材生产质量管理规范(修订稿)》意见[Z].2017.10.27.
[19] 国家中医药管理局.中华人民共和国科学技术部.关于加强中医药健康服务科技创新的指导意见[Z].2018.8.13.
[20] 中共中央 国务院.中共中央 国务院关于打赢脱贫攻坚战三年行动的指导意见[Z].2018.8.19.
[21] 农业农村部,国家药品监督管理局,国家中医药管理局.全国道地药材生产基地建设规划(2018—2025年)[Z].2018.12.18.
[22] 商务部,国家中医药管理局.关于开展中医药服务出口基地建设工作的通知[Z].2019.3.27.
[23] 中共中央,国务院.关于促进中医药传承创新发展的意见[Z].2019.10.26.
[24] 科技部,国家计委,国家经贸委,等.中药现代化发展纲要(2002年至2010年)[Z].2002.10.10.
[25] 科学技术部,卫生部,国家中医药管理局,等.中医药创新发展规划纲要(2006—2020年)[Z].2007.1.11.
[26] 全国人大常委会.中华人民共和国中医药法[Z].2016.12.26.
[27] 人民日报.习近平对中医药工作作出重要指示:传承精华守正创新[EB/OL].https://baijiahao.baidu.com/s?id=1648359005244276295&wfr=spider&for=pc,2019.10.25.

第二章 中药材规范化生产技术

第一节 概　述

中医药是中华民族的瑰宝，有着几千年的应用历史，在保证广大劳动人民身体健康方面起到极其重要的作用。随着人们生活水平的不断提高和生活方式的改变，对健康生活的追求也越来越迫切，中医药成为保障健康生活的关注与首选[1]。伴随着中医药现代化程度的不断深入和应用领域的不断拓展，中药材的需求量急剧增加，这导致野生中药资源已远不能满足现代临床用药与产业的需求，人工种植（养殖）中药材已成为实现中药可持续发展的重要途径[2]。"药材好，药才好"，在发展中药材的同时不仅要重视产量更要注重质量，中药的质量直接影响到整个中医药产业的发展。中药材的质量控制从源头上来讲需要进行规范化、标准化的中药材生产，这是中药走向现代化的必经之路[3]。

一、中药材资源现状

中国幅员辽阔，气候多样，构成了不同水土、气候、日照和生物分布的多种生态环境。这种得天独厚的地理环境优势造就了我国种类繁多的中药资源。自新中国成立以来，我国共组织开展了四次全国范围的中药资源普查，1960~1962年第一次全国中药资源普查、1969~1973年第二次全国中药资源普查、1983~1987年第三次全国中药资源普查、2011~2022年第四次全国中药资源普查。根据第三次全国中医药资源调查结果（图2.1），全国共有中药资源12 807种，其中药用植物资源最多，有11 146种，占87%；药用动物有1 574种，占总种数的12%；药用矿物仅有87种，约占1%[4]。据不完全统计，全国各地的药材生产基地有600多个，常年栽培药材200余种，全国各地药用植物园和药用动物园中，引种或保存的药用植物5 000余种。另外，我国还有6个国家中药材资源自然保护区实施野生药用植物多样性的

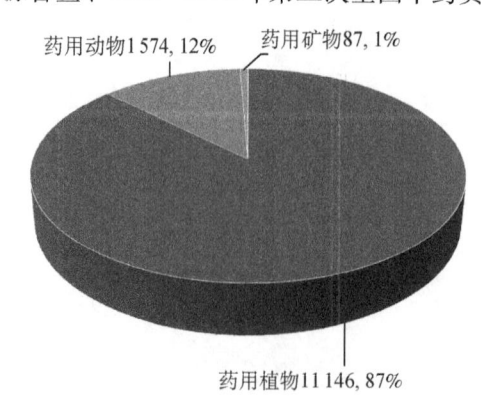

图2.1　第三次全国中药资源普查各类中药材占比

原产地保护；5个国家药用植物园和2个国家药用动植物基因库构成了完整的种植异地保护中心，这对于选择优良种质，提供和鉴定药材种子种苗有重要意义，同时也提供了优良品种选育的基本材料。

我国中药资源丰富却存在着严重的种质资源破坏和不合理的土地开发利用现象。近年来，对野生药用植物的盲目挖掘和药用动物的滥捕滥杀，造成一些大宗野生药材的数量每年以20%的速度下降。当对自然资源采集量和消耗量超过自然资源的再生能力时，必然会导致该物种资源总量的下降，名贵药材正沿着"越贵越挖、越挖越少、越少越贵"的恶性循环逐渐走向衰竭。同时药用植物赖以生存的生态环境也遭到严重破坏，由于大面积砍伐森林、垦荒和过度放牧，不但直接破坏了药用植物资源，同时使原生植被遭到破坏，生态环境恶化，使得分布于森林、草原中的大量药用植物受到威胁，进一步加速了中药种质资源的衰竭[5]，已有168种药用植物被列入《中国珍稀濒危保护之物名录》[6]。

二、中药材生产质量管理规范

新时期，我国中药材资源产业发展的趋势已由产量重视型转向质量重视型，开始发展绿色药用植物；由野生到栽培（家养）再到野生的方向发展；由小农自主生产向工厂化、规范化生产发展。在这样的要求下，中药材生产质量管理规范（GAP）应运而生。

随着经济的不断发展，中药材的市场也越来越大，各类中药材的收购量连年提高，至2000年初，中药材种植面积近600万亩，年生产总值约为160亿元。但在这样繁荣的景象下，却有另一番景象：大范围的跟风种植，片面地追求产量，栽培、加工、采收技术不规范，过度施用化肥、农药，使得我国的中药材生产环境十分混乱。1998年11月，国家食品药品监督管理局（现国家药品监督管理局）邀请科学技术委员会、国家经济贸易委员会、国家中医药管理局共同商讨并提出在我国推行《中药材生产质量管理规范》（GAP）。

2002年3月，《中药材生产质量管理规范（试行）》通过，并于2002年6月1日发布施行。2003年，国家食品药品监督管理局又出台了《中药材生产质量管理规范认证管理办法（试行）》和《中药材GAP认证检查评定标准（试行）》[7]。GAP主要规定了药材的产地生态环境、种质和繁殖材料、栽培与养殖管理、采收与初加工、包装、运输与贮藏，质量管理，人员设备，文件管理等内容（图2.2），使用了"宜"或"不宜""应"或"不应""不得""必须"或"严禁"等字样对中药材的生产过程进行了严格的规定，中药材种植产业取得了显著的成就。在实践研究方面，经过规范化种植研究的中药材有100种左右，常用的大宗药材均涵盖在内，如三七、穿心莲、地黄、丹参等药材。GAP认证评定标准涵盖了种质资源选择、种植地选择、中药材的播种、田间管理、采购、产地初加工、包装运输及

图2.2 GAP主要规定内容

入库整个过程,如中药材产地空气要符合国家大气环境质量二级标准,产地土壤要符合国家土壤质量二级标准,灌溉水要符合国家农田灌溉水质标准,施用农药应采用最小有效剂量等,最大限度地规范化种植规程[8]。GAP 基地建设成就方面,在 GAP 认证施行的 14 年里,累计公布了 196 个 GAP 基地,包括 126 家企业和 70 个药材品种。对中医药行业而言,GAP 认证的教育意义更为明显,从种植户到企业再到消费者,规范化种植的理念已经深入人心[9]。

2016 年 2 月 3 日,印发《国务院关于取消 13 项国务院部门行政许可事项的决定》,规定取消 GAP 认证,但取消 GAP 认证并不等同于取消 GAP;2017 年 10 月 27 日,国家食品药品监督管理总局组织起草了修订稿,即《中药材生产质量管理规范(修订稿)》,2022 年 3 月 17 日,国家药品监督管理局、农业农村部、国家林草局、国家中医药局联合发布了关于《中药材生产质量管理规范》的公告。

虽然中药规范化种植任重道远,但这是中医药走向现代化的必经之路。中药规范化种植过程中,技术是关键,其中涉及许多环节,本章内容将从中药种子种苗的选育技术、植物药种植技术、动物药养殖技术、矿物药开采技术,以及道地药材的生产技术、濒危中药的人工替代技术、产地加工技术等几个方面概述中药材规范化生产过程中所涉及的技术。

第二节 药用植物种植技术

中药的质量稳定以中药材规范化种植为基础,中药材种子种苗选育标准化是中药材规范化种植的源头。种子种苗是一切植物生长的基础,也是药用植物生长繁殖的基础,稳定遗传的优质种子种苗是实现中药材规范化种植的先决条件,而规范化的选育技术是实现中药材规范化种植的重要手段[10]。目前,我国中药材种子种苗的优良品种选育几乎为空白,种子种苗的管理处于真空状态,与农作物种子种苗的选育相比,无论是在品种选育、生产经营、质量控制、管理体系还是规章制度等方面都还需要进一步完善和提升[11]。图 2.3 为某地农作物种子备案流程。

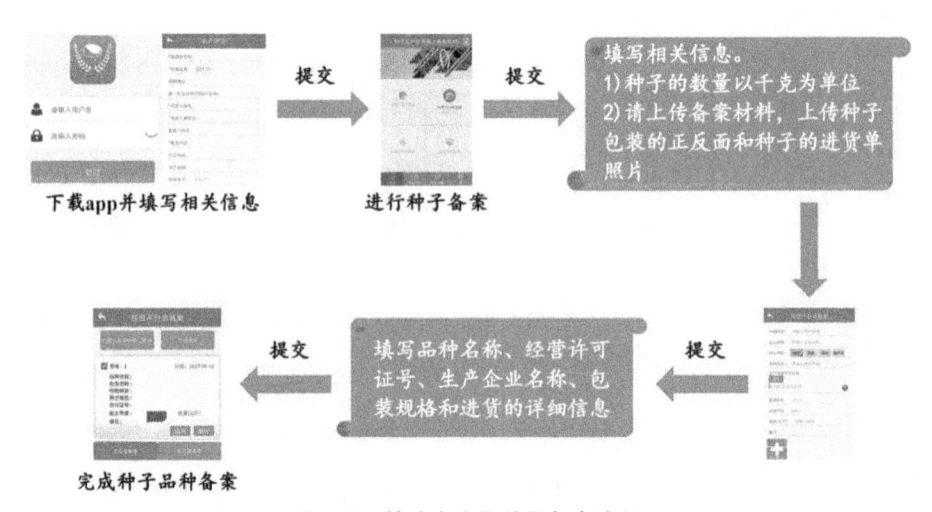

图 2.3 某地农作物种子备案流程

中药材种子虽然列入了《中华人民共和国种子法》，但其管理从法律职能上隶属于农业系统，由于中药材行业管理、质量管理和科研管理隶属于医药系统，而医药行业管理和质量管理又未顾及中药材种子，因此中药材种子种苗管理处于边缘地带，造成了实际上的两不管现状[12]。现如今，中药材种子种苗产业仍然是中药材生产的附属产业，如水稻、小麦等作物的种子种苗产业由国家管控，并有专职机构管理，而中药材种子种苗产业仍然处于一种原始的生产销售状态，假冒伪劣等问题层出不穷。我国目前人工种植的常用药材有 200 余种，但培育出优良品种并在生产上推广应用的药材不超过 10 种。原因之一就是中药材种子种苗的选育技术尚未广泛运用于生产。《中药材保护和发展规划（2015—2020 年）》提出实施优质中药材生产工程，其中的重点之一即建设"中药材良种繁育基地"[13]，由此可见中药材种子种苗繁育的必要性与重要性。

一、种子种苗选育技术

（一）种子选育技术

1. **种子的选择** 种子是植物生长的基础，将好的种子选择出来是中药材规范化种植的首要环节。在播种前应对种子进行精选，目的是淘汰过小、过弱（如空壳）的种子，这对于提高发芽率与产率都有十分重要的意义。中药材种子的选择：应用适宜的科学方法对生产上的种子品质进行细致的检验、分析、鉴定以判断其优劣，其中净度、饱满度、发芽率、发芽势和种子活力是种子品质检验中的主要指标[14]。

种子净度，又称种子清洁度，是指纯净种子的重量与待检测的种子重量的比。种子净度是衡量种子品质的重要指标之一。净度高，品质好；净度低，表明种子夹杂物多，不易储藏。

种子饱满度是指种子充实饱满的程度，它是种子品质重要指标之一。种子饱满度通常以千粒重来表示，千粒重大的种子储藏的营养物质多，饱满充实，结构致密，生长得到的植株更加健康。

种子发芽率是指在适宜条件下，待检测种子中发芽种子的数量占全部种子的百分比。种子发芽率是衡量种子发芽能力的指标之一，可以用发芽实验来测定。

发芽势是指在适宜的条件下，规定时间内待检测种子中发芽种子的数目占全部种子的百分比。发芽势反映了种子的出苗整齐程度，是表示种子活力的强弱程度指标之一。

种子活力，是指种子发芽的潜在能力，是种子品质好坏的重要指标。药用植物种子活力的测定通常用红四氮唑（TTC）染色法（图 2.4）、靛红染色法等鉴定。红四氮唑可以对活细胞进行染色，对死细胞不染色，活力高的种子胚会被染成红色，无活力的种子不被染色。靛红染色法又称洋红染色法，此法使用的是苯胺染料（靛蓝、酸性苯胺红等），它不能渗入活细胞，因此有活力的种子不染色，而无活力的种子会被染成蓝色。注意，以上染料容易褪色，在种子染色后要立即进行观察。

常用的选种方法有水浴选种、风吹选种和过筛选种，选种方法见图 2.5。水浴选种又分为冷水浴法、热水浴法、药水浴法、盐水浴法等。冷水浴法是将种子直接放在清水中，饱满的种子颗粒下沉，而瘪籽、病籽及菌核之类的却漂浮在水面。只需捞出飘浮的种子就达到了选种的目的。热水浴法一般将种子放在 50~60 ℃的热水中浸泡 10 分钟即可，种皮厚的浸泡 30 分钟，去除漂浮的种子即可。药水浴法，在水中加入高锰酸钾、

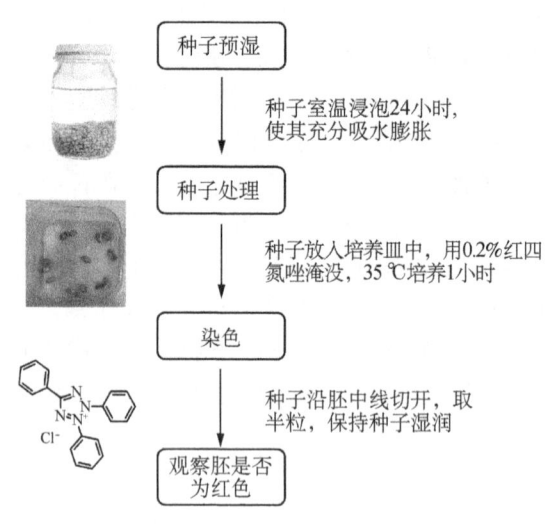

图 2.4 红四氮唑染色法流程

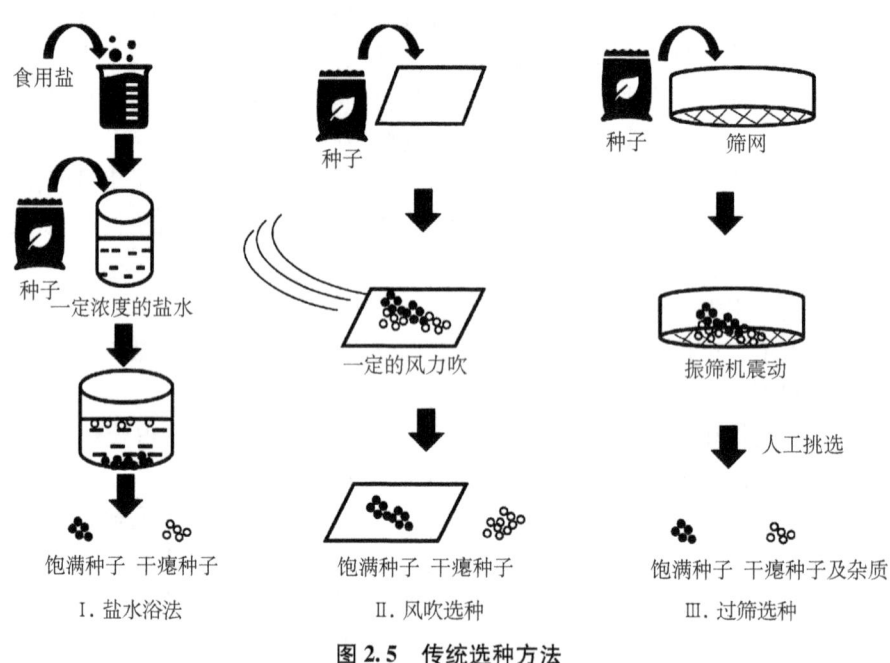

图 2.5 传统选种方法

木醋液等物料，既能达到选种目的，又能杀死病菌。盐水浴法指将种子放在一定浓度的盐水里，利用种子和盐水的密度差挑选出好种子的一种方法，长得很饱满的种子的密度要比干瘪的种子和虫蛀的种子的密度要大，只要盐水的浓度合适，饱满的种子会沉降在水底，劣质的种子会漂浮在水面，达到分离选择种子的目的。用这种方法选种，最重要的就是要掌握好盐水的浓度。但种子经盐水浸泡，表面会受伤，因此，这种方法具有一定的局限性。风吹选种是利用流动的空气将杂质和不饱满的种子吹走。但是自然风的风力和风向随时都会有变化，只能吹走附在种子中的灰尘和较轻的草末等杂物。人工风力虽可控制，但也很难剔除和种子重量相近的杂质。虽然风吹选种在提高种子质量上有一定作用，但只通过风吹选种达不到播种质量要求。过筛选种，是将混杂的种子在筛网上抖动，一方面筛网可以将较小的种子和杂质筛去，另一方面也可以利用抖动产生的搅拌功能挑选出病虫害种子，可根据种子和杂质的形状选择不同的筛网，本法具有一定的灵活性。

2. 种子的繁育　物种在自然界下由于自然选择的作用和有性繁殖过程中基因的重组，造成生物的子代和亲代个体之间表现出或多或少的差异，这就是变异。变异的存在使物种的性状、质量等发生一定的变化，同时自然条件下的种子存在发芽率低、存活量差的现象。为了得到更加优良的种子，我国自古就注重种子的繁育。种子的繁育是通过人工的技术对种子创造遗传变异、改良遗传特性，以培育优良品种的技术，以高产、稳产、优质、高效为育种的目标。

传统的育种方法分为原始实生育种与现代实生育种两种。原始实生育种是简单地通过中药材种子繁殖，产生自然变异，对其加以选择，以改进子代中药材的遗传组成的一种方法，在各种育种方法中历史最为悠久，这种方法在选种前不注意亲本性状，而只重视后代的表现，从方法论看，它缺乏必要的理论指导，盲目性、随机性较大，但是方法本身简单易行，在人类的选种历史上功不可没。现代实生育种以遗传学理论为指导，具有较强的目的性和预测性。实质上就是通过种子繁殖选择不同世代，使有利的遗传性状基因在个体中聚积，从而获得优势个体，具体操作方法是：根据表现型选择已知有利性状的多个个体作为亲本，让其之间随机交配，再在后代中选择优良类型，这一方法又被称为集团育种[15]。其实质就是使物种的基因向着对人类有利的方向重组，在基因水平上进行调控，从而获得遗传稳定的物种。现代中药材的育种通常采用以下几种方法：

（1）杂交育种技术：杂交育种是根据育种目标选择合适的亲本，将父本母本杂交，形成不同的遗传多样性，再通过杂交和选育过程进行筛选，获得具有亲本优良性状的新品种的一种育种方法，杂交育种基本原理见图2.6。有性杂交的方法是：母本是两性花者在杂交前去掉雄蕊后隔离，待母本的雌蕊柱头分泌黏液时，取来父本的花粉授到母本

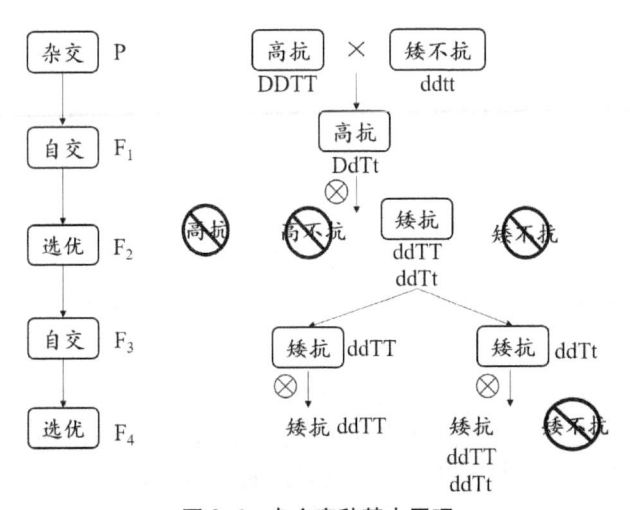

图 2.6　杂交育种基本原理

D：豌豆高茎显性基因；d：豌豆高茎隐性基因；T：豌豆抗病显性基因；t：豌豆抗病隐性基因；高抗：豌豆高茎抗病植株；高不抗：豌豆高茎不抗病植株；矮抗：豌豆矮茎抗病植株；矮不抗：豌豆矮茎不抗病植株

的柱头上，立即套袋挂牌（注明杂交组合及授粉日期）；待果实成熟后按杂交组合采收而得杂种一代的种子。通过杂交获得的杂种一代具有杂种优势，杂种优势是指杂交子代在某些性状上会优于父代母代，如抗逆性、适应性增强，产量和品质提高等。杂种后代的遗传会由于有性繁殖过程其内部的遗传物质的重新组合，而出现严重的性状分离现象，群体很不稳定，因此杂交后代必须通过多世代的培育和选择，定向选择符合育种目标的个体，繁殖成株系，直到杂种后代的群体能稳定遗传，从而达到杂交育种的目的，得到新的同时具有两个亲本优良性状的新的种质类型。

（2）单倍体育种和多倍体育种技术：自然界中，正常情况下一种生物的染色体数目是恒定不变的。生物有单倍体、多倍体之分，生物体内非生殖细胞细胞核中含有一套完整染色体组的生物体称作单倍体，而细胞核中含有两套染色体组的生物体称作二倍体，细胞核中具有两套以上染色体组的生物体称为多倍体。利用单倍体植株进行加倍、选择和培育等步骤育成新品种的方法称为单倍体育种，其单倍体育种原理见图2.7。植物的成熟生殖细胞为单倍体，通常采用花药进行培养，诱导花粉形成具有细胞全能性的愈伤组织，进而诱导培养成单倍体植株。单倍体育种的意义在于单倍体植株的人工诱变率高，新的变异多，育种成效大；对单倍体植株进行染色体加倍可快速稳定杂种性状，避免杂种后代的性状分离，可大大缩短育种年限。

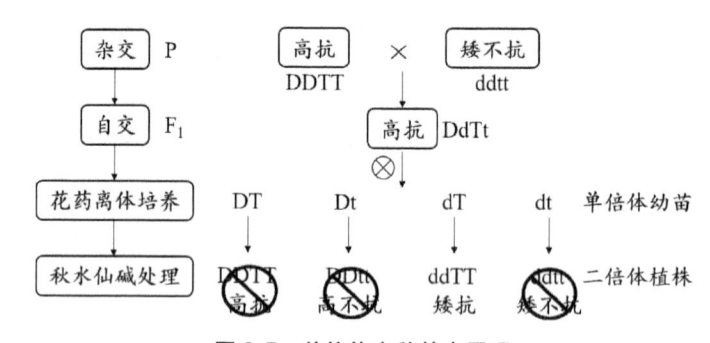

图2.7 单倍体育种基本原理

自然界中大多数生物都是二倍体，多倍体可能会拥有一些更加优良的性状，这些性状往往是一般二倍体所没有的，如叶、花、果实、种子等较二倍体更大，抗病性更强，营养成分更高等，多倍体育种基本原理见图2.8。人工诱导多倍体最广泛的方法是秋水仙碱法。秋水仙碱可以抑制细胞有丝分裂中后期时纺锤丝的形成，使加倍的染色体不移向细胞两极，细胞核未能分裂成两个子核，从而形成染色体数目加倍的细胞核。运用这种方法处理得到的染色体加倍的植株就是多倍体植株。

（3）辐射育种技术：辐射育种也称人工诱变育种，是利用物理或化学的方法对植物某器官或整个植株进行处理，诱导植株性状发生突变，即细胞内遗传物质的染色体发生断裂和重排，而产生遗传上的变异，从而产生新的性状，然后在诱导变异的个体中选择符合人类要求的植株进行培育，从而得到新的种质类型。辐射育种的意义在于提高变异频率，扩大变异范围，为选育新的种质提供丰富的选择材料。

（4）体细胞杂交育种技术：体细胞杂交将来自不同种质的植物的体细胞在人工条件下进行融合的过程，继而把融合的细胞培养成一个新的杂种植株。采用这种方法可以综合两种植物的优良性状，创造出新的变异，再从中选取新类型培育出新品种的方法。

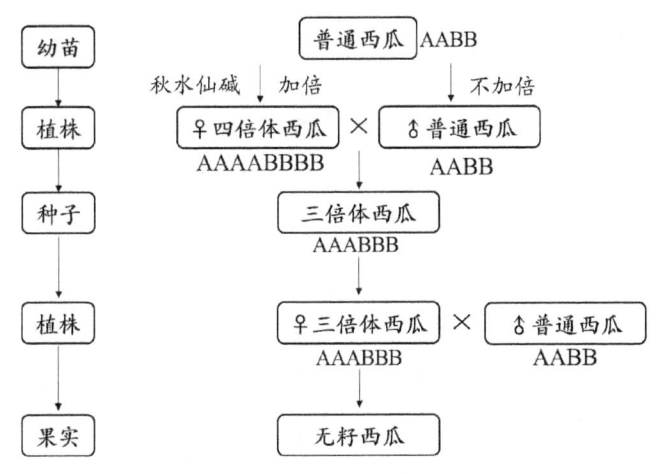

图 2.8 多倍体育种基本原理

植物的体细胞杂交产生的杂种是双二倍体，其可育性和遗传稳定性比远缘有性杂交好得多，所以说利用体细胞融合进行杂交，可打破种间隔离，从而广泛进行遗传物质的组合，为培育新型药用植物开辟一条新途径[16]。

3. 现代化育种技术

（1）基因工程育种技术：就是利用基因工程手段将一种或几种外源基因转移至植物细胞中，使其有效表达出相应产物的一种分子育种方法。基因工程育种与传统意义上的杂交育种在基因水平上有一些相似之处。基因工程育种是选取所需的一小段目的基因转移进入受体细胞中，而杂交是在基因水平上将整条染色体进行转移，因此基因工程育种比杂交育种在目的性状的获取上具有更高的选择性。基因工程育种技术目前已发展到可以有效地引入和表达理想基因性状的程度，但转基因食品的安全性受到质疑，但随着技术的发展，科技水平的提高，转基因的危害随之降低[17]。

农杆菌介导法、基因枪介导法和花粉管通道法为植物基因工程育种中最常用的常规育种方法。农杆菌介导法原理见图 2.9，主要以植物的分生组织和生殖器官作为外源基因导入的受体，通过真空渗透法、浸蘸法及注射法等使农杆菌与受体材料接触，以完成可遗传细胞的转化，然后利用组织培养的方法培育出转基因植株，并通过抗生素筛选和分子检测鉴定转基因植株后代，其育种流程见图 2.10。该方法是植物基因工程育种应用最广泛的方法，具有转化频率高、插入片段大、遗传表达稳定、技术与设备简单等优点。

基因枪介导法是利用火药爆炸、高压气体加速、低压气体加速（这一加速设备被称为基因枪），将包裹了带目的基因的 DNA 溶液的高速微弹直接送入完整的植物或动物组织和细胞中，是仅次于农杆菌介导法的植物基因工程育种应用第二多的方法，可应用于有多种来源的受体材料。花粉管通道法的主要原理是授粉后使外源 DNA 能沿着花粉管通道形成的途径渗透，经过珠心进入胚囊，最终转化成不具备正常细胞壁的合子或早期胚胎细胞，因不受植物种类限制，操作简单，易普及推广，得到了一定程度的应用。与农作物和园艺作物相比，药用植物基因工程育种技术落后。利用农杆菌介导法成功获得基因工程育种植株的研究较少，仅有青蒿、罗汉果和丹参等数种植物。关于基因枪介导

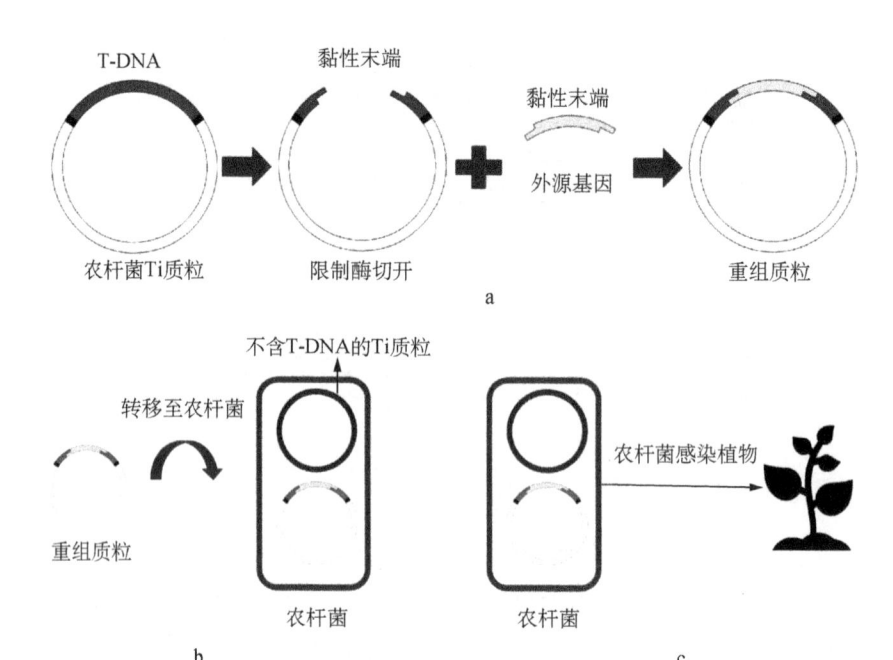

图 2.9　农杆菌介导法基因工程育种基本原理

a. 外源基因重组质粒的制备；b. 重组质粒导入农杆菌；c. 农杆菌感染植物使外源基因表达

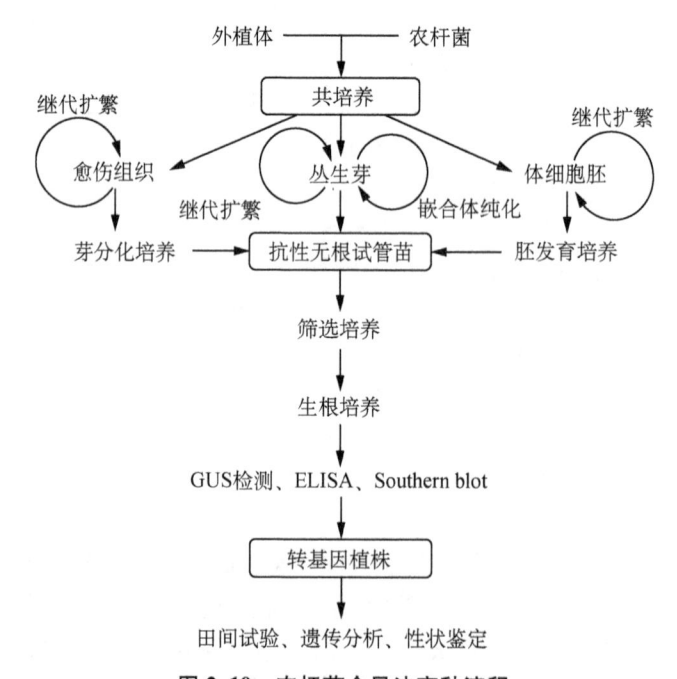

图 2.10　农杆菌介导法育种流程

GUS：β 葡糖醛酸糖苷酶；ELISA：酶联免疫吸附试验；Southern blot：DNA 印迹

法也只有白术和野甘草等少量药用植物研究报道。药用植物花粉管通道法转基因育种尚未见有研究报道。

（2）空间育种技术：20 世纪 50~60 年代，美苏两国正处于冷战时期，其间两国曾在空间技术上进行多次竞赛，这从一定程度上促进了空间育种技术的发展。两国在发射返回式航天器完成航天任务时，搭载了一些植物种子以探测空间环境对于植物的影响，对植物种子在细胞学、生物化学、分子生物学等方面进行分析发现，植物种子发生了一定程度的变异。如今，我国航天事业已达到世界先进水平，在神舟系列飞船的飞行任务中，曾多次搭载种质资源进入太空环境，利用太空独特的环境对搭载的种质资源进行诱变而产生各种变异，取得了举世瞩目的成就。航天育种技术是我国科技工作者开创的一种有效的诱变育种新技术。空间诱变育种技术是空间生命科学研究的重要组成部分，在创造有效特异突变基因资源和培育作物新品种方面已显示出重要的作用[18]。

空间环境对药用植物培育有着一些在地球上无可比拟的有利条件：①生物的向重性及微重力；②重离子辐射；③超真空与超净环境；④太阳辐射变化引起的剧烈的温度变化；⑤其他星体的特殊的气体环境；⑥空间飞行的动力学；⑦空间弱磁场；⑧高真空等因素的辅助；⑨空间飞行各种因素；⑩潜伏的转座子激活。在这些因素的影响下，药用植物的生物学性状、细胞结构和染色体、基因组都发生了不同程度的变异。经过太空环境处理的药用植物种子性状表现因品种而异，如丹参种子，研究发现航天搭载可提高种子的出苗率，促进了幼苗的生长发育，植株的开花期提前1周左右，并降低了植株的结实率，显著提高了种子的饱满度（千粒重），地上部分的分支数和果穗长度也显著增加。空间诱变后甘草根中的甘草酸（GA）和甘草苷（LQ）的含量分别是非空间育种含量的2.19、1.18倍（图2.11）。对于这些有明显优势的空间育种产物，应该对其做进一步的研究，力求将优良性状稳定遗传下去。

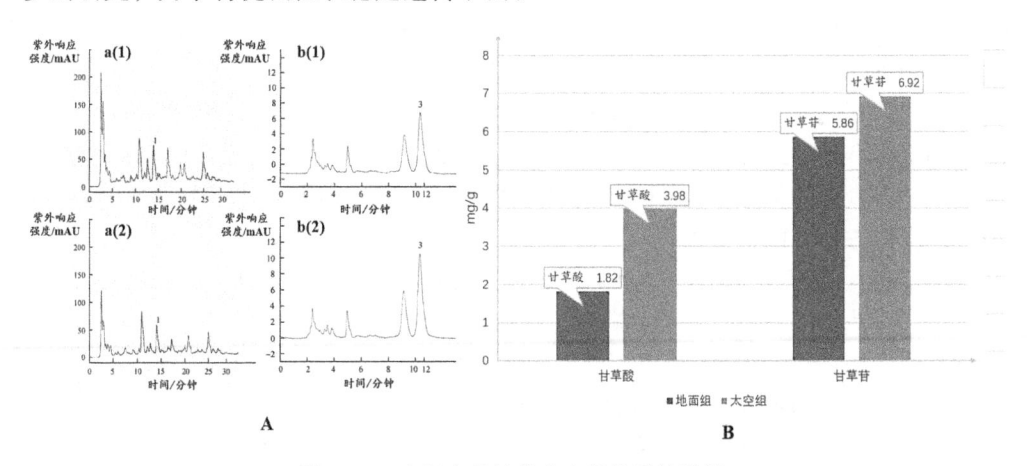

图2.11 空间育种甘草中有关物质的增长
A：地球种植和太空种植甘草中甘草苷含量色谱图；B：地球种植和太空种植甘草中甘草酸含量对比图

（二）种苗选育技术

1. **育苗的意义** 育苗指从播种到移栽中间的全部过程。虽然几乎所有的药用植物都可以由种子发育而来，但是由于有些植物种子休眠期过长或发芽缓慢等，需要对这些植物进行育苗，以增加产量、提高经济效益。目前，育苗技术的发展已达到一定的水平。有些植株培育成种苗需要很长时间，此类植株不适用于种苗培育，其余的植株都可以使用育苗法进行培育。

育苗的目的就是育成壮苗。壮苗就是在生产上育成数量最充足且质量良好的秧苗。

幼苗处于植物生长发育的幼年阶段，组织柔嫩，易受到外界环境影响，抗逆性差，故只有通过育苗，人工创造较为适宜的温度、湿度、光照与营养条件，才能提供健壮的秧苗，为中药材生产的高产、优质打下基础[19]。与直接播种相比，育苗具有许多优势。在育苗的过程中进行集中化管理，有利于对一些生长缓慢、育苗时间长的药材进行集中管理，为提高产量打下基础。同时，育苗集中管理，面积较小，便于留优去劣，以保证质量与品种特性。另外，也适于苗期病虫害的防治，还可以减少种苗占地时间，便于合理安排，通过育苗移栽可以在上一茬药材未收获前提早育苗，从而增加茬次，提高土地复种指数，增加土地利用率。现阶段药用植物种子的价格不断攀升，集中育苗可以节约种子的需求量，比直接播种可节省1/3～1/2，节约了成本，也有利于集中防治病虫害，有效节约人工与农药成本。

2. 传统育苗技术　就是指科技含量相对较低，育苗方式比较简单，长期以来被人们广泛应用且仍将继续采用的育苗技术。育苗过程中，不论采用哪一种育苗技术，都力求在播种后尽快发芽、出苗、生长，以达到可以移栽的水平。为了能够使种子提早萌发，首先通过科学的方法进行种子优选（内容详见本章第一节），其次要对种子进行一系列的处理。

（1）种子前处理技术：一些植物的种子在适宜萌发条件下不能正常萌发，这种现象称作种子的休眠，这是由于其内在因素或外界条件的限制，种子的休眠有利于植物的繁衍与发展。现代对种子休眠的研究较多，并对休眠做了详细的分类，其中Baskin[20]将种子休眠分为物理休眠（PY）、生理休眠（PD）、形态休眠（MD）、形态生理休眠（MPD）与复合休眠（PY+PD）5种类型。种子休眠的原因很多，主要有以下几个方面：一是种皮太厚或有蜡质，如莲子、穿心莲等；二是胚的发育未完全，如人参、银杏、重楼等；三是在某些种子的休眠过程中存在抑制发芽的物质，如香榧、女贞子、山楂等；四是不良环境的影响。种子的休眠加大了种植成本，延长了生产时间，故需要打破种子的休眠，使其尽早发芽。现代也研究出较多的方法，但对于不同的种子需要区别对待。常见的方法有以下几种。

1）物理方法：机械损伤法是对种皮过厚、过硬、透性不良的种子，利用机械方法将种皮打破，使难透水透气的种皮破裂，促进萌发。如穿心莲种子的种皮有蜡质，可先用细砂摩擦，使种皮略受损伤，再用35～40℃温水浸种24小时，发芽率显著提高。

温度处理法是利用温度的改变来打破种子的休眠。温度对种子的萌发起着至关重要的作用，适当的低温或高温处理有利于改善种壳透性，增进种子内部的新陈代谢，从而促进萌发，解除休眠[21]。如室温干燥储藏和15℃暖温层积可有效破除野甘草部分种子休眠，而4℃低温层积可破除车前子部分种子休眠[22]。另外，变温处理亦可有效打破种子休眠，将种子在温差较大的冷、热水中交替浸泡一段时间，可以使种子的种皮吸水软化，促进种子萌发，还能杀死种子在储存过程中的病虫等不利因素，防止病害传播。如穿心莲种子在37℃温水中浸泡24小时，可显著促进发芽。

另外，还可通过照射、沙藏、层积、干燥等多种方法来打破休眠，如黄精种子低温层积储藏[23]、低剂量$^{60}Co-\gamma$射线辐照龙眼[24]等。

2）化学方法：激素处理法是利用激素来调节一系列蛋白质、酶的代谢，从而打破种子休眠。激素的使用考虑的因素较多，还要结合光、温、水等条件，有些还需要多种激素配合使用。如赤霉素可以打破牡丹皮种子的休眠[25]，还可以利用无机试剂或有机试剂进行处理。无机试剂如强酸、强碱、钾盐等。如紫荆种子经浓硫酸处理后，种皮被破坏，有利于种子的萌发。另外，还有生物处理法、综合处理法等多种打破种子休眠，加快种子萌发的方法。

（2）育苗技术：传统的育苗技术以露地育苗和冷床育苗等单层育苗为主。传统的育苗方法虽然占地面积大，且常常受到自然灾害、病虫害的影响，但技术含量低、投入成本小，在育苗中发挥着重要的作用。

1）露地育苗：是在环境相对适宜于种子发芽、秧苗生长的露地苗床中进行育苗的一种方式，多用于夏秋季节中药材的育苗。我国大部分地区的气候特点都是夏秋季节高温多雨，因此露地育苗要比大田育苗方便得多。这种露地育苗的方式成本较低，便于大规模育苗，有利于提高产量。

露地育苗对土地的选择较为严格，一般情况下要选择地势较高、排水通畅、水源充足、通风良好、土壤肥沃、病虫害少的土地，最好近一两年未种过同种中药材，以防连作障碍。根据不同作物的生长发育特性，一些药材对环境条件要求较为严格，因此在实际育苗中，还需利用一定的育苗设施，创造适合秧苗生长的环境。如在春季育苗时，适当设立风障；夏季育苗时要适当采用一些遮阴避虫措施，如遮阳网、防虫网、芦苇、秸秆等覆盖进行遮阳育苗，以减轻夏秋强光、高温多雨等不利条件的影响。

2）冷床育苗：冷床是一种温度条件完全依靠太阳光能，建造成本低，而且不耗费能源的一种保护性育苗设施，目前全国已大面积应用。冷床应建在阳光充足，土壤肥沃、病虫害少的地方，可由砖砌成，亦可用木板。冷床上面透明，遮盖物以前多用玻璃，现大多以塑料薄膜代替。平时要注意薄膜等透明覆盖物的清洁性，最好能一茬一换，一定要密封性好。用来保温的材料除了油纸、草帘、编织袋等，近年来无纺布应用较多，由于其保温性能好、轻便，因而是理想的覆盖材料。

冷床育苗如图 2.12 所示，有棚室冷床与露地冷床之分，都是采用日光来提高温度，因而冷床有如下特点：温度较低，人工控制苗床温度能力较小；为保护苗床温度，保温覆盖材料覆盖时间较长，幼苗接受光照时间较短。因此为适时培育壮苗，进行冷床育苗应注意以下技术要点：适当提早播种和分苗，但也要根据当地气候条件和育苗经验合理安排播种期；要注意适当保温，加强温度与光照等管理；由于多层覆盖，苗床内光照严重不足，应加强光照或补充光照，采用新的薄膜，保持玻璃清洁。总之，在冷床育苗技术中，中心环节是尽量提高和保持苗床适宜的温度条件，增加苗床的光照。

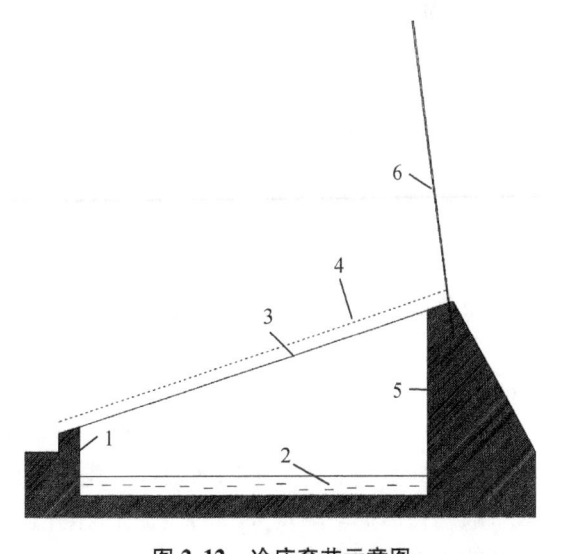

图 2.12　冷床育苗示意图
1. 南墙；2. 育苗土；3. 玻璃窗或塑料薄膜；
4. 草帘；5. 北墙；6. 风障

3. 无性繁殖育苗技术 植物的繁殖包括有性繁殖和无性繁殖两大类。有性繁殖是由雌雄两种生殖细胞结合而形成受精卵以产生新个体的形式，如种子繁殖；无性繁殖是由植物营养器官根、茎、叶等的一部分培育出新个体的形式，如营养繁殖。由植物的愈伤组织和细胞培养繁殖得到个体的方式，也属于无性繁殖。

营养繁殖以植物的营养器官根、茎、叶为材料，利用植物细胞的全能性使其分化繁殖出新的个体，或是一株植物的营养器官与另一株植物通过嫁接的方式愈合为一体的能力来繁殖和培育植物新个体的一种繁殖技术。植物的再生能力指的是植物体的一部分营养器官能够形成自己所没有的其他部分的能力，如将茎扦插后可长出原来没有的根和叶，从而形成一株完整的植株。

营养繁殖的遗传性状与母体一致，能够将亲本的优良性状稳定地遗传给子代。而且新植株的发育阶段是在母体发育的基础上继续进行发育，因此这种繁殖方式的效率要比种子繁育高，更有利于提早开花结果。对于一些生长慢、开花结果晚的植株采用营养繁殖的方式更合适，如山茱萸、枳壳等木本药用植物采用枝条扦插、嫁接的繁殖方式可提早 3~4 年开花结实，有利于提高产量。但追求繁殖的速度必定会导致一些缺点和不足，营养繁殖植株的根系不如实生苗的发达（嫁接苗除外）。此外，若长久采用营养繁殖的方式会导致有些药用植物发生退化现象。因此，在生产上有性繁殖与无性繁殖应交替进行。常用的营养繁殖方法有扦插、嫁接等。

(1) 扦插繁殖技术：扦插繁殖是利用植物营养器官的均衡作用，取植株营养器官的一部分，插入疏松湿润的土壤中，利用其分生或再生能力，使之生成新的根、茎，成为新植株的一种繁殖方式。扦插繁殖法经济简便，生产上广泛使用。硬枝扦插、绿枝扦插为常用的扦插方式。

1) 硬枝扦插：如图 2.13 所示，是用已木质化的一年生或多年生植株的枝作为插条进行扦插的一种方式。硬枝扦插要选择生长健壮且无病虫害的生长 1~2 年的木质化枝条，一般在深秋落叶后至第二年萌发前采集需要扦插的枝条。根据植物种类的特点，选择枝条芽质最佳部位截成适宜长度。落叶树使用枝条的中下部成活率高，常绿树则要使用充

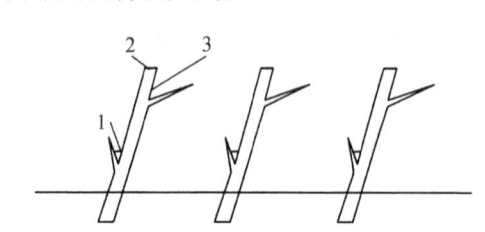

图 2.13 硬枝扦插示意图（多用于木本植物）
1. 嫩芽；2. 平切口；3. 木质化枝条

分木质化的有饱满顶芽的枝条梢为好。每个枝条需要有 2~3 个芽，生长健壮的枝条也可以只保留 1 个芽。除了带顶芽的枝条外，一般枝条的上切口为平口，离最上面一个芽 1 cm 为宜（干旱地区可为 2 cm）。常绿树应保留部分叶片。下切口的形状有很多，木本植物有平切口、单斜切口、双斜切口及踵状切口等，不同生长状况的树使用不同形状的接口。容易生根的树可采用平切口。先形成愈伤组织再生根的树常采用斜切口；踵状切口一般是在插穗下端带 2~3 年生枝时采用。枝条截好后，以直插或斜插的方式插入已备好的土壤或基质中。

2) 绿枝扦插：如图 2.14 所示，所用的插条为尚未木质化或半木质化的新梢，随采随插，多用于草本药用植物。插条最好选用生长健壮且开始木质化的嫩枝。插条长度按照其节间长短而有所不同，一般绿枝扦插的插条需要有 3~4 个芽，其长度一般为 10~

20 cm，保留1~2枚叶片，以减少蒸腾。由于枝条顶梢过嫩，不易成活，应当去掉。采下的嫩枝及时用湿布包好，置阴凉处，保持新鲜状态，以提高成活率。然后在整好的田地上，用相当于插条粗度的枝条，按一定的株行距离扦插。插条后再用双手将插条两侧的土按实，最后浇水并搭建小塑料棚覆盖，以保持适当的温度、湿度。

（2）嫁接繁殖技术：嫁接是指将一种植物的枝或芽，接到另一种植物的茎或根上，使两种植物生长在一起形成一个独立新个体的一种方式。供嫁接用的部分称作接穗，被接穗的部分称作砧木。由于接穗采自遗传性状比较稳定的母本树上，如同其他无性繁殖方式一样，嫁接能够保持母本的优良特性，也能使植株在母本生长发育的基础上继续生长，可以促进苗木的生长发育。嫁接可以缩短育种年限，如嫁接的山茱萸可提前5~6年结果。

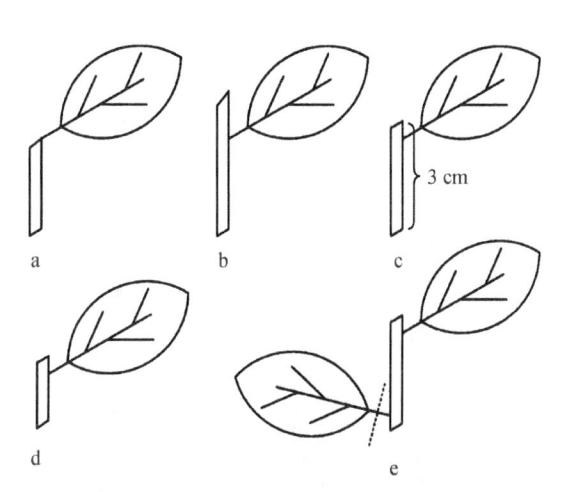

图2.14 绿枝扦插示意图（多用于草本植物）
a. 上端过短；b. 上端过长；c. 标准适当；
d. 根茎太短；e. 节间太短应去一叶

药用植物的嫁接常用枝接和芽接两种。枝接是用一定长度的枝条作为接穗的嫁接方法，广泛应用的枝接法有切接和劈接。

1）枝接

切接：如图2.15所示，是枝接中常用的方法。砧木宜选用直径1~2 cm的幼苗，在距离地面5 cm左右处截断，削平切面后，垂直于切面切下深达2~3 cm的切口。再选取有2~3个芽长为5~10 cm的接穗，顶端剪去梢部，下部削成斜面，对侧则削成短斜面。接合时，把削好的接穗下部直插入砧木切口中，使接穗与砧木的形成层紧密接触。如果接穗较细，至少要使一侧密接。接好后，用塑料条或麻皮等捆扎物捆紧，必要时可在接口处涂上石蜡或用疏松湿润的土壤埋盖，以减少水分蒸发，利于成活。

劈接：如图2.16所示，适用于砧木较粗大的嫁接。从距离地面5 cm左右处削去砧木上部，削平切口之后，在砧木断面中心垂直劈下深度5 cm的刀口。然后选取长约10 cm、带3~4个芽的接穗，在基部削成两个向内的楔形切面。接合时，粗的砧木可接2个

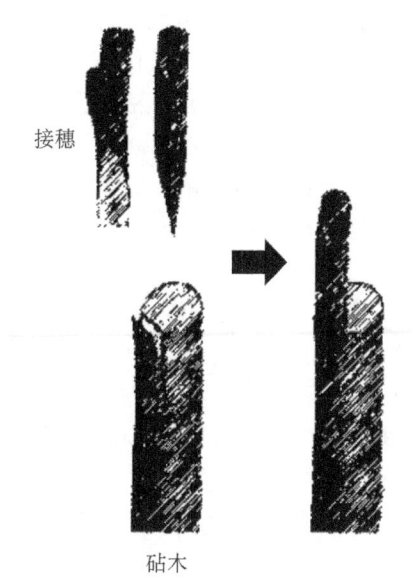

图2.15 切接示意图

或4个接穗。接合后需用绳子捆扎，并用黄泥浆封好接口，最后培土，防止干燥。

2）芽接：如图2.17所示，是从接穗的枝条上切取一个芽，嫁接在砧木上，成活后萌发形成新植株的一种方式。当前生产中多用"T"形芽接。"T"形芽接时，一般选用1~2年生的茎为砧木。在离地面5 cm左右处选光滑无节部位，横切一刀，再从上往下

纵切一刀，呈一个"T"形切口。切口深度要切穿皮层，不伤或微伤木质部。随后，将当年新鲜枝作为接穗的枝条，除去叶片，留有叶柄，用芽接刀削取芽片，插入砧木切口内，使芽片和砧木皮层紧贴，用麻皮或塑料条绑扎。

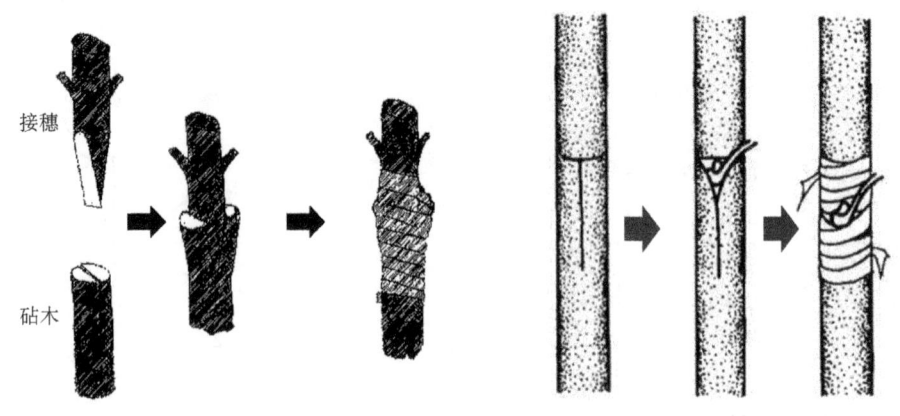

图 2.16 劈接示意图　　　　图 2.17 芽接示意图

4. **现代育苗技术**　是指以现代科学技术为基础，利用现代化的育苗设施培育出优质种苗的技术。

(1) 无土栽培育苗：是用培养基代替土壤，用营养液代替土壤中的营养物质进行育苗，是现代育苗的方式之一。无土栽培育苗有许多优点：首先，可以节省大量土地；其次，不使用土壤种植，没有连作障碍，可减轻土传病，提高秧苗质量；再次，还有利于育苗规范化、规模化、工厂化、立体化。无土育苗需要具备适宜的基质、可供植物生长的营养液和容器等条件，有些还有更先进、更自动化的循环供液系统。营养液灌溉方式一般有营养液浇灌式、基质营养自吸式两种方式。

1) 营养液浇灌式：可在育苗场用育苗盘或在塑料薄膜上铺基质育苗，近年来兴起的穴盘育苗也属于此种方式。可采用精密播种机进行全自动化点播，洒水、控温、浇水、喷营养液等管理操作非常适用于大规模育苗。

2) 基质营养自吸式：主要应用了毛细管材料吸水的原理。运用营养液膜技术原理，需要特制渗灌栽培床或在地面上自制栽培床。在地上挖一定倾斜度的地槽，在槽内用两层整幅薄膜铺在槽底并延伸到槽框上（如气温偏低可在苗床下铺设电热线加温）。在苗床中铺上消毒清洗过的基质，或将基质装入塑料育苗钵中，再把育苗钵并列放在苗床中。槽中保持一薄层营养液，营养液缓慢地循环流动，供给秧苗生长需要。一般供液方式采用回收循环式，包括进液管、排液管、贮液池、泵、马达等，育苗规模小可采用半自动简易营养液循环系统。

基质和营养液是无土育种技术中最为关键的因素，基质的作用是固定植物和通气，主要有泥炭、珍珠岩、蛭石、砂、砻糠灰、炉渣、岩棉、合成泡沫等材料。为了保证苗木生长，还需不断循环供给营养液补充营养。营养液的配方有很多，一般包含大量元素（氮、磷、钾、钙、镁、硫）、微量元素（铁、硼、铜、锰、锌、钼）。营养液的pH可随作物类型使用硫酸、磷酸或氢氧化钠、氢氧化钾等进行适当调整，大多为 5.5~6.8。

(2) 组织培养育苗：是在无菌的条件下，将活的植物细胞、组织、器官在适合植物生长发育所需的环境条件下，利用细胞全能性分生出新植株的一种育苗技术，主要包括培养基配制、外植体脱毒、无菌接种、诱导形成愈伤组织、扩大培养、形成试管苗和移栽等步骤。组织培养育苗有许多优势，如繁殖速度快、占用空间少等。

组织培养育苗的技术主要包括消毒、外植体的准备、接种、培养与移栽。培养基主要由矿质元素、有机物质、生长调节物质、碳源四大类组成。培养基配方有很多种，但以 MS 培养基应用最广。

配好的培养基装入培养容器进行高压灭菌消毒；以及接种用的工具、玻璃器皿等均需要灭菌消毒；接种室需要用紫外灯照射半小时以上，并用 70% 乙醇对室内喷雾消毒。

外植体可以通过培养无菌苗获得，也可直接从普通植株取下。不同的外植体使用不同的消毒方法，最后用无菌水冲洗 4~5 次，放在消毒的培养皿中准备接种。

接种工具均用酒精灯火焰灭菌。目前接种工作都在超净工作台上进行，以保证接种全程在无菌条件下，直接将外植体接入培养基即可。

将组织培养的幼苗移栽成活，是组织培养育苗成败的关键之一。当试管苗有 3~5 条根后即可移栽。但由于试管苗长期处于无菌条件下，不能直接移栽到室外，一般移栽前可将试管苗瓶子先打开，放在与培养室条件相近的光照充足处锻炼 3~5 天，再行移栽。取苗时必须洗去苗上的培养基，栽植土可选用通气性好的粗砂、蛭石等。

（3）工厂化育苗：传统的育苗方式主要依靠人工作业，整地、播种、施肥、浇水、移栽等全部由手工完成，劳动强度大，效率低下。在科学技术飞速发展的今天，人工智能技术应用于各个行业，对传统的育苗方式进行改革，实施工厂化育苗是我国中药材规范化种植的必然选择。

随着现代化农业的发展，农业机械化和自动化程度不断提高，出现的一项先进农业技术，就是工厂化育苗，是现代化农业的重要组成部分。它是在人为创造的最佳环境条件下，采用科学化、机械化、自动化等技术措施和手段，进行批量生产优质秧苗的一种生产方式。工厂化育苗技术有着许多传统的育苗方式没有的优点，如用种量减少，育苗周期短，土地利用率高，减少土传病害、病虫害，适合机械化操作，省工省力，不受外界条件干扰，苗壮且成苗率高等[26]。

工厂化育苗采用塑料穴盘为容器，从基质混拌、装盘、压穴到播种、覆盖、喷水等一系列作业在一条作业线上完成，可以实现自动控制。

穴盘育苗播种时需要使用自动精量播种系统，这样可以保证出苗的整齐度，但是还没有形成市场规模，且引进国外的设备价格昂贵，绝大多数地区无法承受。

育苗基质是幼苗根系赖以生长的物质基础，要求是无菌且有良好的保水性和透气性。穴盘育苗的基质主要采用蛭石、草炭、椰子壳、珍珠岩等材料。基质中各成分的配比为草炭：蛭石为 2∶1 或 3∶1。草炭是在长期缺空气、水淹的条件下埋藏了几千年，分解不完全而形成的特别有机物，主要分布在高寒冻土区，具有通气性能好、质轻、持水、有机质含量高的特点，是理想的育苗基质。但草炭是一种不可再生资源，过度开采利用使草炭的消耗速度加快，破坏湿地环境，加剧全球的温室效应。为了降低生产成本，蔗渣、椰子壳、锯末、芦苇末、木糖渣、蚯蚓粪等工农业废弃物可以代替草炭作为育苗基质[27]。

蛭石、珍珠岩等一般不寄生病菌，如果配制其他一些组分或再利用基质，有可能寄生有危害植物的线虫、真菌、细菌及杂草种子等,必须进行消毒。消毒方法有高温消毒和化学消毒。要注意的是,经化学药剂处理后,必须让其残药挥发完全方可使用。

穴盘是工厂化育苗必备的育苗容器。穴盘的制作材料主要有聚氯乙烯和聚酯类塑料、纸、泥炭等。穴盘中有许多穴格,穴格体积大的装基质多,水分、养分蓄积量大,有利于幼苗根系发育。在实际生产中,需根据育苗种类及所需苗的大小,选择不同规格的穴盘。穴盘一般可以连续使用2~3年。

二、选地播种与移栽技术

中药材大多数来源于植物。随着野生药用植物的过度开采及对中药材需求量的逐渐增大,药用植物的种植成为维持中药材可持续发展的重要措施。我国具有悠久的药用植物种植历史,在长期的生产实践中,对于药用植物的分类、驯化种植、选育与繁殖及加工储藏等都有着丰富的经验[28]。

药用植物种植技术的发展,既可以满足整个社会日渐增长的用药需求,也可以保证药材的质量。通过研究不同种类和品种的药用植物的种植技术,并提供与之适宜的环境条件,采取与之相配套的栽培技术,建立适合于药用植物种植的基本理论和技术体系,是提高中药材产量和质量,实现中药药品"安全、有效、稳定、可控"的生产目标。在种植过程中实施全程控制,如选地、播种、移栽、田间管理、病虫害防治等,通过规范化种植,提高中药材的产量与质量。

(一)选地

不同药用植物对生长的土地有着不同的要求,选地是进行药用植物种植的第一环节,应符合规范化要求。不仅要根据药用植物的生物学特征和它对环境条件的要求,还要考虑土壤的实际情况,从而挑选最适合种植的土地类型进行栽培,这样才能为获得高产和高品质药材打下良好的基础。在选地的过程中,应该注意以下内容:①避免轮作情况,原则上不得选用上一季种植过同一种植物的土地,以减少病虫害且不消耗土壤肥力;②种植之前要根据药用植物的具体品种来考虑土壤的质地、肥力状况和酸碱度;③光照条件要适宜;④土地湿度适宜且灌溉排水条件良好;⑤该土地前茬作物不能发生严重的病虫害。

(二)播种与移栽

播种期应为植物的最佳播种时节,错过了播种期将会导致生长不良,严重影响药材的产量和质量。根据不同药用植物种子发芽所需湿度条件及其生长习性,结合当地气候条件,确定各种药用植物的播种期。通常以春、秋两季播种为多。耐寒性差、生长期短、种子没有休眠特性的植物适合春播,如紫苏、薏苡仁等。耐寒性强、生长期长或种子需要休眠的植物宜秋播,如白芷、厚朴等。由于我国各地气候差异较大,同一种药用植物,不同地区的播种期也不一样。播种的具体时间应该根据适宜播种温度和湿度等情况决定。

种子播种方法一般有条播、点播和撒播。条播是指把种子均匀地播种成长条状,行与行之间保持一定的距离,且行间的土地要隆起,供人通过。条播能保证田间的通风透光,便于中耕除草施肥,在药用植物栽培上广泛使用。点播也称穴播,指在播种行内每隔一定的距离挖穴播种。撒播是指在前茬作物收获后,土地不经过耕翻整地直接把种子均匀撒在地面上的播种方法,适用于小粒种子。撒播操作简便,能节省劳力,但不便于管理。

精密播种是指按精确的间距、粒数和深度,将种子播入土中。精密播种可以是单粒播种,也可以多粒播种,要求每穴粒数相等。在现代中药材种植中更需要精密播种,与普通条播相比,精密播种可以节省种子,且不需间苗,种子在行内分布均匀,因此有利于作物的生长,可以提高产量。随着精密播种技术的发展,逐渐出现一些精密播种机(图2.18)。现阶段常见的精密播种机有机械式和气吸式两种。机械式播种机结构相对简单,成本低,但对种子几何尺寸要求比较严格,种子容易遭受积压而损伤,且单粒播种效果差,不适合高速作业;而气吸式播种机结构相对复杂,但能克服上述机械式播种装置的缺点,具有作业速度高、种子损伤率小的优点,是一种先进的播种技术[29]。此外,多功能的免耕播种机正在迅速发展。免耕播种机无须对土壤单独进行翻耕,可以直接在前茬农作物还未翻整完成和秸秆覆盖的土地上进行播种。使用免耕播种机可以在留有前茬作物的土地上一次性完成开沟、播种、施肥等工序,具有减轻土壤风蚀、减少翻地次数、防止水分散失、降低农业生产成本、提高作物产量等一系列优势[30]。

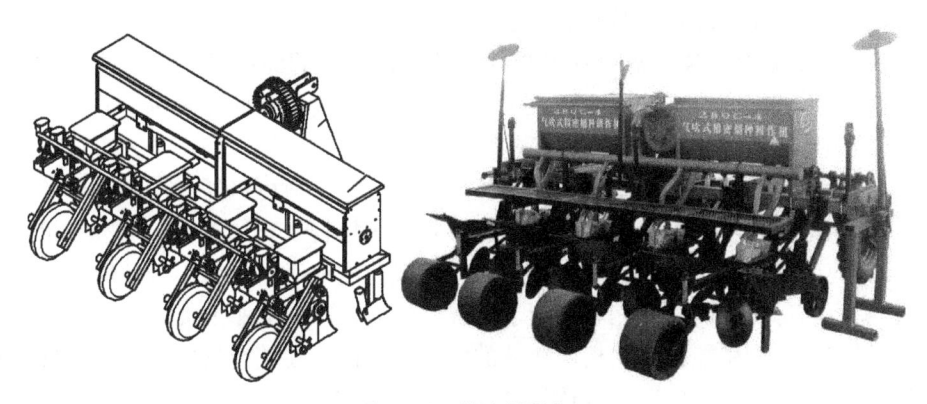

图2.18 精密播种机

一些药用植物,如杜仲、黄柏、厚朴等,可以先在苗圃中育苗,然后移栽于田地中,能提高土地的利用率,便于培育壮苗。这种种植方法称作育苗移栽。育苗移栽根据不同的育苗场地可以分为不加任何保温措施的露地育苗;在人工加温的专用房屋内的温室育苗;不加发热材料,由塑料薄膜覆盖仅通过接收太阳能保温、增温的冷床育苗;在寒冷季节利用太阳热能,并在下面垫入酿热物,利用其产热提高温度的温床育苗。

不论采用哪一种育苗移栽方法,都要对土地进行细致的管理,在整个育苗期间都要注意除草、施肥、防病虫害,尤其是要注意光照、空气、湿度和温度的调节,促进幼苗的健壮生长。移栽要及时,小型草本植物要在幼苗长出大概5片叶子时移栽,而大型木本植物则需要培育1~2年,幼苗过大不利于成活。移栽的时期应根据植物种类和当地气候而定。如厚朴、杜仲等大型木本植物多在秋季落叶之后春季发芽之前移栽,其余小型草本植物多在早春或晚秋移栽。

三、田间管理技术

田间管理是指在大田种植中,从播种到收获的整个过程中的一系列措施,如间苗、除草、施肥、灌溉、病虫害防治等。

1. **间苗** 调控植物种植密度有利于合理利用光能和土地，便于通风，也是一项重要的技术措施。为了防止缺苗，在播种环节的播种量一般大于所需苗数。出苗后须及时调整幼苗间距，并除去瘦弱和有病虫的幼苗，选留生长健壮的苗株。幼苗过密会引起光照和养分不足，通风不良。为保证产量和质量的稳定，对缺苗的土地必须及时补种幼苗。为了保证幼苗成活，补种幼苗最好选阴天后或晴天傍晚阳光不强烈时进行。但是，对于价格较昂贵的药用植物是不进行以上工作的，如人参、西洋参、黄连、西红花、贝母等。

2. **除草** 杂草会掠夺土壤中的养分，同时也是病虫滋生和蔓延的场所，对药用植物生长极为不利，必须及时清除。常用的清除方法有人工除草和化学除草。化学除草可以节省劳力，降低成本，提高生产率，但除草剂的使用会对人与生物造成一定的危害，所以中药材规范化种植不提倡使用除草剂，一般以人工除草为主。在药用植物的种植过程中，需要在植物生长期间对土壤的表层进行耕作，这个操作可以减少地表水分蒸发，改善土壤通气性，还可以增加土壤肥力。耕作与除草一般同时进行，通称为中耕除草。除草次数随着植物的生长阶段不断改变，幼苗阶段杂草最易滋生，除草次数宜多；成苗阶段，枝叶生长茂密，除草次数宜少，以免损伤植株。

3. **施肥** 土壤中富含丰富的营养物质，是植物养分的储存库。但土壤养分含量和释放速度有一定的限度，不能完全满足药用植物生长需要。因此必须进行施肥，向土壤补充各种植物生长所必需的养分。肥料的种类很多，按它们的作用可分为直接肥料和间接肥料。直接肥料可以提供植物所需的各种养料，间接肥料可以通过改善土壤的理化性质而间接影响植物的生长发育。合理选用肥料是药用植物生长的关键。一般在植物快速生长阶段，应使用一些速效肥料。在播种前或移栽前耕地时，可施用长效肥料。由于各种药用植物入药部位不同，对肥料的要求情况也不同，一般氮肥能促进叶片生长，磷肥能提高种子产量，钾肥能促进块根、块茎的发育。因此，在选择施肥方案时，要根据药用植物的活性成分，通过施肥试验选择合理的施肥配方。

4. **灌溉** 水分是植物生长所必需的条件，正常情况下自然降雨量即可满足植物所需的水分要求。不同的植物对水的需求量不同，而有些植物需要较多的水分才能正常生长，或者由于气候原因长时间不降雨，这时就需要人为补充水分，这就是灌溉。药用植物种类不同，对水分的需求也不同，耐旱植物如甘草、黄芪等一般不需要灌溉。而喜湿的药用植物如半枝莲、薏苡仁等则需保持土壤湿润，依靠正常降水无法满足其对水分的需求。灌溉的方法很多，漫灌、喷灌都是现在常用的灌溉方法。近年来滴灌慢慢地被广泛应用，滴灌是按照农作物的需水量，通过管道直接向植物根部供给过滤水和营养物质的灌溉方式，滴灌示意图见图2.19。它可避免将水洒到其他地方，可

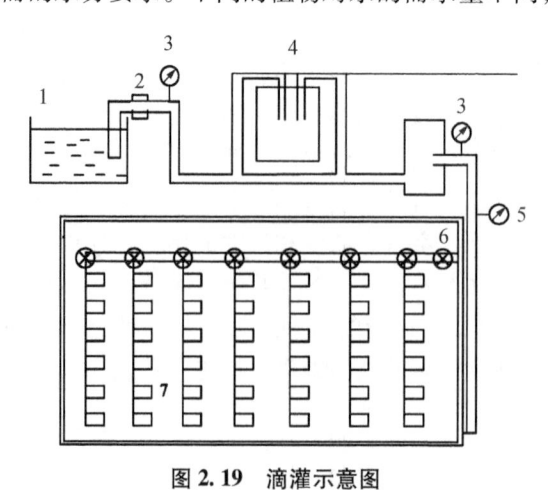

图 2.19 滴灌示意图
1. 水源；2. 水泵；3. 压力表；4. 肥料箱；
5. 流量计；6. 阀门；7. 植株

按照要求的方式分布到土壤中供作物根系吸收，可给根系连续供水，而不破坏土壤结构，土壤水分状况较稳定，更省水、省工，不要求整地，适用于各种地势，可连接电脑，实现灌水完全自动化，是现代化种植的理想方法。

5. 病虫害防治　是田间管理的一个重要环节，是病害和虫害的并称。这直接关系到药材的产量和品质。对病虫害的防治过去主要采用化学保护措施，如使用化学农药杀灭害虫和病菌，虽然起到了保护植物作用，但是带来了更为严重的化学污染和农药残留问题，有些化学物质直接污染了土地，给药用植物的种植带来了长期影响。根据GAP对病虫害防治要求，不能使用高毒、高残留的化学农药，只允许使用一些低毒、低残留的化学农药，以减少对环境的污染和对药材质量的影响[31]。

在现代药材的生产中，药材的品质是否绿色的重要性是远远高于产量与外观的。所以在许可的范围内，以少量的产量损失和外观损失来换取绿色品质是完全可行的。这里我们根据不同的植物和病虫害繁殖曲线，人为规定一个界限，称为"病虫阈值"。只有病虫害超过了这个阈值，才需要采取化学防治措施。在生产中如果出现的病虫害损失在阈值以内，我们就可以容忍病虫害的少量出现，不使用药物防治。只有当病虫害超过了阈值，才开始使用一些低毒、低残留的药物。要将阈值原理与农药使用的量相结合，从而尽量减少农药的使用，以减轻生态系统的负担。但是病虫害的防治不能单纯依靠化学药物防治，而应该充分重视和利用综合防治措施。综合治理措施一定程度上可以起到预防作用，减少病虫害，实现少用或者不用化学药物的终极目标。现在正在使用的防治措施有农业防治措施，包括合理轮作、套作、除草；物理机械防治措施，使用防虫网、趋光引诱等方法；还有以生物农药为主，化学农药为辅的化学防治措施。在防止病虫害的过程中，要优先采用农业防治法、物理机械防治法，化学防治法只能作为不得已使用的最后一道防线[32]。

四、现代农业种植技术

（一）TCMGIS 技术

中药材的野生分布区是药材质量和生长最适宜区域，但由于原产区的各种因素限制难以保证药材的规模化生产。因此，很多药材需要进行引种扩种。为保证药材质量，需要根据一定的科学理论和方法指导选择与野生分布区生长环境相似的区域。引种地气候与原产地气候相似是生物引种的基本原则。这样才能保证引种地中药材的产量和品质与原产区的药材相同或相似。而生长环境中的诸多因子如土壤、降水量、温差等与中药材品质都有密切关系[33]。

地理信息系统（GIS）是集计算机科学、地理学、测绘遥感学、环境科学等于一体的新兴学科，以提供对规划、管理、决策和研究所需信息的空间信息系统。以GIS为基本平台开发的TCMGIS（中药材产地适宜性分析地理信息系统），可用于探究中药材的产地适应性，为中药材的引种扩种提供理论依据[34]。TCMGIS系统采用了4个数据库：①基础地理信息数据库，包括矢量数据的国界区划和城市区划等数据；②气候因子数据库，包括全球气候数据库与全球生物气候学建模数据库；③全球土壤数据库；④药用植物分布空间数据库，整合全球野生药材分布、主产地和道地药材生长经纬度数据。TCMGIS系统涵盖超过240种全球药用植物的采样点，采样点数据主要来源于主产地、野生分布或道地药材产区，用户可使用系统进行查看、坐标下载。系统中包含药用植物生长的生态环境相关数据库，其中包括生长季均温、最热季节均温、最冷季节均温、年均温、年均湿度、年均降水、年均日照和土壤等生态因子。系统可以为药材的引种栽培提供数据指导，以药材的道地产区作为分析的基点，确定影响药材分布的关键性地理生态因子。然后使用系统中提供的多种传统经典方法对数据进行标准化处理。标准化后的数据可以进行相似系数计算，分别计算气温、降水量、土壤、海拔等气候及土壤因子对目标值的相似系数，根据距离分别将各个指标进行重分类，也可以将气候、土壤因子等各个因子进行综合计算后得出一个综合相似系数（SI），这需要根据每种药材对生态因子的要求确定权重。根据系统分析的相似系数大小将适宜区划分为三个等级：最适宜区（$SI \geq 90\%$），适宜区（$90\% > SI \geq 80\%$），次适宜区（$80\% > SI \geq 70\%$）。

（二）数字化管理技术

数字化植物园技术是植物园管理领域发展起来的一项热点系统工具，也可以应用于中药材种植基地的数字化管理。以往传统的中药材记录一直是手工进行的，难以保存和查阅；随着计算机网络技术的广泛应用，信息管理数字化成为可能。植株信息管理数字化，有利于药物资源的保护开发和利用，加快管理科学化、标准化进程，促进中药材数据资源的交流和共享。

中药材种植基地的信息技术体系包括地理信息监测、植株信息管理、精准植株管理、智能植株保育。目前可使用遥感技术（remote sensing system）、地理信息系统（geographical information system）、全球定位系统（global positioning system）有机结合的3S技术对种植基地中的每一株药材位置进行信息化，并将园区的物种进行地理坐标定位，录入系统，对种植基地和植物进行建模，生成一个虚拟的中药材种植基地。对每一株中药材建立信息库，如图2.20所示。

图2.20 中药材种植基地数字化管理技术体系

（1）基本数据库：收录园区所保存药用植物的基本信息，每种植物具有唯一的编号，并登记有科属、拉丁名、植物俗名、形态特征、分布区域、用途及其他描述等内容。

（2）图片数据库：收录药用植物各物候期的图像信息。

（3）中药知识数据库：收录每种药用植物的药用部位、药用价值及其他相关药用信息。

（4）引种登记数据库：收录植物园的引种登记信息，包含引种植物的拉丁学名、引种人、鉴定人、引种时间、引种地、来源地生境、材料类型等信息，引种登记数据库的内容随着历年引种的积累，不断增加。

（5）生长发育数据库：收录药用植物的生长发育信息，包括繁殖方式、种子处理方式、播种方法、物候期的记载及储藏方式等。

（6）中药化学数据库：收录药用植物所具有的中药化学成分，包括药物名称、化学名、分子式、结构式、理化性质、药化作用、毒性反应、临床反应、用途及来源。

（7）栽培数据库：收录每种药用植物的栽培方法，包括选地整地、田间管理、病虫害防治、留种技术、采收与加工等信息，还可为每株植物生成专属二维码，扫描二维码后即可查看该株植物的所有信息。以大数据分析和人工智能技术为基础，形成一个有关中药材标准化种植的专家系统，对土壤、气候与植物生长状况进行智能化评价，并根据植物的不同生长阶段对植物的田间管理、病虫害防治等给出不同的意见，更加科学、精准、规范地进行栽培[35]。

第三节 药用动物的养殖技术

药用动物在我国有着极其悠久的临床应用历史，在过去这些动物大多来源于野生，药用动物的驯化家养基本上都是近现代发展起来的，并与食物动物的养殖相互渗透交叉。由于药用动物的研究起步晚，基础弱，管理差，所以动物药生产的规范性不高，养殖技术有待完善。

药用动物从野生变为家养且有一定的质量标准是中医药向现代化发展的必然条件，药用动物的养殖对中医药可持续发展、生态平衡、环境保护都有重大的意义。所以，应当发展药用动物养殖技术，提高动物药的产量和质量，使药用动物的养殖规模化、规范化。这将有利于中医药现代化的早日实现，同时也是对野生动物资源的有效保护。

一、引种技术

引种是药用动物养殖的第一个环节，引种可以将野生动物变成家养，也可以是从其他养殖场引进用于繁殖的动物。引种工作首先应该对要引种动物的生活习性进行详尽的调查，之后才可开始进行捕捉、检疫、运输等一系列引种工作。在引种的过程中，动物的生活环境会发生很大的变化，这对动物来说是一场严峻的考验，一着不慎就会造成大量动物的死亡，不仅对经济效益有很大的损失，对生态环境也是一次严重的破坏。

引种的途径主要有野外捕捉和养殖场购买，主要以养殖场购买为主，不提倡野外捕捉。动物药中有不少来源于珍稀濒危动物，这些动物受法律保护，如我国政府在1993年曾颁布法令禁止虎骨、犀角入药。受保护的珍稀野生动物除了用于科研、繁殖等特殊情况外禁止私自捕猎。在药用动物捕捉时，要力求避免对动物机体产生损伤，大多数的动物都胆小易惊,对于捕捉后的护理更是十分重要,它们被捕捉关入笼中时,因环境突变易受惊,有的会出现循环系统和呼吸系统生理障碍,有的出现消化系统功能紊乱,会给动物造成严重的不适,有的甚至造成死亡。所以,对于初次捕捉的动物应该尽量在原地暂时饲养一段时间,保持安静,尽量满足其所喜爱的食物条件等,等到动物不再拒食且精神稳定后再进行运输。此外,在引种时还需要考虑引种动物的雌雄比例,以保证更高的成活率和繁殖率。

检疫是指对动物的健康状况进行检查并采取有效的防疫措施。引种时检疫不力会导致疾病的传播,甚至是动物的死亡。另外也要注意当地动物的疾病传染给外来物种,从而导致引种失败,运回饲养地的引种动物还应该与原来饲养的动物隔离饲养一段时间。因此,检疫是一项不容忽视的工作。

野生药用动物的驯化程度低,家养动物驯化程度也有所不同,在运输时比较困难,运输过程中要尽量缩短时间,避免时走时停或中途变换交通工具。一般情况下,幼年、雌性、食草动物更容易运输。当然,在运输时也应该采取适当的方法和措施。在对动物进行运输的过程中,要对运输笼严密遮光,这样可以减少动物的活动,使动物保持安静,降低能量消耗。只有在喂食和饮水时才给予光照。个别运输困难的动物,可以口服或注射特定药物,使动物处于安静状态而运输到达目的地。运输陆生生物的过程中,要给予充足的饮食,但不宜过多,食物要量少质高。对于鱼类、两栖类和某些爬行类等与水关系密切的动物,在运输过程中需要淋水湿运。如果使用大量的水和较大的容器,这对于运输极为不便,且易造成运输水的污染,导致动物呼吸困难造成窒息或中毒。淋水湿运大大降低了此类动物的运输成本。

二、饲养技术

在药用动物的人工饲养过程中,必须针对相应动物的特性,结合客观环境选择饲养方式,建立合理的饲养制度,以适宜的方法进行喂养才能达到养殖的目的,获取优质高产的动物药产品。当前人工饲养的药用动物养殖的主要目的是药用,饲养方法既要借鉴成熟的家禽家畜的方法,又要结合客观事实,不能生搬硬套。

饲养管理方式有散放饲养和控制饲养两种。散放饲养需要在较大区域范围内养殖药用动物。此法对土地区域要求比较严格,需要有与所养殖动物相适应的气候、地势、植被等条件,且养殖的多为适应性很强的动物。投入的人力、物力较少,动物基本处于野生状态。控制饲养是在人工环境下饲养动物,饲养密度大,单产量高。随着现代科学技术的进步,生产力的不断发展,人工环境及饲料的喂养都有很大的独立性,不受外界气候变化的影响。

动物的生产期与植物一样受到自然气候的密切影响,人工饲养药用动物的关键在于如何创造更适宜药用动物生长发育的环境,为了获取更多更好的动物产品,延长生产时期是一种有效的措施。如人工增加光照时间、提升温度和湿度都能达到预期目的。在人工气候室中,如图2.21所示,可以定向地依据某种药用动物的生活习性为其提供相适应的气候条件,用以生产出更多更好的产品。人工气候室是一种人为模拟自然环境中的光照、温度、湿度、营养等因素,形成一种近似自然气候的特殊结构的环境设施[36]。目前有以下三种类型。

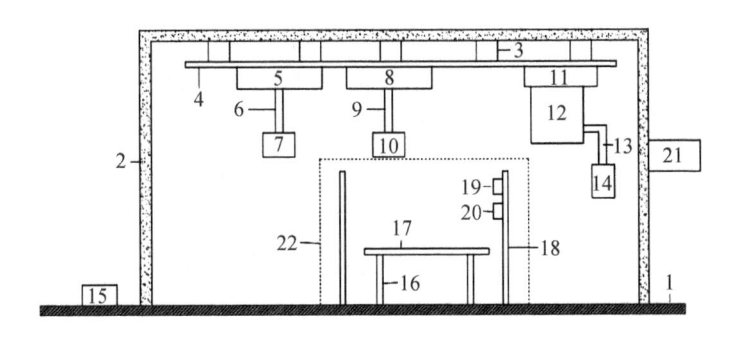

图2.21 人工气候室示意图

1. 安装台；2. 气候室本体；3. 支撑杆；4. 滑轨；5. 第一电动滑块；6. 第一连接杆；7. 紫外线照射器；8. 第二电动滑块；9. 第二连接杆；10. 加热器；11. 第三电动滑块；12. 水箱；13. 喷雾管；14. 电动喷雾管；15. 控制器；16. 支撑柱；17. 实验台；18. 侧板；19. 湿度感应器；20. 温度感应器；21. 显示屏；22. 透明板

（1）综合型：规模较大，它拥有几十个甚至上百个环境因素完全不同的气候室，研究和养殖范围很广泛，既能进行多种环境因素的综合因子试验和养殖，如可以完全模拟沙漠、热带、寒带、极地各种气候条件；又可同时针对单一环境因子进行试验和养殖。

（2）专用型：建筑面积比前者小，改变环境因素较方便，可以调节单一气候因子，但难以进行综合气候的模拟。往往为某一特定的研究和养殖对象所专用。

（3）人工气候箱：体积小，调整管理方便，移动性强，造价便宜，适宜于小规模单因子或双因子试验。

饲料的配比应该根据药用动物在不同的生长阶段对各类营养物质的需要进行调整。过去需要每日投给大量的青饲料保证药用动物的维生素供应，而现在常采用多种维生素添加剂来保证药用动物的维生素供应，将几种成分明确、含量可知的饲料按一定的比例科学地结合起来，加工成人工合成饲料。饲料中要有动物生长发育所必需的营养物质，如糖类、脂肪、蛋白质、无机盐和微量元素等。与天然的饲料相比，其优点是营养物质配比的含量较为稳定；通过合理的原料配比，能综合动物的营养需要等多种复杂因素，尤其适合开展规模较大的工业化、规范化生产。根据不同动物的生长发育、繁殖、季节性规律适当地给予动物饲料，而且要根据动物本身的状态和不同发育时期喂养饲料，不能一成不变。

在饲料加工调制上，全价颗粒饲料是一种尤其适合动物饲养的饲料。颗粒饲料机示意图见图2.22，全价颗粒饲料是根据不同品种的动物在不同阶段对营养物质的需要设计配方，再使用优质原料配制成全价饲料粉，再经过制粒机制成的。全价颗粒饲料营养成分均匀，可以防止动物择食，保证营养成分全面进入体内，促使药用动物的产量和质量上升。而且全价颗粒饲料增加了饲料适口性；易于消化吸收，降低了过去常用的混合饲料的消化不良反应（如腹泻等）的发生率；减少了细菌，饲料不易变质，减少了食物中毒机会，提高了饲料的保存性能；提高劳动强度，便于大生产，利于运输储存。同时，饲料的生产上，一些先进的多功能颗粒饲料机、蒸汽热压颗粒机等设备也应运而生，以保证饲料质量和降低成本。

在养殖过程中，日常管理也是需要注重的内容，必须针对不同动物的特点，采取相应的管理措施。保持清洁卫生是日常管理的重要组成部分，对疾病防治也有积极的意

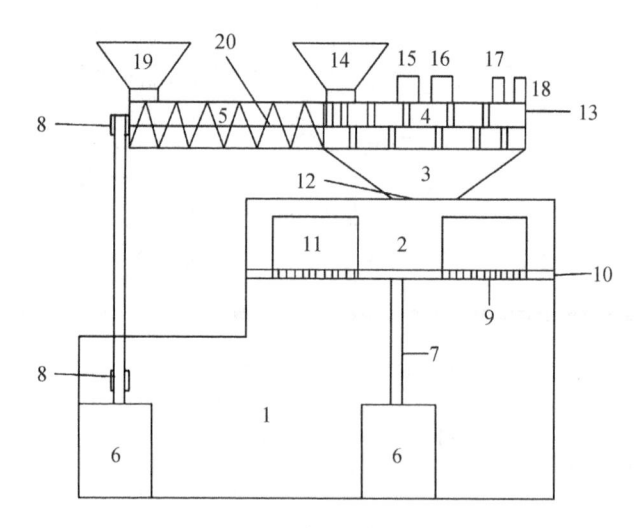

图 2.22 颗粒饲料机示意图

1. 动力室；2. 挤压室；3. 过筛室；4. 混料室；5. 破碎室；6. 电机；7. 主轴；8. 皮带轮；9. 切割刀片；10. 挤压压板；11. 挤压块；12. 筛网；13. 搅拌叶片；14. 第一进料口；15. 水分测定仪；16. 蒸汽阀；17. 烘干器；18. 控制器；19. 第二进料口；20. 破碎刀片

义。养殖场所要定时打扫卫生，及时清除食物残渣和排泄物；养殖池的水质要清洁，对养殖池内溶氧量，浮游生物要有明确的标准。要有定期巡查记录，定期巡查养殖场所，查看动物的数量、进食、活动和健康状况；养殖水池要测量水温、pH、溶氧量，及时发现情况采取相应措施；注意疾病的防控，定期检查动物的身体状况，做好观察记录。为了便于管理，最理想的情况是为每一个动物建立健全的档案记录，进行个体登记，并单独建立档案卡，记录其血缘关系及生长发育情况，有利于对每一个动物进行更精准养殖。

在药用动物饲养中，自动化系统的应用对饲养工业生产与产品质量产量提高具有重要意义。药用动物饲养的自动化系统主要包括自动喂料、自动饮水、自动冲洗笼具、自动清除粪便等。药用动物饲养中，给水的时间、次数与质量等对药用动物各种生理过程有直接影响，而且通过给水能让动物更好地摄取维生素、矿物质及微量元素。生产实践证明，天然水的成分对多种动物药有明显影响，是动物药材形成的重要因素，所以给水和饲料供应一样，也是人类影响药用动物的一种手段。从药用动物对水分的摄取来看，以通过采食青绿多汁的新鲜饲料而吸收水分和通过对营养成分的分解而同时获取水分最为理想。自动喂料系统以电子计算机程序控制形式，使饲料定时定量地从料斗运到食槽；自动给水系统包括水管、抽水阀、减压阀、过滤器、分水阀等，具有保证饮水干净卫生、清洁新鲜、减少污染、节省人力及时间等优点；自动冲洗笼具系统有小瀑布冲洗和从前到后冲洗两种形式；自动清除粪便污物系统有以玻璃纤维与硅酮合成的传送带等形式，这些将推动我国药用动物的饲养向现代化发展[37]。

三、现代养殖技术

（一）生物絮团技术

生物絮团是以胶团细菌、丝状细菌为核心，依靠其分泌的"细胞黏合剂"，将异养菌、硝化菌、脱氮细菌、藻类、真菌和原生动物等"黏合"在一起,形成肉眼可见的微小絮状物。生物絮团技术作为一种低成本的清洁养殖用水方式,还能提供额外的饲料来源,如今已变得越来越受欢迎。最重要的是,实施生物絮团需要的投资很少,胶团细菌只需要阳光、碳水化合物和充足的溶解氧。

生物絮团的形成与温度、pH、溶氧量等因素密切相关。生物絮团是一个活的微生物集群,在25~31℃这个适宜温度范围内,不仅有助于生物絮团的形成和稳定,也有利于水中生物的摄食和生长,同时还会对水体中的溶解氧含量产生影响;pH范围在7.8~9.2的范围内较适宜;生物絮团中的异养菌属于需氧菌,其生长繁殖需要在氧气充裕的环境中进行,任何厌氧状态的出现都会对其正常生长繁殖产生重要的影响,是影响生物絮团形成的一个主要因素。

生物絮团的使用有很多优点,首先它极大减少了水资源的浪费,传统养殖水深,动物过程中需要大量、频繁换水;其次它也给内陆水产业的发展提供了新的思路和方法;生物絮团技术还提高了蛋白质利用率,通常投加到养殖水中的蛋白质,只有小部分被动物利用,其余都沉积池底后被排出,造成了饲料蛋白的浪费。在生物絮团养殖系统中,异养菌利用碳水化合物和养殖水体中未被摄食利用的有机氮和无机氮(主要为氨氮)合成自身蛋白物质,而这种单细胞蛋白是能够被养殖动物所摄食利用的[38]。

(二)盐碱地养殖技术

盐碱地是指一系列受盐碱成分作用的土地,包括各种盐土和碱土及其他不同程度的盐化和碱化的土壤类型的总称。盐碱地在地球上分布广泛,占陆地总面积的25%,主要集中在欧亚大陆、非洲、美洲西部。我国盐碱地面积大,类型多样,需要利用起来。最新研究发现,我国盐碱地面积总计9 913.3万公顷,相当于耕地面积的1/3,主要分布在东北、华北、西北内陆地区及长江以北沿海地带。我国盐碱地面积大,分布广,不仅恶化生态环境,而且影响着当地农业和农村的发展。因此,治理和改良盐碱地是一项意义重大的工程。

传统盐碱地的改良基本沿用了"淡水压盐、排水洗盐"的模式,通过建立灌排系统、灌水洗盐、排掉碱水,达到土壤脱盐和防止次生盐渍化的目的。但盐碱地中的Na^+、Mg^{2+}、Ca^{2+}、K^+、Cl^-、SO_4^{2-}、HCO_3^-等离子又是生物生长发育必需的,不能将其全部排出,需要因地制宜,采用生物治理技术,进行"以渔改碱,上农下渔"的综合开发。盐碱地池塘的养殖品种应为耐高碱度、高硬度,生长速度快,抗病力强的鱼类,同时利用池坡、池埂、台面上种植中药饲草,以草养鱼。以投喂饲草为主,麸皮等精饲料为辅,当饲草不足时,以野草作为补充。通过牧草的种植,能疏松土壤,防止土壤板结,使其淡化和熟化,还能防止地下水蒸发和地表季节性反碱,同时还能提供鱼类所需的青饲料和绿肥。通常种植的牧草都有生长速度快、再生能力强、繁殖率高且耐盐碱、抗寒、耐旱、适应性强等优点,且营养丰富,粗蛋白质含量高,适合草食性鱼类的生命需求。现有的鱼—草结合养殖技术,有鲫鱼—苜蓿混养模式,两者混养有利于实现优化配置水土资源、恢复生态环境的目标,突出水和土地资源、环境、农业等领域的水资源优化配置与综合开发利用[39]。

(三)生态农业养殖技术

生态农业是以生态学和生态经济学原理为基础,将现代科学技术和传统农业相结合，以社会、经济和生态效益为指标，应用生态系统的整体、协调、循环和再生原理，运用系统工程方法建立起来的综合农业发展模式（图2.23）。生态农业作为一种农业可持续发展的实现形式有着强大的生命力和广阔的发展前景，能为中国和世界农业的可持续发展作出积极而重要的贡献[40]。

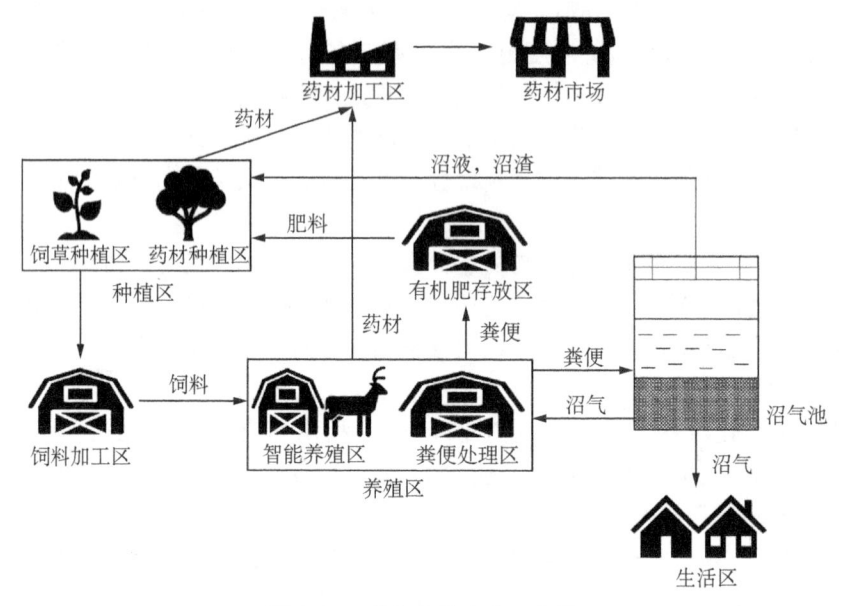

图 2.23　生态中药农业示意图

地球上的每一个生物都无一例外地处于食物链中，而能量也在食物链中流动，生产者利用太阳能储存能量，但是在其生长过程中也消耗着一部分能量，消费者利用能量加速能量的流动，分解者可将一部分能量返还给生产者，其余部分则消耗掉。如果能够将食物链能量流动过程中未被利用的能量利用起来，就可以减少能量的损失，这就要求在中药材种植养殖过程中延长食物链，引入分解者，将药材种植基地营造成一个科学化的生态系统，循环利用物质，实现种植基地资源利用的最大化和经济效益的最大化。物质循环利用的生态农业系统是一种按照生态系统内物质循环规律和能量流动设计的良性循环系统。在该系统中，一个生产环节的产出是另一个生产环节的投入，使得系统中的各种废弃物在生产过程中得到再次和多次的循环利用，从而获得更高的资源利用率，有效地防止废弃物对农村环境的污染。根据系统内生产结构的物质循环方式结合中药材的种植养殖方式，可以采用种、养、沼三结合的物质循环利用类型。

种、养、沼三结合的物质循环利用类型是以沼气为纽带的复合产业生态模式，可以与种植业、养殖业、加工业及城乡居民生活连接起来，从而衍生出一批新兴的环保产业。此类型的模式众多，如以沼气为枢纽，把系统中的各部分都有机地联系起来的生态户式种、养、沼三结合模式，畜牧生产中的牲畜粪便进入沼气池后，经发酵产生沼气，用于农民生活的炊事、照明、取暖及发电，沼渣可用于培养食用药用菌或作为肥料用于农田；沼液用于喂养药物水产品，也可以作为速效肥料用于药用植物；甚至经发酵后的沼渣和泔水也能用于喂养一些哺乳类药用动物[41]。

第四节　药用矿物的开采技术

在日常使用的中药材中，除了占大多数的植物药和动物药，还有矿物药。矿物是由于地壳变动在地质作用的影响下所形成的天然单质或化合物。矿物药来源单一，主要来源于天然矿物、矿物加工品、生物类化石及一些纯化学制品。其主要化学成分均为无机化合物，故又称为无机化合物类药材。

矿物药结构清晰，功能明确，譬如石膏有清热泻火、除烦止渴之功效；芒硝、玄明粉则有泻热通便、润燥软坚、清火消肿之功效；炉甘石，解毒明目退翳，收湿止痒敛疮。矿物药中含汞、铅、砷等较多，临床有效量和中毒量比较接近，治疗窗窄，而患者对矿物药的个体差异却比较大，因此在临床应用时要重视其毒性作用和不良反应。因此，此类药大多外用，内服宜慎，还应从小剂量开始，控制其用量，不宜长久使用，以免体内积蓄而导致中毒。

一、矿物药的资源现状

矿物药作为中药不可或缺的一部分，在我国有着数千年的应用，这些自然的矿产资源在中医药的理论指导下具有多种药用功效。《山海经》是最早记载矿物药的著作，收载60余种矿物类药，在随后的本草著作中矿物药不断增多[42]，2020年版《中国药典》收载有23种矿物药。近年来，随着科学技术的飞速发展，人们对矿物药有了更加深入的研究。矿产资源属于不可再生资源，随着经济快速发展，对矿产资源的需求总量将持续扩大，供求矛盾日益突出。实施可持续发展战略，加强矿产资源勘查，合理开发和节约使用资源，努力提高资源利用效率，走科技含量高、经济效益好、资源消耗低、环境污染少的路线尤为重要。自2011年，国家中医药管理局组织开展中药资源普查试点工作以来，全国性第四次中药资源普查全面开展，而矿物药作为特殊的一类中药，在这次中药资源普查中专门立项，目的为摸清我国矿物类中药的"家底"[43]。

矿物药在我国有着悠久的历史，长期的发展过程中也产生了大量与植物药一样的名称混乱现象，同名异物和同物异名现象时有出现。如自然铜矿物基源有黄铁矿、褐铁矿、自然铜、黄铜矿等；云母既作为云母石又作为银精石使用。品种的混乱不仅影响到用药的准确性，而且在药材交流、药品管理上也存在不少困难。另外，矿物药的质量问题也一直存在，现阶段对矿物药的安全性和质量问题虽然给予了高度的关注，但总体来讲，我国的矿物药研究基础薄弱，安全标准与质量标准还存在较大问题。影响矿物药质量因素很多，诸如地质状况、开采过程、运输及储存条件、炮制等。另外，我国矿产资源开发利用中的浪费现象和环境污染仍较突出。开采矿山布局不够合理，探采技术落后，资源消耗、浪费较大[44]。我国丰富的矿产资源与日益增长的物质需求矛盾日益凸显，特别是一些玉石类矿物中药较为稀少，以及含砷、汞类中药如雄黄、朱砂等对环境有污染的中药需要规范化生产，避免因人为开采不当，造成资源浪费与严重的环境污染。

二、矿物药的分类

矿物药可根据不同的分类方法进行分类。《本草纲目》将矿物药按自然属性分为水、火、土、金石四部，其中金石部又分为金、玉、石、卤石四类。

随着科学技术的发展，我们对矿物药的化学成分的认识越来越清楚，更多地按化学元素分类，可分为重金属元素、轻金属元素、两性元素、非金属元素四类。

重金属元素类，含金、银、铜、铁、铅、汞的矿物药，如金箔、磁石、禹余粮、铅粉、轻粉等。轻金属元素类，含镁、钾、铝、锰、钠、钙、锌的矿物药，如玄明粉、芒硝、白矾、炉甘石、方解石等。两性元素类，含砷、硅的矿物药，如砒石、砒霜、雄黄、雌黄、云母。非金属元素类，含硫、碳的矿物药，如硫黄、百草霜等。

矿物药也可以按药用功效进行分类。如清热药有石膏、滑石、寒水石等；平肝药有代赭石、磁石、龙骨等；化瘀药有自然铜、琥珀、花蒙石等；止血药有禹余粮、伏龙等；通便的有芒硝、硫黄等；化痰药有海浮石、明矾、硼砂等；温肾壮阳药有阳起石、硫黄等；镇静安神药有朱砂、磁石、龙齿等；收敛药有炉甘石、明矾等；杀虫药有雄黄、轻粉等。

三、矿物药的开采技术

矿物药一般直接来自自然界产出的矿物，也有一些为天然矿物的加工品。矿物药的主要生产来源是开采自然资源，将开采后的矿石除去不需要的杂质如泥沙、碎石等后，即可进行后加工和炮制。目前只有极少数的矿物药来源于人工合成，这是因为我国地域辽阔，矿物药的药源丰富，矿产资源丰富，是矿物药资源的天然宝库，足以保证矿物药的药材资源和临床用药。进行人工合成成本过高，且人工合成品的药效要稍差于天然矿物药。

由于矿物类药是可以作为药用的一类矿物，具有其特殊性。但在开采技术上并没有太多的报道。国内矿物药的专家或团队往往缺少"地质学-中医药学"的复合型人才，而矿物的开采技术在我国研究较多，无论是露天作业还是地下作业都有了较大的发展，采矿的安全性、环境的破坏性及资源的浪费性都得到了较大改善。

矿物类药用的开采技术研究相对较少，但人们也一直致力于得到质量更好、安全性更佳的矿物药。朱砂是一种常用的矿物药，主要成分为硫化汞（HgS）。朱砂来源于硫化物类矿物辰砂。精制时可利用浮选法，将凿碎的矿石放在直径约尺余的淘洗盘内，将盘左右旋转，因比重不同，朱砂沉于底，石浮于上。除去石质后，再将朱砂劈成片、块状即得。雄黄来源于硫化物矿雄黄，主成分为二硫化二砷。雄黄在矿中，质软如泥，见空气即变硬，一般用竹刀剔取其熟透部分，除去杂质、泥土即得。炉甘石为碳酸盐类矿物方解石族菱锌矿，主含碳酸锌。采挖后，除去杂石，洗净，晒干即得。

大部分矿物药为直接开采，也有极少数矿物药为人工合成。选择人工合成的原则是化学成分明确且有一定的经济效益。如人工朱砂，又称灵砂，以汞和硫黄为原料，经人工加热升华而制成的硫化汞，纯度高于98%。

第五节 道地药材的生产技术

道地药材，又称地道药材，是优质高效药材的专有名词，指在特定自然条件、生态环境的地域内所生产的药材，因其生产较为集中，历史较为悠久，栽培、采收加工也都有一定的讲究，故而形成了较为独特且精细的栽培、采收和加工工艺，与其他生产地区的同种药材相比较，品质更佳，疗效更好，为世界所公认而久负盛名的一类药材。

道地药材是古人评价优质中药材质量的一项独特的标准，其优质性受到遗传变异、环境和人文的综合作用。近年来，道地药材越来越受到中医药界的重视，在中医临床、中药栽培、销售、制药、科研等方面得到广泛的应用，影响日益扩大。但是，中医药界人士对道地药材的研究还远远不足，道地药材从选种、育苗、栽培、采收到加工成品，都是我国千百年来劳动人民的智慧和自然环境的完美结合。药材道地性形成的重要条件是道地药材的种植和炮制加工技术，在长期种植过程中，人们发现道地药材的质量与疗效多与道地产区独特的种植技术密切相关，这就要求我们加快发展中药材规范化种植水平，提高中药材的产量和质量，实现中医药的现代化和国际化。

一、道地药材的形成

在中医的临床诊治中，准确辨证论治和合理处方是必要的，但是近年来人们发现，有些处方却没有起到应有的效果，造成这种现象的原因是中药材的质量出现了问题，有效成分的含量较原来有显著的降低，有学者发出"中医将亡于中药"的感叹，可见对中药材质量的控制已迫在眉睫。中药材质量下降究其根源就是要研究如何产出高质量中药材，其中道地药材是重要研究对象。

道地药材主要受人文和自然两个方面的共同作用。自然因素方面受种质和环境影响较大。药材的好坏，首先与"种"有直接关系。这里的"种"就是指种质，如大黄有很多种，其道地药材有掌叶组的掌叶大黄和唐古特大黄；而非掌叶组的华北大黄、河套大黄等即使将其移栽到与掌叶大黄相同的生态环境中，也绝对成不了大黄的道地药材，这是由种质这个重要的内在因素决定的。道地产区特有的气候环境也是道地药材形成的另一关键条件。这主要是因为我国幅员辽阔，生态环境因素各地千差万别，而某一地域有着特殊的条件，致使某种植物的生长发育、开花、休眠甚至器官的外部形态和内部构造，以及生理功能和有效成分的合成上都发生变化，以致中药材品质产生差异。现代生物学研究认为生物的表现型为基因型与环境因素共同作用的结果，即表现型＝基因型＋环境[45]。道地药材表现型指可被观察到的结构和功能特性的总和，包括药材性状、组织结构、有效成分含量及疗效等，这些道地药材药效良好的物质基础，是我们可以直观感受到的性状。基因型是道地药材表现型良好的本质因素，不同品种的药材在基因层面是有所差异的，这些差异是由千百年来生物进化过程中变异形成的。道地产区的药材拥有特定的基因，这些基因表达使有效成分增加，而非道地产区的药材没有进化出同样的基因，这导致了其药效不是很理想。然而，有些药材不管是在道地产区还是非道地产区都有着相同的基因，但是其表现出的药效却不尽相同，也就是说表现型不相同，这就是生长环境对中药材的影响。基因有产生某一特定表现型的潜力，但不是决定着这一表现型的必然实现因素，即没有特定的基因，是绝对不会产生相应的表现型，而拥有特定的基因也不一定会表现出来，其表现与否要视环境而定。药材的生存环境并不总是适宜的，在药材的生长发育过程中经常受到各种环境胁迫，变化的环境反过来又会对药材产生影响，使药材产生应激性反应。这是一种典型的环境信号传导导致的细胞水平基因的表达，反过来又可以影响植物体的发育和代谢[46]。

人文因素方面主要受到采收与加工的影响。大多数道地药材现已属于栽培品，只有少数为野生品。这是由千百年来我国劳动人民对药材不断精心培育和总结得出的栽培技术。古代道地药材的药效是根据临床数据评判的，具有积极的参考意义，但由于古代科学技术的限制，对于道地药材的栽培条件只有一个粗略的经验，而我们现代化的中药科研者以传统栽培经验为指导，利用现代先进的科学技术对道地药材的种植技术进行现代化革新，为中药材种植养殖技术的规范化提供科学性和可操作性的技术规范及标准。

二、道地药材生产的意义

道地药材是我国传统优质药材的代表，具有较高知名度。发展道地药材生产，不是一时权宜之计，而是百年长久大计，是自古以来历史经验总结的启示，对发展祖国医药学事业和发挥中医药特色来说均具有深远意义[47]。

随着"中药大健康"战略的实施，中药材的供需关系尤其是需求发生了巨大变化。一方面，中药材是中医防病治病的物质基础，是中成药、中药饮片的重要原料；另一方面，中药材已从传统的医疗需求逐步走进寻常百姓家，成为人们日常健康养生必备的消费品。中药材的需求量和需求层次大大提升，对中药材的产量和质量来说都是挑战。现阶段我国道地药材源自特定产区，需要在特定地域内生产，中药材的持续供给水平和人民群众对优质药材原料日益增长的需求相比，存在发展不充分、不平衡问题。由于过度采挖及生境退化，部分道地野生中药材资源流失、枯竭，如羌活、川贝等尚未完全实现栽培化，野生来源道地药材供应短缺的问题日益突出；另外，道地药材被盲目引种，受经济效益、劳动力成本、城市发展等各方面影响，不少传统优质道地产区被新兴主产区替代，导致道地性消失，中药材疗效下降；同时，生产过程中重产量轻质量，忽视道地药材综合质量特征，单纯追求指标性成分含量达标，滥用化肥、农药、生长调节剂，随意缩短栽培年限，严重影响了中药材质量和临床疗效；此外，还存在优良品种和先进种植加工技术推广应用不充分，产地加工条件落后，交易方式原始，现代中药材物流和市场体系不完善[48]等问题。

发展道地药材规范化种植是解决中药材供需关系不平衡和中药材质量参差不齐的根本措施。众所周知，每当一种药材紧缺脱销时，特别是稀有贵重药材一旦货源紧缺，伪劣混乱品种立即应运而生。如三七曾一度货源紧缺，商品中藏三七、藤三七、水三七、姜三七及伪品三七等层出不穷，后来正品三七种植技术日趋发展，有了严格的标准，质量和产量都大幅提高，次品、混杂品、伪品等也就逐渐销声匿迹了。因此，发展正品道地药材的生产，伪劣混乱品种就会被淘汰，这是实现中医药现代化的重要途径。

三、道地药材的种植技术

道地药材作为优质药材的代表，在长期的发展过程中形成了自己的栽培种植技术。随着一些现代材料、化学物质、机械的应用，传统的种植技术正在得到进一步完善，可以有效打破原有的种植障碍，产出质量更好、产量更高的中药材。下面就几种现代广泛应用的道地药材种植技术进行阐述。

（一）地膜覆盖种植技术

地膜覆盖技术是近年来世界范围内发展很快的一种先进栽培技术。如图 2.24 所示，它是用一层很薄的塑料薄膜，紧紧覆盖在种植作物的地面上，对作物进行保护性的栽培。这种栽培方法能够提高土壤温度，促进根系生长。专门用于覆盖地面的塑料薄膜称为地膜，地黄等一系列中药材一般都选用地膜覆盖技术进行种植。

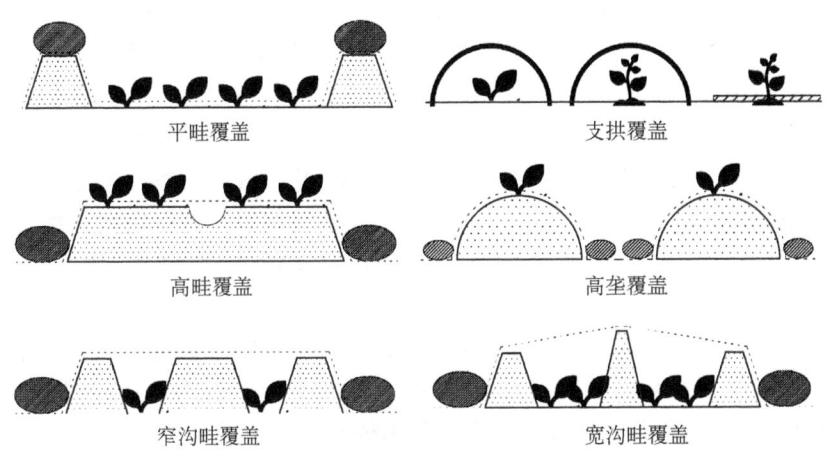

图 2.24　地膜覆盖示意图

地膜覆盖对土壤有一定的保温作用，能够使土壤充分获取并蓄积太阳能，抑制土壤水分蒸发，提高地温，优化农田生态环境。地膜本身并不能产生热能，也不能让土地发热，能有增温作用主要有以下两个方面的原因：一是地膜抑制了土壤水分的蒸发；二是它阻碍近地面气层热量交换，增加净辐射。一般地膜覆盖技术可使田地增温 2~5 ℃。地膜覆盖的保水作用源于地膜的阻隔作用，使表层土壤水分垂直蒸发受到阻挡，迫使水分作横向蒸发和放射性蒸发，使大部分水分在膜下循环，这样土壤水分的蒸发速度相对减缓，总蒸发量大幅度下降。地膜覆盖还可以影响土壤营养的转化和吸收，研究表明，覆盖地膜的土壤中的 N^{3+}、P^{5+}、K^+ 元素较未覆盖土地高。此外还需要注意的是，因为地膜覆盖的作物生长旺盛，消耗的养分多，在使用地膜覆盖栽培时，要增施肥料，以发挥覆盖地膜的最大增产效益。

地膜覆盖技术不仅仅是在传统栽培的土地上简单地覆盖一层薄膜，还需要采取一系列适用于地膜覆盖栽培的配套技术，才能取得理想的覆盖效果。地膜覆盖技术可分为两种，一种是先覆膜后播种，另一种是先播种后覆膜，后者需要人工开口放苗，可根据具体情况灵活选择应用。地膜覆盖操作要注意防止水分蒸发，整地、施肥后要立即覆盖地膜。手工覆膜要达到"平、紧、严"的标准。在大面积栽培时，可使用地膜覆盖机进行覆膜，机械覆膜效率高、质量好，而且可节省地膜。最后还要经常检查覆盖田，及时封堵破损漏洞[49]。

（二）间作套种技术

间作套种栽培技术是一种利用农作物生长"空间差"和"时间差"，进行多层次、多作物立体开发的技术。间作，从字面意思来理解就是间歇而作，是指在同一土地上、同一生长季节内，至少 2 种或以上的植物以隔畦或者隔行的形式种植。套作指的是在前季农作物生长后期的株、行或畦间播种，又或者栽植后季农作物的种植方式。

间作套种复合种植一般总株数较多，田间密度与总有效面积较大，从而提高光能利用率。不同作物混合种植在一起，由于叶子的大小和性状不同，使叶子互相填补空间，充分截取光能，有利于增加光合产物。除了在空间上对光能利用的互补作用外，还能在不同时间上充分利用资源，尤其是在前后两个季节的套作上，表现更为突出。间作套种也可以用于一些喜阴药材的种植，使用较高的药材对较低的药材形成一个天然的荫棚，既可以提高土地和阳光的利用率，又可以避免传统种植阴生药材时砍山伐林，符合现代生态农业的种植理念。林间栽种也是一种特殊的间作套种技术。间作套种充分利用了阳光和土地，可以实现一季多收，也可以增加土地肥力，有利于持续增产，提高产量，还增加了生态系统的复杂程度，能有效减少病虫害的发生。间作套种技术也不是在任何环境、任何情况下都可以应用的，必须要满足一定的条件来科学合理应用，如可考虑前茬选用早熟品种，后茬选用育苗移栽等[50]，合理利用各种有效的种植方式。

（三）连作技术

连作是指在同一块土地上连续种植同一种或同一科作物。在连作以后，即使在正常管理的情况下，也会产生品质变差、产量降低、病虫害严重的现象，这就是连作障碍，主要危害见图 2.25。无论是粮食、蔬菜、药用植物还是园艺作物，都存在不同程度连作障碍。连作障碍可导致病虫害加重，植物的产量和品质下降，严重的可导致植株死亡。人参、三七、地黄、广藿香等较为昂贵的药用植物都具有严重的连作障碍，给中医药产业带来了很大影响。据报道，用连作地继续栽种人参一般在第 2 年以后存苗率降至 30% 以下；三七连作最突出的表现是"病多，产量低"，连作地根腐病的发病率平均为 23.9%，相当于新栽地的 3.5 倍，且随着连作年限延长，根腐病发病越重；地黄同一块地间隔 8~10 年方可再植，可见连作障碍严重制约了道地产区的发展[51]。

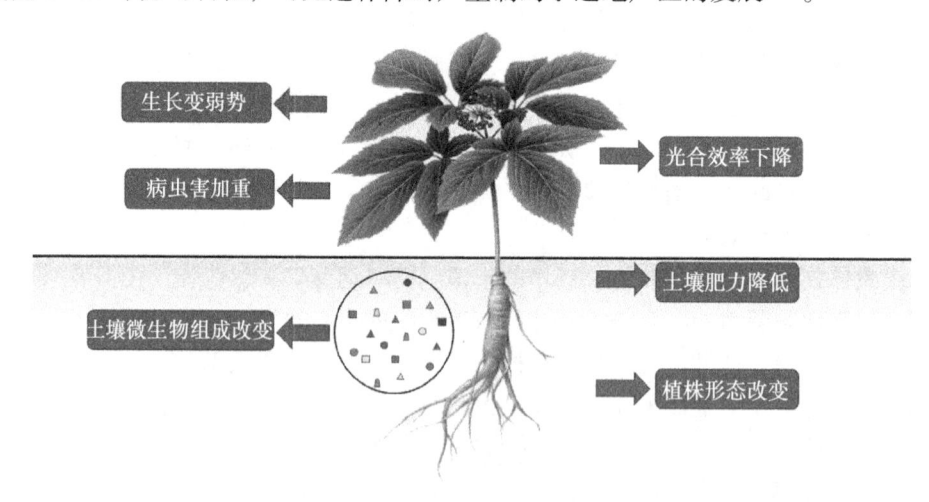

彩图 2.25

图 2.25 连作障碍危害

造成连作障碍的原因尚未完全清楚，现阶段认为主要有以下三点原因：①土壤微生物发生了变化；②土壤的理化性质发生了改变；③植物的自毒作用[52]。目前连作障碍可以采取一些措施缓解（图 2.26），但尚未找到根治方法。不同作物间轮作是连作障碍的最佳防范措施。根据不同药用植物的特性，制订合理的轮作制度，可以有效防止连作障碍的发生，还可以利用拮抗微生物防治植物根部病害。拮抗微生物防治就是将培养好的拮抗微生物以一定方式施入土壤中，或是通过在土壤中加入有机物等措施提高原有拮抗微生物的活性，从而降低土壤中病原菌的密度，抑制病原菌的活动，减轻病虫害的发生。拮抗菌也可通过连续种植某些特殊作物而获得，利用自然选择的原理，形成有利于拮抗菌生长的微生态环境，使其大量生长、繁殖，从而抑制病原菌的生长。

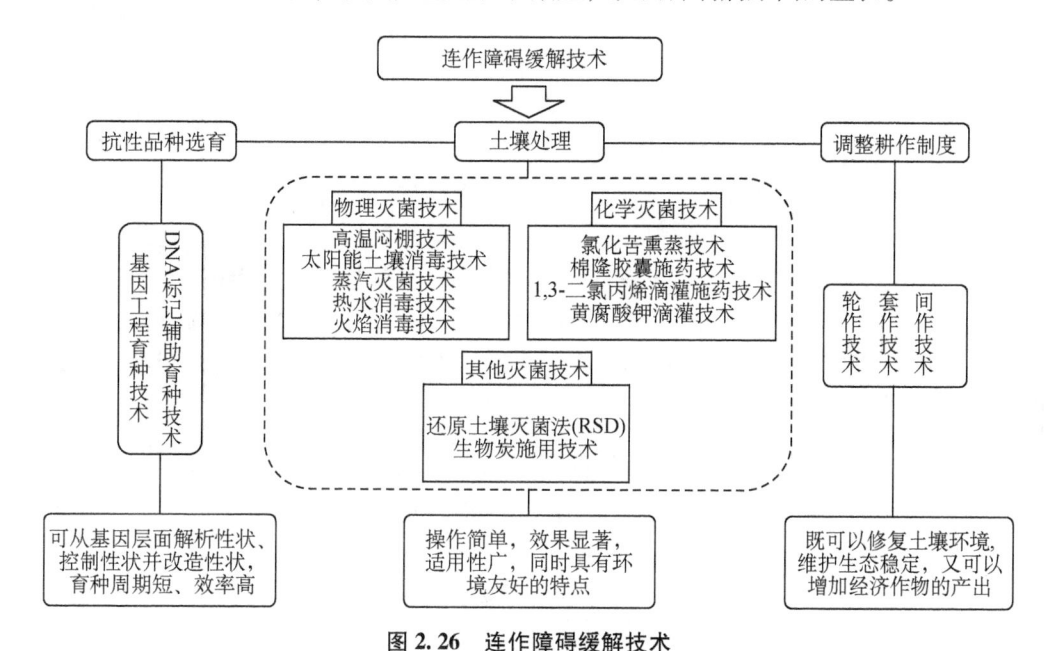

图 2.26 连作障碍缓解技术

许多植物和微生物可释放一些化学物质来促进或抑制同种或异种植物及微生物生长，这种现象称为化学他感作用。利用药用植物或农作物间的化学他感作用原理进行有益组合，不仅可提高作物产量，也可减少根部病害。例如，由于一些十字花科作物在分解过程中会产生中和次级代谢物的含硫化合物；向土壤中施加十字花科作物的残渣能减轻下茬作物根部病害的发生，间作或套种一些对细菌和真菌有抑制作用的葱蒜类作物，也可以减轻连作障碍。

（四）人工辅助授粉技术

人工辅助授粉技术就是用人工方法把植物花粉从花药传送到柱头上以提高结果率的技术措施。这也是进行植物杂交育种的必要手段，是产生优良品种的一项重要技术。

一些果实入药的药用植物在自然条件下，由于花期时不良气候等各种原因使授粉无法正常进行，从而导致果实产量和质量下降。以风为媒介授粉的植物，如薏苡仁，往往由于花期下雨、突然变冷等因素致授粉不良，影响含量；以昆虫为媒介传粉的植物，如阳春砂，由于自身花器的独特结构，即使存在昆虫传粉，其结实率也不高。在这种情况下进行人工辅助授粉以提高结实率是十分必要的。

只有雌蕊柱头上有足够的花粉粒数，才能保证授粉、受精的顺利完成。因此，人工授粉的关键就是使雄蕊上的花粉转移到雌蕊的柱头上，从而达到受精的目的。不同的植物根据其花器的结构和生长发育的差异，各有其最适合的授粉时间及方法，必须正确掌握方法，才能取得良好的效果。例如，薏苡仁主要靠风力传粉，花期风力不大无法授粉，可以用绳子振动植株上部模拟大风，使花粉飞扬；阳春砂的花结构比较特殊，柱头高于花药，且相对封闭，可采用推拉法，用手指推拉雄蕊使花粉能涂抹在柱头上进行传粉。

（五）无毒茎尖繁殖技术

茎尖繁殖技术就是利用植物细胞分裂较快的无毒茎尖组织进行培养，利用植物细胞的全能性，培养出新的无毒植株个体的技术。茎尖是植物顶端的分生区，细胞分裂旺盛，如同人类的干细胞。有些药用植物特别是以无性繁殖为主的植物感染病毒后，会通过无性繁殖将病毒传播到下一代，而某些植物受到病毒感染后，会造成其品质变劣、生长势变弱、产量逐年降低，甚至造成死亡。如地黄、浙贝母、太子参等都会受到病毒感染，一般减产幅度在30%以上，是药材生产中的重要障碍[53]。

由于植物茎尖分生组织的细胞分裂很快，而且病毒在未分化组织和愈伤组织中难以增殖，所以茎尖分生组织一般是无病毒的。利用这些无病毒的分生组织进行组织培养是生产无毒植株最有效的组织培养方法。目前此法已开始应用于易感病毒植物的无毒培养。一般程序如图2.27所示，在解剖镜下，将一定大小的茎尖分生组织剥取下来进行离体培养即可获得无毒植株。

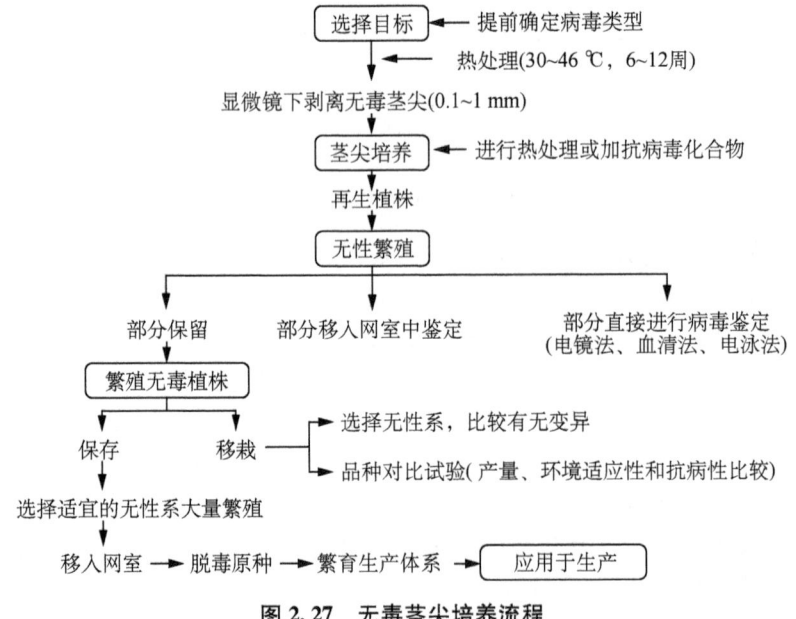

图2.27 无毒茎尖培养流程

（六）野生抚育技术

中药野生抚育技术是根据动植物药材生长特性及对生态环境条件的要求，在其原生或相类似的环境中，人为或自然增加种群数量，使其资源量达到能为人们采集利用，并能继续保持群落平衡的一种药材生产方式[54]。相较于全人工中药材栽培和纯野生采集，中药材野生抚育存在独特的优势，代表了药材生产的一个新方向。一种药用植物是否可以进行野生抚育，需要考虑以下几点：①野生抚育技术研究有一定基础；②采用自然繁殖或人工补种，可以较快增加种群数量；③抚育措施能明显增加药材产量或提高药材质量；④抚育措施现实可行；⑤能有效控制抚育基地药材的采挖。根据这些原则我们可以看出以下两类药材更适合野生抚育：一类是目前人们对其生长发育特性和生态条件认识尚不深入、生长条件较苛刻、种植（养殖）成本相对较高的野生药材，如雪莲、冬虫夏草等；另一类是人工栽培后药材的质量会发生明显改变的药材，如黄芩、防风、人参。

中药材野生抚育的基本方式有封禁、人工管理、人工补种、仿野生栽培等。在生产实践中可采用其中的一种或多种方法。

封禁指以封闭抚育区域、禁止采挖为基本手段，促进目标药材种群的扩繁，即把野生目标药材分布较为集中的地域通过各种措施封禁起来，借助药材的天然生长增加产量。利用此方式的药材种植方式有甘草、麻黄的围栏养护。

人工管理指在封禁基础上，对野生药材种群及其所在的生物群落或生长环境施加人为管理，创造有利条件，促进药材种群生长和繁殖。人工管理措施因药材不同而异，如五味子的育苗补栽、搭用天然架、修剪、人工辅助授粉及施肥、灌水、松土、防治病虫害等；野生罗布麻的管理措施有清除混生植物、灭茬更新等，刺五加采用间伐混交林的方式，冬虫夏草采用寄主昆虫接种等。

人工补种指在封禁的基础上，根据野生药材的繁殖方式、方法，在药材原生地人工栽种种苗或播种，人为增加药材种群数量。如野生黄芪抚育采取人工撒播栽培繁育的种子，刺五加采用带根移栽等。

仿野生栽培指在基本没有野生目标药材分布的原生环境或相类似的天然环境中，完全采用人工种植的方式，培育和繁殖目标药材种群。仿野生栽培时，药材在近乎野生的环境中生长，不同于中药材的间作或套种，如林下栽培人参、天麻等[55]。

（七）特殊种植技术

发展新的种植技术与发展现代化中医药相互联系、相互促进。以农户传统的种植技术为指导，对种植过程中出现的问题进行科学的分析，利用现代科学技术，力求发展出一套适合该药用植物的新技术。以天麻与山药为例，它们在长期的生产实践中形成了适宜自身的生产技术。

天麻的生理结构十分特殊，无根无叶，不能直接从土壤中吸收养分，也不能通过光合作用积累有机物。天麻完成从种子萌发至当代种子成熟全过程要靠两种或两种以上的真菌提供营养，需要紫萁小菇共生萌发菌感染才能发芽，生长发育需要蜜环菌提供营养。传统方法播种天麻后，有60%左右的天麻原球茎不能及时与蜜环菌建立共生关系而死亡。长期生产过程中，人们发明了天麻卷棒播种技术，可以在很大程度上解决上述问题。天麻卷棒播种技术一般在每年的8月培养蜜环菌菌材，翌年5~6月播种天麻。准备阔叶树硬质鲜木棒，每根木棒砍多个鱼鳞口，砍1~3行。准备好足够的无污染沙子。5~6月播种时，先将萌发菌撕成碎块，放于干净的盆内。将天麻果实捏碎，均匀拌入萌发菌中。取一块遮阳网，平放地面上，撒一层湿润的阔叶树落叶，再撒一层拌有天麻种子的萌发菌，取一根已长满蜜环菌的菌棒，平放于遮阳网一头，将遮阳网连同树叶、萌发菌、天麻种和菌棒一起卷成圆筒，然后将卷棒按间隔5 cm摆放在湿度60%的中粗粒沙子上，上盖厚沙子，拍平，沙子上面再覆盖一层湿润的树叶、麦秸或稻草。采用天麻卷棒播种技术能使蜜环菌在树叶周围蔓延而可与萌发的种子建立供养关系，提高天麻原球茎的成活率[56]。

山药对土壤养分的要求比较严格，且传统种植技术种植的山药不够笔直，不够美观。随着山药市场的扩大，山药栽培也不断发展，在完善传统栽培技术的同时，又创造了套管栽培的新技术，其示意图见图 2.28，不仅较好地减轻了种植山药的繁重劳动，而且有利于山药的优质高产。套管栽培就是将与山药的长短和粗细相仿的套管埋入地下，在山药的块茎形成和生长的初期将其引入套管中生长的技术。套管的材料以塑料管为宜，长度和直径应因品种而异。套管的前端为圆匙状，正好对准幼苗，以接受新生长的幼小山药顺管壁进入套管，后端要开口，不可堵死，以改善管内温度和气体状况，还可为大而长的山药留有生长的余地。除去套管的前后端，中间部分管身上要开 4 排圆孔，这些孔洞可以改善管内的温度和气体状况。山药的生长必须从土壤中吸收营养物质，因此套管内需要装入一定量的土。套管栽培与常规栽培的不同之处在于前者设法将新幼山药引入套管内生长，其余管理技术与常规方法相仿。套管栽培减少了与自然土壤的接触，能够在一定程度上减少病虫的危害，以明显提高山药的产量和质量[57]。

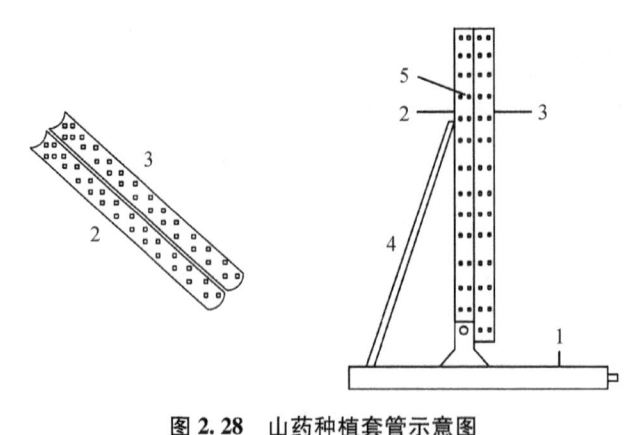

图 2.28　山药种植套管示意图
1. 底座；2. 套管；3. 套管盖；4. 支撑杆；5. 透气孔

第六节　濒危中药材人工替代技术

自然界中存在一类特殊的野生中药动植物，其野生资源濒临灭绝，但又难以养殖、种植，自然界中很难找到替代品，如牛黄、麝香等，因此这类中药需要研究人工替代品。人工替代品的出现一方面是对濒危中药资源的保护，同时也是保证中药资源的可持续利用。随着科学技术的发展，一些濒危名贵中药的人工替代品正在逐渐实现生产。

一、体外培育技术

体外培育技术是在动物体外制成药物的一种技术，目前是牛黄的一种重要人工替代技术。牛黄是常用的清热解毒药，具有清心、化痰、利胆、镇惊的功效，是较名贵且有效的中药材。根据 2020 年版《中国药典》记载，牛黄为牛科动物牛的干燥胆结石，宰牛时，如发现有牛黄，即滤去胆汁，将牛黄取出，除去外部薄膜，阴干。本品多呈卵形、类球形，大小不一，少数呈管状或碎片状。表面黄红色至棕黄色，有的表面挂有一层黑色光亮的薄膜，习称"乌金衣"，有的粗糙，具疣状突起；有的具龟裂纹。体轻，质酥脆，易分层剥落，断面金黄色，可见细密的同心层纹，有的夹有白心。气清香，味苦而后甘，有清凉感，嚼之易碎，不黏牙。

2020年版《中国药典》一部中收载的含牛黄及其代用品的中成药品种多达89种（表2.1）[58]，而传统天然的牛黄可遇不可求，无法满足如此大量的需求。因此，我国从20世纪80年代就开始研究各种牛黄的替代用品，并取得了很大的进展，迄今为止所使用的牛黄及其代用品主要有天然牛黄、体外培育牛黄、培植牛黄和人工合成牛黄。

表2.1　2020年版《中国药典》一部收载的含牛黄及其代用品中成药品种

编号	品种	处方中牛黄种类	编号	品种	处方中牛黄种类
1	二十五味松石丸	牛黄	29	牛黄至宝丸	人工牛黄
2	二十五味珍珠丸	体外培育牛黄	30	牛黄抱龙丸	人工牛黄
3	十二味翼首散	牛黄	31	牛黄净脑丸	人工牛黄
4	十三味榜嘎散	人工牛黄	32	牛黄降压丸	人工牛黄
5	十香返生丸	牛黄	33	牛黄降压片	人工牛黄
6	七十味珍珠丸	牛黄	34	牛黄降压胶囊	人工牛黄
7	人参再造丸	牛黄	35	牛黄消炎片	人工牛黄
8	九味石灰华散	牛黄	36	牛黄蛇胆川贝液	人工牛黄
9	万氏牛黄清心丸	牛黄	37	牛黄清心丸（局方）	牛黄
10	万应胶囊	牛黄	38	牛黄清宫丸	人工牛黄
11	小儿化毒散	人工牛黄	39	牛黄清感胶囊	人工牛黄
12	小儿百寿丸	牛黄	40	牛黄解毒丸	人工牛黄
13	小儿至宝丸	人工牛黄	41	牛黄解毒片	人工牛黄
14	小儿肺热平胶囊	人工牛黄	42	牛黄解毒软胶囊	人工牛黄
15	小儿咽扁颗粒	人工牛黄	43	牛黄解毒胶囊	人工牛黄
16	小儿清肺止咳片	人工牛黄	44	牛黄镇惊丸	牛黄
17	小儿解表颗粒	人工牛黄	45	仁青常觉	牛黄
18	小儿解热丸	人工牛黄	46	片仔癀	牛黄
19	马应龙八宝眼膏	人工牛黄	47	片仔癀胶囊	牛黄
20	马应龙麝香痔疮膏	人工牛黄	48	乌蛇止痒丸	人工牛黄
21	天丹通络片	人工牛黄	49	六应丸	牛黄
22	天丹通络胶囊	人工牛黄	50	心脑静片	人工牛黄
23	牛黄上清丸	人工牛黄	51	再造丸	人工牛黄
24	牛黄上清片	人工牛黄	52	西黄丸	牛黄或体外培育牛黄
25	牛黄上清软胶囊	人工牛黄	53	血栓心脉宁片	人工牛黄
26	牛黄上清胶囊	人工牛黄	54	安儿宁颗粒	人工牛黄
27	牛黄千金散	牛黄	55	安宫牛黄丸	牛黄
28	牛黄化毒片	人工牛黄	56	安宫牛黄散	牛黄

续 表

编号	品种	处方中牛黄种类	编号	品种	处方中牛黄种类
57	安宫降压丸	人工牛黄	74	益心丸	人工牛黄
58	安脑丸	人工牛黄	75	梅花点舌丸	牛黄
59	抗栓再造丸	人工牛黄	76	银翘伤风胶囊	人工牛黄
60	灵宝护心丹	人工牛黄	77	清肺消炎丸	人工牛黄
61	局方至宝散	牛黄	78	清眩治瘫丸	人工牛黄
62	金振口服液	人工牛黄	79	清膈丸	人工牛黄
63	金浦胶囊	人工牛黄	80	颈舒颗粒	人工牛黄
64	宝咳宁颗粒	人工牛黄	81	喉疾灵胶囊	人工牛黄
65	珍黄胶囊	人工牛黄	82	新雪颗粒	人工牛黄
66	胃乃安胶囊	人工牛黄	83	新癀片	人工牛黄
67	复方牛黄消炎胶囊	人工牛黄	84	熊胆救心丸	人工牛黄
68	复方牛黄清胃丸	人工牛黄	85	鹭鸶咯丸	人工牛黄
69	复方益肝丸	人工牛黄	86	癫痫康胶囊	人工牛黄
70	胆康胶囊	人工牛黄	87	麝香保心丸	人工牛黄
71	珠黄吹喉散	人工牛黄	88	麝香通心滴丸	人工牛黄
72	珠黄散	人工牛黄	89	麝香痔疮栓	人工牛黄
73	速效牛黄丸	人工牛黄			

天然牛黄是相对于其他人工牛黄替代品而言的，是牛在病理状况下于胆囊或胆管内形成的结石，我国牧牛大省青海省牛胆结石发生率仅为0.21%，天然牛黄来源十分稀少。

培植牛黄技术是通过手术的方法使健康牛的胆汁代谢异常而产生胆结石的一种技术。通过手术的方法切开牛腹部，在牛胆囊中埋入人工核心并接种大肠埃希菌，核心既可以作为胆结石形成的核心，也可以刺激胆囊，造成胆汁成分的改变；大肠埃希菌可造成牛胆囊的验证感染反应，加速牛黄的形成。培植牛黄技术形成的牛黄成分最接近于天然牛黄，但是因为操作复杂，损害动物机体而容易受到舆论的抵制，故现如今已无企业按此方法生产牛黄[48]。

体外培育牛黄技术是根据胆红素型结石的形成原理和生物化学过程，结合现代仿生学技术，在体外模拟牛胆囊内环境，用于培育牛黄的方法。将新鲜牛胆汁在室温条件下加入1%大肠杆菌，3~5天后加入饱和Ca(OH)$_2$溶液，加热煮沸，破坏胆汁的胶体平衡，再加入5%乙酸锌促使胆结石核心的形成，等到胆结石核心形成后，调节胆汁的pH为6.8以下并放置于立体缓慢转动的牛黄培育机上培育4小时，将获得的棕红色球状物取出干燥即得体外培育牛黄[49]。

人工合成牛黄技术是按照天然牛黄中的各种物质加工制成牛黄代用品的一项技术。人工合成牛黄的成分一般有以下几种：胆红素0.7%，胆固醇2%，牛羊胆酸12.5%，猪胆酸15%，硫酸亚铁0.5%，磷酸三钙3%，其余为淀粉。

从使用的角度来说，人工合成牛黄因其制作工艺简单、合成量大，所以使用量最大，使用范围最广，但从化学成分和药理作用角度来看，人工合成的牛黄与天然牛黄还是存在一定的差异。而体内培植牛黄技术复杂，伤害动物体，现很少使用。体外培植牛黄将是天然牛黄的重要人工替代品，其成分与天然牛黄差异较小，质量可控，安全隐患小。体外培育牛黄的研制成功是珍稀濒危中药材寻找替代品的一种新模式，但目前产业规模小，市场占有率较低。

二、人工合成技术

人工合成技术主要是指利用中药的主要成分，通过人工方法，将主要的成分进行合成，从而得到药用的人工替代品。目前利用人工合成技术是解决濒危中药材人工替代品的主要技术。

（一）人工麝香

麝香为鹿科动物林麝、马麝或原麝成熟雄体香囊中的干燥分泌物。野麝多在冬季至次春猎取，猎获后，割取香囊，阴干，习称"毛壳麝香"；剖开香囊，除去囊壳，习称"麝香仁"，具有开窍醒神、活血通络、消肿止痛的功效，是我国的传统名贵中药材。据国家药品监督管理局网站公布的数据，目前正在生产销售的以麝香为关键原料的中成药有433种。因长期猎麝取香，麝资源严重破坏，我国已于2003年将麝列为一级保护动物，严禁猎杀。因此，麝香药源紧缺，伪劣掺假品充斥市场，严重影响中成药质量和用药安全[59]。在20世纪50年代，卫生部药政局和中国药材公司为解决天然麝香的药源问题，先后组织开展了野麝家养研究，年产麝香仅几千克，远不能满足用药的需求。

1972年，国家组织立项并下达人工麝香研制的科研任务，经历20多年的研究最终研制成功。人工麝香于1994年开始试生产，直到2004年正式生产。人工麝香的研制成功极大地解决了麝香资源不足的问题，保证了全国中药制药企业对于麝香的用量与安全需求，并于2015年获国家科学技术进步奖一等奖。

人工麝香的主要研发基本流程见图2.29，首先分析发现了天然麝香的六大类复杂的化学成分及其相对含量，并创制了天然麝香中主要药效物质的替代品，人工麝香在化学成分与生物活性方面最大限度地保持与天然麝香一致，天然麝香有效成分中大多数成分可经合成等方法得到，而某些成分难以用合成方法得到，项目组创造性提出该代用品必须具有的基本条件：①来源于中药；②生物活性一致；③分子组成与分子量范围一致；④低毒性等。药效验证以中医理论为原则，结合麝香"开窍醒神、活血通络、消肿

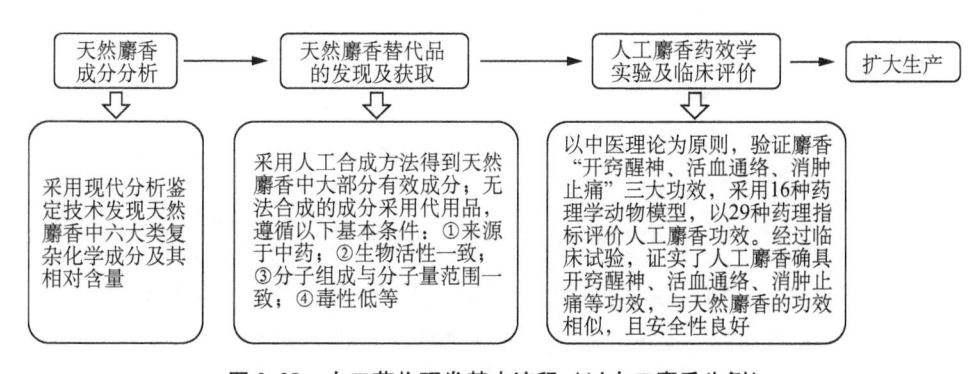

图2.29 人工药物研发基本流程（以人工麝香为例）

止痛"三大功效，设计了能反映麝香临床疗效的神经内分泌、心脑血管、抗炎免疫、药酶诱导等16种药理学动物模型，确定了29种药理指标以评价麝香功效[60]。经过临床试验，证实了人工麝香确具开窍醒神、活血通络、消肿止痛等功效，与天然麝香的功效相似，且安全性良好，可取代天然麝香等同入药。

现有中成药制剂除了国家批准的片仔癀、安宫牛黄丸、六神丸、八宝丹4个品种使用国家每年配额供应的天然麝香外，其他中成药制品只能使用等量的人工麝香。人工麝香的研制从根本上解决了天然麝香长期供不应求的矛盾，保证了对含麝香中成药、民族药的传承，提高了国家对人民健康水平的保障能力，为相关中药企业带来了巨大的间接经济效益[61]。

（二）人工冰片

冰片为芳香开窍药"凉开"之代表，是我国传统中药，具有开窍醒神、清热止痛之功效，用于热病神昏、惊厥、中风痰厥、气郁暴厥、中恶昏迷、胸痹心痛、目赤、口疮、咽喉肿痛、耳道流脓等症。冰片常作为"药引"应用于大量中成药，以增加其治疗效果，是一种应用广泛的中药，市场需求量大。天然冰片是由龙脑香的树脂和挥发油经水蒸气蒸馏得到的结晶，其化学成分是右旋龙脑[62]，又称龙脑冰片。龙脑冰片主产印度尼西亚、菲律宾、印度、马来西亚等地。如今天然冰片已少见，1986年版《卫生部进口药材质量标准》及国家食品药品监督管理局2004年版《进口药材质量标准》中均未记载[63]。

目前临床上常用的冰片是以樟脑、松节油等为原料经化学反应人工合成的，称为合成冰片，又称机片。冰片的合成已有多年的历史，经过一个多世纪的研究，其主要方法有樟脑还原法、格式试剂合成法、铜绿假单胞菌转化法、异龙脑转化法等。

樟脑还原法是最早用于合成冰片的方法，通过氧化还原反应将天然樟脑还原成龙脑。格式试剂合成法（图2.30）主要是利用α-蒎烯与盐酸生成蒎烯氢氯化物，该物质在室温下立即发生瓦格纳-梅尔外因重排，成为2-氯冰片烷。再与金属镁作用生成冰片基氯化镁，接着用干燥的空气或氧气氧化，随后水解，即得产品，但该法格式试剂不好控制，成本较高[64]。

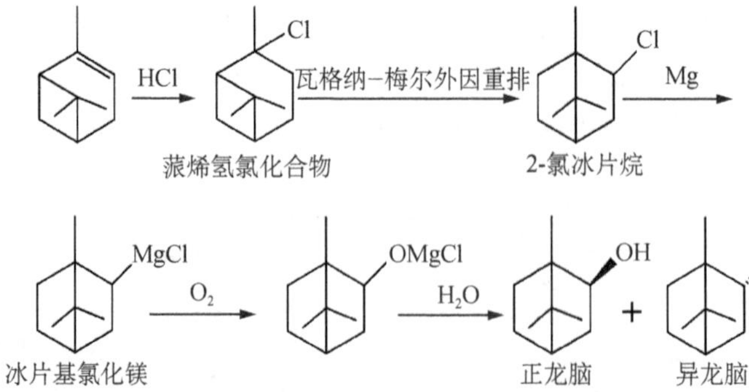

图2.30 格式试剂合成法路线图

另外，还有铜绿假单胞菌转化技术，是利用铜绿假单胞菌将α-蒎烯或β-蒎烯、双戊烯、α-松油醇转化为龙脑的方法，该方法绿色，污染小，应用前景广。

三、人工引流技术

人工引流技术主要是一种活熊取胆技术，也是早期的一种取熊胆技术。熊胆粉原是熊科动物黑熊的胆囊干燥品经过粉碎过筛得到的名贵中药材，用于肝胆热盛、热极生风之惊厥抽搐、小儿肝热急惊、小儿疳积、目赤翳障、腹痛、牙痛、喉痹、疔疮、痔疮、蛔虫，以及湿热黄疸、暑湿泻痢与多种出血。但因为自然界黑熊数量有限，自1988年《中华人民共和国野生动物保护法》颁布实施以来，黑熊已被列为国家重点保护动物，这使得熊胆数量远远无法满足不断增长的熊胆粉需求。20世纪80年代我国逐步研究开发发现，熊胆汁经过过滤干燥等步骤制得的熊胆粉的成分和之前功效相似，此后我国逐步开发引流取胆技术来获取熊胆粉。与此同时，1983年人工熊胆项目也正式展开，但当时引流取胆技术得到的熊胆粉已可以满足市场需求，故人工熊胆尚未获批。2012年2月，归真堂活熊取胆事件曝光，遭到了广大人民群众和动物保护组织的声讨及抵制。积极寻找熊胆的替代品已经成为当务之急。

引流熊胆技术目前有两种，有管引流和无管引流。有管引流技术手术熊一般选用3周岁以上，体重100 kg以上健康黑熊，麻醉后切开腹后找准胆囊基底部，抽出胆汁，切开胆囊，埋入引流管，缝合固定，闭合腹腔，逐层缝合好，一个月后切线。待术后熊精神、食欲恢复正常后，即可取胆[65]。有管引流的缺陷是插管处炎症频繁，影响胆汁产量、质量，胆囊萎缩或结缔组织化，造成引流中止。有管取胆是20世纪80年代朝鲜人发明的一种活熊取胆技术，但是对熊的危害极大，在我国属于违法行为。

无管引流技术克服了这一缺点。无管引流技术是在熊腹膜之间利用熊自身盲管，造成人工瘘管，连接胆囊至腹腔外部，取胆时插入引流管，取完后抽出引流管即可。另一种无管引流法为穿刺法，该法是手术造管，术后导管在1周左右人为排出，使手术后肉芽不能完全愈合，胆囊底瘢痕组织和管形成。无管引流无异物管道在熊体内存在，炎症消失，无异物分泌物产生，胆汁质量有很大提高，熊体状况明显变好，胆囊修补手术预计可明显延长，且熊能进行正常的繁殖[66]。但是无管引流取胆仍然会对动物体造成一定的伤害，会造成熊患有胆囊炎、胆结石等，甚至还有其他后遗症。目前人工合成熊胆粉的技术也有了较大发展，但是人工合成熊胆粉与天然熊胆粉在成分与药效上还存在一定的差异，故而人工代替熊胆粉的技术仍有较远的路要走。

第七节　中药材采收与初加工技术

中药材加工是指对中药材进行技术性、系统性的处理，按照目的和加工流程的不同，中药材的加工依次分为中药材产地加工、炮制及深加工。中药材产地加工是第一阶段，又称为中药材初加工，因大部分新鲜中药材内部含水量较高，若不及时处理，容易发霉变质，严重影响药材质量，所以大部分的药材采收以后要进行简单的初加工，以保证药材的质量，同时防止发霉腐败，便于储藏与运输。本部分内容结合中药材的采收技术对中药材的初加工技术进行概述。

一、中药材采收技术

（一）中药材采收的一般原则

中药材采收是中药材生产中的关键环节，直接影响中药材的产量和质量。但不同的植物，不同药用部位的采收季节与方法是不同的，只有掌握合理的采收季节和方法才能保证药材质量。另外在采收野生药源的时候应特别注重野生资源的保护。各类药材的采收一般原则如下。

1. 根和根茎类药材　是植物药中较大的一类，数量较多，生长在地下，又称为地下部分入药的中药材，包括根、根状茎、鳞茎、块根、块茎、球茎等。这类药材一般在深秋至次年早春时节，即秋冬季节植物地上部分枯萎前采收，如大黄、黄连、牛膝、丹参等。但也有部分药材要根据植物的生长时节进行采收，如明党参春季采收；延胡索、浙贝母在春末夏初采收；半夏、太子参在夏末秋初采收[67]。

2. 皮类药材　主要是木本植物的干皮、树皮和根皮。树皮一般选择植物生长旺盛时期采收，一般在清明至夏至之间，此时树皮不仅质量好，而且剥皮后容易再生[68]。根皮的采收季节与根相似。皮类药材生长期一般较长，如牡丹皮需要 3~4 年，杜仲、厚朴、肉桂需要 10~20 年。

3. 全草与叶类药材　一般在叶子生长最旺盛时期采收，如薄荷、穿心莲、紫苏叶、番泻叶等。但也有例外，如桑叶在霜降后采收质量佳，麻黄在开花后秋季采收质量更佳。

4. 花类药材　花类中药一般在花蕾含苞未放时采收，如金银花、丁香等。少部分在花开放时采收，如凌霄花、合欢花等。

5. 果实种子类药材　果实类药材一般在完全成熟时采收，如枸杞子、五味子，也有未成熟或近成熟采收的，如木瓜、枳壳等。种子类药材应是果实成熟期采收，如决明子、王不留行等。

6. 动物类药材　可全年采收的有龟甲、鳖甲、海马等；一般动物药材均在生长时期和活动季节捕捉，如蚯蚓、水蛭、斑蝥等。

7. 矿物类药材　全年均可采挖。

8. 其他类药材　包括藻、菌、地衣类；树脂类等，品种不同，采收时节与方法各不同，如茯苓在立秋后采收质量较好；冬虫夏草在夏初子座出土孢子未发散时采挖。

（二）中药材采收技术

传统的中药材采收主要是依靠人力，适用于种植规模较小或者野生的中药材，随着科技的发展，对于大规模种植的中药材，往往更多依靠自动化仪器进行采挖。大多数根类药材，特别是根系发达，入土较深的根及根茎类药材，靠人工采挖费时费力，机械采挖就显得尤为必要。如价格昂贵的白及，其栽培技术逐渐成熟，现已在各地广泛种植，同时由于白及根系发达，人工采挖成本较高，因此开发出了白及机械化采收技术，使用双筛带五滚筛收获机配套 1.2 m 窄轮距大动力拖拉机，离植株 30 cm 处逐步向茎秆处挖取，将白及连同周围土壤一并挖起，避免伤害到块茎而影响品质，然后人工分拣，抖掉泥土，运回[69]。另外，现今甘草已大面积种植，相对应地出现了机械化甘草采挖机，如改装犁挖掘机（图2.31[71]），使用该挖掘机前要有一定的预备工作，主要是清理甘草的枯枝落叶，然后进行挖掘取根；还有深松机切割收获，先对甘草进行松土并切断土壤中的根茎与根，然后再进行人工捡拾[70]。此外长根茎类中药材，也是由挖掘机将根茎与土壤分离再由人工捡拾。

花类药材，特别是种植规模较大的花类药材，也设计出多种花类采摘仪器，如杭白菊采摘装置、玫瑰花采摘器、茉莉花采摘器及啤酒花自动采摘机等，随着人工成本的增加、规范化、规模化种植的需求，机械采摘取代人工采摘将是行业发展的趋势。

二、中药材初加工技术

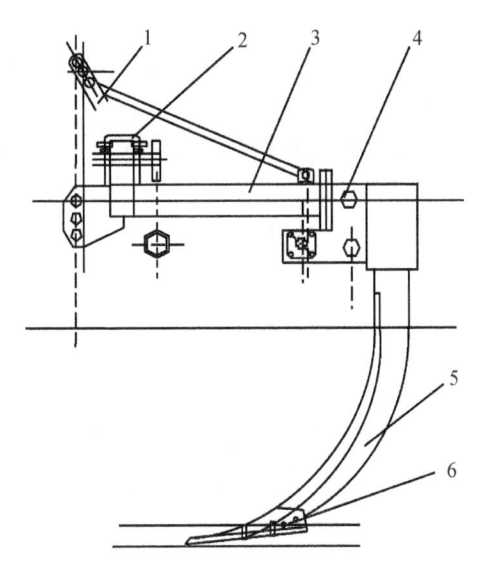

图 2.31　甘草采挖机结构
1. 悬挂架；2. 变速装置；3. 机架；
4. 振动机构；5. 高刀柱；6. 双翼铲

中药材采集后，除极少数供鲜用的如石斛、鲜地黄、生姜等，大多数需在产地进行挑选、整理、干燥等简单加工，便于储藏及运输，否则容易发霉变质，造成损失。

1. 挑选、清洗　主要是去除中药材的非药用部位、泥土及沙子等杂质，保证用药质量，使用药更加安全有效。由国家中医药管理局制定的，自1996年8月1日起施行的《医疗机构中药饮片质量管理办法（试行）》第14条规定，中药饮片的质量应符合下列要求：①根茎、藤木、叶、花、皮类，泥沙和非药用部位等杂质不得超过2%；②果实、种子类，泥沙和非药用部位等杂质不得超过3%；③全草类，不允许有非药用部位，泥沙等杂质不得超过3%；④动物类，附着物、腐肉和非药用部位等杂质不得超过2%；⑤矿物类，夹石、非药用部位等杂质不得超过2%；⑥菌藻类，杂质不得超过3%；⑦树脂类，杂质不得超过3%；⑧需去毛、刺的药材，其末去净茸毛和硬刺。常用的净制机器有利用水洗去除泥沙、杂物的洗药机及干洗的干式表皮清洗机；去除药材中铁砂等铁性物质的带式磁洗机；利用风吹去杂质的变频风选机；还有将风选、筛选、挑选、磁选等单机设备，经优化组合设计，使中药材的净制加工朝着机械化、自动化、高效率化发展[72]。

2. 干燥　采集后的中药材大多需要干燥处理，对于部分根及根茎类中药材及含淀粉、浆汁多的中药材必要时还需要切段或切片、蒸、煮、焯等操作，以便更好地干燥。干燥的目的主要是避免发霉、虫蛀及有效成分分解。常用的干燥方法有自然干燥、烘干、硫黄干燥等。

自然干燥就是晒干或者阴干，该方法操作简单，成本低廉，但干燥时间长，受天气影响较大。

3. 烘干　是利用烘箱、干燥剂、灯光等人工手段干燥药材，不受气候、天气制约，可以大规模地初加工药材，目前使用较多。而且现在国内外烘干的技术研究较多，如太阳能干燥技术，主要是利用太阳辐射进行干燥，世界上已建成一批500 m²的大型太阳能药材、果蔬、谷物干燥装置,其中美国4座、印度2座、阿根廷1座,这些装置的建成标志着太阳能干燥技术已经进入了大规模生产应用阶段[73]。气流干燥技术主要是利用气流强制中药材扩散并悬浮在热气流中,从而进行干燥。气流式干燥的类型根据气流本身的运动形式分为旋转气流式干燥、对撞式气流干燥、直管气流干燥、脉冲气流干燥等[74]。另外,还有红外线干燥技术、微波干燥技术、真空干燥技术等。现在还有组合干燥技术,即将多种干燥方法组合在一起进行中药材干燥,如微波真空干燥技术[75],是将微波干燥与真空干燥组合在一起,降低了两者的缺点,综合了两者的优点,该技术在国内外也被广泛使用。

硫黄干燥又称硫黄熏蒸,是中药材传统加工、养护方法之一,具有干燥、增白、防虫和防霉等作用。常用硫黄熏蒸的药材有山药、牛膝、粉葛、天冬、天麻、白及等。但考虑到硫黄熏蒸会降低中药材质量,甚至产生毒性,目前该技术被限制使用[76],但硫黄熏蒸技术仍有应用,故监管部门有必要对市场中药材进行定期的二氧化硫检测。

(王龙　黄斌　邵建国)

参考文献

[1] 余艳红,于文明.充分发挥中医药独特优势和作用为人民群众健康作出新贡献[J].中国中西医结合杂志,2020,40(9):1029-1031.

[2] 张燕,梁宗锁,黄璐琦,等.中药材GAP认证准备过程中的生产质量管理体系建设[J].中国实验方剂学,2015,21(19):185-188.

[3] 杨崇仁.中药农药现状与对策[J].中国现代中药,2013,15(8):633-637.

[4] 孟祥才,杜虹韦,魏文峰,等.中药资源发展存在的问题与对策[J].中草药,2018,49(16):3735-3741.

[5] 魏建和,屠鹏飞,李刚,等.我国中药农业现状分析与发展趋势思考[J].中国现代中药,2015,17(2):94-98.

[6] 闫婕,彭成,裴瑾,等.国家中药种质资源库的建设思路与发展策略[J].成都中医药大学学报,2021,44(1):14-19,31.

[7] 郭兰萍,周良云,莫歌,等.中药生态农业——中药材GAP的未来[J].中国中药杂志,2015,40(17):3360-3366.

[8] 郭巧生,王长林.我国药用植物栽培历史概况与展望[J].中国中药杂志,2015,40(17):3391-3394.

[9] 孟祥才,黄璐琦,张小波,等.中药资源学[M].北京:中国医药科技出版社,2017.

[10] 李隆云,彭锐,李红莉,等.中药材种子种苗的发展策略[J].中国中药杂志,2010,35(2):247-252.

[11] 陈火英,柳李旺.种子种苗学[M].上海:上海交通大学出版社,2011.

[12] 张荣超,辛杰,郭庆梅,等.中药优良品种选育技术研究进展[J].种子,2013,32(7):53-55.

[13] 李颖,黄璐琦,张小波,等.中药材种子种苗繁育基地建设进展概况[J].中国中药杂志,2017,44(22):4262-4265.

[14] 郭巧生.药用植物栽培学[M].北京:高等教育出版社,2009.

[15] 马小军,莫长明.药用植物分子育种展望[J].中国中药杂志,2017,42(11):2021-2031.

[16] 萧凤回,郭巧生.药用植物育种学[M].北京:中国林业出版社,2008.

[17] 王若伦,李龙,桑玉强.现代遗传育种技术在农林复合系统中的应用[J].林业调查规划,2021,46(2):143-147.

[18] 严硕,高文远,路福平,等.药用植物空间育种研究进展[J].中国中药杂志,2010,35(3):385-388.

［19］欧小宏,方艳,石亚娜,等.双覆盖技术在三七育苗上的应用效果研究[J].中国中药杂志,2014,39(4):566-571.

［20］BASKIN C C, BASKIN J M. Seeds: ecology, biogeography, and evolution of dormancy and germination [M]. 2nd ed. San Diego: Elsevier, 2014: 66-97.

［21］旷慧,王金玲,姚丽敏,等.6种东北地区红树莓果渣提取物的抗氧化活性差异[J].食品科学,2016,37(1):63-68.

［22］陈文,王旭,彭玉姣,等.贮藏方式对4种药食两用植物种子萌发的影响[J].中国农学通报,2018,34(1):85-89.

［23］刘佳,朱翔,王文祥,等.黄精种子休眠的研究进展[J].农学学报,2018,8(3):11-15.

［24］黄凤珠,朱建华,彭宏祥,等.不同剂量^{60}Co-γ射线辐照处理对龙眼种子萌芽生长的影响[J].中国南方果树,2013,42(1):69-71.

［25］徐梦岚,符真珠,张和臣,等.牡丹休眠研究进展[J].北方园艺,2021,7:129-134.

［26］叶其光.育苗新技术与工厂化育苗[J].北京农业,2013,(15):35.

［27］韩吉书,宋甲斌,李中华,等.穴盘育苗新技术应用与新设备开发[J].农业工程技术,2019,39(31):13-17.

［28］闫志强,陈勇,杨敏,等.我国古代中药栽培简史回顾[J].中药与临床,2019,10(Z1):42-44.

［29］丁元法,肖继军,张晓辉.精密播种机的现状与发展趋势[J].山东农机,2001,(6):3-5.

［30］刘恩宏,吴家安,高明宇.我国精密播种机械的现状及发展趋势[J].现代化农业,2016,(10):60-61.

［31］郭兰萍,王铁霖,杨婉珍,等.生态农业——中药农业的必由之路[J].中国中药杂志,2017,42(2):231-238.

［32］郭兰萍,周良云,莫歌,等.中药生态农业——中药材GAP的未来[J].中国中药杂志,2015,40(17):3360-3366.

［33］王瑀,魏建和,陈士林,等.道地药材浙贝母产地适宜性的GIS分析[J].中国现代中药,2006,(6):4-6,15.

［34］孙成忠,刘召芹,陈士林,等.基于GIS的中药材产地适宜性分析系统的设计与实现[J].世界科学技术,2006,(3):112-117.

［35］陈晶鑫,王龙,高峰,等.药用植物园数字化建设及其在教学中的应用[J].药学教育,2019,35,(3):31-33,50.

［36］王钊.人工气候室的发展和应用[J].植物生理学报,1982,(5):9-13.

［37］郭兰萍,吕朝耕,王红阳,等.中药生态农业与几种相关现代农业及GAP的关系[J].中国现代中药,2018,20(10):1179-1188.

［38］陈亮亮,董宏标,李卓佳,等.生物絮团技术在对虾养殖中的应用及展望[J].海洋科学,2014,38(8):103-108.

［39］王飞,李旭东,郭林英.低洼盐碱地池塘健康养殖技术[M].郑州:中原农民出版社,2015.

［40］李文华,刘某承,闵庆文.中国生态农业的发展与展望[J].资源科学,2010,32(6):1015-1021.

［41］王红阳,康传志,张文晋,等.中药生态农业发展的土地利用策略[J].中国中药杂志,2020,45(9):1990-1995.

［42］王力,谭红胜,张彤,等.矿物药现代研究及磐龙(墨)玉的药用价值[J].上海中医药大学学报,2020,34(4):1-6.

［43］严辉,刘圣金,张小波,等.我国药用矿物资源调查方法的探索与建议[J].中国现代中药,2019,21(10):1293-1299.

［44］孙建成,李兵.新时期我国矿产资源开发特点、问题与对策研究[J].中国海洋大学学报,2008,(5):42-26.

[45] 黄璐琦,张瑞贤."道地药材"的生物学探讨[J].中国药学杂志,1997,(9):53-56.
[46] 彭华胜,郝近大,黄璐琦.道地药材形成要素的沿革与变迁[J].中药材,2015,38(8):1750-1755.
[47] 谢宗万.论道地药材[J].中医杂志,1990,(10):43-46.
[48] 肖小河,陈士林,黄璐琦,等.中国道地药材研究20年概论[J].中国中药杂志,2009,34(5):519-523.
[49] 许香春,王朝云.国内外地膜覆盖栽培现状及展望[J].中国麻业,2006,(1):6-11.
[50] 李隆.间套作强化农田生态系统服务功能的研究进展与应用展望[J].中国生态农业学报,2016,24(4):403-415.
[51] 崔秀明,黄璐琦,郭兰萍,等.中国三七产业现状及发展对策[J].中国中药杂志,2014,39(4):553-557.
[52] 张重义,林文雄.药用植物的化感自毒作用与连作障碍[J].中国生态农业学报,2009,17(1):189-196.
[53] 李昌华,李小川,赵美华,等.大蒜茎尖脱毒技术及组织培养研究[J].华北农学报,1995,(3):20-25.
[54] 李西文,陈士林.药用植物野生抚育生理生态学研究概论[J].中国中药杂志,2007,(14):1388-1392.
[55] 刘爽,魏建和,陈士林.野生抚育中药材GAP认证检查评定标准研究[J].现代中药研究与实践,2005,(6):3-6.
[56] 江维克,肖承鸿.天麻生产加工适宜技术[M].北京:中国医药科技出版社,2017.
[57] 陈随清.山药生产加工适宜技术[M].北京:中国医药科技出版社,2018.
[58] 柳温曦,程显隆,郭晓晗,等.牛黄及代用品化学成分、质量控制方法的研究进展[J].中国药学杂志,2019,54(8):597-602.
[59] 朱秀媛,高益民,李世芬.人工麝香的研制[J].中成药,1996,(7):38-41.
[60] 郭经.人工麝香研究进展[J].中国医学科学院学报,2014,36(6):577-580.
[61] 孙秋霞.有"涩"自然香无麝也香——记2015年度国家科技进步奖一等奖项目"人工麝香研制及其产业化"[J].中国科技奖励,2016(5):62-64.
[62] 罗世兰,廖利,邹琼芳,等.冰片的研究进展[J].中国民族民间医药,2018,27(5):73-76.
[63] 王中洋,庞玉新,杨全,等.中药冰片资源及生产加工现状[J].中国现代中药,2014,16(9):780-784.
[64] 张平辉.高品质合成冰片及关键中间体的合成与表征[D].北京:中国林业科学研究院,2014.
[65] 徐愚聪,王野.熊胆粉的研究进展[J].华西药学杂志,2000,(3):200-202.
[66] 周艳.黑熊无管引流采胆技术的研究[D].黑龙江:东北林业大学,2012.
[67] 及华,李雪艳.中药材采收时期及采收原则[J].现代农村科技,2019,(3):95-96.
[68] 郭新苗,陈昊廷.中药材最佳采收期和初加工、贮藏方法[J].农村新技术,2017,(5):52-55.
[69] 孔娇,夏与,罗尚申,等.白及机械化采收技术规程[J].农技服务,2020,37(6):71,73.
[70] 柴银杰.甘草采挖设备的系统设计[D].兰州:兰州理工大学,2018.
[71] 冯晓静,徐剑楠,刘洪杰,等.甘草采挖收获机的研制[J].2015,54(19):4844-4846.
[72] 王广明.中药材前处理主要生产工艺及设备应用[J].中国制药装备,2009,(14):26-29.
[73] 张谦,过利敏.太阳能干燥技术在我国果蔬干制中的应用[J].新疆农业科学,2011,48(12):2331-2336.
[74] 张翀,吴明亮,龚昕.全草类中药材烘干技术及机械研究的发展趋势[J].湖南农业大学学报,2013,39(51):101-104.
[75] 肖宏儒,王立富,曹曙明,等.微波—气流式干燥菊花的研究[J].食品与机械,1999,(5):26-27.
[76] 曹婷婷,孙志蓉,杨春宁,等.硫黄熏蒸中药材的研究现状分析[J].中国现代中药,2016,18(5):678-681,688.

第三章 中药饮片加工炮制技术

第一节 概　　述

一、中药饮片产业发展

(一) 中药饮片相关概念

中药饮片是指在中医药理论的指导下，根据辨证施治和调剂、制剂的需要，对"中药材"进行特殊加工炮制的制成品。中药饮片可直接作为药剂配方服用或直接服用，或进一步加工为中成药产品[1]。

与中药饮片相关的另外一个概念是"炮制"。炮制是我国传统、特有的制药技术，是指根据中医药理论，依照施治用药的需要和药物的自身性质，以及调剂、制剂的不同要求所使用的一系列制药加工技术[1]。

中药饮片产业是指在国民经济中从事中药饮片的生产及其相关经济活动的个人、企业、事业单位、机关团体的总和。从广义来讲，中药饮片产业应该包括由中药材种植、加工、炮制、销售等组成的一整条产业链[2]。

(二) 中药饮片产业链构成

传统意义上的中药产业包括中药材、中药饮片和中成药三大部分，这三个部分构成了中药产业的三大支柱。中药饮片处于中药产业的中间环节。根据我国药典规定，中成药的生产须以中药饮片作为原料，因此，中药饮片相当于"中药材炮制品"和"中成药原材料"，在中药产业中起着承上启下的作用。

我国一直是中药饮片的生产大国，有着丰富的中药材资源和深厚的理论基础，中药饮片产业是中华民族最具特色的传统优势产业之一。经过多年的发展，目前以中药材生产为基础，中药工业为主体，中药商业为纽带的中药生产流通体系基本形成，中药饮片行业已经形成了较为完善的产业链（图3.1）。基本可以概括为从中药材种植、养殖或采集业中获得中药材，进而炮制加工中药材，形成中药饮片，用于进一步加工和终端消费。中药饮片的产业链上游为种植、养殖和采集后的中药材；产业链下游包括中成药制造业、医院（门诊）、药店，以及饮品、食品、保健品等制造业。通过这些渠道，中药饮片以饮片处方、中成药品、保健品、食品等形式被消费者使用。此外，还有一部分中药饮片可直接作为保健品、食品进入商场或超市，以及作为药膳进入普通家庭或餐饮业[1]。

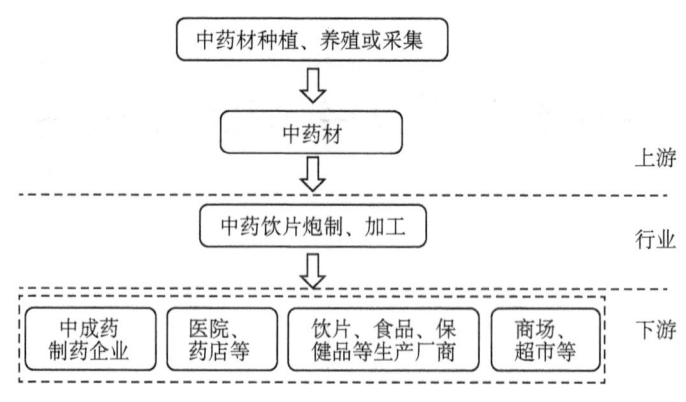

```
          中药材种植、养殖或采集
                  ↓
              中药材                      上游
                  ↓
          中药饮片炮制、加工              行业
                  ↓
    ┌─────────┬─────────┬─────────┬─────────┐
    │ 中成药  │ 医院、  │饮片、食品、│ 商场、  │ 下游
    │制药企业 │ 药店等  │保健品等生 │ 超市等  │
    │         │         │产厂商    │         │
    └─────────┴─────────┴─────────┴─────────┘
```

图 3.1　中药饮片行业产业链构成情况

（三）中药饮片产业的特点

在中药的所有产业中，中药饮片与中医临床应用的关系最为密切。我国中药饮片产业具有资源依赖性、技术传统性、产业地域性、桥梁性、客户多样性、利润微薄性的特点[3]。

1. **资源依赖性**　我国中药饮片炮制产业的发展依赖于中药资源的可持续发展。我国中药资源品种多，蕴含量极为丰富。第三次中药资源普查结果显示，我国中药资源共计 12 772 种，其中药用植物 11 118 种，药用动物 1 547 种，药用矿物 80 种，其中 320 种常用的植物类药材总蕴含量达 850 吨左右。但由于目前我国中药资源过度采伐，中药资源无论是品种还是蕴含总量都有减少，有可能引发中药饮片产业的危机。

2. **技术传统性**　中药材经炮制后，可以提高药效、降低药物的毒副作用，是中医临床用药的必备工序。我国中药炮制技术有着悠久的历史，第一部炮制专著——《雷公炮炙论》产生于南北朝时期。中药饮片的炮制与中药材的采制、中成药的配制共同构成了我国中药传统制药的三大技术，但技术的传统性也导致操作过程及质量标准较为传统。

3. **产业地域性**　主要体现在两个方面：中药资源的道地性和中药炮制方法的地域性。如陶弘景说"诸药所生，皆有境界"，我国有名的道地药材如浙八位、四大怀药等，都有明显的地域性。目前各企业执行本省、自治区、直辖市的炮制规范，而致同一品种因炮制方法不同在执行中出现了许多矛盾，这就造成至今全国范围内仍存在着"一药数法"和"各地各法"的现象。因此，最终导致饮片生产和经营的地域性。

4. **桥梁性**　中药饮片是中医临床辨证治病的处方用药，它以中药材为原料，经过特定的炮制工艺制成，以适应中医临床辨证用药的需求。中医采用饮片组方制成复方制剂应用于临床是中医用药的特色所在，亦是中药饮片产业继承与发展的基础。中医临床的疗效则是中药饮片的疗效。由此可见，中药饮片产业是中医与中药之间的桥梁产业。

5. **客户多样性**　中药饮片产业处于整个中药产业链的中部，产业链上游为中药材种植，为源头产业，下游为中成药生产和中药制剂、调剂，为饮片的终端产业。在整个产业链中，中药饮片产业所面对的客户有医院药房、零售药店和中成药企业，他们所占比重分别为 40%、20% 和 40%。

6. 利润微薄性　利润模式微利性主要由以下两个方面导致：其一，从饮片生产角度来说，其炮制工艺非常繁杂，因此技术要求相对较高，饮片生产过程中投入产出比明显失衡；其二，从企业角度来说，中药饮片企业自身规模小，而且管理水平低下、营销水平不足。

（四）中药饮片产业的现状与发展趋势

随着国民经济高速增长和国内外医药市场需求的加大，各部门对中药产业逐步重视和加强，中药饮片行业迎来了恢复性增长，且市场地位不断提高。自2004年以来，中药饮片行业整体年增长率保持在30%以上；2011~2016年，我国规模以上中药饮片企业销售收入复合年增长率达到18.02%；2017年上半年销售收入总额1 047.9亿元，同比增加21.33%，到2020年市场需求超过3 500亿元[4]。另外，从中药饮片行业主营业务收入占医药制造业主营业务收入的比重来看，最近几年基本保持了逐年上升的趋势，表明中药饮片行业在医药制造业中的市场地位在不断加强。

虽然饮片市场的规模逐渐扩大，但中药饮片行业集中度仍然较低、企业规模偏小、科技创新能力较弱、产品和行业标准不统一、中药炮制基础研究不够、人才队伍流失严重、市场秩序还需进一步规范、龙头企业辐射带动能力不强、行业利润增长缓慢等问题依然突出，影响和制约了中药饮片产业的快速发展。当前中药饮片产业化发展中存在着"三重三轻"的问题[5]，一是重头尾、轻过程，即饮片企业一般比较重视产业链的一头一尾，往往忽略了产业过程研究问题；二是饮片生产过程中重产量、轻质量；三是重守旧、轻创新，应从产业过程和环节评价研究、饮片产业机械化和现代化研究，以及拓展中药饮片国内外市场等方面开展炮制产业"三创新"。

中药饮片产业上承中药农业，下接中药工业主体，还直接与中医临床关联，处于中药产业链的核心位置。中药饮片产业的健康、可持续发展不仅影响中药产业的整体发展质量与效益，更对中医药事业的长期发展具有重要的影响。目前行业快速发展和问题丛生并存，因此，要改变中药饮片行业"多、小、散"的产业现状，必须致力于中药饮片生产规范化、区域性专业化、集团规模化，生产过程自动化、可控化的全新产业发展模式[6]，期待对中药饮片产业健康发展发挥积极作用，促进中药产业的良性发展，发挥中药饮片在中医药健康发展过程中的核心作用。

二、中药炮制技术发展

（一）炮制技术历史发展

中药炮制古时又称"炮炙""修事""修治"，是在中医药理论指导下，按照辨证论治用药需要、药物自身性质，以及调剂、制剂的不同要求，将中药材加工成中药饮片的方法和技术。纵观中国历史长河，中药炮制技术源远流长（图3.2），远在夏禹时代，就有了用于治病的医酒；到了汉朝，中药炮制学术理论思想基本形成，马王堆汉墓出土《五十二病方》所记载的药物炮制方法就有净制、切制、粉碎、干燥、水制、火制、辅料制等十种之多[7]，不过在这一时期，中药炮制的内容常常作为方剂用药的加工附注，尚未形成独立的学科体系；到魏晋时期，中药炮制理论已较为成熟[8]，对入药质量、原药材的纯度等均作出了一定的要求；南北朝时期的雷敩所著的《雷公炮炙论》是我国最早的药物炮制专著，系统总结了前人炮制的经验和方法，对药材的净制、炮制等均有详细的论述；唐代《新修本草》是我国第一部国家组织修订和颁行的本草，其中记载有多种炮制方法，如炼、煮、烧、火熬、煨、燔、作糵、作豉、作大豆黄卷等，并载有玉石、玉屑、丹砂、云母、石钟乳、矾石、硝石等矿物类药的炮制方法，而且有了新的发展，如芒硝的提净法、枇杷叶去毛防咳、杜仲横断切丝等。中药炮制在宋代发展较快，宋朝官修的《太平惠民和剂局方》设有炮制技术专章，基本可以代表当时药物炮制的概况，提出对药物"依法炮制""修制合度"。金元时期，中药炮制的理论研究较为突出，如王好古在《汤液本草》中引用东垣用药"黄芩、黄连……病在头面及手梢皮肤者，须用酒炒之，借酒力以上腾也；咽之下，脐之上，须酒洗之；在下生用。大凡生升熟降，大黄须煨，恐寒则损胃气，至于川乌、附子须炮以制毒也"。而到了明清时期，既是炮制技术方法的继承发扬时期，也是炮制品种的丰富发展时期，陈嘉谟在《本草蒙筌》中曾系统地论述了若干炮制辅料的作用原理，李时珍的《本草纲目》设有炮制专项，缪希雍在《炮炙大法》中提出了著名的"炮炙十七法"。清代张仲岩将历代各家有关的炮制记载综合归纳而成的《修事指南》详细记载了232种炮制方法，系统地叙述了各种炮制方法。

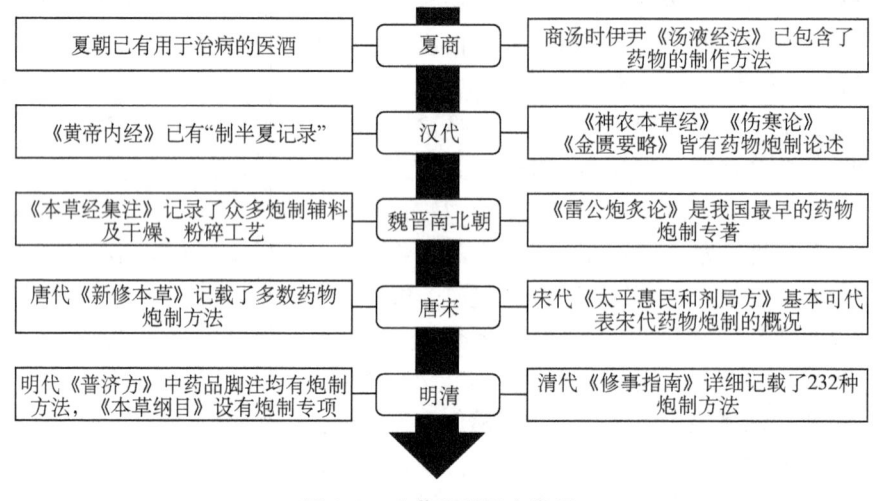

图 3.2　中药炮制历史发展

（二）炮制技术现代发展

公元19世纪以后是炮制振兴、发展时期。中华人民共和国成立之后，传统的中药炮制技术被传承并不断发展。在继承方面，各地对散在本地区的具有悠久历史的炮制经验进行了整理，并在此基础上制定出版了各省市中药炮制规范，同时国家药典中也收载了炮制内容，制定了"中药炮制通则"，并相继出版了一些炮制专著，如《中药炮制经验集成》《历代中药炮制法汇典》《樟树中药炮制全书》等，将散在民间和历代医籍中的炮制方法及地方炮制方法进行了系统整理，形成了较为完整的文献资料。

现代中药炮制的发展以国家"七五"攻关课题的设立为分界线，"七五"之前是第一时期，即炮制文献的考证、发掘和整理时期，称为"文献研究期"；"七五"之后是第二时期，即在文献研究的基础上，借助日益发展的现代研究手段、技术，进行炮制技术的优化与提升、炮制理论的验证、现代炮制设备的研制，以及饮片质量控制等为核心内容的研究，称为"实验研究期"[9]。

在"八五""九五"期间，中药炮制研究被列入国家攻关项目，先后完成了何首乌、白芍、草乌、半夏等40种中药饮片炮制工艺和质量的研究，采用现代科学技术就其炮制沿革、炮制工艺筛选优化、饮片质量标准制定、炮制基本原理等方面做了系统的多学科综合性研究，取得了很大的进展。"十五"国家科技攻关计划又将川芎、巴戟天、千金子和大戟等30个品种列入，开展中药饮片炮制工艺和质量标准研究，揭示中药炮制的科学内涵。"十一五"国家科技支撑计划通过对几种典型炮制机制、炮制技术及其专用炮制设备的系统研究，揭示中药饮片炮制的科学内涵，在此基础上研究制定中药饮片科学合理的炮制工艺技术及其质量评价指标体系，同时根据中药饮片各炮制技术的共性特点，研制专用标准化生产设备[10]。"十二五"国家科技支撑计划尝试建立中药炮制指标数字化，新建炮制技术集成示范生产线1条，实现从净制到炒制生产各单元的在线监控及自动化生产，技术辐射使产能大大增强，新增产值2亿元，实现利税5千万元。

随着现代科学技术的发展，中药炮制也在不断摸索中前进。国家给予中药饮片产业极大的支持，在科技进步、行业规范化、生产标准化等各个方面投入了大量的资源，并取得了可喜的成果[3]。除了国家"八五"科技攻关计划、"九五"中药现代化和产业化开发、"十五"科技攻关计划等，"创新药物和中药现代化"专项支持50种饮片、30种单味中药配方颗粒；"国家自然科学基金"项目支持了多种中药饮片的炮制机制研究，阐述了中药炮制改性、减毒、增效等机制；国家"973""有毒中药科学应用的基础研究"计划给予了立项资助。这些计划对中药饮片行业予以了有力的支持，开展示范性规范化研究，并大力支持炮制原理和炮制辅料的研究，对推进中药炮制技术的发展起到了巨大的推动作用。

（三）炮制方法分类

中药饮片炮制的分类，反映了中药炮制专业技术内在的异同性和有机联系，既体现了对传统炮制方法的继承性，又有利于现代科学方法进行归纳和研究。因此，分类不仅要能够体现炮制内容的系统性、完整性和科学性，还要便于学习、掌握中药炮制的内在内容。

1. 雷公炮炙十七法　明代缪希雍在《炮炙大法》（中药炮制专著）卷首，把当时的炮制方法进行了归纳总结，"按雷公炮炙法有十七：曰炮、曰爁、曰煿、曰炙、曰煨、曰炒、曰煅、曰炼、曰制、曰度、曰飞、曰伏、曰镑、曰㩅、曰晒、曰曝、曰露是也，用者宜如法，各尽其宜"，这就是后世所说的"雷公炮炙十七法"。但随着时代的变迁与中药炮制技术的不断发展，炮制方法已经远远超出了所归纳的十七法的范围，所以雷公炮炙十七法并不能准确表达炮制的内涵，目前雷公炮炙十七法在中药炮制中并不使用。

2. 三类分类法　明代陈嘉谟在《本草蒙筌》中提出了三类分类法，即"火制有四：有煅、有炮、有炙、有炒之不同；水制有三：或渍、或泡、或洗之弗等；水火共制造者：若蒸、若煮而有二焉，余外制虽多端，总不离此二者"，即以火制、水制、水火共制三类炮制方法为纲，覆盖了中药炮制的主要内容，是历史上中药炮制分类的一大进步。

3. 五类分类法　由于火制、水制、水火共制尚不能包括中药炮制的全部内容，针对三类分类法的不足，提出了五类分类法。五类分类法包括修治、水制、火制、水火共制、其他制法。这样能比较系统、全面地反映药物加工炮制工艺，较好地指导生产实践。

4. 工艺与辅料相结合分类法　工艺与辅料相结合的方法是在三类分类法和五类分类法的基础上发展起来的，它既继承了净制、切制的基本内容，又对庞杂的炮制项目进一步分门别类，一种是以辅料为纲、以工艺为目的分类法，突出辅料对药物所起的作用，如分为醋制法、酒制法、蜜制法、盐制法等，在醋制法中再分为醋炙、醋蒸、醋煮等。此种分类方法在描述工艺操作上会有一定的重复。另一种是以工艺为纲、以辅料为目的的分类方法，突出了炮制工艺，如分为炒、炙、煅、蒸、煮等。在炙法中再分为酒炙法、醋炙法、姜炙法、蜜炙法、盐炙法等，这种分类方法较好地体现了中药炮制工艺的系统性、条理性，它吸收了工艺法的长处，采纳了辅料分类的优点，既体现了整个炮制工艺程序，又便于叙述辅料对药物所起的作用，是中药炮制中共性和个性的融合。

5. 药用部位分类法　宋代《证类本草》及《太平惠民和剂局方》，均按药物来源属性的金、石、草、木、果、禽、兽等分类，但仍局限于本草学的范畴。现今，全国中药炮制规范及各省市的炮制规范，大多以药用部位来源进行分类，如分为根及根茎类，果实、种子类，全草类等，在各种药物项下再分述炮制方法。此种分类方法的优点是便于具体药物的查阅，适用于炮制规范及参考书之类，但体现不出炮制工艺的系统性。

2020年版《中国药典·炮制通则》中，按净制、切制、炮炙、其他制法四大类收载38种炮制方法[11]，分述如下：

（1）净制十九法：挑选、筛选、风选、水选、剪、切、刮、削、剔除、酶法、剥离、挤压、燀、刷、擦、火燎、烫、撞、碾串。

（2）切制六法：切片、切段、切块、切丝、捣碎、碾碎。

（3）炮炙八法

1）炒法：单炒（清炒）：炒黄、炒焦；加辅料炒：麸炒、砂炒、蛤粉炒、滑石粉炒。

2）炙法：酒炙、醋炙、盐炙、姜炙、蜜炙、油（羊脂油）炙。

3）制炭法：炒炭、煅炭。

4）煅法：明煅、煅淬。

5）蒸法：清水蒸、加液体辅料蒸。

6）煮法：清水煮、加辅料煮。

7）炖法：加液体辅料密闭隔水加热。

8）煨法：面裹煨、纸裹煨、隔纸煨、麸皮煨。

（4）其他五法：燀、制霜（去油成霜）、水飞、发芽、发酵。

（四）炮制辅料

中药炮制辅料可分为液体辅料和固体辅料两种，如表3.1所示。

表 3.1　中药炮制辅料

辅料类型	辅料名称	性味	功效
液体辅料	酒	味甘、辛，性大热	活血通络，祛风散寒，行药势，矫味矫臭
	醋	味酸、苦，性温	引药入肝，理气，止血，行水，消肿，解毒，散瘀止痛，矫味矫臭
	盐水	味咸，性寒	引药入肾，强筋骨，软坚散结，清热凉血，缓和药性，解毒，防腐，矫味
	姜汁	味辛，性温	发表散寒，温中止呕，化痰，解毒
	蜂蜜	味甘，性平	增强药物疗效，解毒，缓和药性，矫味矫臭
	麻油	味甘，性微寒	清热，润燥，生肌，降低毒性
	胆汁	味苦，性大寒	清肝明目，利胆通肠，解毒消肿，润燥，降低毒性，缓和燥性，增强疗效
	黑豆汁	味甘，性平	滋肝补肾，养血祛风，利水解毒
固体辅料	麦麸	味甘、淡，性平	和中益脾，缓和药物燥性，增强疗效
	大米	味甘，性平	补中益气，健脾和胃，除烦止渴，降低药物刺激性和毒性
	灶心土	味辛，性温	温中和胃，止血，涩肠止泻
	河砂	—	坚硬药材经砂炒后质地松脆，便于粉碎和利于煎出有效成分，也可降低药物毒性
	滑石粉	味甘，性寒	利尿，清热，解暑，矫味矫臭
	蛤粉	味咸，性寒	清热，利湿，化痰，软坚

此外，液体辅料常用的还有甘草汁、羊脂油、米泔水等，固体辅料还有豆腐、白矾、朱砂等。但中药炮制辅料没有统一的国家标准，基本上是采用食品、饮品及调味剂的标准，没有专门的中药辅料加工单位及生产厂家，《中国药典》对中药炮制辅料也没有更细的要求和规定，全国各地中药饮片加工炮制过程中所用辅料也各不相同。因此，炮制辅料的标准研究应引起国家有关部门的重视，尽快建立中药炮制常用辅料的规格标准。

(五) 炮制工具发展

由于历史的原因，中药炮制多年来一直停留在作坊式的手工操作阶段，20 世纪 70 年代，原中国药材公司受国家委托分别在河南周口、上海、天津、吉林长春投资建立了 4 家中药饮片机械厂，标志着我国中药炮制机械进入了专业化、规模化的发展阶段。在国家一系列促进中医药事业发展政策的支持下，尤其是"九五"的中药现代化大行动中，又涌现了一批中药炮制设备制造企业，为炮制设备的发展增添了新生力量。截至 2008 年年底，全国专业生产炮制设备企业约 15 家。他们都为中国中药饮片工业的发展，特别是为 2008 年 1 月 1 日前全国饮片生产企业必须在符合 GMP 条件下生产作出了贡献[12]。

"十五"以来，特别"十一五"期间国家把中药饮片工艺规范化研究与炮制机械同等立项研究，在政策导向和研究经费方面为炮制机械与炮制工艺的结合给予了支撑，并根据中药饮片的特点，鼓励利用多学科联合，开展饮片生产机械和相关设备研发，并给予专利保护。此外，炮制机械行业加强产、学、研联合和交流，为炮制机械的研发迈出了重要一步，研发了"智能化鼓式炒药机""可控式热压制霜机""水蓄冷高真空气相置换式润药机"等新型可控式第一代炮制机械。

中药炮制逐渐由手工向机械化发展，各式各样的炮制工具被发明，炮制机械化水平也越来越高，20世纪90年代提出"中药现代化"正式确立了中药饮片作为药品的地位，自此系列现代化的加工炮制机械设备如 GO-1A 型滚筒式去毛机、DOS 型中药材冷浸软化装置、YZ 型中药自动切片机、ZJ 系列中药切碎机等出现并迅速发展。除此之外，在中药炮制机械化新理念的影响下，结合不同的炮制需求，研发了一批新型中药炮制设备，如中温锻药锅、高温煅药炉、蒸药箱及炙药机等，基本实现了中药饮片机械化、自动化及规模化的目标。随着科技的进步，中药炮制经历了手工化→机械化→自动化的发展，并逐步迈向智能化，智能制造引领着中药饮片产业的转型升级。《中医药发展战略规划纲要（2016—2030 年）》提出：加快推进智能制造，注重信息化、智能化与工业化的融合[13]。为响应国家智能制造的号召并适应中药材产地加工及炮制一体化的生产需求，科研人员在原有加工及炮制设备的基础上进行成套设备的创制，并逐渐形成智能化联动线，以使中药加工与炮制更加合理化、科学化、规范化[14]。

（六）特色炮制技术

中药炮制随着中药的起源和应用而产生，而源于中医流派和地域差异，中药炮制出现了帮派特色与区域特色，其中以江西樟树帮、建昌帮及北京京帮和四川川帮最具特色。每个炮制流派，结合本地药材、地域资源优势，各有特色[15]。

1. 樟帮刀工见长，药全效灵，独具一格　我国的江西省樟树市是樟帮炮制流派的发源地，此地目前是我国南北药材的集散中心，颇受海内外认同。在远古时期"樟帮"中医药文化就已开始萌芽，其发展史可分为 4 个阶段，始于汉晋，成于唐宋，盛于明清，新中国成立后亦有发展，至此历经 1 800 余年。樟树的中药炮制在清洗、晾晒、储藏等方面均具特色，其形成的樟帮特色中药炮制文化和发展体系享有"药不到樟树不齐""药不过樟树不灵"的美誉。

2. 建昌帮烹饪见长，选料独特，低毒高效　建昌帮发源于江西建昌府，与"樟树帮"合称为"江西帮"，享有"樟树的路道，建昌的制炒""药不过建昌不行"之美誉。建昌帮药业有着悠久的历史，最早要追溯到东晋时期，著名医药学家葛洪是该时期的代表人物，他在建昌地区亦医亦道的活动是建昌药技的萌芽。建昌帮从发源至今经历东晋、宋元、明清等几个历史阶段，逐渐昌盛成帮，有其独特的炮制技艺；在地域上亦有着深远影响力，除了赣闽地区外，东南亚地区也有很大的传播度。其炮制工艺与辅料的选择独具特色，在烹饪的同时讲究形色气味俱全，达到毒性低而疗效高的效果。

3. 京帮工艺传承，秉承古训，修心自律　京帮发源于北京，其炮制技艺继承和发扬了北京及天津两地药派的传统中药炮制技术经验和特色。京帮三百余年来在炮制操作工艺等方面积累了丰富的宝贵经验，并且一直自觉秉承着"炮制虽繁必不敢省人工，品味虽贵必不敢减物力"的古训，炮制匠人亦树立"修合无人见，存心有天知"的约束自律意识，其中药炮制的主要特点集中反映在蒸煮炮制法和辅料特色上。

4. 川帮随方炮制，以方制药　川帮中药炮制技术发源于我国四川省，包括重庆、云南、贵州等中国西南地区，其中成都地区是川帮炮制技术的核心所在，以"炮"法，即用火制而闻名。四川古称为"巴蜀""天府之国"，素有"天然药谷"的美称，此地中药资源品种超过 5 000 种，约占全国的 35%。川帮药材集市，据文献记载其最早于中唐时期的蜀地梓州出现。南宋时期的祝穆在其《方舆胜览》中记载："成都，古蚕丛氏之国……俱在大慈寺前。"由此可知，成都药市于明清进入鼎盛时期，川派炮制技术在此时期亦得到较快的发展。目前，该技术流派以成都名老中医段鹤龄为基础，其学生徐楚江开创并发扬光大，提出"辨证施治，随方炮制，以方制药"的观点。

另外，区域性炮制流派主要包括徽派炮制，强调辅料的作用；孟河医派，毒性中药炮制极其讲究；河南怀药炮制；岭南医药结合；闽东水火保质；蒙药炮制特色；维药炮制特色。其他部分地区及炮制帮派如陕帮、闽南帮、武汉的文帮、赣南帮等亦需要更加深入研究及更深层次探讨。值得注意的是，中药炮制技艺在其发展的时间长河中逐渐丧失了原有的特点与技艺传承，故要增强对全国各地区中药传统炮制特色技艺的发掘、整理、总结、研究、传承工作，还要继承和弘扬各地的炮制文化，利用现代科学技术，将传统炮制理论学说、工艺与新科技、新设备相联合，推动传统炮制技术在当代的传承与传播，并在一定程度上创新与发展。

（七）中药炮制技术的创新

中药炮制技术的创新发展是中药产业发展的重要保证。当前，互联网+、大数据、人工智能技术等的应用越来越普遍，中药饮片产业供应链的进一步整合必将在信息化、智能化、数字化、标准化的产业进程中实现并快速发展。另外，随着工业化生产的兴起，中药饮片生产模式的变革与生产技术的创新是中药饮片行业可持续发展的必由之路[16]。

贾天柱提出中药炮制研究要突出"四新八化"。"四新"即新工艺、新辅料、新设备、新理论；"八化"即来源基地化、工艺规范化、标准国际化、原理清晰化、辅料多样化、设备智能化、规格一致化、调制自动化。"四新"是目标，"八化"是内容，"四新八化"是未来炮制研究的总体目标。"四新"的关系：新工艺是核心，新辅料是关键，新设备是基础，新理论是指导[17]。

1. 推进炮制新技术和技术规范化　炮制新技术包括微波炮制、膨化炮制、炒改烘，鲜药炮制、化学炮制、生物炮制等。化学炮制用化学辅料或新辅料炮制，可定向炮制，根据饮片化学成分的性质炮制，如酸性成分碱制、碱性成分酸制；可利用各种化学反应，如氧化还原、开环、分解、聚合、美拉德反应、交换反应等进行炮制。生物炮制即发酵炮制，利用微生物或酶的作用进行炮制。同时，在保证临床疗效和保持地域特色的前提下，加强炮制技术的规范化研究，不断优化工艺参数，以适应饮片行业产业化大生产的要求。

2. 推进炮制新辅料与辅料多样化　传统辅料是蜜、酒、盐、醋、姜等，而新辅料可采用酸、碱、氧化还原剂（无毒的化学辅料）、药汁辅料、生物辅料（微生物和酶）等。

3. 推进炮制新设备与设备智能化　传统设备是药臼、研槽等，新设备则有净选机、洗药机、切药机、润药机、炒药机、干燥机、微波干燥机、微波炒药机等，用于调剂的则有自动配方机、电子秤、电子药柜、配方颗粒自动配方机。同时要根据中药饮片的特点，加快对中药炮制设备的研发，开发中药炮制计算机在线控制系统，建立中药饮片炮制标准化生产线，实现中药炮制过程的智能化、信息化，将经验式的生产过程用规范化、数字化的工艺参数取代，实现中药炮制的现代化生产[18]。

4. 推进炮制新理论与原理清晰化　以传统理论为基础，创立新的中药炮制理论，进一步完善药性变化论，明确"生降熟升，升者益升、降者益降"等理论；基于中药炮制原理现代系统研究技术体系，采用"化学成分变化—生物转化—体内外代谢—肠吸收转运—药动学结合药效学—药效机制—代谢组学"的创新研究模式，深入挖掘中药炮制的现代科学内涵，丰富中药炮制理论，促进中药炮制技术的快速发展[19]。

5. 推进产地加工与炮制一体化技术　在传统工艺基础上，利用现代设备与工艺对药材产地加工方式进行创新，推进饮片产地加工和炮制一体化。优选产地加工中药品种，革新加工炮制技术和装备，修订中药产地加工与炮制技术规范，建立健全产地加工和炮制生产一体化体系[17]。

三、中药炮制理论发展

中药炮制理论是在历代中医药专家长期医疗和炮制实践中总结出来的，并对中药饮片炮制起着指导作用。炮制并不是简单的物理性质的改变或者除杂的过程，往往会引起中药"质"的变化，如改变中药药性的四气五味、升降沉浮、归经和功效，可纠正药物过偏之性，增强药性或者是扩大药物用途，尤其对于毒性药材，炮制会使其毒性和副作用降低，除此之外，还有方便药材储藏运输的作用[20]。

（一）中药炮制目的及意义

1. **除去泥土、灰尘、杂质及非药用部分，使药物清洁纯净**　如植物的根或根茎除去泥沙；部分全草去芦；种子去壳等。

2. **使药物容易粉碎和溶出有效成分，便于制剂**　完整的药材经过切制以后，有效成分易于溶出，同时还有利于调剂和进行特殊的炮制及储藏等。一般矿物类和介壳类中药经过烧煅后，即可起到便于粉碎和易于有效成分煎出的作用。

3. **矫臭、矫味，便于服用**　动物类或其他具有特殊臭味的药物，往往为患者所厌恶。为了使患者容易接受，矫臭、矫味在医疗上也是必要的。酒润、麸炒、醋炒等炮制方法通常具有矫臭、矫味作用。

4. **对药性的影响**　中药药性是临床用药的基本依据，药性改变，作用亦会改变。

（1）对四气五味的影响：炮制会在很大程度上影响中药的气味和功能，能改变或缓和药性。①炮制改变药性。如天南星辛温，善于燥湿化痰；加胆汁制成胆南星，则性味转为苦凉，功效为清热化痰。②通过"从制"，使中药的性味增强，使疗效提高。如酒制仙茅，增强仙茅温肾壮阳作用，热者益热。③通过"反制"，纠正中药过偏之性，缓和药性。如栀子姜汁制后，能使苦寒之性降低，以免伤中。

（2）对升降浮沉的影响：升降浮沉是指中药作用于机体的趋向，通过炮制可以改变或增强中药作用的趋向。如黄柏原系下焦药，经过甘辛大热具有升提作用的酒炒制，便产生了清降头部虚火的作用；黄芩能走上焦，用酒炒制，增强了上行清热的作用；川楝子能走下焦，用盐炒制，增强了下行治疝的作用。

（3）对归经的影响：中药炮制后，有的可以改变归经，有的可以引导药物直达病所，特别是用某些辅料炮制药物。如甘草蜜炙，可以增强补脾作用；补骨脂盐水炒，可以增强补肾作用；莪术醋煮，可以增强入肝经消积的作用。

5. **对药效影响**　炮制技术包括炒、炙、蒸、煮、煅、煨等，通过炮制可以改变药物属性，消除降低中药毒性，提高临床用药疗效。

(1) 提高药物的疗效：中药炮制后，其成分的理化性质、含量都要发生改变，产生增强作用。如延胡索醋煮可发挥止痛功效，百部蜜炙可增强润肺止咳作用。

(2) 扩大中药治疗范围：中药在炮制过程中通过加热或辅料的协同作用，改变其功效。如地黄生用性寒凉血，制成熟地黄则性温补血；蒲黄生用有活血祛瘀作用，炒炭后有收敛止血作用。

(3) 降低或清除中药毒性：去毒常用的炮制技术有净制、水泡漂、水飞、加热、加辅料处理、去油制霜等。如大戟醋煮、斑蝥米炒，能大大地降低毒性；吴茱萸甘草水浸、苍耳子炒黄，可消除毒性。

(4) 消除副作用：如常山酒炒可消除涌吐的副作用；首乌煮制可消除致泻的副作用。

(5) 缓和刺激性：如炒乳香、炒枳壳可以缓和对胃的刺激作用。

(二) 中药传统炮制理论及现代研究

中药炮制理论是从中医学基础理论中衍生出来的，是研究炮制目的、炮制原则、炮制选择依据、炮制对药材的影响等问题，经过梳理总结出 14 条中医学炮制理论[21]（表 3.2）。

表 3.2　中医学炮制理论

中医学炮制理论	出处
(1) 炮制减毒保证用药安全	(《黄帝内经》《神农本草经》)
(2) 制其太过、扶其不足是炮制的总原则	(《黄帝内经》)
(3) 盐醋等辅料制引药归经	(《黄帝内经》)
(4) 用药性相反的药物或辅料制其太过的药性	(《黄帝内经》《神农本草经》)
(5) 药材必须经过炮制才能称取入药使用	(张仲景·《金匮玉函经》)
(6) 药材必须除净非药用部位确保用量准确	(《金匮玉函经》《本草经集注》)
(7) 炮制的重要性在于与临床疗效密切相关	(王怀隐·《太平圣惠方》)
(8) 分开不同药用部位保证用药准确	(陈嘉谟·《本草蒙筌》)
(9) 改变或增强升降浮沉作用趋向适应用药需要	(《本草蒙筌》《本草纲目》)
(10) 炮制是中医辨证论治手段之一	(《本草蒙筌》《本草纲目》)
(11) 药物生用熟用各有适宜病情	(傅仁宇·《审视瑶函》)
(12) 炮制方法是根据药物性质和医疗需要而选择	(张仲岩·《修事指南》)
(13) 炮制根本目的是取利去害保证用药安全有效	(徐大椿·《制药论》)
(14) 炮制取利去害是通过改变药材形态、质地，影响药材四气五味来实现的	(徐大椿·《制药论》)

中药传统炮制理论可归纳为七情相制论、净制理论、切制理论、储藏理论、炭药止血理论、中药制药论、中药生熟论、辅料作用论 8 个方面[22]，国内学者利用现代科学技术对传统炮制理论进行了大量的基础研究，取得了一定研究成果[23]。

1. 七情相制论　《神农本草经》记载："若有毒宜制，可用相畏相杀，不尔，勿合用也。"首次提出了按七情合和理论进行炮制，用相畏相杀配伍制约中药的毒性，如半夏畏生姜，即生姜可解半夏毒。

2. **净制理论** 汉·张仲景《金匮玉函经》提出"或须皮去肉，或去皮须肉，或须根去茎，又须花须实，依方拣采，治削，极令净洁"。强调药用部位的纯正。

3. **切制理论** 明·陈嘉谟《本草蒙筌》提出切制理论，如"古人口咬碎，故称咬咀，今以刀代之，惟凭锉用，犹曰咀片，不忘本源，诸药锉时，须要得法，或微水渗，或略火烘。湿者候干，坚者待润，才无碎末，片片薄匀。状与花瓣相侔，合成方剂起眼，仍忌锉多留久，恐走气味不灵，旋锉应人，速能求效"。既提出了咬咀和咀片的来历，又说明了软化切制的方法。

4. **储藏理论** 明·陈嘉谟《本草蒙筌》提出储藏理论，"凡药贮藏，宜常提防。倘阴干、曝干、烘干，未尽去湿，则蛀蚀、霉垢、朽烂不免为殃……见雨久着火频烘，遇晴明向日旋曝。粗糙旋架上，细腻贮坛中"。

5. **炭药止血理论** 中药炒炭止血的理论最早见于葛可久的《十药神书》，用"十灰散"治疗吐血，并记载："大抵血热则行，血冷则凝，见黑则止。"古人认为红属火，黑属水。根据五行相克规律，水克火，即黑克红，因此有"以黑胜红""红见黑则止"的论述。明代李时珍认为"烧灰诸黑药皆能止血"，清代汪昂在其《本草备要》中提到"凡血药用山栀、干姜、地榆、棕榈、五灵脂等，皆应炒黑者，以黑胜红也"，这种理论是在当时历史条件下对炭药止血的一种朴素的解释。

中药炒炭炮制的关键在于"存性"。所谓"存性"，就是指将中药外部制成炭状，而内部又能保留固有性能而言。如清代名医陈修园说："今药肆中只知烧灰则变为黑色，而不知存性二字大有深意，盖各药有各药之性，若烧之太过则成死灰无用之物。"阐述了炭药炮制程度的重要性。炒炭要求"存性"，既要保存药物的"本来之真性"，又具有止血、止痢、止带或减缓其刺激性等炮制作用，充分体现了传统炮制技术的辨证法则。

6. **中药制药论** 清代徐灵胎在《医学源流论》中进一步明确中药制药理论："凡物气厚力大者，无有不偏；偏则有利必有害。欲取其利，而去其害，则用法以制之，则药性之偏者醇矣。其制之义又各不同，或以相反为制，或以相资为制，或以相恶为制，或以相畏为制，或以相喜为制。而制法又复不同，或制其形，或制其性，或制其味，或制其质。"亦称为传统的制药原则。

（1）相反为制：是指用药性相对立的辅料或中药来炮制，以制约中药的偏性或改变药性。如用辛热升提的酒来炮制苦寒沉降的大黄，能够缓和苦寒之性，使药性转降为升。用辛热的吴茱萸炮制苦寒的黄连，可制其大寒之性。用咸寒润燥的盐水炮制温燥的益智仁，可缓和其温燥之性。

（2）相资为制：是指用药性相似的辅料或中药来炮制，以增强药效，相当于中药配伍中的"相须""相使"。如用咸寒的盐水炮制苦寒的知母、黄柏，可增强滋阴降火作用。用辛热的酒来炮制辛热的仙茅，可增强温肾助阳作用。百合蜜炙可增强其润肺止咳的功效。

（3）相恶为制：是指用某种辅料或中药来炮制，以减弱某些中药的不良反应。实际上是中药配伍中"相恶"内容在炮制中的延伸应用。《本草纲目》解释"相恶者夺我之能也"，即指两种中药合用，一种中药能使另一种中药作用降低或功效丧失，一般属于配伍禁忌。当中药的某种功能太过或不需要这种功能时，可采用相恶的办法来解决。如枳实破气作用过强，可用麸炒的方法来缓和。苍术之燥性，可用米泔水制来缓和。木香辛散理气之性较强，一般忌加热，但当用于实肠止泻时，必加热煨制，以缓和辛散之性，增强止泻之功。

（4）相畏为制：是指用某种辅料或中药来炮制，以制约另一种中药的毒副作用，相当于中药配伍中的"相畏""相杀"。如用生姜来炮制半夏、胆南星，炮制后可降低半夏、胆南星的毒性。另外一些辅料，古代医药著作在论述配伍问题时虽未言及，但在炮制有毒中药时常用到它们，因此也应列为"相畏为制"的内容，如用白矾、石灰、皂荚制半夏、胆南星；蜂蜜、童便、黑大豆、甘草、豆腐制川乌等。

（5）相喜为制：是指用某种辅料或中药来炮制，以改善中药的形色气味，提高患者的信任感和接受度，利于服用，发挥药效，增加商品价值，如乌贼骨、僵蚕、乳香、没药或其他有特殊不良气味的药物，往往为患者所厌恶，服后有恶心、呕吐、心烦等不良反应，用醋炙、酒制、漂洗、麸炒、炒黄等方法炮制，能起到矫臭矫味的效果，以利于患者服用。

（6）制其形：是指通过炮制改变中药的外观形态和分开药用部位。中药因形态各异，体积较大，不利于调剂和制剂，所以在配方前都要加工成饮片。常常通过碾、捣或切制等处理方法来达到目的，如种子类中药一般需要炒黄后应用，即"逢子必炒""逢子必破"；根及根茎类中药根据质地的不同切成薄片或厚片。不同药用部位功效有异，需分开入药，如麻黄、当归等。

（7）制其性：是指通过炮制改变中药的性能。通过炮制，或抑制中药过偏之性，免伤正气；或增强中药的寒热温凉之性，或改变中药的升降浮沉等性质，满足临床灵活用药的要求。

（8）制其味：是指通过炮制调整中药的五味或矫正劣味。根据临床用药要求，用不同的方法炮制，特别是用辅料炮制，可以改变中药固有的味，使某些味得以增强或减弱，达到"制其太过，扶其不足"的目的；或通过某种辅料或方法来矫正中药本身的不良气味，增加某种香味，使患者利于接受。

（9）制其质：是指通过炮制改变中药的质地。许多中药质地坚硬，改变中药的质地，有利于最大限度地发挥疗效。如王不留行炒至爆花，穿山甲砂炒至膨胀鼓起，龟甲、鳖甲砂炒至酥脆，矿物药煅或淬等，均有利于煎出有效成分或易于粉碎。

7. 中药生熟论　历代本草古籍中记载中药有生熟之分，《神农本草经》中记载有"药有酸咸甘苦辛五味，又有寒热温凉四气，及有毒无毒，阴干暴干，采造时月，生熟，土地所出，真伪陈新，并各有法"。《金匮玉函经》也明确指出"有须烧炼炮炙，生熟有定"。在历代医家不断总结的过程中，逐渐形成了包含"生泻熟补""生峻熟缓""生升熟降""生行熟止""生消熟补"等中药生熟理论（图3.3）。近年来，国内学者对"生熟异用"中药进行了深入研究，部分阐释了"生熟异用"中药炮制的科学内涵，丰富了传统中药"生熟异用"的炮制理论。

（1）生泻熟补：是指某些中药生品具有泻下作用，经过炮制后泻下作用缓和（或）消失，而产生滋补的功效。其中"泻"包括两种情况，即降泻和清泻。降泻是指直接的泻下作用；而清泻主要是指能够降低机体功能的作用。生品降泻炮制后滋补：如何首乌，生用能通便解疮毒，制熟则补肝肾、益精血、乌须发。桑螵蛸蒸熟后可消除其

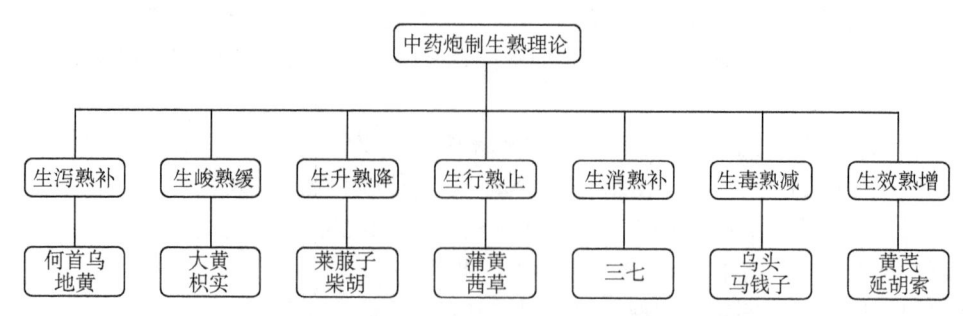

```
                        中药炮制生熟理论
    ┌──────┬──────┬──────┬──────┬──────┬──────┐
  生泻熟补  生峻熟缓  生升熟降  生行熟止  生消熟补  生毒熟减  生效熟增
   │       │       │       │       │       │       │
  何首乌   大黄     莱菔子   蒲黄     三七     乌头     黄芪
  地黄     枳实     柴胡     茜草             马钱子   延胡索
```

图 3.3　中药传统炮制生熟理论及代表药物

致泻的副作用，增强补肾助阳、固精缩尿的功能。生品清泻炮制后滋补：生地黄清热凉血而主泻，熟地黄滋阴补血而主补。泻是由于其性寒凉，补则由于其性温热，同时与蒸后苷类水解，糖类增加等有关。如甘草"生则泻火，炙则温中"；蜂蜜亦有同样说法，传统认为是生则性凉，故能泻火；熟则性温，故能补中。

（2）生峻熟缓：有些中药生品作用猛烈，制熟后大为缓和。如大黄，生品攻下作用很强，走而不守，直达下焦，有推墙倒壁之功；制成熟大黄，泻下作用明显缓和，也不伤胃，主要是由泻下成分蒽醌苷类水解成苷元所致。又如枳实，生用破气作用较强，麸炒后，可缓和其峻烈之性，免伤正气，所谓"麦麸皮制抑酷性勿伤上膈"。另外如牵牛子、芫花、甘遂、商陆等，生品药性峻烈，制熟后都得到缓和，主要是因其泻下的苷类有不同程度的水解，而使泻下作用缓和。

（3）生升熟降：是指某些药物尤其是具有双向性能的药物，经过炮制后，由于性味和质地的变化，可以改变其作用趋势。莱菔子生品以涌吐风痰为主，熟者以消食除胀、降气化痰为主。柴胡生品轻清升散，多用于解表退热、升举阳气，醋制柴胡降低了生柴胡的升浮之性，增强了疏肝解郁、养肝护肝之功。

（4）生行熟止：是指某些药物生品具有行血、活血的作用，制熟后则止血或补血。如蒲黄"行血生用，止血炒黑"，生品性滑，重在活血祛瘀、止痛、利尿，蒲黄炭性涩，主要取其收敛止血之效。茜草生品以活血祛瘀、清热凉血为主，制炭后寒性减弱，性变收涩，以止血为主。牡丹皮生用活血祛瘀，制炭后止血。卷柏"生用破血，炙用止血"。

（5）生消熟补：三七为"生消熟补"的典型药物代表。生三七有散瘀止血、消肿止痛之效，常用于跌打损伤，有止血而不留瘀的特点；熟三七则有补气补血之功。

（6）生毒熟减：有些中药生品毒性很强，如乌头、巴豆、马钱子、斑蝥等，必须用各种方法处理以制其毒。如乌头可用清水煮或蒸来降毒，主要原因是乌头碱受热水解。马钱子以油炸或砂烫，使其中士的宁及马钱子碱在加热过程中醚键断裂开环，形成异士的宁的氮氧化物及异马钱子碱的氮氧化物。斑蝥可用低浓度的碱来炮制，使斑蝥素直接生成斑蝥酸钠而达到减毒作用。巴豆制霜后能够减毒是因为炮制后去掉了大毒的巴豆油和毒蛋白。这样一生一熟，饮片可由大毒减为低毒乃至无毒，保证了临床用药的安全有效。

（7）生效熟增：中药制熟后会明显增强疗效。如蜜炙黄芪、甘草依靠蜂蜜的滋补作用能增强补中益气的作用。一些止咳平喘药，如紫菀、枇杷叶、款冬花等，蜜炙后皆能增强润肺止咳作用。醋炙延胡索可增强止痛作用，主要是使延胡索中的生物碱生成盐，增大溶解度而增强疗效。酒炙牛膝可增强其活血通络的功能。盐炙巴戟天可增强其补肾阳强筋骨的作用。

8. 辅料作用理论　历代医药学家不仅用辅料炮制药物，还重视辅料对中药药性及功用的影响，不断创造中药炮制新方法、新理论，并用以指导中药炮制品的临床应用，形成了中药炮制学中最为重要的辅料作用理论。主要理论及代表药物见图3.4。

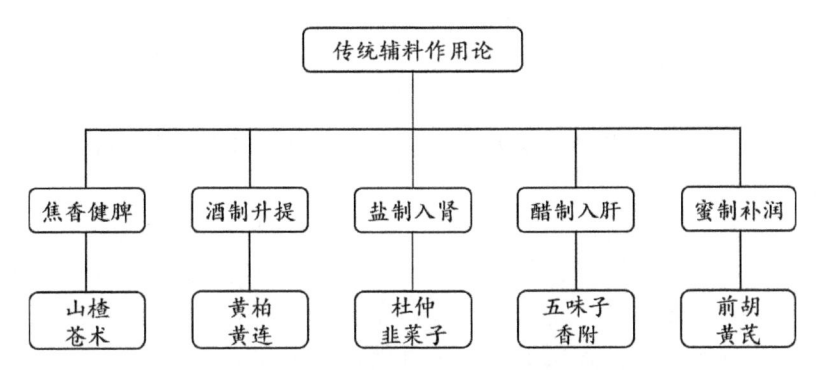

```
                        传统辅料作用论
    ┌───────────┬───────────┬───────────┬───────────┬───────────┐
  焦香健脾    酒制升提    盐制入肾    醋制入肝    蜜制补润
    │           │           │           │           │
  山楂         黄柏        杜仲        五味子       前胡
  苍术         黄连        韭菜子      香附         黄芪
```

图3.4　中药传统炮制辅料作用理论及代表药物

明代陈嘉谟在《本草蒙筌》的"制造资水火"中提出："酒制升提，姜制发散，入盐走肾脏，仍仗软坚，用醋注肝经且资住痛，童便制除劣性降下，米泔制去燥性和中，乳制滋润回枯助生阴血，蜜制甘缓难化增益元阳，陈壁土制窃真气骤补中焦，麦麸皮制抑酷性勿伤上膈，乌豆汤、甘草汤渍曝并解毒致令平和，羊酥油、猪脂油涂烧，咸渗骨容易脆断。"首次系统概括了辅料炮制药物的主要作用。

(1) 焦香健脾：炒制后的中药能产生焦香味，能明显促进食欲，具有健脾功效，谓之"焦香健脾"。产生"焦香健脾"作用的炮制方法主要有炒焦法和麸炒法。从化学成分方面来看，目前认为产生焦香气味的原因与美拉德反应有关，美拉德反应是发生在氨基和羰基间的褐变现象，它能为食品添加独特的风味，进而引起人们的食欲，中药材中复杂的化学成分为美拉德反应的发生提供了物质基础，而炒焦时的温度为美拉德反应的发生提供了外界条件。

(2) 酒制升提：是指药物酒制后，增加或增强其上行、行散的作用。酒制的目的和作用是多方面的，除"升提"外，酒制还有祛寒、减少不良反应、去腥、助溶等作用。

(3) 盐制入肾：指中药用盐水炮制可引药入肾经，更好地发挥其软坚散结的作用。

(4) 醋制入肝：指中药用醋炮制，可引药入肝经，增强疏肝解郁、散瘀止痛及行气功效。

(5) 蜜制补润：蜂蜜性甘、味平，具有滋补润肺、润肠通便的功效，中药经蜜炙后能增强补脾益气、润肺止咳的作用，并能缓和药性、矫味等。

(6) 姜制发散：指中药用姜汁炮制可取其温经发散之功，增强中药疗效。

(7) 童便制除劣性降下：指中药用童便炮制可除去中药的毒副作用，引药下行以滋阴降火。

(8) 米泔制去燥性和中：指中药用米泔水炮制，可除去其温燥之性而增强健脾和胃之功。

（9）乳制滋润回枯助生阴血：指中药用乳汁炮制可使其补血润燥之功增强，使血亏所致的形体羸瘦，燥渴枯涸之症得以恢复。

（10）陈壁土制窃真气骤补中焦：真气是指东壁土"得太阳频照之功，引真火发生之气"（《得配本草》）；指中药用日久之东壁土来炮制，可借真火发生之气迅速达到补益中焦脾胃之功效。

（11）麦麸皮制抑酷性勿伤上膈：上膈，即膈上，宗气所存之地，指中药用麸皮制药可以缓和中药的燥烈之性，而免伤宗气。

（12）乌豆汤、甘草汤渍曝并解毒致令平和：指中药用乌豆汤、甘草汤浸渍，然后日晒，可减缓其毒副作用。

（13）羊酥油、猪脂油涂烧咸渗骨容易脆断：指中药用羊酥油、猪脂油涂烧，容易渗入骨内，易于粉碎。

（14）《修事指南》亦增补了辅料作用论：吴萸汁制抑苦寒而扶胃气。吴茱萸乃大辛大热之品，以其制苦寒之药，可缓解苦寒之性，而免伤胃气。如吴茱萸制黄连。

1）猪胆汁制泻胆火而达木郁：猪胆汁具苦寒之性，清热泻火作用强，当肝胆火盛时可用猪胆汁炮制药，可达清泻胆火、疏肝解郁之妙用。如《本草纲目》记载黄连"治本脏之火，则生用之；治肝胆之火，则以猪胆汁浸炒"。

2）牛胆汁制去燥烈而清润：牛胆汁亦为苦寒之品，可去温热药燥烈之性，而变清热泻火。如牛胆汁制天南星为胆南星而具清热化痰之功。

3）秋石制抑阳而养阴：秋石具滋阴降火之用，黄柏用秋石制，可增强滋阴降火作用。

4）枸杞汤制抑阴而养阳：枸杞子偏于补阳，用其炮制巴戟天，可增强补肾助阳之功。

5）糯饭米制润燥而滋土：滋土为健脾之意。用糯米制可以达到滋润健脾之效，如米炒党参。

6）牡蛤粉制成珠而易研：用牡蛎粉或蛤粉烫制可以使之成珠，而容易粉碎。如蛤粉烫阿胶珠。

7）黄精自然汁制补土而益母：黄精具有补气养阴、润肺、健脾、益肾的功能。古代多用黄精自然汁蒸制，以达到健脾益肾之功。如黄精自然汁浸菟丝子，黄精与白芷同蒸一伏时等。

（三）中药炮制原理现代系统研究

炮制原理是研究饮片达到炮制目的的原因所在，是中药炮制理论研究的重点。经过梳理总结出12条中医学炮制增效、减毒原理[21]（表3.3）。

中药饮片炮制原理的探索一直是中医药行业的研究重点。中药炮制原理即中药炮制变化的实质，只有搞清炮制原理，才能真正认识了解中药炮制的科学内涵。在文献研究和临床实践基础上，可以从以下6个方面开展中药炮制原理的现代系统研究[19]：①中药炮制前后化学成分/组分的变化规律及新成分的鉴定；②中药化学成分的生物转化、体内外代谢及其产物鉴定；③肠吸收屏障网络对化学成分及其转化产物的肠吸收动力学与相互作用研究；④中药炮制前后多成分药动学及其结合药效学的研究；⑤体内外转化产物及炮制品的药效与作用机制研究；⑥中药炮制前后机体内源性代谢的变化研究（图3.5）。

表 3.3 中医学炮制原理

	中医学炮制原理	出处
增效原理	(1) 炮制辅料的引经增效作用	(《黄帝内经》)
	(2) 除去非药用部位以提高疗效	(《金匮玉函经》《本草经集注》)
	(3) 切制后有利于处方各药均衡煎出药性	(《本草经集注》)
	(4) 分开不同药用部位,使用药准确以提高疗效	(《本草蒙筌》)
	(5) 辅料的协同作用	(《本草蒙筌》)
	(6) 辅料改变或增强升降浮沉作用,趋向增效	(《本草蒙筌》《本草纲目》)
	(7) 热胀冷缩淬裂矿物药增效作用	(《医学入门》)
减毒作用	(1) 相畏相杀配伍关系的制毒作用	(《神农本草经》)
	(2) 用药性相反的药物辅料制药性太过,有减毒作用	(《黄帝内经》《神农本草经》)
	(3) 辅料的解毒作用	(《肘后备急方》)
	(4) 火制破坏毒性	(《备急千金要方》)
	(5) 水浸溶失毒性	(《医学入门》)

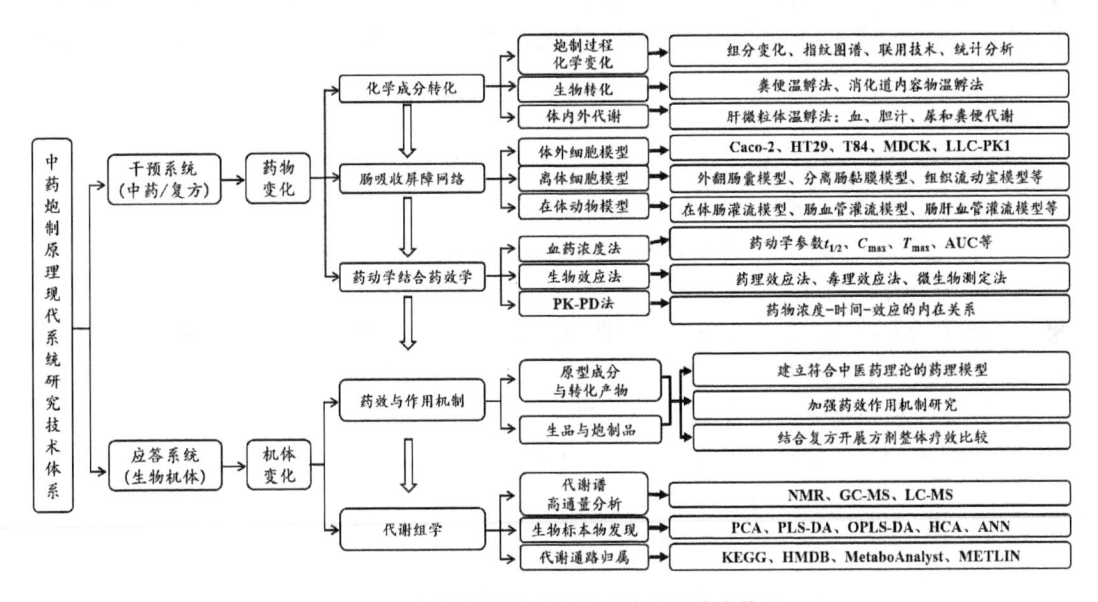

图 3.5 中药炮制原理现代系统研究技术体系

Caco-2：人结直肠腺癌细胞；HT29：人结肠癌细胞；T84：人结肠腺癌肺转移细胞；MDCK：犬肾细胞；LLC-PK1：猪肾细胞；$t_{1/2}$：半衰期；C_{max}：药峰浓度；T_{max}：达峰时间；AUC：药时曲线下面积；NMR：磁共振波谱法；GC-MS：气相色谱质谱联用仪；LC-MS：液质联用仪；PCA：主成分分析；PLS-DA：偏最小二乘法判别分析；OPLS-DA：正交偏最小二乘判别分析；HCA：层次聚类分析；ANN：人工神经网络；KEGG：京都基因与基因组百科全书；HMDB：人类代谢组数据库；METLIN：Metabolite Link

1. 中药炮制前后化学成分/组分的变化规律研究　中药材在加工炮制过程中发生了复杂的化学变化,其化学成分的量变或质变是中药炮制前后药性和功效发生改变的根本所在。因此,研究中药炮制前后化学成分/组分的变化规律是中药炮制原理研究的重要内容。主要采用高效液相色谱与质谱联用(HPLC-MS/MS)、超高效液相色谱质谱(UPLC-Q-TOF-MS)、气相质谱(GC-MS)等现代联用分析技术,建立中药炮制前后的指纹图谱或特征图谱,研究中药炮制过程中化学成分/组分的特征变化及其动力学规律;并针对中药多成分的特点,应用主成分分析、偏最小二乘回归分析、聚类分析等数据挖掘技术阐明中药炮制过程中的化学原理。

2. **中药化学成分的生物转化、体内外代谢研究**　　过去对中药炮制后化学成分的变化研究基本集中在炮制、煎煮过程中产生的动态变化,却忽略了化学成分在体内转化或代谢这一重要环节。通过研究中药炮制后化学成分的生物转化和体内外代谢,可以明确吸收入血的成分,确定饮片中各成分在体内的存在形式,从而明确中药饮片真正起效的活性成分,阐明其代谢途径和机制,有助于解释中药炮制的科学内涵。生物转化研究常用模型包括人工胃液、人工肠液、小肠灌流模型、肠管外翻模型、粪便培养模型及厌氧培养模型等,其中粪便温孵法和消化道内容物温孵法是于体外研究药物生物转化的常用方法。生物转化也是发酵中药炮制原理研究的重要方法。体外代谢研究多采用肝微粒体温孵法,体内代谢研究主要通过动物或人给药后,对血液、胆汁、尿液和粪便中的原型成分及其代谢产物进行分析,以确定代谢产物的结构、代谢途径和体内过程。

3. **肠吸收屏障网络对化学成分及其转化产物的肠吸收动力学与相互作用研究**　　口服中药在肠道的吸收转运是其产生生物效应的重要环节。影响药物肠道吸收的屏障有化学屏障、物理屏障和生化屏障,中药往往需要克服肠道吸收屏障网络才能被吸收,从而发挥其治疗作用。中药经炮制后,其化学成分会发生体内外转化,而这些成分及其转化产物在肠道的吸收转运因受到上述肠吸收屏障作用的不同,从而影响炮制品的疗效。因此,开展肠吸收屏障网络对中药炮制前后化学成分及其转化产物吸收转运的影响研究,可以更深入地阐述中药炮制原理。目前主要采用体外细胞模型、离体组织模型及在体动物模型等,通过比较研究中药生品与炮制品中化学成分及其体内外转化和代谢产物的吸收特性、转运机制、动力学变化及相互作用,从而揭示中药炮制的科学内涵。体外细胞模型主要包括人结肠癌细胞 Caco-2、HT29、T84 模型,犬肾上皮细胞 MDCK 模型,猪肾小管上皮细胞 LLC-PK1 模型等,其中应用最广泛的是 Caco-2 细胞单层转运模型。离体组织模型主要包括外翻肠囊模型、外翻肠环模型、分离肠黏膜模型、组织流动室模型等,采用最多的是外翻肠囊模型。在体动物模型主要包括在体肠灌流模型、肠血管灌流模型和肠肝血管灌流模型等,其中以在体肠灌流模型最为常用。

4. **中药炮制前后多成分药动学及其结合药效学的研究**　　中药炮制后化学成分的体内外转化,可能引起其体内吸收过程和生物利用度的变化,从而改变炮制品的药理效应。因此,须进一步从体内吸收的角度,采用血药浓度法和生物效应法等药物动力学的方法,研究炮制对中药化学成分/组分药动学参数的影响,并应用药动学-药效学(PK-PD)结合模型,深入探讨药物浓度-时间-效应三者之间的关系,从而真正阐明中药的炮制原理。

5. **体内外转化产物及炮制品的药效与作用机制研究**　　中药炮制后药性和临床功效发生改变,也就是炮制后的药理作用发生改变。因此,需要从药理学角度揭示中药炮制前后药理作用变化的量效关系、趋势及机制。以中医理论为依据,根据传统功能主治,并结合现代药理学研究,建立符合中医药理论的药理模型,对中药化学成分与其体内外转化、代谢产物,以及生品与炮制品的药理作用进行比较研究;从整体动物、细胞、分子及基因等不同水平揭示中药炮制增效、减毒或缓和药性的作用机制;并结合复方进行整体疗效的比较，从方剂学角度证明炮制的作用。

6. **中药炮制前后机体内源性代谢的变化研究**　中药作用于人体是一个"干预系统（中药）-应答系统（生物机体）"相互作用整合的生物学过程。中药炮制后在体内的吸收代谢发生变化而产生增效或减毒等作用，同时机体受中药炮制品系统作用后会在内源性代谢物组上产生应答，而这种应答可以用代谢组学准确表征[24]。因此，利用代谢组学的思路与方法，采用磁共振（NMR）、气相质谱（GC-MS）及液质联用（LC-MS）等现代分析手段，结合模式识别等化学信息学技术，分析机体受中药生品与炮制品作用后代谢指纹图谱的差异，获得相应的生物标志物群，从而揭示机体给予不同饮片后整体功能状态的变化，为中药炮制原理的研究提供大量信息。

第二节　饮片加工炮制技术

中药炮制是我国传统制药技术的集中体现和核心所在，也是中国特有的、最具自主知识产权的宝贵财富，同时也是我国的非物质文化遗产。多年来，国家一直将中药炮制技术纳入国家重点保护范围，属于禁止外商投资的行业。中药饮片炮制技术是一个完整的体系，包括多种炮制方法[25]。2020年版《中国药典》把炮制方法分成四大类，分别为净制、切制、炮炙及其他。

一、净制

净制即净选加工。净制包括对药物进行整理、清洁、切削等过程。中药绝大部分来源于动物、植物、矿物。这些原生药材，有的采来即可应用，但大部分还要进行选取、切削等简单的加工，以选取药物的有用部分，削除非药用部分，清除灰土杂质，使药物纯净。净制的目的有二：①有些药物经净制后便可直接配方；②为进一步炮制做好准备。

可根据具体情况，分别使用挑选、筛选、风选、水选、剪、切、刮、削、剔除、酶法、剥离、挤压、燀、刷、擦、火燎、烫、撞、碾串等方法，以达到净度要求[11]。

（一）清除杂质异物

1. **挑选**　是为了清除混在药物中的杂质及霉变品等使其洁净，或将药物按大小、粗细等分档，便于进一步加工处理，如乳香、没药、五灵脂、莱菔子、蛇床子等含有木屑、沙石等杂质，苏叶、淡竹叶、盐香等常夹有枯枝、腐叶及杂草等，枸杞子、百合、薤白等常混有霉变品、走油品等，均需要挑选除去；又如半夏、天南星、白附子、大黄等药物，需按大小、粗细分开，以便分别浸润或煮制时控制火候。挑选法适用于含有量少且有杂质或霉变品、虫蛀品易于除去的药物，常采用手工挑拣或与筛、簸交替进行。

2. **筛选**　是根据药物和杂质的体积大小，选用不同规格的筛或罗，以筛去药物中的沙石、杂质或利用不同孔径的筛子将大小不等的药物筛选分开，以便进一步加工炮制。

3. **风选**　是利用药物和杂质的轻重不同，借助风力将杂质除去。操作时一般可用簸箕或风车通过扬簸或煽风，使杂质和药物分开。风选多适用于果实种子类药材的净制，如车前子、青葙子、莱菔子、苏子等。

4. 水选　是将药物通过水洗或漂洗除去杂质的方法。有些药物上附着的泥沙或不洁之物，用筛选法或风选不易除去，如乌梅、牡蛎等需用清水洗涤，使其洁净；有些药物表面附有盐分，如海藻、昆布等需不断换水漂洗才能去净盐分。水选时应掌握好时间，勿使药物在水中浸漂过久，对有效成分易溶于水类药材者，一般采用"抢水洗"法（快速洗涤药材，缩短药材与水的接触时间），以免损失疗效；同时水选后的药物应及时干燥，防止霉变。根据药材性质，水选可分为洗净、淘洗、浸漂三种方法。

（1）洗净：系用清水将药材表面的泥土、灰尘、霉斑或其他不洁之物洗去，即先将洗药池注入清水七成满，倒入挑拣整理过的药材，搓揉干净，捞起，装入竹筐中，再用清水冲洗一遍，沥干水，干燥，或进行下一步加工。

（2）淘洗：用大量清水荡洗附在药材表面的泥沙或杂质，即把药材置于小盛器内，手持一边倾斜潜入水中，轻轻搅动药材，来回抖动小盛器，使杂质与药材分离，除去上浮的皮、壳等杂质和下沉在小盛器的泥沙，取出药物，干燥，如蝉蜕、蛇蜕等。

（3）浸漂：将药物置于大量清水中浸较长时间，适当翻动，每次换水；或将药材用竹筐盛好，置清洁的长流水中漂较长的时间，至药材毒质、盐分或腥臭异味得以减除为度，取出，干燥，或进行下一步加工，如乌梅、山茱萸、海藻、昆布等。

（二）清除非药用部位

此外，传统常用的净制方法还有剪切、摘挖、刮除、刷净、揉、擦等，如利用剪刀或刀，剪切去药材残留的非药用部分，如防风去根头、玄参去芦等；或利用刮刀，刮去药材表面的非药用部分栓皮或附生的杂物，如肉桂刮去栓皮；或用两块木块，将药物放在中间反复摩擦，或放入石臼内用木棍轻轻擦动，以除去外皮和硬刺，如蔓荆子、苍耳子、路路通等，即将原药放入锅内，文火微炒，取出摊放于竹匾内冷却，用木板推擦或放入石臼内用木棍轻轻擦动，使白衣或刺脱落，再放入竹匾内簸去白衣或刺屑。

部分动物类或昆虫类药物，为了除去有毒部分或非药用部分，有些需要去头尾或足翅，如乌梢蛇、金钱白花蛇、蕲蛇等均去头尾；斑蝥、红娘子、青娘子均去头足翅；蛤蚧须除去鳞片头爪；蜈蚣须除去头足。

（三）净制工具

净制工具主要有竹匾、禾筛、谷糠筛、簸箕、风车、蒲扇、尼龙刷、毛刷、棕榈刷、竹笼撞毛器、麦芽篓、风选车等。传统筛选法多使用不同规格的竹筛、铁丝筛、铜丝筛与筛箱等进行手工操作，但由于劳动强度大、效率较低、粉尘污染等问题，现在工厂生产基本不使用这类传统工具。随着科技的发展，现代化的净制设备具有自动化、智能化等优点，大多能解决上述问题，比如XF系列风选机，其优点是自动上料、精度高、实用性强，符合GMP要求，可选配除尘器，避免粉尘污染，还有XC系列磁选机等（图3.6）。

（四）主要净制设备[26]

1. 干式表皮清洗机　采用"不用水"的方式除去附着在药材表面的泥沙、毛皮等杂物，是干式表皮清洗机的主要功能，能同时除去非药物杂质和非药用杂质。该设备对于块根类、种子类、果实类等药材具有良好的净制效果，如泽泻、玄参、芍药、当归、川芎、板蓝根、柴胡、生地及芍药等，避免药材经水洗时有效成分的流失，应将其作为饮片加工的预处理工序，部分替代水洗净制。

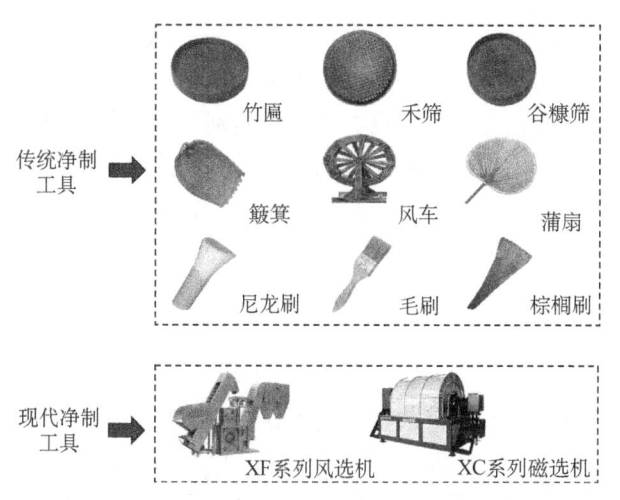

图 3.6 传统和现代净制工具

2. 带式磁选机　利用高强磁性材料自动除去药材中的铁性物质（包括含铁质的砂石），是带式磁选机的主要功能。该机适用于半成品、成品中药饮片的非药物杂质的净制，对于铁性物质的除净率可达 99.9%，实现自动化流水作业，生产效率高。

3. 变频式风选机　有卧式和立式两种机型。卧式变频式风选机主要用于药材原料或半成品的分级选别和部分杂质去除。立式变频式风选机主要用于成品饮片的杂质去除，有两种工作模式：一是除轻法，用较小的风速除去饮片中的毛发、棉纱、药屑等非药物杂质和非药用杂质；二是除重法，用较大的风速除去饮片中的石块、泥沙等非药物杂质。变频式风选机的特点是运用变频技术调节和控制电机转速与风机的风速和压力，记录变频器的操作数据可以分析风选产品的质量，为饮片生产质量管理提供量化依据。尤其是立式变频式风选机，适用于饮片入库前除去杂质，为精制饮片加工提供了必要的技术装备。

4. 机械化净选机组　将风选、筛选、挑选、磁选等单机设备，经优化组合设计，配备若干输送装置、除尘器等，组成以风选、筛选、磁选等机械化净选为主，人工辅助挑选相结合的自动化成套净选设备，对饮片进行多方位的净制处理。该机组设有一机械化挑选输送机，对于不能用机械方式除净的杂物由人工进行处理，如挑拣、剪切、刮削、刷、擦等。由于中药材的种类繁多，物理形态差异大，加上不同药材有不同的净制要求等，该机组将传统的净制要求与现代加工技术有机结合，使中药饮片的净制加工朝着机械化、自动化、高效率方向迈进。

二、切制

饮片切制是将净选后的药材进行软化，用刀具切成一定规格的片、丝、段、块的工艺。切制主要有以下目的：①便于有效成分煎出。饮片切制按药材的质地不同而采取"质坚宜薄""质松宜厚"的切制原则，以利于药物有效成分的煎出；同时由于饮片与溶媒的接触面积增大，可提高有效成分的煎出率，并可避免药材细粉在煎煮过程中出现糊化、粘锅等现象，显示出饮片"细而不粉"的特色。②利于炮炙药材。切制饮片后，便于炮炙时控制火候，使药物受热均匀；还有利于各种辅料的均匀接触和吸收，提高炮炙效果。③利于调配和制剂。药材切制成饮片后，体积适中，方便配方；在制备液体剂型时，药材切制后能增加浸出效果；制备固体剂型时，由于切制品便于粉碎，从而使处方中的药物比例相对稳定。④便于鉴别。对性状相似的药材，切制成一定规格的片型，显露其组织结构的特征，有利于区别不同药材，防止混淆。⑤利于药物的储存和运输。切成饮片后，洁净度提高，一般含水量保持在3%~7%的范围内，有利于密闭储存，减少引起霉变、虫蛀等因素；同时还有利于规范包装，保证药材质量，方便运输。

（一）软化技术

大多数药材净制后，必须进行适当的软化处理后才能切片。由于药材的质地、种类、所含成分及切制季节不同，要严格控制水量、温度、处理时间，采取适当的软化技术，才能软化适中，并减少有效成分的流失，所以软化药材要以"少泡多润，药透水尽"为原则。常用水处理方法有淋法、淘洗法、泡法、漂法、润法等。

1. 淋法（喷淋法）　即用清水喷淋或浇淋药材。操作时，将药材整齐堆放，用清水均匀喷淋，喷淋的次数根据药材质地而异，一般为2~3次，均需稍润，以适合切制为度。本法多适用于气味芳香、质地疏松的全草类、叶类和有效成分易随水分流失的药材，如薄荷、荆芥、佩兰、香薷、枇杷叶等。淋法处理者应注意防止返热而烂叶，每次软化药材量以当日切完为度，切后应及时干燥。

2. 淘洗法　是用清水洗涤或快速洗涤药物的方法。操作时，将药材投入清水中，经淘洗或快速洗涤后及时取出，稍润，即可切制。由于药材与水接触时间短，故又称"抢水洗"，适用于质地松软，水分易渗入的药材，如五加皮、瓜蒌皮、白鲜皮、合欢皮、南沙参、石斛、陈皮、防风等。大多数药物洗一次即可，但有些药物混着大量泥沙或其他杂质，则需用水洗数遍，以洁净为准，每次用水量不宜太多。淘洗法要在保证药材洁净和易于切制的前提下，尽量采取"抢水洗"，操作力求迅速，缩短药材与水接触时间，防止药物"伤水"和有效成分的流失。

3. 泡法　是将药材用清水泡一定时间，使其吸入适量水分的方法。操作时，先将药材洗净，再注入清水至淹没药材，放置一定时间，视药材的质地、大小和季节、水温等灵活掌握，中间不换水，一般浸泡至一定程度，捞起、润软，再切制，适用于质地坚硬，水分较难渗入的药材，如川芎、乌药、白芷、泽泻、姜黄等。泡法操作时受药材体积、质地、季节等因素的影响，一般体积粗大、质地坚实者，泡的时间宜长；体积细小、质地疏松者，泡的时间宜短。有些质轻遇水漂浮的药材，如枳壳、青皮，在浸泡时要压一重物，使其泡入水中。注意泡的时间不宜过长，防止药材"伤水"和有效成分的流失，而降低药效。但泡法要本着"少泡多润"的原则，使之软硬适度便于切制为准，保证药物的质量。

4. 漂法　是将药材用多量水，多次漂洗的方法。操作时，将药材放入大量的清水中，漂去有毒成分、盐分及腥臭异味，采用换水法进行，每日换水1~2次。漂的时间，可根据药材的质地、季节、水温而灵活掌握，适用于毒性药物、用盐腌制过的药物及有腥臭味的药物，如川乌、天南星、附子、紫河车等。漂法的标准为有毒的药物取出切开，放于舌上，半分钟以内不刺舌为准；有盐分的药物，以药物无咸味为准；有腥臭味的药物，以漂去瘀血及腥臭味为度。动物类药物采取不换水法进行，即将药材置于缸内，放水淹过药面，加盖泡之，由于微生物繁殖，造成筋膜腐烂，以除去附着的筋肉、皮、膜等，而留下需要的骨质洗净干燥，如龟甲、鳖甲等。

5. 润法　是把泡、洗、淋过的药材，用适当器具盛装，保持湿润状态，使药材外部吸收的水分向内部渗透，达到内外湿度一致，利于切制。润的方法有浸润、闷润、露润等法。

（1）浸润：以定量水或其他溶液浸润药材，经常翻动，使水分缓缓渗入内部，以"水尽药透"为准，如酒润黄连、木香；水浸郁金、枳壳等。

（2）闷润（伏润）：经过水洗、泡或以其他辅料处理的药材，用缸（坛）等在基本密闭条件下闷润，使药材内外软硬一致，利于切制，如川芎、白术、白芍、山药、郁金等。

（3）露润（吸湿回润）：将药材摊放于湿润而垫有篾席的土地上，使其自然吸潮回润，如当归、玄参、牛膝等。

润的时间要根据各种药材的性质、季节灵活掌握，以药材能加工切片不破碎为宜。润制长短应视药物质地和季节而定，如质地坚硬的浸润3~4天，甚至10天以上；质地较软的浸润1~2天即可，夏、秋季宜短，冬、春季宜长。润的操作由于时间较长，对于含淀粉较多的药材更要加注意，因为这类药材极易因微生物滋生而发黏、发红、发馊、发臭。如发现质变要用硫黄熏或加适量明矾水，再用清水洗涤，这样既可以保持药材原有的色泽，又不会腐烂。润药的优点，一是使有效成分损失少；二是使饮片颜色鲜艳；三是使水分均匀，并且饮片平坦整齐，很少有炸心、翘边、掉边、碎片等现象。润药得当，既保证质量，又可减少有效成分损耗，所以有"七分润工，三分切工"的说法，润药是保证饮片质量的关键。

但是有些药材不适宜上述方法软化处理，需要采取蒸、煮等法使之软化。如木瓜用蒸法蒸透后趁热切片，呈棕红色，既可保证质量，又便于切片；鹿茸先刮去茸毛，加酒稍闷，置高压锅脐上喷气趁热切片，边蒸边切，这样有利于切制和保证质量；又如黄芩要清蒸后趁热切片，使其断面是鲜黄色，质佳效高，如果用冷水浸润后再切片，断面变绿色，即黄芩中所含酶，能酶解黄芩苷与汉黄芩苷成为黄芩素和汉黄芩素，其中黄芩素是一种邻位三羟基黄酮，本身不稳定，容易氧化而变绿，从而降低了疗效，而趁热能使酶失去活性从而保证质量。还有一些药材，如川乌、熟地等，均采用酒蒸或加辅料煮后再进行切片。

（二）软化程度评价技术

药材在水处理过程中，要检查其软化程度是否符合切制要求，习惯称"看水性""看水头"。一是弯曲法：适用于长条状药材。药材软化后握于手中，大拇指向外推，其余四指向内缩，以药材略弯曲、不易折断为合格，如白芍、木通、木香等。二是指掐法：适用于团块状药材。以手指甲能掐入软化后药材的表面为宜，如白术、白芷等。三是穿刺法：适用于粗大块状药材。以铁钎能刺穿药材而无硬心感为宜，如大黄、虎杖等。四是手捏法：适用于不规则的根与根茎类药材。软化后以手捏粗的一端，感觉其较柔软为宜，如当归、独活等；有些块根、果实、菌类药材，需润至手握无响声及无坚硬感，如黄芩、槟榔、延胡索等。

（三）切制规格

切制品有片、段、块、丝等，使药物达到配方的要求。这些方法大多在净制后进行。要求饮片清洁卫生，无尘土灰渣、无霉变、无虫蛀、无其他杂物。

1. 片　片型、规格及适用药材类型如表 3.4 所示。

表 3.4　片型、规格和适用药材

片型	规格	药材类型
极薄片	<0.5 mm	木质类、角质类药材
薄片	1~2 mm	质地致密、坚实的药材
厚片	2~4 mm	粉性大、黏性强、质地松泡、切薄片易破碎的药材

依据切片的方法分为横片、斜片和直片。

（1）横片：又称圆片、顶头片。长条形、断面特征明显的根、根茎类药材及球形果实、种子类药材多切成横片，其中横片又有厚片、薄片之分。

（2）斜片：长条形而纤维重或粉性强的药材多切成斜片，如甘草、黄芪、山药等。倾斜度小的习称瓜子片，倾斜度稍大的称马蹄片，倾斜度更大而药材较细者称柳叶片，三种均为厚片。

（3）直片：直片又称纵片、顺片，形体肥大、组织致密、色泽鲜艳的药材，为突出鉴别特征常切此型。一般为厚片。

2. 段　短段 5~10 mm，长段 10~15 mm。长段又称节，短段习称咀。全草类和形态细长药材多切成段，如荆芥、薄荷、香薷等。某些含黏液质重的药材，质地软且黏的药材不易切片，亦可切成段，如天冬、巴戟天等。

3. 块（丁）　8~12 mm 的方块。一些药材煎煮时易糊化，或经其他加工的药材，如阿胶、神曲等。

4. 丝　细丝 2~3 mm，宽丝 5~10 mm。叶类和皮类药材可切成一定宽度的丝，叶类及较薄的果皮类药材一般切成宽丝，如枇杷叶、淫羊藿、陈皮等；树皮类、根皮类及较厚的果皮类药材多切成细丝，如黄柏、白鲜皮、合欢皮等。

质泡体大药材，如竹茹、谷精草、大腹皮等，常挽卷成一定质量的团卷，以方便调配。

（四）切制方法

切制方法除切片以外，还有劈片、捣碎、碾粉、锉末、研乳等几种，现分别介绍如下。

1. 切　如细辛、鹅不食草、牛膝、马勃、化红、鸡冠花等。

2. 劈　将大块木质类药材用刀劈成小块或薄片，便于配方和煎出有效成分，如苏木、降香、檀香、松节等。

3. 捣　有些体小结实的药物，不能切片，不易煎出有效成分，须用碾槽碾碎，或用石臼捣碎入药；芳香性或富有油质的药物，宜临用时捣碎，以免挥发、走油影响疗效，如砂仁、草豆蔻、荜澄茄、火麻仁、郁李仁、荔枝核等。

4. 碾　矿物药材、部分树脂、木质及其他坚硬药材，须用碾槽碾成细粉，过 80 目筛或 100 目筛，便于制剂和服用，如血竭、赤石脂、琥珀、沉香、三七等。

5. 锉　角类药材及其他坚韧的动、植物药材，不易切片的，用锉锉成粉末，便于制剂，如犀角、羚羊角、马勃等。

6. 研乳　将少量的贵重药物置乳钵内研细，便于制剂，减少损耗，增强疗效，如猴枣、牛黄等。

（五）切制注意事项

（1）切制饮片，首先要把刀具调理好，要求刀刃锋利，以适应切制需要。刀具调理好以后，还要掌握好切制的方法。切药时坐位和姿势要适当，应侧着身子坐，右手持刀，左手握药，向刀刃方向运送，左右手要互相配合。切药根据药材特点，分为把切与单切两种。把切适合切制长条形药材，一般切成片、丝、段的形状；单切适合切制块状或球形的药材，多切成片或块的形状。

（2）在切制过程中，还必须注意以下几点：①每切完手中药材时，必须把刀关上，以防发生刀伤事故。②切含纤维、淀粉较多的药材时，必须经常用油帚擦刀刃，使其滑利；切含黏液质、糖类较多的药材时，须经常用水帚擦刀刃，以防黏腻。③经常检查刀栓，当刀栓上磨有深痕时，即应更换；同时，刀栓的小头须用木块嵌紧，以防刀栓磨断和滑落。

（3）在碾或捣碎药物时，为防止细粉飞扬，常需要加盖；富含脂肪油或挥发油的果实种子类在碾或捣碎后，不宜储存过久，以免泛油变质或挥发损失而降低疗效。

（六）切制工具

切制前需软化药材，为了缩短切制工艺生产周期，提高饮片质量，国内很多企业在润药的过程中采用了"真空加温润药法"和"减压冷浸润法"，可以收到更好的效果。真空气相置换式润药技术和设备，已经在中药材软化处理的应用方面取得了重要进展。根据气体具有强力穿透性的特点，并运用高真空技术，让水蒸气置换药材内的空气，使药材快速、均匀软化，采用适当的润药工艺，使药材在低含水量的情况下，软硬适度，切开无干心，切制无碎片。该项技术的工作原理是：在高真空条件下，药材内部空隙产生真空状，利用气态分子具有良好渗透性的特点，充入蒸汽后在压力差的作用下，气态水迅速充满药材内部空隙，达到快速、均匀软化药材的效果。该项技术的优点在于：完全避免了药材在浸润时有效成分的流失，大幅度缩短了药材软化的时间，提高了生产效率，避免了液态水对药材的浸泡和污水排放，有利于环境保护；大幅度降低了药材的含水量，不但提高了药材切片的外观质量，还节约了后续干燥能耗，具有显著的节能效果。另外，还可建立药材的可切性与硬度软化程度（硬度）、软化程度与含水量、含水量与真空度的相互关系，为中药材软化处理工艺的质量控制和管理提供了科学的量化依据[26]。

中国传统的切药工具有镑刀、刨刀、镰刀、刀片、剪刀、劈药斧、碾槽、刮刀、竹压板、木舂钵、铁舂钵、铜舂钵、麦冬刀、山药刨、枳壳夹、润药桶、浸药盆等。随着科技的进步，自动化技术的发展，现在饮片产业多采用自动化机器切制药材，所得的饮片大小均一，厚薄一致，效率高，污染少。例如，现在常用的有往复式切片机，包括摆动往复式（或称剁刀式）切片机和直线往复式（或称切刀垫板式）切片机；旋转式切片机，包括刀片旋转式（或称转盘式）切片机和物料旋转式（旋料式）切片机（图3.7）。

图 3.7　传统和现代切制工具

三、炮炙

经过净制或切制后的药物，有些可直接药用，有些还要根据医疗、调剂、制剂的要求，采用不同的加工技术对药物进行不同的炮炙，主要方法有炒制、炙法、蒸制、煮制、炖制、制炭、煅制、煨制等。

（一）炒制

炒制是炮制中广泛应用的方法，也是炮制的基本操作方法。将净选或切制后的药物，置预热容器内，用不同火力连续加热，并不断搅拌或翻动至一定程度的炮制方法。炒制又分为清炒和加辅料炒。清炒根据炒制程度不同分为炒黄与炒焦；加辅料炒包括麸炒、米炒和土炒等。炒制应投料适中，火力均匀，不断翻动，并注意拌炒频率。拌炒通常可分为3个频度：快（约120次/分）、中（约90次/分）、慢（约60次/分），即武火拌炒频率宜快，中火拌炒频率宜中速，文火拌炒频率宜慢。通常对于炮制品规格火力的掌握程度为炒黄宜文火（小火），炒焦宜中火（介于文火、武火之间），炒炭宜武火（大火、强火），加辅料炒宜中火或武火[27]。

1. 清炒

（1）炒黄：将净药物或饮片置于热锅内，用文火（一般为80～120 ℃）炒至表面呈黄色，或较原色稍深，或膨胀鼓起，种皮破裂，并透出固有气味时，取出放凉，如芥子、苏子、牛蒡子、酸枣仁、牵牛子等，种子类药物须炒，故有"逢子必炒"之说。炒黄的药物多用文火，只有苍耳子、王不留行用中火（一般为120～150 ℃）炒，要防止炒黄的药物焦化。

（2）炒焦：将净药物或饮片置于热锅内，用中火炒至表面呈焦黄色或焦褐色，断面颜色加深，并透出焦香气味或达到规定程度时，取出，放凉。炒焦易燃的药物，可喷洒少量清水，再炒干或晾干。炒焦的药物大多为果实类药物，如山楂、槟榔、川楝子等。炒焦的药物多用中火，防止药物炭化。

2. 加辅料炒

(1) 麸炒：用武火（150~220 ℃）将锅烧热，撒入定量麦麸，至冒烟时投入药物，快速均匀翻动，炒至呈黄色或深黄色，麦麸呈焦黑色时，并有焦香气时取出，筛去麦麸，放凉。一般每 100 kg 药物，用麦麸 10~15 kg。麸炒的药物要求干燥，以免药物黏附焦化麦麸。多用中火炒，防止药物焦化。麸炒的药物有枳壳、僵蚕、苍术等。

(2) 米炒：先将锅烧热，加入定量的米和药物，不断翻炒至米呈黄棕色，药物变色或至规定程度时，取出，筛去焦米，放凉。一般每 100 kg 药物用米 20 kg。米炒药物有斑蝥、党参、红娘子等。

(3) 土炒：将土研成细粉，置于锅内，武火加热，炒至呈灵活状态时，投入净药物拌炒至表面均匀挂上一层土粉，并透出药物固有的香气时，取出，筛去土粉，放凉。一般每 100 kg 药物，用土粉 25~30 kg。土炒的药物有白术、白芍等。

(4) 砂烫（砂炒）：取净河砂置于锅内，用武火加热至滑利，容易翻动时投入药物，不断用砂掩埋、翻动，至质地酥脆或鼓起，外表呈黄色或较原色加深时取出，筛去砂，放凉，或趁热投入醋中略浸，取出，干燥即得。砂的用量以能掩盖所加药物为度。砂温要适中，防止药物炭化或僵化。砂炒的药物有龟甲、鳖甲、马钱子、穿山甲、骨碎补、鸡内金等。

(5) 蛤粉烫（蛤粉炒）：将研细过筛后的蛤粉置于热锅内，中火加热至蛤粉滑利易翻动时投入经加工处理后的药物，不断翻埋烫炒到膨胀鼓起，内部疏松时取出，筛去蛤粉，放凉。药物每 100 kg 用蛤粉 30~50 kg。贵重、细料药物要先预试，以便掌握火力，保证炒制品的质量。蛤粉炒的药物有阿胶、鹿角胶等。

(6) 滑石烫（滑石粉炒）：将滑石粉置于热锅内，用中火加热至灵活状态时投入药物，不断翻动，至药物质酥或鼓起或颜色加深时，取出，筛去滑石粉，放凉。每 100 kg 药物用滑石粉 40~50 kg。炒时火力要适中，防止药物生熟不均或焦化。滑石粉炒的药物有鱼鳔胶、水蛭等。

(二) 炙法

炙法是将待炮炙品与液体辅料共同拌润，并炒至一定程度的方法。炙法主要包括酒炙、醋炙、盐炙、姜炙、蜜炙和油炙。

1. 酒炙

(1) 先拌酒后炒药：将净制或切制后的药物与一定量的酒拌匀，稍闷润，待酒被吸尽后，置于炒制容器内，用文火炒干，取出晾凉。质地较坚实的根及根茎类药物一般均用此法，如川芎、白芍等。

(2) 先炒药后加酒：先将净制或切制后的药物，置于炒制容器内，加热炒至一定程度，再喷洒一定量的酒炒干取出晾凉。此法多用于质地疏松的药物。酒用量一般为每 100 kg 药物用黄酒 10~20 kg。

2. 醋炙

(1) 先拌醋后炒：将一定量的米醋与药物拌匀放置闷润，待醋被吸尽后，置于锅内，用文火炒至一定程度，取出放凉。一般药物均采用此法，优点是能使醋渗入药物组织内部。

（2）先炒药后加醋：将净选后的药物置于锅内，炒至表面熔化发亮（树脂类）或炒至表面颜色改变，有腥气溢出（动物粪便类）时，喷洒一定量的米醋，文火炒至微干，出锅后继续翻动，摊开放凉。此法多用于树脂和动物粪便类药物。一般为每 100 kg 药物用米醋 20~30 kg，最多不超 50 kg。

3. 盐炙

（1）先拌盐水后炒：将一定量的盐加适量水溶化，与药物拌匀，放置闷润，待盐水被吸尽后，用文火炒至一定程度，取出放凉或干燥。

（2）先炒药后加盐水：先将药物置于锅内，炒至一定程度，再喷淋盐水，用文火炒干，取出放凉，含黏液质较多的药物一般均用此法。盐的用量通常是每 100 kg 药物用盐 2~3 kg。

4. 姜炙　先将生姜洗净，捣烂，加水适量，压榨取汁，姜渣再加水适量重复压榨一次，合并汁液，即为"姜汁"。姜汁与生姜的比例为 1∶1。取待炮炙品，加姜汁拌匀，置于锅内，用文火炒至姜汁被吸尽，或至规定的程度时，取出，晾干。除另有规定外，每 100 kg 待炮炙品用生姜 10 kg。

5. 蜜炙　蜜炙时，应先将炼蜜加适量沸水稀释。炼蜜时，火力不宜过大，以免溢出锅外或焦化。若蜂蜜过于浓稠，可加适量开水稀释。蜜炙法所用炼蜜不可过老，否则黏性太强，不易与药物拌匀。

（1）先拌蜜后炒：先取一定量的炼蜜，加适量开水稀释，与药物拌匀，放置闷润，使蜜逐渐渗入药物组织内部，然后置于锅内，用文火炒至颜色加深且不黏手时，取出摊晾，凉后及时收储。

（2）先炒药后加蜜：先将药物置于锅内，用文火炒至颜色加深时，再加入一定量的炼蜜，迅速翻动，使蜜与药物拌匀，炒至不黏手时，取出摊晾，凉后及时收储。此法适宜于质地致密，蜜不易被吸收的药物。

炼蜜的用量视药物的性质而定。一般质地疏松、纤维多的药物用蜜量宜大；质地坚实、黏性较强、油分较重的药物用蜜量宜小，通常为每 100 kg 药物用炼蜜 25 kg。

6. 油炙

（1）油炒：先将羊脂切碎，置于锅内加热，炼油去渣，然后取药材与羊脂油拌匀，用文火炒至油被吸尽，将药物表面油量摊开晾凉。

（2）油炸：取植物油，倒入锅内加热，至沸腾时，加入药物，用文火炸至一定程度取出，沥去油，粉碎。

（3）油脂涂酥烘烤：将动物骨类锯成短节，放炉火上烤热，用酥油涂布，加热烘烤，待酥油渗入骨内，再涂再烤，如此反复操作，直至骨质酥脆，凉后粉碎。其他药物可直接涂油烘烤至酥脆。

（三）蒸制

蒸制是将净制或切制后的药物加辅料或不加辅料装入蒸制容器内隔水加热，用蒸汽蒸透或至规定的程度时，取出，干燥。其中不加辅料蒸为清蒸，如黄芩、木瓜等；加辅料蒸又可分为酒蒸、醋蒸和盐蒸等，代表性的药物有何首乌、熟地黄、黄精等。

1. 酒蒸　取净药物或饮片，加定量黄酒拌匀，置于蒸制容器内，蒸至所需要的程度。一般每 100 kg 药材，种子类用黄酒 20 kg，根及根茎类用黄酒 30 kg，如女贞子、大黄、熟地黄、黄精等。

2. 醋蒸　取净药物或饮片，加定量醋拌匀，置于蒸制容器中以蒸透为度。醋蒸的药物有五味子、乌梅等。一般每 100 kg 药物用醋 10~30 kg。

3. 盐蒸　取净药物或饮片，加盐水拌匀，置于蒸制容器内以蒸透为度。一般每 100 kg 药物用食盐 2 kg。

（四）煮制

煮制是取净药物或饮片，加水或液体辅料共煮，辅料的用量按各药的具体规定，煮至液体完全被吸尽，或切开内无白心时，取出，干燥。煮制又可根据辅料的不同分为甘草水制、醋煮等。有毒药物煮制后的剩余汁液，一般应弃去，如川乌、藤黄、硫黄等药材。煮制时一般遵守"武火煮沸、文火煮透"的原则。

1. 甘草水制　甘草水制时，应先将净甘草饮片，加水适量，煎煮两次，合并煎液，为甘草水。取净药物或饮片，加甘草水拌匀，闷透，置锅内，文火煮至近干，或至规定的程度时，取出，放凉。一般每 100 kg 药材用甘草 6 kg。甘草煮制药物如远志、吴茱萸等。

2. 醋煮　取净药物或饮片，加定量醋拌匀，置锅内煮至透心为度。如醋煮延胡索、芫花等。一般每 100 kg 药物用醋 10~30 kg。

（五）炖制

炖制是取待炮炙品按各品种炮制项下的规定，加入液体辅料，置于适宜的容器内，密闭，隔水或用蒸汽加热炖透，或炖至辅料完全被吸尽时，放凉，取出，晾至六成干，切片，干燥。因药未与水蒸气直接接触，而是利用水蒸气将容器（瓦罐、金属罐等）加热，利用容器温度以达到蒸制目的，故又称为间接蒸法。该法可防止辅料的逸散和流失，促使液体辅料渗入药物表面，故适用于加辅料蒸制的药物，如黑豆汁炖何首乌、酒炖大黄、醋炖五味子等。除另有规定外，一般每 100 kg 待炮炙品，用水或规定的辅料 20~30 kg。

（六）制炭

制炭分为炒炭和煅炭，是使药物部分炭化的炮制方法。制炭时要求药物仅部分炭化，部分保留原药的气味，习称"存性"，防止炒至药物灰化。

1. 炒炭　将净选或切制后的药物，置于炒制容器内，用武火或中火加热，炒至药物表面呈焦黑色，内部呈焦黄色或焦褐色。或至规定程度时，喷淋清水少许，熄灭火星，取出，晾干。炒炭的药物有大蓟、地榆、蒲黄、荆芥等。

2. 煅炭　取净药材或饮片，置煅药锅内，加盖，盐泥密封，在高温缺氧条件下，闷煅至透或规定程度，待锅凉透后，开锅取出。煅炭的检查方法有三种：滴水即沸法、白纸变黄法、大米变焦黄法。煅炭适用于质地较轻的植物药，如荷叶、棕榈、灯芯草等；或炒炭易灰化的药物，如血余炭、干漆炭等。

（七）煅制

煅制分为明煅和煅淬，是对部分矿物类药物和动物骨骼、贝壳、化石类药物，进行高温处理的炮制方法。煅制时应注意煅至适中，使药物质地酥脆易碎，又不至于煅烧过度。

1. 明煅　取净药材，砸成小块，置无烟炉火上或适宜的容器内煅至酥脆红透，取出，放凉，碾碎，如石膏、石决明、牡蛎、瓦楞子等。含有结晶水的矿物，不要求煅红，但须使结晶水蒸发至尽，或全部形成蜂窝状的块状固体。

2. 煅淬　将药物净选后置炉火上煅至红透时，立即投入规定的液体辅料中淬酥（如不酥，反复煅淬至酥脆），取出，干燥，打碎或研粉。煅淬适用于金属矿物药，如代赭石、自然铜等。

（八）煨制

煨制指在传统加工中将药物用湿面或湿纸包裹后，埋于热火灰或滑石粉中，缓缓加热至面皮或湿纸皮呈焦黄色时，取出，去掉包裹物，取出药物。现在只有少量加工时才采用上述方法。大量加工时，大都将药物与定量麦麸同置锅内，用文火加热，缓缓翻动，至麦麸呈焦黄色，药物达到规定程度时，取出，筛去麦麸，放凉。每 100 kg 药物用麦麸 40 kg；或用滑石粉煨，将滑石粉置于锅内，加热至灵活状态，投入药物，置药物呈深棕色，并有香气飘逸时取出，筛去滑石粉，放凉。每 100 kg 药物用滑石粉 50 kg。麦麸煨和麦麸炒法的主要区别是：煨法较炒法使用的辅料多，受热的温度低，时间长，翻动的频率也低。煨法在古代应用较多，现在主要用于肉豆蔻、木香等的炮制。

（九）其他制法

1. 燀　指取净药物投入沸水中，翻动片刻，捞出的方法。有的种子类药物，燀至种皮由皱缩至舒展，能搓去皮时，捞出，放入冷水中，除去种皮，晒干，如苦杏仁、桃仁、白扁豆等。

2. 制霜　指药物经过去油成松散粉末或析出细小结晶或升华、煎煮成粉渣的方法。根据操作方法不同，分为去油制霜法、渗析制霜法、升华制霜法、煎煮制霜法等。

（1）去油制霜法：指药物经过去油制成松散粉末的方法，如巴豆霜、千金子霜、柏子仁霜、木鳖子霜等。

（2）渗析制霜法：指药物经过物料析出细小结晶的方法，如西瓜霜等。

（3）升华制霜法：指药物经过高温升华成结晶或细粉的方法，如砒霜等。

（4）煎煮制霜法：指药物经过多次长时间煎煮后成粉渣另作药用的方法，如鹿角霜等。

3. 水飞　利用粗细粉末在水中悬浮性不同，将不溶于水的矿物、贝壳类药物经反复研磨制备成极细腻粉末的方法。水飞时应注意朱砂和雄黄粉碎要忌铁器，并要注意温度，忌火煅。将药物适当破碎，置乳钵或其他适宜容器内，加入适量清水，研磨成糊状，再加多量水搅拌，粗粉即下沉，立即倾出混悬液，下沉的粗粒再行研磨，如此反复操作，至研细为止，最后将不能混悬的杂质弃去，合并混悬液，静置后，分取沉淀，低温干燥后研散。

4. 发芽　是将成熟的果实及种子，在一定的温度和湿度条件下，促使其萌发幼芽的方法。取待炮制品，置于容器内，加适量水浸泡后，取出，在适宜的湿度和温度下（一般为 18～25 ℃）使其发芽至规定程度，晒干或低温干燥。注意避免带入油腻，以防烂芽。一般芽长不超过 1 cm。发芽的药物主要有麦芽、谷芽、大豆黄卷等。

5. 发酵　是把药物经一定处理后，使其在适宜的温度和湿度下，借助霉菌和酶的催化分解作用，使药物发泡、生衣的方法。根据不同药物，采用一定的方法处理后，置温度和湿度适宜的环境中进行发酵，一般温度为 30~37 ℃，相对湿度为 70%~80% 为宜，发酵至规定程度后，再进行干燥。

6. **烘焙** 是将药物用文火间接或直接加热，使之充分干燥的方法。烘焙的温度较炒法低，主要用于昆虫类药物的干燥，如蜈蚣、虻虫等。

（十）炮炙工具

1. **炒法工具** 炒法分为手工炒和机器炒两种（图 3.8）。传统炒制工具有炒锅、风炉等。手工炒药多用倾斜 30°~45° 的斜锅（灶面的倾斜度与锅的倾斜度相同），这样便于搅拌和翻动药物，此法设备简单，适合小量生产；机器炒药常用滚筒式电动炒药机等，利用机器旋转翻动药物，此法适合大量生产。电动炒药机用于各种不同规格和性质的中药材的炒制加工，如清炒、麸炒、砂炒、醋炙、蜜炙等，炒制的物品色泽新鲜、均匀，大大提高了炒制效率，是炒制加工的理想设备，同时降低了劳动强度，效率比手工操作提高约 10 倍。现代化设备还有行星式搅拌电热炒药锅、电磁加热炒药机、滚筒式燃气炒药机、自控温燃油炒药机等。由电脑控制的智能炒药炙药设备，使炒药由机械化转向了自动化智能化，保证炒制品程度均一、质量稳定，特别是采用烘烤与锅底"双给热"方式炒制，更保证了饮片上下受热均匀，并可缩短炒制时间，尤其适用于大量生产。

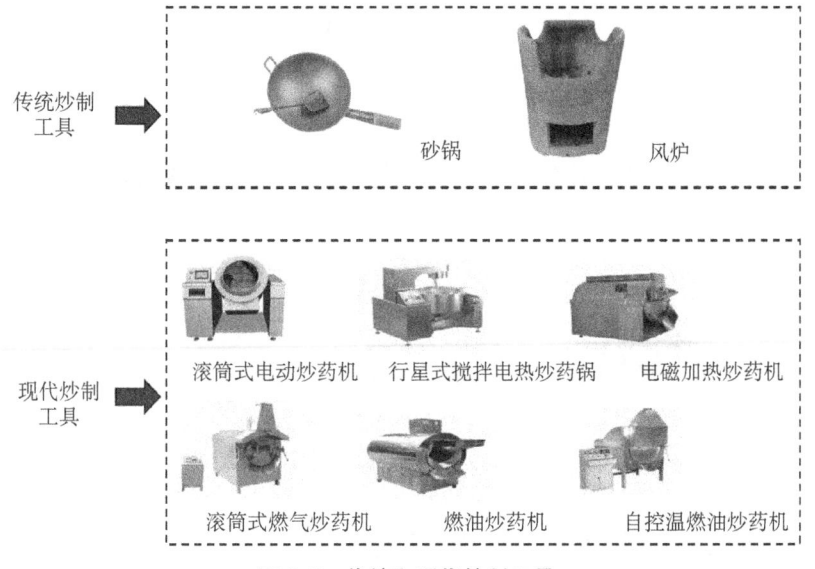

图 3.8 传统和现代炒制工具

2. **蒸煮㷉法工具** 蒸煮㷉是一类水火共制的炮制方法。常用的传统工具有蒸笼、煮锅、漏网、筛网等，随着现代科技的进步，逐渐出现一批机械化的设备如可倾斜式蒸煮锅等（图 3.9）。

3. **煅法工具** 是将药物直接放于无烟炉火中或适当的耐火容器内煅烧的方法。传统的锻制工具有密闭的砂锅；现代化的工具有高温电热煅药机等（图 3.10）。

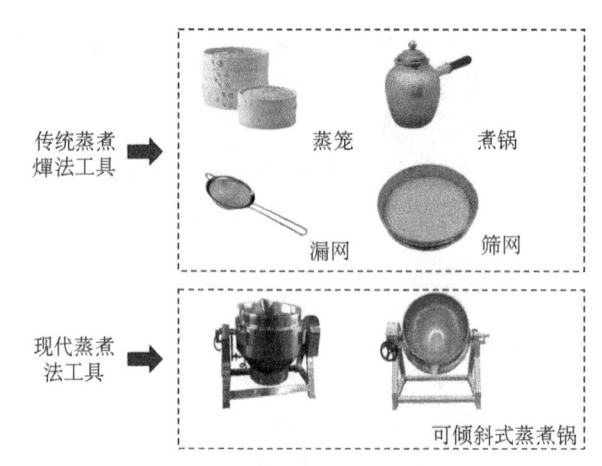

图 3.9　传统和现代蒸煮燀法工具

图 3.10　传统和现代煅法工具

4. 水飞法工具　传统工具有研钵；现代化工具有水飞法研磨分散机等（图 3.11）。

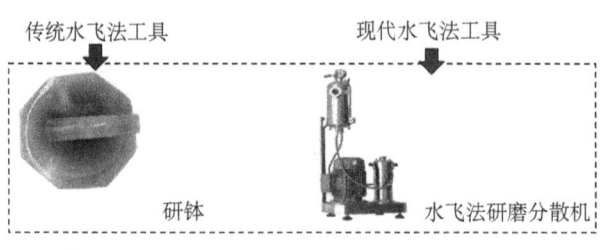

图 3.11　传统和现代水飞法工具

5. 发酵法工具　常用的传统发酵法工具有发酵缸；现代化发酵法工具有发酵罐等（图 3.12）。

图 3.12　传统发酵法工具和现代发酵法工具

四、饮片干燥技术

药材切成饮片后,为保存药效,便于储存,必须及时干燥。中药饮片干燥就是在人工控制条件下,对中药饮片进行适当处理,使水分蒸发,达到所要求的含水率,抑制生物化学反应及霉菌等微生物的繁殖,以保持饮片品质[28]。在中药材的炮制过程中,干燥是其中一个必不可少的工艺过程,是保证中药饮片质量的重要措施。中药饮片干燥方法总体来讲,包括自然干燥和人工干燥两大类。

(一)自然干燥

自然干燥是指把切制好的饮片置于日光下晒干或置阴凉通风处阴干。晒干法和阴干法都不需要特殊设备,如水泥地面、药匾、席子、竹晒垫等均可应用,而且经济方便,但存在产量小、效率低、易污染、劳动强度大、无法精密控制,更无法实现标准化生产等缺点[29]。

1. **阴干法** 又称摊晾法,是将中药饮片置于阴凉通风处缓缓干燥的一种方法。它利用空气及风的自然流动以吹去水分而达到干燥的目的。对于含有挥发油及易走油、变色的饮片,适合采用此种干燥方法,以避免由于太阳光线的直接照射而导致挥发油、色素等中药有效成分的破坏和分解,从而引起疗效的下降,如当归、桂皮、苏叶、薄荷、荆芥、麻黄等。

2. **晒干法** 是指将中药饮片薄薄地摊开在苇席或干净的水泥地上,让阳光充分照射而使其干燥的方法。此法经济、实用、方便、见效快,一般药物只要晒得薄、翻得勤,效果十分理想,但易受季节气候影响,饮片易被污染。晒干是大多数中药常用的干燥方法,研究表明除芳香性、挥发性、易变色中药外,其他中药均可选用此法,对药材产量大的产地干燥加工最为适宜。

(二)人工干燥

人工干燥是利用一定的干燥设备对饮片进行干燥,该法不受气候影响,比自然干燥卫生,并能缩短干燥时间,降低劳动强度,提高生产效率。对于饮片生产企业而言,应该以人工机器设备干燥为主,按照规范的方法批量对饮片进行统一干燥处理。近年来干燥设备层出不穷,如直火热风式干燥机、蒸气式干燥机、电热式干燥机、远红外线式干燥机、微波式干燥机等,可以根据饮片本身特性,灵活选择干燥设备。对于干燥温度总体来讲,一般饮片不超过 80 ℃为宜,含芳香挥发性成分的饮片以不超过 50 ℃为宜。饮片干燥后还要彻底放凉后再储存起来,以免余热导致饮片回潮,引起发霉。

1. **烘干法** 是将中药饮片置于烘箱、干燥室或干燥机等中,通过人工加热,利用热气流进行干燥的方法。该法效率高、成本低,不受天气气候的限制,且可以根据各类饮片的特点较好地控制干燥温度和干燥时间,适用于各类中药饮片的干燥。

2. **微波干燥** 依据介质损耗原理,915 MHz 的微波可使水分子运动达 18.3 亿次/秒,致使分子急剧摩擦、碰撞,使物料产生热化和膨化等一系列过程而达到加热目的。与传统干燥方式相比,微波干燥具有显著的"优质、高效、节能、环保"特点,其干燥速度快,能源利用率高,灭菌能力强。但并不是所有的中药饮片都适合用微波干燥法来干燥,如富含挥发性或热敏性成分及含大量淀粉、树胶的中药饮片都不适合使用微波干燥,而且要求被处理的物质具有良好的吸水性。微波干燥器按照外形及工作方式的不同可简单分为箱式微波干燥器、连续式谐振腔微波干燥器、波导型微波干燥器、慢波型微波干燥器。

3. 远红外干燥　原理是将电能转变为远红外辐射，从而被饮片的分子吸收并产生共振，引起分子和原子的振动及转动，导致药物变热，经过热扩散、蒸发和化学变化，最终达到干燥的目的。用远红外干燥时，所辐射出的能量与大多数被辐射物的吸收特性相一致，吸收率大，效果好，耗能少，质量高，成本也低。远红外干燥技术适合于含水量大，有效成分对热不稳定，易腐烂变质或贵重饮片的快速干燥。

4. 真空冷冻干燥　基本原理是低温低压下的传热传质，是利用低温条件下水的升华性能，使物料低温脱水而达到干燥目的的一种干燥方法。先将湿物料在其冰点温度下冻结，得到稳定的固体骨架，然后在适合的真空下进行升温，使冰直接升华为水蒸气，再利用真空系统的冷凝器将水蒸气凝结，从而获得干燥饮片。此干燥过程是低温低压下水的物态变化和移动过程，可避免成分因高热而分解变质，适用于极不耐热饮片的干燥，如天花粉等；冻干技术可最大限度地保存药用有效成分的活性，较好地保持饮片的外观品质、颜色、气味，脱水彻底、保存性好，拥有其他干燥技术无可比拟的优越性，故其在人参、西洋参、冬虫夏草、鹿茸等中药饮片中得到了广泛应用。

（三）干燥方法的选择

中药饮片种类繁多，饮片本身性质各异，有的含黏性类成分较多、有的含芳香类成分多，还有的含淀粉成分多，由于不同成分的性质各异，因此根据饮片成分或性质选择适合的干燥方法，是饮片保存药效、防止发霉腐烂的重要手段[30]。

1. 黏性类饮片干燥　如麦冬、玉竹等黏性类饮片含糖量较高，不容易干燥，而且容易发黏。如果采用小火慢慢烘焙，可以使含黏液较多的饮片原汁外渗，饮片质量会下降，甚至有些药物的有效成分会丧失，所以比较适合采用中火进行快速烘烤，使得外皮组织细胞由于高温而迅速脱水硬结，因此内部汁液就被封闭在饮片内部。含黏液较多的饮片在烘烤时，不同的加热时间会直接影响饮片颜色，一般加热时间越长，饮片表面颜色越深，过久过干都会导致饮片颜色变得枯黄，影响质量。因此，大多数饮片烘至约九成干即可。判断饮片是否干燥，可以将饮片置于手掌心，用力握住，以感觉烫手但是又不黏手为度。如果是用机器烘干，一般采用中火，而且要勤翻动，防止药物局部焦枯，影响饮片质量，饮片烘干后还要继续摊开彻底晾干，才能收藏入库。

2. 粉质类饮片干燥　如山药、贝母、葛根等含有大量淀粉的中药饮片，易吸收空气中的水分，导致饮片表面变滑、发黏甚至发霉变质，因此及时干燥粉质类饮片十分必要。一般此类大多随切随干燥，也比较适合薄薄地摊开晾干。由于此类饮片含淀粉较多，所以饮片质地大多比较松泡，如果是切片的饮片，虽然是切2~4 mm厚的厚片，但是在摊晾的过程中也要注意轻轻翻动，否则容易导致饮片破碎。如果室外自然干燥，也不适合暴晒，会影响饮片外观颜色。如果需要烘箱干燥，适合低温烘干，温度过高会使淀粉物理性质发生变化，而导致饮片颜色发黄。另外，此类饮片干燥后要及时收储，避免潮湿而发生药物吸潮返软的情况。

3. 含油脂类饮片干燥　如柏子仁、当归、桃仁等含有大量脂肪油的中药饮片，常会因为受热致使饮片内部油脂溢到表面，而导致饮片发黏、返软等现象。另外，温度高还会导致油脂被水解为游离的脂肪酸，脂肪酸又透过组织和细胞溢到饮片表面，脂肪酸再进一步氧化和分解，使饮片出现酸败气味（俗称哈喇味，此现象称为泛油）。因此，含油脂的中药饮片在干燥时一定要控制好温度，一旦干燥温度过高，就会导致饮片出现泛油现象，饮片本身颜色也会随之变黄。如果烘干火力过大，还会出现饮片先出油，再变干的现象，严重影响饮片质量。含油脂多的饮片最适宜阳光不强的晴天晒干，若阴雨连绵、空气湿度过大，也可以烘干，但温度一定要用微火，要勤翻动，防止饮片焦化发黑。

4. 芳香类饮片干燥　如薄荷、紫苏、荆芥等气味芳香的中药饮片主要含有大量挥发油，而药物香味浓烈与否直接决定饮片质量。一般挥发油在常温下即可挥发，如果加热处理会加速挥发油的挥发。因此饮片在干燥时宜采用低温干燥处理，可以将饮片平摊开薄薄的一层，置于遮光的阴凉通风处。也可以选择阳光不是十分强烈的晴天，置于室外晾干，但切记不要暴晒，温度过高会导致芳香类饮片中所含的挥发油损失，而且对于花和叶类饮片，还会由于暴晒而改变颜色，影响外观质量。如果遇到连雨天气、空气湿度过大的情况，饮片还容易发霉和腐烂，此种情况也可以采用烘箱低温干燥的方法烘干饮片。但是烘烤温度宜控制在 50 ℃ 以内，如果温度过高，会导致挥发性成分丧失，降低饮片质量。

5. 色泽质类饮片干燥　每种中药都有其固有色泽，颜色是控制饮片质量的重要指标。一旦药物颜色发生改变，往往提示饮片内在质量的下降。导致色泽类饮片颜色发生改变的原因很多，其中不当的干燥方法是导致变色的主要原因。例如，颜色发白的桔梗和浙贝母，就比较适合日晒干燥，越晒饮片颜色会越白。而本身颜色发黄的黄芪，如果用日晒的方法干燥，黄芪的颜色就会变得暗淡，造成毁色，所以黄芪适合用木炭火微火烘烤，这样不但可以使黄芪的颜色能够保持黄色，还能够增加黄芪的香味，但是如果采用大火烘烤，黄芪会烤焦变色。樟帮自古干燥色泽类饮片就有"白晒黄焙"之说。

6. 须根类饮片干燥　如紫菀、龙胆草、白薇等须根类中药饮片，由于较细的须根众多且又多缠绕在一起，因而饮片往往容易缠绕成团不透气，一旦温度湿度适宜，极易发霉腐烂。因此在干燥时，可以将缠绕成团的饮片先进行切制，或者将缠绕的须根分开捋顺，薄薄地摊开晾晒，要勤翻动使饮片充分通风，彻底晒干内部水分，防止饮片干燥不均而霉变。如果遇到连雨天气，可以采用烘箱中火烘焙，加快干燥速度，但一定要有专人看管，定时勤翻，否则会导致饮片由于集中受热而自燃。

7. 皮类和根皮类饮片干燥　如肉桂、杜仲、厚朴等皮类中药饮片，或者地骨皮、牡丹皮等根皮类中药饮片一般不易霉变，干燥方法相对简单多样，可以晒干、阴干或烘干，但在干燥过程中，日晒过久或者烘干时间过长，也会导致药物有效成分的损失。如果遇到连续阴雨天气、空气湿度大的时候，不用将饮片长时间堆放，需要低温烘干处理。

8. 草叶类饮片干燥　如淡竹叶、桑叶、紫花地丁等草叶类中药饮片，一般叶多枝梗较少，饮片采集时容易叶片间粘连成块，或者结成饼，导致草叶类饮片结块部分容易发霉腐烂。因此在干燥时，宜将结成块或饼状的部分用手撕开，将叶梗叶片分开，然后薄薄地摊开晾晒，必要时可以暴晒快干，勤翻动即可。但草叶类饮片不适合用火烘干，容易引起燃烧，可以采用烘箱低温烘干，但也要注意勤翻动，翻动时动作要轻柔，防止草叶类饮片破碎。

（四）干燥工具

传统干燥工具主要有大篦烘笼、笋筐等。近年来，全国各地在生产实践中设计并制造各种干燥设备，并逐渐走向自动化、智能化、信息化，其干燥能力和效率均有较大提高。例如DWF带式干燥机，可根据物料特性确定风量、温度、相对湿度、运转速度等技术参数，以保证设备的适用性与可靠性，以达到最佳的运行性能，还有穿流带式干燥机、翻板式烘干机、热风循环烘箱、远红外干燥机、微波干燥机，以及智能化的空气能烘干机等（图3.13，图3.14）。

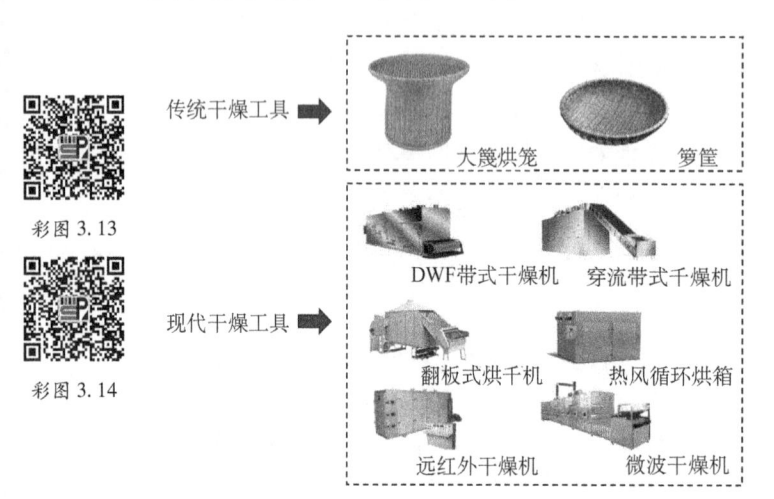

图3.13 传统和现代干燥工具

图3.14 干燥智能化工具

五、炮制技术现代研究

（一）马钱子炮制现代研究

马钱子毒性较大，安全范围窄，临床主要为外用，如果需要口服则必须经过炮制。马钱子的炮制方法主要为砂烫和油炸，现在也有用烘烤法。砂烫法是将砂置于热锅内，用武火加热至灵活状态时，投入大小一致的马钱子，不断翻动至棕褐色，鼓起，内部红褐色，并起小泡时，取出，筛去沙子，放凉；油炸时取麻油适量置锅内，加热至230 ℃左右，投入马钱子，炸至老黄色时，立即取出，沥去油，放凉。马钱子炮制因受热程度不同，士的宁和马钱子碱含量也不相同，有实验表明随着炮制时间延长，士的宁和马钱子碱的含量逐渐降低，并且马钱子碱下降的量较士的宁多，而马钱子碱的药理强度仅为士的宁的1/40，因此，通过炮制可除去疗效较差而毒性较大的马钱子碱。而且生马钱子含有12种生物碱，砂烫和油炸炮制品则增加了异马钱子碱、2-羟基-3-甲氧基士的宁、异马钱子氮氧化物、异士的宁氮氧化物4种生物碱。但防止成分被过度分解破坏，炮制温度和时间应严格掌握。通常砂炒时砂温以240~250 ℃为宜，油炸时油温以220~250 ℃为宜。炮制后士的宁和马钱子碱的含量显著减少，同时异士的宁和异马钱子碱等开环化合物的含量明显增加，这是由于士的宁和马钱子碱在加热过程中醚键断裂开环，转变成其异型结构氮氧化合物（图3.15）[31]，转化后的生物碱毒性变小，且生物活性得以保存甚至增强。

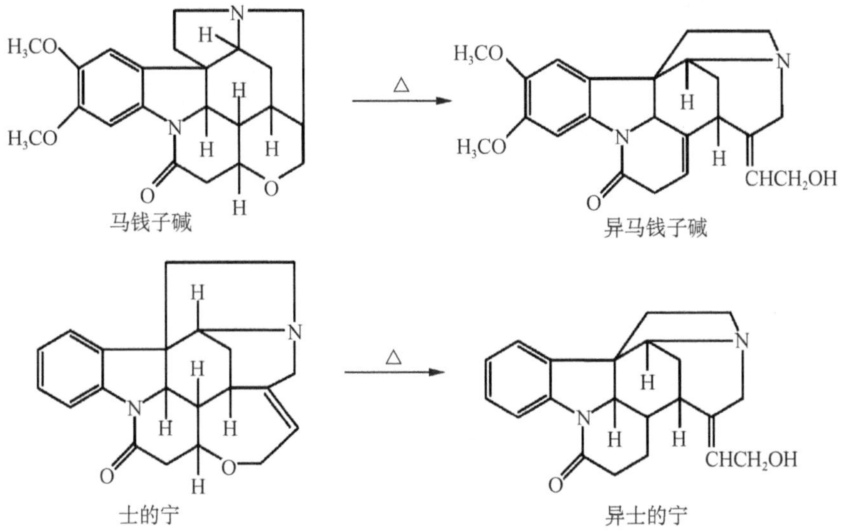

图 3.15 士的宁、马钱子碱的转化反应

当温度在 230~240 ℃，炮制时间为 3~4 分钟时，士的宁的转化率为 10%~15%，马钱子碱转化率为 30%~35%，而此时士的宁和马钱子碱的异型氮氧化合物含量最高。如果低于该炮制温度和小于该炮制时间，士的宁则不易转化成异型氮氧化合物；如果高于该炮制温度和延长炮制时间，士的宁和马钱子碱及生物碱的异型氮氧化合物等成分将被破坏成无定形的产物。士的宁的熔点为 280~282 ℃，马钱子碱的熔点为 180~182 ℃，通常炮制马钱子的温度为 230~240 ℃，该温度不足以破坏士的宁的结构，而只能破坏马钱子碱的结构。实际上，马钱子经炮制后士的宁和马钱子碱的含量均明显减少，若将士的宁和马钱子碱的单体混合加热，则士的宁形成氮氧化物和异型生物碱的速度大大加快，并且在 230~240 ℃达到峰值，即两种单体混合后，降解士的宁的温度降低了，这可能是产生了共熔现象[31]。

（二）半夏炮制现代研究

天南星科中的有毒中药半夏、虎掌南星、东北天南星及禹白附，是临床常用有毒中药，现在临床使用这些药时大多利用白矾复制法来进行炮制。半夏用 8%白矾溶液浸泡至内无心，口尝微有麻舌感，取出，所得成品为清半夏。天南星的炮制方法稍微复杂，如图 3.16。

天南星科有毒中药的刺激性和毒性及致敏性均来自于药材中所含的具有特殊晶型的毒蛋白草酸钙针晶，该类毒针晶的晶型与结构相似，组成相同，而毒针晶中的蛋白含量与毒性强弱具有相关性，毒针晶的晶型结构和其中所含的蛋白成分是毒针晶产生刺激性毒性的主要物质基础。对于天南星科的药材主要采取白矾炮制，其矾制品中的毒针晶含量与生品相比急剧下降，均下降到 0.3%以下[32]。经白矾炮制后的天南星科有毒中药的刺激性毒性急剧下降，下降的程度与针晶含量有关。

天南星科有毒饮片的生品经8%白矾浸泡处理后，其中毒针晶的数量明显减少，并且针晶的晶型和结构被破坏，针尖钝化甚至发生断裂。其原理是白矾中的 Al^{3+} 将 $C_2O_4^{2-}$ 从毒针晶中结合出来，生成比 $C_2O_4^{2-}$ 更为稳定的 $Al(C_2O_4)_3^{3-}$ 结合物，而且白矾水溶液

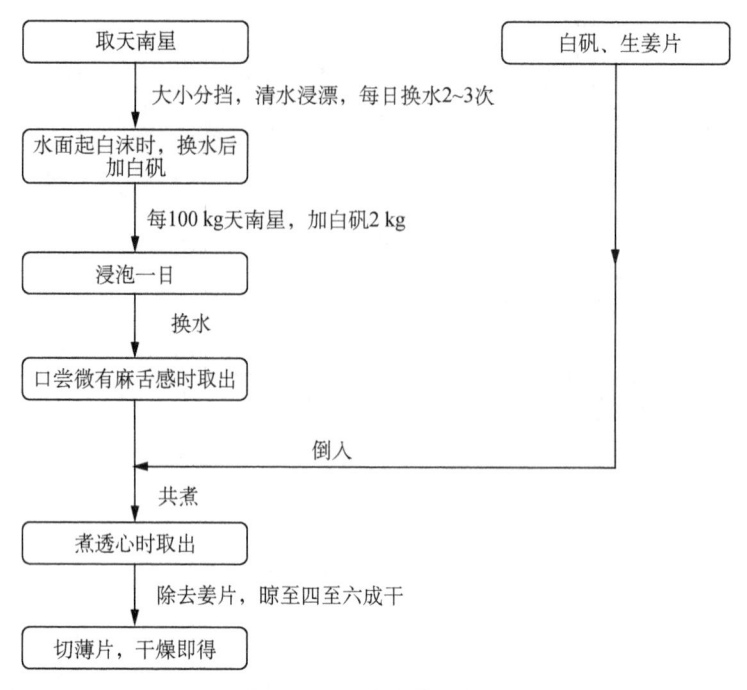

```
┌─────────────┐                          ┌─────────────┐
│  取天南星    │                          │ 白矾、生姜片 │
└─────────────┘                          └─────────────┘
      │ 大小分挡，清水浸漂，每日换水2~3次        │
      ▼                                        │
┌─────────────┐                                 │
│水面起白沫时， │                                 │
│ 换水后加白矾 │                                 │
└─────────────┘                                 │
      │ 每100 kg天南星，加白矾2 kg                 │
      ▼                                        │
┌─────────────┐                                 │
│  浸泡一日    │                                 │
└─────────────┘                                 │
      │ 换水                                    │
      ▼                                        │
┌─────────────────┐                             │
│口尝微有麻舌感时取出│◄──── 倒入 ──────────────────┘
└─────────────────┘
      │ 共煮
      ▼
┌─────────────┐
│  煮透心时取出 │
└─────────────┘
      │ 除去姜片，晾至四至六成干
      ▼
┌─────────────┐
│ 切薄片，干燥即得│
└─────────────┘
```

图 3.16　天南星炮制方法

呈酸性，在酸性条件下毒针晶蛋白发生水解[33]。所以现在常用8%的白矾溶液对天南星科有毒中药进行处理，能有效降低这些饮片的毒性，以保证临床的安全使用。

（三）淫羊藿炮制现代研究

淫羊藿为传统补益类中药，经羊脂油炙后可增强温肾助阳的作用。其炮制方法为：取羊脂油置锅内加热熔化，加入淫羊藿丝，用文火加热，炒至微黄色，待油脂吸尽，微显光泽时，取出，晾凉［每100 kg淫羊藿用羊脂油（炼油）20 kg］。

淫羊藿饮片含有多种黄酮类成分，包括多糖苷（朝藿定A、B、C等）、二糖苷（淫羊藿苷等）、单糖苷（宝藿苷Ⅰ等）及苷元（淫羊藿素等）等，其中淫羊藿苷和宝藿苷Ⅰ为代表性的活性成分。加热炮制过程中淫羊藿主要黄酮类成分的动态变化结果表明，淫羊藿经过炮制后所含黄酮类成分的含量均发生了较为明显的改变，羊油炙品与生品比较，淫羊藿苷的含量显著增加，宝藿苷Ⅰ含量亦有所增加[34]。将饮片受热温度控制在160~170 ℃，受热时间为5~7分钟，淫羊藿苷含量增加最多，宝藿苷Ⅰ增至2~3倍，可作为加热炮制淫羊藿的最佳条件[35]。并且淫羊藿黄酮苷具有较差的渗透性，有一个糖取代是淫羊藿黄酮保持溶解性的必要条件，随着糖基数目的增加，淫羊藿黄酮溶解性变大，渗透性变低，吸收性变差（吸收度为宝藿苷Ⅰ>淫羊藿苷>朝藿定A、B、C）。加热炮制可以使淫羊藿黄酮脱去糖基，由多糖苷转化为次糖苷（淫羊藿苷、宝藿苷Ⅰ的含量增高）[36]，既保证了黄酮的溶解性又提高了黄酮的渗透性，促进了吸收；控制炮制温度可以促使产生更多易于吸收的生物活性黄酮（淫羊藿苷、宝藿苷Ⅰ），从而保证和提高淫羊藿的疗效[37]。

采用血药浓度法比较研究了淫羊藿生品、加热品和油炙品黄酮提取物中宝藿苷Ⅰ的药动学差异。结果表明，淫羊藿加热品组与生品组比较，其体内宝藿苷Ⅰ的生物利用度较生品组显著增加；淫羊藿油炙品组与加热品组比较，辅料羊脂油的加入能进一步提高宝藿苷Ⅰ的体内生物利用度。同时采用药理效应法比较研究了淫羊藿生品、加热品和油炙品中活性组分总黄酮在小鼠体内的药动学差异。选择氢化可的松小鼠肾阳虚模型，以超氧化物歧化酶（SOD）和丙二醛（MDA）为指标，建立时间-效应相当体存量的关系，并分析比较了淫羊藿生品与不同炮制品的表观药动学参数。结果表明，三者的达峰浓度（C_{max}）、生物利用度（AUC）等药动学特征参数均具有显著性差异，油炙品＞加热品＞生品。加热炮制提高了淫羊藿总黄酮的生物利用度，并且辅料羊脂油进一步促进了其体内吸收。加入辅料羊脂油炮制后，淫羊藿活性黄酮宝藿苷Ⅰ在脱氧胆酸钠的作用下自组装形成胶束，从而提高了黄酮类成分的溶解度，增加了渗透性，提高了活性黄酮的肠吸收[37]，进而提高了淫羊藿温肾助阳的功效。

（四）人中黄炮制现代研究

人中黄的炮制方法具有特色，《中华本草》中有记载"选取粗大青竹按节锯断，使成一端不通之竹筒，刮去外层青皮。另将甘草粉装入竹筒内杵实，至离筒口约0.3 cm，取竹茹丝铺上，再用松香熔化封口，吊在粪坑中浸49天，取出（一般冬季浸入，翌年春取出），放在长流水中漂洗49天，捞起，至无臭气，阴干后，破筒取人中黄，再经日晒夜露7天即得"[38]。很多人认为，用粪坑加工人中黄的方法属于不良的传统加工炮制方法，不符合卫生标准，易于引起肠道疾病。现在有研究发现[38]将装入甘草粉的竹筒浸泡于一定浓度氨水桶中代替浸于粪坑中，其后的操作方法与传统方法一致，所得的人中黄与传统方法炮制所得的人中黄的镇咳及止痛作用无显著差别。其原因可能是便池中因有铵根离子而呈弱碱性，这与甘草中提取出甘草酸，再通过氨生成甘草酸铵盐类似，而甘草酸二铵盐能使甘草酸在葡萄糖醛酸酶的作用下生成甘草次酸更为容易，从而提高甘草酸转化为甘草次酸的比率。人中黄新的炮制方法，也为其提供了氨碱环境，这为传统炮制方法的现代研究提供了新思路，也为传统中药饮片的现代生产提供了更符合现代药品标准的新方法。

（五）"逢子必炒"现代研究

从古至今炮制界一直有着"逢子必炒"的说法，即种子类中药都要炒制后才能入煎。"逢子必炒"的炮制理论也得到了很多现代科学研究的证实，说明种子类中药"逢子必炒"具有一定的科学内涵。炮制方法多为清炒法，其中又以微炒法为主。近代我国出版的各种中药炮制学专著、中药炮制学教材，在需要炒制的种子类药材项下，大多列有炒后鼓起、炸裂、质脆易碎、便于煎出有效成分等作用，并注明用时捣碎[39]。传统中药炮制理论认为，种子类中药炒制的目的有以下几个方面：①有利于粉碎和有效成分煎出，提高药效。有些种子类中药具有坚韧而厚的果壳或种皮，不利于内部有效成分的煎出，经炒制后果壳疏松酥脆，种皮破裂，有利于溶媒的进入而提高有效成分的煎出。②除去非药用部分，保证药物净度。有些种子类中药在采收时带有果柄、果壳等非药用部分，经炒制后，这些非药用部分由于焦脆易于除去。③降低或消除毒性。有些种子类中药具有较大的毒性，经过炒制，降低或消除其毒性，如马钱子、苍耳子等。在高温条件下，可使一部分毒性成分破坏或转化，降低药物毒性。④改变或缓和性能，减少副作用。有些种子类中药通过炒制可以改变或缓和其药性，减少副作用，扩大应用范围。如牛蒡子有散热、利咽、消毒之功，经炒后能缓和寒滑之性。⑤杀酶保苷，减少有效成分分解。有些含有苷类成分的种子类中药，炒后可使酶被破坏而苷保存，从而保证药效，并减少了不良反应。

牵牛子生用偏于逐水消肿、杀虫，炮制后可降低毒性，缓和其寒滑之性，易于粉碎和煎出，以消食导滞见长[40]。现代研究发现，牵牛子经炒制后咖啡酸含量降低为原来的10%左右，且多种化学成分发生了变化，含量有升有降，并有新成分产生。炒制加热过程可能使具有强烈泻下作用的苷类分解，如牵牛子苷，起到缓和药性的目的[41]。葶苈子具有泻肺平喘、利水消肿的功效[42]，生品降泄肺气作用强，主要用于胸腔积液和全身水肿，炒制后药性缓和，多用于咳嗽喘逆。葶苈子炒制前后化学成分有所变化，有研究发现[43]葶苈子炒后芥子苷的量是生品的1.77倍，炒品水煎液中芥子苷的量是生品的2.73倍。芥子苷具有止咳平喘的功效，炒制后酶被破坏从而保存了芥子苷，所以可提高芥子苷煎出率以提高药效。

第三节　炮制流派及其技术

中国幅员辽阔，地域宽广，各地的风土人情、自然资源、医疗条件、用药习惯的不同，在漫长的时间里逐渐形成各有特色的炮制技术，最终形成了不同的炮制技术流派。目前全国的炮制流派主要有江西的樟帮、建昌帮，北京与天津地区的京帮及四川的川帮[44]。其中樟帮与建昌帮是江西省著名的两大帮派，两者各具特色占了中药炮制流派的半壁江山，合称为"江西帮"[45]，是南方传统炮制技术的代表，在国内享有较高的声誉，有"药不过樟树不齐，药不过建昌不行"之说。

一、樟帮炮制技术

樟帮发源于我国江西省樟树市，源于东汉道教名师葛玄，始于汉晋，盛于明清，由樟树药商与新余、新干、峡江、丰城4县的药商组建而成。樟树市位于江西中部，"樟帮"中医药文化起源于远古时期，后经历唐朝的"药墟"、南宋时期的"药市"、明代的"药材号"、清代的"药材贮运行站"及新中国成立后的发展，至今历经1 800余年。樟树中药炮制，不论清洗、炮制、晾晒、储藏均独具一格，逐渐形成完整的发展体系。樟帮独特的炮制技术闻名遐迩，经过精细加工与包装后的中药饮片因其加工方法独特、疗效显著而大受欢迎，产品畅销全国，并且出口欧美等国。"樟帮"以信誉为重，讲究"公平交易、远近无欺；如有瞒秤、吃价，永世不昌"，因此形成特有的樟帮中药炮制文化，享有"药不过樟树不齐"的美誉[44]。新中国成立后，樟帮又添加了新内容，以技术创新和设备改进为手段，将传统"樟帮"炮制技术与现代科技相结合，继续谱写"药不到樟树不灵，药不到樟树不齐"的辉煌[46]。

（一）辅料特色

"樟帮"炮制辅料非常讲究，酒炒以糯米甜酒为主，酒洗以白酒为主，酒蒸用封缸酒；醋制用陈年米醋；蜜炙用橙花蜜汁；米炒用糙米；土炒用灶心土等。历来反映"樟树中药炮制，辅料讲地道，归经如择，用量适度，疗效增强"。

樟帮所使用的黄酒和白酒与其他地区使用的不同，采用米酒炮制药材，而且其酿制方法也独具特色，包括浸泡、蒸制、加曲、发酵、密封陈酿，其做法及步骤[47]如下：取当年新产上等糯米用清水浸泡至无白心，摊于木甑内，大火蒸至米粒膨胀发亮、嚼不沾齿后，架空木甑，淋入凉清水使糯米降温至流出水的温度接近淋入的水温，取流出液调温至 40 ℃淋入，趁水面高出糯米约 2 cm 深快速撒入酒曲水，使酒曲随温水均匀渗入米饭中，沥干，装入干燥的酒缸中，取干净的稻草呈螺旋状密实覆盖在米饭上，高度与缸口齐平，以重物覆压，形成酒糟，散发出酒香味，米饭粒全部漂浮起来，往酒糟加凉开水放入酒缸，静置 2 天，用筲箕过滤后取滤液，静置 1 天后取上清液，装入小口酒坛内，用荷叶封口，再用湿泥密封，储藏 30 天以上，即成米酒。

（二）工具特色

樟帮中药饮片以其"薄、轻、齐、美"而久负盛名，都归功于樟帮的刀。"樟刀"以片刀、铡刀、刮刀为主。片刀、铡刀以面小口薄、轻便锋利为特征，可将 1 寸长的白芍切成 360 片，"槟榔不见边，白芍飞上天"是樟帮药材切制的绝活，被誉为"鬼斧神工、不类凡品"。

（三）特色饮片

樟帮饮片炮制独具特色，制作工艺考究，炮制程序复杂，如制马钱子、鳖血炙柴胡、制珍珠、麸炒枳壳等。

1. 制马钱子 是樟帮最具特色的炮制饮片之一。与通常的砂炒、油煎不同，樟帮独创童便制马钱子，认为马钱子与童便都有活血通筋作用，两者相得益彰，并且还可以缓解马钱子的毒性。

2. 鳖血炙柴胡 柴胡多用酒制[48]，以增柴胡上行、解表、升阳之效，樟帮传统经验认为，酒制柴胡亦能劫阳，因此不宜用于阴虚阳浮者。樟帮独创鳖血炙柴胡，既有升浮之性，又兼清热、截疟之功，适用于骨蒸劳热及疟疾引起的肝脾大患者[49]。

3. 制珍珠 传统制珍珠，由于珍珠质地坚硬，很难粉碎，所以较难煎出其有效成分。樟树独创以豆腐炮制珍珠：取珍珠以绢布包裹后放于豆腐中，再以豆腐覆盖，加清水煎煮 2~3 小时，取出珍珠，揉碎后晒干、研细即得。

4. 麸炒枳壳 樟帮法炮制枳壳，制成独具特色的"凤眼"片，再取其进行麸炒炮制。所生产饮片较药典法枳壳片在作用上有一定优势，燥性较为缓和，具有行气宽中、消滞化痰除胀的功能。其炮制过程如下：取枳壳原药材，挖去内瓤，洗净泥沙，包裹浸润后用钳压扁，上木架压制 3~5 天，稍见霉点合成扁半圆形后，切制成 0.2 cm 厚独具特色的"凤眼"片，取其麸炒，即得。

（四）炮制特色

樟帮独特的炮制技术闻名遐迩，樟帮药工从拜师起就要遵循严格的职业格言，如"遵肘后，辨道地，凡炮制，依古法，制虽繁，不惜工"等，以保证药材质量[50]。"薄如纸、吹得起、断面齐、造型美"，樟帮饮片以其精湛的工艺而久负盛名，有其独特的炮制特色。

1. 净制 樟帮在药材净制方面形成了独特工艺，称为抖择之优。其操作过程包括抖、筛、捡摘、擦、奢、刮、插等 20 余种方法，以去除非药用部分及泥土、碎屑等杂物[51]。

2. 洗药 包括洗、浸、泡三种方法。樟帮重视药材前处理，根据季节、药材质地的不同，洗药时间也不同。如疏松草类药材蒲公英、防风等，要"抢水洗"，不能浸泡。质地坚硬的药材则应多浸泡。夏秋时节气温高，水洗时间宜短；春冬时节气温低，水洗时间可稍长。

3. 润药　樟帮润药炮制方法包括盖润、闷润、露润、捂润。

(1) 盖润：将清洗干净的药材堆好，以湿麻袋遮盖，至润透。

(2) 闷润：取出浸泡至一定程度的药材，以湿物覆盖，使水分充分渗入药材内部，使内外一致，软化适宜，便于切片。

(3) 露润：将易吸潮的药材置于露天，使其自然吸潮软化。

(4) 捂润：多用于贵重药材，在切制前用湿热毛巾捂一下，使之既湿润好切，又不失有效成分，贵重药材多采用这种方法。

4. 切药　樟帮切制药材要求厚薄一致、断面整齐、造型美观、容易出汁。切制工艺独具风格，素有"白芍飞上天，陈皮一条线，半夏鱼鳞片，肉桂薄肚片，甘草柳叶片，桂枝瓜子片，枳壳凤眼片，川芎蝴蝶双飞片，一粒马钱子切206片（腰子片）"等精美之称。切制的饮片大致可分为圆片、斜片、肚片、段子等13种片型[50]。与2015年版《中国药典》收载的饮片类型相比较，樟帮独有刨片、肚片、段子、劈块、骰子、块粒、剪片6种饮片类型。

在降低饮片毒副作用方面，樟帮也有独特的炮制技艺[46]，如樟帮尿制钱子（制伏水）、临江片（即将附子以姜作辅料，采用特殊蒸制法炮制）等，经炮制后毒性降低的同时提高饮片疗效，确保了高效低毒饮片的临床应用。

二、建昌帮炮制技术

建昌帮起源于江西建昌府（今江西省南城县），其炮制风格依烹饪之法，选料独特，并讲究形色气味俱全，且毒性低、疗效高；在炮制工艺上所奉行的是"药食同源"的原则，以水制、火制和水火共制作为保证中药饮片质量的重要方法；其遵循的炮制原则是"炮制虽繁，必不得省工夫；辅料虽贵，必不得短斤两"，体现的是"谨伺水火不失其度，炮炙精细逞其巧妙"应用。经老药工世代口传身授，"建昌帮"别具风格的传统炮制法才流传至今，其精湛的炮制技术及优质高效的传统中药饮片，博得了民众的高度信赖[44]。

（一）辅料特色

建昌帮炮制药材的辅料善用糠，即禾本科植物稻的种壳，又称谷糠、糠壳等。用作辅料有干糠和湿糠两种形式，煨、炆、煅制药物时，以干糠为主；炒炙药物时，则以湿糠为主。同时谷糠还可用于净选、润制、吸湿、密封养护等方面。其他辅料，如白矾、朴硝、童便、米泔水、硫黄、沙子等的运用也各具特色[44]。

（二）工具特色

建昌帮的特色工具主要以各种刀刨类为主。其切药刀以"把长、面大、线直、刃深、吃硬、省力"著称，可一刀多用。切制的饮片以"斜、薄、大、光"为特征。著名的"雷公刨"刨出的药片以纵片为多，均匀美观。其他特色工具有铜、铁、木、陶等制成的特色工具，如槟榔榉、枳壳榨、泽泻笼、附子筛、茯苓刀、麦芽篓等，这些工具古朴简便，富有特色，根据实际需求可使用相应的工具[52]。

(三) 特色饮片

1. 炆熟地[53-54]　生地黄性寒，炆制后转微温，加入砂仁、陈皮，增加其辛温香窜之气，去其腻膈之性，使熟地黄气味纯真而厚，补血而不凝滞；蒸制后色黑而光亮。其炮制过程如下：取大个生地黄，浸漂1~2天后沥干，放入炆药坛中，加入清水，置于灶内，点燃干糠，加入一定的砂仁和陈皮，至糠尽灰冷时起坛，取出晒至半干后加入一定量黄酒搅拌均匀，放入甑内，隔水坐锅蒸制，停火焖一夜后倒出，晒至六七成干，切厚片，晒至九成干，即得。

2. 煨附子[55-56]　其炮制过程如下：取盐附子用清水浸漂，漂尽盐分，晾干后，围灶内平铺一层细糠灰烬，将附子立放于灰烬之中，其上覆盖生姜片与草纸，纸上铺一层细糠灰和少量稻草、干糠壳，从四周引燃，煨至糠尽灰冷时起坛，取出附子移至木甑内，蒸8~10小时，至口尝无或微有麻舌感时，取出，晒干，以开水泡后，夜晚装入麻袋闷润，白日摊开晾晒，干至七成，纵切薄片，晾干即得。

3. 炆何首乌[57-58]　其炮制过程如下：取何首乌，切片后用清水浸透，放入炆药罐中，加入黑豆与适量温水，置于围灶内，取干糠和木炭围在罐四周，点燃炆1~2天，至药透汁干或糠尽灰冷时，取出干燥，筛去豆渣，加黄酒拌匀吸尽后，放入蒸药罐中，蒸制4~6小时，停火密闭过夜，取出干燥，即得。

(四) 炮制特色

建昌帮与樟帮同起源于江西，但也有其特色的炮制技术（表3.5）。例如煨法，是在梁朝陶弘景"煻灰火炮炙"、丹家"糠火炼物"、明朝李时珍"糠火中煨熟"的基础上发展演变而来[56]，煨制附子以去毒，煨制生姜以减辛辣之性，煨制木香以去部分油质，煨制葛根以减辛、油之性等；而炆法是建昌帮独有的专门炮制滋补类中药的特色炮制方法[59]。

表3.5　建昌帮特色炮制方法

净选	将干糠与带内瓤种子的果实类药材混合共同揉搓后，放入水中以分离非药用部分
蜜糠炙法	净干糠用文火边炒边淋入蜜水溶液，至蜜糠不结团时向四周铺开，投入蜜水或蜜酒润过的生药片，先文火后微火炒炙，不断翻动至内外颜色一致，微黏手时出锅，筛去糠及灰屑，摊开晾至干爽酥脆、不黏手时，放入陶制容器内密闭储藏
蒸法	软化药材时，多以蒸代润；在减毒方面，多采用加辅料隔水蒸代替煮法
煨法	将净药材平铺围灶内，隔以纸、灰或生姜片等，用糠火煨熟软化，以糠火高温去毒性、油性或燥性
炆法	将净药材加水润透后，装入陶制炆药罐内，加适量清水，放入围灶，取干糠和木炭围在罐四周，点燃火炆1~3天，至糠尽灰冷，药熟汁干时取出干燥

建昌帮在水制方面，强调四季水性的差异，有"冬水善，夏水恶""不明水性，就不懂水制"等水制法的传统经验。建昌帮对文武火候的运用娴熟，使用武火急速快炒处理，饮片色艳、气香；在使用文火煨制处理时，饮片则纯真味厚。

三、京帮炮制技术

京帮发源于北京地区，属于北京和天津的药派，继承和发扬了两地的传统中药炮制技术及经验，是全国主流炮制流派之一。北京同仁堂、甘肃兰州庆仁堂等老字号是著名的京帮代表。

（一）辅料特色

京帮传统经验认为，乌豆汤可以解毒，用乌豆制成的豆腐可有效降低药物毒性，因此善用乌豆制成的豆腐炮制药材，如豆腐制附子。京帮还擅长采用药液炮制药材，如甘草水煎液、黄连水煎液、明矾水溶液等，目的在于降低或消除炮制药材的毒副作用[60-61]。蜜多选用枣花蜜，其次选用荆条蜜，或甘肃岷县的当归蜜。另外还有独特的米汤煨制药材，如米汤煨制葛根。京帮也常用大青盐粒拌炒药料，属烫法的一种，适用于质地坚实之药物，盐制后药物可入肾经、强筋骨、补肝肾，常用于怀牛膝等药物的炮制[60]。

（二）工具特色

京帮切药用高案刀，高案刀切制的饮片大小适中，片型规整，可做到"陈皮一条线……清夏不见边，泽泻如银元，凤眼鸡血藤，乌眼胡黄连，川芎蝴蝶片，槟榔一百零八片"。京帮在蒸制时多采用铜炖罐，认为这种加热工具传热快并且具有良好的金属稳定性，根据蒸制药物不同可分为单味药物罐蒸和多味药物罐蒸，北京同仁堂使用铜炖罐酒蒸制的中药品种包括全鹿丸、参茸卫生丸、乌鸡白凤丸等[44]。

（三）特色饮片

1. 九转胆星[44]　其制作过程需8年才能完成，历时虽久，但毒性小，效果佳，是京帮炮制最具特点的品种。九转胆星与天南星相比其毒性降低，燥烈之性缓和，功能由温化寒痰转化为清化热痰，并且息风定惊能力增强。其制作过程如下：每年秋后，将天南星轧成细粉，每千克加入胆汁1.8 kg，搅拌均匀后移至缸内储藏，于阴凉处将缸下部2/3埋入地下，发酵后将缸口密封，至第二年春天开缸取出，每千克加入胆汁300 g，搅拌均匀，装入空牛胆皮囊中，悬挂于不受阳光直射的屋檐下1年，第三年春天取出，轧成粗粉，每千克加入1.2 kg胆汁，混合搅拌均匀后再次装入空牛胆皮囊中，以此重复至第八年，每年胆汁量递减100 g，得到七转胆星，轧成细粉，每千克加入1.6 L绍兴黄酒，混合均匀，放入笼屉中蒸1小时，取出切块，即得。

2. 酒蒸大黄[44]　以铜罐装大黄，加入一定量的绍兴酒，封固于锅内，文火加热12小时左右转武火，保持锅内之水一直沸腾，中间调换罐1次，蒸到固定的时间将罐抬出，把大黄倒入木槽内晒干。京帮酒蒸大黄实为酒炖，与传统蒸法相比，可使辅料完全并直接地渗入药材中以达到充分利用的目的，且有效气味也不易散失。炮制后的酒大黄具有清上焦血分热毒之功，因其借酒的升提之性引药上行发挥作用，且其苦寒泻下作用减弱。

3. 七制香附[62]　将香附子去净杂质后碾压成碎粒，筛除细毛和细末，备用，每千克香附依次量取黄酒60 mL，米泔水30 mL，牛乳汁30 mL，盐水10 mL，米醋20 mL，童便20 mL和生姜汁20 mL，将之混合后均匀喷洒入香附中，充分搅拌均匀，放置闷润2小时，再置入锅中用文火连续拌炒，待炒至药物表面干燥、可嗅到香附与辅料浓烈的混合气味时出锅，晾凉，即得。

4. 百药煎[62]　取五倍子、酒曲单独研碎，过一号筛分别得到酒曲粗粉和五倍子粗粉；取桔梗、甘草、绿茶置于砂罐中，每次加水600 mL煎煮3次，每次30分钟，过滤后合并滤液，加热浓缩至600 mL左右，待药液温度降低至35 ℃后，将药液与酒曲粗粉和五倍子粗粉混合，搅拌以呈疏松块状或颗粒状，搅拌均匀后移入容器内密闭，于 30～35 ℃环境中发酵，2 天搅拌一次，经过 18～20 天，至发酵物体积膨胀，表面析出白色结晶时，取出，晒干，捣碎，即得。

（四）炮制特色

京帮炮制技术流派的独特技艺主要体现在切制和复制上，其特色主要体现在发酵、炖制、一法多制、多辅料炮制等方面。

四、川帮炮制技术

川帮发源于我国四川省，以同仁堂、庚鼎药房、精益堂为代表，以"九制大黄""九转南星""仙半夏"等特色炮制品种闻名。川帮的中医药发展具有悠久的传统，在 20 世纪 50 年代以前，成都尚有大小药房近百家，它们基本上都采用"前店后坊"的经营模式，从事中医治病和药材炮制，即临街的店堂作为医生坐堂应诊、饮片配方的地方，而店堂后面则是加工炮制饮片的作坊。

1. 九制大黄　九蒸九晒大黄即"九制大黄"，具有清热泻火、消食化滞、润肠通便等功效，后世医家认为其疗效高、副作用小，尤其适用于小儿及年老体虚的患者。其炮制过程如下：将生大黄切厚片，按 10∶1 的比例将黄酒和水混合后加入大黄片搅拌均匀闷透，常压下蒸 2 小时，晒至七八成干后拌入药汁，晒干后再次加入黄酒，重复上述操作 9 次，干燥至体质酥脆、断面淡黑有光泽，即得。

2. 川产临江片　临江片原是樟树炮制品种，后因历史变迁，樟树药材市场人才外流，而四川是附子的道地产区，渐渐四川就成了临江片的主要产区。炮制后的附子回阳助火、温中和胃、祛寒除湿之功增强。其炮制过程如下：胆水与清水按 2∶1 的比例混合，将洗泥后附子浸泡至其中 7 天，再将老水和胆水混合，煮附子过心；随后将老水、清水各半混合，将附子剥皮后浸泡至其中，横切成厚附片；再用老水、胆水、清水混合浸泡，漂至转色后蒸 12 小时，至油润光泽，用杠炭火烤制附子水分消散 80%～90%，微火烤干，即得。

五、区域性特色炮制技术

（一）福建闽东地区特色炮制

闽东地区炮制辅料的选择讲究"药辅合一"，主要起到协同作用，增强主药的疗效，最具闽东特色的炮制辅料当属童便及米皮糠。童便在闽东地区应用源远流长，当地群众认为童便具有活血化瘀、续筋接骨的功效，常作为跌打损伤类中药的炮制辅料。在现今的炮制辅料中，麦麸为炒制健脾类中药的重要辅料之一，应用较广，而在闽东地区炒制健脾类中药多用米皮糠，麦麸较为少用，这可能跟当地米皮糠来源较广，而麦麸来源较少有关。

闽东传统炮制工艺应用较多的有水制、火制和水火共制，三种制法各有特色。在水制方面，闽东特色炮制讲究"死水"跟"活水"，"死水"为静止的水，"活水"为流动的水，认为以含挥发油为主的芳香类中药在水制过程中要用"死水"，不能用"活水"[63]。在火制方面，扣锅煅法最具特色，在目前主流的炮制工艺中，中药制炭多为武火爆炒成炭，而闽东多采用扣锅煅法：将药物置于煅锅中，上盖一陶瓷锅，两锅结合处用湿毛巾封住，上压重物，先用武火加热，煅至湿毛巾成半干状态后改为文火，煅至毛巾呈无水状态时熄火，完全冷却后取出药物，此法相比武火爆炒，药物不易灰化。但是闽东地区对其特色炮制技术的机制需要研究的问题很多，例如水制过程中讲究"活水""死水"是否有科学依据，以及米皮糠在炮制中发挥了什么作用等[63]。

（二）岭南地区特色炮制

岭南，五岭之南的地区，古为百越之地，现在提到岭南，特指广东、广西、海南、香港、澳门等地，其中以广东地区为主。针对岭南的气候特点和岭南人体质，岭南医家注重调理脾胃，遵循祛湿不伤阴、补益不化燥的治则，临床用药为了避免伤阴，缓和药性，去除药物燥性，多用蒸制后的药物，如蒸党参、蒸佛手、蒸陈皮等，以适应岭南的气候和岭南人的体质特征。岭南炮制特色方法——蒸法，在我国中药炮制技术里独树一帜，充分反映了岭南中医药文化特色。

《广东省中药炮制规范》《广东省中药饮片炮制规范》等记载使用蒸法炮制的药物有50多种，工艺上有清蒸、盐蒸、酒蒸、醋蒸、姜汁蒸、四制蒸、发酵后蒸制、蒸后炒制等多种蒸制工艺（表3.6），其中清蒸、盐蒸、酒蒸占比较大[64]。

表3.6 岭南蒸法代表饮片

蒸法	代表饮片	炮制方法	炮制作用
清蒸法	蒸陈皮	取净陈皮润湿后，蒸3~4小时，闷一夜，取出，切丝，低温干燥	降低辛燥之性
	蒸五味子	取净五味子润湿，蒸2~3小时，取出，干燥	增强滋补肝肾作用
	蒸巴戟天	取净巴戟天，除去杂质，洗净，置蒸笼内蒸透，趁热除去木心或用水润透后除去木心，切段，干燥	降低燥性
盐蒸法	盐山茱萸	取净山茱萸，用盐水拌匀，闷润，待盐水被吸尽后蒸2~4小时，取出，晒干	增强补肾作用
	盐金樱子	取净金樱子，用盐水拌匀，待盐水被吸尽后蒸2~4小时，取出，晒干	增强涩精作用
酒蒸法	酒狗脊	取净狗脊，用酒拌匀，待酒被吸尽后，蒸3小时，取出，晒干，切片	增强行气止痛作用
	酒制川芎	取净川芎，用水浸2~4小时，捞起，沥干水，用硫黄熏至透心，取出，用酒拌匀，待酒被吸尽后，蒸3~4小时至透心，取出，放冷，切片，干燥	增强祛风行气作用
醋蒸法	醋郁金	取净郁金，用醋拌匀，稍润，待醋被吸尽后，蒸2~3小时，取出，切片，干燥	增强疏肝理气止痛作用
	醋白薇	取净白薇，用醋拌匀，闷润，待醋被吸尽后，蒸2~3小时，取出，切片，干燥	增强浮阳作用
四制蒸法	四制益母草	取净益母草，用盐水、醋、姜汁和酒混合液拌匀，待吸尽后，蒸制2小时，晒干	增强祛瘀生新作用
	四制香附	取净香附，用酒、醋、姜汁和盐水混合液拌匀，闷润12小时，取出，蒸3小时至透心，取出，晒干	增强通经止痛作用

岭南地区还常采用泡法炮制药材，如甘草泡地龙，取净地龙，放入温甘草水中浸泡，以达到去毒和去腥臊的目的；甘草泡蜂房，取净蜂房，加甘草热汤泡透以达到缓解毒性的作用。

岭南地区切制药材的规格也有其特色，香港中药传统炮制方法多沿袭广东，在精选优质药材的同时,从商业角度考虑,十分注重饮片的外形美观,采用特殊的技术,使用专有的器具,并逐渐形成独特的风格。例如,枳壳用四方锤子砸扁后切条,当归、天麻、丹参等均压扁后再纵切,地黄压制成饼状,香港天麻蒸软压方后横切片等。

目前关于岭南特色炮制的研究较少,仅仅是地方炮制规范和临床用药的记载,但关于岭南炮制的源流、炮制机制、炮制工艺及炮制品质量标准鲜有研究。

(三) 河南怀药特色炮制

经济和文化繁荣发达的河南地区在我国的历史长河中留下了浓墨重彩的一笔,在此期间吸引了许多名医于此地行医问药,随着历史的发展逐渐形成了灿烂的中医药文化。因河南在地理环境方面的特色和优势,以及其本身特有的天然条件,此地盛产中药材达2 000多种,其中著名的道地药材品牌有"怀药""宛药"等。河南中药特色炮制以其地产药材为主,例如,在全国知名度较高的炮制饮片有九蒸九晒熟地黄、黄精、何首乌、槐角、山茱萸、五味子,以上六味中药饮片合称为"六大蒸药"。在毒性中草药的炮制方面,如天南星、半夏等药材的炮制,在传承古法炮制的基础上又发展创新,改善方法,创立了中药材趁鲜炮制工艺[15]。

(四) 蒙药特色炮制

蒙医药因为内蒙古自治区特殊的地理环境使其具有独特的气候条件,在其发展过程中于炮制方面亦积累了该地域特有的理论和技术,同时汲取了周边其他民族的先进理论和技术,形成其独有的民族医疗体系。蒙药与中药在炮制时大致相同,常以净化、炒、泡、烘焙、干馏、制霜等方式炮制。蒙药的传统炮制工艺大致上可分成水飞、砂烫、清炒、火煅、制炭、奶制六种,其中奶制是蒙药炮制的特色体现。蒙药在炮制加工时所需的辅料与中药有所不同,蒙药因蒙古族的生活环境和饮食习惯,常用牛奶、马奶、酸马奶、羊骨汤等奶制品或骨头汤作为辅料炮制,解除某些药物毒性的同时加强了炮制药材的滋补效能,深具民族特征[15]。

(五) 维药特色炮制

新疆是个多民族聚居的区域,其中在此地居住历史悠长的主要民族就有13个,各民族在发展过程中创造了独特的中医药理论体系,形成了独特的中药炮制理论体系。维药是我国的四大民族医药之一,因其具有地域性、相对先进的理论学说、特有的中草药材、与其他地区相比独特的疗效等多方面因素,从而形成特色维药文化。纵观维药炮制历史,其最古老的炮制方法是,先把药材捣碎、切制、洗净,使体积变小后,泡水软化食用,其后采用了煅烧、特色炮制方法艾科麦提法等。目前炮制方法有净选、切制、干法、炒制、炙法、煅法、艾科麦提法、烧焦法、锉磨法、榨油法、捣碎法、发酵法、混匀法、泡牛奶法、烟熏法等。维药炮制常用的辅料大体可分为固液两种,固体辅料包括河砂、艾科麦提土(代赭石)、面粉、毛料等,液体辅料有醋(苹果、石榴、桑椹)、黄油(羊、马、牛)、蜂蜜、奶、麻油、鸡蛋清、巴旦木油等[15]。

(六) 孟河医派特色炮制

有毒中药是中医临床组方用药必不可少的组成部分,但其本身具有的毒性也给患者的安全用药带来风险。因此,需要通过炮制以减毒增效。孟河医派源于江苏常州,是一个著名的地域性医学流派,起源于南北朝时期,形成于明代,鼎盛于清末民初。其延绵不衰,在临床诊疗上具有独到而切实的效果,其独具一格的中药临方特色炮制技术是其延绵不衰的重要原因之一,尤其对毒性中药材的临床特殊炮制有其独特和显著的优势。

孟河医家在临床实践的不断总结改进中逐渐形成了"和法缓治"的医疗风格,用药特点轻灵平淡,临证多用轻药,如用峻药亦应炮制使其不伤正,这是其"和法缓治"思想在毒性中药炮制中的集中体现,确保毒性中药临床疗效的同时不伤正。如炮制马钱子时将浸、煮、油炸、土炒制法结合起来,炮制甘遂时用"甘草煎汤浸、面裹煨、炒"等多种方法以去其毒性,存其药性。孟河医家对毒性中药进行炮制减毒的同时,再结合临床患者的证候和症状进一步采用特色辅料临方炮制,更好地适用于临床。如半夏、天南星和白附子等中药在临床应用前常用生姜、白矾及甘草、生石灰等进行减毒处理;对川乌、草乌等有毒药材普遍采用姜汁炒、姜汁炒炭及绿豆煮制、面裹煨等炮制方法,一方面能有效去除毒性;另一方面结合病证可促进临床疗效[15]。

(七) 徽派特色炮制

徽派炮制自成一派,整个炮制体系成熟于明代,其中《本草蒙筌》为这一时期的重要中医药著作,其作者陈嘉谟首次提出"紧火"的概念,这一概念对后世中药材炮制方法中"火制"的发展影响深远。其中"水制、火制、水火共制"3种分类方法即"水制三:或渍、或泡、或洗之弗等;火制四:有煅、有炮、有炙、有炒之不同;水火共制造者,若蒸、若煮,而有二焉……总不离此二者",此亦对后世的炮制分类方法起着意义深远的指导作用,特别是陈氏系统概括了辅料炮制的原则,从而奠定了徽派炮制中辅料炮制特点的形成基础,如"酒制升提,姜制发散……咸渗骨容易脆断,有剜去瓢免胀"。

徽派炮制注重炮制要因药不同,因病而异。例如,徽派的黄连治各种火邪,对不同的火邪予不同辅料制炒,"火在上炒以醇酒,火在下炒以童便……必求猪胆汁炒"。在特殊药材炮制方面,如对水银的制法,徽派炮制首次提出"用瓷罐二个,掘地成坎……水银流于下罐水内",此方法为后世医家加以引用制作[15]。

六、流派炮制技术的现代研究

为了进一步统一传统炮制技术传承与现代中药炮制发展的步伐,越来越多的科学研究将目光聚焦于传统流派技术的现代化研究中,机械炮制与传统手工加工的交叉并行,现代工艺技术与传统方法的有机融合,传统炮制理论与现代科学内涵的相辅相成,使许多学者在传统炮制理论、炮制工艺和技术标准研究领域取得了一定成就[44],逐渐使具有传统炮制地域特色流派的炮制技术进一步揭开神秘的面纱,为传统流派技术的现代传承和发展奠定了坚实的基础。

(一) 理论类研究

对于樟帮炮制流派,有学者就其火制中的炒法进行了理论总结,按樟帮的特点将炒法进行了分类,分为不加辅料炒制和加辅料炒制两大类。归纳出不加辅料炒制包括微炒、小炒、炒黄、炒爆、炒焦和炒炭六类;而加辅料炒制则归纳了液体辅料炒和固体辅料炒,并且强调辅料的专属性,如酒用糯米酒,醋应用新年米醋,蜜使用橙花蜜,米用糙米,土用灶心土等,各有其法,用料讲究,并对特殊辅料炮制的饮片进行阐述,如山羊血制藤黄、鳖血炙柴胡、猪心血炒枣仁、甘草皂角汁制草乌等。在总结传统炒制理论和目的的同时,部分研究引入现代试验数据,对传统炒制方法的原理进行阐释,为传统理论的进一步传承和发扬提供依据。

对于建昌帮炮制流派，梅开丰等对建昌帮饮片炮制风格进行简要介绍，系统整理了建昌帮炮制经验，围绕其工具特色和片形特色进行归纳总结，介绍了建昌帮切药刀和雷公刨的特点及适用药物，并对刀工的4种方法如拈个、斜捉、直握和手托进行介绍，阐释了"刀刨八法"的内容，同时对建昌帮饮片以薄为主、厚薄适中、厚而得当、片型相仿、清爽整洁及软化得当的特点进行了归纳整理，为传承建昌帮传统炮制理论提供了示范并奠定了基础。

对于京帮炮制流派，有学者针对北京同仁堂为代表的京帮流派特色中药产品"百药煎""七制香附"的加工炮制技术进行研究，认为百药煎中以五倍子经发酵后的水解产物没食子酸为重要原料，配以绿茶、桔梗、甘草等药物共同炮制而来，具有较好的保肝解毒、止血收敛和升阳举陷作用，而香附经过7种混合辅料炮制后，既提高了其疏肝解郁、调经止痛之功，又能增强通络行经、除痞行滞之效，对京帮特色炮制技术、品种和理论进行了系统整理总结。

（二）工艺类研究

相对其他炮制流派，樟帮和建昌帮在工艺方面的现代科学研究居多。如江西樟帮炮制方法加工的白芍饮片，其着色独特，薄如纸，药效显著，名扬四海，素有"白芍飞上天"的说法，而目前有关白芍改良炮制法包括了酒炒法和煨法等，也有研究引入了综合指标隶属度的概念，将不同考察指标转变成具体数据，综合优选白芍饮片炮制的最佳工艺参数。还有学者以柚皮苷、新橙皮苷含量等作为考察指标，采用$L_{16}(4)^5$正交试验比较不同因素对樟帮枳壳的影响，对其是否去瓤、浸润时间、压扁上架后温度和湿度环境、发酵时间，以及麦麸用量、麸炒时间和温度等因素进行考察，优选樟帮法炮制枳壳的最佳工艺。还有研究以小鼠凝血时间、炭药吸附力和色泽度为评价指标，对炮制工艺影响因素进行正交试验，研究了建昌帮特色炒焦栀子的炮制工艺参数等。樟帮、建昌帮的工艺研究都强调应用现代数理统计分析方法，选择多指标综合加权优选，获得最佳可信的量化技术参数。传统工艺的现代研究为各流派炮制技术的规范化和特色饮片质量的稳定可控奠定了基础。

（三）成分类研究

现代学者对樟帮和建昌帮特色的炮制品种进行了横向比较研究，同时与药典主流炮制品种进行比较，以期发现其特色优势，更好地进行传承和发展。如有研究采用反相高效液相色谱法，对白芍樟帮炮制品与其他方法炮制品中芍药苷和芍药内酯苷的含量进行测定，以此探讨樟帮方法与其他炮制方法对芍药苷和芍药内酯苷含量的影响，结果发现，樟帮炮制品与药典品种和其他炮制方法比较，其所含的芍药内酯苷和芍药苷含量均高于炮制品的平均值，樟帮炮制方法与炒焦法比较有统计学差异，认为炒焦后可能使其中成分被破坏或分解，导致指标成分含量降低，而樟帮则能较好地保持有效成分的含量，从而发挥药效。还有研究采用直接滴定法比较了建昌帮与樟帮、《中国药典》法炮制的熟地黄中还原糖的含量差异，结果发现，建昌帮炮制的熟地黄中还原糖含量高于其他两种方法，为发展建昌帮炮制方法提供了一定的试验依据。谌瑞林将就枳壳的建昌帮、樟帮的2种炮制方法与药典记载的炮制方法进行了比较，结果发现建昌帮蜜麸炒枳壳和樟帮麸炒枳壳挥发油含量与药典法比较无显著性差异，认为麸炒后使果皮组织变得疏松，油室破裂，增加了挥发油、黄酮的溶出率，从而提高了有效成分溶出率，增强枳壳行气消胀作用，为江西枳壳炮制方法工艺的规范化、质量标准的制定提供了依据[65]。

随着我国社会经济和科技的发展，传统炮制技术流派面临新的发展机遇和挑战。为进一步加快我国传统中医药现代化的进程，有必要在传承这些传统中药炮制技术的特色、优势的同时，再努力挖掘、发展各药帮的文化精髓，并且借鉴现代科学技术，将传统工艺与现代科学技术相结合，充分利用当地药材资源，使资源优势与饮片生产相结合，以产业化、科学化、规范化为发展方向，整理规范传统炮制技艺，使传统炮制技术流派在新时代跨入一个新的发展阶段，进而达到弘扬和传承中华民族优秀文化的目的。

第四节　产地加工与炮制一体化技术

中药材产地加工和炮制是中药产业链中密切相连的两个环节。中药材产地加工是根据原药用植物、动物或矿物的性质，将其进行产地初加工，以便于运输和储存，所得成品为中药材。中药炮制是指根据中医药理论，按照中医临床辨证施治的用药需求和药物的自身性质对中药材进行加工的一项制药技术，所得成品为中药饮片。目前，推动实施中药材产地加工与炮制一体化，已经逐渐成为业内的共识。中药材产地加工与炮制一体化技术将中药材产地加工与炮制的工序进行整合，实现工艺过程连贯性操作，摒弃了传统的产地加工与炮制过程中的重复环节，可极大地提高中药饮片的生产效率、降低生产成本，并减少有效成分的损失，提升中药饮片质量[66]。

一、产地加工与炮制一体化简述

（一）产地加工与炮制的历史发展

中药材产地加工与炮制经历了"由无到有""由合到分"的过程，在不同历史阶段的"分合"演变史见图3.17。先秦至两汉时期，由于炮制技术尚未形成体系，故仅有产地加工，无专门的炮制。魏晋南北朝时期，中药炮制技术逐渐发展，趁鲜加工与炮制一体化逐渐出现，以《雷公炮炙论》为例，在其记载的184种草木类药材中，趁鲜加工

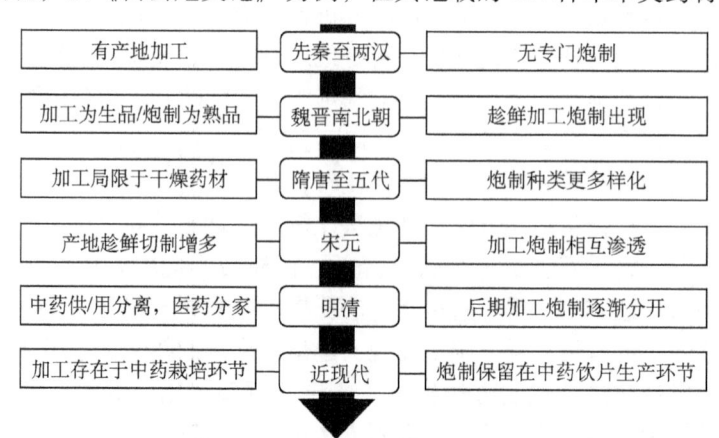

有产地加工	先秦至两汉	无专门炮制
加工为生品/炮制为熟品	魏晋南北朝	趁鲜加工炮制出现
加工局限于干燥药材	隋唐至五代	炮制种类更多样化
产地趁鲜切制增多	宋元	加工炮制相互渗透
中药供/用分离，医药分家	明清	后期加工炮制逐渐分开
加工存在于中药栽培环节	近现代	炮制保留在中药饮片生产环节

图3.17　中药材产地加工与炮制的发展史

炮制药材有61种,而加工、炮制完全分开的只有35种,可见当时趁鲜加工与炮制是当时的主流。隋唐至五代时期,中药的用药种类逐渐丰富,此时中药材的加工多聚焦于干燥药材,而炮制种类更加多样化。宋元时期,在中药材的加工中趁鲜切制逐渐增多,且加工与炮制互相渗透。明清时期,"前店后坊"的医药形式逐渐消弭,中药的供、用分开,全国各地出现了经营当地特色中药的药行,并且各地设有"切药棚",药商采购原药材后,就地切制加工,净货打包运输,自此产地加工与炮制逐渐分开[67]。近现代以来,产地加工因得不到行业的重视,逐渐在中医药行业中分离出去,成为中药栽培(农业)中的环节,而炮制仍保留在医药行业中的中药饮片生产环节。

(二)产地加工与炮制一体化的提出

20世纪80年代以来,业内专家提出了中药材产地加工与炮制一体化的思路。一些药材可采用"鲜切制法"以减少药材"软化"过程中成分的损失;药材在产地加工成饮片,给包装的改革带来了有利条件。加强中药趁鲜切制的研究,在中药产地逐步推广,对于提高中药饮片的质量,改善中药包装,减少人力、物力及能源的消耗都具有十分重要的意义。而且,把饮片切制与产地加工结合起来,这样既可以节省切制时浸润等操作程序,又可以提高饮片内在质量,减少有效成分在切制过程中的流失;在比较集中的专业性生产基地、传统的中药材集散地都可以提倡一次性切成饮片。此外,中药材的产地加工和中药炮制从早期的萌芽、产生、共同发展,到后来产生分工、各自独立发展,再到将来的一体化、协同发展,均符合中药行业发展的规律,产业化和一体化将是其发展的必然趋势。经过国内学者的不断呼吁,产地加工与炮制一体化引起了国家层面的高度重视,2015年国家中医药管理局启动了行业专项"30种中药饮片产地加工与炮制一体化关键技术规范研究",今后有望推广至更多中药材[67]。

(三)产地加工与炮制一体化的优势

中药材产地加工与炮制一体化技术,通过推广应用将有效避免药材加工与饮片炮制分段加工中的重复环节,减少相关损耗,降低生产成本,产生重大的经济效益,同时可以有效保证中药饮片的质量,从而保证中药的临床疗效。与传统药材加工与饮片炮制分段工艺相比,中药材产地加工与炮制一体化具有以下优点[68]:

(1)将中药材生产的GAP要求与饮片生产的GMP要求相结合,充分发挥药材规范化种植与饮片规范化炮制的特点,有利于保障药物品质,保证药材来源和饮片质量,同时有助于饮片的溯源追踪。

(2)可以降低分段加工所导致的饮片炮制时的再次水处理与重复干燥,避免由此所引起的中药饮片有效成分含量的损耗,并能降低能源损耗。

(3)产地加工与炮制一体化可以减少中间的储藏环节,减少储藏环节造成的药材损耗和人力、能源的浪费,降低了中药饮片的加工成本。

(4)产地加工与炮制一体化保证了药材来源,有助于饮片分级工作的开展。

二、产地加工与炮制一体化技术研究进展

传统的产地加工与炮制分段的生产工艺,需要经过多次水处理和干燥过程。以根茎类及全草类中药为例,根茎类及全草类中药材由于含水量高,在产地加工时常把原药材进行干燥,而在炮制时,由于根茎类药材质地坚硬,仍需用水对其闷润,润至透心后切薄片或厚片，然后再进行二次干燥；全草类药材在炮制时，需将干燥的全草重新打湿、润透、切段、再次干燥，易造成有效成分含量的损失，而中药材产地加工与炮制一体化技术可以避免这一环节的损耗。以制何首乌为例（图3.18），何首乌的产地加工和炮制过程中均需进行切制，但是各地关于个药大小、块和片的规格均有差异，致使产地加工后的何首乌药材无法直接炮制，仍需进行再处理，在此过程中，往往采用水处理进行软化后切制，而本品质地坚硬，有效成分水溶性强，经过一系列水处理后，导致大量有效成分流失。另外，何首乌富含淀粉，极易造成霉变，且易被微生物污染，造成产品变质、微生物超标等，导致饮片质量的不可控[69]。而采用产地加工与炮制一体化的加工方法可减少重复的水处理及干燥工艺，即将产地挖出的鲜品何首乌块根先削去两端、除去杂质，然后将其洗净后切成2~3 cm厚的何首乌片，于70 ℃下干燥24小时，立刻用黑豆汁炮制，干燥后即得制何首乌饮片[70]。制何首乌产地加工与炮制一体化方法不仅有利于降低成本，还能减少何首乌有效成分的流失。

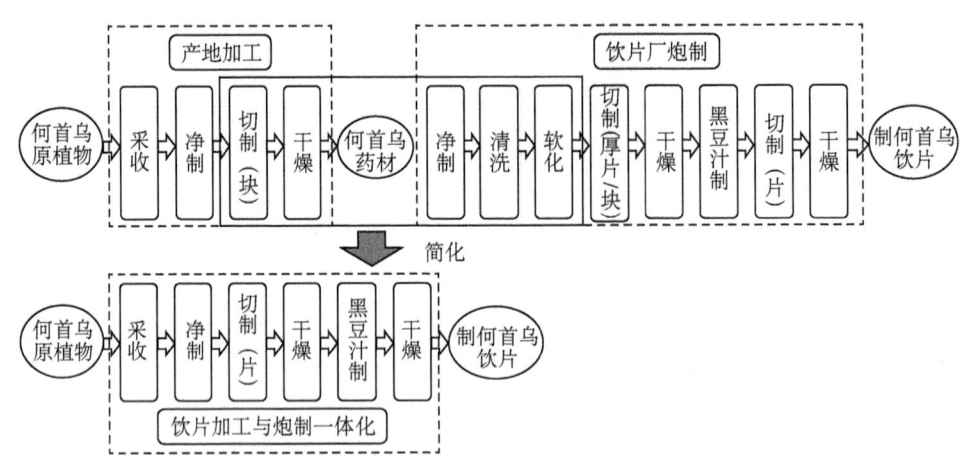

图 3.18　制何首乌饮片工艺流程简图

自中药材产地加工与炮制一体化提出以来，业内研究人员对其进行了大量的研究工作，结果表明（表3.7），与传统产地加工与炮制分段处理相比，产地加工与炮制一体化技术不仅能够更有效地保存中药材的有效成分，而且缩短了生产时间，节约了时间和能源成本。此外，中药材产地加工与炮制一体化还有利于明确药材的产地来源，并依据药材个头、质地等外观特征进行分档定价，促进中药材生产环节和中药饮片市场销售环节的快速接轨，减少储藏和运输过程中药材不必要的损失和变质，极大降低储藏和运输所需的经费，提高中药饮片的品质[71-72]。

表 3.7　产地加工与炮制一体化研究成果

中药名称	传统产地加工与炮制分离存在的问题	产地加工与炮制一体化研究成果
何首乌[69,70,73]	经过多次水处理和干燥过程，大量水溶性强的有效成分流失；富含淀粉，极易导致霉变及微生物污染，造成产品变质	简化工艺步骤，节省能源和人力成本；减少了水溶性有效成分的流失；减少霉变及微生物污染的产生，提高产品质量
纹党参[74]	需要2次闷润，费时费力；揉搓过程稍有不慎，可出现出油现象，降低饮片品质	减少2次闷润过程，制备时间缩短；极大地保留活性成分；切片较为容易，干燥后饮片外形美观

续 表

中药名称	传统产地加工与炮制分离存在的问题	产地加工与炮制一体化研究成果
白芍[75-76]	硫黄熏蒸的过程对有效成分芍药苷产生很大影响；多次水处理使芍药中芍药苷的含量降低	避免硫黄熏蒸过程，减少有害物质的产生；简化水处理过程，保持芍药苷的含量
天麻[77-78]	重复的水处理及重复蒸制和干燥，耗时较长；水溶性活性成分流失	可精简水处理、热处理和干燥过程，有效地避免了有效成分的流失
山药[72,79]	经过硫黄熏蒸，对山药本身药材品质影响较大	避免硫黄熏蒸过程，保证用药安全性；保留山药中的有效成分含量
黄精[80]	加工与炮制分阶段进行，步骤烦琐，成本较高	节省能源和人力成本，简化工艺步骤，缩短生产周期；饮片质量稳定均一
川芎[81]	时间周期较长，易造成2次污染；有效成分损失较大	缩短生产时间，减少2次污染；保留有效成分
秦皮[82]	经过多次的淘洗、晾晒、软化、干燥，时间周期较长；有效成分流失，饮片质量大幅度下降	加工时间缩短、能耗减少；有效成分损失亦减少
玄参[83]	方法混乱、操作复杂、质量难以保障	简化生产流程；保留哈巴苷、哈巴俄苷、多糖等有效成分
黄柏[84-85]	闷润软化过程中会造成大量有效成分流失	绿原酸、盐酸黄柏碱、木盐酸小檗碱等含量均高于传统加工生黄柏及盐黄柏；解热及抗炎作用更强
苦参[86]	苦参中水溶性的生物碱大量流失	水处理过程减少，保证了水溶性成分的保留
商陆[87]	水处理过程中水溶性浸出物损失	减少水溶性浸出物的损失；利尿作用增强

三、产地加工与炮制一体化技术体系的构建

从当前研究成果来看，中药材产地加工与炮制一体化技术摒弃了产地加工与炮制分段过程中的重复环节，可极大地提高中药饮片的生产效率、降低生产成本。因而鼓励饮片厂建在药材种植集散地，引入大型加工及炮制设备，提升机械化及规模化程度，并大力构建中药材产地加工与炮制一体化技术体系，成为改变中药材产地零散加工状态、提升中药饮片质量的关键。

（一）建立中药材产地加工与炮制一体化技术方法

中药的质量除与品种、产地、采收季节等有关外，产地加工及炮制技术也是影响中药质量的重要因素。目前，中药中较为常见的为植物类中药，而对于植物类中药，将原植物采收之后，其含水量高，若不进行及时加工处理，很容易霉烂变质，损失有效成分。针对不同中药特性，建立及时、高效、可行的中药材产地加工与炮制一体化技术方法是确保中药饮片质量的关键。

众多植物类中药又可细分为根茎类、果实种子类、皮类、花类、草类及叶类等。不同药用部位的中药由于其质地、含水量等不同，因而形成了各自不同的特点，在系列文献研究、产地调研及实践的基础上，加强对饮片产地加工与炮制一体化工艺的考察，针对原药用植物自身特点确定具体的工艺过程和技术参数。如图3.19所示，对于根茎类，如丹参、何首乌及天麻等，由于其自身特点，在其加工及炮制过程中需经过清洗、刮皮、切片、烫蒸等工艺过程；果实种子类，如山茱萸、川楝子及金樱子等，需采用烘

干、剥皮、切片、去籽等加工方法；皮类，如肉桂、厚朴及杜仲等，由于其皮类的特殊性，在其加工与炮制中会涉及切块、剥皮等工艺过程；花类，如金银花、红花及丁香等，其加工中常用到烘干、蒸等工艺；草类及叶类，如银杏叶、荆芥、薄荷及马齿苋等，在其加工与炮制中常会涉及切、扎、阴干、烫等工艺过程。

```
                        ┌─────────────┐
                        │  中药原植物  │
                        └──────┬──────┘
                               ↓
        ┌──────────────────────────────────────────────┐
        │            产地加工与炮制一体化              │
        │  ┌─────┐ ┌──────┐ ┌─────┐ ┌─────┐ ┌──────┐  │
        │  │根茎类│ │果实种│ │ 皮类│ │ 花类│ │草/叶类│ │
        │  │     │ │ 子类 │ │     │ │     │ │      │ │
        │  └──┬──┘ └──┬───┘ └──┬──┘ └──┬──┘ └──┬───┘  │
        │  清洗 刮皮  烘干 剥皮  切块 剥皮 烘干 蒸  切 扎 │
        │  切片 烫蒸  切片 去籽            阴干 烫     │
        │           常规加工与炮制方法                 │
        │                    ╋                         │
        │   去毛、杀青、发汗、糖化、煮、炒、焙、煅、浸、燀、复制等  │
        │            特殊加工与炮制方法                │
        └──────────────────────┬───────────────────────┘
                               ↓
                        ┌─────────────┐
                        │  中药饮片   │
                        └─────────────┘
```

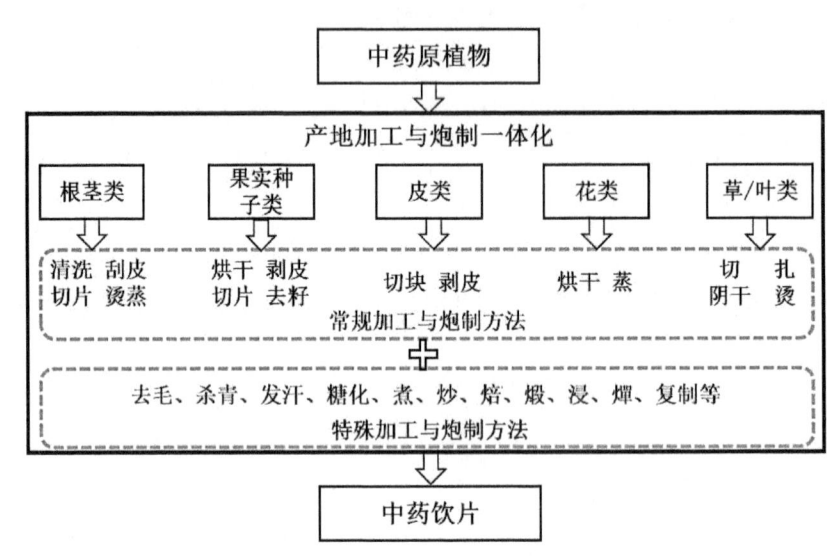

图 3.19 特性化中药材产地加工与炮制一体化策略

另外，有许多富有特色的产地加工炮制方法历史悠久并且经现代化研究也已经证实了其中的科学内涵，如杀青、发汗、糖化等。因此在相关中药材产地加工与炮制一体化技术的研究中，对于新鲜药用部位的处理应该考虑到这些特有的加工炮制技术及其加工炮制顺序流程，必要时应该遵循传统特色技术方法，而不能盲目地进行一体化改进。如益母草趁鲜切制再干燥制得的饮片中有效成分的含量明显低于先干燥再切制所得的饮片[88]，若对其进行盲目趁鲜切制处理，则会严重影响益母草饮片的质量。因此，在中药材产地加工与炮制一体化技术研究及开发过程中，应对一体化方法和传统方法所生产饮片的外观性状、有效成分含量及主要药效指标进行对比研究，综合评价产地加工与炮制一体化方法的科学性和可行性，以建立规范的中药材产地加工与炮制技术方法。

（二）开发中药材产地加工与炮制一体化设备

中药材产地加工与炮制一体化设备的升级，对于发展产地加工与炮制一体化有着重要意义。传统的中药材产地加工仍停留在手工操作阶段，即大多在田间地头零散加工、日晒干燥；其炮制过程自动化水平低，且缺少量化指标和技术参数，凭经验和感官操作，随意性大。开发中药材产地加工与炮制一体化设备，可实现中药饮片的大批次生产，并在工艺技术参数开发的基础上，实现智能工艺管控，提升生产效率及饮片质量。

为适应中药材产地加工与炮制一体化的生产需求，科研人员在原有加工及炮制设备的基础上进行成套设备的创制，并逐渐形成智能化联动线设备。智能化联动线设备是原有设备的升级，比原有设备更加合理、科学、规范[14]。目前，蔡宝昌教授课题组自主开发了中药材产地加工洗切烘联动线，对于常见的根茎类中药材可基本实现联动生产，不仅可以保证中药饮片的质量，而且极大地提高了生产效率[89]。近几年，智能化联动线设备逐渐发展，一些产地加工或饮片炮制企业已经有联动线设备投入使用，而产地加工与炮制一体化联动线设备仍处于不断的开发阶段，为进一步实现设备升级仍需突破自动化控制、联动线控制及智能工艺管理等关键技术，改变传统的人工物料转运和单机操作模式，从而实现从采收、清洗到最后饮片包装全过程的流水线，提升中药饮片质量并保障其均一稳定[90-91]。

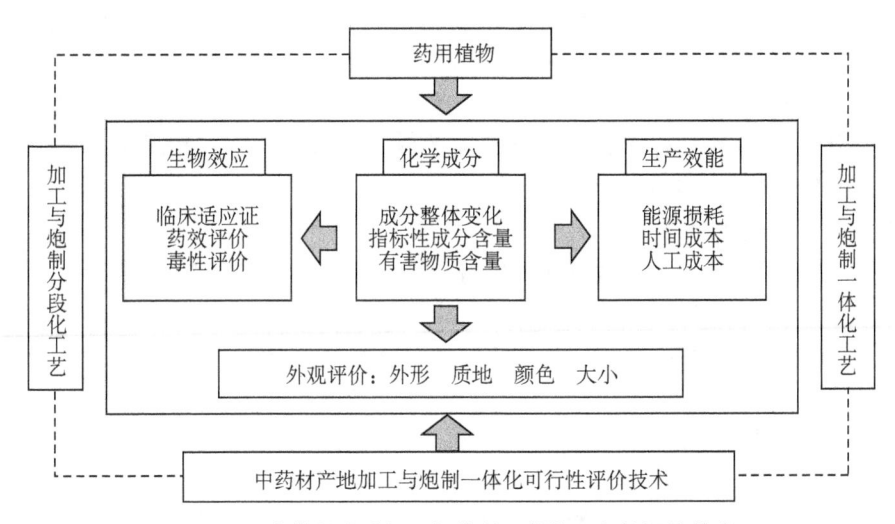

（三）中药材产地加工与炮制一体化可行性评价技术

中药饮片质量的稳定均一是保证临床疗效稳定可靠的重要前提，由于中药饮片在加工生产过程中处于一种动态变化的过程，故其内在的化学成分会随加工与炮制工艺的变化而改变。因此，中药饮片的生产由加工与炮制分段化模式向产地加工与炮制一体化转变后，需对其进行质量评价，以进一步阐明产地加工与炮制一体化的可行性。

目前，对于中药材产地加工与炮制一体化的可行性评价主要包括化学成分评价、生物效应评价、生产效能评价及饮片外观评价[68]。如图 3.20 所示，对于化学成分评价，主要集中于化学成分的整体变化、指标性成分含量的增减；对于生物效应评价，主要针对饮片的临床适应证，采用常见的体内外模型对其药效、毒性进行验证；对于生产效能评价，主要涉及能源损耗、时间成本及人工成本等方面；中药饮片外观评价主要是观察饮片的外形、质地、颜色及其大小的均一性等。目前的研究成果显示，经过化学成分、生物效应、生产效能及饮片外观的综合评价，基本可判定特定中药材产地加工与炮制一体化技术的可行性。

图 3.20　中药材产地加工与炮制一体化可行性评价技术

四、硫黄熏蒸及其替代技术

硫黄熏蒸是一种简单、快速、低成本的中药材加工方式，距今已有百余年的产地加工历史，硫黄熏蒸中药材不仅能有效抑制病虫害和霉菌滋生，有利于药材的储存，而且能漂白美化药材，使中药材保持色泽光鲜，并且其操作简单，成本低廉，近年来逐渐呈现过度熏蒸之势。

（一）硫黄熏蒸药材的选择及缺点

硫黄熏蒸药材品种的选择及其熏蒸程度的判断，常常根据药材的理化性质决定。通常富含淀粉等多糖类物质的根及根茎，如白芷、白术、粉防己等药材，在流通储藏过程中易滋生虫害和霉变及变色，在生产加工过程中常需硫黄熏蒸，并且常反复进行或熏透；富含蛋白质、脂肪、氨基酸类等营养物质的动物组织器官或动物类药材，在加工、流通储藏过程中易生虫害和质变，通过硫熏可以延长其保质期；富含香味物质和各类营养成分易吸引和产生昆虫，也易霉变或者变色，在产地加工和流通储藏过程中常采用硫黄熏蒸以达到除虫、保持品相和延长保质期的目的；另外还有一些茎木皮类、果实种子类药材也常采用硫黄熏蒸的方法。

尽管硫黄熏蒸中药材的加工炮制方法在中药材的养护及储存方面起到了积极作用，但其在中药材的加工处理中所带来的安全隐患也不容忽视。硫黄熏蒸导致中药材二氧化硫残留量及重金属元素严重超标，还会引起药材中化学组分的改变，进而影响其体内过程和药理活性，对人体健康造成危害[92-93]。中药材经硫黄熏蒸带入的二氧化硫及亚硫酸会破坏维生素 B_1，影响生长发育，长期服用还会导致胃肠道功能紊乱[94]，并且还可引起呼吸道炎症反应、淋巴细胞染色体畸变，以及对肝、肾功能造成损伤。目前，硫黄熏蒸技术已经被限制使用，但是市场上硫黄熏蒸的中药材仍然很多。硫黄熏蒸会导致二氧化硫残留量明显升高，很多重要化学成分含量明显降低，从而影响中药材的质量和品质。

近年来，随着科技的进步，关于硫黄熏蒸中药材的鉴别及检测方法较多，但由于很多方法操作复杂、成本颇高等，真正在实际中运用的方法较少。所以监管部门应该对市场中的中药材定期进行二氧化硫检测，以全面调查市场中流通的中药材的硫黄熏蒸情况，并且在对硫黄熏蒸药材成分、药效、毒性等深入研究的基础上，制定合理的二氧化硫残留量和硫黄熏蒸特征标志物相结合的硫黄熏蒸药材检控方法和限量标准[95]，才能完善硫黄熏蒸药材检控体系。

（二）硫黄熏蒸替代技术

硫黄熏蒸在药材加工与储藏方面发挥着干燥、防虫、防霉变的作用，而近年来硫黄熏蒸的缺点逐渐暴露，所以需要寻找更加健康安全的加工方法来替代硫黄熏蒸。目前的替代技术主要有微波干燥技术、辐照加工技术、臭氧处理技术、超高压处理技术及其他相关技术。

1. 微波干燥技术　微波干燥是指利用微波作为加热源、被干燥物料本身为发热体的一种干燥方式，能干燥中药并杀灭微生物、霉菌，防止中药虫蛀和霉变[96]。目前微波干燥在山药、葛根、当归等多数中药材中都已有应用[97]，如藁本内酯为当归中的主要成分，微波干燥法能更大程度保存当归中该成分的含量，而将微波与热风干燥联用则干燥效率更高、药材活性成分也能更大程度保存[98]。

2. 辐照加工技术　是一种较为理想的杀菌方法，因为其无残留、时间短、起效快而广泛应用于中药材、农产品等储藏领域。当前应用较多的为 ^{60}Co-γ 射线，^{60}Co-γ 射线辐照当归前后外观形态和有效成分含量无明显变化，并且辐照加工有效抑制了霉菌的生长从而达到增加储藏年限的目的[99]。

3. 臭氧处理技术　臭氧是一种广谱高效的杀菌剂，由于具有安全高效、低温操作、无残留、无二次污染等优点,在医疗卫生、环境净化、食品包装等领域都有着广泛的应用,臭氧也很适用于含挥发性、热敏性、糖分高、富含油脂类成分的中药材的灭菌[100]。有研究表明[101],当归经臭氧处理后阿魏酸、挥发油含量变化较硫黄熏蒸处理分别减少10.71%、23.07%,而经臭氧处理后当归中的微生物含量也较硫黄熏蒸处理后的样品少,所以臭氧具有明显的灭菌、杀虫、除异味的效果,有望成为绿色科学的、替代硫黄熏蒸的养护技术。

4. 超高压处理技术　是经过超高压处理一定的时间后,使蛋白质变性,酶失去活性,微生物因细胞膜破裂而死亡,是一种冷杀菌技术。利用此技术杀灭鲜人参、干燥人参的细菌、真菌,并发现处理后的人参皂苷的组成及含量无明显改变,且人参皂苷类成分更易溶出[102];更有研究证明[98]超高压能杀灭牡蛎中的创伤弧菌。多数研究结果表明超高压技术对多种类型中药材均有灭菌效果,从而可证明超高压处理技术是一种潜在的高效、安全和环保的中药材防腐防霉新技术,在一定程度上可用来替代硫黄熏蒸成为更为绿色的中药养护技术。

5. 其他相关技术　近年来人们在中药材无硫加工技术方面进行了积极的探索,除以上几种应用较为广泛的技术外,还有通过气调养护来延长药材的使用期限;"药对"养护技术、植物源天然防霉剂、挥发油熏蒸、生物防控养护技术、超声波等新型中药材养护技术在中药储藏过程中发挥着防霉防虫的重要作用,新型熏蒸剂硫酰氟、氨基甲酸乙酯及植物性杀虫剂、昆虫激素等绿色防控技术也在进一步研究中[103-104]。

(孙娥　杨冰　宁汝曦　李畅)

参考文献

[1] 中国医药物资协会中药饮片及生产设备协同创新联盟.2013 中国中药饮片产业发展分析报告[N].中国中医药报,2014-11-20.

[2] 樊玉录,刘天峰,李俊丽,等.我国中药饮片产业国际竞争力研究[J].中国药事,2012,26(11):1186-1191.

[3] 韩慧丽.新形势下我国中药饮片产业的发展战略研究[D].开封:河南大学,2011.

[4] 陆兔林,戴衍鹏,陈彦琳,等.中药饮片产业发展概况及存在问题初探[J].中国食品药品监管,2018,(6):17-23.

[5] 杨明,钟凌云,薛晓,等.中药传统炮制技术传承与创新[J].中国中药杂志,2016,41(3):357-361.

[6] 李耿,高峰,毕胜,等.中药饮片产业面临的困境及发展策略分析[J].中国现代中药,2021,23(7):1139-1154.

[7] 周锡龙.历代文献关于中药炮制的浅述[J].中医药研究,1987,(4):25-26.

[8] 关怀,王地,王敏,等.古代中药炮制学史分期考[J].北京中医药,2009,28(8):629-631.

[9] 李群.炮制专家王琦论现代中药炮制研究的"2 个时期 3 个阶段"[J].中成药,2018,40(12):2740-2743.

[10] 丁安伟,张丽,单鸣秋,等.国家"十一五"科技支撑计划项目——中药饮片炒炭共性技术与相关设备研究子课题研究的反思与建议[C].2010 中药炮制技术、学术交流暨产业发展高峰论坛论文集,成都,2010:8-10.

[11] 国家药典委员会.中华人民共和国药典(四部)[S].北京:中国医药科技出版社,2020:31-32.

[12] 任玉珍.中药炮制机械的现状与发展方向[J].中国现代中药,2010,12(1):40-41.
[13] 桑滨生.《中医药发展战略规划纲要(2016—2030年)》解读[J].世界科学技术-中医药现代化,2016,18(7):1088-1092.
[14] 秦昆明,李伟东,张金连,等.中药制药装备产业现状与发展战略研究[J].世界科学技术-中医药现代化,2019,21(12):2671-2677.
[15] 李慧,奚然然,霍晨露,等.中药炮制源流初探[J].中国民族民间医药,2021,30(11):29-32.
[16] 张淑娟,王临艳,张育贵,等.中药饮片行业的现状分析及对策探讨[J].药学研究,2020,39(6):341-343.
[17] 任壮.中药饮片产业发展:要速度,更要长远[N].中国中医药报,2014-12-18.
[18] 季德,李林,王吓长,等.中药饮片产业链质量控制标准进程与展望[J].南京中医药大学学报,2020,36(5):704-709.
[19] 孙娥,徐凤娟,张振海,等.基于化学成分转化-肠吸收屏障网络耦联作用的中药炮制机制研究体系的构建[J].中国中药杂志,2014,39(3):370-377.
[20] 张俊玲.中药炮制的现代发展状况与研究思路[J].中国卫生产业,2013,10(30):190-191.
[21] 唐廷猷.中药炮制理论炮制原理研究史初探(清代前部分)[J].中国现代中药,2018,20(2):230-238.
[22] 贾天柱.中药炮制传统理论概述[C].中药药效提高与中药饮片质量控制交流研讨会论文集,上海,2009:1-5.
[23] 马传江,王信,辛义周,等.中药传统炮制理论的现代研究概述[J].中草药,2018,49(3):512-520.
[24] 王玲,孙娥,侯健,等.基于UPLC-Q-TOF-MS代谢组学研究炙淫羊藿温肾助阳的炮制机制[J].药学学报,2021,56(10):2849-2857.
[25] 秦昆明,曹岗,金俊杰,等.中药饮片炮制工艺现代研究中存在的问题与对策[J].中国中药杂志,2018,43(18):3795-3800.
[26] 肖杰明,胡希,等.标准化中药饮片与饮片机械现代化的研究[J].机电信息,2005,(16):21-26.
[27] 梁真.中药炮制"火候"刍议[J].西部中医药,2018,31(1):25-27.
[28] 张雪,谢晓芳.中药饮片干燥的研究概况[J].中国民族民间医药,2016,25(1):32-33,35.
[29] 詹娟娟,伍振峰,王雅琪,等.中药材及制剂干燥工艺与装备现状及问题分析[J].中国中药杂志,2015,40(23):4715-4720.
[30] 李建林,杜健.中药饮片干燥方法经验八则[J].天津药学,2019,31(5):72-74.
[31] 龚千锋.中药炮制学[M].北京:中国中医药出版社.2003:153-157.
[32] 葛秀允.天南星科有毒中药刺激性毒性成分及矾制解毒共性机制研究[D].南京:南京中医药大学,2009.
[33] 吴皓,郁红礼,葛秀允,等.天南星科有毒中药矾制减毒共性机制的研究Ⅰ[C].《中国中药杂志》第十届编委会暨中药新产品创制与产业化发展战略研讨高端论坛论文集,杭州,2011:182-187.
[34] 金晓勇,贾晓斌,孙娥,等.炙淫羊藿炮制过程中5种黄酮类成分变化规律研究[J].中国中药杂志,2009,34(21):2738.
[35] 赵艳红.主成分肠吸收代谢动力学研究淫羊藿炮制机理[D].镇江:江苏大学,2007.
[36] 王亚乐.淫羊藿黄酮苷类物理、生物转化及其机理研究[D].镇江:江苏大学,2008.
[37] 孙娥,韦英杰,张振海,等.基于黄酮成分吸收代谢的炙淫羊藿炮制机制研究[J].中国中药杂志,2014,39(3):383-390.
[38] 夏云岭,王胜超,张悦,等.不同方法炮制人中黄与甘草镇痛抗炎镇咳药理作用的比较研究[J].中国中医药现代远程教育,2018,16(17):85-87.
[39] 郭建民."逢子必炒"之探索[J].贵阳中医学院学报,1994,16(3):59-60.
[40] 王初,孙建宇.炮制对牵牛子有效成分及药效的影响[J].医药导报,2008,27(7):781-782.

[41] 田连起,郑玉丽,白吉星,等.牵牛子炮制前后咖啡酸的含量比较研究[J].中医学报,2011,26(5): 595-597.
[42] YOU J L, KIM N S, KIM H, et al. Cytotoxic and anti-inflammatory constituents from the seeds of Descurainia sophia[J]. Arch Pharm Res, 2013, 36(5): 536-541.
[43] 周喜丹,唐力英,周国洪,等.南北葶苈子的最新研究进展[J].中国中药杂志,2014,39(24): 4699-4708.
[44] 钟凌云,龚千锋,杨明,等.传统炮制技术流派特点及发展[J].中国中药杂志,2013,38(19): 3405-3408.
[45] 杨冰,蔡宝昌,张洪雷.江西省中药文化软实力[J].江西科学,2017,35(2):318-322.
[46] 刘军锋,王红波,张红,等.中药特色炮制技术的帮派特点与发展[J].陕西中医,2019,40(7): 964-967.
[47] 李洋,吴蜀瑶,吴志瑰,等.浅谈樟树帮炮制辅料米酒[J].江西中医药,2017,48(8):3-5.
[48] 王金权,王娟,樊敏,等.炮制对柴胡质量的影响[J].中医研究,2011,24(5):43-46.
[49] 叶耀辉,史毅,张博文,等.柴胡炮制品的研究进展[J].江西中医药,2017,48(412):61-63.
[50] 邓水蓉.江西中药炮制发展的调查研究[J].江西中医药,1992,23(2):46-48,51.
[51] 钟凌云,于欢,祝婧,等.炮制技术流派——樟树帮药文化探究[J].中国实验方剂学杂志,2017, 23(2):1-6.
[52] 孟振豪,钟凌云.建昌帮中药炮制概况[J].江西中医药大学学报,2016,28(1):110-112.
[53] 国家药典委员会.中华人民共和国药典(一部)[S].北京:中国医药科技出版社.2020:130.
[54] 易炳学,周毅,颜干明,等.正交试验优选建昌帮炆熟地炮制工艺研究[J].亚太传统医药,2016, 12(23):14-16.
[55] 国家药典委员会.中华人民共和国药典(一部)[S].北京:中国医药科技出版社,2020:200-201.
[56] 冯建华,陈秀琼.中药炮制"煨法"考证[J].时珍国医国药,2004,15(6):338-340.
[57] 国家药典委员会.中华人民共和国药典(一部)[S].北京:中国医药科技出版社,2020:184.
[58] 易炳学,钟凌云,龚千锋.江西建昌帮炆法特色炮制及其现代研究思路[J].时珍国医国药,2012, 23(7):1755-1756.
[59] 颜冬梅,李娜,张金莲,等.江西传统炮制技术的研究进展[J].中药材,2016,39(2):447-450.
[60] 隋丞琳,顾选,朱力,等.浅析京帮炮制技术传承与发展[J].北京中医药,2018,37(4):363-365.
[61] 王炯,杨小源.王子义京帮流派中药炮制制备工艺探析[J].西部中医药,2013,26(7):31-33.
[62] 冯守文.京帮炮制拾遗2则[J].光明中医,2010,5(25):883-884.
[63] 黄春情,沈廷明.浅谈闽东传统炮制技术的特色与发展[J].北方药学,2020,17(1):195-196.
[64] 孟江,张英,曹晖,等.岭南中药炮制特色探析[J].中国实验方剂学杂志,2020,26(6):193-200.
[65] 谌瑞林,杨武亮,龚千锋.枳壳不同炮制品中柚皮苷的含量比较研究[J].江西中医学院学报,2004, (6):43-44.
[66] 杨冰,宁汝曦,秦昆明,等.中药材产地加工与炮制一体化技术探讨[J].世界中医药,2020,15(15): 2205-2209,2215.
[67] 杨俊杰,李林,季德,等.中药材产地加工与炮制一体化的历史沿革与现代研究探讨[J].中草药, 2016,47(15):2751-2757.
[68] 张丽,丁安伟.中药材产地加工-饮片炮制一体化研究思路探讨[J].江苏中医药,2016,48(9):70- 71,74.
[69] 李娆娆,刘婷.制何首乌产地加工炮制一体化新方法[P].中国专利:201610080865.2,2017-08-15.
[70] 林冰,黄倩,孙悦,等.何首乌的产地一体化加工炮制方法[P].中国专利:201810252581.6,2018- 07-13.
[71] 李丽,于定荣,麻印莲,等.根及根茎类中药饮片产地炮制加工生产模式的构建[J].中国实验方剂

学杂志,2013,19(5):356-358.

[72] 丁厚伟,朱星宇,黄佳楠,等.山药产地加工炮制一体化工艺研究[J].医药卫生(文摘版),2017, 3(3):329-330.

[73] 李帅锋,丁安伟,张丽,等.何首乌产地加工与饮片炮制一体化工艺研究[J].中草药,2016,47(17): 3003-3008.

[74] 强思思,高霞,马玉玲,等.基于纹党参鲜药材的产地加工炮制一体化技术研究[J].中国中医药信息杂志,2017,24(1):71-76.

[75] 蔡皓,张科卫,刘晓,等.硫黄熏蒸前后白芍 HPLC-UV 特征图谱的比较研究[J].药物分析杂志, 2013,33(1):128-132.

[76] 徐建中,孙乙铭,俞旭平,等.杭白芍产地加工炮制一体化技术研究[J].中国中药杂志,2014,39 (13):2504-2508.

[77] 钱岩,单鸣秋,张丽.基于化学成分和药理效应分析天麻饮片一体化工艺与传统工艺[J].中国实验方剂学杂志,2016,22(18):5-8.

[78] 单鸣秋,钱岩,于生,等.基于响应面法的天麻产地加工炮制一体化工艺研究[J].中草药,2016, 47(3):420-424.

[79] 刘静静,刘晓,李松林,等.硫黄熏蒸中药材及饮片的研究现状[J].中草药,2010,41(8):1403-1406.

[80] 赵重博,史亚军,王昌利.酒黄精一体化产地加工及炮制方法[P].中国专利:201710445690.5, 2017-10-27.

[81] 吴情梅,刘晓芬,连艳,等.川芎产地加工与饮片炮制一体化工艺研究[J].中草药,2019,50(16): 3808-3814.

[82] 赵重博,史亚军,王昌利.秦皮一体化产地加工及炮制方法[P].中国专利:201710445689.2,2017-08-18.

[83] 王建科,顾田,李妍,等.一种玄参产地加工与炮制一体化制备工艺及检测方法[P].中国专利: 201911385711.4,2020-04-07.

[84] 吴琦.黄柏产地加工与炮制一体化研究[D].沈阳:辽宁中医药大学,2018.

[85] 张凡,吴琦,鞠成国,等.产地加工炮制一体化与传统黄柏饮片的化学成分比较研究[J].中草药, 2018,49(20):4748-4752.

[86] 岳琳,王岚,刘颖,等.产地加工与饮片炮制一体化对苦参饮片主要功效的影响[J].中国实验方剂学杂志,2017,23(12):23-27.

[87] 邱明鸣.商陆产地加工与炮制一体化研究[D].南京:南京中医药大学,2018.

[88] 王梦溪.益母草药材产地加工与饮片炮制生产一体化工艺研究[D].南京:南京中医药大学,2017.

[89] 秦昆明,蔡皓,李伟东,等.优质中药饮片质量控制体系的构建与产业化应用示范研究[J].世界科学技术中医药现代化,2018,20(3):383-389.

[90] 于佳琦,徐冰,姚璐,等.中药质量源于设计方法和应用:智能制造[J].世界中医药,2018,13(3): 574-579.

[91] 张娜,徐冰,陈衍斌,等.中药质量源于设计方法和应用:全过程质量控制[J].世界中医药,2018, 13(3):556-560.

[92] 薛鹏仙,龙泽荣.硫熏中药材品质及其毒理学研究进展[J].化学通报,2019,82(7):598-605,597.

[93] 孔铭,徐亚运,李松林.硫熏药材检控方法评述和创新研究策略探讨[J].药物分析杂志,2017,37 (10):1739-1746.

[94] 段金廒,赵润怀,宿树兰,等.对硫黄熏蒸药材的基本认识与建议[J].中国现代中药,2011,13(4): 3-5,14.

[95] 马鸿雁,王媛媛,李运英.硫黄熏蒸加工中药材的研究进展[J].中药与临床,2015,6(1):54-57.

[96] 陈梦轩,杨青山,金捷凯,等.中药材硫黄熏蒸的历史沿革与研究概况[J].甘肃中医药大学学报,2019,36(4):77-83.

[97] 拱健婷,王大仟,张金霞,等.硫黄熏蒸对当归品质影响及其替代技术研究进展[J].中南药学,2018,16(6):793-798.

[98] 段素敏,孔铭,李秀杨,等.当归药材热风-微波联合干燥方法研究[J].中草药,2016,47(19):3415-3419.

[99] 雷曦,申鸿. ^{60}Co-γ 射线辐照贮藏中药材对其主要成分的影响[J].中国药房,2002,13(2):55-56.

[100] 邢文善.中药材杀虫灭菌技术应用的探讨[J].中国医药指南,2013,11(25):221-222.

[101] 王学成,伍振峰,万娜,等.臭氧与硫熏处理后当归品质变化情况的比较[J].中国实验方剂学杂志,2018,24(3):36-40.

[102] 朱玲英,唐雨德,沈红,等.超高压处理对鲜人参微生物及人参皂苷含量的影响[J].中国中药杂志,2013,38(4):564-568.

[103] 刘秋桃,孔维军,杨美华,等.储藏过程中易霉变中药材的科学养护技术评述[J].中国中药杂志,2015,40(7):1223-1229.

[104] 程茂高,乔卿梅,魏志华,等.中药材仓储害虫及其绿色防控技术研究进展[J].中药材,2016,39(8):1917-1921.

第四章 民族药产业特色加工技术

第一节 概 述

民族医药是我国传统医药和优秀民族文化的重要组成部分,是我国各族人民长期与疾病做斗争的经验总结和智慧结晶。少数民族聚居的地理环境、自然因素、历史条件不同,生活方式、语言文字、风俗习惯多样,加之受哲学、宗教等影响,少数民族防病治病所采用的医技、疗法及就地取材的药物就形成了千姿百态的医药雏形,衍生出各具特色的民族医药[1]。民族药(ethnic medicine)是指中华各民族应用的天然药物,具有鲜明的地域性和民族传统。用于疾病预防、治疗或发挥保健作用,以本民族传统医药理论和实践为指导的植物、动物、矿物类药材及其加工品[2]。由于民族医药发源于少数民族地区,具有鲜明的地域性和民族特色,故民族药的使用和传播一般以文字记载、民间习用、口耳相传的形式活跃于少数民族地区;民族聚居的特定自然地理环境也使民族药具有浓厚的民族气息。在我国,民族药是对55个少数民族使用的传统药物的统称,是一个便于应用和管理而采用的工作定义[3]。据不完全统计,我国各少数民族使用的药材总数为7 734种,其中植物类7 020种[4]。现有民族药国家标准2 806个(《中国药典》《部颁标准》《地标升国标》《新药转正标准》《散页标准》),西藏、新疆、内蒙古、青海、四川、云南、广西、贵州等省区制定了地方民族药标准共1 511个,涉及藏药、蒙药、维药、壮药、彝药、傣药、苗药;161家民族药生产企业生产4 317个民族药品种,253家民族医院(截至2015年)使用4 000余个民族药院内制剂品种[5-6]。

民族药作为我国少数民族地区的特色和优势资源,因其有效性、便利性和经济性而为本地民族所普遍接受和使用[7-8]。我国各少数民族居住的特定自然地理环境、自然资源分布的地域性和医药体系的不同使得民族药形成了各自的采、制、用等特色;其充分体现了我国各少数民族人民的健康智慧和创造才能。民族药经加工或炮制后,可保证药物纯净、提高药物疗效、改变药物性质、降低毒副作用和方便制剂、调剂。如藏药在珍宝类药材和金属药的加工上独具特色,其中水银洗炼法("佐太"炮制)代表了藏药加工的最高水平;蒙药的炮制多用羊奶、牛奶、黄油等乳制品作为辅料,且经炮制后具有药味浓、药力大、用量少的特点;维药、苗族炮制药物时多依循简单原则。

民族药传统加工、炮制和生产工艺及技术是少数民族医药文化的重要组成部分,构成了我国非物质文化遗产的重要代表性内容。继承和发展民族药特色加工技术有利于推动民族药新药开发，带动民族地区经济发展和保护少数民族特色产业。本章将介绍民族药的代表性特色加工技术。

第二节　藏药特色加工技术

藏族医药发展历史悠久，被誉为祖国传统医学宝库中的一颗璀璨明珠；自有文字记载以来，藏族医药距今已有2 000多年的历史[9]。藏族医药在发展历程中，吸收和融合了中医学、印度阿育吠陀医学等的部分理论和经验，在哲学思想、基础理论、诊疗方法、药物应用等方面存在诸多相通之处。自公元8世纪以来，《四部医典》《月王药诊》《晶珠本草》等藏族医药经典著作的相继问世，从医学、药学两个方面构建设了完整的藏族医药体系[10]。其中，《四部医典》提到的药名达1 000种以上，收载方剂400多个；《月王药诊》收藏的药物包括植物类440种、动物类260种、矿物类80种，多数药物沿用至今；《晶珠本草》收录药物2 294种，是收载藏药最多的一部大典，被誉为"藏医药的《本草纲目》"。在我国，常用藏药品种有500多种，已建立国家或省区级法定标准的藏药材逾400余种，包括有《卫生部药品标准藏药分册》《西藏自治区藏药材标准》《青海省藏药材标准》《四川省藏药材标准》等[5]。经常使用藏药的地区包括青海、西藏、云南、四川和甘肃5个省区。

藏药将原药材分为植物药、矿物药和动物药三类，且在采集、储藏、保管等环节具有一定的特色。据《四部医典》记载，藏药材的采集与加工应包括"适地采集，适时采集，干燥拣选，分清陈旧，炮制去毒，调优增效，适当配制"等工序步骤[11]。藏药常用的炮制方法与中药的炮制方法大体上相似，包括煅、烫、炒、炙、熬、洗、淘、泡、淬、煮、蒸等[12]。藏药炮制特色更多体现在辅料上，操作方法上常用煨法和煅法。藏药的用药特色为在治疗疾病时多用矿物药，对金属类药材和珍宝类药材的炮制技术有独到之处。藏药临床使用的剂型可分为平消药与祛逐药两大类。平消药剂型有10种，包括汤剂、散剂、丸剂、糊剂、药油剂、灰药剂、膏剂、药酒剂、珍宝剂、草药剂；祛逐药剂型有5种，按功用、投药途径分为泻下剂、催吐剂、滴鼻剂、肛注剂、灌肠剂[13]。本部分将对藏药特色炮制加工技术中具有代表性的方法进行介绍。

一、去毒法

藏族很早就有了对药物毒性的认识，认为"有毒就有药"，除去药物毒性是藏药传统炮制坚持的第一原则[14]。去毒法分为去除局部毒性和去除全身毒性两种。去除局部毒性指去除杂质、会产生毒副作用的部分或毒所在部位（毒性局部性聚集部位），如药物采集后要清除杂质和毒物，根类药之皮有毒，茎类药之髓有毒，枝类药之节有毒，叶类药之叶柄有毒，花类药之花萼有毒，果类药之果核有毒，树皮上的污垢有毒，内皮为中皮有毒应须去毒。药用之乳汁、茎髓和树脂无毒[15]，去毒后的草本植物药性温和；再如鬣蜥毒在其头部，青蛙毒遍其内脏，蛇毒在皮及上体，鱼和沙蜥在于尾，尤以鱼毒遍及翅。除去上述药物中毒所在部位应采取切割或刮去等方法进行操作。去除全身毒性是指毒性渗入药物全体而无法切割或刮去时，应在药物或配方中加入其他不影响原药效并可去毒的药物或物质，使毒性减弱的方法。如胡兀鹫可消除所有鸟类药毒性，肉类药混合磨碎，加入麝香，放入明矾溶液浸泡可消除其毒性。此外，全身毒性也可用火煮等加热方法消除。

二、滋补药炮制方法

藏药中用于滋补的药或药物取滋补功效时，常用冷制、热制或精制法。如黄精、手参和喜马拉雅紫茉莉根常根据需要选择上述方法炮制。如黄精治疗热性病时则使用冷制法，即挖出后立即用凉水洗净后切成小块即得；治疗寒性病时用热制法，将外皮和髓部取出，入锅煎煮，至汁液尽收入药物中为止；精制法可使药物具有滋补功效，先将药物热制，再用四倍量牛奶煎煮，煮制牛奶全部渗入药材，取出晒干[16]。

三、矿物类药物炮制法

矿物类藏药包括珍宝类、石类、土类和盐碱类药。矿物药材炮制工艺极为复杂，来源于历史名医、藏药古方，经过了数百年乃至上千年的临床应用。根据矿物药的不同类型和特点，选用的炮制方法也不同。金、银、铜、铁等选用煅烧（隔氧烧），珍珠、绿松石等选用煮煎后入药；铁屑炮制是将其放入诃子药液中浸泡3~5天，化为黑泥一样后入药。珍宝类药材是矿物类藏药的重要组成部分，该类药材的炮制目的通常为减毒和增强药物疗效[17]。如金刚石、石决明、珍珠、翡翠、火晶石等药材炮制时，先碎成小块，然后与骨碎补、硼砂、龙胆、麝香、诃子、贝齿粉、乌奴龙胆、火硝、沙棘膏煎煮一天一夜，去除药汁，用清水煮，再去除清水，用酒煮，再用清水煮，反复炮制，增强药物疗效。

四、药液辅料处理煅灰法

藏药中金、银、锡、铁、铜、锌等药材炮制时，常先用规定药液辅料处理后，再经明煅或暗煅成为灰粉。如黄金的炮制[18] 步骤如下。

第一个步骤是去毒：将黄金加工成薄片，取加工过的金块1 000 g，加水500 mL，浸泡12小时，取出淋干水分后以含沙棘200 g的药液300 mL煎煮一小时，取出金块，用水洗涤干净。重复上述步骤将黄金再煎煮一遍，然后加入适量童便和亚麻水浸液，加碱花40 g，于砂锅内将金块煎煮2小时，取出用水洗涤金块。再用同样的方法煎煮一次，最后加适量童便和亚麻水浸液置砂锅内加碱花40 g，把金块煎煮2小时，取金块用水洗几次即可。

第二个步骤是除金锈：取酸藏酒2 500 mL，硼砂、碱花各200 g，将上述加工过的金块同置砂锅内煎煮2小时后取出金块，用水冲洗若干次至洗干净。

第三个步骤是煅烧：将前面所得金块锤成薄片，加入等量的雄黄，2倍量铅灰，4倍量硫黄，黑、白芝麻细粉，用羊奶和胡麻拌调，制成豌豆大小的小丸放入密闭不漏气的特制陶罐中制成豌豆大小丸子，密封好缝隙以防漏气。然后煅烧直至闻不到硫黄味为止，将陶罐冷却，取出即得。或将金片切成小块，然后在金块表面涂上硫黄和调好的糊状物，每块中间放一层白布，将金块摞好放入陶罐中，密封煅烧，等陶罐变成红色且闻不到硫黄味时，冷却后取出，清水洗净即得。经加工炮制过的黄金呈暗褐色，煅烧过后变得呈膨胀样，是充满气泡蜂眼、呈酥脆质感的黑色块状物。

五、特殊炮制法

水银、寒水石和藏药浴药液其加工方法独具特色，在藏族医药中具有代表性。

（一）水银炮制法

1. 水银洗炼法　始载于《四部医典》中，藏语称之为"佐珠钦莫"，是将水银经过洗涤、去垢、除锈、除汞毒等炮制工艺后，加入金灰、银灰、铜灰等16种灰剂与硫黄合炼而成的黑色粉末的特殊制剂。水银洗炼法工艺复杂且具有一定的危险性，是一种具有藏药传统代表性的特殊炮制技术，其囊括了藏药传统加工技术的全部精华[19]，已列入我国的非物质文化遗产。

水银洗炼法加工后的水银称"佐太"（佐塔）。"佐太"就是将具有剧毒的水银与其他金、铁等矿物药、诃子等植物药根据物种相克原理，严密、严谨、长时间、不间断地进行特殊加工炮制后所获得的无毒且具有奇特疗效的灰剂药物，成品是一种黑色粉末制剂。藏医认为"佐太"有延年益寿、生肌健脾、滋补强壮、抗病健身等功效，临床上"佐太"并不单独使用，而是主要应用于复方中，是多种藏药如"七十味珍珠丸""仁青常觉"等名贵药品的必备原料，也常用于增强普通药物的疗效[20]。现代研究表明，"佐太"是一种直径在100~600 nm的微纳米药物，X射线衍射（XRD）测试表明其主要成分是立方晶系β-HgS、斜方晶系单质硫S_8[21]。经研究发现在给予佐太和佐太制剂之后，动物血液及其他重要器官中会出现汞的蓄积，且呈剂量和时间依赖性；但在动物体内蓄积的汞主要是毒性较小的无机汞，具有剧毒的有机汞则含量较低。多项研究表明低剂量和短周期服用含"佐太"藏药制剂是安全的[22]。"佐太"虽制备复杂且具有一定危险性，但因疗效显著、安全有效，现在藏医临床仍广泛使用。

传统的"佐太"炮制工艺包括了除锈、去毒、蒸煮、碾磨等19项工艺流程，大体上可划分为以下四个步骤[23-24]：

（1）准备材料：将"能缚八铁"（金、银、铜、铁、响铜、黄铜、锡、铅）和"能蚀八物"（金矿石、银矿石、铜矿石、自然铜、酸石、雄黄、雌黄、黑云母）煅烧制成灰；制备"能缚八铁"和"能蚀八物"均需使用各类辅料，前者煅灰辅料会使用到沙棘果膏，黑矾、黄矾的水浸液，酸酒，人尿；后者煅灰辅料包括黑矾、黄矾浸液，皮硝，碱化浸液等。

（2）去污/除锈过程：先将三辛粉（干姜、胡椒、荜茇粉碎过筛）和水银装入皮口袋（如山羊皮或石羊皮）内，扎紧袋口，手工揉搓3天后取出。药粉用清水洗净后，加入沙棘水后放置过夜。取出水银放在石槽中，加入碱花、青盐粉、三酸水（一说由藏酸酒、黑矾和沙棘膏组成，一说由黑矾浸水、黄矾浸水、沙棘果汁组成）、芒硝、硼砂、酥油等，搅拌大约20天后用清水洗净后加沙棘水浸泡过夜。此阶段的"佐太"制备，手工搅拌已可用球磨机密封运转工艺替代。

（3）煮洗除毒过程：包括大煮、中煮和短煮三个步骤。大煮是指将上面所得水银中加3种寒水石、5种混合炼油（羊油、奶皮、牛和羊的骨髓、旱獭油等）和藏酒、黑矾和沙棘膏制成的三酸水等后，在石锅内加入温水煮沸；中煮是指将水银用水洗净后与"能缚八铁"煅灰和三酸水、清油等共煮；短煮指将以上所得水银用水洗净后，加乌头粉（或铁棒锤粉）和"能缚八铁"煅灰等同煮，大约 1 天后取出水银洗净。

（4）合成过程：向水银中加入制备好的硫黄、"能缚八铁"、"能蚀八物"和石榴水等充分搅拌、晒干、粉碎，过筛 160~200 目，即得"佐太"，呈黑色粉末状。

2. 水银热加工法　是在水银中加入等量的炮制过的硫黄，在烤烫的石盘上研磨至水银变成深绿色。或将水银和硫黄加入铁勺中，加热后倒在石盘上，用热圆石研磨。

3. 水银寒加工法[25]　流程如图 4.1 所示，水银加入荜茇、黑胡椒，加少量水拌湿，装入獐子皮口袋或羊皮口袋，将口袋扎紧，手工搓揉约 8 小时，至水银变成乳白色，荜茇、黑胡椒粉变为黑色，分出水银，将黑色有毒的荜茇和黑胡椒粉埋入地下。

将水银放入铁锅或陶制容器中，与未生育的奶牛尿共煮，同时用铁勺搅拌，煮沸 3 小时，倒出牛尿，将水银用清水洗涤干净；所得水银加入雄马尿中，煮沸 3 小时，倾去马尿，用清水洗涤数次。再加入醋柳果煎熬水溶液煮沸 1 小时，至木棒能竖立在水银中，再用清水洗涤水银数次；再在铁锅中加菜油、锡薄片熬所得水银 10 分钟，冷却后将油倒出，另加炮制硫黄。将水银、锡、制硫黄的混合物在石盘中研成细粉，放入密闭避光容器中保存备用。

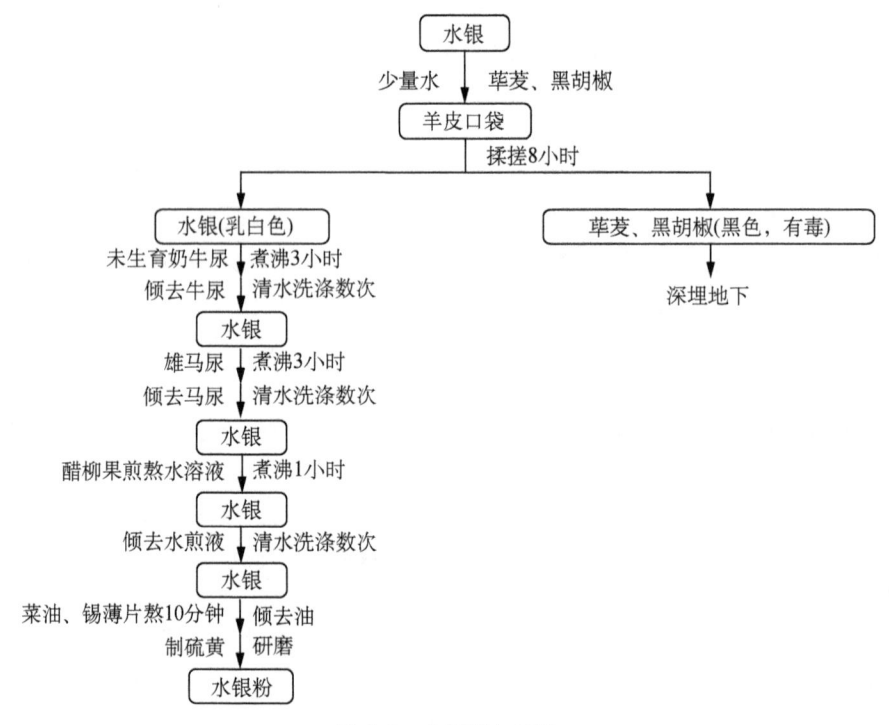

图 4.1　水银寒加工法

（二）寒水石炮制法

寒水石是藏药中极为常用的矿物类药物，藏语音译为"炯西"，为碳酸盐类矿物质，主要成分为碳酸钙，另含有少量镁、锰、铁和微量的锌、铜等成分。在藏药中，寒水石分类很多，其中《晶珠本草》中划分了 5 种寒水石，即雄寒水石、雌寒水石、阴阳寒水石、子寒水石、女寒水石。寒水石主要用于治疗消化不良引起的各种胃病及胃溃疡、痞瘤、浮肿、腹泻、外伤，同时也能改善患者自身的胃酸、胃陈热病、骨髓炎、体衰等疾病[26]。在藏医药理论中，通常使用寒水石炮制品，根据古籍记载，寒水石的主要传统炮制方法有寒水石热制法、寒水石奶制法、寒水石猛制法、寒水石大青盐制法、寒水石煅灰制法等。

1. **寒水石热制法**　寒水石用清水洗净，研碎成豌豆大小，加入美丽乌头粉、火硝，再加入凉水煎煮3小时，放置一夜，将浸泡液倾去后用清水洗涤数次，晒干后研磨成粉，即得。寒水石热制主要用于治疗寒性疾病。

2. **寒水石奶制法**　将热制后的寒水石细粉，于每年藏历八月十五月圆时，在月光下用牦牛奶搅拌，调成糊状，做成小圆饼，于当晚月光下阴干并在日出前收起。寒水石寒制主要用于治疗中毒、胃肠道疾病。

3. **寒水石猛制法**　寒水石研至拇指大小，在炭火中煅烧至白色，然后用水淬，除去淬液，药渣晒干备用。若用青稞酒淬，则性热；若用水淬，则性寒；若用酸酪淬，则性平；若要寒水石药性更猛，则可将煅烧后寒水石直接使用。

4. **寒水石煅灰法**　寒水石煅灰小制法：将寒水石、诃子、荜茇、唐古特乌头、硼砂、光明盐、硫黄研成细粉后混匀，煅烧约10个小时至硫黄的气味完全消失后取出，待容器冷却后打开观察，若药粉已填满容器且色如海螺样洁白，遇水后有烧气样反应，口尝后舌头有麻痹感，接触皮肤后有烧灼感，则认为已合格。

寒水石煅灰中制法和寒水石煅灰大制法与寒水石煅灰小制法步骤相同，只是所加辅料略有不同。寒水石煅灰中制法是将寒水石、诃子、荜茇、唐古特乌头、硼砂、光明盐、红花、丁香、肉豆蔻、豆蔻、草果、硇砂、甘青青兰、硫黄研成细粉后混匀。寒水石煅灰大制法是将寒水石、干姜、荜茇、黑胡椒、小米辣、长花铁线莲、诃子、光明盐、硇砂、灰盐、紫硇砂、芒硝、火硝、大青盐、贝壳、秃鹫喉管、獭肉、鸬鹚肉、鱼骨、硫黄研成细粉。

（三）藏药浴药液制备技术

藏药浴是藏医外治疗法的重要领域，具有应用历史久、适用范围广、临床优势明显、可及性强等优势。"藏医药浴法"已于2018年被正式列入世界非物质文化遗产名录，成为我国传统医药领域继针灸后的第2个世界非遗项目。藏药浴是指以"五味甘露汤"为主方、可随证灵活加减其他药物的药水浴疗法，其中，藏药浴药液的制备是其关键技术，包括备料、发酵、煎煮三个环节。

1. **备料**　准备"五味甘露"，即阳甘露（刺柏）、草甘露（杜鹃）、水甘露（水柏枝）、阴甘露（藏麻黄）、土甘露（白野蒿）五味药。将上述五味药材按照等比例或1∶1∶2∶2∶3配伍，再打碎放入容器中，以开水浸泡，以水能没过药物为宜。浸泡一夜后，再加入适量凉水，加热煮沸，至水分全部吸收入药[27]。

2. **发酵**　是藏药浴制备中最关键的环节。传统方法为将煮好的药物放置冷却，加入酒曲或酵母，装入容器密封好，在适宜温度下发酵3天。在条件限制无法实现发酵的情况下，可以将配伍好的五味甘露药材研为颗粒后装入布袋，加水煮沸，冷却后加入规定量的高度酒，再加热至所需温度[28]。

3. **煎煮**　将发酵后的药材加水放置1天，滤取药液，反复操作3次，将3份滤液合并。此时，可将加味药材如麝香、名贵药如藏红花等加入滤液温火煎煮，则得到药液[29]。

第三节　蒙药特色加工技术

蒙医药是蒙古族人民长期与疾病做斗争的经验总结,它吸收了藏医、印度阿育吠陀医学和中医学理论的精华,具有鲜明的民族特色和地域特点,是祖国医学伟大宝库的重要组成部分。今天的蒙医药仍活跃于我国内蒙古自治区、辽宁、吉林、黑龙江、河北、甘肃、新疆、青海等地,蒙药理论独特,治病多用成药,且取材广泛、炮制简单、服用方便、疗效肯定、副作用小,被大众普遍接受和使用;除药物治疗外,蒙医还有放血、药浴、震脑术、整骨术等多种传统疗法。据文献记载,蒙药材约有 2 230 多种,经调查考证的蒙药材,属于植物种子、果实类的有 203 种;根及根茎类 231 种;全草类 256 种;枝叶类 54 种;花类 83 种;皮类 35 种;藤木类 36 种;菌藻类 14 种;树脂类 14 种;植物的其他类 28 种;昆虫类 30 种;动物类 260 种;矿石类 98 种,共计 1 342 种,具有地区性及季节性强等特点[30]。

蒙药在临床用药时多生用,但仍有部分药材需经炮制使用。蒙药炮制是以蒙医药理论为指导,依据临床治疗需求和调剂、制剂的要求,对药物所采取的加工处理技术,是一项传统的制药技术。炮制具有降低或消除药物的毒性或副作用、改变或缓和药性、提高药物疗效、便于调剂和制剂、保证药物净度、利于储藏、利于服用等作用。蒙药著作《百方篇》中第一次出现了关于炮制工艺的记载,后逐渐发挥并发展成完整的蒙药炮制学[31]。蒙药炮制具有以下几个特色:①辨证炮制,因临床用途而形成不同的炮制方法;②同一种药有不同炮制方法或同一种炮制方法炮制不同药物,如草乌炮制有童尿浸泡、诃子汤浸泡、喷洒麝香水、烘干清水浸泡等;③蒙药炮制所用辅料大多数为与蒙古族生活习俗息息相关的酒、奶、牛羊肉等食用品;④蒙药炮制的降毒、减毒作用确切可靠[32]。蒙药材常用方法可分为水制、火制、水火共制等 3 种,其中水制方法包括浸制和水飞两种;火制方法包括炒制、煅制、烘焙、煨制、熔制等;水火共制方法包括蒸制和煮制两种。此外,有些特殊药物也可用其他方法进行炮制,如发酵、发芽、制霜等[33]。蒙药多以成方制剂形式供临床使用,一是以传统剂型水丸(汤)散剂为主,更是以水丸为主,而现代药物剂型片剂、胶囊和颗粒则生产较少[34]。本部分将对几种代表性蒙药的炮制加工方法进行介绍。

一、熔制

熔制是利用火使净制后的药物与相应辅料熔化的方法。在操作过程中应注意熔化过程要不断搅拌,至规定程度时取出,研碎即得。熔制可降低药物毒性,并且可使制剂方便。如熔制法制硫黄,取硫黄用山羊油脂熔化 3 次后加入兑水的白酒煮沸,即得。

二、煨制

蒙药中煨制所用的包裹物与中药中煨制略有不同。蒙医药中煨法除使用湿纸、湿面外还用牛肉包裹药物,埋入炭火中,等加热至规定程度,取出剥去包裹层,即得。如牛肉煨珊瑚,取鲜牛肉,切开口子,将珊瑚放入切口,置于炭灰中煨制至珊瑚呈灰白色为止。

三、煅淬法

煅淬法是将药物用大火加热烧至红透后，立即加入或于其他液体辅料中淬酥的方法。煅淬法可使药物易于粉碎，且辅料也易被药物吸收而增强疗效，如焖煅醋淬方解石。取净制的方解石，打碎成小块，置于适宜容器中，上盖并用盐泥密封；煅烧至容器红透后，打开容器迅速趁热投入冷的辅料液体，出热气之前迅速盖好，使方解石在缺氧条件下自然淬酥，分解至粉末状。待液体变凉后，取出干燥即得。有研究显示，经煅淬后，方解石中的钙含量有所增加[35]。

四、酸奶飞法

水飞法是炮制矿物类药材的常用方法，即将已粉碎且不溶于水的药物与水一起研磨，通过长时间的反复研磨使药物变成极细的粉末。酸奶飞法是一种类似水飞法的蒙药炮制方法。如中药中雄黄的炮制常使用水飞法，而蒙药中使用酸奶飞法来炮制雄黄。首先取放置3~4天的酸奶，过滤得滤液。取净制雄黄加滤液共研细。再加稍多水，充分搅拌，倾出混悬液，下沉部分再加水、搅拌、倾出混悬液操作数次，合并混悬液，除去杂质，将沉淀干燥，即得。有研究对雄黄研极细粉方法、水飞法、酸奶飞法进行了分析，发现3种方法制得的雄黄含砷量依次降低，证明酸奶飞雄黄具有科学性。其原因可能是酸奶呈酸性，As_2O_3与酸奶反应生成砷盐而更易溶于水，降低了As_2O_3的含量，从而减小了雄黄的毒性[36]。

五、诃子汤减毒法

诃子汤在蒙药炮制中常被用作辅料，有些药物经诃子汤炮制后可达到减毒的效果，如诃制铁屑、诃子汤制草乌、诃子汤煮狼毒等。

1. 诃制铁屑　将铁屑用诃子煎出液反复煎煮3次，再用清水洗涤数次，在瓷瓶中用诃子煎出液浸泡3~7天后，铁屑即化为泥，毒已去尽，阴干即得。其炮制原理可能为诃子能够使铁屑生品中的三价铁转化为人体易于吸收的二价铁，铁屑经诃子汤炮制后有机酸增多，可防止二价铁被氧化为三价铁[37]。

2. 诃子汤制草乌　诃子汤炮制乌头过程为将草乌刮去毛须、除去泥土等，用诃子汤浸泡2~3天，每天换1次汤，取出晾干即可。其原理为诃子汤含有大量鞣质，可以使草乌中的乌头类生物碱生成难溶性沉淀[38]。

3. 诃子汤煮狼毒　蒙医用狼毒治疗黄水疮、疥癣、水肿、风湿病等。将狼毒放入诃子汤里煮沸晾干即可。诃子汤煮狼毒可降低其毒性、增强清热疗效。

六、黄油炮制法

黄油是牛奶中提炼出来的上等奶油，可美容养颜、延年益寿。黄油用来炮制药材可增强药物的滋补作用，有煮制法、烘制法、浸泡法三种操作方法。

1. 黄油煮制法　将荜茇研磨为粗粉放入黄油中，用文火煮20~30分钟取出干燥。黄油炮制荜茇可增强滋补、祛肾寒等作用。

2. 黄油烘制法　黄油烘制高良姜：将高良姜与黄油拌匀，使用烘干箱低温烘干，至黄油渗透到高良姜心为宜，取出晒干。经黄油炮制后，高良姜可增强调理胃火、祛寒等的作用。黄油烘制蛤蚧，将净蛤蚧于麝香水中浸泡适宜时间，取出涂上黄油，用炭火烘干即得。蛤蚧经黄油炮制可增强补精壮阳功效。

3. 黄油浸泡法　漆树膏是蒙医常用的有毒泻下药之一，使用热黄油浸泡可减缓其毒性。蒙医经典古籍《甘露四部》中记载"漆树膏放进融化的油炮制"。具体炮制方法是：将药材与黄油按1∶3比例，黄油表面温度为200℃，浸泡时间20分钟[39]。

七、奶制法

用牛奶或羊奶炮制药物通常是为降低药物毒性和增强药物的滋补强身作用。

牛奶浸泡制甘草：将甘草放入牛奶，浸泡到牛奶被甘草吸尽后，取出晾干即可。

奶制珍珠：将珍珠研碎成小块，放入牛奶或绵羊奶内煮1~2小时滤去奶油即可。

第四节　维吾尔药特色加工技术

维吾尔医药是我国新疆维吾尔族特有的医药形式，在其悠久的形成和发展史中，积累了丰富的应用植物、动物、矿物防病与治病的实践经验和生产技术；又融合了古阿拉伯医学、古希腊医学和古印度医学等多种医药知识，成为祖国医学不可分割的一部分。维吾尔药物古代最早称为"欧提"（草），方剂出现后，把单方药称"木非热达"（单药）或"达瓦"（治疗用单药）；因最常用的药材常被装入小布袋中随时备用，也称为"八十袋药"[40]。维吾尔药学理论将药材分为干、热、湿、寒，以及干热、湿热、湿寒、干寒，并将药物性味分为1、2、3、4级。维吾尔药的性级越大，其可能具有的毒副作用越大；因此，维吾尔医学对药材炮制十分重视。维吾尔药炮制是指在维吾尔医理论指导下，结合药材自身性质和临床需要，对药材进行各种特殊的加工处理的制药技术；炮制会使毒性药材毒性降低或消失、净化药材、改变药性、便于入药、便于储藏和携带，同时有利于药材有效成分的充分溶出[41]。维吾尔药常用的炮制方法有净选、切制、干法、炒制、炙法、煅法、衣克买提土法、取油法、取汁法、取膏法、混均法、泡牛奶法、烟熏法、库西台法、木尼孜其·木斯力汤药制作技艺等。传统维吾尔药有丸剂、蜜青剂、糖浆剂、蒸露剂、软青剂、油剂、栓剂、片剂、汤剂、散剂、糊青剂等十余种剂型[42]。

维吾尔药炮制技艺历史悠久，《拜地依药书》（公元11世纪）、《药物之园》等维吾尔医著作记载了蒸馏法、捣汁法、干燥粉碎法、浸膏法、蒸馏法、浸乳法、炒法、盐炙法、醋炙法、蜜炙法等20多种炮制方法。维吾尔药炮制综合了维吾尔族在药材认知、炮制技艺、制造加工及手工业制造等方面的知识，与医学、饮食、生活方式、自然环境、风俗习惯密切相关[43]。本部分对几种代表性维吾尔药炮制加工方法介绍如下：

一、取汁法

取汁法是指当药物新鲜时挤取汁液，并对汁液进行干化的方法。常用此法炮制的药材有芦荟、大青叶、藿香、凤仙花、大黄、罂粟壳等。

二、取油法

取油法是压榨取油、加热取油或浸于液体中取油的方法，主要用于含油量高的种子类药材。如芝麻、肉豆蔻是通过挤压取油，马钱子、大青叶是通过浸液取油，巴豆、蛋黄采用加热取油法。分离出的油脂可用于各类皮肤病和关节性疾病，扩大了用药范围。

三、取膏法

取膏法是在药物中加入液体辅料，煎煮出适宜时间，过滤除杂后将煎液浓缩成膏的方法。常用此法炮制的药材有甘草和罂粟壳。

四、库西台法

库西台法是国家非物质文化遗产，"库西台"是维吾尔语，直译为煅煨法，指利用一定的器具和辅料或配料，将药物加热炼药的方法[44]。根据炼药器具的不同可以分为"衣克买提"泥炮制法、泥封闭炼法、泥包药炼法、锅炼法、烟化炼法、加热滴馏法等。

（一）"衣克买提"泥炮制法

（1）"衣克买提"土泥浆法：挑选粒度适度（过40~60目筛）的赤石脂和黄土，放入蛋清混匀，制成硬度合适的泥团，将药物用泥包好，加热炮制。如巴豆的炮制，取巴豆果仁粉碎，外包裹4层滤纸，用"衣克买提"泥浆包好，埋在炭火中约2小时后取出放冷；重复上述操作4~5次后备用。巴豆经此法炮制后有毒的油脂性成分被滤纸吸收，毒性降低，药性缓和。

（2）"衣克买提"土面粉法：将小麦粉过筛，加入蛋清，制成半面团状态，然后加入毛料混匀，制成硬度适度的"衣克买提"面，包裹药材，加热炮制。

（二）泥封闭炼法

泥封闭炼法也称装瓶炼法，是指将药物装入瓶内，盖好盖子，用红赤土、小麦或大麦粉、动物毛、布条、纸条、蛋清等做的泥涂在瓶外，将瓶口密封，文火加热炼药。此法可用于黄金、水银、贝壳等的炮制。

（三）泥包药炼法

泥包药炼法指将药物直接用泥包好，文火加热药物。常用此法炮制的药物有蓖麻子、肉豆蔻、芦荟等。

（四）锅炼法

锅炼法指将药物在锅中文火加热。常用此法炮制的药材有明矾、珊瑚、硼砂、铜、石膏、硫黄、信石等。

（五）烟化炼法

将药物研磨成细粉，置于锅中，加热至药物发黄后盖上一个碗，锅与碗接触的地方放三层浸盐纸条，并用黏土泥密封缝隙；用沙子将锅口埋好进一步密封，在碗底部放几粒米，并压住碗底。先文火加热1小时，再慢慢加强火力，等大米发黄开始减小火力至文火，继续加热至大米发黑时停止。将碗内的粉用刀刮下即可当药用。此法炮制的药材有水银、朱砂、雄黄等。

（六）加热滴馏法

加热滴馏法指将药物置于锅中，加热，使药物有效成分滴馏，收取馏液的方法。具体操作为将药物放在有小洞的瓶内，下面对准馏药罐，药瓶周围加热，使药溶化馏液滴入馏药罐内。此法常用于炼食盐、石岗沙等药。

五、木尼孜其·木斯力汤药制作技艺

木尼孜其·木斯力汤是维吾尔族一种古老而独特的汤药，制备技艺已进入国家非物质文化遗产名单。维吾尔医学治疗的原则是调整气质、平衡体液，认为体液异常则会引发疾病。木尼孜其汤药是异常体液成熟剂，木斯力汤药是异常体液清除剂。该汤药先使异常/致病体液成熟再促使其排出体外，可调节免疫系统，使机体恢复正常的生理功能，达到治疗疾病的目的。木尼孜其·木斯力汤药制作技艺为将该处方中的药物先用凉水（热水）浸泡数小时，然后加热煮成汤药，口服使用。

第五节　傣药特色加工技术

傣族是一个跨境而居的民族，分布在多个国家，主要聚居于我国云南省南部、西南部和东南部。据傣族古籍《贝叶经》记载，傣医药距今已有2 000多年的历史，逐渐形成以"四塔"（风、火、水、土）、"五蕴"（色、识、受、想、行）为核心具有地域特点的傣医药文化，为人类的健康发展作出重要贡献[45]。傣族人民多生活在中国西南部热带雨林地区，植物种类繁多，药用资源丰富；据不完全统计，按基源计的傣药有1 111种，其中植物药1 010种、动物药91种、矿物药10种[46]。傣药加工是指对所选药材进行加工炮制的过程，傣药炮制有100多种方法，包括水洗法、酒泡法、盐炙法、炒焦、打粉、烧焦、盐炙、蜜炙、煨法、磨法、炒法、炼膏、童便制、蒸制、酒制、煎制、醋制、浸制、红糖制等[47]；规范炮制方法可以起到增效、减毒、改变药性的作用；其中特色炮制加工方法有芬雅（磨药）、能雅（蒸药）、火雅（炒药）、洞雅（熬药）等。傣药常用剂型有芬雅（水磨剂）、雅喃（汤剂或煎剂）、雅牢（酒剂和酊剂）、雅喃满（油膏剂）、雅鲁（丸剂）、雅捧（散剂）、雅咪（片剂）、雅姐喃京当腊（茶剂）、雅烘（气雾剂）、麦泡否（灸剂）、汁液剂等[48]。本节将对几种代表性傣药的炮制加工方法进行介绍。

一、"芬雅"（磨药法）

"芬雅"是傣药中最具代表性的一种剂型，意为磨药、水磨剂。磨药法是指将质地坚硬的动物药、矿物药或植物药的干品或鲜品，辅以蘸料在表面光滑且质地坚硬的磨石或鹅卵石上磨制得到混悬液。一般贵重药品及珍稀药材多用此法。磨药可内服或外用。磨药法具有方便快捷、有效成分不易被破坏的优点。使用的液体辅料可根据临床需要灵活选用冷开水、米汤、蜂蜜、白酒、柠檬汁、石灰水或芝麻油等。常用磨药法加工的药材包括珍稀植物的根、茎、果实，动物的骨、角、牙及矿物等。

二、"能雅"（蒸药法）

蒸药有两种操作方法。一种是将配伍好的药物切碎装入容器内，置于甑内蒸后取蒸馏液，多用于制备芳香类药物；二是将药物直接放入甑内蒸一定时间后，溶于酒中制成酒剂。用时趁热外敷患部，多用于肢体麻木或疼痛、腹部疼痛等病症。

三、刺药

刺药指将处方内的药物切碎，干燥，共研为末，拌入鹅油内浸泡备用。其用法为治疗疾病时用铜针或梅花针浅刺患部皮肤，再涂上制好的药油。

第六节　壮药、瑶药特色加工技术

壮医药是我国壮族先民为了生存和繁衍，在与疾病作斗争中积累的一些有效方法和药物；但由于古代壮族没有规范通行文字，壮医药的理论与壮药使用等仅散在于中医药文献、地方史志和壮医、壮药药农的手抄本、口碑资料中。瑶族是居住我国南方的山地民族，在长期与恶劣的生存环境和疾病做斗争的过程中，利用瑶山盛产的动植物药资源，积累了利用动植物药防病治病的丰富经验，形成了独具一格的瑶族医药。壮族医药和瑶族医药主要活跃在我国南方的广西、湖南、广东、云南、贵州等省区，其中，广西是壮瑶医药的主要使用地区。据调查，广西药用资源有 4 624 种，植物药 4 064 种，动物药 509 种，矿物药 50 种；其中，常用壮药有 2 300 种，常用瑶药达 1 392 种[49-50]。

壮医、瑶医用药，多采用当地盛产的各类药材为主，以新鲜药为其特色，也有部分须经特殊炮制后使用，并发展为独特的地方炮制特色。壮药、瑶药的传统炮制特点为所用炮制辅料独具特色，炮制工艺方法简单易行，以求达到减毒增效的目的，满足临床、调剂、制剂的需求。壮药、瑶药主要的炮制方法包括炒法（米炒、盐炒）、蒸法（清蒸和加辅料蒸）、煮法（糯米煮）、炖制（猪脚炖）、盐制法、糖制法、蜜制法、酒制法、油制法等[51]。壮药的炮制方法还有修制、水制、火制、水火共制等；其中，药线点灸是一种用于治疗疾病的特色疗法，将药物制为药线是壮药特殊的加工技术。

壮药、瑶药炮制选用辅料亦呈独特性。液体辅料有酒、姜汁、盐水、蜂蜜等，固体辅料有灶心土、米、面粉、艾叶、红糖、米粉等。本部分将对几种代表性壮药、瑶药的炮制加工方法进行介绍。

一、磨制法

磨制法指将药材磨后取汁治病的方法，以加强药物的消火、消炎和渗透作用，如盐磨制（将药材与盐水磨汁）、醋磨制（将药材与醋磨成糊状）、糖捣制（将药材与红糖捣烂外用）、盐捣制（将药材加盐捣烂外用）。

二、制霜法

制霜法是将药材经压榨等方法脱去油脂加工成松散粉末，或加工成结晶性粉末的方法。如将大风子仁研磨得到粗粉,用吸油纸包裹,压榨去除油脂,反复操作数次至油脂除尽。得到松散的粉末,研细过筛即得。

三、药物浸泡法

药线点灸是一种壮医外治法。常将药物制成药液,浸泡苎麻线,进行点灸疗法。药线的制作流程如下:

首先配置浸泡药线的药液:取生南星、大黄、苏木等药材于乙醇中浸泡30天,滤过,加麝香,密封备用;或取雄黄、吴茱萸粉、樟脑、麝香等用乙醇浸泡,制成雄黄酒备用。

药线为取苎麻、黄麻或了哥王根皮搓成直径 0.25 mm、0.7 mm 或 1 mm 的线,用上述药液浸泡 8~15 天,密封保存,保持湿润,用时取出。其中 1 mm 线多在冬季使用,0.7 mm 线使用范围广,可用于各种病症,0.25 mm 线用于皮肤嫩薄处如耳部和小儿患者。

四、特殊火制技术

1. 米粉炒制法　仙人掌干品粉末与米粉共炒至色黄,取出加水制成糍粑。
2. 米炒制法　米炒斑蝥:取斑蝥除去头、足、翅,使用糯米(斑蝥:糯米=2:1),放入锅中翻炒至米呈棕黄色,筛去米即得。斑蝥经米炒制,可降低毒性。
3. 焙制法　焙蛇蜥:将蛇蜥去头,置于瓦片上焙干,研末即得。

第七节　彝药特色加工技术

彝族的历史悠久,有本民族的语言和文字。彝族医药是彝族人民在长期与大自然和疾病做斗争的过程中,通过不断摸索、实践而逐渐形成的传统医药形式,是我国传统医药的重要组成部分。彝族医药的发展源远流长,历史上有众多彝族医药专著或手抄本,记载了彝药的资源和应用情况。目前已知的彝药有 1 189 种,其中植物药 871 种、动物药 262 种、其他 56 种[52]。据彝文创世史诗《勒俄特依》记载,彝药最早的剂型为酒剂和泥敷剂;《彝族创世史诗》"制曲酿酒记"中详细记述了酒的酿造过程,"酒曲有威力,酒曲有药力"。用酒炮制药材,也是彝族医药的一大特色,酒制能改善药性,引药上行,彝药酒制的方法有泡酒、酒蒸、酒炙、酒焖和以酒送服等。

历史上,彝药使用的剂型十分丰富,彝族传世英雄史诗"支格阿龙"记述了 9 首方药,所涉及的烟熏剂、泥敷剂、水煎剂和食补剂为彝医临床沿用至今的剂型。《双柏彝医书》(约成书于公元 1566 年)中记载了水煎剂、酒剂、食补剂、散剂、熏蒸剂、烟熏剂、眼膏剂、洗剂、搽剂 9 种剂型。《造药治病书》(约成书于 16 世纪末 17 世纪初)记载有烟熏剂、水煎剂、食补剂、滴耳剂、泥敷剂、搽剂、散剂 7 种剂型。彝医经典《启谷署》(成书于公元 1664~1729 年)中记载了水煎剂、散剂、洗剂、泥敷剂、丸剂、煎膏剂、食补剂、酒剂、灰剂、灸剂、膏剂、滴耳剂、煮散剂等,其中丸剂包括蜜丸、水泛丸、醋泛丸、蜡丸、糊丸、油(猪油)丸;食补剂有蔬菜汁、烙饼、煮肉汤和面锅烤干等。《洼垤彝族医药书》（约成书于 1910 年前后）记载了茶剂、水煎剂、食补剂、酒剂、散剂、烟熏剂、丸剂、泥敷剂 8 种剂型。《聂苏诺期》（约成书于 1919 年）提到了水煎剂、酒剂、散剂、泥敷剂、食补剂、滴耳剂和洗剂[53]。

彝族习用生药、鲜药和动物类药材。在彝文古籍《献药经》中有"药草采来后，良臼来舂捣，石磨来研磨，铜锅来煎煮，铁勺来搅动"，待其"沸腾天地间，沸腾又下去"，直至"沸腾至中间"时，才"置于人世间"供患者服用；上述记载表明彝族在很早的时候就有了对药材进行炮制的习惯[54]。应用辅料炮制药材是彝药炮制的传统特色。彝药在炮制时选用的辅料较为独特，本着药食同源的原则，多选用日常生活中常见的食物为辅料，如将猪心肺、肉鸡、猪肾、猪大肠和猪膀胱作为辅料与药材一起炖制，加入鸡蛋与药材蒸制等。除食材辅料外，彝族也使用液体辅料如酒、蜂蜜、醋、米泔水、油，或固体辅料子母灰、面粉、红糖等炮制药材。使用子母灰（烧红的柴木灰）炮制，降低药物的毒副作用也是彝药炮制的特色之一[55]。

第八节　其他民族药特色加工技术

一、苗药特色加工技术

苗族所聚居的我国大西南山区，苗药资源十分丰富。苗族谚语有"三千苗药，八百单方"，用以形容苗药资源广泛。苗药的加工炮制主张以晾干为主，以防破坏原药效；对于有毒药物，苗族医药也强调要进行严格的炮制，如石灰水渍浸法制半夏、火灰烫法制乌头、酒浸法制蜈蚣、炭法制茶枯等。苗药的加工炮制方法还有火燎法、夜露法、尿渍法、酒制法、醋制法、火烤法、石灰水渍法等。

汗渍了哥王是苗药炮制的代表[56]。了哥王学名南岭荛花（*Wikstroemia indica* C. A. Mey.）是苗族地区民间常用苗药之一，味苦、微辛，性寒，归肺、肝经，有毒，具有化痰散瘀、通经利水、杀虫拔疮、清热解毒等功效。汗渍法是将药物织成条带或装进布袋捆在腰间，利用体温加热和汗液浸泡药材的方法，汗渍法具有减毒功效。传统的汗渍法为去除了哥王树皮外层粗皮，捆扎于腰部，让汗液浸泡，用体温加热。现代的汗渍法使用人工汗液替代，将人工汗液喷洒在了哥王药材上，待汗液被吸收进药材再送入烘箱，温度控制在 36.5~37.0 ℃。

二、侗药特色加工技术

侗族主要居住在我国的贵州、湖南和广西的交界处等地。侗族医药是侗族先民在长期与疾病做斗争的实践中，不断探索和积累形成的，主要以口耳相传，或以山歌的形式流传。侗药的加工炮制方法简单，具有能降低药物毒性，增加药物疗效的作用。侗药的剂型由单方发展为复方，酒药、膏药、丹药、散药均有。打刀烟是侗族常用于制取挥发油的制剂方法，是将药物的新鲜枝条煮沸或燃烧，使用铁器如菜刀凝聚蒸汽，收集凝聚液。打刀烟多用于毒性较大的药物，如八角枫、雷公藤等。取新鲜八卦风茎枝，嫩烧，靠近未加热的切菜刀，使水蒸气凝聚于切菜刀上，收集油液，可用于解蛇毒[57]。

三、哈萨克药特色加工技术

哈萨克族医药是哈萨克族人民通过科学实践逐渐积累和发展起来的，用于预防、诊断、治疗、研究各种疾病的，具有浓厚民族特色的较完善的医药理论体系。制剂辅料与炮制方法是哈萨克医学的重要内容之一，哈萨克医学古籍著作《奇葩哥勒巴彦》就记载有30多种剂型及炮制方法[58]。哈萨克药常用的炮制方法有干燥法（暴晒与晾干相结合）、修制法、炒法（全炒、油炒、砂炒、盐炒、土炒）、水制法（蒸、煮）、煅制法、蜜制法、发酵法等。可用作辅料的有水、鲜奶、酸奶、蜂蜜、肉汤、面粉、动物脂肪类、驼毛、羊毛、盐、糖、酒等[59]。

马钱子的炮制是哈萨克药加工的代表。马钱子以马钱科马钱（$Strychnos\ nuxvomica$ L.）的干燥成熟种子入药，味苦，性寒，有大毒。炮制时将干燥马钱子放入牛奶中煮沸使之变软，刮去皮毛并除掉种心，然后用酥油炒黄，放凉[60]。

四、土家药特色加工技术

土家族是生活在湘、鄂、渝、黔毗邻的武陵山地区的少数民族。土家族先民在生产活动中的"尝草识药""治验疾病"，积累了大量防病治病和用药经验。土家族生活的武陵山地区被称为"华中药库"，药用资源丰富。土家族重视对有毒药物的炮制，通过炮制来纠正药物偏性，降低毒性，从而提高药效，提出"毒要制，补要蒸，软草要生用，硬要烧、水要干、昆虫应有声"[61]。土家族药常用的炮制方法有[62]以下几种。

1. 煨制法　土家族的煨制是使用面糊、湿纸、芭蕉叶、梧桐叶、粽子叶等包裹药物，再埋于火灰之内，待包裹物呈黑色即可。如煨制白果，先用湿纸包裹白果，然后埋入热谷壳，稍翻动煨至纸呈焦褐色时，筛去果壳除去纸，备用。再如，煨巴豆，取皂角，去其子，将砂糖和巴豆放在皂角内，用盐泥巴包裹煨煅（存性），研末即得。

2. 油炙法　油炙是将净制或切制后的药物，用一定量油脂利用热能处理的方法。药物油炙的目的一是可增强药效，二是利于粉碎，如油炙白花蛇，是用麻油炒黄研末[23]。

3. 腌制法　盐花椒腌牛肉，将食盐花椒炒制后研末，撒在牛肉条上腌制3天，然后用松针、橘皮、谷壳文火熏干水分后入药。

（李志勇　郭思琦　翟艳敏）

参考文献

[1] 李志勇,李彦文,崔箭.中国少数民族传统医药发展简史[J].医学与哲学(人文社会医学版),2011,32(7):78-81.

[2] 李志勇,李彦文,庞宗然,等.民族药特色与研究[J].南京中医药大学学报,2011,27(5):411-413.

[3] 诸国本.中国民族医药散论[M].北京:中国医药科技出版社,2006.

[4] 贾敏如,张艺.中国民族药大辞典[M].北京:中国医药科技出版社,2016.

[5] 郑健,过立农,昝珂,等.九省区民族药质量标准现状调研综合报告[J].中国药事,2015,29(12):1223-1235.

[6] 国家中医药管理局.全国中医药统计摘编[EB/OL].http://www.satcm.gov.cn/2015tjzb/全国中医药统计摘编/main.htm.

[7] UR RAHMAN S, ADHIKARI A, ISMAIL M, et al. Beneficial effects of trillium govanianum rhizomes in pain and inflammation[J]. Molecules, 2016, 21(8): 1095.

[8] FAN R, HOLLIDAY I. Which medicine? Whose standard? Critical reflections on medical integration in China[J]. J Med Ethics, 2007, 33(8): 454-461.

[9] 崔健,唐丽.中国少数民族传统医学概论[M].北京:中央民族大学出版社,2007.

[10] 太果,多杰才让.藏药制剂在藏医药事业中的历史地位和现实作用[J].中国民族民间医药,2009, 18(21):28-30.

[11] 土旦卓玛.传统藏药炮制的应用与展望[J].西藏科技,2017,(5):58-60.

[12] 拉毛加,杨乐.藏药的炮制与制备简介[J].中国民族民间药杂志,2002,8(3):26.

[13] 杨宏权,谢嫦察草,久仙加.浅谈藏药的炮制与剂型[J].西部中医药,2012,25(5):45-46.

[14] 尼玛才让.藏药传统炮制与现代化[J].中国民族医药杂志,2008,14(3):42-44.

[15] 夏若吉,仁青卓玛.藏药植物药采摘与配伍要领[J].中国民族医药杂志,2018,24(1):41-42.

[16] 毛继祖,王智森.基础藏药炮制学[M].北京:中国中医药出版社,2011.

[17] 华觉明.中国传统工艺全集·中药炮制[M].郑州:大象出版社,2004.

[18] 黄杰.谈藏药炮制方法的发展趋势[J].西藏医药杂志,2004,25(3):51.

[19] 多杰才让,牛秀得.国医大师尼玛与藏药"佐太"的炮制[J].中国民族医药杂志,2018,24(11):31-32.

[20] 多杰才让,王丽娟,娘加先.藏药"佐太"及规范辅料工艺的必要性[J].中医药导报,2019,25(18):56-57,70.

[21] 周自强,孙芳云.藏药"佐太"的研究进展[J].中国民族民间医药,2020,29(23):55-59.

[22] 李岑,王东平,多杰,等.藏药佐太安全性研究及其复方当佐的临床安全观察初探[J].中国中药杂志,2014,39(13):2573-2582.

[23] 何振中,宋歌,王凤兰,等.藏药"佐塔"制作技艺渊源考[J].中医药文化,2015,10(1):47-50.

[24] 索南昂秀.略谈藏医药佐太的炮制及应用[J].中国民族医药杂志,2018,24(1):35-36.

[25] 拉毛加,杨乐.藏药的炮制与制备简介[J].中国民族医药杂志,2002,(3):26.

[26] 恰斗多杰.藏药寒水石的传统炮制方法探讨[J].世界最新医学信息文摘,2018,18(69):202.

[27] 吉太加.论"五味甘露方"与藏药浴[J].中国藏学,2007,(3):157-161.

[28] 才旦多杰.独具特色的传统藏医外治疗法——五味甘露药浴[J].中国民族民间医药,2011,20(19):5-10.

[29] 岳萍,才多.藏药浴药液制备技术研究进展[J].中国民族民间医药,2020,29(2):47-50.

[30] 巴根那.内蒙古自治区优质蒙药材生产及 GAP 示范基地建设[J].内蒙古民族大学学报(自然科学版),2003,(1):72-76.

[31] 包勒朝鲁,红梅,阿润,等.蒙药炮制的现状及其规范化的建议[J].中国中药杂志,2014,39(16):3184-3186.

[32] 包勒朝鲁,那生桑,乌兰图雅.论蒙药炮制发展进程[J].中华中医药杂志,2021,36(7):4339-4341.

[33] 臧慧敏,焦梦琦,王美玲,等.简谈蒙药的传统炮制方法[J].中国民族医药杂志,2021,27(1):45-49.

[34] 李杰,伊建东,寇卫国,等.蒙药产业成方制剂现状分析[J].中国民族医药杂志,2016,22(9):43-45.

[35] 布和巴特尔,云晓华.不同煅淬溶液对方解石炮制质量的影响[J].中国民族医药杂志,2008,14(11):50-51.

[36] 张亚敏,李超英,董慧,等.雄黄酸奶飞法炮制的探讨[J].中国中药杂志,1995,20(9):537.

[37] 康云雪,王艳,王毓杰,等.诃子制铁屑炮制原理的初步研究[J].中草药,2018,49(4):835-839.

[38] 杨畅,李飞,侯跃飞,等.诃子草乌配伍与诃子制草乌水煎液中生物碱含量的比较——诃子制草乌

炮制原理探讨Ⅱ[J].中国实验方剂学杂志,2013,19(4):130-132.
[39] 包勒朝鲁,吴·斯琴毕力格,那生桑,等.蒙药漆树膏的炮制工艺及质量标准研究[J].中国现代中药,2017,19(10):1454-1460.
[40] 何江,王宏,张论理,等.维吾尔药复方的研究现状及其建议[J].中国中药杂志,2017,42(7):1220-1224.
[41] 迪丽拜尔·买买提,海热尼沙,伊力卡尔·拜克提亚.维吾尔药传统炮制技术对药性的影响[J].北方药学,2012,9(9):26.
[42] 木卡代斯·斯依提,赵翡翠.维吾尔药炮制特色与方法浅析[J].中国民族医药杂志,2017,23(8):37-38.
[43] 丁洋.维药传统炮制技艺:与现代化技术的较量[J].中医健康养生,2016,(6):9-10.
[44] 刘霞,阿依提拉·吾甫尔,胡慧华.维药常用炮制方法概述[A].中华中医药学会中药炮制分会.中华中医药学会中药炮制分会2011年学术年会论文集,2011:5.
[45] 林艳芳,邱明丰,贾伟,等.中国傣医药研究概况(上)[J].中国民族医药杂志,2007,13(10):1-5.
[46] 张梦娜.我国傣药资源研究开发概况[J].亚太传统医药,2018,14(7):19-22.
[47] 岩罕单,依娜双.浅谈影响傣药疗效的几种因素[J].中国民族医药杂志,2008,14(10):41-42.
[48] 柯瑾,杨唯,金文彬,等.傣药和拉祜族药资源、炮制与制剂研究进展[J].中国民族民间医药,2021,30(14):78-83.
[49] 辛宁.壮药资源学[M].南宁:广西民族出版社,2006.
[50] 黄东挺,庞声航,梁琼评,等.广西瑶药资源的现状调查[J].中国民族医药杂志,2012,18(3):68-69.
[51] 谢锋,曾春晖,周改莲,等.广西壮瑶药炮制技术的传承与发展思路[J].壮瑶药研究季刊,2018(1):124-126,142.
[52] 蒲锐,万定荣.我国彝药资源种类调研及应用开发概况[J].亚太传统医药,2017,13(23):18-21.
[53] 李莹,王景富,余孟杰,等.彝药剂型的起源与发展[J].中成药,2017,39(2):377-380.
[54] 杨本雷,余惠祥.中国彝族药学[M].昆明:云南民族出版社,2004.
[55] 郭媛媛,王飘,朱志坤,等.彝药炮制研究进展[J].中国民族民间医药,2021,30(9):85-88.
[56] 郑传奇,冯果,李玮,等.苗药了哥王"汗渍法"炮制前后抗小鼠免疫性炎症的"量-效-毒"关系研究[J].中国药房,2020,31(6):661-665.
[57] 萧成纹.论侗族医药的发展及其特点[J].中国民族民间医药杂志,1995,(4):9-11.
[58] 阿尔新·达开.哈萨克药制剂的辅料与炮制[J].中国民族医药杂志,2018,24(2):29.
[59] 玛依努尔·叶尔肯别克,阿热艾·哈里木哈克,江阿古丽·艾山,等.哈萨克药炮制现代化探讨[J].中华中医药杂志,2018,33(7):3162-3165.
[60] 帕热依哈·巴合提汗,边学峰,阿斯亚·包拉提,等.哈萨克动物药炮制与传统制剂研究现状[J].吉林中医药,2019,39(6):768-771.
[61] 李志勇,李彦文,张嫚.少数民族有毒药物应用概况[J].时珍国医国药,2012,23(2):451-453.
[62] 田华咏.土家族药物炮制特点[J].中国民族医药杂志,2001,7(4):14-15.

第五章

中药配方颗粒生产与质控技术

第一节 概 述

一、中药配方颗粒发展现状

中药配方颗粒是采用现代科技手段，以符合炮制规范的单味中药饮片为原料，经过提取、分离、浓缩、干燥、制粒等流程制成的颗粒，在中医药理论的指导下，按照临床处方调配后，供患者即冲即服的粉状或颗粒状中药制剂。中药配方颗粒的制备，除成型工艺外，其余应与传统汤剂基本一致，中药配方颗粒在很大程度上克服了传统中药饮片及汤剂服用、携带不方便等问题，对患者具有更好的依从性。与传统中药饮片及汤剂相比，中药配方颗粒的优势主要有：①便于服用及携带。相较于传统中药饮片及汤剂，中药配方颗粒的体积要小得多，不到原饮片的1/10，服用时只需开水冲服，急诊患者也可随取随用，使用、携带、运输及储存十分方便。②便于调配使用。中药配方颗粒可以按照中医临床辨证论治的原则，随症加减，可以满足个体化给药的需求，有利于中药标准化的发展。③便于标准化管理。中药配方颗粒的生产及质控运用了多项现代先进技术，在一定程度上保证了产品的稳定均一，且中药配方颗粒的生产对原药材的产地、产地加工、炮制、质量标准、运输、储存等各环节都有一套相应的管理规定，成品质量控制比较完善，质量较传统汤剂更稳定可控[1-3]。

从20世纪80~90年代开始，中药配方颗粒就在日本、韩国得到了广泛的应用，开发出了多个品种的同时也被列入国民健康保险基金及健康保健用药的使用范围。从2001年起，国家药品监督管理局发布了《中药配方颗粒管理暂行规定》，内地也开始正式将中药配方颗粒纳入中药饮片管理范畴，最开始仅有6家中药配方颗粒试点生产企业，分别是华润三九医药股份有限公司、江阴天江药业股份有限公司、北京康仁堂药业有限公司、培力（南宁）药业有限公司、广东一方制药有限公司、四川新绿色药业科技发展股份有限公司，经过近20年的发展，到2020年为止，中药配方颗粒市场规模已达到255亿元，国家药品监督管理局官网备案药品生产企业中具有中药配方颗粒生产资质的企业有34家，包括同仁堂、以岭、扬子江、康源、佛慈和神威等知名药企，覆盖至16个不同省市自治区，具体厂家名单见表5.1。

表 5.1　国家药品监督管理局官网备案药品生产企业具有中药配方颗粒生产资质的企业

序号	企业名称	编号
1	四川新绿色药业科技发展有限公司	川 20160134
2	四川国药天江药业有限公司	川 20170465
3	湖北恒安芙林药业股份有限公司	鄂 20200019
4	劲牌持正堂药业有限公司	鄂 20200175
5	国药集团中联药业有限公司	鄂 20200211
6	兰州佛慈制药股份有限公司	甘 20160093
7	陇西一方制药有限公司	甘 20160125
8	培力（南宁）药业有限公司	桂 20160088
9	广西一方天江制药有限公司	桂 20200258
10	哈尔滨珍宝制药有限公司	黑 20160088
11	黑龙江国药双兰星制药有限公司	黑 20160138
12	石家庄以岭药业股份有限公司	冀 20150126
13	神威药业集团有限公司	冀 20150130
14	石药集团欧意药业有限公司	冀 20150135
15	山西国新天江药业有限公司	晋 20170152
16	北京康仁堂药业有限公司	京 20180032
17	北京同仁堂科技发展股份有限公司制药厂	京 20150188
18	北京春风一方制药有限公司	京 20180006
19	北京康仁堂药业有限公司	京 20180032
20	辽宁上药好护士药业（集团）有限公司	辽 20150121
21	山东宏济堂制药集团股份有限公司	鲁 20160010
22	福建天江药业有限公司	闽 20170009
23	内蒙古普康药业有限公司	内 20180104
24	江阴天江药业有限公司	苏 20160102
25	江苏康缘药业股份有限公司	苏 20160313
26	扬子江药业集团江苏制药股份有限公司	苏 20160431
27	安徽济人药业股份有限公司	皖 20160083
28	广州市香雪制药股份有限公司	粤 20160050
29	华润三九医药股份有限公司	粤 20160153
30	广东一方制药有限公司	粤 20160214
31	康美药业股份有限公司	粤 20160335
32	广东罗浮山国药股份有限公司	粤 20160389
33	浙江惠松制药有限公司	浙 20000053
34	浙江贝尼菲特药业有限公司	浙 20130010

除此之外，各省市药品监督管理局及工信厅批准的试点企业还有 53 家企业，分布于 14 个不同省份。全国试点生产企业已覆盖 23 个省份，其中批准 5 家（含）以上的有

北京、广东、广西、河南、湖北、江西、内蒙古、云南等。有些省份虽没有批准试点生产企业，但为加快配方颗粒全国市场战略的布局部署，批准的各龙头试点企业均已将触角不同程度延伸到各个不同省份，这些企业分别以子公司、分公司或共有提取车间的名义布局中药配方颗粒产业。2021年2月10日，国家药品监督管理局、国家中医药管理局、国家卫生健康委员会、国家医疗保障局共同发布《关于结束中药配方颗粒试点工作的公告》，标志着中药配方颗粒试点工作结束。随着首批160个中药配方颗粒国家药品标准正式颁布及第二批36个中药配方颗粒拟公示标准的公示，各中药品种的配方颗粒逐步有了自己的正式身份证。相信在不久的将来，在相关部委尤其是在国家药典委员会的推动下，越来越多的中药品种都将有自己的配方颗粒标准颁布。

经过多年的发展，中药配方颗粒在疗效一致性方面还存在问题，一是存在单煎的配方颗粒与合煎的传统汤剂疗效是否一致的争议；二是由于不同厂家生产的中药配方颗粒缺乏统一的生产工艺及评价标准，导致同品种的中药配方颗粒存在疗效一致性的问题[4]。且随着配方颗粒产业的高速增长，越来越受到业界的关注，其药效一致性等基础研究不足的问题也愈发突出，因此有必要尽快建立统一的中药配方颗粒国家标准，开展系统的传统汤剂与配方颗粒等效性研究，有序开发经方（复方）颗粒，并编制体现中医药辨证施治理论的临床用药指南用于指导配方颗粒的临床合理用药，进一步加速配方颗粒产业的成型。

二、中药配方颗粒生产技术概况

中药配方颗粒的生产是依据传统中药汤剂的煎煮要求，根据不同的饮片品种，分别制定合适的生产工艺规程，其基本的工艺生产流程为优选中药材、炮制加工、提取、浓缩、干燥、制粒等[5]，其中优选中药材及炮制加工环节所涉及的关键技术于本书第二、三章已详细介绍，本章将不做赘述。提取技术是中药配方颗粒生产过程中的关键，这是最能体现中药配方颗粒是传统饮片及汤剂的发展的环节，相较于其他中药产品（中成药、中药化妆品等），中药配方颗粒在提取方面更具有传统中医药的特色。除了煎煮时需要采取一些特殊的工艺外，其余工序所采用的技术与中药产品生产过程所用技术相似，为了满足工业化生产的需求，浓缩时主要采用减压蒸发浓缩技术，干燥技术以喷雾干燥为主，制粒时主要采用干法制粒，以上中药产品生产技术的具体原理、特点等在第七、八两章已详细介绍，因此本章节将着重介绍中药配方颗粒生产过程中使用的特色技术。

由于中药配方颗粒是传统中药饮片及汤剂的发展，因此汤剂的煎煮法依然是中药配方颗粒提取的主要方法[6]，但是传统中药汤剂在煎煮时，根据各味中药自身的特点，有先煎、后下、包煎、烊化等多种特殊煎煮方法，而中药配方颗粒在生产时，是以单味饮片投料，因此为了保留传统汤剂煎煮的特色，在针对不同特点的中药，采用了多样的提取技术：①先煎，是为了增加中药有效成分在水中的溶出或降低药物毒性而增加药物的煎煮时间，需要先煎的中药有矿石类的石膏、煅自然铜等，贝壳类的石决明、牡蛎等，角甲类的龟甲、鳖甲等，毒性较大的药物乌头、附子等，以及一些特殊中药如石斛、天竺黄等，这些药物需要长时间煎煮以增加成分溶出或降低毒性，因此在配方颗粒的生产过程中，主要采用延长煎煮时间、优化工艺参数或将矿石甲壳先粉碎等方法，确保达到先煎的效果。②后下，是为了减少药物煎煮的时间，以防挥发油类成分的损耗及热敏性成分被破坏，需要后下的中药多为气味芳香、含挥发油较多的药物，如薄荷、荆芥、砂仁、广藿香、豆蔻等，这些药物在配方颗粒的生产过程中，可先蒸馏收集挥发油或采用超临界 CO_2 萃取技术萃取其中的挥发油，再加水提取，挥发油经过处理后包裹加入到颗粒中，不宜久煎的药物如钩藤、大黄等，可采用冷提法萃取。③烊化，为了避免胶类药物在煎煮时黏附于其他药物或药罐上，影响其他药物有效成分溶出而进行的特殊煎煮方法，该法是将胶类药物放入水中（有时加入少许黄酒）或已煎好的药液中将其蒸化或溶化，再将药液混匀服用，在配方颗粒的生产中，其生产工艺是加水将中药蒸至溶化后喷雾干燥制粒而成，胶类药物主要有阿胶、鹿角胶、龟甲胶等。除了对以上传统特色煎煮技术的体现外，动物药、矿物药配方颗粒的生产也采用了一些特殊的技术。动物药配方颗粒的生产是根据品种的不同，分别采用粉碎、煎煮、酶解等工艺：①个别名贵动物药或中医临床上习惯研粉入药的品种，经过炮制加工、粗粉碎后采用超微粉碎技术进行超微粉碎，再进行灭菌、包装，如全蝎、水蛭、羚羊角、炮山甲等；②部分动物药采用酶解技术制备配方颗粒，如地龙、蜈蚣、乌梢蛇等；③部分动物药则采用直接煎煮的方法，如蝉蜕、僵蚕、五灵脂等。而矿物药由于其质地坚硬，一般都是将炮制加工后的药物粉碎后，加水煎煮，如石膏、自然铜等。

此外，煎煮时的火候也是影响中药汤剂质量的关键因素。中药煎煮时有武火、文火之分，武火煎药，既可使药汤尽快煮沸节省时间，又可使药气挥发少，杂质溶出少，药气厚而上升外达；文火煎药，既可使药汤不使溢出或过快熬干，又可使有效成分充分溶出，药味厚而下降内行。因此在配方颗粒的生产中，为了尽量还原中药煎煮时的火候，采用了不同的提取工艺，通过控制提取时的蒸汽压力、温度，从而实现传统煎药的火候控制[7]。

三、中药配方颗粒质控技术概况

20 多年来，中药配方颗粒在国内外取得了较好的发展，引起了医药工作者的广泛关注，但是由于研究不够深入、生产工艺多样化、技术装备落后等因素，中药配方颗粒存在一些问题，如缺乏统一的国家标准、原药材质量存在差异、规格不一等。如何保障中药配方颗粒的品质，建立一套行之有效的完整可追溯的质量体系，成为目前很多专家学者研究的方向。中药配方颗粒的形成涉及原药材的选取、加工炮制、制剂成粒、包装调配、临床评价等多个环节，为了形成高品质的中药配方颗粒，应从以上几个环节对配方颗粒加以质量控制。

与其他中药产品相似，指纹图谱技术依然是目前中药配方颗粒质控过程中运用的主要技术，依托于薄层色谱、高效液相色谱、气相色谱、近红外光谱等多项常规检测技术，并结合中药多成分的特点，使用指纹图谱技术对中药配方颗粒进行定性定量分析，可高效、准确地对中药配方颗粒产品进行质控。此外，与其他中药产品不同的是，中药配方颗粒特有的标准汤剂是其质控的标准物质，遵循传统的中医药理论，按照古法工艺制备而成，在融合现代工业设备及工艺特点的基础上，极大限度地保存了传统工艺的完整性。

经过多年的试点生产，各地中药配方颗粒标准也逐一落地。2021 年 2 月 10 日，国家药品监督管理局、国家中医药管理局等四部门联合发布《关于结束中药配方颗粒试点工作的公告》（以下简称《公告》），决定结束中药配方颗粒试点工作，并明确试点工作结束后的监管事项。《公告》发布后，各省级药监部门陆续印发中药配方颗粒质量标准制定工作程序及申报资料要求及省级中药配方颗粒质量标准，积极落实《公告》要求，中药配方颗粒政策加速落地，标准先行。2021年4月29日，国家药品监督管理局批准颁布了第一批中药配方颗粒国家药品标准160个，4月30日，国家药典委员会公示第二批36个中药配方颗粒标准，目前还有246个中药配方颗粒品种，已有企业正在开展标准研究；此外，各省级药监部门也在加紧制定发布中药配方颗粒标准，广东省和四川省分别率先发布24个、112个省级中药配方颗粒标准，并且为了进一步加强中药配方颗粒标准研究制定工作，切实解决省级标准互认所面临的困难和问题，推动中药配方颗粒产业健康发展，还举行了中药配方颗粒省级标准互认研讨会，会议初步达成四项意向共识：一是加快建立省级标准共建共享工作机制，制定中药配方颗粒省级标准互认指南，加快推进中药配方颗粒省级标准建设和互认工作；二是积极探索中药配方颗粒生产企业集团内共用前处理及提取车间的方式，这是保证中药配方颗粒质量安全的积极举措，是落实各省监管责任和督促企业落实主体责任的有力措施；三是建立健全统一、规范、严格、完善的集团内共用前处理及提取车间的质量管理体系，并有效运行，确保中药配方颗粒全生命周期质量安全；四是建立共建共治共享的监管机制，实行联席会议制度，切实落实监管各方责任，及时通报检查结果，提高监管效率，保证共用前处理及提取车间责任清晰、监管措施到位。相信随着国家标准及各地标准的颁布及实施，中药配方颗粒的质控将得到进一步的完善。

第二节　中药配方颗粒生产技术

中药配方颗粒是在传统中药饮片和汤剂的基础上改良所得的产品，是由单味中药饮片通过水提取、浓缩、干燥、制粒等生产工序得到，在整个生产过程中涉及多个技术：提取过程遵循了传统汤剂的制备方法，主要以水为溶媒对单味饮片进行煎煮提取；提取液的浓缩则主要与中药产品原料生产所用技术相似，以减压浓缩为主；在干燥阶段，为了满足大批量生产的需求，主要使用喷雾干燥技术；中药配方颗粒的制粒则主要使用的是干法制粒技术；此外，喷雾干燥技术由于其独特的干燥方式，其干燥产物同时也是颗粒状或粉状，可同时完成干燥及制粒两步操作，因此也可作为一项制粒技术。以上技术在中药产品生产的过程中，是相对来说较为常规的，大部分于本书第七、八章进行了详细的介绍，因此本节将重点介绍其在中药配方颗粒生产过程中的应用。

而对于一些较为特殊的中药，它们在传统汤剂的煎煮过程往往会使用一些较为特殊的方法，如先煎、后下、烊化等，为了保持与传统汤剂的一致性，这些技术在中药配方颗粒的生产过程中也需要体现出来，此外中药煎煮时火候的控制，部分矿物药、动物药在煎煮时的特殊处理，也均在中药配方颗粒的生产中采用了不同的技术来模拟，本节将主要介绍这些特殊的技术。

一、常规生产技术

(一) 提取技术

煎煮法也称"水煮法"或"水提法",是最早使用的一种简单的溶剂提取方法。在适当的容器中(一般多用砂锅、砂罐)将饮片加水进行煎煮,煎煮后滤过取汁即得。煎煮法是传统汤剂的制备方法,因此作为中药饮片及汤剂的替代品,中药配方颗粒在生产过程中也主要采用煎煮法进行提取。煎煮法操作简便,成本低廉,可用于工业化生产,但是由于该法是以水为溶媒对饮片进行高温煎煮,因此对于含有热敏性成分的饮片不是很适用。

但是目前中药配方颗粒的生产过程存在一个较大的争议,即饮片单煎和汤剂合煎所导致的中药配方颗粒与传统汤剂的疗效一致性问题。单煎是将各饮片处理后进行单独煎煮,将其单独干燥制粒,制备成单一饮片的配方颗粒,患者需要服用时根据处方所述的用量将各饮片的配方颗粒合并后冲服;这与传统汤剂合煎的方式有所不同。相较于合煎,单煎所得的配方颗粒使用调配时更加方便,但是在高温煎煮过程中,各饮片中的多种化学成分会发生物理、化学反应,如增溶、助溶、吸附、沉淀、水解、氧化等,这将引起成分溶出的变化,甚至产生新的物质,而饮片单煎则不会出现上述物理、化学反应,这是导致单煎与合煎疗效一致性问题的原因。有众多学者研究了饮片单煎及合煎对有效成分含量及药效的影响,但不同处方饮片的单煎与合煎表现出多种结果,单煎与合煎所导致的有效成分及药效的不同无明显规律,暂时无法得出单煎与合煎的优劣,这也是目前中药配方颗粒生产过程中有待解决的问题。

(二) 浓缩技术

中药配方颗粒在生产过程中,主要采用减压蒸发浓缩法进行浓缩。减压蒸发又称真空蒸发或负压蒸发,是指在密闭的设备中,使用真空泵等真空设备抽掉液面上的空气和蒸汽,在蒸发设备中形成一定的真空度以降低溶媒的沸点,同时对其进行加热蒸发操作,以达到在低于常压沸点的温度下分离溶媒溶质的目的。由于溶媒的沸点在真空条件下有所降低,整个蒸发过程温度较低,特别适合于有效成分对热敏感的药液溶媒溶质的分离;此外真空条件下使得加热蒸汽与溶媒沸点温度差变大,从而增加了热传递的温度差,使蒸发操作增强,增加了蒸发的效率。

减压蒸发浓缩法分离溶媒溶质的效率较高且操作简便,同时整个蒸发体系处于密闭环境中,减少了外界的污染,所得产品质量较高。但是此法随着蒸发过程的进行,溶媒的减少会逐渐导致蒸发效率的下降,蒸发后期需要的热能增加,导致耗能增加。目前工业化生产中减压蒸发技术所使用的设备多为多效浓缩罐。

(三) 干燥及制粒技术

1. **喷雾干燥制粒技术** 由多种技术系统地整合于一体,是集物料的干燥和制粒于一体的一种现代技术。其原理是通过雾化装置将物料分散为小雾滴,再迅速蒸发雾滴中的溶剂,最后得到干燥的颗粒及细粉。在中药配方颗粒的生产加工中,喷雾干燥制粒技术可用于提取液、流动性较好的浓缩液的干燥,最终的干燥产物可根据需求制成粉末、颗粒或团粒,得到产品后可省去粉碎步骤,直接得到颗粒产品。喷雾干燥器主要由雾化器、加热器、干燥塔体、空气系统组成,喷雾干燥的过程主要分为雾化阶段、干燥阶段、分离阶段，由于是对雾化后的物料进行干燥，干燥速度极快，效率高，物料受热时间短，适合热敏性物料的干燥。由于该技术可一步完成干燥及制粒过程，因此尤其适合中药配方颗粒的生产。

2. 干法制粒技术　中药配方颗粒的制粒过程主要使用干法制粒技术，该技术是将饮片提取物与辅料混合均匀后，依靠外部压力将其压缩成大的片状或条带状后，经粉碎、过筛后得到所需大小颗粒的制粒技术。该技术依靠压缩力使粒子间产生结合力，主要有重压法和滚压法两种制备方法。与传统的湿法制粒技术相比，干法制粒可省去制软材、干燥、整粒等过程，工艺相对简单，避免了湿热对药物化学成分的影响，高效且节能，特别适合于热敏性、遇湿易分解、易吸潮药物的制粒，同时使用干法制粒可大大减少黏合剂等辅料的使用量，最大限度地保存了传统汤剂的原样。

二、中药配方颗粒特色生产技术

（一）植物类中药配方颗粒生产技术

1. 需先煎的含毒性成分植物药配方颗粒的生产技术　先煎是指在煎煮汤剂时，一些药物需要在未入其他药时，先行煎煮，即延长药物的煎煮时间。需要先煎的植物药主要是其中含有较多毒性成分的中药，如附子、制川乌、制草乌、雷公藤、马钱子等。附子、制川乌、制草乌均来源于毛茛科乌头属植物，都含有乌头碱、中乌头碱、次乌头碱等双酯型生物碱，对心脏毒性较大，故被列为毒性中药，而这些毒性成分双酯型生物碱有着遇水、受热不稳定的性质，因此长时间加热煎煮可有效降低其毒性[8]。

为了在生产过程中体现出先煎技术，以上中药品种配方颗粒在使用现代设备进行提取时，往往会增加其煎煮提取的时间或提取次数，而其煎煮时间、加水量、浸泡时间、煎煮次数等工艺的最佳参数则将使用正交试验或响应面法优化。先煎技术在中药配方颗粒生产中的应用见图5.1。全智慧[9]采用单因素考察及正交设计优化，以提取液中单酯型生物碱含量和干浸膏得率为考察指标，得到了制川乌的最佳煎煮工艺为加水量为饮片10倍量，煎煮提取3次，每次2小时。

提取结束后，采用减压真空浓缩对提取液进行浓缩，再将浓缩液进行喷雾干燥，最后采用干法制粒，得到配方颗粒。

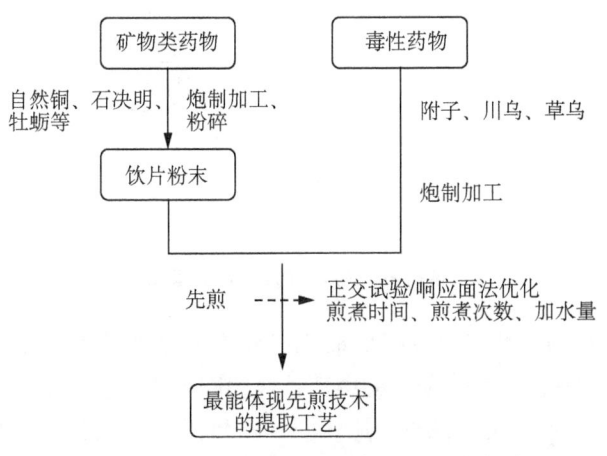

图 5.1　先煎在中药配方颗粒生产中的应用

2. 需后下的含挥发油、热敏性成分植物药配方颗粒的生产技术　后下是指有些药物在煎煮时煎久易失去功效，需要在其他药物快煎好时才下，即减少药物煎煮时间。需要后下的药物是主要有效成分受热易挥发、受热不稳定的中药，后下可缩短他们的受热时间，防止有效成分的损失[10]。

需要后下的药物主要有三类，薄荷、砂仁、白豆蔻、青蒿、徐长卿、降香等中药中含有的挥发油类成分是其主要活性成分，因这些挥发油相对密度比水小，沸点较低，煎煮时间过长会随水蒸气逸出而造成损失；大黄、番泻叶中含有番泻苷 A、番泻苷 B，钩藤中含有钩藤碱、异钩藤碱，这些成分是它们发挥药效的主要成分，然而这些成分均有受热不稳定的性质，因此在临床应用时这些中药往往后下以减少其活性成分的转化，保证临床疗效[11]；此外，（生）苦杏仁也是一味需要后下的中药，生苦杏仁中含有大量苦杏仁苷和苦杏仁酶，苦杏仁酶可水解苦杏仁苷，使有效成分含量降低，毒性成分增加，后下入沸腾的药液中可使苦杏仁酶迅速失活，达到破酶保苷的目的。

需要后下的中药其特点各不一样，因此在中药配方颗粒的生产过程中采用的技术也有所不同，富含挥发油类成分的中药配方颗粒在提取时主要采用水蒸气蒸馏法或超临界萃取技术对其中的挥发油进行提取，随后利用包合技术将挥发油包合于 β-环糊精中保存，药渣则再用水煎煮提取后喷雾干燥，最后将喷雾干燥得到的颗粒与包合物混匀后制粒得到配方颗粒，具体的流程见图 5.2；有效成分易受热分解的中药在提取时，一般会将水先加热至一定温度（70~90 ℃），再将一定量的饮片投入热水中，采用动态循环提取技术进行提取。提取浓缩结束后，再采用喷雾干燥及干法制粒制备配方颗粒[12-13]。

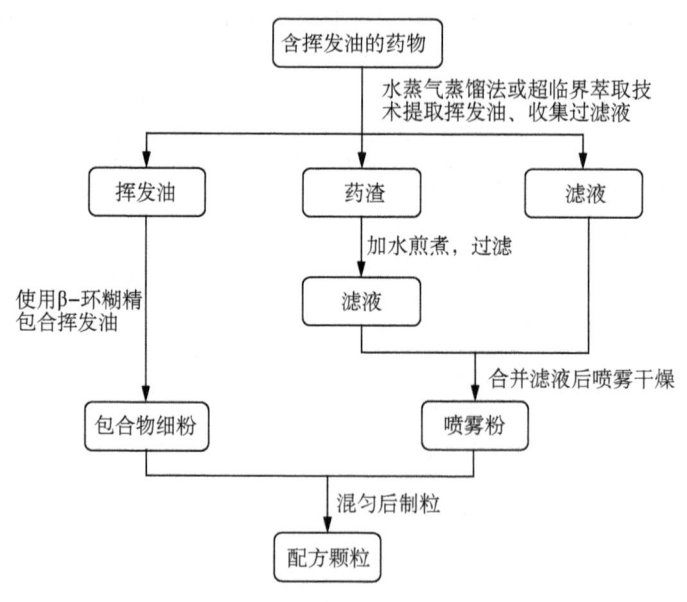

图 5.2　含挥发油中药配方颗粒制备工艺流程

3. 粉末直接入药的植物药配方颗粒的生产技术　中药饮片粉末是中药固体饮片的一种粉体形式，指将适宜全成分利用的中药饮片粉碎至粉末状（大量颗粒组成的分散体系），以适应调剂和制剂的需要或直接服用。中药饮片粉末入药是中药饮片自古以来就存在的一种应用形式，中药饮片粉末保留了中药饮片中全部的化学成分，因其具有全成分入药的优势,是中药制剂中中药工艺与原料应用的方式,中药粉末全粉可作为多种剂型的制剂原料,包括丸剂、口服散剂、部分煮散、片剂、颗粒剂、胶囊剂、栓剂等[14-15]。中药饮片粉末全成分入药应用的方式具有以下优点:①中药饮片粉末入药,提高了中药的分散性和均匀性,使得质量均一化,更有利于质量控制;②提高了中药饮片药效物质基础的溶出率和利用率,增强了临床疗效;③相比汤剂等剂型,粉末入药的服用剂量可降低至原饮片的1/3左右,既有助于节约中药资源,又能减少医药费;④携带与服用方便。从中药制剂原料或中间体的角度思考,中药饮片粉末品质保证和标准化对中药的制剂质量有重要作用。

适宜制成中药饮片粉末的植物药品种主要包括部分名贵中药(灵芝、西洋参等),可外用中药(白及、青黛等),或有效成分受热后容易挥发(沉香、细辛等)、容易被破坏的中药(大黄、番泻叶等),难以切制的中药(三七等)。采用粉碎加工制作成中药饮片粉末,既可提高利用率并减少药物的用量,又可减少煎煮时间节约能耗,增加药汤中悬浮的微粒数量,保证疗效的发挥。

以上中药饮片粉末入药的中药品种在制备成中药配方颗粒时,其制备工艺往往是加工炮制后,先进行粗粉碎,再采用超微粉碎技术对其进行微米级粉碎,粉碎后细粉灭菌包装,完成制备[16-17]。其中所运用的主要技术为超微粉碎技术。采用超微粉碎技术得到的中药细粉有很多优点:

(1) 药物有效成分(特别是难溶性有效成分)的溶解和释放加快。因为超微粉碎的药物粉体粒径小,破壁率高,有效成分暴露,所以在进入机体后,其中的可溶性成分能迅速溶解、释放,即使溶解度低的成分也因超微粉具有较大的附着力而紧紧黏附在肠壁上,其有效成分会快速通过肠壁被吸收而进入血液,而且由于附着力的影响,排出体外所需的时间较长,从而提高了药物的吸收率,这样经超微粉碎的药物其有效成分的溶解速度、释放速度都比普通粉碎的粉末要快。

(2) 药物有效成分的溶出速率加快。药物有效成分的溶出速率与药物粉体的比表面积成正比,粒径越小,比表面积越大,与肠胃体液的有效接触面积也就越大,也就越有利于药物的溶出和吸收,即药物有效成分的溶出度和吸收率随药物颗粒粒径的减小而增加。中药材经超微粉碎后,由于其粒度细微均匀,比表面积增大,孔隙率增加,吸附性、溶解性增强,溶出速率、化学反应速率增加,能使药物较好地分散、溶解在胃液里,有利于机体对药物的吸收,从而提高治疗效果。

(3) 药物的药效学活性提高。经超微粉碎后,药物粉体的溶解度增高,释放出来的有效成分种类增加,单位时间内生物机体对有效成分的吸收效率提高,药物起效时间缩短,作用时间延长,所以对机体的作用效果更全、强度更大。超微三七细粉电子显微镜观察已无完整组织细胞,淡黄色、棕黄色、棕色不规则小颗粒充满视野,直径 $7\sim14~\mu m$,草酸钙簇晶已不易分辨,已无大颗粒团块,无细胞形态状物存在,表明三七组织中各类细胞均已破壁,细胞内的各类成分已呈释放状态。

(二) 动物类中药配方颗粒生产技术

1. 名贵动物药配方颗粒生产技术　牛黄、鹿茸、麝香、海马等名贵动物药,其中药饮片经常以粉末形式入药,因此在其配方颗粒的制备中,为了保留传统饮片的特点,也主要是将其制备成粉末形式,即将其初步粉碎后再使用超微粉碎技术,将其进一步微粉化，再经过灭菌、包装制备而成。

2. **胶类中药配方颗粒的生产技术** 烊化是胶类药物特殊的煎煮方法，是为了避免胶类药物在煎煮时黏附于其他药物或药罐上，影响其他药物有效成分溶出而进行的特殊煎煮方法，该法是将胶类药物放入水中（有时加入少许黄酒）或已煎好的药液中将其蒸化或溶化，再将药液混匀服用，在配方颗粒的生产中，其生产工艺是加水将中药蒸至溶化后喷雾干燥制粒而成，胶类药物主要有阿胶、鹿角胶、龟甲胶等[18-19]。

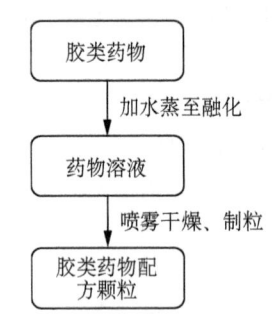

胶类药物如阿胶在煎煮时需要使用烊化，在阿胶配方颗粒的生产中，工艺流程为加水将阿胶蒸至溶化后，使用喷雾干燥进行干燥制粒。具体的工艺流程见图5.3。

3. **矿物类中药配方颗粒生产技术** 矿物类中药也称为矿物药，是指传统中医药中使用的天然矿物、矿物原料的加工品及古代动物或动物骨骼的化石[20]。根据矿物药的来源、加工方法及所用原料性质不同等，矿物药可分为以下三类：①原矿物药，指从自然界采集的、保持原有性状的矿物药，如朱砂、炉甘石、代赭石等；②矿物制品药，指的是以采集的矿物为原料的加工品，如明矾、红粉、秋石等；③动物或动物骨骼的化石，如龙骨、石燕等。

图5.3 胶类药物烊化在中药配方颗粒生产中的应用

矿物类中药往往质地坚硬，且药物中往往含有钙盐、铁盐、钠、钾、镁及微量元素等，这些元素是主要的药效成分，但溶解度都较低，需要长时间加热煮沸才可提高其溶解度，因此矿物药配方颗粒的生产流程往往是先将药物炮制后，将其粉碎，再加水煎煮，煎煮时需要注意矿物药要先煎，因此提取时间要适当延长，最佳的提取工艺需要经过正交试验或响应面法确定；也有部分矿物药直接以粉末入药，如石膏、琥珀等可外用矿物药，有时临床上会以其饮片粉末形式外敷，在配方颗粒的生产中其制备方法与粉末直接入药的植物药相似，即经过粗粉碎后使用超微粉碎技术进一步微粉化，再经过灭菌后包装制得。

第三节 中药配方颗粒质控技术

中药配方颗粒的质控需从中药材的种植采收、炮制加工、产品成型、制剂成粒、产品含量测定、临床评价等方面进行，这些环节涉及的技术大多为中药产业中的常规质控技术。其中中药材的种植采收、炮制加工方面的质控技术已在本书第二、三章进行了详细介绍，而中药配方颗粒的成型过程中涉及多项技术，如近红外光谱技术、机械视觉技术、声发射技术等，这些技术在本书第八章有所涉及，其中近红外光谱技术在整个中药配方颗粒的生产过程中涉及面广，应用较多，本章将重点介绍该技术在其中的应用。此外，中药配方颗粒产品的含量测定则采用目前在中药产业中运用广泛的指纹图谱技术及一测多评法等常规技术。

中药配方颗粒的疗效一致性是其最突出的问题，中药产业中常用的质控技术无法在此方面对配方颗粒进行质量控制,因此为了保证配方颗粒与传统汤剂疗效与成分的一致性,以中药"标准汤剂"作为衡量中药配方颗粒是否与临床汤剂基本一致的标准参照物,在配方颗粒的质控中起着重要的作用;此外,为了保证配方颗粒与传统中药饮片及汤剂临床疗效的一致性,其药理药效及临床疗效的对比研究也是其质量控制的重要方法;而目前的方法均是从化学成分或药理药效等方面单独对配方颗粒的质量进行控制,不具有整体性及关联性,且有些方法对于生产企业来说成本过高,可操作性低,因此亟须一些快速高效、一体化的质控技术以对配方颗粒进行质量评价。

一、中药产业常规质控技术在配方颗粒中的应用

(一)指纹图谱技术

1. 指纹图谱技术的原理　指纹图谱技术从20世纪70年代出现并发展至今,是一种综合的、可量化的鉴定技术,它是建立在中药化学成分系统研究的基础上,集成多种仪器分析设备,主要用于评价中药材及中药制剂中间产品质量的真实性、优良性和稳定性的技术。该技术具有模糊性、整体性和专属性的特点,适用于控制中药配方颗粒在生产过程各环节中间体及成品的质量,对药材、饮片、提取液、浓缩液、浸膏粉、配方颗粒进行一致性评价[21],2016年国家药典委员会发布《中药配方颗粒质量控制与标准制定技术要求(征求意见稿)》中明确指出将能够表征中药整体质量信息的指纹图谱应用于中药配方颗粒的整个生产工艺中,进行质量一致性评价。目前指纹图谱技术已广泛用于中药配方颗粒的质量控制中,其中采用的指纹图谱技术主要依托于高效液相色谱(HPLC)、薄层色谱(TLC)、气相色谱(GC)及红外光谱(IR),其中又以高效液相色谱指纹图谱最为常用[22]。指纹图谱技术在中药配方颗粒质控中的应用见图5.4。

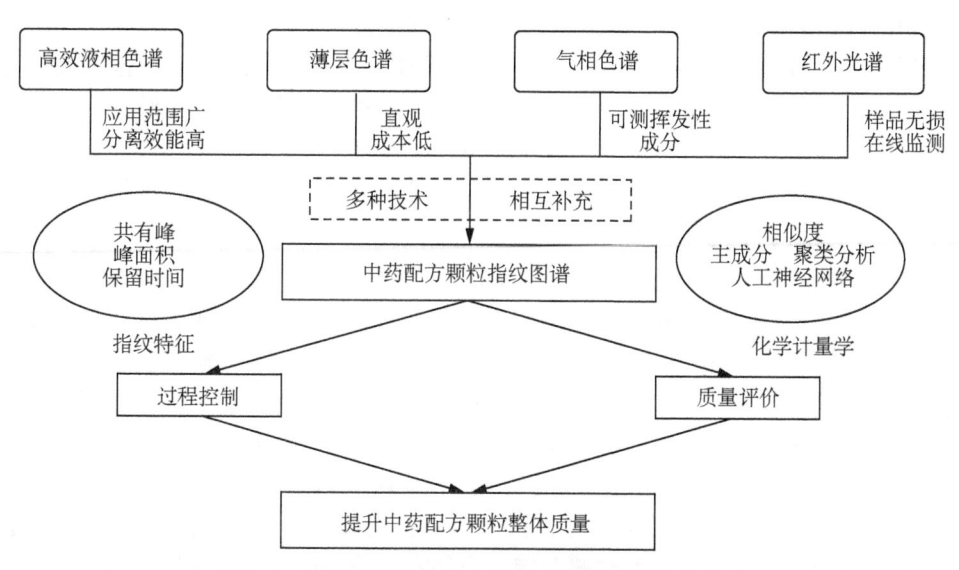

图5.4　指纹图谱技术在中药配方颗粒质控中的应用

2. 指纹图谱技术的分类及其在中药配方颗粒质控中的应用

(1)高效液相色谱指纹图谱技术:高效液相色谱法以分离效能高、分析速度快、检测灵敏度高、应用范围广和系统稳定性好等优势成为指纹图谱最常用的检测分析方法,

是提升中药配方颗粒整体质量必不可少的技术手段。运用高效液相色谱指纹图谱对中药配方颗粒进行质量控制的例子有很多，姚静等[23]采用高效液相色谱技术检测当归补血汤传统汤剂及配方颗粒中的化学成分，建立了指纹图谱并从化学成分、指标性成分含量、共有峰峰面积总和及指纹图谱相似度等几个方面对其进行了比较，结果表明，当归补血汤传统汤剂和配方颗粒汤剂在指标成分含量及特征图谱中色谱峰的数量上具有一定的差异；李学林等[24]通过建立高效液相色谱指纹图谱对黄柏配方颗粒、标准汤剂及传统汤剂进行对比研究发现，三者之间化学成分种类无明显差异，仅存在含量上的差别；孙岚萍等[25]则建立了黄芪饮片-标准汤剂-配方颗粒的高效液相色谱指纹图谱，为黄芪配方颗粒的鉴定及质控提供了参考。

尽管高效液相色谱指纹图谱技术已广泛应用于中药配方颗粒的质量标准研究，但高效液相色谱作为一种分离检测手段，需根据不同样品确定不同的分离条件，又由于检测对象为中药配方颗粒，成分复杂，需要较长的洗脱时间才能达到峰与峰之间较好的分离，故操作较为烦琐。此外，高效液相色谱指纹图谱技术应用有限，对于没有紫外吸收的物质，常规的紫外（UV）或二极管阵列检测器（DAD）无法完成检测，需要针对成分的其他特点配置不同的检测器，如蒸发光散射检测器（ELSD）、荧光检测器（FLD）。

（2）薄层色谱指纹图谱技术：一直以来薄层色谱法都是中药制剂质量评价和控制的重要方法，且随着薄层色谱仪与样品处理技术的发展，薄层色谱法在其中的应用也越来越完善。薄层色谱法具有设备简单、操作简便、分离速度、重复性好等优势，对于失去了原来饮片形态的中药配方颗粒，通过颗粒供试品溶液与对照药材色谱在相同位置上呈现相同颜色的斑点，可以快速鉴别颗粒的真伪[26]。《广东省中药配方颗粒标准》第一册中收载的102种中药配方颗粒均采用了薄层色谱指纹图谱技术对其进行鉴别分析及质量评价，说明中药配方颗粒的薄层色谱研究与应用已经较成熟。

由于薄层色谱技术本身条件的局限性，其分辨率、精密度无法与高效液相色谱等现代柱色谱相比较，故主要用于对中药配方颗粒的定性鉴别，薄层色谱指纹图谱技术在中药配方颗粒中应用的文献报道较少。但在应用该技术时，可以通过现代技术提取薄层色谱中的斑点位置与颜色信息，将其转化为积分曲线，建立薄层色谱指纹图谱，并与化学计量学结合，应用于中药配方颗粒的整体质量控制与评价中[22]。

（3）气相色谱指纹图谱技术：气相色谱法在中药配方颗粒质量评价中的应用主要是定性定量分析，特别适用于分析含挥发油、极性较小的成分或衍生化后含可挥发性成分的中药配方颗粒，且稳定性好，灵敏度高，可直接对配方颗粒进行研究，也可应用于制备配方颗粒的原药材及中间体的研究。与高效液相色谱指纹图谱技术不同，气相色谱指纹图谱技术是以化学成分研究和药理学研究为依托，多以具有明显药理活性作用挥发油的特征峰为重点考察峰，并非以色谱峰数目的多少为主要指标。将气相色谱技术与指纹图谱技术相结合可以分析含低沸点成分的中药配方颗粒，如桂枝、藿香、陈皮、紫苏、白芷中的挥发油成分，增强对中药配方颗粒中的有效活性成分的质量控制。但对于高沸点的普通成分，气相色谱难以发挥其作用，且相比于高效液相色谱设备复杂、昂贵，使用成本高，操作复杂，对人员要求高[22]。

（4）红外光谱指纹图谱技术：红外光谱技术具有高效便捷、无破坏性、结果准确、可在线监测等优点，近年来在中药配方颗粒的质控方面运用越来越多。红外光谱可快速鉴别不同炮制品及生品配方颗粒的差异[27]，并可对配方颗粒生产过程中的多个阶段物料进行在线监控。

吴文辉[28]利用近红外光谱（NIR）对淫羊藿配方颗粒进行系统研究，建立了淫羊藿配方颗粒生产的整个过程中所有重要环节的质量监控模型。黄昊等[29]利用傅里叶变换红外光谱（FTIR）技术分析鉴别了350种中药配方颗粒红外光谱指纹图谱的结构特征，根据中药材经过炮制、加热、水提处理后，配方颗粒与原药材间在谱图上的异同，进行中药配方颗粒的整体质量控制。如生蒲黄配方颗粒、蒲黄炭配方颗粒的谱峰与原药材相比均有较大变化，不同炮制方法制备的蒲黄炭配方颗粒的谱图还体现出明显糊精物质特征。炮制前后甘草和炙甘草配方颗粒谱图比较，甘草经炒制后，炙甘草的谱图体现出糖类物质特点。

近红外光谱法特征性强，重复性好，需样品量小，操作简单，易于区分不同质量的中药配方颗粒，是一种强有力的光谱技术。尽管相比于高效液相色谱，红外光谱的灵敏度较低，但利用红外光谱样品无损的优点及指纹特性可快速、准确地对中药配方颗粒进行在线质控，对其全组分进行整体分析，对中药发展的产业化、现代化有着重要意义[30-31]。

3. 指纹图谱技术在中药配方颗粒质控中应用的不足及发展　指纹图谱技术可从中药材、中间体、配方颗粒产品等多个环节对其质量进行控制，是兼顾专属性和整体性的质量控制方法，可从化学成分的角度反映配方颗粒与传统饮片和标准汤剂之间的差异，且检测方法快速高效，是目前最常用的配方颗粒质控技术。

但是中药配方颗粒指纹图谱的应用仍存在一些不足：①部分研究中用于制备配方颗粒的原药材未覆盖该药材道地产区和主产区且产地单一，导致制备得到的指纹图谱样品不具备代表性；②部分研究中制备的配方颗粒样品数未能达到10批，指纹图谱的样品数目达不到要求，导致研究不具有普适性；③由于中药配方颗粒成分具有复杂性，得到的指纹图谱数据多但结果并不直观，导致对于指纹图谱数据信息的挖掘不够，因此在分析时需要更多结合化学计量学方法进行数据处理，如聚类分析、主成分分析、人工神经网络等技术；④多数中药配方颗粒指纹图谱研究报道中，有相关的方法学考察的研究较少，导致中药配方颗粒指纹图谱的耐用性和重复性较差；⑤目前指纹图谱技术主要应用于中药配方颗粒成品的质控，在原辅料质量控制及生产过程质量控制方面的应用较为薄弱，尤其是高效液相色谱指纹图谱技术、气相色谱指纹图谱技术。

尽管目前高效液相色谱指纹图谱技术在中药配方颗粒中的应用最为广泛，但是薄层色谱、气相色谱、红外光谱等指纹图谱也具有一些高效液相色谱技术不可替代的优点，如何发挥不同色谱或光谱手段之间的互补及联合应用是今后研究中值得关注的方向。

（二）一测多评技术

1. 一测多评技术的原理　一测多评法（quantitative analysis of multi-components by single marker，QAMS）是基于中药有效成分多为一类或几类同系物组成，同类成分间可能存在内在关系和规律性，利用中药有效成分内在的函数关系和比例关系，采用只测定一个成分（对照品廉价或易得），同时获得多个成分（对照品难以得到或难供应）同步测定的计算结果，采用适宜的方法和标准（如成分含量总量），实现其质量评价，提升质量控制水平的方法。其基本原理为在一定的线性范围内，组分的量（质量或浓度）与检测器响应值成正比，在多指标质量评价中，以廉价、易得的对照品为内参物，建立与其他待测组分之间的相对校正因子（RCF），通过测定内参物的含有量，根据相对校正因子计算其他组分的含有量，是一种简单快捷的定量方法[32-34]。

2. 一测多评技术在中药配方颗粒质控中的应用　自2010年版《中国药典》黄连项下首次采用一测多评法以盐酸小檗碱为内参测定小檗碱、表小檗碱、黄连碱和巴马汀4种生物碱的含量以来，一测多评法在中药产业中的应用越来越广泛，目前已应用于中药材、中药饮片、中药制剂产品的质控，主要用于多种同类成分的含量测定。作为中药饮片及传统汤剂的发展品，中药配方颗粒的质控也可通过一测多评法快速实现。黄群莲[35]采用一测多评法，以小檗碱为内标物，建立了黄柏配方颗粒中黄柏碱、药根碱、巴马汀和黄柏酮的定量法分析及质量评价方法；田宇柔[36]则是采用该方法建立了山茱萸配方颗粒中莫诺苷、没食子酸、5-羟甲基糠醛、马钱苷、山茱萸新苷的质控方法。

此外，在中药配方颗粒的质控中，常将指纹图谱技术与一测多评技术联用，从定性、定量两个方面来共同评价配方颗粒的质量。刘晓霞[37]采用高效液相色谱指纹图谱技术和一测多评法研究了淫羊藿配方颗粒质量标准，建立了淫羊藿配方颗粒的指纹图谱，确定了7个共有特征峰，且整体相似度较高，并建立了一测多评法同时测定淫羊藿苷、朝藿定A、朝藿定B、朝藿定C的含量；曹静亚则采用指纹图谱和一测多评法建立了银翘配方颗粒的质量评价方法。使用指纹图谱联合一测多评法可快速准确地对中药配方颗粒质量进行检测，该方法简便高效，成本低廉，十分适用于中药配方颗粒的质量控制。

3. 一测多评技术的不足之处　尽管一测多评技术已经在中药材、中药饮片、中药配方颗粒及中药制剂的质量控制中得到应用，但该方法在色谱峰定位及校正因子（相对校正因子）的计算方面仍存在一定的问题。

（1）因一测多评法只有内参物而无其他成分的对照品，无法直接确认其他的待测成分，因此，待测成分的快速准确定位是实现多种成分同时测定的关键，目前在一测多评法的色谱峰定位中，主要使用保留时间差法与相对保留值法，并辅以紫外吸收特征、光谱法等进行定位。

（2）目前一测多评法常用的计算校正因子的方法为多点校正法，但此方法对待测成分的浓度有一定的要求，即待测成分的浓度既不能太低又不能太高，浓度太低会导致线性不准确，浓度太高会使线性方程的截距较大，两者均会导致校正因子偏差增大，因此，多点校正法并不适用于所有待测成分，只适用于浓度在一定范围内的成分；另外，在使用多点校正法时，一两个特殊点的偏差会影响整体的平均值，最终导致计算值的偏差。

（三）近红外光谱技术

1. 近红外光谱技术的原理　近红外光谱技术是20世纪80年代后期迅速发展起来的一种新型分析检测方法，该技术主要由硬件、软件、模型组成，硬件主要包括光谱仪、取样系统、测样装置和样品预处理系统；软件包括光谱实时采集软件和化学计量学光谱分析软件；模型在近红外光谱技术分析中处于核心地位，一般情况下，在系统建立、调试初期，可利用一段时期内现场收集的有代表性样品，使用模型模拟系统建立一个初始模型，然后随着在线检测来逐渐扩充模型。近红外光谱技术的模型建立及分析过程见

图 5.5。近红外光谱技术无须对样品进行复杂的预处理就可直接进行测试，与传统分析技术相比，具有分析速度快、产出多、可在线监测等优点，且适用于固态、粉末、半固态、液态等各种样本。

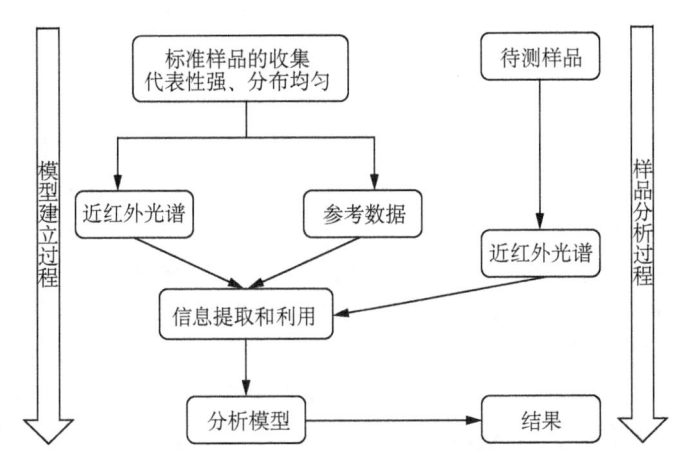

图 5.5　近红外光谱技术的模型建立及分析过程

2. 近红外光谱技术在中药配方颗粒质控中的应用　由于近红外光谱技术具有实时监测、分析速度快、适用性广的特点，在中药配方颗粒制备的全过程几乎都可用近红外光谱技术进行质控。在原药材及炮制品的研究方面，近红外光谱技术可对药材基源、药材产地进行鉴别，并对药材和饮片成分含量、水分进行测定；在配方颗粒生产过程中，近红外光谱技术可对提取终点、浓缩终点、干燥终点进行判断，并对半成品浸膏粉的成分含量和水分进行测定；在产品制备完成后，可使用近红外光谱技术对配方颗粒的含量及水分进行测定。可以说近红外光谱技术贯穿了中药配方颗粒生产的整个过程。

涂瑶生等[38]采用近红外光谱技术，结合偏最小二乘法建立了定量校正模型，对白芍配方颗粒原料药材进行质控，建立了白芍中芍药内酯苷和芍药苷的定量分析模型及水分快速测定模型，探索一种快捷、无污染的白芍药材中芍药内酯苷、芍药苷及水分的定量方法，为中药配方颗粒原料药材的快速质量控制提供参考；王闽予等[39]采用近红外光谱结合化学计量学模型，建立了甘草配方颗粒水分、醇溶性浸出物、甘草苷、甘草酸多指标快速测定方法，为甘草配方颗粒多指标成分快速检测提供了准确、可靠的检测手段。

近红外光谱技术有着快速、简便、经济的优点，适用于经常性大样本的分析，因此根据中药配方颗粒的生产特点，建立一套完善的近红外在线检测体系，实时监控中药配方颗粒生产加工过程，通过分析原药材及其制品加工过程中物理性质及化学成分指标变化来控制中药配方颗粒的质量状况，并且建立完善的中药配方颗粒的近红外模型库并不断扩充模型，这样就可以有效地控制中药配方颗粒的质量，确保中药产品的质量稳定和可重复。

二、中药配方颗粒特色质控技术

（一）中药配方颗粒标准汤剂

1. 标准汤剂的定义及意义　2016 年 8 月国家药典委员会在《中药配方颗粒质量控制与标准制定技术要求（征求意见稿）》（以下简称《技术要求》）中明确提出了

"标准汤剂"的概念，标准汤剂系遵循中医药理论，按照临床汤剂煎煮方法规范化煎煮，固液分离，经适当浓缩制得或经适宜方法干燥制得，作为衡量中药配方颗粒是否与临床汤剂基本一致的标准参照物[40]。

标准汤剂是遵循传统的中医药理论，按照古法工艺制备而成，在融合现代工业设备及工艺特点基础上，极大限度地保存了传统工艺的完整性[41]。标准汤剂从药材源头进行把关，保证了投料药材的代表性，并对制备过程进行了控制，保证了工艺的标准化，最后采用指纹图谱、指标成分含量等相结合的多组分质控模式，从整体上对标准汤剂进行了质量控制。因此以标准汤剂为对照指导，可从出膏率、含量测定、指标成分转移率及指纹图谱等多个方面对中药配方颗粒的生产工艺进行优化，从而使中药配方颗粒产品质量稳定均一、临床疗效一致，并为中药标准化研究提供理论基础[42]。

2. 标准汤剂的制备　在《技术要求》中配方颗粒的标准汤剂制备包括煎煮、固液分离、浓缩和干燥等步骤，以及固定方法、设备、工艺参数和操作规程，强调了要在古今文献及中药药性、药用部位、质地等因素研究的基础上，建立配方颗粒的制备工艺。

在标准汤剂的制备中，应从投料饮片的选择、制备工艺、质量的过程控制几个方面进行。首先要确保使用代表性的饮片，《技术要求》明确要求15批次以上的饮片分别制备标准汤剂依据相关的均值制订限度及范围，这里的15批样品应是经评价确认药材质量符合既定条件的具有代表性的中药饮片，在药材收集时，建议在药材资源评估的基础上，有目的性地收集药材；其次在制备工艺过程，要保持与传统汤剂制备方法一致，应保持水煎煮的提取工艺，可根据煎煮工具适当调整煎煮的工艺参数，比如加水量、煎煮时间及次数等，强调物理方式固液分离，如过滤、离心等，浓缩工艺和干燥工艺应注意温度的控制，并比较前后的物质基础有没有变化，以浓缩浸膏或冻干品为基本成型状态；最后在整体质量的过程控制方面，研究中应建立出膏率、指标成分含量测定及成分转移率、指纹图谱或特征图谱等整体质量控制的检测方法，通过对多批次代表性样品检测结果的数据进行统计分析，制订合理的控制限度，确保汤剂制备过程中物质组分变化的可追溯性和合理性[43-44]。标准汤剂的制备流程见图5.6。

选择投料饮片 ⇒
- 投料饮片15批以上
- 药材质量符合规定且具有代表性
- 在药材资源评估的基础上收集

制备工艺筛选 ⇒
- 保持与传统汤剂一致，采用煎煮法
- 可适当调整加水量、煎煮时间等参数
- 以过滤、离心等物理方式固液分离
- 以浸膏或冻干品为最终形态

质量过程控制 ⇒
- 出膏率、指标成分含量测定
- 成分转移率、指纹图谱或特征图谱
- 建立合理的控制限度

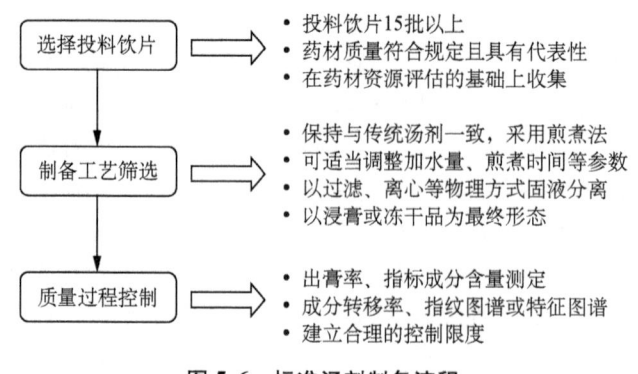

图5.6　标准汤剂制备流程

3. 标准汤剂在中药配方颗粒质控中的应用　标准汤剂作为中药配方颗粒的标准参照物，在其生产过程中承担了对照物的角色。标准汤剂比对照药材或对照品更接近药味本身，不但体现了所含药味的整体物质基础，也蕴含了制备工艺过程的影响因素，因此在配方颗粒的质控中更加切合实际运用。

在使用标准汤剂对中药配方颗粒进行质控时，其流程一般如下：①选取15个批次的饮片，按照相关的技术要求对其标准汤剂进行制备；②采用薄层色谱、高效液相色谱、气相色谱、近红外光谱等技术对其指标成分、成分含量、理化性质等进行测定，并创建相关指纹图谱，计算标准汤剂的出膏率、成分转移率范围，建立标准汤剂的质量标准；③对配方颗粒样品其指标成分、含量等性质进行分析测定，对照标准汤剂的标准对配方颗粒进行质量分析。其具体操作流程见图5.7。

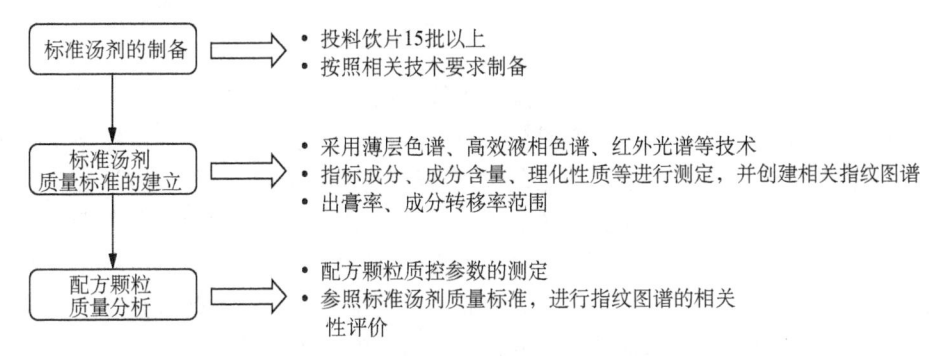

```
┌──────────────┐      • 投料饮片15批以上
│ 标准汤剂的制备 │ ──▶  • 按照相关技术要求制备
└──────┬───────┘
       │
┌──────▼───────┐      • 采用薄层色谱、高效液相色谱、红外光谱等技术
│  标准汤剂    │ ──▶  • 指标成分、成分含量、理化性质等进行测定，并创建相关指纹图谱
│质量标准的建立│      • 出膏率、成分转移率范围
└──────┬───────┘
       │
┌──────▼───────┐      • 配方颗粒质控参数的测定
│  配方颗粒    │ ──▶  • 参照标准汤剂质量标准，进行指纹图谱的相关
│  质量分析    │        性评价
└──────────────┘
```

图 5.7　标准汤剂在配方颗粒质控中的应用

标准汤剂可从多个方面对配方颗粒的质量进行评价，包括制备过程中的出膏率、成分转移率、配方颗粒成品成分的含量等。孙岚萍等[45]以黄芪中的7-羟基-4′-甲氧基异黄酮、毛蕊异黄酮葡萄糖苷、毛蕊异黄酮、芒柄花苷为指标成分，建立黄芪饮片-标准汤剂-配方颗粒的高效液相色谱特征图谱，对三者的相关性进行了评价，发现标准汤剂与配方颗粒的相似度较高，两者成分含量十分相似，因此黄芪配方颗粒可作为黄芪汤剂的替代品；施之琪等[46]通过建立酒女贞子饮片、标准汤剂、配方颗粒中间体及配方颗粒的指纹图谱，对其相关性、相似度进行分析，表明该方法可用于酒女贞子配方颗粒的生产全过程的质量控制；戴莹等[47]以大黄中8个结合型蒽醌、5个游离型蒽醌、4个鞣质类成分和1个二苯乙烯类成分为指标成分，建立了大黄标准汤剂的指纹图谱、标准出膏率，以共有峰传递数、成分转移率及出膏率为指标，分析大黄标准汤剂的量值传递规律，为大黄配方颗粒的制剂工艺研究及质量评价奠定了基础。

标准汤剂从药材源头、制备过程等多个环节对质量进行把控，从出膏率、成分转移率等方面对工艺进行优化，并采用多种现代分析手段对各个环节的物料进行分析，从多维度开展成品制剂的质量标准研究，实现真正意义上的中药整体质量控制模式。因此中药饮片标准汤剂为规范配方颗粒临床用药，统一配方颗粒质量提供了可靠的依据，在制备配方颗粒的过程中起着重要作用。

（二）中药配方颗粒等效性评价

1. **等效性研究的含义**　中药配方颗粒作为传统饮片及汤剂的发展，有着众多的优势，但是也存在一些问题，其中最突出的就是其等效性问题。中药配方颗粒等效性方面存在的问题主要有两点：一是以单味饮片进行煎煮制备得到的配方颗粒与合煎制备得到的传统汤剂的等效性问题；二是因缺乏统一的国家标准，不同的生产厂家其标准及工艺的不一致可能导致同品种的配方颗粒出现等效性方面的问题。因此在中药配方颗粒的质控中，会进行中药配方颗粒与中药饮片、中药汤剂的等效性评价，等效性评价主要包括化学成分对比研究、药理药效对比研究及临床疗效对比研究[48]。

2. 中药配方颗粒等效性研究的分类

（1）化学成分对比研究：是对配方颗粒与中药饮片、中药汤剂中包含的化学成分及含量进行对比的一种等效性研究的方式，即对其防病治病的物质基础进行等效性研究，可最直观地表现出配方颗粒与中药饮片、中药汤剂的区别。单煎的配方颗粒与合煎的中药汤剂存在等效性问题的最大原因就是，汤剂在合煎时，多成分在高温煎煮过程中可能会发生物理、化学反应，导致各成分溶出量变化，甚至产生新的化学成分。因此在进行等效性研究时，其化学成分的对比研究是必不可少的[49]。

目前常用的化学成分等效性研究方法有指纹图谱技术、指标成分定量分析及组学技术。其中指纹图谱技术、指标成分定量分析所用的技术与方法属于常规质控技术，主要依托于高效液相色谱、气相色谱、薄层色谱及近红外光谱等技术进行；组学技术是对研究目标进行高通量、无偏差全面分析的技术，通常采用液质联用技术对配方颗粒及中药饮片、中药汤剂中的成分进行检测，并通过偏最小二乘法判别（OPLS-DA）分析，比较其中成分的相似度，该技术可快速、无偏差地比较配方颗粒与中药饮片、中药汤剂中化学成分的差异，为物质基础等效性研究提供了有效的手段。

（2）药理药效及临床疗效对比研究：配方颗粒与饮片、汤剂中所含的化学成分作为其防病治病的药效基础，其所含种类和含量的不同将对其药理药效及临床疗效造成一定的影响，其临床疗效的对比研究最能直观地体现中药配方颗粒与饮片、汤剂之间的等效性，也是配方颗粒等效性研究中最重要的环节[49]。

药理药效的等效性评价通常分为体内、体外药效评价（图5.8）。体内药效评价通常以小鼠或大鼠为实验对象，通过建立大鼠/小鼠病理模型，比较配方颗粒、饮片和汤剂对模型的药效作用，判断其体内药理药效的等效性，如在对川芎配方颗粒进行等效性研究时，通过小鼠热板法和小鼠扭体法研究川芎配方颗粒及饮片的镇痛作用[50]；体外药效评价通常是研究配方颗粒的抑菌、抗炎效果，如在对黄柏配方颗粒等效性研究中，比较了配方颗粒和饮片对多项菌种抑制效果的差异，并对其等效性进行了评价[51]。临床疗效的对比研究中，通常是比较配方颗粒与传统汤剂对临床患者的治疗效果，通过比较患者治疗率判断其等效性。

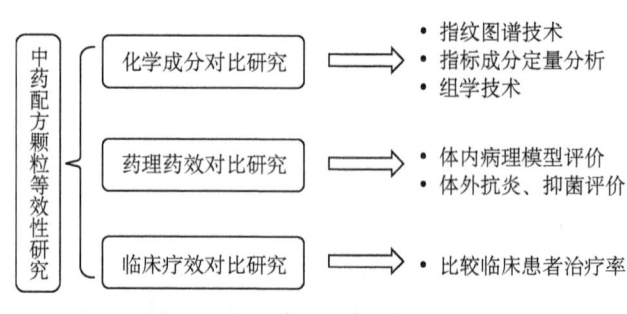

图5.8　中药配方颗粒等效性评价的方法

在配方颗粒等效性研究中发现，其化学成分与药理药效的对比研究存在不等效的现象，其原因如下：①在化学成分及其含量的对比研究中，往往忽略了原料药材本身在化学成分含量上的差异性，因此在研究中应尽量选择来源批次相同的原料药制成的配方颗粒和饮片进行研究；②不同厂家的生产工艺存在一定的差别，从而造成其成分含量的不同，在此方面需要统一的标准来起到规范作用。从 2021 年 4 月国家颁布第一批配方颗粒标准以来，截至 2022 年底，已有 30 个省级行政区域陆续颁发了多个批次的标准。且在疗效方面，配方颗粒与中药汤剂的临床疗效大体相近，说明配方颗粒值得进一步规范和发展。

（三）新型中药配方颗粒质控技术

现行的中药配方颗粒的质控方法主要从化学评价与药效评价两个方面展开，化学评价主要以指标成分的含量测定及指纹图谱为主，该方法无法全面反映其整体质量波动，与其临床疗效更缺乏关联性；药效评价则主要以体内外活性评价和临床疗效为主，评价虽然能够关联其临床功效，能够较好地反映出其临床功效的差异性，但实验过程复杂，对于生产企业而言，可操作性低。因此在大生产过程中，亟须一些快速高效的质控技术以对配方颗粒进行质量评价。目前在实验室水平下尚有不少研究者开发了一些新型的配方颗粒质控技术，这些技术虽然目前应用较少，但具有一定的发展潜力。

效应近红外光谱（efficaciousnear-infrared spectroscopy，eNIRS）是一项新型中药配方颗粒质控技术，该技术整合了近红外光谱技术和生物效价检测，通过筛选关联功效的近红外特征波段构建而成，是一项可实现配方颗粒质量波动的快速、在线的检测方式，可提高配方类质量的可控性。

该方法首先对各个批次配方颗粒的近红外光谱进行采集并对其中的化学成分进行定量测定，随后采用体外或体内病理模型，评价各批次配方颗粒的生物效价，随后，分别将配方颗粒的近红外光谱数据及化学成分数据与生物效价进行 Pearson 相关分析，找出与生物效价相关性最高的化学成分及红外波段，并基于所筛选出的近红外活性波段，计算该波段下的面积，以不同波段的面积为主要指标，构建效应近红外光谱，最后另取不同批次的配方颗粒对筛选出的活性波段进行验证。具体的操作流程见图 5.9。

该方法在配方颗粒的质控中具有快速、实时监测的优点，张萍等[52]建立了该方法用以评价大黄配方颗粒的质量，结果表明，该方法筛选出的活性波段可有效地将不同当量的配方颗粒区分开，说明该方法具有可行性。

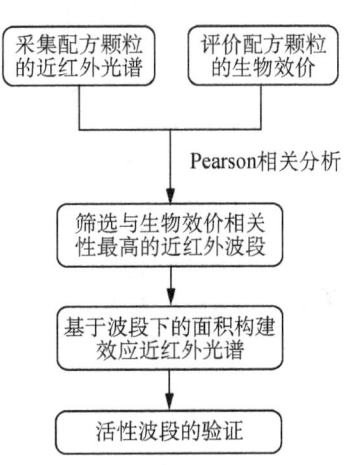

图 5.9 效应近红外光谱的构建过程

（孙冬梅　孙宜春　叶亮　毛明强）

参考文献

[1] 李松林,宋景政,徐宏喜.中药配方颗粒研究浅析[J].中草药,2009,40(S1):1-7.

[2] 王优杰,李益萍,沈岚,等.中药临方颗粒剂的特点与发展设想[J].中国中药杂志,2021,46(15):3746-3752.

[3] 江世雄.我国中药配方颗粒产业存在问题及对策研究[D].郑州:河南中医药大学,2016.

[4] 何军,朱旭江,杨平荣,等.中药配方颗粒的现状与发展新思路[J].中草药,2018,49(20):4717-4725.

[5] 李远辉,李慧婷,李延年,等.高品质中药配方颗粒与关键制造要素[J].中草药,2017,48(16):3259-3266.

[6] 张红梅,宋景政,谭红胜,等.从汤剂到颗粒剂:中药配方颗粒20年回顾与展望[J].世界科学技术-中医药现代化,2012,14(4):1740-1753.

[7] 卢芳国,张世鹰,吴治谚,等.中药煎煮的容器、溶媒、时间、火候因素[J].中医杂志,2016,57(1):78-80.

[8] 聂安政,朱春胜,张冰.中药特殊煎法的探讨与思考(一):先煎[J].中草药,2018,49(7):1716-1720.

[9] 全智慧.NIR分析技术在制川乌配方颗粒制备过程中的应用研究[D].广州:广州中医药大学,2013.

[10] 聂安政,高梅梅,朱春胜,等.中药特殊煎法的探讨与思考(二):后下[J].中草药,2018,49(13):3153-3161.

[11] 叶殷殷.大黄配方颗粒制备工艺及质量标准的研究[D].广州:广州中医药大学,2010.

[12] 谭灵芝,邱国旺,蔡良,等.一种薄荷配方颗粒及其制备方法[P].中国专利:CN109646408A,2019.4.19.

[13] 杨念明,白发平,陈银,等.一种沉香配方颗粒剂及其制备方法[P].中国专利:CN110038069A,2019.7.23.

[14] 成金乐,郑夏生,杨泽锐,等.中药饮片粉末的历史与应用[J].世界科学技术-中医药现代化,2016,18(9):1539-1545.

[15] 刘芳,傅超美,李小红,等.中药粉末饮片的研究与应用进展分析[J].中国实验方剂学杂志,2016,22(2):222-225.

[16] 赵国巍,王春柳,廖正根,等.超微粉碎在中药复方制剂中的应用研究进展[J].江西中医药大学学报,2014,26(2):94-97.

[17] 赵自明,赵静宇,曾晓会,等.20味超微粉碎技术制备中药配方颗粒急性毒性研究[J].今日药学,2014,24(8):570-573.

[18] 韩鹏,汪涛,胡伟炬,等.阿胶珠配方颗粒制粒工艺研究[J].中国药业,2019,28(24):23-25.

[19] 张仁霞,朱德全,刘丽萍,等.阿胶配方颗粒及其辅料的红外光谱鉴别[J].中医药导报,2016,22(4):60-62.

[20] 陈丙春,郑丽莉,王海燕,等.传统矿物中药的研究进展[J].中国中药杂志,2014,39(2):181-184.

[21] 邵建强.中药指纹图谱的研究进展[J].中草药,2009,40(6):994-998.

[22] 张慧,陈燕,汪佳楠,等.指纹图谱技术在中药配方颗粒质量评价及过程控制中的应用[J].中国中药杂志,2018,43(19):3822-3827.

[23] 姚静,施钧瀚,桂新景,等.基于HPLC指纹图谱评价的当归补血汤传统汤剂与配方颗粒汤剂的成分差异分析[J].中草药,2019,50(11):2567-2574.

[24] 李学林,王柯涵,康欢,等.基于HPLC指纹图谱的黄柏配方颗粒汤剂与标准汤剂、传统汤剂对比研究[J].中草药,2020,51(1):91-100.

[25] 孙岚萍,顾志荣,马转霞,等.黄芪饮片-标准汤剂-配方颗粒HPLC指纹图谱相关性研究[J].中草药,2020,51(10):2781-2789.

[26] 邓哲,荆文光,刘安.薄层色谱法在当前中药质量标准中的应用探讨[J].中国实验方剂学杂志,2019,25(7):201-206.

[27] 刘远俊,刘丽萍,陈巧华,等.干姜、炮姜和姜炭配方颗粒的近红外快速鉴别研究[J].今日药学,2021,31(7):530-534.

[28] 吴文辉.基于近红外光谱技术对淫羊藿配方颗粒的系统研究[D].成都:成都中医药大学,2016.

[29] 黄昊,李静,秦竹,等.中药配方颗粒红外指纹图谱研究[J].分析化学,2003,31(7):828-832.

[30] 涂瑶生,柳俊,张建军.近红外光谱技术在中药生产过程质量控制领域的应用[J].中国中药杂志,2011,36(17):2433-2436.

[31] 李洋,吴志生,史新元,等.中试规模和不同提取时段的黄芩配方颗粒质量参数在线 NIR 监测研究[J].中国中药杂志,2014,39(19):3753-3756.

[32] 王欣,覃瑶,王德江,等.一测多评法在中药质量控制中的应用进展[J].中成药,2016,38(2):395-402.

[33] 朱晶晶,王智民,高慧敏,等.一测多评法在中药质量评价中的应用研究进展[J].中国实验方剂学杂志,2016,22(16):220-228.

[34] 秦昆明,杨冰,胡静,等.一测多评法在中药多组分质量控制中的应用现状与思考[J].中草药,2018,49(3):725-731.

[35] 黄群莲,罗颖,李芹,等."一测多评"含量测定法对黄柏配方颗粒与黄柏饮片适用性研究[J].中国医院药学杂志,2015,35(16):1470-1474.

[36] 田宇柔,麻景梅,王鑫国,等.一测多评法同时测定山茱萸配方颗粒中5种成分[J].中成药,2017,39(9):1845-1849.

[37] 刘晓霞,丁青,陈芳,等.基于高效液相色谱特征图谱和一测多评法的淫羊藿配方颗粒质量标准研究[J].中南药学,2021,19(7):1316-1320.

[38] 涂瑶生,柳俊,孙冬梅,等.近红外漫反射光谱法用于白芍配方颗粒原料药材质量控制的研究[J].中国中药杂志,2011,36(9):1162-1167.

[39] 王闽予,刘丽萍,朱德全,等.甘草配方颗粒多指标成分的近红外快速检测方法[J].今日药学,2020,30(6):385-393.

[40] 杨立伟,王海南,耿莲,等.基于标准汤剂的中药整体质量控制模式探讨[J].中国实验方剂学杂志,2018,24(8):1-6.

[41] 殷文俊,何洁玉,许鑫,等.基于特征图谱和量值传递关系评价荆芥配方颗粒的关键生产工艺[J].中国中药杂志,2020,45(6):1357-1362.

[42] 李艳,白明,宋亚刚,等.中药标准汤剂的研究与思考[J].中草药,2018,49(17):3977-3980.

[43] 刘德文,邓哲,陈莎,等.泽泻饮片标准汤剂的制备及质量评价[J].中草药,2019,50(4):860-867.

[44] 徐玉玲,贾裕杰,张文文,等.基于标准汤剂的三颗针配方颗粒质量评价研究(Ⅰ)[J].中草药,2018,49(19):4535-4543.

[45] 孙岚萍,顾志荣,马转霞,等.黄芪饮片标准汤剂配方颗粒 HPLC 指纹图谱相关性研究[J].中草药,2020,51(10):2781-2789.

[46] 施之琪,孟鹤,陈桂生,等.基于标准汤剂的酒女贞子配方颗粒 HPLC 指纹图谱研究[J].中国现代应用药学,2019,36(15):1882-1886.

[47] 戴莹,施凯,窦志华,等.大黄标准汤剂量值传递规律研究[J].中草药,2021,52(10):2938-2950.

[48] 甘海宁,陈玉兴,孙冬梅.中药配方颗粒与传统中药汤剂药效等效性的研究进展[J].今日药学,2017,27(6):425-429.

[49] 郭明星,吴诚,童卫杭.中药配方颗粒和中药汤剂等效性研究进展[J].中国现代中药,2016,18(9):1107-1110.

[50] 黄勤挽,黄媛莉,韩丽,等.川芎配方颗粒的药理等效性实验[J].华西药学杂志,2007,22(2):154-157.

[51] 曾锐.黄柏及盐黄柏配方颗粒药学和初步药效学研究[D].成都:成都中医药大学,2004.

[52] 张萍,牛明,谭鹏,等.中药效应近红外谱的构建及应用——以大黄配方颗粒为例[J].药学学报,2019,54(12):2162-2168.

第六章

中药制剂再评价再发现再创新技术

第一节 概 述

1978年改革开放以后，国务院批准发布了《药政管理条例》（已失效），卫生部组织制定《新药管理办法（试行）》，标志着我国药品审批体制的初步建立。然而由于各地卫生行政部门在具体实施时，标准不一，以及某些药品的基础研究工作薄弱，导致药品审批过程中出现的问题不断增多。1985年卫生部根据《药品管理法》颁布了《新药审批办法》，新药审批逐渐规范化，新药审评审批的标准得到了提高。

自1985年实施《药品管理法》至今已有30余年，获批上市了一大批有疗效、安全性高的中药创新药物，产生了一批中成药大品种，为临床用药与产业发展作出了巨大贡献。在中医药理论指导下发现和研发创新药物，一直是我国新药创制的重要途径。随着人民健康需求的不断提升，经济及现代科技的快速发展，我国对中药新药的注册标准也在不断提高，特别是国家药品监督管理局最近提出的新理念——"以临床价值为导向的药物创新"和"实施药物临床有效性评价"，这给中药新药的研发带来了新的挑战。

近年来在中药新药申请方面，国家药品监督管理局药品审评中心受理的中药NDA申请2015年共20件，由于受"722事件"的影响，2016~2020年分别为0、8、3、3、8件；在获批中药新药方面，中国工程院院士、中国中医科学院院长黄璐琦指出："中药新药创制研究已取得了长足的进步，但我国中药新药研发动能下降"，2015~2020年获批新药证书数量分别为7、2、2.1、1.2、2.2、2.4个，连续6年维持在个位数。

2016~2021年，获批的中药新药共有22个，包括金花清感颗粒、九味黄连解毒软膏、丹龙口服液、关黄母颗粒、金蓉颗粒、芍麻止痉颗粒、小儿荆杏止咳颗粒、莲花清咳片、筋骨止痛凝胶、桑枝总生物碱片、清肺排毒颗粒、化湿败毒颗粒、宣肺败毒颗粒、益肾养心安神片、益气通窍丸、银翘清热片、玄七健骨片、芪蛭益肾胶囊、坤心宁颗粒、虎贞清风胶囊、解郁除烦胶囊、七蕊胃舒胶囊。从近年获批的中药新药能够看出，获批的这几种新药多数源自临床，有充分的临床应用基础，如金蓉颗粒、丹龙口服液和七蕊胃舒胶囊均为医疗机构多年使用的中药制剂，其余几个产品来源于名老中医多年的临床验方。坚实的临床应用基础为产品的临床研究提供了精准定位，更容易取得预期较好的试验结果，为产品通过药品审批提供了保障和应用基础。

但不容忽视的是，中药新药临床试验申请数量呈现整体下降趋势，上市许可申请的数量也在降低。分析其原因，一方面，国家对新药的技术要求越来越高，审评和审批的标准不断提升，使得药品通过审批的难度越来越大；另一方面，申报人员及单位对中药新药的审评理念和相关技术要求等了解不够，导致申报资料不能达到国家要求的审评标准，申报存在盲目、低水平重复等现象。此外，目前中医药存在"传承不足、创新不够"的问题，严重制约着中医药的新药创新。从近些年上市新药的名录里能够发现，2014～2021年没有新的中药注射剂获得审批，2016～2021年没有单方中药新药取得批准。从剂型上看，2016年以来获批的22种中药新药，有9种为颗粒剂，5种为片剂，4种为胶囊剂，1种为丸剂，1种为外用膏剂，1种为口服液，1种为凝胶，大多为生产工艺较为简单、相对传统的剂型。2016年以来，获批的中药均具有传统中医药理论的支撑，在诊疗理念、疾病分型、用药人群方面同样更加突出中医药特点，为复方创新中药的发展指明了方向。

随着获批中药新药数量的不断降低，依据中医药理念开展中药新药研发，成为中药新药发展的必然要求。因此，必须在"以临床为导向、重视人用历史"审评理念的指导下，构建具有中医药特色的中药新药研发模式，建立具有中医药特点的新药研发体系，降低研发的风险，确保研发出更加安全有效的中药新药。

目前新型中药产品研发中迫切需要面对和解决的问题是，在结合中药特点的基础上，科学应用先进技术，在中药质量标准、提取制备工艺和药理毒理机制等方面有所突破，全面提高中药研发品种的质量，研制出适应国际市场需求、高科技附加值的中药创新制剂，促进中药的现代化和国际化。这就迫切需要开展以"再评价为基础、再发现为关键、再创新为根本"的系统研究（图6.1）。

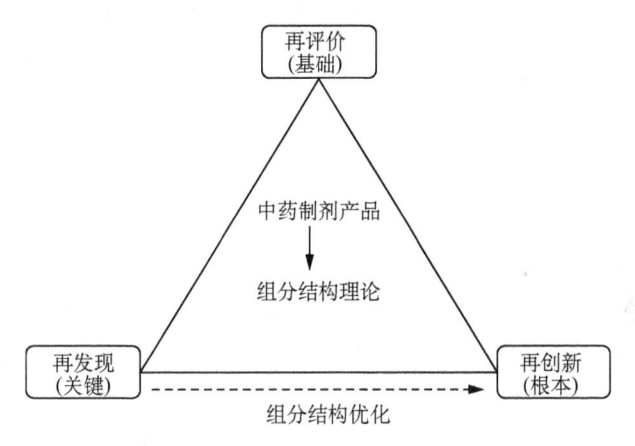

图 6.1 中药再评价-再发现-再创新

一、中药上市后再评价、再发现、再创新有助于提升中药产业水平

因药品上市前临床研究存在诸多客观存在的局限性，如病例数太少，研究时间太短，试验对象年龄范围太窄，用药对象条件控制太严，试验设计过于简略，导致药品上市之初并不能全面认识和把握药品的属性。因此需要加强药品上市后发现的风险信号，实施再评价工作，评估风险效益，修订药品风险管理措施。药品上市后再评价可以满足临床药品使用的需求，监测不良反应（药品禁忌、特殊人群、长期用药安全、合并用药等），从而实施有效的监管；通过系统、规范、严谨的上市后再评价，企业可以全面获得药品上市后的有效性和安全性信息；评价上市后药品的利益和风险，为药品的临床合理使用提供科学依据；同时还可为政府卫生决策、企业营销决策和公众健康保障提供及时、科学的技术依据。因此，药物上市后再评价是药品研究的一个重要环节，是确保用

药安全、有效的手段，也是对新药评价的扩张和延伸。

二、中药可持续的再创新需要以再评价为基础

中药具有复杂性和特殊性，也具有较强的原创性。中药上市后再评价是一个逐步深入的过程。中药上市后再评价已经历 10 余年发展，为保障公众用药安全作出了较大的贡献。中药上市后再评价是中药合理应用的保障，也是中药进入医保、基本药物目录的重要支撑，更是建立中药药物再注册制度不可或缺的环节。中药因其自身的情况，存在临床适应证模糊、剂型不合理、物质基础不清楚、作用机制不明确、质量不稳定等问题，严重限制了临床的应用。中药的再评价不同于化学药物，中药不仅有成药在使用，还有诸多经典方剂、临床效方等，因此，中药的再评价不仅仅是针对成药品种，还要包括临床应用的方剂。中药需要传承，更需创新，创新的源泉不仅需要挖掘方剂宝库，还需要注重利用现代工程化技术，通过系统上市后中药再评价，从祖国医学宝库中再发现有效组分与方剂，从而实现再创新，推动中药创新可持续发展。

三、面临的安全性及临床有效性问题迫切需要实施再评价

中药存在的不良反应成为社会关注的话题，以及其临床效用一直备受质疑。以再评价为切入点的系统研究的优势在于评估不同使用条件下的安全性、有效性和经济性，从而更深入地理解中药，制订更加完善的使用策略；另外，还可借助再评价体系拓展延伸，实现中药的再创新，降低不良反应发生率，提升有效性。

中药上市后再评价-再发现-再创新是一个系统性工程，需要结合现代的工程技术，融合现有的革新技术，实施高效的中药新药再创新。现有的中药上市后再评价研究聚焦药品的安全性、有效性及相关政策法规的制定，注重"评"，但是未能够对评出来的问题如安全性、有效性问题，临床适应证模糊，批次间质量的可控性等给予合理的解决方案。这就需要从再评价中再发现，在再发现的基础上实现再创新，方能推动中药新药的不断提升和进步。

因此，迫切需要构建以"再评价-再发现-再创新"为核心的关键技术体系，系统研究临床高风险制剂、注射剂、中药大品种、临床效方等的安全性、有效性物质基础，提升产品的质量和安全性，降低不良反应发生率，为临床预警和企业质控提供参考；并在此基础上，发现有效组分，为创新中药提供动力。

第二节　中药再评价技术

中药是源于临床经验并经临床实践形成的效方、药品与产品。在中药现代化稳步开展，创新中药研究如火如荼进行的同时，需要注重中药上市后的再评价研究。中药再评价是对中药上市后进行的研究，是对药品上市前研究的必要补充，是药品评价的重要阶段。由于上市前的研究存在临床试验病例少、研究时间短、用药条件控制较严等诸多局限，因而有必要对上市后的中药进行更为全面且科学的再评价。中药再评价的内涵主要包含以下 5 个方面：①基于系统评价/Meta 分析技术明确中药临床定位；②基于临床循

证评价的中药有效性再评价技术；③基于真实世界临床研究的中药安全性再评价技术；④药效物质基础再评价技术；⑤中药制剂工艺再评价技术。

一、基于系统评价/Meta 分析技术明确中药临床定位

采用系统工程开展中药再评价，应紧密围绕中药临床定位，综合考虑中药的有效性及安全性，解析中药复方化学物质组成、辨识药效物质基础及分析体内过程等。由于诸多因素的影响，现有中药复方普遍存在临床定位不清，药品说明书中描述的适应证宽泛、临床评价不规范等问题，导致该中药复方的临床优势不明显。因此分析中成药在同类药品中的特点与优势，明确临床定位是开展中药再评价的前提和基础。

明确中药复方临床定位，需要对现有的文献和临床资料进行系统分析，并结合临床专家经验进行确定。通过检索国内外文献，全面收集中药复方临床应用、不良反应、基础研究等相关研究报告，初步确定该中药复方适应证的分布范围、用法用量、疗效特点及安全性问题，进一步运用系统评价/Meta 分析方法评价中药复方对不同病证的效应量大小和安全性，为明确临床优势提供证据。在此基础上，综合分析药理学、毒理学、药代动力学及作用机制等研究资料，进一步明确品种作用特点及规律，并进行临床专家咨询和多学科专家研讨，确定品种的临床定位。

系统评价是循证医学重要研究方法和最佳证据的重要来源，被认为是评价临床疗效的基石，Meta 分析是循证医学大量文献分析的核心方法，几乎成了循证医学的代名词。Meta 分析的基本方法是依靠搜集已有的文献，应用特定的设计和统计学方法进行分析和综合评价，对具有不同设计方法及不同病例数的研究结果进行综合比较。其基本步骤是：①提出需要并可能解决的问题；②确定检索策略，检索有关文献；③评价文献质量，剔除不满足要求的文献；④综合分析文献资料；⑤总结报告研究结果。文献资料综合分析是 Meta 分析的关键部分，包括定性分析和定量分析，其基本步骤：①确定研究效应的统计指标，如计量资料检验统计量 t 值、U 值、F 值和相关系数 r 等；②对多个独立研究进行同质性检验；③对具有一致性的统计量进行加权合并，综合估计出平均统计量，对综合估计的统计量进行统计检验和统计判断，最后计算某些统计指标的 95% 可信区间。来自多个研究的 2×2 表的资料，通常采用 Mantel-Haenszel 加权统计分析。多个研究的两组均数比较的统计结果，常用逆正态分布和累计 t 值法等非参数 Meta 分析方法分析，这些方法只能给出 P 值而不能估计两组均数的差及其 95% 可信区间，并且只是将各个研究结果（单侧检测的 P 值）通过逆正态变换后相加而忽略了各研究样本量不同的影响。

Meta 分析方法具有以下特殊作用：①提高统计分析效能，由于把许多具有可比性的单个研究结果进行合并分析，提高了对初步结论的论证强度和效应的分析评估力度；②分析多个同类研究的分歧和原因，对多个临床试验结果不尽一致或存在分歧时，通过同质性/齐性检验和合并分析寻找有关原因，便于作出更科学的结论；③引出新见解，回答单个临床试验中尚未提及或是不能回答的问题，寻求新的假说；④节省研究费用，Meta 分析比大规模临床试验代价低廉甚至更为可行；⑤有助于循证医学的开展，Meta 分析是获取和评价大量文献的科学方法，特别是在当今信息爆炸的时代，Meta 分析有助于临床医生对文献进行再分析、判定与评价，从而在有限的时间内获取更多所需的

信息。

系统评价/Meta 分析是循证医学科学获取、评价和应用最佳证据的重要手段，同时也为确定中药临床定位提供了新的方法。

二、基于临床循证评价的中药有效性再评价技术

在明确临床定位的基础上，根据中药复方组方特点开展相应的中药再评价研究。对有效性证据不充分的中成药，以临床循证评价为重点，辨析药效物质并阐述其作用机制。由于受历史条件等因素所限，既往品种多缺乏符合现代药物审批要求的临床研究，上市后Ⅳ期临床研究也没有系统规范开展。因此，在文献评价基础上，围绕品种临床定位，有针对性地开展上市后再评价研究，提供品种有效性和安全性的高质量临床证据，支撑临床合理用药，可促进中药复方制剂更好发展。

围绕品种的临床特色优势，针对不同品种研究基础及临床定位的不同，设计不同的临床研究方案。从研究的次序和规模，可采用先导试验、探索性试验、多中心大规模确证性试验和真实世界研究等设计方案。具体方法是：以系统评价和专家研讨为基础找个性，以小样本先导性试验作预评估，大型临床研究为核心再验证的序贯设计策略。安全性与有效性并重，从再评价研究着手向大规模临床研究递进，可满足中成药再评价所面临的复杂问题和不同方面的需求，具有很好的实用性。

药物的循证评价包括系统评价、卫生技术评估报告、随机对照试验及个案报告等，所有资料的收集贯穿于药物上市后使用的全过程，且需要不断更新。循证医学尤其强调证据的可靠性，从随机对照试验（RCT）中所获得的证据，被认为真实性和可靠性最强。一般根据证据质量的强度依次分为：一级，RCT 的系统评价或 RCT；二级，对照试验但未随机分组；三级，无对照的系列病例观察。循证药物评价综合分析上市后药物临床研究证据，进行大样本、随机对照、多中心试验评价其临床有效性，其结果被认为是药物临床有效性的最佳证据。循证医学同时强调药物对生存质量、死亡率影响等终点指标的观察。上市前药物有效性的评价，因为观察时间短，其长远疗效尚不能确定，因此生存质量与死亡率亦是上市后药物有效性观察的重要内容。利用生存质量测定可评估人群的健康状况和各种疾病患者的生存质量，评价并优化临床药物治疗干预方案，对提高合理用药具有重要作用。

三、基于真实世界临床研究的中药安全性再评价技术

对有安全性风险的中成药，以安全性监测、评价和风险控制为重点，通过真实世界临床研究，明确产品不良事件/反应情况，并进一步分析发生事件的相关药物成分和风险因素，建立药品安全风险管理控制机制；对制药过程质量控制水平低、批次间一致性不高的中成药，重点辨析工艺与质量相关性，提升制药工艺品质。药物的不良反应成为评价临床试验质量的重要指标，由于药品上市后在社会人群中广泛长期使用引起的不良反应最先受到社会重视，所以对上市后药物不良反应的监测是药物再评价的首要内容。

针对中药注射剂、不良反应率较高的中成药或含有毒药材的中成药，可采取中药安全性再评价研究。首先，对临床病例报道、安全性监测报告和医院临床诊疗系统等数据进行系统的搜集，初步分析不良反应的特征和类型。在此基础上通过大样本多中心安全

性集中监测研究，明确药品不良事件/反应情况和相关危险因素。对发生不良反应的病例，可以进行遗传药理学研究，以进一步明确发生不良反应的个体差异，从而更好地指导临床合理用药，提高安全用药水平。在临床研究基础上，以过敏、类过敏、肝肾毒性等为重点开展毒性成分筛查研究，进而对致毒成分建立限量标准，提高内控质量标准，优化制药工艺参数，降低药品安全风险。

作为中医药现代化创新的成果，中药注射剂具有起效快、生物利用度高等优势，正在临床上发挥治疗急重症的作用，但由于中药注射剂生产工艺复杂、多成分多靶点发挥作用，物质基础不明确，质量标准可控性差及临床合理用药指导不足，使得中药注射剂存在一定的安全隐患。2018年，全国药品不良反应监测网络共收到中药不良反应报告21.3万例次，其中药注射剂占49.3%，占比最高[1]。对中药注射剂的药物警戒研究迫在眉睫，其中对上市后中药注射剂的风险性再评价技术研究显得尤为重要。

自2009年发布《国家食品药品监督管理局关于做好中药注射剂安全性再评价工作的通知》[2]，2010年发布了7个相关技术指导原则等若干文件以来，国内开展了中药注射剂在非临床研究、临床研究、生产、质量可控性等一系列的安全性再评价工作，以质量稳定可控、安全风险可控为发展目标。以下对中药注射剂安全性再评价技术进行主要介绍。

（一）质量可控技术

质量可控是中药注射剂安全有效的基础和保障，成为中药注射剂风险性再评价的主要内容。中药注射剂所引发的过敏反应占不良反应或不良事件多数，这与其药味组成、辅料及杂质含量密切相关。这就需要明确物质基础，开展多维度、全过程的质量控制，如对原辅料、药材前处理，炮制制备，包装，储藏，运输，使用等环节实行全过程的质量控制性评价工作，以达到有效成分含量、批次间稳定性、生产工艺一致性的目标。

中药注射剂所含化学成分复杂，多组分、多靶点协同发挥药效的同时，所含无效成分与杂质较多，还含有一定量的未知成分，极易在静脉注射时导致各种反应。这就需要采用合理的检测项目和方法来明确中药注射剂中所含的成分，完善和提高质量标准。如挖掘中药注射剂原方中的有效活性组分，明确其组分结构特征，筛选出组分配伍机制，从而建立中药多组分多靶点的药效评价模式。

受种植（野生与栽培品种、产地、生长环境、年限、采收季节）、加工炮制方法、储存条件、运输过程及外源性污染（农药残留、重金属、放射性元素、微生物）影响，同种中药有效物质基础含量不稳定，从而影响注射剂的临床疗效的发挥。这就需要对中药注射剂的制剂原料包括药材、提取物、中间体等进行稳定性考察，对药材基源与原料基地等指标进行控制从而确保原料稳定，保证生产过程与工艺过程一致，并且在流通、应用等环节规定储存条件，对上市后产品进行留样稳定性考察及回顾性分析。

（二）临床安全性研究技术

首先是发现中药注射剂安全性风险信号，主要包括Ⅰ、Ⅱ、Ⅲ、Ⅳ期临床性研究、上市后临床使用或监测，非临床安全性研究三部分内容。目前主要集中收集Ⅳ期临床性研究及临床使用与监测中发现的风险信号。其次需要对所收集的风险信号进行评价研究，包括对中药注射剂新发现的上市前未出现的不良事件、已发现的不良事件严重程度明显增加或发生率明显增加、上市后发生了罕见的严重不良反应及一般不良反应、发现未认识到的带有特定遗传倾向或合并症的特殊人群及对过敏人群的研究。

可以利用横断面研究、病例对照研究和队列研究等流行病学方法对采集到的风险进行评估，采用新的研究方法与模型，探索中药注射剂的毒性机制：如运用血清药理学，从细胞分子水平解释中药注射剂引发不良反应机制；运用毒物代谢动力学，定量评价剂量与血药浓度的数量关系、毒性反应与血药浓度关系。将血药浓度应用在不良反应监测上，综合评价中药注射剂的不良反应，分析和处理数据并建立标准评价模型，用于评价用药风险。最后进行受益-风险的评估，采取处置措施，如完善说明书等，使中药注射剂的安全性风险最小化，并提供风险控制计划。

有学者针对中药中风险较高而前期研究基础较好的中药注射剂热毒宁注射液、注射用血塞通与血必净注射液，根据各自特点，开展了临床安全性医院集中监测研究。热毒宁注射液以治疗外感高热、小儿手足口病等为主，属于治疗常见病的代表药物；注射用血塞通主要用于治疗脑梗死、冠心病等心脑血管疾病，属于治疗重大疾病的代表药物；而血必净注射液主要用于治疗脓毒血症、全身炎性反应综合征，属于治疗疑难疾病的代表药物。三者研究目的相同，为了解其安全性，明确不良反应类型、不良反应发生率，明确危险因素，发现罕见不良反应，均采用医院集中监测方法，采集样本量达到3万例。质量控制严格按照已制定的标准操作规程，在方案设计阶段，充分考虑三者方药特点及治疗疾病特色，查阅大量文献，多次召开专家论证会，不同的药物有不同的关注点。如热毒宁注射液由青蒿、金银花、栀子组成，药偏寒凉，而临床应用以小儿为主，故在出现小儿腹泻的不良事件时要考虑是否由药性引起；血必净在前期的临床应用过程中发现，骨科患者出现的不良反应较多，故予以多加关注；注射用血塞通为心脑血管疾病用药，用药人群以中老年人为主，而老年人在上市前的临床研究中较少涉及，且该项目开展时间在冬季，需注意配液时室温的影响。在实施阶段，采用电子化数据管理系统，实时监测数据，并采用三级质量控制体系，保证质量可控。

四、药效物质基础再评价技术

（一）结合传统成分分离与活性追踪的筛选技术

传统的成分分离研究思路：利用植物化学的方法对中药中的化学成分或组分进行提取、分离与鉴定，然后采用不同的生物学方法，并利用药理模型（整体动物、离体器官、细胞和分子等）对每一个化学成分进行生物活性筛选，最后确定有效成分，阐明中药发挥药效的物质基础[3]。采用该思路方法已对大部分单味中药的化学成分进行了系统的分离和相应的生物活性研究，并取得了显著的效果，成功发现了抗疟新药青蒿素、治疗心脑血管疾病的川芎嗪、治疗老年痴呆病的石杉碱甲等。但这种研究方法在应用中经常会出现以下两个问题：一是生物活性成分或有效成分在分离纯化的过程中丢失；二是会出现中药化学成分越纯化、活性越低的现象。对于单一中药的药效物质基础研究，该研究模式依然发挥着重要的作用，因为这种研究模式可操作性强，但由于中药具有作用成分复杂、靶点多、功能主治广泛的特点，若采用单一或少量的活性指标筛选，并不能全面体现中药的药效物质基础，特别是中药复方制剂。对于较多药味的复方，采用这种研究方法，既较难阐明中药复方的配伍特性，也无法充分体现复方中药治疗疾病的优势。针对该研究模式出现的问题，已经有学者将分离和分析的层面扩大，将单味中药或中药方剂的复杂成分看作组合化学库或化学物质组,把不同物质组作为研究对象,采用现代仪器分析方法对各物质组进行分析、标化,再对各物质组进行活性筛选,明确活性成分。

(二) 生物亲和色谱技术

生物亲和色谱法是借助成分与生物之间的亲和特性,将各种生物活性物质如靶蛋白、细胞膜等生物大分子固定在固定相上的新型色谱技术,该技术可用于中药活性成分的筛选。首先需要分离生物活性大分子,将得到的生物材料与色谱固定相以共价键或者疏水相互作用的方式进行结合,从而得到具有生物活性的色谱柱,将其与高效液相色谱仪连接,实现在线的高通量筛选。

酶、受体、DNA、血浆中的运输蛋白和其他具有重要生理功能的生物大分子均可作为分子生物色谱的配基,开展药物活性成分研究。其中血浆运输蛋白可用于活性成分的粗筛选。药物作为一类重要的生物活性物质,与血浆蛋白如白蛋白存在可逆的结合平衡。血液中只有游离药物可透过血管到达活性位点,产生生理活性。因而药物分子在人体血液中与血浆蛋白的相互作用直接影响药物的分布、排泄、代谢、活性和毒副作用。将蛋白质键合于硅胶上形成的以蛋白质固定相为基础的分子生物亲和色谱法,是适应日益发展的生命科学和制药工业对药物分离分析的要求而发展起来的。

这项技术具有以下特点:①重复性好,因生物大分子保持不变,而消除了实验误差的主要来源之一;②色谱系统测量精度高,数据的变异系数小;③快速简单,可将中药的提取液直接进样,无须预处理、纯化等多个分离步骤;④通过典型的系列化合物可快速得到可比较的数据;⑤药物在柱上的保留行为直接与活性或结合相关,具有一定的生理学意义。

(三) 计算机辅助虚拟筛选技术

随着 X 射线晶体学和分子生物学的发展,确定了许多与疾病相关的生物大分子的三维结构,计算机科学的迅速兴起也使数据挖掘与机器学习飞速发展。在这两个方面的推动下,计算机辅助虚拟筛选技术应运而生,并渗透到新药研发的各个方面。

计算机辅助虚拟筛选技术是指确定筛选目标后,在数据库中检索大量分子结构信息,并使用软件对其进行处理,模拟该化合物与已知靶标的结合情况,根据得分函数和评价结果,筛选出一种乃至几种潜在的有效成分,根据体内外药效实验进一步验证。该技术的实现是利用计算机强大的计算能力,在已经构建好的待筛选化合物的三维模型数据中搜寻与靶标位点具有相互作用的化合物,从而达到初步筛选的目的。研究人员使用生物信息核心分析(IPA)软件,对中药复方黄芩汤作用于荷瘤小鼠的机制进行了探究,研究结果发现黄芩汤激活了促凋亡和抗炎通路,并进一步证实了其与化疗药联用时的减毒增效作用。

计算机辅助虚拟筛选技术具有效率高、成本低等特点,作为中药活性成分筛选的一种新兴技术,在筛选活性成分时,可对复杂体系中的多种成分实现聚焦效果,从而缩小筛选范围。但会产生一定假阴性和假阳性结果,其筛选结果需要通过进一步的实验进行验证。虚拟筛选技术需要利用多种筛选方法和数据库,对靶标和活性成分的相互作用进行确证,以降低假阳性实验结果。

(四) 分子印迹技术

分子印迹技术(molecular imprinting technique,MIT)是在模拟生物体内抗原与抗体相互作用的原理基础上发展起来的新型技术。通常包含以下3个步骤,一是印迹,选择特定的目标分子作为模板,即印迹分子,与具有适当功能基团的单体通过共价或非共价作用形成复合物;二是聚合,在复合物中加入引发剂,将带有特殊官能团的功能单体与交联剂进行聚合反应,形成高分子聚合物;三是萃取,通过物理或化学方法比如洗脱、水解等将模板分子从聚合物中抽离出来,聚合物主体上就留有模板分子的"印迹",其对模板及模板结构相似的分子具有特异性结合能力,这样的聚合物称为分子印迹聚合物[4]。

分子印迹技术可用于中药活性成分的筛选,以已知化合物为模板合成分子印迹聚合物(MIP),MIP上具有和模板分子构型类似的相互作用位点,因此能特异性地吸附在此MIP上的化合物往往是模板分子或与模板分子结构相似的化合物[5]。将MIP技术应用于中药复方体系,往往可以筛选到与模板分子具有相同活性的成分。徐筱杰以槲皮素作为模板分子构建了槲皮素MIP,并作为固相萃取的吸附剂用于筛选藏锦鸡儿乙酸乙酯提取物中的活性成分,研究结果发现洗脱液中活性强于乙酸乙酯提取物,说明洗脱液中存在与模板分子槲皮素相似的成分,经质谱鉴定为白皮杉醇和紫铆查耳酮,活性测试结果表明白皮杉醇和紫铆查耳酮均呈现抑制表皮生长因子受体(EGFR)酪氨酸激酶活性的作用[6]。

中药活性物质的分离纯化应以药效为着眼点,MIT作为一种新型的分离手段,以药效分子作为模板,对活性成分进行特异性分离,具有很高的选择性和优良的理化特性,对酸、碱、有机溶剂均具有一定的耐受性,将该技术应用于中药活性成分的筛选具有良好的应用前景。

(五)成分敲除/敲入技术

成分敲除/敲入技术有助于发现中药的主要药效成分,首先采取溶剂系统分离法结合药效实验,初步确定可代表整方药效的有效提取物,在此基础上,借鉴"基因敲除/敲入"策略,以中药谱效关系和量效关系作为切入点,建立基于目标成分"敲除/敲入"的中药谱效关系与量效关系研究模式,从而确定中药主要药效组分[7]。该技术以中药整体为研究对象,通过灵敏的药效评价模式对敲除的目标成分、阴性样品与中药整体的生物活性进行评价,辨识药效组分,探究各成分之间存在的相互作用关系。

"敲除/敲入"技术包括以下4部分:一是系统分层筛选,根据有效提取物化学指纹图谱和药理药效指标,初步确定敲除成分,避免敲除的盲目性。二是敲除,从总提取物中敲除目标成分,进行总提取物、目标成分及阴性样品的生物活性比较,如果阴性样品有效,则重复上述筛选程序(目标成分1、目标成分2、目标成分3……),直至阴性样品几乎无效为止,将目标组分的药效作用与方药整体性药效进行等效性比较,以更好地体现中医药的整体观。三是敲入,将不同梯度的药效组分分别敲入至阴性样品,进行体内、体外生物活性评价,阐明量效关系。四是构建关乎临床、关乎药效的中药质量控制新模式,以关键药效组分的含量作为测定指标,制订质量标准,构建科学合理有效、关乎药效、关乎临床的质量控制模式。

张甜甜[8]以金银花作为研究对象,通过柱层析的方法制备金银花水提物不同提取部位,建立生物热力学抗菌模型与抗肠道病毒EV71细胞病变模型对药效组分进行辨识,发现异绿原酸组分为活性组分,之后将不同梯度的异绿原酸分别敲入至异绿原酸阴性部位样品中，从抗菌、抗病毒两个方面对金银花药效组分进行量效关系研究，最终制订了金银花推荐使用剂量，为金银花"关联药效，量而又准，可控可评"的质量控制新标准提供了实验依据。

（六）等效成分群发现技术

等效成分群发现技术的科学内涵包括：①等效成分群与原中药针对某一病症的药效相当，是中药的核心有效部位；②等效成分群定性定量表征明确，即该组分所包含的化合物及含量比例都已清楚解析；③等效成分群中每个成分通过各自的靶点贡献于整体药效，整个成分群依然保留中药"多成分，多靶点"的作用方式。该理论是对中药药效物质基础的深化研究，能够科学揭示药效成分内在关联及整体与局部相互作用关系。李萍教授课题组围绕"等效成分群"理论，建立和发展了与之配套的中药复杂药效物质发现技术，其核心内容与对应的关键步骤如下：①中药体内外物质组的表征。该技术以质谱诊断离子匹配定性、标准叠加定量、固有物质组/代谢组网络关联为代表，在充分考虑中药成分在体内外存在形式和含量差异的基础上，攻克多成分复杂体系中"定性难、定量不准"的方法学难题。②潜在有效组分的筛选。以与中药主治功能密切相关的靶标为诱饵，直接捕获中药提取物中能与靶标作用的有效组分，配合"体内外物质组表征技术"对潜在有效组分成分进行确认。③组分的制备与活性评估。基于自主设计的自动化成分捕集系统，以与诱饵靶标相互作用的成分为目标，精确诱导该组分的捕获与缺失，以权威的体内外药效模型指标评价目标组分及剩余部位的活性。④目标组分的等效性评估与反馈确认。以生物信息统计学的方法计算目标组分对于整体中药的活性贡献权重，经过等效性评价与反馈筛选，发现和确证能与原中药发挥同等药效的组分，即为等效成分群。该理论及技术应用于复方丹参片的研究，从中发现了一个由18个成分组成的"等效成分群"（含量为原方的15.01%），该组合可以代表原方抗心肌缺血的整体药效[9]。

五、中药制剂工艺再评价技术

中药制剂工艺研究需要以临床为导向，以临床应用的有效性和安全性为目标。制剂工艺研究中最大的问题是唯成分论，其不足之处在于：未考虑到中药复方的有效性和安全性是所有有效成分综合效应的体现；未考虑到处方中的药材单煎或合煎可能影响临床疗效，不同成分之间可能存在助溶、水解、沉淀、络合等复杂的相互作用；未考虑到中药复方处方的传统工艺是提取纯化工艺设计的重要依据。故对于中药复方新药研发工艺研究，应当在认真分析和研究处方中每味药物性质及药物主要成分相互作用的基础上，针对治疗的适应证，结合传统临床用药工艺等进行设计，才能充分把控其有效性和安全性。

此外，需关注现代工艺对中药安全性的影响，工艺决定了中药新药发挥作用的物质基础。科学合理的工艺既可以保证新药的有效性，也可减少安全性方面的风险。而不合理的工艺很可能会产生或增加安全性方面的风险，近几年中成药的临床安全问题尤为突出，如痔血胶囊是由白鲜皮、苦参两味中药组成的中药复方制剂，功能清热解毒，凉血止血，主要用于Ⅰ、Ⅱ期内痔及混合痔，其上市后国家不良反应中心陆续收到痔血胶囊药品不良反应报告，特别是2008年报告数量迅速增加，不良反应表现以肝损害为主。

有学者通过比较不同提取工艺对痔血胶囊肝毒性的影响，以探究其引发肝损害的原因。结果显示：痔血胶囊全方醇提组存在明确的肝脏毒性，组织病理学主要表现为肝小叶周边带肝细胞小泡型脂肪变性；并且其肝毒性与提取溶剂中乙醇含量呈正相关，而全方水提组则未见明显的肝脏毒性。实验结果表明，痔血胶囊采用的全方醇提工艺与临床传统汤剂工艺的不同是造成其上市后出现药物性肝损害的重要原因。这提示我们今后新药研发应关注现代工艺对中药安全性的影响，过分强调成分富集可能存在严重的安全隐患。要认识到中药成分的复杂性及多样性，不仅是其发挥疗效的基础，也是保证中药制剂安全性的基础，片面强调成分的富集，极有可能导致效减毒增的严重后果。因此，进行中药新药工艺筛选，应当采用"毒效结合"的理念，不仅选择与临床疗效密切相关的药效学指标，还应选择必要的毒理学指标，若单纯考虑有效性，忽视了安全性，在富集有效成分的同时可能也富集了毒性成分，会导致出现安全性问题。

对于来源于临床经验方的中药复方新药，工艺研究应围绕临床应用的有效性、安全性开展相关工作，这是在已有研究基础上的提高。在没有充分把握的情况下，复方新药的工艺路线可以按照临床用药时的工艺来进行研究。若采用与临床用药时的制备工艺不同的工艺路线，应有充分的研究数据阐明该工艺路线的科学性、合理性，如与临床用药时的工艺进行对比研究的结果证明该工艺路线的有效性、安全性优于临床用药（以汤剂为主）以符合中药新药"更安全、更有效"的要求。

对于合理的中药制剂工艺，需进一步阐释其科学内涵。汤剂是中药复方临床应用的最常见剂型，在煎煮过程中，不同成分之间会发生络合、水解、氧化、还原等反应，形成不同的液体分散体系，包括真溶液、胶体溶液、混悬液和乳浊液等相态。其中，胶体相态粒径为纳米级，也称为纳米相态。由于过去缺乏观察纳米相态的相关技术和方法，使得纳米相态的研究进展缓慢，随着纳米粒径测定仪及透射电子显微镜等分析方法的普及，研究者逐渐开始阐释汤剂中的纳米相态。白虎汤出自《伤寒杂病论》，由石膏、知母、甘草及粳米四味药组成，方中知母所含的主要成分杧果苷为难溶性成分，而在白虎汤中其溶解度显著增加，李永吉等对八虎堂进行相态拆分，并对相态拆分所用的透射电镜（TEM）支持网的种类，白虎汤相态拆分方法、拆分次数及保存时间进行考察，以得出分离纳米相态的合适条件，并采用马尔文粒度仪及 TEM 对其纳米相态进行表征，证明了白虎汤中纳米相态的存在，为解析传统汤剂科学阐释提供了方法学参考。然而目前对于白虎汤纳米粒子的研究还处于起步阶段，其纳米粒子对于药液有效成分的转运吸收机制尚不清楚，有待于进一步研究。

此外，还需基于化学成分变化对中药制剂工艺进行再评价。中药制剂产品成分复杂、制剂工艺过程环节众多，实行符合中药制剂产品特征的质量控制是中药制剂产品临床疗效和安全性的切实保证。丹参滴注液是中医临床常用的一种制剂，目前对丹参滴注液的质量控制以丹参素和原儿茶醛为控制指标，不能体现丹参的主要成分整体作用特点，此外，丹参酚酸类组分因其结构特征，在生产制备过程中不稳定，容易分解，如丹酚酸 B 的结构由 3 分子丹参素和 1 分子咖啡酸缩合而成，丹酚酸 B 的湿热降解动力学研究发现，较低温度（70~80 ℃）加热初始阶段（0~5 小时），丹参水提液中丹酚酸 B 含量逐渐增加，经过一定时间达到最高，然后开始减少。基于此理论，从与功效相关的成分/组分多维结构的控制、与安全性相关的物质基础多维结构的控制、滴注液剂型特征的质量控制与制剂过程动态质量控制 4 个方面，实现了丹参滴注液多层次、过程动态的质量控制，从而有效提高了产品的质量，并降低不良反应的发生率[10]。

第三节　中药再发现技术

中药再发现技术是基于再评价过程，发现、挖掘有效组分与方剂，以整体组成结构特征提升组分与方剂有效性，从而为再创新提供新源泉。随着中药现代化的不断深入，新的活性物质、新的靶标、有效组方的挖掘与优化技术不断涌现，更有很多经典的实例。如我国科技工作者从黄花蒿中分离得到青蒿素，在青蒿素的基础上经过结构修饰衍生出第二代新药蒿甲醚和青蒿琥酯。

一、以临床精准定位为导向的中药再发现

（一）基于中医辨证论治的临床精准定位

人类疾病的发生发展是多重因素作用引起复杂病机导致的生物机体病理性或功能性变化，患者病症呈现"个性化"，这就需要临床诊断过程中实施"个性化"药物干预治疗。目前大多数使用的药物是基于大型队列的临床试验而开发的，其前提是假设对每个人都有类似的反应。这忽略了个体之间存在的遗传和环境差异，并且最近发现肠道微生物组对药物反应具有影响，进一步增加了用药的复杂性。因此，发现一种能够根据患者的不同表型，给予有效且无不良反应药物的精准用药方法显得尤为重要。中药复方临床功能主治宽泛，中药再发现的目的在于寻找功能主治准确的新物质、组分、工艺等。

（二）基于系统生物学的中药复方临床精准定位

我国学者李梢从网络、系统的角度对中医药之非线性、开放性复杂体系研究进行了阐述，提出从"关系-网络-功能"角度探讨中医药多靶点整合调节的作用机制及方证相应和病证对应的整体特性的研究思路，开辟了中药研究的新模式，提出了"网络靶标"理论，并创建了网络药理学关键技术。网络药理学研究思路分 3 步走，首先利用数据库检索，结合可视化工具构建网络；然后在细胞、分子及生物整体水平上，对网络中特定信号节点进行多层次分析，找出关键节点，并从整体生物网络平衡角度发现药物防治疾病的药效活性成分、作用机制和方剂配伍规律；最后进行动物或细胞水平等实验的验证。网络药理学从系统性和整体性的研究视角，为中药，特别是中药复方的药效和毒性作用机制的阐明、活性成分的筛选、中药质量标志物（Q-marker）的挖掘提供了有效研究策略。

张雯[11]等采用网络药理学方法初步探索瓜蒌薤白半夏汤的临床精准定位。瓜蒌薤白半夏汤出自东汉医家张仲景所著《金匮要略》，该方由瓜蒌、薤白、半夏和白酒组成，为治疗胸痹的经典名方。胸痹作为中医的证候描述，主要是由正气虚亏、痰浊、瘀血、气滞、寒凝而引起心脉痹阻不畅，表现为胸部发生憋闷、气短，伴有心慌，严重者可出现胸部疼痛。临床上的诸多疾病均有胸痹的证候，如冠心病、慢性充血性心力衰竭、缓慢性心律失常、病窦综合征、心脏神经症、心肌炎、期前收缩、心脏 X 综合征、急性冠脉综合征、反流性食管炎、慢性支气管炎等。其中以冠状动脉粥样硬化性心脏病

（即冠心病）为胸痹的相关研究居多。现代研究表明，瓜蒌薤白半夏汤有防治心血管疾病和调节血脂的作用，它能扩张冠状动脉、抑制血栓形成、抑制炎症反应、抑制心肌细胞凋亡和调节血脂。中医强调对症下药，即依据症状的精准用药。胸痹对应如此多的临床疾病，确定瓜蒌薤白半夏汤的临床精准定位对于临床使用该药物具有重要意义。该研究基于网络药理学最终确定瓜蒌薤白半夏汤两个主要的作用器官——心脏和肝脏，将其可能最有效的临床病症定位于急性的心脏疾病（如心肌梗死等）。此外，采用数据挖掘与先验知识相结合，预测瓜蒌薤白半夏汤可能的作用机制与心律调节、心肌细胞死亡、免疫炎症反应、血管平滑肌收缩、脂质代谢五个病理环节有关。

（三）基于靶酶和细胞的高通量筛选的中药再发现技术

高通量筛选技术是通过中药与靶点之间的相互作用达到筛选药效成分的目的，根据分子间相互作用的原理建立药物筛选模型，从而筛选出与特定靶点特异性结合的活性成分。由于其筛选性能高效，高通量筛选技术成为挖掘新药、研究创新药物的主要方式之一，目前高通量筛选技术每天可以筛选成千上万个化合物。高通量筛选技术包含4个过程，分别是初步筛选、复筛、深入筛选、确证筛选，首先初步筛选对特定靶点有作用的化合物，之后采用与初筛一样的模型，将初筛有活性的化合物稀释，以明确化合物对该靶点的作用强度及量效关系。在初步筛选与复筛完成的基础上，采用与初筛不同但相关的细胞或分子水平模型，结合组织、器官或整体动物模型，证明活性化合物的药理作用。对于深入筛选得到的化合物，可作为先导化合物进行结构改造再对获得的先导化合物或经结构优化的化合物进行深入研究，如开展药理、毒理实验研究。

高通量筛选技术具有快速、灵敏和准确的特点，可同时筛选多种成分，提高工作效率，减少样品的用量。该技术用于研究中药单体，可根据获得的结果直接评价单体成分的生物活性，用于研究中药提取物时，可根据筛选结果确定发挥作用的活性组分，从而减少化合物提取分离纯化的复杂操作。高通量筛选可以充分发挥中药多成分同时检测的优势，从而降低筛选成分、样品用量，提高样品的使用率。

二、物质基础组分结构特征发现技术

中医药的疗效是毋庸置疑的，中药具有多成分、多靶点、多途径的特点，导致其物质基础不明确，近年来药学工作者对中药多成分提出了新的思想，提出组分中药来解决物质基础难题，推进了中药现代化的发展。

中药制剂的发展经历了三代演变，第一代制剂：以中药饮片直接粉碎、经简单提取为特征的丸散膏丹；第二代制剂：药材经提取、初步除杂制备的片剂、颗粒剂、胶囊剂。随着对中药物质基础的深入研究，目前中药制剂的发展已经进入第三代制剂，第三代制剂以组分中药为特征，方和药经过分离精制纯化制备成分的组分中药制剂，其物质基础明确[12]。"组分结构理论"假说最初于2009年提出，在《夏枯草防止肺癌物质基础筛选体系的研究》一文中提出：中药的物质基础是一个有序的整体，具有"三个层次多维结构"的"组分结构理论"假说，在对夏枯草防治肺癌的药效物质基础进行了初步研究之后，采用高效液相色谱、气相色谱等方法结合DAD等检测联用技术揭示组分之间的配伍组成和组分内部的结构组成，从而阐明物质基础具有固定的组成比[13]。在《板蓝根抗病毒物质基础组分结构及蓝莲微丸成型工艺研究》一文中对组分结构理论也进行了进一步的研究,研究结果表明以表告依春为代表的总生物碱组分是板蓝根抗病毒作用的关键组分[14]。

(一)中药物质基础"组分结构"理论

中医用药具有整体性和系统性特点,中药物质基础是现代创新中药研发的关键问题。随着对中药物质基础研究的不断深入,2007年贾晓斌、封亮等提出中药物质基础"组分结构理论",经过13年时间组分结构理论得到不断发展、丰富和完善,从最初提出的物质基础"3个层次多维结构"(图6.2)应用到中药安全性、释药系统等多个方面,紧接着提出中药"多维结构全过程动态质量控制技术体系"[15]、"以物质基础组分为前提、以改善生物利用度为目的"的多元释药系统[16]及"亚组分"等概念。

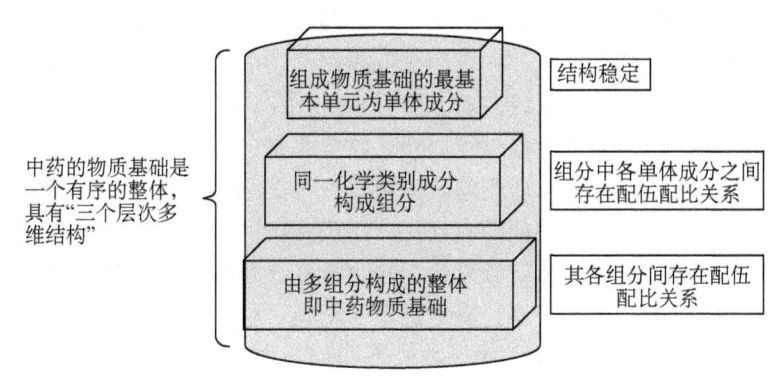

图6.2 中药物质基础"组分结构理论"的核心思想

组分结构理论有机结合了中药整体性特点和现代科学,是一套行之有效的理论和解析技术体系,有利于中药现代化发展。组分结构理论通过集成创新将中药物质基础研究立体化,即"三个层次多维结构"。因此,以组分结构研究为基础推动实现中药标准化、国际化,推动中药质量控制研究,也将加强制剂前生物药剂学特性研究,促进中药现代创新新药的研发,开发出持续、高效、安全的具有自主知识产权的组分中药[17]。采用"组分结构"理论成功阐明夏枯草、板蓝根、痛经宝等名方名药防病治病的物质基础,并将该理论和体系应用到道地药材有效性研究中。

(二)多组分-多靶点生物网络系统分析

随着系统生物学和多向药理学的发展,越来越多的证据显示疾病的发生发展过程是由多重生物分子、信号(受体、酶蛋白、基因、通道等)参与的生物系统网络失衡紊乱引起的。干预疾病的发生发展,就需要从整体生物系统网络的角度系统调控这种失衡紊乱,将其调至正常水平或范围。这与中医药防病治病的整体性和系统性特点相一致。因此,在寻求药物干预的过程中,众多学者已经改变原有的思维,即从追求单体活性成分转移到整体把握中药的多成(组)分上,逐渐转变了以往"一个药物、一个基因、一种疾病"的药物研究模式。基于中药物质基础"组分结构"理论,中药是一个复杂的化学成分体系,其物质基础是多成分构成的,这些成分并不是简单堆积,活性成分按照理化及药理性质分为不同组分,可以有黄酮类组分、皂苷类组分、有机酸类组分等,在黄酮类组分内又可以有槲皮素、鼠李素等,单体成分作为基本功能单位;这些成分在组分内及组分间都有一定的组成和量比关系,即结构特征,通过多靶点、多途径、多层次的整合调控产生协同功效。

组分结构中药不仅明确所作用的生物系统网络上的靶点、酶等，对这种调控还具有量的范围要求。对于中药（复方），其防病治病的关键不仅在于药味的组成，更重要的是药味间的量比关系，即所谓的"中药传方不传量"和"中医不传之秘在于量"的内涵所在。这种"量"的特征恰恰就是调控生物系统网络范围的关键。这种"量"的组成结构不同，将会产生无效或毒性等调控效应的显著差别。换而言之，组分结构中的每一种成分/组分都有自身含量的范围，在有效调节疾病网络中作出贡献。怎样构建安全有效的组分结构中药并阐明其本质，成为中医药进一步发展的瓶颈之一。

基于"组分结构"理论，中药的物质基础是一个多维多层次的网状结构，在组分间及组分内都有相对确定的组成和量比关系，最佳的组分结构带来最佳的疗效。从网络药理学的角度阐述组分结构中药，中药组分间及组分内各成分，通过调节各个环节的蛋白受体、离子通道、信号传导系统及酶来干预疾病网络的各个靶标和重要节点，达到治疗疾病的效果，使机体的生物网络处于一个正常化平衡的状态。网络药理学作为研究组分结构中药的新手段，可以从本质上解决由哪些成分、通过何种途径系统调控紊乱的病理网络的关键问题。组分结构中药的量比关系是模糊的，却又真实存在着；某种成分可能在过量的情况下激活其他环节导致毒性，也可能在微量的情况下激活靶点的协同基因而增强药效，不同的成分各司其职，有效调节、对抗、保护机体。对此，通过现代生物分析技术，在网络背景下从宏观到微观监控不同组分结构中药（量比关系不同）条件下的基因、蛋白表达能力等靶点功能的异常，再利用构建的疾病相关网络得到对生物系统网络的扰动情况，评估药物恢复机体正常状态的能力，探究组分结构中药的优化。组分结构中药与网络药理学的结合，实质是运用网络药理学的研究方法，在网络背景下研究组分结构中药的作用机制及优化各成分量比关系。因此将网络药理学用于组分结构中药的机制和优化研究具有思想上的相通相融、技术方法上的借鉴创新、研究成果上的转化利用等特点。

疾病的发生发展过程是复杂的生物系统网络紊乱的结果，组分结构中药以其独特的多维立体结构作为物质基础，通过多靶点、多层次、多途径调节紊乱的病理机制网络，具有成分可控、机制明确的显著优势。因此组分结构中药的发展创新能为中药物质基础的研究提供有效、可行的模式，是未来中药发展的方向，更为中药的质量控制提供科学的依据。运用网络药理学的技术方法，为组分结构中药的机制研究和量比关系优化提供有效的研究手段和崭新的研究思路，可以解决"结构-药效"的关键问题。虽然网络药理学的发展给困境中的新药研发和中医药领域带来了很多希望，但目前存在的问题也是不容忽视的。例如，网络药理学需要系统、真实、科学的药物和基因数据库作为支撑。另外利用网络药理学方法优化的组分结构中药也需要不断地用动物试验、临床试验等来验证和丰富。

（三）组分中药生物药剂学性质及分类体系构建

溶解性与渗透性是影响口服药物制剂体内药效的核心问题，通过对生物药剂学分类系统的构建，根据药物的生物药剂学性质，有目的性地提高药物生物利用度，以解决关键剂型设计技术，从而设计出合适的剂型。刘丹等认为中药制剂设计的研究应该基于物质基础的"组分结构"基础之上，通过对组分生物药剂学性质进行研究，针对性地进行释药单元的设计。

口服药物的生物利用度分类系统（bioavailability classification system）是根据药物体外溶解性及肠渗透性的高低，对药物进行分类的一种科学框架或方法。1995年Amidon教授[18]提出对溶解性、溶出度、渗透性等参数的研究，判断药物在口服吸收时是否可能出现生物利用度问题，为新药的研究开发提供依据及支撑，2000年生物利用度分类系统被美国食品药品监督管理局（FDA）采用[19]。任何药物在被吸收前都应考虑溶解性和渗透性，药物只有被溶解，才能透过胃肠道的生物膜；药物要能够透过脂质膜，同时也需要一定脂溶性。溶解性和渗透性是口服药物成药性的核心，通过制剂前组分理化性质的研究，运用较为简单、快速、低成本的溶解度与渗透性试验，尽早地发现和解决溶解度与渗透性问题，从而大大提高成药性[20]。当中药发展到组分层次上时，对组分溶解性和渗透性性质进行评价同时进行生物药剂学分类，这对中药剂型的设计具有重要的指导意义。中药组分是一类性质相似的多成分集合体，参照生物药剂学分类系统，初步建立了组分生物药剂学分类系统：Ⅰ类，高溶解性、高渗透性；Ⅱ类，低溶解性、高渗透性；Ⅲ类，高溶解性、低渗透性；Ⅳ类，低溶解性、低渗透性[21]。

中药是多组分、多成分的复杂体系，发展中药组分生物药剂学分类系统是为了从这个复杂的体系中，提炼出一些规律性的科学问题加以分析研究，通过实践和总结，再将研究结果利用到这个内涵丰富的体系中，从而推动中药现代化的发展。化学药物已经有了一套生物药剂学分类系统，并且在很大程度上推动了化学药物制剂的研究进程。因此，对于中药制剂的发展，必然需要一套符合中医药理论、中医药整体观的中药组分生物药剂学分类系统[22]。生物药剂学分类系统这一科学问题涉及很多领域，因此，需要很多的药物研究者参与合作，共同完成中药组分生物药剂学分类系统的创建工作。在今后的中药制剂新剂型领域中，该系统必然大幅度提高中药现代化、科学化发展的速度与程度。

三、基于系统生物学的中药再发现技术

系统生物学的概念最早提出于20世纪40年代，而后经过对于各种形态、表型及宏观、微观发现的整合和思考，逐渐形成了较为成熟的理论系统。21世纪初，Leroy E Hood明确提出了系统生物学是"研究一个生物系统中所有组成成分（基因、蛋白质、代谢物等）的构成，以及在特定条件下，如遗传的、环境的因素变化时，分析这些组分间相互关系的学科"。可见系统生物学主要关注于多种蛋白、基因、系统间相互关系复杂的系统，通过整合各组成分的信息，揭示出特定的生命系统的动态动力学特征。系统生物学的理念为现代医学提供了一种新的模式，将原本零散的各种微观、表型现象整合成系统性的结论。

与化学药物单一成分针对特定靶标发挥作用的药物作用模式不同，中药多表现为多种成分对疾病的整体调节作用。目前，随着大数据技术、生物信息学及多组学技术的发展，借鉴系统生物学的研究思路，研究中药内复杂成分与人体复杂系统之间的相互作用，已经逐渐成为中药研究的重要途径。

（一）转录组学技术

转录组学概念由Velculescu团队在1995年首次提出，是研究细胞在某一功能状态

下所含 mRNA 的类型与拷贝数，比较不同功能状态下 mRNA 表达的变化，从而搜寻与功能状态变化紧密相关的重要基因群。与基因组不同，转录组的定义包含了时间和空间的限制。转录组受到内外多种因素的调节，因而是动态可变的，能够从整体水平揭示不同物种、不同个体、不同细胞、不同发育阶段及不同生理病理状态下的基因差异表达信息。转录组学主要有以下几种方法：表达序列标签、基因表达序列分析、基因芯片、cDNA 扩增片段长度多态性、高通量测序等。

现今中药天然活性成分主要获取方式是从中药中提取分离或利用现代化学手段进行合成衍生，具有得率低、技术难等缺点。同时，化学技术很难说清中药药效成分的合成途径和调控机制。转录组学则可提供中药的生物学和生物化学信息，在阐明中药药效成分合成途径及调控机制方面显示重要的应用价值。利用 BGISEQ-500 高通量测序技术，可对细风轮菜叶、茎、根进行转录组测序，在获得并被数据库注释的 102 154 条基因条目中识别出三萜皂苷类成分生物合成过程中涉及的关键酶的 6 条候选基因。有研究者利用高通量测序技术确定了丹参中丹参酮生物合成途径中的 14 个关键酶上调基因。丹参酮和酚酸类成分的合成和代谢与 SmWRKY 家族基因的转录有关。

（二）蛋白质组学技术

蛋白质组学的概念由 Wilkins 和 Williams 首次提出，对完整的细胞、组织、体液等样品的全部蛋白质的定性、定量、修饰状态等进行研究的学科，包括化学蛋白质组学、靶向蛋白质定量、蛋白质表达谱、蛋白质-蛋白质相互作用分析和翻译后修饰等类型，目前比较成熟的蛋白质组学分析技术主要有双向电泳技术和基于质谱的蛋白质分析技术。蛋白质组学从整体的角度分析生物样本全蛋白的动态变化，并强调联系、动态和整体，这与中医药"整体观"研究思路一致，其在中药蛋白类成分和药理作用机制方面广泛应用。

目前，关于中药次级代谢产物研究较丰富，而包括蛋白质在内的初级代谢产物研究相对较薄弱，原因是蛋白质均为生物活性大分子，其结构复杂及提取、分离、表征困难，蛋白质组学技术的引入可克服上述难点，对中药自身的整体蛋白质组成进行探究。比如有学者应用聚丙烯酰胺凝胶电泳（SDS-PAGE）结合 LC-MS/MS 技术对羚羊角与山羊角中蛋白质类成分进行鉴定分析研究，分别鉴定出 101 个和 140 个蛋白质，证明两者在蛋白质种类构成方面具有相似性[23]。再如有学者采用同位素标记相对和绝对定量（isobaric tags for relative and absolute quantification，iTRAQ）技术检测盐胁迫和正常条件下夏枯草中差异表达的蛋白，在检测到的 1 937 个蛋白质中有 35 个差异表达显著，功能和信号通路分析结果表明盐胁迫下细胞内蛋白质和碳水化合物的代谢能力降低而出现光合作用、钙离子转运能力、蛋白质合成能力增强，此为夏枯草的蛋白合成机制进一步研究提供了有效的信息[24]。

（三）代谢组学技术

代谢组学是研究生物体内源性代谢物质的整体及其变化规律的科学，适用于生命科学研究中复杂样品的小分子分析。代谢组学在中药研究中具有独特优势，基因组学、转录组学、蛋白质组学描述的内容是可能发生的事件，而代谢物是最终结果，故代谢组学描述的是事实事件。代谢组学研究技术主要包括代谢物化学分析及数据分析两部分，前者常用技术包括磁共振（NMR）、气质联用（GC-MS）、液质联用（LC-MS）、GC-TOF-MS、

UPLC-TOF-MS、FT-MS 和 CE-MS 等，后者常用方法有主成分分析（PCA）、偏最小二乘法判别分析、正交偏最小二乘法判别分析（OPLS-DA）、聚类分析（HCA）、SIMCA-P等。代谢组学同样强调整体观和系统性，在中药活性成分（代谢产物）、药理和毒理作用机制研究中发挥了极为重要的作用。

黄酮、皂苷、氨基酸、核酸等小分子代谢产物是中药药效物质基础。代谢组学技术可对相对分子质量<1 000 Da 的代谢产物进行高通量定性定量分析，是一种快速筛选中药特征性药效成分的可靠技术。Wang 等基于 UHPLC-ESI-Q-TOF-MS/MS 技术联合主成分分析成功鉴定了 53 个用于蒙古黄芪和荚膜黄芪鉴别的化学标志物[25]。Xing 等采用 UPLC-Q-TOF-MS 结合 PCA 和 OPLS-DA 的代谢组学分析方法，表明 D5 和 D9 的白僵蚕的化学成分差异显著，该结果可为僵蚕品质评定提供参考[26]。

第四节　中药再创新技术

一、复方创新中药

中药复方是中医药文化的精髓，是中医治病的主要临床应用形式，是在中医辨证论治理论的指导下，根据"君臣佐使"等组方原则，按照一定剂量配伍而成。从研发现状来看，中药复方新药的研发在中药新药领域占据着较大的比例，是中药新药研究和申报的主要类别和方向[27-28]。

（一）中药复方新药的来源

中药复方制剂主要来源于临床实践的总结，是基于传统中医药理论，在长期临床实践经验中总结出的行之有效、具有针对性的基本方药。名老中医对这些方药的用法及用量都已经有了深刻的认识，为中药复方制剂的进一步开发提供了经验支撑，其中有一部分作为院内制剂，已在临床广泛使用，成为中药复方制剂研发的重要来源。中药复方新药的来源途径主要有以下几种：

1. 源于古方、经典方的中药复方制剂　古方、经典方是指数千年来中医临床使用的复方，其疗效相对确切，在临床上使用相对广泛，但其临床使用的大多是在原方的基础上的加、减方。

2. 源于验方的中药复方制剂　验方是历代医家的临床宝贵经验的积累。有些是祖传的验方，有些是在古方的基础上调整而来，还有一部分是在中医药理论指导下经临床应用的基础上组成的经验方。验方的有效性经临床实践验证，有临床应用基础，但是此类处方的组成不确定，其剂量变化浮动较大。

3. 源于科研方的中药复方制剂　此类复方制剂主要是在中药有效成分研究的基础上，根据药理学的研究方法，进行组方的药效学、疾病发病机制的相关研究[27]。此类处方与古方、经典方及验方的主要区别在于其缺乏长期临床应用经验的支持。

4. 源于数据挖掘的中药复方制剂　此类复方主要通过数据挖掘技术，对名老中医医案、古方、验方等进行深度挖掘，从数据库中寻找组方配伍规律，以确定相应的复方。此类处方主要缺少实验数据的支持与临床应用经验的支撑。

（二）中药复方新药的分类

目前，对于中药复方新药的分类方法主要是《药品注册管理办法》中对于"中药、天然药物注册分类及申报资料要求"的分类标准，针对中药新药研发的各种情况，提出了更加全面、详细的分类要求。在科学工作者实际的研发过程中，也根据实际情况提出了新的分类方法。

1. 国家药品监督管理局中药复方新药注册分类 2007年国家药品监督管理局颁布的《中药、天然药物注册分类及申报资料要求》中明确指出复方新药主要指"未在国内上市销售的中药、天然药物制成的复方制剂"，主要包括3类：①传统中药复方制剂；②现代中药复方制剂；③天然药物复方制剂。其中第三类脱离了传统中医药理论的指导，失去了中药的内涵，因此，仅第一类和第二类属于中药复方新药的范畴。为了使中药复方新药更具中医药内涵，国家药品监督管理局在2020年颁布了最新的《中药注册分类及申报资料要求》，其中复方制剂中药新药被分为2类：①中药复方制剂，指由饮片、提取物等在中医药理论指导下组方而成的制剂；②古代经典名方中药复方制剂，包括按古代经典名方目录管理和其他来源于古代经典名方的中药制剂。

传统中药复方制剂主要包括经方、验方、经典方等，它们的共同特点是在中医药理论的指导下，其主治病症必须是国家中成药标准中未收录的，功能主治用传统中医术语表述，药材具有法定的标准，并以传统工艺而制成的复方制剂。对于现代中药复方制剂，主要特点是在中医药理论的指导下，用现代医学术语表述功能主治，可以用传统或非传统的药材，使用非传统工艺而制成的复方制剂。

2. 依据主治病证进行中药复方新药分类 根据辨证论治与病证结合两种中医临床治疗疾病的模式，可将中药复方新药分为证候中药复方新药和病证结合中药复方新药2种。证候中药复方新药指在中医药理论的指导下，治疗中医学病或症状的复方制剂。病症结合中药复方新药是指在中医药理论指导下，结合现代医理论，以现代医学的疾病与中医的证候为治疗对象的复方。

3. 依据药效成分组成的中药复方新药分类 中药复方的有效成分是其发挥药效的物质基础，有学者针对中药物质基础研究提出组分中药的概念。在"组分中药研讨会"上对组分的定义是：组分中药是指以中医药理论为基础，遵循中药方剂的配伍理论与原则，由有效组分或有效部位配伍而成的现代中药。由概念可知，组分中药可以是单味药的组分，也可以是复方中药的组分。其中，复方组分中药是将有效组方进行配伍，通过一定的技术手段进行优化，最终制备成复方中药制剂。组分中药概念的提出具有重要意义，组分中药具有药效成分基本明确、作用机制相对清楚的特点，其安全有效，质量可控，是中药新药研究的新方向。

（三）中药复方新药制剂

复方中药在各种类别的中药新药中，最能体现中药临床应用的优势和特色，中药复方新药在中医理论指导下组方，作为中医药创新的主要形式，体现了中医辨证论治和整体观的精髓。现对近年来获批的中药复方新药进行总结分析。

金花清感颗粒被称为中药的"达菲"，是2016年审批通过的中药6类复方制剂，组方源于麻杏甘石汤和银翘散的加减，处方由金银花、石膏、炙麻黄、知母、连翘、苦杏仁、黄芩、牛蒡子、薄荷、青蒿、浙贝母、甘草共12味药材组成。金花清感颗粒是

2009年甲型H1N1流感流行期间，北京市中医药管理局组织中西医学专家经过6个月的努力制订的方剂，参考《温疫论》《伤寒论》《温病条辨》等百余首古方，借鉴临床用药成果，经过反复筛选优选出的有效方剂，是抗击H1N1甲型流感并疗效显著的首个中成药[28]。在此基础上由北京市卫生局临床药学研究所、聚协昌（北京）药业有限公司研发成为中药六类新药金花清感颗粒，用于流感风热犯肺证的治疗。

丹龙口服液是近几年院内制剂走向新药的代表，组方由丹参、黄芩、麻黄、白芍、地龙、防风、浙贝母、甘草、半夏9味药组成。方中丹参、白芍具有活血化瘀的功效，麻黄、黄芩具有防风解表祛邪的作用，麻黄、地龙解痉平喘，半夏、浙贝母止咳平喘。丹龙口服液是首个以活血化瘀丹参作为君药治疗哮喘的中成药，使治疗哮喘中医理论有重大突破，产品定位在于雾霾天气加重，呼吸疾病高发，选择急性哮喘发作期作为切入点，活血化瘀理论组方优于同类药物，在临床使用多年，有条件进行产业转化，且其剂型得当，因为口服液与汤剂相似度最高，相比丸、散、膏剂型起效快，此外，丹龙口服液可以弥补现代医学治疗支气管哮喘急性发作的不足。

关黄母颗粒由熟地黄、龟甲胶、黄柏、知母、白芍5味中药组成，具有调肝益肾、滋阴降火的功效，临床上主要用于治疗更年期综合征（绝经前后诸证）。关黄母颗粒原名更舒颗粒，是由中国医药研究开发中心开发研制的中药六类新药，之后由通化万通药业股份有限公司继续研制，历经十余年获得一定成果，于2018年获得国家药品监督管理局颁发的"关黄母颗粒"（更舒颗粒）新药证书。关黄母颗粒为更年期综合征女性患者提供了更为安全有效的治疗选择。

九味黄连解毒软膏于2016年获批，注册名为克疣毒软膏，是成都圣康药业有限公司与成都中医药大学专家联合研发的产品，具有清热解毒、燥湿祛疣的功效，临床上常用于治疗外生殖器及肛周部位尖锐湿疣。

金蓉颗粒于2018年获批上市，由淫羊藿、肉苁蓉、郁金、丹参等多种药味组成，具有补肾活血、化痰散结、调摄冲任的功效，临床上常用于治疗乳腺增生症痰瘀互结、冲任失调证。该药是在广州中医院应用多年的院内制剂消癖口服液的基础上，创制而成的中药新药。

芍麻止痉颗粒于2019年收到国家药品监督管理局核准签发的药品注册批件，该方由白芍、天麻、蒺藜、钩藤、灵芝等11味中药组成，具有平抑肝阳、息风止痉、清火祛痰的功效，临床上主要用于中医辨证属肝亢风动、痰火内扰所致的抽动秽语综合征的治疗。天士力儿科新药芍麻止痉颗粒能够成功获批，主要原因是其具有明显的治疗优势，与已上市的硫必利相比，其副作用更小，具有明显的市场优势。

小儿荆杏止咳颗粒于2019年获得国家药品监督管理局批准，取得药品注册批件。该产品由荆芥、炙麻黄、矮地茶、苦杏仁、甘草等多味药组成，临床上主要用于治疗小儿外感风寒化热轻度急性支气管炎引起的咳嗽、咽部红肿、发热等症。该处方源于全国知名儿科专家欧正武教授治疗小儿外感咳嗽经验方。小儿支气管炎是儿科常见多发病，小儿荆杏止咳颗粒疗效确切，副作用少，不易产生耐受性，为儿童支气管炎患者提供了一种更为安全有效的选择。

二、组分结构创新中药

（一）银杏叶制剂创新关键技术

银杏（*Ginkgo biloba* L.）为银杏科银杏属植物，属于一科一属一种植物，是侏罗纪

（Jurassic）和白垩纪（Cretaceous Period）的孑遗植物，被称为"活化石"。银杏树极少有病虫害，其叶、种子、根及根皮均可入药，因此银杏是近年来近代植物药研究开发的热点。银杏叶中有效成分银杏内酯类，迄今尚未在其他植物中被发现。银杏具有独特的生理作用和治疗价值，临床用途及其潜在的经济价值更加广阔。银杏提取物（GBE）作为中枢神经赋活剂，对早老性痴呆的防治具有重要意义。目前各国学者已从银杏中发现多种具有神经保护、抗肿瘤、抗病毒、抗菌抗炎活性的化学成分；同时银杏内酯、白果内酯的化学、药理、临床应用研究也正在逐步深入。

银杏种植分布于我国大部分地区，拥有量占世界总量的70%以上，资源丰富，对于开发银杏叶提取物的各种制剂具有显著的优势。我国最早是从20世纪60年代末生产银杏叶制剂的，生产出了"6911"片。1969年11月，北京市科委科研立项，拨出专项经费，组织北京友谊、朝阳、中医等医院与北京制药工业研究所合作，将银杏叶晒干、粉碎、压制成片，取名为"6911片"，专门用于冠心病的治疗。但因制备工艺落后，临床疗效不显著。

随着德国施瓦伯（Schwabe）公司生产的金纳多与法国博福-益普生（Beaufour-Ipsen）制药集团生产的达那康进口到我国，逐渐掀起了国内银杏叶制剂的生产和应用的高潮。1965年德国施瓦伯公司首次注册上市了他们早期的银杏叶提取物制剂，商品名为Tebonin糖衣片及滴剂，而后又成功研发了注射剂。1968年起，法国博福-益普生与德国施瓦伯制药集团共同合作，在注射剂提取工艺的基础上，对经提取、纯化、浓缩和精制的提取物标准化，研究开发了"EGb761®"系列产品，即进口到我国的达那康和金纳多。金纳多与其他银杏叶制剂相比，突出优势在于其特定的工艺和标准，金纳多的27道提取工序在欧洲获得了永久性专利，先进的工艺保证了产品的安全性和有效性，不良成分如银杏叶酸在工艺制备过程中被去除，活性成分如黄酮苷、银杏内酯被保留了下来。金纳多的特定工艺标准包括：①提取浓缩比为50∶1；②银杏黄酮苷占24%；③萜类占6%；④银杏叶酸<5 ppm（1/10万单位）。标准中规定的明确的成分配比，强调多种成分协同发挥作用，这一规定接近于中医药理论指导下的中药的整体作用，保证了金纳多的临床有效性。

我国银杏叶资源丰富，开发银杏叶制剂具有显著的资源优势，但是目前国内对银杏内酯的开发研究水平和国外相比尚有一定距离。国外已有一个命名为BN52063（即BN52020∶BN52021∶BN52022=2∶2∶1）的混合物，它是第一个应用于临床的高效血小板活化因子（PAF）拮抗剂药物，纯品银杏内酯B也在临床用于中风、器官移植排斥反应、血液透析和休克等的治疗，效果显著优于BN52063[29]。因此加快对银杏内酯的深入系统研究，充分发挥我国的资源优势，开发新产品，增强国内外市场竞争力显得非常重要。

内酯类成分是很强的PAF拮抗剂，以银杏内酯B活性最强。银杏叶中还含有一个结构类似的倍半萜内酯成分白果内酯，它无PAF拮抗活性，但具有中枢神经保护作用。由于银杏叶中的萜内酯类成分结构非常接近，一般的方法很难将它们进行分离，更难得到很纯的化合物。楼凤昌采用制备型相反高效液相色谱（RP-HPLC）方法对银杏叶中的萜内酯类成分进行了分离（图6.3），得到较纯的单体化合物，并分离得到极微量的银杏内酯K，这是首次从银杏叶中分离得到的新化合物。

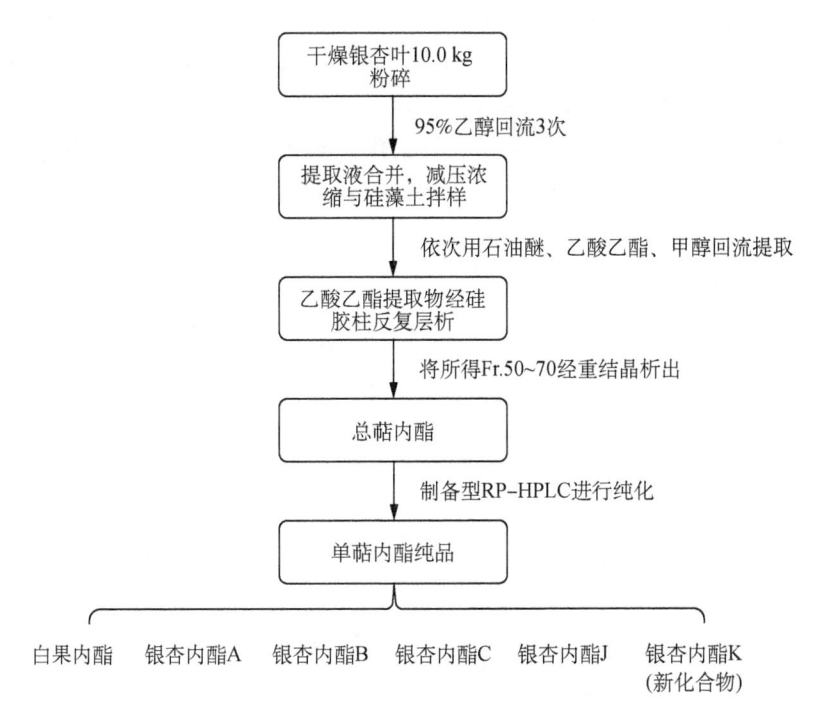

```
           ┌─────────────────┐
           │ 干燥银杏叶10.0 kg │
           │     粉碎        │
           └────────┬────────┘
                    │ 95%乙醇回流3次
           ┌────────▼────────┐
           │ 提取液合并，减压浓 │
           │ 缩与硅藻土拌样   │
           └────────┬────────┘
                    │ 依次用石油醚、乙酸乙酯、甲醇回流提取
           ┌────────▼────────┐
           │ 乙酸乙酯提取物经硅 │
           │ 胶柱反复层析     │
           └────────┬────────┘
                    │ 将所得Fr.50~70经重结晶析出
           ┌────────▼────────┐
           │   总萜内酯      │
           └────────┬────────┘
                    │ 制备型RP-HPLC进行纯化
           ┌────────▼────────┐
           │  单萜内酯纯品   │
           └────────┬────────┘
```

白果内酯　银杏内酯A　银杏内酯B　银杏内酯C　银杏内酯J　银杏内酯K
　　　　　　　　　　　　　　　　　　　　　　　　　　　　　(新化合物)

图 6.3　银杏叶中的萜内酯类成分分离流程图

Fr. 50~70，指洗脱溶剂 50%~70%洗脱部位

　　银杏叶提取物中的银杏总内酯难溶于水，将其开发成注射剂成为科研工作者研究的难点。中国药科大学楼凤昌教授课题组艰苦攻关，对银杏叶中萜类内酯类成分进行研究，于2001年完成了临床前研究工作，之后转让给江苏康缘药业股份有限公司，联合研制出了银杏内酯注射剂。研制成功的银杏内酯注射剂制备工艺先进，质量可控，稳定性好，注射剂的溶解度及澄明度均符合药用注射剂的标准，最突出的特点在于银杏总内酯含量高达90%，成果显著。经过将近20年的研究，银杏二萜内酯原料及银杏二萜内酯葡胺注射液获得新药证书，是中药注射剂重新启动审批后的第二个获批品种。本品银杏内酯的含量远高于同类银杏叶制剂提取物，药理作用明确，安全性好，临床上主要用于治疗动脉粥样硬化和缺血性脑血管栓塞，该产品上市后有望迅速占领市场。

（二）丹参在中药中的应用与创新

　　丹参为唇形科植物丹参（*Salvia miltiorrhiza* Bge.）的干燥根及根茎，具有扩张冠状动脉、抑制血小板聚集、改善微循环的作用。据现代研究显示，丹参滴注液的主要有效成分是水溶性酚酸类。含有丹参素、咖啡酸、迷迭香酸、原儿茶醛和丹酚酸 A、B、D等。它具有重要的生物活性，如抗脂质过氧化和清除自由基等。

　　丹参复方制剂有复方丹参滴丸、复方丹参片、香丹注射液等。天士力公司生产的复方丹参滴丸已通过 FDA Ⅱ 期临床，目前在开展Ⅲ期临床，有望成为 FDA 批准的第一个国内生产的复方制剂。丹参复方制剂的主要特点是物料为提取物，成分不明确，质量控制较困难。

　　丹参单味制剂有丹参注射液、丹参滴注液、丹参胶囊、丹参片等。制剂前物料为丹参水提物、醇提物或者先水提后醇提，制成注射剂或片剂等剂型，其主要特点是原料来源单一，成分不明确，依旧为提取物制剂。成分主要为丹参水溶性或脂溶性成分，如丹参酮或丹参素等。丹参有效部位制剂是根据丹参各活性成分研究结果，对丹参提取物进行纯化，制成某一类成分含量大于50%的制剂，丹酚酸B为主要活性成分，再以一定的量比关系混合一些其他酚酸类成分制成。注射用丹参多酚酸各成分含量为丹酚酸B高于60%，丹酚酸D、丹酚酸E、紫草酸、迷迭香酸等约占40%；注射用丹参多酚酸盐中丹参乙酸镁占80%，丹参素钾、迷迭香酸钠、紫草酸二钾、紫草酸镁、丹参乙酸二钾、丹酚酸G镁、异丹参乙酸二钾占20%（图6.4）。

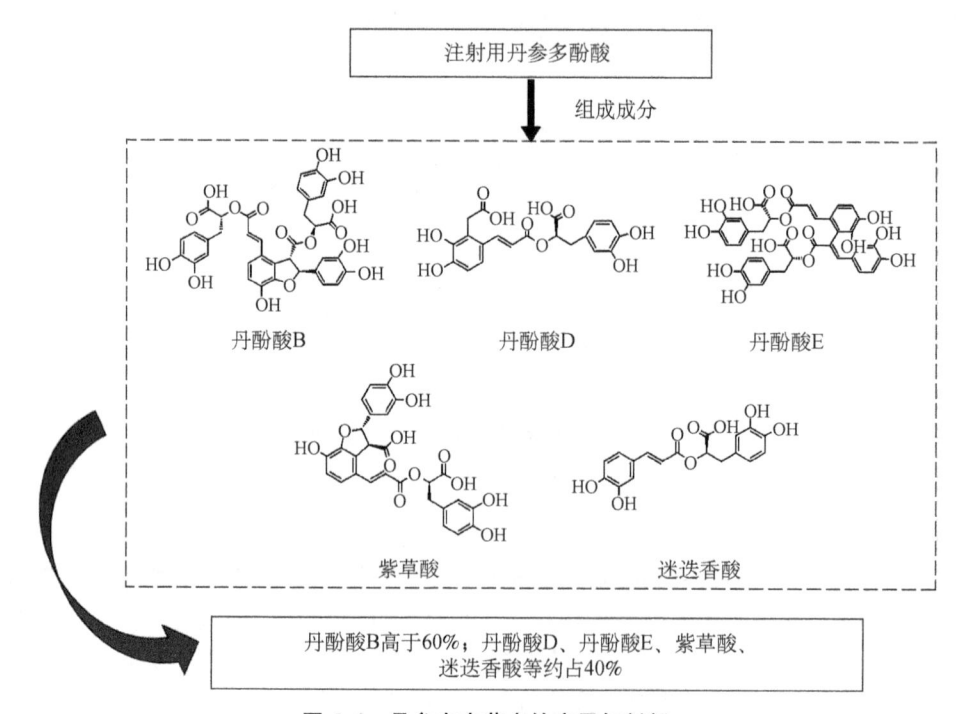

图 6.4 丹参在中药中的应用与创新

丹参单体成分制剂有丹参酮ⅡA磺酸钠注射液与注射用丹酚酸A，是根据丹参各活性成分研究结果获取某个单体成分制成的制剂，主要特点是某一类成分大于98%，与化学药物相似。在丹参酮ⅡA磺酸钠注射液中，丹参酮ⅡA含量占98%以上，注射用丹酚酸A中丹酚酸A含量占98%以上，均是单体成分制剂，是组分结构中药的特例。

三、单分子实体创新中药

基于中药单体成分进行新药研发是创制具有自主知识产权新药的重要途径。自麻黄碱成功提取后，对于单分子实体创新中药的研究成为中药有效成分研究领域的一个重要方向，随后靛玉红、三氧化二砷与青蒿素的成功开发使中药单体成分的研究广受关注。

基于中药单体成分进行创新中药的研究，具有显著的优势：①有利于质量控制。目前中药质量控制指标多是标志性成分，其科学性与合理性大大降低；单分子实体创新中药成分单一，且为有效成分，更有利于产品的质量控制，提高方法的专属性和有效性。②有利于阐明作用机制。由于成分单一，其作用机制相对就比较明确，即使因为肝脏首过效应在体内发生转化，也相对容易追踪。③有利于制剂创新。成分单一的中药有效制剂，在选择辅料及成型工艺时会更为准确，通过药代动力学研究可以为新剂型的选择提供科学依据，十分有利于制剂创新。鉴于此，如何像从黄花蒿中发现青蒿素那样从其他中药中发现新的活性单体并开发成新药，已成为人们关注的热点。青蒿素的发现与三氧化二砷治疗白血病的研究，均是以中药复方为基础，从中药复方中不断探索、研究、挖掘出有效的单分子实体创新中药。除此之外，更重要的是基于临床有效，江苏高邮地区的老百姓喝青蒿汆汤以防治疟疾，正是在临床有效的基础上，为发现青蒿素提供了启示。

中国的科学工作者在单分子实体创新中药方面开展了大量的工作，也作出了巨大的贡献。他们的研究工作或许能给我们带来新的思考和启发，下面就源于中药中有代表性的单分子实体类新药做一概括性的介绍。

（一）青蒿素研制过程关键技术

20世纪60年代，越南战争爆发，越南国内丛林密布，瘴气横生，无数士兵死于疟疾，中国为越南提供援助，寻找抗疟疾药也是其中一部分。1967年5月23日，中国紧急启动"疟疾防治药物研究工作协作"项目，代号为"523"。疟疾防治药物研究专题主要包括疟疾防治新药化学合成和筛选、疟疾防治药物现场效果观察、疟疾防治药物的制剂和驱蚊剂的研究、中医中药及针灸防治疟疾的研究，其中疟疾防治新药化学合成和筛选涉及疟疾防治药物研究、长效预防药物的研究与抗氯喹疟疾虫株的建立。

1969年，屠呦呦被任命为"523"项目中医研究院科研组长。项目组整体的研究思路是先进行有机溶剂分离药用部位，之后药理筛选和临床验证，最后整理出808种可能的中药。研究开始并未考虑使用青蒿，因为青蒿的抑制率极不稳定，为12%~80%，效果很不理想。但是经江苏高邮的临床观察确定青蒿能够抗疟，对消灭疟原虫有效。江苏高邮赤脚医生在煎制青蒿时，采用"汆一下"的方法，东晋葛洪《肘后备急方》中记录"青蒿一握，以水二升渍，绞取汁，尽服之"，可治"久疟"，据此推断可能是高温导致青蒿中有效成分破坏[30]。因此项目组调整了实验方案，采用乙醇低温冷浸法提取，接着改用低沸点溶剂乙醚进行提取，得到的青蒿提取物抗鼠疟的效价很高，并且药效稳定，在经历190次失败后，青蒿素由此诞生了，对鼠疟、猴疟疟原虫抑制率达到100%。

青蒿素是从黄花蒿中分离出来的有效单体，黄花蒿在民间治疗疟疾卓有成效，黄花蒿中抗疟活性的部分是在新鲜的叶片里，而非根、茎部位；最佳的采摘时节是青蒿即将开花的时刻。屠呦呦把青蒿提取物成功分离成中性和酸性两部分，酸性部分毒性大且没有抗疟的作用，屠呦呦除掉酸性部分，由此解决了中药的毒副作用，之后证实了中性部分是青蒿抗疟的有效成分，接着做猴疟实验，取得了理想的实验效果。

1972年初成功从青蒿中分离得到抗疟有效单体，代号为"结晶Ⅱ"，之后改名为"青蒿Ⅱ"，最终定名为青蒿素。青蒿素不溶于水，在油中溶解度也不大，其剂型仅为栓剂，生物利用度较低，影响了其药效的发挥。通过结构修饰制成水溶性的青蒿琥酯和油溶性的蒿甲醚。青蒿琥珀单酯钠和蒿甲醚生物利用度高、速效、低毒，且便于临床应用，目前已大量工业化生产（图6.5）。

青蒿素是从黄花蒿中分离出来的治疗疟疾的有效单体化合物。青蒿素是在特殊的历史条件下，从海量的中药中筛选出来的，其模式就是通过提取、分离、纯化等现代植物化学方法从中药中得到单体化合物，利用相关的药理学模型进行特异性或者非特异性筛

图 6.5 青蒿素的研究发现过程

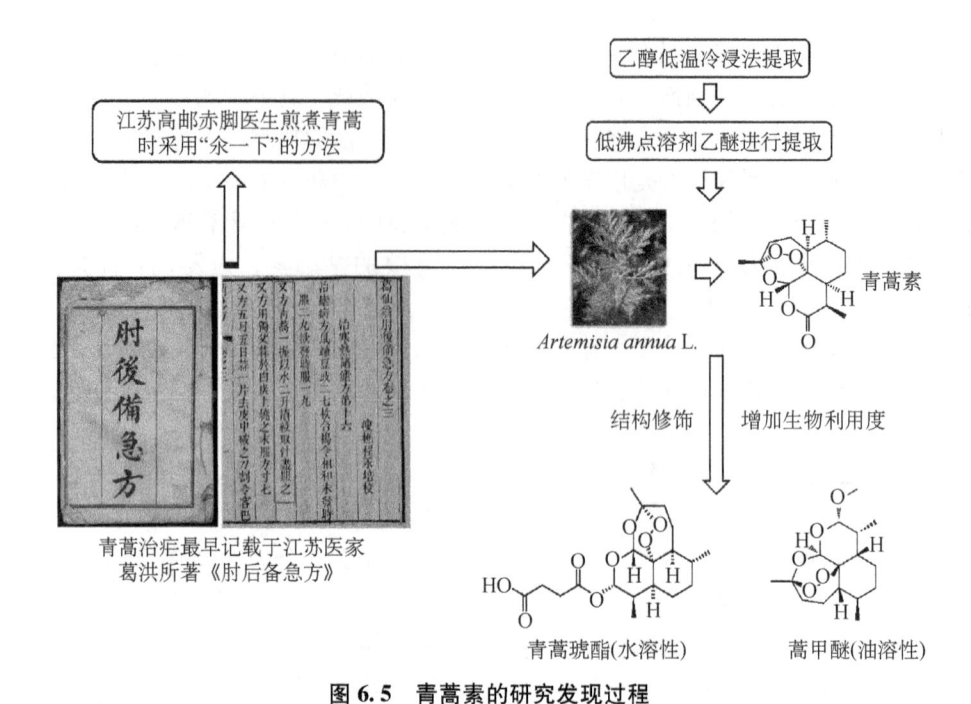

选，测定和确定其药效、毒性等，最终开发成药物。这是基于分析还原论研究天然药物的基本模式。这一模式是西方研究天然药物的经典模式，目前仍是研究植物药的主流模式之一。这种模式研究的优点是：得到的化合物成分单一，质量控制容易；如果疗效确切，不良反应小，其成药的可能性是很大的。然而，中药研究中这种模式经常遇到一个问题：通过不断分离追踪后获得的单体化合物的药效与中药或提取物本身相比差异很大，甚至无效，像青蒿素、紫杉醇这样高效的单体成分罕见。目前从中药中分离到的有效抗肿瘤活性单体化合物，在细胞毒性筛选实验（如 MTT 法、XTT 法、SRB 法）中，与合成的抗肿瘤药物相比，药理学效应相差 1~2 个数量级。究其原因，从进化的角度看，来源于药用植物的天然产物，其本质是植物生长发育过程中形成的次生代谢产物，为非必需小分子有机化合物，是植物在长期进化中为适应生态环境产生的。其产生的原料为植物体内的"正常物质"，是植物通过自身代谢途径对"正常物质"进行"生物修饰"的产物。由于植物体内原料（植物不可能合成含有其体内不存在的元素的代谢产物）和代谢途径的限制，这种"生物修饰"的范围和强度是非常有限的，况且由于这些次生代谢产物可能对植物本身有一定的副作用，故植物合成这些成分的量、"毒性"强度必然受到环境和植物自身的"精确"控制。即使合成"毒性"很高的产物，但量甚微，如紫杉醇细胞毒性很强，但其在红豆杉中的量非常低。这些次生产物对人类肿瘤细胞的毒性高也可能是源于植物与动物细胞对其敏感性的差异。人类在寻找先导化合物时，便不受此限制，在化学反应可能进行的基础上，合成大量的、具有不同取代基、含有有机体不存在元素的化合物，从而获得杀伤肿瘤细胞更强的药物，如顺铂、5-氟尿嘧啶。此外，研究人员在合成时常常有很强的目的性和靶向性，这更增强了合成化合物的作用。因此，来源于天然产物的化合物的细胞毒性与合成化合物相比，毒性偏低。由于青蒿素模式是将中药研究以天然产物形式进行，其在中药研究中的作用与意义一直备

受争论和质疑。但不可否认，这是一种非常有效的药物发现模式，尤其是结合现代分析手段，如高通量筛选、组合化学等筛选、合成技术，通过发现中药中的一些先导化合物，再对其进行特异性结构修饰，从而实现创新中药的发现。青蒿素的成功开发验证了这一模式的可行性和科学性，这一模式将是创新中药研发的重要方法。

（二）三氧化二砷的研发关键技术

谈到砒霜，人人色变。砒霜的化学成分为三氧化二砷。含砷的中药有砒霜、砒石、雄黄、雌黄等。北宋的《开宝新详定本草》和明朝李时珍的《本草纲目》都记载了砒霜的药性，西方在19世纪和20世纪30年代也曾用三氧化二砷治疗白血病，但并没有被广泛接受。

张亭栋教授是使用三氧化二砷治疗白血病的奠基人，被认为是有希望获得诺贝尔生理学或医学奖的中国学者之一。1971年，哈尔滨医科大学第一附属医院的药师韩太云偶然发现一个民间秘方，该秘方由中药砒霜、轻粉（氯化亚汞）和蟾酥等配制而成，相传，这一年东北林甸县大肠癌、肝癌和食管癌等患者能"起死回生"。为探究真相，张亭栋一行人前去调查，发现当地一位民间中医正在用砒霜、轻粉、蟾酥等中药组成一个药方治疗淋巴结核。后来韩太云将此药方改为了针剂，因发生在1971年3月，故而命名为"713"针剂或"癌灵"注射液。

后来，专家组确认了"713"针剂的疗效，认为临床上对有的肿瘤病例的确有效。1972年后，张亭栋等一方面主要集中做白血病研究，另一方面他们分别检测"癌灵"的组分，发现只要有砒霜就有效，而轻粉有肾脏毒性，蟾酥有升高血压等副作用，后两者无治疗作用。1973年，张亭栋、韩太云等在《黑龙江医药》报道他们用癌灵注射液（以后也称"癌灵1号"）治疗6例慢性粒细胞白血病患者，癌灵注射液主要用了亚砷酸（三氧化二砷）和微量轻粉（氯化低汞）。经过治疗，6例患者症状都有改善，其中一例为慢性白血病发生急性变的患者也有效。1974年，他们在《哈尔滨医科大学学报》发表《癌灵1号注射液与辨证论治对17例白血病的疗效观察》，总结了从1973年1月至1974年4月对不同类型白血病的治疗效果，发现"癌灵1号"对多种白血病有效、对急性白血病可以达到完全缓解。

砒霜（三氧化二砷）治疗白血病取得显著疗效，得到国际医学界的承认。1996年世界权威性杂志《科学》"以古老的中医学又放出了光彩"为题介绍了中国科学家应用砷剂治疗白血病的研究成果。陈竺组向世界医学界揭示了砒霜是通过诱导细胞凋亡而发挥作用的，这一发现使砒霜这一古老的中药，正式步入药物治疗研究的主流。

中医药是一个巨大的宝库，陈竺在血液病研究中认识到，中医"以毒攻毒"的思想是基于人体临床实践总结出来的。他对砒霜做了非常详细的药代动力学、药理学研究，证明砒霜对器官、细胞发生的作用，得到国际医学的承认。国际上所有研究中心治疗这种类型的白血病时，都把此药作为首选药。美国现有十几个大的临床中心均在做砒霜治疗实体瘤的实验；在国内，中国医学科学院研究结果显示砒霜对晚期肝癌有一定的疗效。

目前所说的"砒霜治疗白血病"其实际应用并非直接应用的是砒霜，而是以砒霜为原料制成的亚砷酸注射液，该药已于1999年下半年被国家食品药品监督管理局批准为二类新药。2000年9月，FDA正式批准用砷剂治疗急性早幼粒细胞白血病的方案。

因此严格来说,"砒霜治疗白血病"这个说法并不准确,准确来说应该是矿物药中的砷化合物可以治疗白血病。我国用亚砷酸针剂治疗白血病已有二十年的历史,虽有 70%～80% 的治愈率,但因药物具有肝肾毒性和心脏毒性等副作用,包括我国的多数国家,很少用于一线治疗,一般只是在二线用药。砷剂除了用于治疗急性早幼粒细胞白血病,在其他实体瘤的治疗中也逐渐发挥积极作用。

(三)五味子系列新药研发技术

为贯彻毛泽东主席的中西医结合创立新医药学的号召,1972 年 2 月 4 日药物研究所成立以刘耕陶为组长的新药研究组。刘耕陶通过大量中草药资料研究,提出一个设想:以肝脏生化药理结合中医"扶正培本"理论作为研究方向,首先从五味子和灵芝的研究做起。

当时临床已发现五味子对慢性肝炎患者有降转氨酶和改善症状效果。肝脏是重要的解毒和代谢器官,国外研究相当活跃,而当时中国肝脏药理研究几乎空白,一旦我们自己在肝脏研究方面有所发现,可及时跟进国际上最新研究进展,以提高国内研究水平。基于这些想法,刘耕陶和包天桐等围绕肝脏药理结合五味子和灵芝等中草药开展深入的研究。在研究五味子的药理和化学的基础上,开展五味子丙素分离与活性研究,研究发现分离的量太少,只好开展化学合成五味子丙素,从而得到了中间体联苯双酯,发现中间体联苯双酯制备容易、符合药用。联苯双酯滴丸可用于慢性迁延性肝炎伴谷丙转氨酶(GPT)升高者,也可用于化学毒物、药物引起的 GPT 升高,是治疗慢性病毒性肝炎首选药之一,成为我国自主开发的一类新药(图 6.6)。

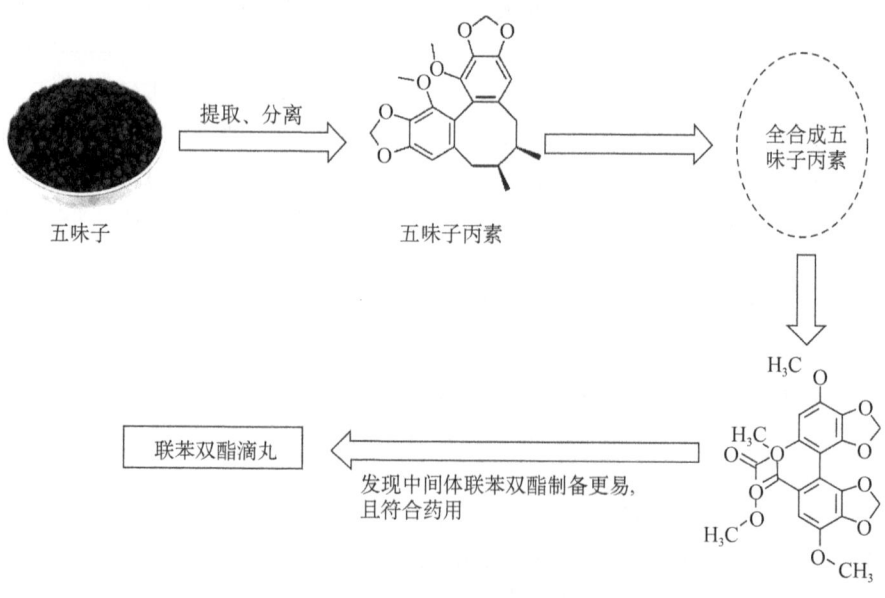

彩图 6.6

图 6.6 五味子研发路线图

在研究联苯双酯时,中国尚无专利制度,故联苯双酯虽为国内外首创的治肝炎新药,但无专利保护,给国家造成了不少经济损失。刘耕陶开始研制具有中国知识产权的抗肝炎新药,在联苯双酯的结构基础上改造,优选出活性更好的药物。经过近 15 年的艰苦努力,终于研制成功第二代治肝炎新药双环醇。双环醇片对慢性乙型肝炎患者具有显著的降转氨酶作用、抑制乙肝病毒复制及不良反应少等优点。2001年9月获国家批准试生产，投向市场，为中国广大慢性肝炎患者提供了又一种新的治疗药。

传统药物是现代创新药物研发的重要来源。临床实践中的传统药物通过分离提取有效成分，并进行结构鉴定，再将有效成分作为潜在候选药物，或以此为先导物，进行结构修饰或改造，得到可以使用的较优的药物。

（贾晓斌　陆萌　廉源沛　吴葳）

参考文献

[1] 国家药品监督管理局.关于发布国家药品不良反应监测年度报告(2018年)的通告[Z].2019.10.18.

[2] 国家食品药品监督管理局.关于做好中药注射剂安全性再评价工作的通知[Z].国食药监办[2009]28号,2009.10.18.

[3] 屠鹏飞,史社坡,姜勇.中药物质基础研究思路与方法[J].中草药,2012,43(2):209-215.

[4] 朱全红,冯建涌,罗佳波.分子印迹聚合物在中药研究中的应用[J].中草药,2008,39(2):294-297.

[5] 林喆,罗艳,原忠.分子印迹技术在中药活性成分分离纯化中的应用[J].中草药,2007,38(3):457-460.

[6] ZHU L, XU X. Selective separation of active inhibitors of epidermal growth factor receptor from caragana jubata by molecularly imprinted solid-phase extraction[J]. J Chromatogr A, 2003, 991(2):151-158.

[7] 肖小河,鄢丹,袁海龙,等.基于成分敲除/敲入的中药药效组分辨识与质量控制模式的商建[J].中草药,2009,40(9):1345-1348,1488.

[8] 张甜甜.基于成分敲除/敲入的中药金银花药效组分辨识与质量评价研究[D].成都:成都中医药大学,2011.

[9] 宋慧鹏,杨华,高雯,等.中药活性成分发现关键技术研究进展[J].世界科学技术-中医药现代化,2016,18(7):1093-1098.

[10] 封亮,张明华,顾俊菲,等.基于组分结构理论的丹参滴注液的多维结构过程动态质量控制研究[J].中国中药杂志,2013,38(21):3622-3626.

[11] 张雯,吴宏伟,于现阔,等.基于网络药理学的瓜蒌薤白半夏汤临床精准定位及药效成分研究[J].复杂系统与复杂性科学,2018,15(1):2-10.

[12] 贾晓斌,陈彦,李霞,等.中药复方物质基础研究新思路和方法[J].中华中医药杂志,2008,23(5):420-425.

[13] 封亮.夏枯草防治肺癌物质基础筛选体系的研究[D].镇江:江苏大学,2009.

[14] 安益强.板蓝根抗病毒物质基础组分结构及蓝莲微丸成型工艺研究[D].镇江:江苏大学,2009.

[15] 贾晓斌,陈彦,王桂有,等.丹参酚酸制备与多维结构动态质控技术在丹参滴注液的应用,江苏中医药科学技术奖[Z].江苏省中医药学会,2012.

[16] 贾晓斌,封亮,朱春霞,等.方药物质基础组分结构与多维结构质控技术.南京市科学技术奖[Z].南京市人民政府,2012.

[17] 封亮,张明华,顾俊菲,等.中药物质基础"组分结构"理论的创新与实践[J].中国中药杂志,2013,38(21):3603-3607.

[18] AMIDON G L, LENNERNÄS H L, SHAH V P, et al. A theoretical basis for a biopharmaceutic drug classification: the correlation of *in vitro* drug product dissolution and *in vivo* bioavailability[J]. Pharm

Res,1995,12(3):413-420.

[19] CDE. Guidance for industry: waiver of *in vivo* bioavailability and bioequivalence studies for immediate release solid oral dosage forms based on a biopharmaceuticals classification system[S]. 2000:1.

[20] 平其能.中药成分的胃肠转运与剂型设计[M].北京:化学工业出版社,2010.

[21] LI Z Q, HE X, GAO X, et al. Study on dissolution and absorption of four dosage forms of isosorbidemononitrate: level A *in vitro-in vivo* correlation[J]. Eur J Pharm Biopharm, 2011, 79(2): 364-371.

[22] 刘丹,郁丹红,孙娥,等.中药组分与组分生物药剂学分类系统构建[J].中国中药杂志,2012,37(19):2997-3000.

[23] 刘睿,朱振华,吴佳,等.羚羊角与山羊角蛋白质类成分比较研究[J].中国中药杂志,2018,43(16):3329-3334.

[24] 刘子修.基于组学的盐胁迫下夏枯草品质形成机制研究[D].南京:南京中医药大学,2020.

[25] WANG Y, LIU L, MA Y, et al. Chemical discrimination of astragalus mongholicus and astragalus membranaceus based on metabolomics using UHPLC-ESI-Q-TOF-MS/MS approach[J]. Molecules, 2019, 24(22): 4064.

[26] XING D, SHEN G, LI Q, et al. Quality formation mechanism of stiff silkworm, bombyx batryticatus using UPLC-Q-TOF-MS-Based metabolomics[J]. Molecules, 2019, 24(22): 3780.

[27] 任钧国,刘建勋.中药复方新药组方设计思路与方法[J].中国中药杂志,2015,40(17):109-111.

[28] 龚普阳,郭瑜婕,李晓朋,等.基于网络药理学与分子对接技术的金花清感颗粒防治新型冠状病毒肺炎的潜在药效物质研究[J].中草药,2020,51(7):1685-1693.

[29] 郑卫平,楼凤昌.银杏内酯的研究概况[J].药学进展,1999,(2):20-25.

[30] 黄亚博,冯广清,商璐.青蒿素的研究发现与江苏渊源探考——祝贺屠呦呦荣获2015年诺贝尔生理学或医学奖[J].江苏中医药,2015,47(11):1-5.

第七章 中药产品原料生产加工技术

第一节 概 述

一、以前处理工艺为特征的中药制剂与产品发展

中药产品原料前处理技术的进步是中药剂型发展的重要组成部分,纵观中药制剂的发展历程,中药产品原料生产加工技术可分为直接粉碎或初步提取、粗放提取或初步除杂、精制纯化3个阶段。根据制剂前处理的技术特征及处理后所得中药产品原料的性质,中药制剂的发展也可分为以下三个阶段。

第一阶段的中药制剂,其产品主要是以粉碎、煎煮、浸泡为前处理的丸、散、膏、丹等第一代中药制剂,具有粗大黑、药物分子混合释放等特点。该阶段中药产品的原料主要为中药饮片初步粉碎得到的粉末及中药饮片经过简单煎煮浸泡得到的粗提物。随着中药制剂技术及提取分离技术的发展,形成了以提取、除杂为前处理的中药片剂、胶囊剂、颗粒剂、口服液、注射剂等第二代中药剂型,但由于中药成分的复杂性及提取、纯化、制剂技术水平的限制,致使第二代中药制剂仍存在提取粗放、物质基础不明、无序释药和口服用量大等问题。第二代剂型产品原料则主要以中药提取物(粉末、干浸膏、流浸膏)为主。而随着膜分离技术、色谱技术等精制纯化技术快速发展、各学科间高度融合、分子生物学、网络药理学及各种组学技术等在中药领域的发展,使快速分离、纯化、富集、分析、表征和辨识筛选中药活性组分成为可能[1-2]。因此,以组成和结构明确的中药组分或中药单体为原料的第三代中药制剂将成为未来中药制剂的发展趋势。

随着技术的不断创新、交叉学科间的不断融合,中药产品原料加工技术发展也越来越迅猛,以此带来的中药产品原料朝着物质基础越来越明确可控的方向发展。从整体上看,中药产品原料可分为中药饮片粉末、中药提取物(流浸膏、干浸膏)、中药组分、中药单体4种。第一代中药制剂丸、散、膏、丹等主要是以中药饮片直接进行粉碎后得到的粉末,或浸泡、煎煮后得到的粗提物。如二至丸,以酒女贞子粉碎成细粉、墨旱莲水煎煮后浓缩物作为产品原料;蛇胆川贝散,以川贝母粉碎成细粉为原料;二冬膏,以天冬、麦冬水煎煮后浓缩液为原料。由此可见第一代中药制剂以中药粉末或粗提物、浓缩液为原料的同时,涉及的原料生产加工技术主要为粉碎、提取和溶媒溶质分离。第二代中药制剂片剂、颗粒剂、胶囊剂、注射剂等,则主要以中药粉末或中药提取物作为产

品原料，如复方丹参片以丹参醇提浓缩液、三七细粉、冰片细粉为原料；又如小柴胡胶囊，以党参、甘草细粉，党参、甘草、柴胡、黄芩、大枣水提浓缩制得的清膏，姜半夏、生姜的乙醇提取液为原料；再如止喘灵注射液，以麻黄、洋金花、苦杏仁、连翘水煎煮的醇沉浓缩液为原料。其中第二代中药制剂涉及的原料加工技术主要包括粉碎、提取、溶媒溶质分离、干燥及简单的分离纯化。然而因为技术的限制，第二代中药制剂原料还是存在纯度较低等问题。因此，第三代中药制剂迫切需要现代的、先进的分离纯化技术，将其用于制备高纯度的中药组分甚至中药单体作为产品原料，将中药制剂向高端制剂方向发展。

纵观中药制剂的发展历程，中药产品原料的生产加工技术主要由粉碎、提取、浓缩、干燥和分离纯化等技术构成。下面将概述这些技术在中药产品原料制备中的发展（图7.1）。

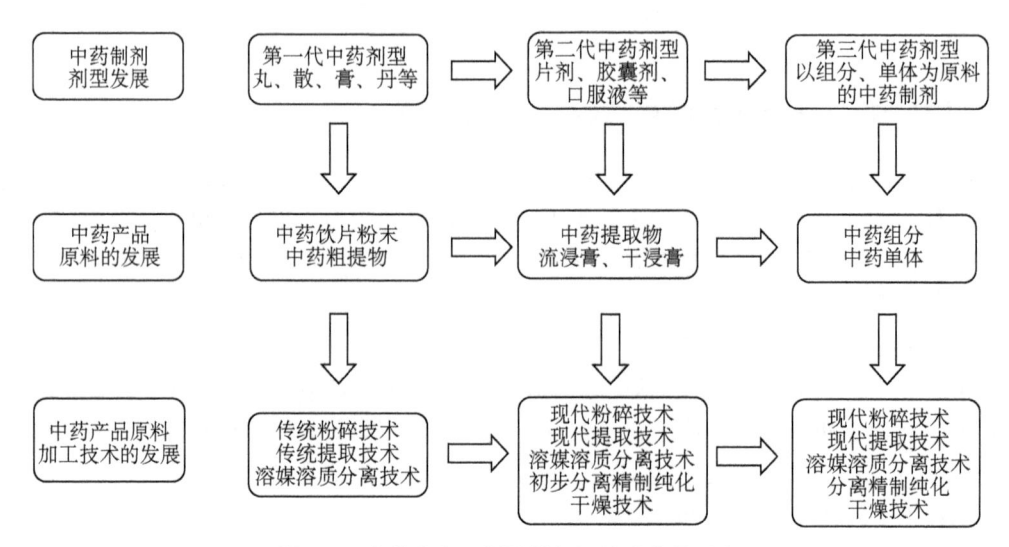

图7.1 中药产品原料及其加工技术发展历程

二、中药产品原料生产加工技术的发展

（一）粉碎技术的发展

中药的粉碎是指借助机械力将大体积中药固体物质碎成适当细度的操作过程。中药原料的粉碎包括中药饮片直接粉碎（用于制备散剂、丸剂等），中药提取物的粉碎（用于制备片剂、胶囊等）及分离纯化后所得干燥组分的粉碎（特殊的如中药注射剂、微丸等制剂及一般口服剂型）。

粉碎的目的主要有增加药物的表面积，促进药物溶解，便于调配、服用和发挥药效；便于新鲜药材/饮片的干燥和储存；利于制备各种药物剂型。中药制剂的多个阶段都需要使用粉碎技术。

由于工具及技术的限制，传统的粉碎技术主要有碾碎、捣碎及水飞法，主要的粉碎设备包括研钵、研槽等。传统的粉碎技术有着制粉工艺复杂、生产效率低下、卫生条件较差、易污染等缺点，无法保证中药饮片粉末的质量；且由于中药有效成分主要存在于细胞壁之内，传统的粉碎方法无法达到破壁效果，故有效成分的释放速度及释放量远远不够，这也是第一代中药剂型丸、散、膏、丹具有粗、大、黑等缺点的原因之一。随着科技的发展，超微粉碎技术被引入并应用于中药饮片的粉碎中，使用超微粉碎技术可将中药饮片、中药提取物等微粉化。目前国内学者普遍认同中药超微粉碎是指细胞级粉碎，以植物药材/饮片细胞破壁为目的的粉碎，追求的是细胞破壁率，一般认为超微粉碎可将中药微粉的粒径粉碎至小于75 μm[3]，可有效保留传统中药固有的活性物质。超微粉碎可改善传统中药饮片的粉末均匀度，加快有效成分溶出，提高生物利用度，增强药效，提高中药的临床应用能力等。该技术不仅丰富了传统饮片的加工方法，又为中药的生产和应用带来了新的活力。

超微粉碎根据粉碎方式的不同又可分为干法粉碎和湿法粉碎。干法粉碎机械主要有气流式、高频振动式、旋转球磨式、锤击式等几种形式；湿法粉碎设备主要有胶体磨和高压均质机。在各种超微粉碎机械设备中，目前以气流粉碎机（主要包括5种：水平圆盘式气流粉碎机、循环管式气流粉碎机、对喷式气流粉碎机、撞击板靶式气流粉碎机、流化床式气流粉碎机）在制药工业上的应用较为广泛，其中又以流化床式气流超微粉碎机应用最为广泛[4]。目前一些常规中药如三七、丹参、菊花、桑叶、水蛭、石决明等植物药、动物药、矿物药采用超微粉碎技术都取得了不错的效果；此外，对于一些珍贵中药，如冬虫夏草、珍珠、麝香、人参等均可用超微粉碎的方法粉碎，在保证了中药原有的药性和药效的同时，又提高了中药中有效成分的溶出率，且粉碎所得的产品还具有可直接冲服、口感好等优点。

而现今由于纳米技术在生物、医学领域的飞速发展，以及行业对更高端制剂的追求，超微粉碎技术中的微米级粉碎已无法满足一些高端制剂的需求。将纳米材料用高分子材料包裹后可用于靶向药物制剂，这是纳米技术在医学上的应用之一，因此，纳米粉碎成为中药粉碎最新的追求，但由于中药含有较多纤维，使其纳米化成为难题，故纳米粉碎比较适用于纯化干燥后的中药组分的粉碎。目前纳米粉碎技术还暂时停留在起步阶段。

（二）提取技术的发展

中药所含的化学成分十分复杂，既含有多种有效成分/组分，又含有无效成分/组分。中药提取则是利用某些技术从中药中得到尽可能多的有效成分/组分，这些经过提取得到的物质在一定程度上也可视为中药产品原料的最初形态。提取是中药生产过程中获取产品原料的关键环节，提取技术的选择直接关系到提取的效率及所得有效成分/组分的质量和数量，从而直接影响中药产品质量的有效性和稳定性等。

传统的提取方法有溶剂提取法、水蒸气蒸馏法、升华法。其中溶剂提取法又分为煎煮法、浸渍法、渗漉法、回流提取法及连续提取法。早期人们就意识到需要对中药进行一定的提取再用药，最初只是简单地用水煎煮、酒泡等方式，提取方式有煎煮法、浸渍法、渗漉法等，这些方法耗时耗力、效率较低，因此在对提取溶剂及技术进行改进后，回流提取法和连续提取法被广泛运用于中药提取。但这些方法普遍存在着杂质清除率低、耗能高、生产周期长等缺点，直接制约了中药制剂产业的进一步发展[5]。

传统的提取技术主要靠加热等方式促进有效成分/组分溶解进入溶剂的方法，但传统方法效率低下，难以满足新型中药制剂的要求。在各种现代技术迅速发展的时代下，许多现代技术被用于中药提取中，如超声技术和微波技术，借助超声波或微波等产生的能量加速中药有效成分/组分的溶出，可大大提高提取效率，于是出现了超声提取法（UAE）、微波辅助提取法（MAE）等；借助生物酶技术对植物药材/饮片进行预处理，将植物细胞壁及细胞间质破坏后，再用溶剂提取，可大大提高提取效率，由此出现了酶法提取技术（ETE）；超临界流体的应用使得提取溶剂方面有了新的突破，由于超临界流体具有液体性质的同时还有部分气体的性质，因此在提取方面有独到的优势，超临界流体萃取法（SCFE）也被用于中药提取且取得了不错的效果，此外半仿生提取法（SBE）、动态逆流提取技术（DCE）、常温高压提取法（UPE）等现代提取技术也都被应用于中药提取中。这些现代提取方法均能大大提高中药有效成分/组分的提取效率。

但这些现代提取技术也存在一定的不足，如在工业生产中对设备要求较高，生产成本高，在理论、应用方面还存在有待解决的问题。但随着研究的深入及技术的不断发展，相信这些现代提取技术的限制性问题将很快被克服，越来越多的现代提取技术将被用于中药产品原料的生产中。

（三）溶媒溶质分离技术的发展

作为现代中药制剂生产原料加工环节之一，浓缩也是其中重要的工序。浓缩是指从中药提取液中除去溶剂部分，使溶质和溶剂分离的过程，但是在中药产品原料生产中，浓缩一词的描述相对狭义，该过程主要是溶液中有效成分含量相对增加的一个过程；广义来讲，是指减少溶液中不需要的部分，从而使有效成分的含量相对增加，且还需要保证其中有效成分的质和量尽量不变，故将该步骤称为溶媒溶质分离过程更为恰当。溶媒溶质分离步骤也将直接影响最终产品的疗效、口感、外观等。

目前中药产品原料生产中分离溶媒和溶质的方法主要是蒸发浓缩法。最初使用的方法是在大气压下加热使溶媒气化，以达到回收溶媒的目的，即常压蒸发浓缩法，此法可浓缩大量的药液，常用的设备有蒸发锅、敞口倾倒式夹层锅、球形浓缩器等，但是常压蒸发浓缩存在加热时间长、温度高、均匀性差等缺点，因此在技术的改进后，减压蒸发浓缩法和薄膜蒸发浓缩法被运用到中药浓缩中。相比之下，减压蒸发浓缩法和薄膜蒸发浓缩法都有药液受热温度低、蒸发速度快的特点，在使用设备方面，减压蒸发浓缩法主要有旋转蒸发仪（实验室水平）、真空减压浓缩罐和超真空减压浓缩器（工业化生产水平）等，薄膜蒸发浓缩设备则主要分为升膜式、降膜式和刮板式。但减压蒸发浓缩法所需蒸汽量大、耗能高；薄膜蒸发浓缩法对设备要求较高，成本大。除了蒸发浓缩技术外，现代溶媒回收技术常用的方法还有膜浓缩技术、冷冻浓缩技术、离心浓缩技术等。膜浓缩技术是利用有效成分与液体分子量的不同实现高效纯化浓缩的技术，是一种对传统工艺改革的技术，分为膜蒸馏浓缩、反渗透和超滤技术。膜浓缩技术有着工艺简单、易于放大、处理量大等特点，但由于利用膜介质来达到浓缩目的，因此存在膜污染的现象。而冷冻浓缩技术和离心浓缩技术在设备投资及维护方面费用过高，极大限制了这两种技术的工业化应用。因此发展更加高效节能、成本低廉的分离溶媒和溶质方法是中药现代浓缩技术发展的趋势[6-7]。目前运用于中药溶媒溶质分离的新型技术有蒸汽机械再压缩技术和高真空热泵双效浓缩技术。

（四）分离纯化技术的发展

在对中药的有效成分/组分进行提取后，提取液中往往含有大量杂质，此时便需要使用分离纯化技术，在保证有效成分/组分不损失的情况下，尽可能地除去其中的杂质，提高最终中药产品原料的纯度，但中药的分离纯化也是中药制剂生产过程中的一大难题。从第二代中药剂型开始，一些传统的分离纯化技术就被用于中药制剂的生产中，这些传统的分离纯化技术主要是使用沉淀分离法，通过改变溶剂极性、浓度，或是利用外力等，使杂质或有效成分/组分沉淀，再将两者分离，从而达到分离纯化的目的，如醇沉法；还可通过添加絮凝剂改变提取液中某些胶体表面的带电性，使其聚集沉降，从而达到除杂的目的，称为絮凝沉淀法；还可借助离心技术，对需要除杂的提取液进行高速离心，使杂质或者有效成分沉淀在容器底部，从而达到分离效果。沉淀法只能对中药提取液进行初步分离，不能达到完全精制纯化，最终制得的中药产品原料杂质含量依然较高，这也是第二代中药剂型依然存在物质基础不明确等问题的主要原因。

因此在追求更高纯度原料的同时，一些现代的精制纯化技术也被运用于中药产品原料的生产中，如柱层析技术、高速逆流色谱法、分子印迹法、膜分离技术等。其中柱层析技术是目前常用的一种中药有效成分精制纯化技术，主要原理是利用样品中各组分在固定相和流动相中分配系数的不同，经多次分配将组分分开。目前常用于中药精制纯化中的柱层析填料有大孔树脂、葡聚糖凝胶和聚酰胺树脂，其中大孔树脂可用于黄酮类、生物碱类、皂苷类、酚酸类、多糖类等多种中药有效组分的精制纯化；葡聚糖凝胶主要用于中药多糖的精制纯化；聚酰胺树脂则适合于黄酮类、酚酸类及醌类化合物的分离纯化。柱层析技术可显著提高中药组分纯度，这也为中药制剂朝着以中药组分或单体为原料的第三代中药制剂发展提供了可能。此外，随着科学技术的发展，高速逆流色谱技术、分子蒸馏技术等现代技术也越来越多地被运用于中药的精制纯化。相信随着精制纯化技术的进步，中药产品原料将朝着物质基础明确、高质可控的方向发展。

（五）中药干燥技术的发展

从药材的加工炮制到中药产品原料浸膏的干燥，再到制剂过程中湿物料的干燥等，中药制药过程的多个环节都需要使用到干燥技术。其中需要干燥的物料主要有中药材、中药饮片、中药浓缩液、中药提取物浸膏等。目前中药干燥的技术相对较成熟，烘干法、真空冷冻干燥技术、微波干燥技术等均可用于中药材、中药饮片及中药浓缩液、中药浸膏的干燥，喷雾干燥技术主要用于中药提取液、浓缩液等的干燥，流化床干燥技术可用于中药制剂中湿颗粒的干燥等。

传统的中药干燥技术有三种：晒干法、烘干法和阴干法。其中烘干法也可用于制剂过程中物料的干燥，但烘干法耗时耗能、效率低下且缺乏系统的、科学的干燥理论和严格的生产控制，已不能满足现代中药产品原料生产加工的需要。因此结合中药原料生产过程的特殊性、复杂性等特点，一些新兴的干燥技术开始应用于中药产品原料生产加工中，如真空冷冻干燥技术、微波干燥技术、喷雾干燥技术等。这些技术都有各自的优缺点，目前都广泛应用于中药制剂的生产中。相对来说，干燥技术是中药产品原料加工技术中发展较完善的技术，但目前使用较多的技术并不完美。随着中医药现代化的进程，人们对干燥技术也提出了更高的要求：干燥产物品质的提高、干燥过程中能耗的降低、干燥过程对环境污染的减小及操作的自动化等（图7.2）。

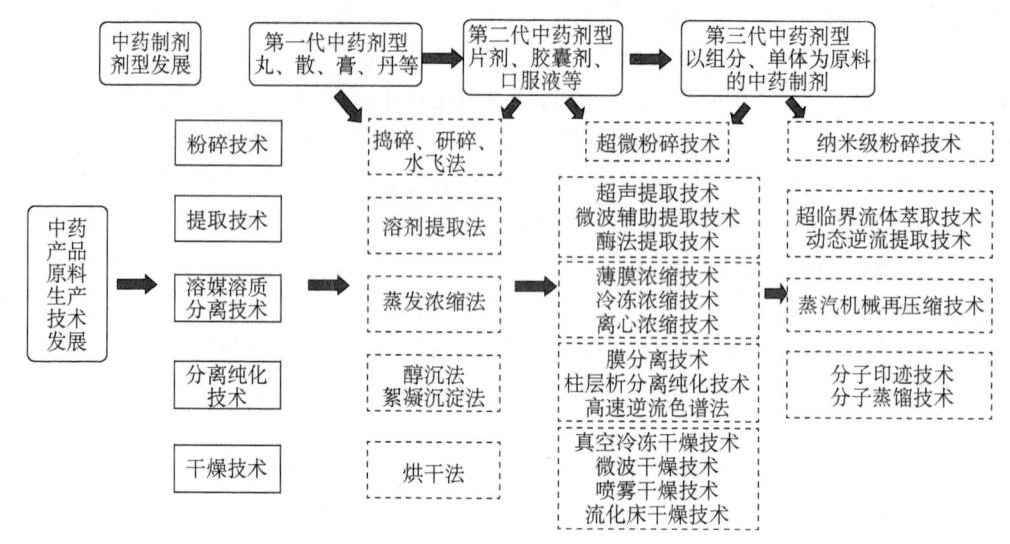

图 7.2　中药产品原料生产加工技术的发展

第二节　中药原料粉碎技术

在中药制剂发展过程中，中药产品原料的生产加工都需要用到粉碎技术。中药粉碎是指借助机械力将大块中药固体物质碎成适当细度的操作过程。中药产品原料的粉碎包括中药材/饮片的直接粉碎、中药提取物的粉碎及分离纯化后干燥组分的粉碎。传统粉碎技术主要有捣碎、碾碎、切碎及水飞法等，但这些方法耗时耗力，随着科技的发展，现代粉碎技术如超微粉碎技术正逐渐取代传统的粉碎技术。

一、传统粉碎技术

传统粉碎技术主要是借助传统粉碎工具如研钵、研槽、碾槽等，依靠人力使用捣碎、碾碎、研碎、切碎等方式对中药材或饮片进行粉碎[8]。这些粉碎方法工艺复杂、生产效率低下、粉碎细度不足且卫生条件较差、易污染，因此无法保证中药饮片粉末的质量。在传统粉碎技术中，水飞法可达到的粉末细度相对较高且有其独特的优点。

1. 水飞法的定义　水飞法，古称"打去浊汁"，是古时人们用于难溶于水的矿物药的一种粉碎方法。水飞法是将矿物药在润湿条件下研磨，所得粉末因其粗细程度不同，导致其在水中的悬浮性不同而将粗细粉末分离，取得细粉的方法。适用于难溶于水的矿物药，如朱砂、珍珠、雄黄、炉甘石等。

2. 水飞法的特点　水飞法有以下特点：①水飞法在操作时是在水中进行，可有效减少研磨过程中产生的热量，且可去除药物中的水溶性杂质；②水飞法还可借助水的浮力除去矿物药表面的黏土等杂质，如炉甘石常用此法去除黏土、较富铁铅的质重部分及二氧化硅等杂质；③水飞法还可去除部分有毒成分，如雄黄主要含有 As_2S_2，但 As_2O_3 是其毒性成分，用水飞法粉碎雄黄后其 As_2O_3 含量显著下降；④水飞法作为一种传统的粉碎方法，利用粗细粉末在水中悬浮性不同而分离，可使药物粉末达到极细粉末。

3. 水飞法的应用　2020年版《中国药典》记载，使用水飞法进行粉碎的药物有珍珠、朱砂、滑石、雄黄。而水飞法在多年的运用中也在不断改进完善。如在水飞时加入适量酸，可去除雄黄中 As_2O_3 及朱砂中的游离汞，也称酸水飞法[9]；最初水飞法是在研钵中进行，现也可在球磨机中进行，以提高效率（图7.3）。

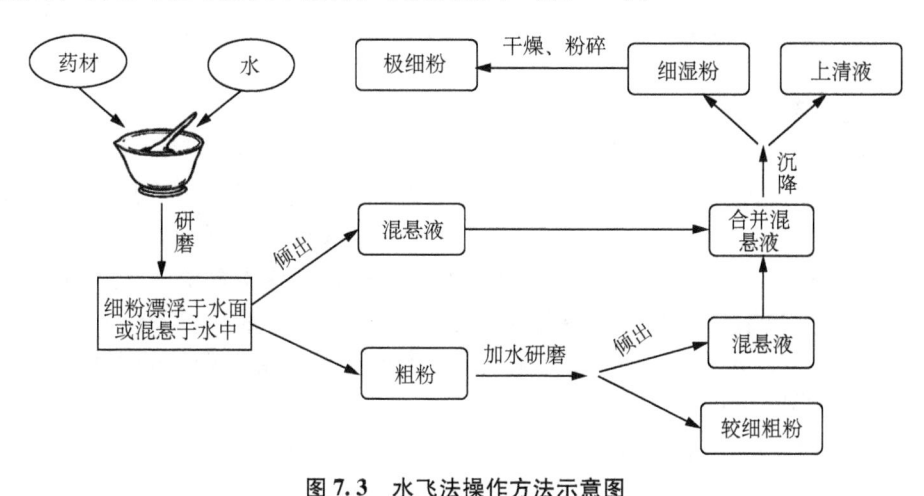

图7.3　水飞法操作方法示意图

二、超微粉碎技术

传统粉碎受到技术与设备的限制，缺点明显，耗时耗力且无法达到细胞级粉碎，造成中药有效成分利用率低，资源浪费等现象。目前在中药产品原料生产过程中所使用的粉碎技术大多为超微粉碎技术。

（一）超微粉碎技术的定义与原理

超微粉碎技术（ultra-fine grinding technology）是利用外加机械力或流体动力的方法，将物料颗粒粉碎至微米级超微粉的过程，目前普遍认为超微粉的粒径在 75 μm 以下。

超微粉碎的原理与普通粉碎大致相同，只是对粉碎的细度要求更高。它利用外加机械力，部分破坏物质分子间的内聚力以达到粉碎的目的[3]。超微粉碎可达到细胞级，目的是达到植物细胞破壁效果，使细胞内的有效成分直接暴露出来，且可保留中药有效成分不受破坏。粉碎过程包括裂纹形成和裂纹扩展两个阶段，粉碎时，外部施加的局部拉力必须超过分子间内聚力且必须提供裂纹扩展所需的能量。粉碎过程中随着微粒粒径的减小，物料粉末之间会产生各种机械化学效应及发生物理化学性质的变化。粉碎过程中，物料晶体会发生晶格畸变，如尺寸变小、结构无序、表面形成无定形或非晶态结构等变化；此外超微粉的溶解、吸附、水化、表面带电性等物理化学变化也会由于微粒表面能的增大而发生不同程度的变化。

（二）超微粉碎技术的特点[10-11]

1. **粉碎速度快且粉碎效率高**　超微粉碎设备的粉碎速度要远高于普通的机械粉碎且超微粉碎过程中不会局部过热，粉碎效率要远高于普通粉碎且所得粉末产品质量高。

2. 提高有效组分溶出率与提取率　药材/饮片经过超微粉碎后其细胞壁遭到破坏，提取溶剂可直接接触细胞内的有效组分，大大提高溶出率与提取率，同时提高了饮片的利用率，节省药材资源。

3. 提高粉末成分的体内生物利用度　超微粉碎所得粉末粒度很小，均匀性较好，药物的吸附性及溶解性显著增加，使得粉末成分在体内的生物利用度大大提高。

4. 适用范围广　超微粉碎不仅适用于纤维性强、韧性高的植物药材，对贝壳类、骨类和矿物类药材同样适用，且超微粉碎还可在低温状态下进行，对含挥发油类药材同样适用。

（三）超微粉碎技术的分类

超微粉碎技术根据粉碎力的原理，可分为干法粉碎和湿法粉碎。

1. 干法粉碎　是指使用一定的干燥技术对物料进行脱水处理，将其中的含水量降低至一定程度后再进行粉碎。干法粉碎又可分为单独粉碎和混合粉碎。

（1）单独粉碎：是指对某一味中药进行粉碎。通常一些贵重中药（如麝香、羚羊角、牛黄、西洋参等）、毒性强的中药（如蟾酥、斑蝥等）、氧化性或还原性强的中药（如雄黄、火硝、硫黄等），以及质地坚硬不便与其他药物混合粉碎的中药（如磁石、代赭石等）需要进行单独粉碎。

（2）混合粉碎：是指将复方中某些性质和硬度相似的中药，全部或部分混合在一起进行粉碎。该法将药物的粉碎与混合结合在一起同时完成，可以克服单独粉碎中的困难。根据药物的性质和粉碎方式的不同，特殊的混合粉碎方法包括：①串料粉碎，先将处方中其他中药粉碎成粗粉，再将含有大量糖分、树脂、树胶、黏液质的中药陆续掺入，逐步粉碎成所需粒度。需要串料粉碎的中药有乳香、没药、黄精、玉竹、熟地黄、山茱萸、枸杞、麦冬、天冬等。②串油粉碎，先将处方中其他中药粉碎成粗粉，再将含有大量油脂性成分的中药陆续掺入，逐步粉碎成所需粒度，或将油脂类中药研成糊状再与其他药物粗粉混合粉碎成所需粒度。需串油粉碎的中药主要是种子类药物，如桃仁、苦杏仁、苏子、酸枣仁、火麻仁、核桃等。③蒸罐粉碎，先将处方中其他中药粉碎成粗粉，再将用适当方法蒸制过的动物类或其他中药陆续掺入，经干燥，再粉碎成所需粒度。需蒸罐粉碎的中药主要是动物的皮、肉、筋、骨及部分需蒸制的植物药，如乌鸡、鹿胎、制何首乌、酒黄芩、熟地黄、酒黄精、红参等。

2. 湿法粉碎　是指在粉碎时往药物中加入适量不与药物发生相互作用的液体（水、乙醇等）一同进行粉碎，以减少粉碎时产生的热量或减少某些药物毒性、刺激性的方法。例如，樟脑、冰片、薄荷脑常加入少量水或乙醇进行粉碎；朱砂、珍珠、炉甘石等采用传统的水飞法也属于湿法粉碎。湿法粉碎可减小粉末间分子引力从而利于粉碎，且还可防止粉末飞扬。

（四）超微粉碎常用的技术及设备

干法粉碎机械主要有旋转球磨式、气流式、高频振动式、机械冲击式等，湿法粉碎设备主要有胶体磨和均质机。在各种超微粉碎机械设备中，高频式振动粉碎和气流式粉碎是较为常用的粉碎方式，而其中又以流化床式气流超微粉碎机应用最为广泛，气流式粉碎在粉碎过程中对物料无污染且所得产品细度高，高频振动式粉碎则具有工作效率高的优点。

1. 旋转球磨式粉碎技术　是较早出现的超微粉碎技术之一，其中球磨机是用于超微粉碎的传统设备，其基本结构包括球罐、研磨介质、轴承及动力装置。在中药粉碎中，粉碎腔体内需要内衬陶瓷、不锈钢、聚氨酯等材料；研磨介质常用钢球或氧化锆球；粉碎时，球磨机筒体转动，借助其离心力及摩擦力使研磨介质往高处移动，达到一定高度后在自身重力作用下研磨介质抛射下落，下落过程中将物料击碎，从而达到粉碎效果。

球磨机既可使用干法粉碎，也可使用湿法粉碎，其特点是设备结构简单，设备保养方便；粉碎在密闭空间进行，有效避免污染；粉碎时粉碎比大、粉碎工艺成熟、适应性强等。缺点是能耗大，粉碎时间长，粉碎效率低，设备体型笨重且工作时噪声大等，因此使用起来有限制。搅拌磨则是在球磨机的基础上采用了尺寸更小、填充率和转速更高的研磨介质，从而极大提升了研磨时的功率密度，大大缩短了粉碎时间，实现了能量利用率的提高。

适合用球磨机粉碎的药物主要有：①朱砂、芒硝、皂矾等结晶性中药；②乳香、没药、松香等树脂类中药；③蟾酥、芦荟等具有刺激性的中药；④麝香、鹿茸等贵重中药。

2. 气流式粉碎技术　是对被粉碎物料施加高压气流，物料粒子在气流作用下相互碰撞、摩擦从而达到粉碎效果，且高压气流对物料还有直接剪切作用，也能达到粉碎的目的；气流式粉碎后得到的物料粉末粒径细且均匀，设备的气流喷嘴处具有降温设施，在粉碎过程中产热量小，故所得产品质量高。此外在用气流式粉碎的同时还可改变物料微粒表面的性质，可实现粉碎、混合、干燥一体化操作。

气流式粉碎技术同时也存在缺点，如气流粉碎设备耗能高但能量利用率低，资源浪费严重，设备制造及生产的成本高等。气流粉碎技术是目前运用最为广泛的超微粉碎技术，可用于大部分中药的粉碎，对于冲击磨等不方便粉碎的含多糖及挥发性成分较多的中药，用气流粉碎机也可较好地粉碎。

工业生产中使用的气流粉碎机的类型较多，有流化床式气流粉碎机、圆盘式气流粉碎机、循环管式气流粉碎机等，其中又以流化床式气流粉碎机的应用最为广泛。大型流化床式气流粉碎机示意图如图7.4，该设备主要由气流粉碎系统、空气净化系统、分离器系统组成。

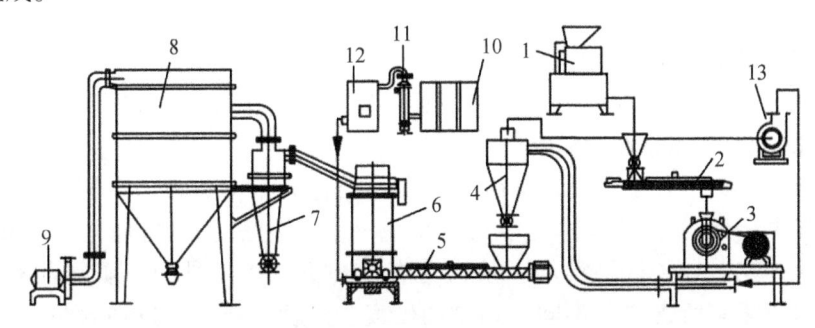

图7.4　大型流化床式气流粉碎机示意图
1. 刀式粗颗粒粉碎机；2. 预冷器；3. 盘式粉碎机；4. 旋风分离器；5. 预冷器；
6. 流化床式气流粉碎机；7. 旋风分离器；8. 除尘捕集器；9. 高压引风机；10. 空气压缩机；
11. 后冷却器；12. 冷冻干燥机；13. 引风机

3. 高频振动式粉碎技术 高频振动式粉碎也称振动磨粉碎，粉碎设备主要由筒体、电动机、支撑弹簧、主轴、偏心重块及研磨介质组成。整个设备机体由支撑弹簧支撑，在粉碎时，由带有偏心重块的主轴产生振动，带动筒体中的研磨介质和物料一起振动，从而达到粉碎物料的目的。

高频振动式粉碎技术设备的研磨介质密度大，填充率高，使得其在粉碎时产生的振动能量大，在单位时间内的作用次数多，能量利用率较高，粉碎效率高；且粉碎所得的超微粉体粒径小，分布均匀，流动性好；此外该技术设备还可与低温技术相结合，防止粉碎时产生的升温问题。高频振动式粉碎技术在中药粉碎方面应用广泛，可用于植物药、动物药、矿物药等多种中药的单味药或复方的粉碎，特别适用于纤维性强的韧性植物，与低温技术相结合使用后还可用于热敏性药物的粉碎（图7.5）。

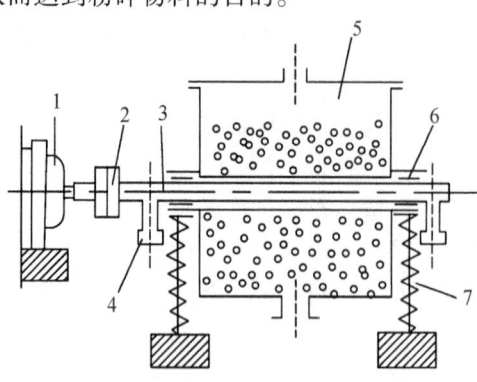

图 7.5 振动球磨机示意图
1. 电动机；2. 挠性轴套；3. 主轴；4. 偏心重块；5. 筒体；6. 轴承；7. 支撑弹簧

4. 机械冲击式粉碎技术 机械冲击式超微粉碎技术的粉碎介质是可高速旋转的冲击元件，冲击元件有锤头、棒、叶片等，粉碎时冲击元件对物料进行强烈的冲击，利用冲击力产生的撞击、剪切、摩擦使物料粉碎。机械冲击式超微粉碎根据粉碎作用力的方式分为锤式粉碎和销棒粉碎。

锤式粉碎设备结构简单，粉碎程度高，物料进入粉碎区后受到锤头的强烈撞击、剪切摩擦后粉碎，粒度粉碎至一定程度的粉体随气流从出口排出，未达要求的粉体则由衬板碰撞反弹返回至粉碎区继续粉碎。锤式粉碎适合脆性物料的粉碎，不适合湿度大、脂肪性物料的粉碎。

销棒粉碎则是利用高速旋转的转子形成的负压将物料吸入，高速旋转产生的离心力将物料向四周抛散，四周布满的转齿和定齿对物料撞击、剪切、摩擦，从而将物料粉碎。销棒粉碎主要受到物料性质及湿度影响，适用于脆性物料的粉碎，热敏性物料要求粉碎腔内温度控制在物料熔点以下，对湿度较大的纤维类物料则粉碎效果不佳。

（五）超微粉碎技术存在的问题

超微粉碎技术的引入给中药生产原料加工带来了新的活力，在多个方面弥补了传统粉碎技术的不足，但目前超微粉碎技术还是存在一些问题：

（1）需要粉碎的中药产品原料种类较多，既有单味用药，又有复方；既有中药浸膏，也有中药组分甚至单体。中药有植物药、动物药、矿物药之分；植物药有根、茎、叶、花、种子、果实等；动物药有角、脏、皮、骨等；矿物药有砂、盐、石等。不同药味其所含成分不同，药物的硬度、多糖含量、挥发油含量等不同对粉碎的条件也有不同的要求。因此，需要根据药物的性质，选择合适的粉碎方法及粉碎条件。

（2）目前中药超微粉碎理论并不完善，现有的研究主要集中在所得粉末的粒径，而在粉碎理论方面相对较少，粉碎后中药微粉的稳定性、有效性等是否会发生改变也还有待考究。

（3）粉碎工艺参数的选择及优化也是当前在使用超微粉碎时的一个难题，对于具体药物，应选择适合的设备并优化粉碎的工艺方法、参数等以提高设备对药物的适用性，减少粉碎过程中的能量损耗，提高粉碎效率。

（4）超微粉碎技术发展迅猛，各种粉碎设备层出不穷，但也缺乏一个行业标准。各种超微粉碎设备称谓不统一、质量控制标准不一致、所得产品超微粉末粒径范围控制不严格等问题比较普遍。

第三节　中药原料提取技术

在中药产品原料加工过程中，提取是十分关键的环节，是得到有效成分的直接步骤。传统的提取技术有溶剂提取法、水蒸气蒸馏法、升华法，其中溶剂提取法是最常用的提取技术。经过不断发展，多种现代提取技术逐渐用于中药产品原料的提取中，如超声提取法、微波辅助提取法、酶法提取技术、膜提取分离技术、超临界流体萃取法、动态逆流提取技术、常温高压提取法等，其中，超声提取法、微波辅助提取法、超临界流体萃取技术、动态逆流提取技术等已在中药提取中取得了广泛的运用。

一、传统提取技术

溶剂提取法是传统提取技术中最常用的方法。中药中不同成分在不同的溶剂中有不同的溶解度，利用该性质，选择对目标成分溶解性大、杂质成分溶解性小的溶剂对其进行提取，从而将有效成分从中药组织中提取出来。溶剂提取法可分为煎煮法、渗漉法、浸渍法、回流提取法和水蒸气蒸馏法。常用的提取溶剂有水、乙醇、乙醚、氯仿、石油醚、乙酸乙酯等，可根据目标组分的性质选择合适的提取溶剂。

（一）煎煮法

煎煮法也称"水煮法"或"水提法"，是最早使用的一种溶剂提取的简单方法。在适当的容器中（一般多用砂锅、砂罐）将饮片加水进行煎煮后滤过取汁即得。煎煮法操作简便，至今仍运用于中药产品原料的生产中，是制备中药汤剂最主要的方法，在制备部分丸剂、散剂、片剂等制剂产品原料中也有使用。由于煎煮法是以水为溶媒对饮片进行高温煎煮，因此只适用于有效成分水溶性好且对热不敏感的中药的提取。此外，由于中药中含有的水溶性杂质（鞣质、淀粉、蛋白质、部分多糖等）较多，导致煎煮液中杂质多，易产生霉变，不易保存，同时也给后续的精制分离纯化步骤带来困难。2020年版《中国药典》中，人参总皂苷、黄芩提取物、三九胃泰颗粒、三金片、羊藿三七胶囊等有效成分的提取，使用的均是煎煮法。

煎煮技术的分类因所提取药物的性质不同，煎煮的方式也有所不同，煎煮技术具体分为先煎、包煎、另煎、后煎和兑服。煎煮技术的分类及其应用见表7.1。

表7.1　煎煮技术的分类及其应用

煎煮技术分类	具体操作方式	应用
先煎	先煎是为了延长药物的煎煮时间，一般来说需先煎饮片，煮沸后再以文火煎煮10~20分钟，再与用水浸泡过的药物合并煎煮	如生川乌、生草乌、制附子先煎1~2小时，以降低毒性；矿物药、动物骨甲等质地坚硬的中药，有效成分不易在短时间内煎出，需粉碎先煎
包煎	包煎是把饮片装在纱布中，扎紧袋口后，再与群药共同煎煮	淀粉、黏液质等含量较多的中药，如车前子；带毛的中药直接入煎不易过滤，如旋覆花；一些药物由于质轻煎煮时易漂浮，如滑石粉、蒲黄等
另煎	另煎是为了防止一些贵重药材的有效成分被其他同煎的药渣所吸附，须将其单独煎煮	用于一些贵重药材，如人参、羚羊角等
后煎	后煎是为防止含有挥发油的药味久煎失效而缩短其煎煮时间	有效成分为挥发油、含有芳香气味的药味，如薄荷、木通、藿香等；还有些药为了留取峻效，亦多后下，如大黄
兑服	液体中药如放置于其他药味中煎煮，往往会影响其成分，因此往往待其他药味煎煮去渣取汁后，再行兑入而服用	如黄酒、姜汁等

在煎煮器具方面，砂锅是从古沿用至今的容器，其化学性质稳定，不与药味所含成分发生化学反应，传热快且均匀，价格低廉。随着科技的发展，一些现代设备也被用于煎煮中，如煎药机，但煎药机和砂锅煎煮各有其优缺点，两者都有应用。此外中药煎煮的影响因素还有煎煮时间、煎煮次数、入药顺序、煎煮火候、煎煮用水量[12]等。

（二）渗漉法

渗漉法也是传统的中药提取方法之一。渗漉法在操作时需先将饮片粉碎，后将细粉装入渗漉器中，再不断往渗漉器中加入溶剂，同时收集流出的渗滤液。渗漉法操作简单，设备易得，在中药产品原料生产中多有应用。渗漉法（图7.6）是一种动态提取方法，通过向渗漉器中不断补充溶剂，使饮片内外成分始终存在一定的浓度差，从而提高提取率。渗漉法适用于大多数中药的提取，且渗漉法设备简单，操作简便，在常温下进行，过程温和，可有效避免饮片中有效成分受热分解。渗漉法的主要不足之处在于工艺持续时间长，溶剂消耗量大，导

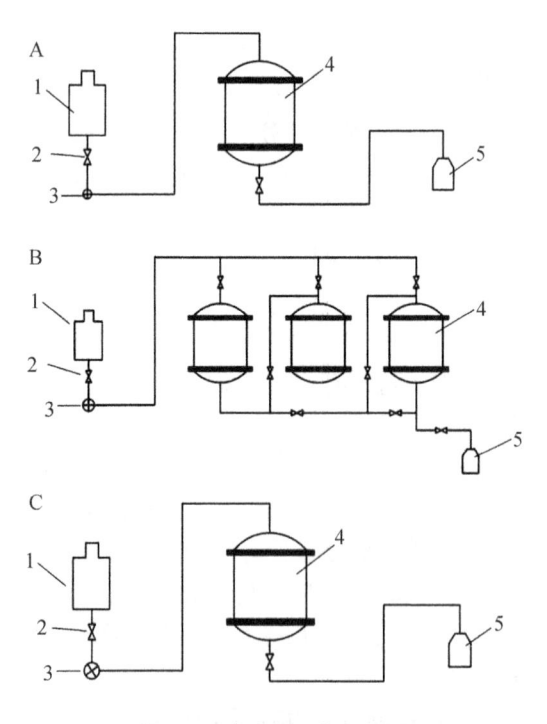

图7.6　渗漉法设备示意图
1. 溶剂罐；2. 阀门；3. 溶剂泵；4. 渗漉罐；5. 渗漉液储存罐
（A. 单渗漉法；B. 重渗漉法；C. 加压渗漉法）

致后续浓缩工作量大；此外一些接触溶剂发生严重膨胀的饮片不适用此法，且与现代提取技术相比，渗漉法提取率不高[13]。2020年版《中国药典》中，大黄流浸膏、当归流浸膏等使用渗漉法进行提取制备而成；牛黄蛇胆川贝液的制备中，川贝母使用70%乙醇渗漉提取。渗漉法是动态提取方法，生产中常与浸渍法联用：川贝枇杷糖浆的制备中，川贝母粉碎后使用70%乙醇为溶剂，浸渍5天后使用渗漉法对有效成分进行提取。常见的渗漉工艺有单渗漉法、重渗漉法、加压渗漉法，各方法的原理及特点见表7.2。

表7.2 单渗漉法、重渗漉法、加压渗漉法的原理及特点

渗漉工艺	工艺原理	工艺特点
单渗漉法	单渗漉法是指只采用一个渗漉筒，往饮片粗粉中不断添加提取溶剂使其渗过药粉，提取液从下端口流出的一种渗漉方法。其操作一般包括饮片粉碎、润湿、装筒、排气、浸渍、渗漉6个步骤	单渗漉法设备简单，适用范围广，尤其适合易浸出、不含热不稳定成分的中药饮片，但该法的不足之处在于溶剂消耗量大
重渗漉法	重渗漉法是将多个渗漉罐串联排列，将渗滤液重复使用作为药粉溶剂，进行多次渗漉以达到提高渗滤液浓度的渗漉方法，多个渗漉罐可并联使用也可串联使用。当多个渗漉罐串联使用时，系统中固液两相间浓度差较大	相对单渗漉法溶剂用量少且效率高，但不足之处是重渗漉法设备容器使用较多，操作复杂
加压渗漉法	加压渗漉法是指采用加压泵对渗漉罐内部施加压力，使溶剂在压力推动下较快地渗过药粉，从渗漉罐底端出口流出的一种快速渗漉方法。其操作与单渗漉法相似，主要区别在于对渗漉罐加压处理	由于对溶剂施加了一定的压力，溶剂更易渗透进入药材组织内部，使有效成分溶出率增高，提取液浓度提高，相较于单渗漉法，加压渗漉法提取效率高且溶剂消耗量少。适用于体质坚实或其他不易浸出目标组分药材的提取

影响渗漉效果的因素：粉末粒度是影响渗漉的一个重要因素，饮片粒度过小会导致颗粒间空隙过小，渗漉时溶剂流速慢，易造成堵塞；粉末粒度过大会导致饮片不易压紧，颗粒空隙过大，导致溶剂消耗量增大；渗漉溶剂的组成也是重要因素，溶剂乙醇的浓度、溶剂的pH等都对提取效果有所影响；此外渗漉前的浸渍、渗漉时间、渗漉溶剂流速都会对渗漉产生影响。因此，在使用渗漉法时需要对这些方面多加注意。

（三）浸渍法

1. **浸渍法的定义** 浸渍法系指用适当的溶剂浸泡中药以获取有效成分的一种提取方法，浸泡的时间及温度将影响其提取效果。浸渍法是一种静态提取方法，在生产中常与渗漉法配合使用。但是该方法溶剂容量较大但利用率低且耗时。2020年版《中国药典》中，小柴胡颗粒中姜半夏、生姜两味药使用70%乙醇浸渍24小时后渗漉提取；小儿止咳糖浆中除杏仁水、紫苏叶油外，桔梗、川贝母、炒紫苏子、知母使用60%乙醇浸渍28小时后渗漉提取。

2. **浸渍法的分类** 浸渍法按照浸提的温度和次数可分为冷浸渍法、热浸渍法、重浸渍法，各方法的操作方法、适用范围等见表7.3。

表 7.3　浸渍法的分类及其操作方法、适用范围、特点

浸渍法	操作方法	适用范围	应用及特点
冷浸渍法	冷浸渍法又称常温浸渍法，在室温下进行操作。取药材饮片或粗颗粒，置有盖容器内，加入定量的溶剂，密闭，在室温下浸渍 3~5 日或至规定时间，经常振摇或搅拌，滤过，压榨药渣，将压榨液与滤液合并，静置 24 小时后，滤过，收集滤液	冷浸渍法可直接制得酒剂、酊剂。若将滤液浓缩，可进一步制备流浸膏、浸膏、颗粒剂、片剂等	1. 适用于黏性大、易于膨胀及芳香性药材；不适于贵重药材、毒性药材及高浓度的制剂，因为溶剂的用量大，且呈静止状态，溶剂的利用率较低，有效成分浸出不完全 2. 浸渍法所需时间较长，不宜用水做溶剂，通常用不同浓度的乙醇或白酒，故浸渍过程中应密闭，以防溶剂挥发损失
热浸渍法	热浸渍法指将药材饮片或粗颗粒置特制的罐子内，加定量的溶剂（如白酒或稀乙醇），水浴或蒸汽加热，在 40~60 ℃ 进行浸渍，以缩短浸渍时间，其余同冷浸渍法操作	常用于制备酒剂。由于浸渍温度高于室温，故浸出液冷却后有沉淀析出，应分离去除	
重浸渍法	重浸渍法又称多次浸渍法，可减少药渣吸附浸出液所引起的药材成分的损失。操作方法是：将全部浸渍溶剂分为几份，先用其第一份浸渍后，药渣再用第二份溶剂浸渍，如此重复 2~3 次，最后将各份浸渍液合并处理，即得	重浸渍法能极大地降低浸出成分的损失，提高浸提效果	

（四）回流提取法

回流提取法是最常用的溶剂提取法之一，可分为回流热浸法和回流冷浸法两种。其原理是使用挥发性溶剂（如乙醇、甲醇、乙酸乙酯、石油醚等）对中药的有效成分进行提取，并持续对提取液加热使有机溶剂挥发，遇冷凝水后被冷凝流回提取器中，反复提取，直至中药中有效成分被完全提取。2020 年版《中国药典》中，三七总皂苷、丹参酮提取物、银杏叶提取物、复方川芎胶囊等的有效成分均以乙醇为提取溶剂，使用加热回流提取法进行提取。

回流提取法相较于渗漉法、浸渍法，其溶剂使用量少且提取率高，但由于其提取液需长时间加热，故不适用于有效成分热稳定性差的中药的提取，且在加热提取的条件下，脂溶性杂质（如色素、树脂等）更易提取出来，提取液中杂质物质含量多。回流提取法的分类及其各自操作方法见表 7.4。

表 7.4　回流提取法的分类、操作方法及其特点

回流提取法	操作方法	特点
回流热浸法	回流热浸法系指将饮片或粗粉装入提取器内，添加溶剂浸没中药表面，瓶口上安装冷凝管，通冷凝水，浸泡一定时间后，水浴加热，回流浸提至规定时间，滤取药液后，药渣再添加新溶剂回流 2~3 次，合并各次药液，即得提取液	回流热浸法溶剂只能循环使用，不能不断更新，为提高浸提效率，通常需更换新溶剂 2~3 次，溶剂用量较回流冷浸法多
回流冷浸法	回流冷浸法常用的设备为索氏提取器，提取时溶剂置于底部烧瓶中，中药粉碎后置于滤纸筒提取室中，将提取溶剂加热沸腾，蒸汽通过导气管上升，被冷凝为液体滴入提取器中，当液面超过虹吸管最高处时，即发生虹吸现象，溶液回流入烧瓶，因此可提取出有效成分	回流冷浸法溶剂既可循环使用，又能不断更新，故溶剂用量较回流热浸法少，且浸提较完全

（五）水蒸气蒸馏法

水蒸气蒸馏法是用于提取中药中挥发性组分的传统提取方法。将含有挥发性组分的饮片浸泡润湿后，与水共蒸馏，使挥发性组分随水蒸气一并馏出，再经过冷凝将两者分离，从而提取出药材/饮片中的挥发性组分。该法操作简便，设备成本低，产量大，长久以来都是中药挥发油提取的主要方法。其蒸馏方式主要分为水中蒸馏、水上蒸馏、直

接蒸汽蒸馏和水扩散蒸汽蒸馏。2020年版《中国药典》中收录的广藿香油、肉桂油、莪术油等挥发油；川芎茶调颗粒制备中，薄荷、荆芥中的挥发油；藿香正气口服液制备中，苍术、陈皮、藿香中的挥发油等均是使用水蒸气蒸馏法提取制得。

使用水蒸气蒸馏法提取的物质需要具备以下条件：①不溶于水或微溶于水；②具有挥发性；③不与水发生反应；④在100 ℃左右具有一定的蒸气压且与其他杂质有明显的气压差。

二、超声提取法

(一) 超声提取法的定义与原理

超声提取法（ultrasonic extraction）是目前应用于中药提取方面的一种较为成熟的先进技术。该技术是利用超声波的空化效应、机械作用及热效应，对提取溶剂产生振动、加速、搅拌等强烈的作用，大大增加提取溶剂与中药中有效成分的接触概率，从而增加提取效率的一种新型提取技术。

超声提取技术的原理（图7.7）即运用超声波的各种效应，对提取溶剂的提取能力进行强化，从而增加提取效率。因超声波可以大大增加溶剂分子的运动频率与速率，溶剂穿透能力加强，使溶剂更易进入饮片组织内部而与有效成分接触，从而提高了提取速率和提取效率。目前普遍认为超声提取技术的空化效应、热效应和机械作用是其提取中药的三大理论依据[14]。超声波的机械作用可在溶剂中加强溶剂的扩散、冲击、振动乳化、搅拌，这些机械作用的加强可显著增加溶剂与有效成分的相互作用，从而起到加速提取的作用；中药的有效成分也受到超声波空化效应及多级效应的影响，自身获得巨大的动能，从而使其溶出速率加快，也增加了提取效率；此外，超声波还可使溶剂中的微粒聚集沉淀，有效成分进入溶剂中后受到该作用沉淀可一定程度减少溶剂中有效成分的浓度，从而使新的有效成分更易进入溶剂中，也增加了提取效率与速度。

在使用超声提取技术时，其主要影响因素有超声频率、超声波强度、超声时间、溶剂浸渍时间等。

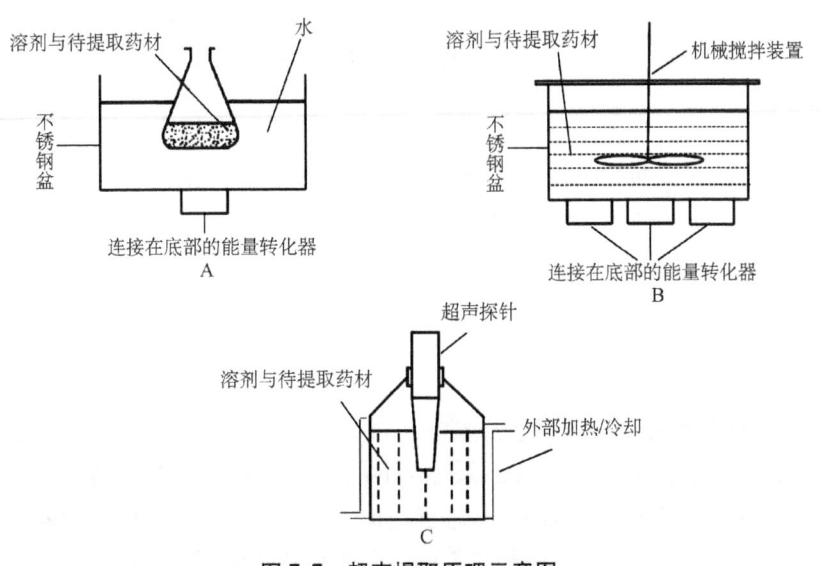

图 7.7　超声提取原理示意图
A. 超声波清洗器间接提取；B. 超声波清洗器直接提取；C. 超声探针直接提取

（二）超声提取技术的特点及应用

1. 提取温度低　与回流提取法相比，超声提取技术无须加热，提取温度低，从而避免了高温对某些有效成分的破坏。

2. 适用范围性广　超声提取技术对目标成分的极性要求不高，各种极性的成分均可使用超声提取，且由于该法提取温度低，对含热不稳定有效成分的中药也可使用，适用于大部分中药的提取。

3. 提取成本低　超声提取技术在提取过程中无须加热，提取速率快，可有效降低能耗；且其提取率高、溶剂用量少，有效降低了提取成本。

目前超声提取技术对中药各种成分的提取均有应用，黄酮类、皂苷类、生物碱类、多糖类、挥发油类、有机酸类、油脂类等均有采用超声提取技术提取的案例。此外，该技术还可用于一些动物药和矿物药的提取。

（三）超声提取技术的分类

超声提取法有直接法和间接法两种。间接法是将溶剂和待提取中药用容器装好后置于超声提取设备中，以水为介质传播超声的能量，从而对中药进行提取；直接法是将中药和溶剂直接置于超声提取设备中，直接对其进行超声提取，此外直接法还可使用超声探针，将探针置入提取溶剂中，通过超声探针传递超声能量，对其进行直接提取（图7.8）。

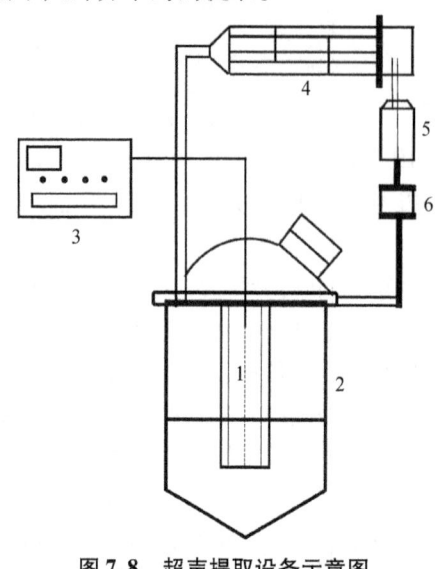

图7.8　超声提取设备示意图
1. 超声波振荡器；2. 提取罐；3. 超声波发生器；4. 冷凝器；5. 冷却器；6. 油水分离器

（四）超声提取技术存在的问题

虽然目前超声提取技术在中药提取方面已较成熟，但还是有需要改进的地方：①受技术限制，目前超声提取规模主要还是局限于实验室水平，规模较小，在工业化生产中的应用还较少；②超声提取时超声波产生的噪声问题比较严重；③目前超声提取技术的作用机制尚不完全明确，超声频率、超声时间、提取次数、提取溶剂的选择、提取温度、饮片的粉碎粒度等如何影响超声提取效率还需进一步研究[15]；④目前超声提取技术研究主要以单味中药的形式进行，在中药复方方面涉及较少，中药复方成分复杂多样且性质各异，这对超声提取的条件选择提出了更严格的要求，这也限制了该技术在复方提取中的应用。

三、微波辅助提取技术

（一）微波辅助提取技术的定义与原理

微波辅助提取技术（microwave-assisted extraction）也称微波萃取技术，将提取器置于微波加热器中，利用微波产生的能量辅助提取，从而达到从中药中提取有效成分的目的。中药中不同成分对微波的吸收能力不同，利用该特性使用微波可对中药中的目标成分进行选择性加热从而加速其溶出，以达到辅助提取的目的，微波辅助提取技术是一种提取率较高的新型提取方法。

微波辅助提取技术所使用的微波是一种介于红外线和无线电波之间的电磁波，其频率在 300 MHz 至 300 GHz，具有热特性、高频性及波动性等特性，在使用微波进行提取时主要是利用其热特性[16]。一般来说，极性越大的物质对微波的吸收能力越强，吸收微波辐射后可迅速升温，利用此性质，使用微波对饮片进行加热，饮片组织内部的水等极性物质吸收微波后迅速升温，使细胞内压力不断增加直至细胞壁破裂，细胞内的有效成分渗入溶剂中，从而达到提取目的。目前微波提取技术已较多应用于黄酮类、生物碱类、多糖类、蒽醌类、有机酸类等中药有效成分的提取中（图 7.9）。

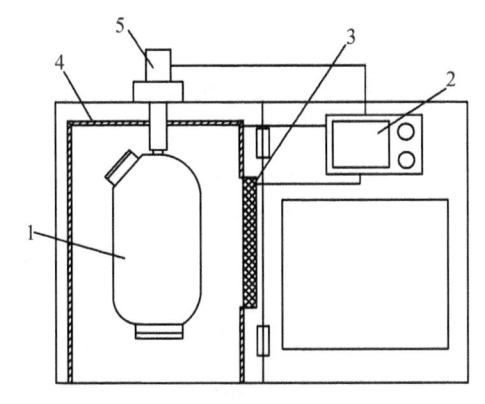

图 7.9　微波辅助提取设备示意图
1. 提取罐；2. 微波发生；
3. 微波加热器；4. 隔板；5. 冷凝器

（二）微波辅助提取技术的特点

微波辅助提取技术与其他传统提取技术相比，具有提取时间短、温度低、耗能低等优良特性，具体表现在以下几个方面[17]。

1. **选择性地快速加热**　微波萃取是一种"体加热"过程，对整个提取系统同时加热，因此可以做到均匀加热，热效率较高；吸收微波后温度上升迅速使得药材饮片的受热时间极短，保留了热敏性成分；此外，借助不同极性物质对微波的吸收程度不同这一性质对药材饮片中的组分进行选择性加热，有利于目标组分的提取。

2. **微波能量利用率高且节能**　在微波提取时，微波设备使用的材料只反射、不吸收微波，故微波发生器产生的微波主要被待提取药材饮片所吸收，从而减少了能量的损失；且微波在被物料吸收后即可产生加热升温的效果，其间无须经过介质的传递，故损耗小，能量利用率高。

3. **目标组分提取量多质优**　微波产生的能量尚未达到破坏中药中目标组分的能量，可有效保留提取液中的有效组分；且迅速加热使得目标组分受热时间极短，其中各种组分包括热敏性组分不易遭到破坏，所得提取液中有效组分质量好，纯度高。

（三）微波辅助提取技术的影响因素

1. **提取溶剂**　在微波提取中，提取溶剂将直接影响提取效果，是首先需要考虑的因素。溶剂除了对目标组分要有较大溶解度外，为了吸收微波能量，提取溶剂不能完全是非极性的；在溶剂用量方面，一般要求溶剂完全浸没被提取物，过多或过少均会对提取效果造成影响；此外，溶剂的 pH 也是影响提取效率的因素之一，根据待提取饮片中目标组分性质的不同，提取所需的最佳酸碱度也不同，在实际生产中需要先考察最佳的溶液 pH。目前常用的微波辅助提取技术的溶剂有水、乙醇、甲醇、正丁醇等。

2. **提取时间和温度**　一般来说微波提取时间越久提取越完全，但连续微波时间超过一定限制后会出现爆沸现象，故微波提取时间需视情况根据被提取饮片量、溶剂用量及微波加热功率而决定；提取过程中一般温度升高有利于提取，但提取温度要低于提取溶剂的沸点，在微波提取中提取温度往往无须达到传统提取方法中的温度，且提取时间一般较短。

3. 饮片的含水量　水是吸收微波最好的介质，饮片中的含水量将影响微波的吸收效率，因此对于干燥的饮片，一般要先用溶剂进行浸润处理，再用微波进行辅助提取。被提取饮片的粒度、饮片所含成分的性质等对提取效率也有影响。

（四）微波辅助提取技术存在的问题

微波辅助提取技术是近年来迅速发展的提取新技术，具有提取率高、选择性强、高效节能、污染小等特点。但其使用也存在一些问题：微波辅助提取技术的机制尚未完全明确，且由于中药及中药活性成分较复杂，微波对不同中药的适应性、选择性还有待考究；理论上说微波加热是对整个系统同时加热，可以做到热均匀，但在实际操作时还是会有微波辐射不均匀的现象发生，导致饮片局部温度过高，有效组分发生变性损失，对于淀粉或树脂含量较高的饮片还易发生糊化和变形，从而降低提取效率，且目前微波辅助提取技术的应用多数仍停留在实验室水平，在工业化生产方面，国产的微波提取设备在精密性和安全性方面还有待提高。

四、酶法提取技术

（一）酶法提取技术的定义与原理

酶法提取技术（enzymatic treatment extraction）是选用合适的酶对待提取药材饮片进行预处理，以降低中药植物细胞壁和细胞间质等带来的阻力，从而提高提取效率的一种现代提取辅助技术。

在提取植物中药的过程中，植物细胞壁及细胞间质是阻碍提取溶剂进入细胞内提取有效成分的主要阻力。植物细胞的细胞壁主要由纤维素和果胶构成，在提取前用合适的酶（如纤维素酶、果胶酶等）对其细胞壁及细胞间质进行破坏，可有效减少提取时的阻力，从而加快有效成分的溶出速率，提高提取效率。由于此法是通过破坏植物细胞壁以加速提取过程，故只适用于植物中药成分的提取。

（二）酶法提取技术的工艺流程及应用

酶法提取技术工艺流程（图7.10）大致可分为两个步骤[18]：首先用合适的酶对饮片进行酶解处理以破坏其细胞壁及细胞间质；其次通过高温将酶灭活后加入提取溶剂对目标成分进行提取。

植物细胞壁及细胞间质主要是由纤维素、果胶等物质组成，故纤维素酶、果胶酶、半纤维素酶等是酶法提取技术中常用的酶。目前酶法提取技术已用于多糖类、黄酮类、皂苷类成分的提取。此外，酶法提取技术还可与其他提取技术联用以提高提取效率，目前在实验室水平下已将超声

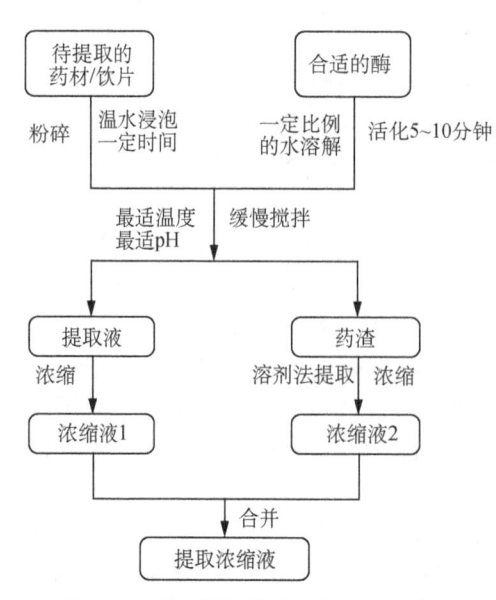

图7.10　酶法提取技术工艺流程示意图

提取技术、微波辅助提取技术、半仿生提取技术等现代提取技术与酶法提取技术联用并取得显著的效果[19]。

（三）酶法提取技术的特点[20]

1. 反应条件温和且选择性高　酶法提取技术是以植物中药细胞壁及细胞间质中纤维素、果胶为目标，使用特定的酶对其进行酶解破坏，反应温度较回流提取等提取方法低，反应过程温和；且由于酶具有高度的选择性，只对特定的底物起作用，故有效成分不会受到影响。此法尤其适用于成分热稳定性差或含量低中药的提取。

2. 提取效率高，提取时间短　酶法提取技术用特定的酶对饮片进行预处理，减小了提取时植物细胞壁及细胞间质等对提取溶剂的阻力，可有效缩短提取时间，提高提取效率。

3. 成本低，节能环保　酶法提取技术是一种绿色环保且高效的提取辅助技术，酶解后提取溶剂受到的阻力大大降低，有效成分可直接接触溶剂，因此可减少提取溶剂的使用量，降低成本。

4. 酶解工艺简单可行　酶解步骤反应条件简单对设备要求低，操作简单，且酶法提取技术在原有的工艺上只增加了酶解一个步骤，在大规模的生产中也具有较高的可行性。

（四）酶法提取技术的影响因素

1. 饮片的粉碎粒度　在进行酶解前往往需要将饮片先粉碎以增加酶解效率，粉碎的粒度越小，饮片微粒的比表面积越大，与酶接触的概率就越高，越易被酶解；但若粉碎粒度过小，会导致粉末微粒间相互作用越强，粉末易发生聚集从而降低酶解效率，因此在进行酶解前饮片粉碎的粒度要适宜。

2. 温度及溶液 pH　是影响酶活性的关键因素，酶发挥作用往往有其最适的温度和 pH 范围。温度过高会使酶失活，过低则会抑制酶活性；而过酸或者过碱都会使酶失活。对于提取来说，温度越高，分子运动速率越快，有效成分的溶解、扩散速度也就越快，而越有利于其溶出，因此在酶适宜的范围内温度越高提取效率越高。而 pH 处理会影响酶活性，对待提取有效成分的解离状态也有影响。因此，在提取前需要探究其最适 pH 范围以提高提取效率。

3. 酶的用量及酶解时间　一般来说，提取时酶的浓度升高可增加底物与酶接触的概率，从而增加酶解反应的速率，但当酶浓度过高时会导致底物与酶发生竞争，从而抑制酶活性，降低酶解效率，同时还会造成酶的浪费。酶解时间方面，在溶剂中有效成分浓度与饮片细胞胞内浓度达到平衡之前，提取速率将会随时间的增加而提高，因此，为提高提取效率还需明确最佳的提取时间。

（五）酶法提取技术存在的问题

酶法提取技术最大的限制在于酶的获取，由于目前的技术，酶的获取成本还较高，故在工业化生产中使用此法成本较高。但随着研究的深入，酶的获取方式越来越多样化，这项技术将可以广泛运用于工业化生产中；在提取过程中，酶活性将直接影响提取效率及提取结果，但酶发挥最佳活性的条件与多因素有关，故在使用酶法提取技术时还需考察最佳条件。

五、超高压提取技术

(一) 超高压提取技术的定义及原理

超高压提取 (ultra-high pressure extraction) 也称为超高冷静压,系指在常温条件下,对原料液施加 100~1 000 MPa 的流体静压,保压一定时间后迅速卸除压力,进而完成中药的提取。其原理如图 7.11 所示。

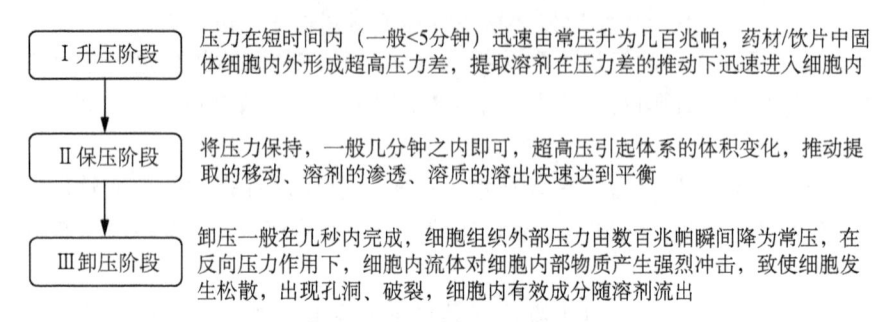

Ⅰ 升压阶段	压力在短时间内(一般<5分钟)迅速由常压升为几百兆帕,药材/饮片中固体细胞内外形成超高压力差,提取溶剂在压力差的推动下迅速进入细胞内
Ⅱ 保压阶段	将压力保持,一般几分钟之内即可,超高压引起体系的体积变化,推动提取的移动、溶剂的渗透、溶质的溶出快速达到平衡
Ⅲ 卸压阶段	卸压一般在几秒内完成,细胞组织外部压力由数百兆帕瞬间降为常压,在反向压力作用下,细胞内流体对细胞内部物质产生强烈冲击,致使细胞发生松散,出现孔洞、破裂,细胞内有效成分随溶剂流出

图 7.11 超高压提取技术原理示意图

(二) 超高压提取技术的特点

1. 提取时间短 超高压提取一般在数分钟之内即可完成,与其他提取技术相比时间大大缩短。

2. 消耗溶剂少 超高压提取主要通过设备提供的压力差作为动能提取有效成分,不依靠溶剂中成分的浓度差作为动能,且这个过程完全封闭,不存在溶剂的损耗,因此所需溶剂少。

3. 能耗少 整个过程只有升压阶段对流体的压缩需要消耗能量,其余保压、卸压阶段均不会消耗能量,因此能耗相对较少。

4. 提取温度低 超高压提取通过压力差提供动能,无须加热,且压强越高,溶剂达到沸点的温度越低,可有效减少提取时的温度,适合热敏性物质的提取。

(三) 超高压提取技术的应用

因提取时间短,温度低,超高压提取技术特别适用于热敏性成分中药的提取,如皂苷类成分,相比于回流提取法、微波辅助提取技术等,使用该技术提取西洋参及黄芪中皂苷成分,提取率均有明显提高;再如丹参素是受热易分解的化学成分,采用超高压提取可有效提高其提取率;此外,生物碱类、黄酮类、萜类有效成分也均有使用超高压提取的实例,并取得不错的效果[21]。

六、超临界流体萃取法

(一) 超临界流体的定义及性质

超临界流体是指温度超过临界温度和压力超过临界压力的高密度流体。处于此状态下的流体同时具有液体和气体的多种性质,超临界流体具有与液体类似的密度和溶解能力,还具有与气体类似的扩散性、黏度和表面张力等,因此,超临界流体是一种可溶解多种物质的良好的溶剂。超临界流体有着以下性质:①超临界流体集合了液体和气体的优点,与液体相似的密度使得其具有良好的溶解能力,可作为良好的溶剂;同时具有气体的低黏度、高扩散性、低表面张力等特点，使得其传质速率高于液体。②当流体的温度和压力接近临界点时，流体的蒸发焓会迅速下降并在临界点时下降为零，此时流体的比热容趋于无限大使得其传热速率极大，保持在临界点附近有利于对流体进行分离、传导等一系列操作。③超临界流体在临界点附近的压力和温度的微小变化会导致其密度发生很大的改变，从而导致溶质在其中的溶解度发生很大变化。④超临界流体具有的低表面张力还可使其能轻易通过各种微孔介质材料。

（二）常见的超临界萃取剂

在临界温度和压力条件下可保持稳定、不分解为其他成分的纯净物质都具有超临界状态，具有临界压力与临界温度。超临界萃取剂可分为非极性萃取剂和极性萃取剂两种，一些常见的超临界萃取剂的临界参数见表7.5。

表7.5 一些常见的超临界萃取剂的临界参数

非极性萃取剂	临界温度/℃	临界压力/MPa	临界密度/(kg/m³)	极性萃取剂	临界温度/℃	临界压力/MPa	临界密度/(kg/m³)
二氧化碳	31.3	7.38	469	甲醇	239.6	8.20	272
乙烷	32.4	4.88	203	乙醇	240.9	6.22	276
乙烯	9.4	5.04	215	异丙醇	253.3	4.76	273
丙烷	96.8	4.25	217	丁醇	289.9	4.42	270
丙烯	91.9	4.60	232	丙酮	235.1	4.70	278
苯	289.2	4.96	302	氨	132.5	11.35	235
甲苯	319.8	4.15	292	水	374.5	22.12	315

使用最为广泛的超临界流体萃取剂是二氧化碳。二氧化碳达到超临界状态的条件相对简单，容易达到接近室温的临界温度，且在此温度下进行提取适合热敏性物质及易氧化性物质的分离；临界压力中等，在工业化生产中可行；此外二氧化碳还有价格便宜、成本低，易于精制、回收方便等优点。

（三）超临界流体萃取技术的原理及特点

超临界流体萃取（supercritical fluid extraction）是用处于超临界状态下的萃取剂对中药中有效成分进行提取分离的一种新型提取技术。提取时可通过调整体系的温度或压力使超临界流体密度发生改变从而影响其溶解能力，依据各组分的极性、沸点、分子量等的不同有选择性地提取各组分，随后再通过改变压力或温度使超临界流体气化，被提取物自动析出后最终实现有效组分的分离。整个提取过程无须高温加热，操作简便，且后续无须回收溶剂，大大缩短了工艺流程，且在提取时几乎能完全保留中药中的全部有效成分，所得产品纯度高，是高效且节能的一种现代提取技术。最常用的SFE-CO_2萃取装置如图7.12所示。

以二氧化碳为例，超临界流体萃取技术的特点主要有以下几点：①超临界二氧化碳由于其临界温度接近室温，因此萃取温度较低，能防止热敏性物质挥发或分解，在中药提取中特别适用于挥发油及热敏性成分的提取，且可实现无溶剂残留，易于后续溶质溶媒的分离；②密度是超临界流体溶解能力的主要影响因素，在超临界状态下可通过改变压力或温度进行调整，易于操作控制；③因超临界萃取剂与被萃取物质易于分离，溶剂

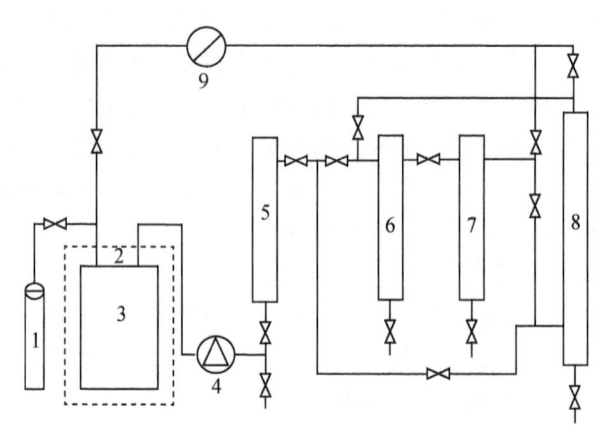

图 7.12　SFE-CO$_2$ 萃取装置示意图
1. CO$_2$ 瓶；2. 冰箱；3. 储罐；4. 高压泵；5. 萃取釜；6. 解析釜Ⅰ；7. 解析釜Ⅱ；8. 分离柱；9. 流量计

回收后可循环使用，因此可大大节约成本。

（四）超临界流体萃取技术的影响因素

1. 萃取温度和压力　萃取温度和压力是萃取过程中主要的影响因素。超临界流体的溶解能力与其密度成正比，在临界点附近温度和压力的细微变化都将引起其密度的改变，进一步影响其萃取效果；此外温度对其影响还具有两面性，温度越高超临界流体的密度越小，其溶解能力就越低，不利于有效组分的溶出，但温度的升高可使分子的热运动加快，有效组分的扩散及传质速率就越快，故需要通过实验确定其最适温度和压力。

2. 饮片粉碎粒度　对超临界流体萃取的影响与酶法提取技术中粒度影响相似。在萃取过程中，有效组分需要从饮片中扩散至超临界流体中，微粒粒度越小使其比表面积越大，与超临界流体接触的概率越高，提取效率就越高，但粒度过小同样会导致微粒聚集现象，导致粉末通透性降低甚至堵塞筛孔、气路，使操作无法进行；且粒度过小，饮片中杂质成分也更易溶出。因此饮片粉碎的粒度大小要适宜。

3. 超临界流体萃取剂的用量　以最常用的 CO$_2$ 为例，在一定范围内增加 CO$_2$ 的用量，可增加待提取药材饮片中有效成分与 CO$_2$ 流体的接触概率，增加提取率；但若 CO$_2$ 用量过大则会降低物料与 CO$_2$ 的传质接触时间，从而使提取率降低，故 CO$_2$ 的最佳用量需通过实验确定。

4. 萃取时间　超临界流体的萃取效率随萃取时间的增加呈现上升后下降的趋势。在萃取效率达到最大值之前，随着萃取时间增加，待提取物与超临界流体之间的传质过程会逐渐趋于稳定，从而逐渐增加萃取效率；当萃取效率达到最大值后，饮片中有效成分含量降低将使萃取效率逐渐下降。

5. 夹带剂　对于一些超临界流体，其本身极性小或者是非极性溶剂，使得其对一些极性的有效成分溶解能力弱，无法对这些成分进行提取，此时可在萃取剂中加入适当的夹带剂以增加超临界流体的极性，从而增加溶剂的溶解能力，改变溶剂的选择性溶解。常用的极性夹带剂有水、乙醇、甲醇等，在提取结束后还需对夹带剂进行分离[22]。

（五）超临界流体萃取技术的应用

目前超临界流体萃取技术主要涉及对单味中药有效成分的提取，包括黄酮类、生物碱类、皂苷、挥发油等[23]。中药挥发油类成分的提取一直是个难题，由于挥发油类成分分子量相对较小，超临界流体对其溶解性能好，与传统的挥发油提取技术相比，该法具有提取率高、提取时间短、提取产物质量好等优点。在黄酮类和生物碱类成分的提取中，常用的方法是渗漉法、回流提取法等溶剂提取法，与这些方法相比，超临界流体萃取在黄酮类成分的提取中具有提取流程短、效率高、无溶剂残留等优点，在生物碱成分的提取方面则可通过加入夹带剂以减少酸碱性试剂的用量。目前已上市的、由浙江康莱特药业有限公司生产的康莱特注射液，就是使用了超临界流体萃取技术提取薏苡仁中的薏苡仁油制备而成。

（六）超临界流体萃取技术存在的问题

（1）超临界流体萃取技术对设备的压力要求较高，从安装使用到设备运作、维护，其投资都很高，这也是该技术难以推广普及的一个重要因素。

（2）目前常用的萃取剂是二氧化碳，但由于其自身的特点，二氧化碳对强极性分子或分子量较大的物质提取效果不理想，虽然可通过添加夹带剂来进行改善，但是在另一方面又增加了成本，使得其优势不那么明显。

（3）目前超临界流体萃取技术在中药提取中的应用多集中于单味中药的提取，但在中医药的特色中药复方的提取方面，应用实例还相对较少。

七、动态逆流提取技术

（一）动态逆流提取技术的定义与原理

动态逆流提取技术（dynamic countercurrent extraction）是近 15 年来应用于中药提取领域的新技术之一。它是通过多个提取单元之间物料和溶剂的合理浓度梯度排列和相应的流程配置，结合物料的粒度、提取单元组数、温度和溶媒用量，循环组合，对物料进行提取的一种新技术。提取过程中，提取溶剂和待提取饮片分别从设备的两端加入，在设备推动力的作用下往相向的方向运动；逆流运动使两者相互充分接触且可使整个提取体系保持较高的浓度差，该浓度差产生的推动力使新加入的溶剂往高浓度方向运动，使得最终得到的提取液可达到较高浓度。

动态逆流提取过程一般分为以下几个步骤：饮片的润湿→溶剂的渗透→有效成分的溶解和梯度扩散。整个提取过程用扩散理论解释就是饮片中有效成分从高浓度向低浓度扩散的过程，提取系统中的浓度差即是扩散的推动力，浓度差越大越有利于有效成分的扩散，提取速率越大，因此在提取过程中需不断更新溶剂以保持较大的浓度差，从而达到快速完全提取的目的。动态逆流提取技术在中药提取中有着广泛的运用，中药中的黄酮类、皂苷类、多糖类、生物碱类、酚酸类、挥发油类物质都可用该技术提取。

（二）动态逆流提取技术常用的设备

目前动态逆流提取设备有螺旋推进式提取器、罐组式逆流提取器和平转式连续提取器，其中前两种设备在工业生产中应用较多[24-25]。

螺旋推进式提取器（图 7.13）主要由壳体浸出舱、传动机构（螺旋推进器）、排渣器和夹套组成，是一种浸渍式连续逆流提取设备。提取时，物料从设备前端连续加入，由螺旋叶片的传动产生动力，将物料缓慢推至后端，溶剂则从后端加入，与物料呈逆向流动，其间物料充分浸泡在溶剂中，有效成分充分溶出。

罐组式逆流提取器（图 7.14）有多个提取单元，由输液管和阀门连接形成罐组，根据各提取单元溶剂中有效成分的浓度高低将各单元分级，在各级提取单元中，其待提取饮片与待提取溶剂中有效成分的浓度都依次存在一定的浓度差，利用该浓度差产生的推动力，饮片中的有效成分将向浓度低的单元移动，新的溶剂则将从浓度低的单元中顺次往浓度高的单元中移动，形成动态提取。

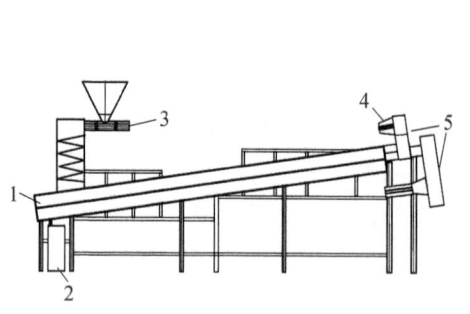

图 7.13　螺旋推进式提取器结构示意图
1. 壳体浸出舱；2. 固液分离器；3. 送料器；
4. 排渣器；5. 传动机构

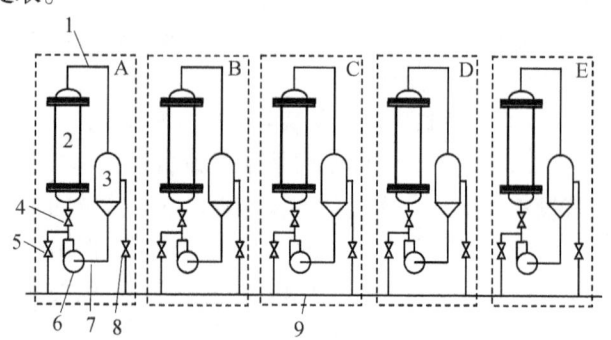

图 7.14　罐组式逆流提取器结构示意图
1. 管道；2. 提取罐；3. 储液罐；4、5、8. 阀门；6. 循环泵；
7. 管道；9. 总管道；A、B、C、D、E. 动态循环提取单元

（三）动态逆流提取技术的特点

1. 有效成分提取完全　动态逆流提取过程中，体系中提取溶剂和饮片中有效成分始终存在一定的浓度梯度，使得饮片中的有效成分可持续溶出直至饱和，饮片中有效成分得以提取完全。

2. 生产效率高、规模大　动态逆流提取设备可持续工作且生产效率高，可同时提取大批量饮片，因此特别适用于工业化生产的提取。

3. 应用范围广　动态逆流提取时温度可人为控制，既适用于热稳定好的饮片的提取，又适用于含有热敏性成分饮片的提取；且水、乙醇、甲醇、氯仿等常见提取溶剂均可使用，应用范围广泛。

4. 溶剂需求量较小　动态逆流提取液系数小，提取溶剂较传统方法需求量小，且得到的提取液浓度高，后续回收溶剂工序也更加简单。

（四）动态逆流提取技术存在的问题

（1）目前动态逆流提取技术主要还是用于单味中药的提取，在对复方药味进行提取时，由于方中各药味有效成分化合物类别、溶出速率都有所差别，因此在对复方进行提取时可能会出现提取不完全的现象。

（2）由于有些中药中植物淀粉、树脂、鞣质、多糖等成分较多，在提取时易发生糊化，从而给后续工序分离杂质、设备清洗等带来困难；由于在动态逆流提取过程中中药和溶媒是同步运动，故一些比重相对较大、质地较坚硬的饮片不适合用此法提取。

（3）目前常用的动态逆流提取设备都存在机体体积较大、占地面积大、外观笨重、设备耗能高等缺点。动态逆流提取设备还有待进一步改进和完善。

第四节　中药溶媒溶质分离技术

作为中药制剂工艺环节中的一环，溶媒溶质分离技术起着重要作用。在对溶媒进行回收的过程中，不仅要关注回收溶媒的效率，更要关注溶质（即提取液中的有效成分）的质量。传统的分离溶媒和溶质的方法为蒸发浓缩法，被广泛用于工业生产，但其普遍能耗较高，不符合节能减排的方针。目前，更加节能高效、注重产品质量的现代浓缩技术如膜浓缩技术、冷冻浓缩技术、离心浓缩技术等正被逐步应用到中药的溶媒溶质分离过程。

一、传统浓缩技术

传统浓缩技术主要是蒸发浓缩技术。蒸发浓缩是指通过加热，使提取液中的溶媒沸腾蒸发，达到溶媒和溶质分离的目的，从而使溶质浓度增大。既符合实验室小批量浓缩和中试浓缩的要求，也适合工厂大规模浓缩生产，是目前主要的溶媒溶质分离手段[26]。蒸发浓缩技术主要有常压蒸发浓缩法、减压蒸发浓缩法、薄膜蒸发浓缩法三种。

（一）常压蒸发浓缩法

常压蒸发浓缩法是一种在正常大气压下进行加热，使提取液中溶媒蒸发回收的溶媒溶质分离方法。常压蒸发浓缩法适用于溶质对热稳定、溶媒无毒不易燃且无须回收的中药的提取。但是，常压蒸发浓缩存在加热时间长、温度高、均匀性差等缺点，不适用于热敏性或挥发性成分的提取。

常压蒸发浓缩法是最为传统的溶媒溶质分离技术，该法设备简易且操作简便，但是能耗大且成本高，溶媒溶质分离效率较低，不利于中药产品生产企业的可持续发展。目前，常用的常压蒸发浓缩设备有蒸发锅、可倾式夹层锅（图7.15）、球形浓缩器等。

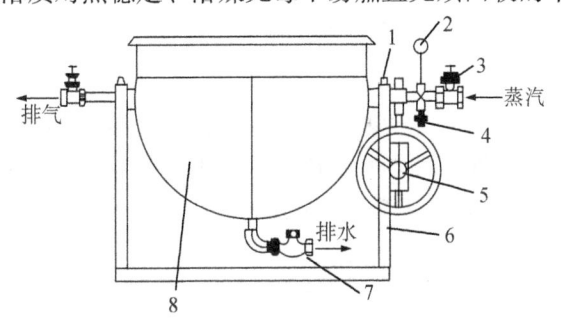

图7.15　可倾式夹层锅示意图
1. 油杯；2. 压力表；3. 截止阀；4. 安全阀；
5. 手动可倾式装置；6. 墙板；7. 泄水阀；8. 锅体

（二）减压蒸发浓缩法

减压蒸发又称真空蒸发或负压蒸发，是指在密闭的设备中，使用真空泵等真空设备抽掉液面上的空气和蒸汽，在蒸发设备中形成一定的真空度以降低溶媒的沸点，同时对其进行加热的蒸发操作，以达到在低于常压沸点的温度下分离溶媒溶质的目的。由于溶媒的沸点在真空条件下有所降低，整个蒸发过程温度较低，特别适用于药液中有效成分对热敏感或药液中含有有机溶剂的溶媒溶质分离；此外，真空条件下热蒸汽与溶媒沸点温度差变大，从而增加了热传递的温度差，提高了蒸发的效率。球形浓缩器示意图如图7.16所示。

减压蒸发浓缩法分离溶媒溶质的效率较高且操作简便，同时整个蒸发体系处于密闭环境中，减少了外界的污染，所得产品质量较高。但是此法随着蒸发过程的进行，溶媒的减少会逐渐导致蒸发效率的下降，蒸发后期需要的热能增加，导致耗能增加。目前工业化生产中使用的减压浓缩设备一般与回流提取设备连通，如图 7.17 所示。

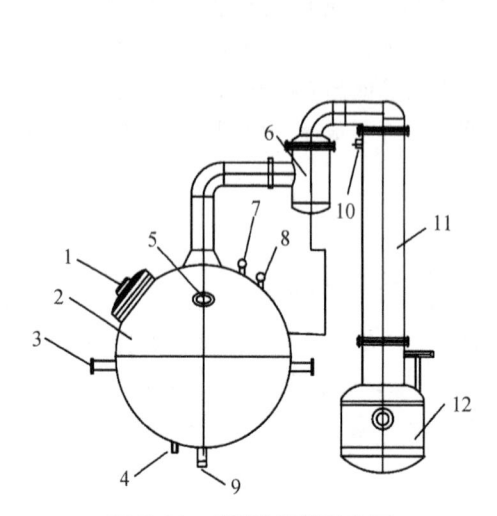

图 7.16　球形浓缩器示意图
1. 入孔；2. 浓缩器；3. 蒸汽进口；4. 冷凝水出口；
5. 进料口、视镜；6. 气液分离器；7. 真空表接口；
8. 温度计接口；9. 放液口；10. 冷凝水出口；
11. 冷凝器；12. 储液罐

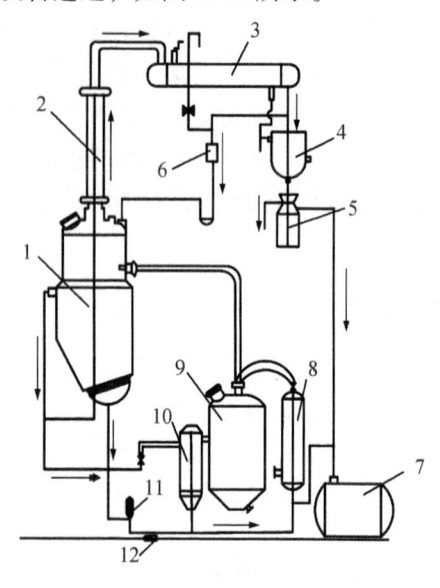

图 7.17　减压蒸发浓缩和回流提取设备示意图
1. 提取罐；2. 分离器；3. 冷凝器；4. 冷却器；
5. 油水分离器；6. 视窗；7. 储罐；8. 冷却器；
9. 蒸发器；10. 加热器；11. 过滤器；12. 输送泵

目前在实验室水平下，减压浓缩法所用的仪器主要有旋转蒸发仪；工业化水平下常用的设备有真空减压浓缩罐及超真空减压浓缩器等。

（三）薄膜蒸发浓缩法

薄膜蒸发是指使提取液形成薄膜再进行蒸发，该法的原理是在减压条件下先使提取液形成薄膜以增加其气化表面积，当其气化表面积达到一定程度时薄膜的热量传播速度极快且传递均匀，此时加热可大大增加蒸发速率，还可防止溶剂过热。薄膜蒸发浓缩法有两种操作方式：一种是在减压条件下料液形成薄膜后使其快速经过加热界面，从而起到蒸发效果；另一种操作方式是在减压条件下加热料液直至其剧烈沸腾而产生大量气泡，将气泡的内外两面作为蒸发面，进行快速蒸发。其蒸发流程如图 7.18 所示。

薄膜蒸发浓缩技术的特点包括蒸发时温度低、料液经过薄膜速度快使其受热时间短、蒸发效率高且能量消耗小，特别适用于高浓度药液溶媒溶质的分离。根据薄膜形成原因及薄膜的流动方向，薄膜蒸发浓缩法可分为升膜式、降膜式、刮板式三种类型。

升膜式薄膜蒸发器如图 7.19 所示，料液由进料口加入，由加热器产生加热蒸汽，蒸汽与料液形成的薄膜自下而上流入冷凝器中，在冷凝器中达到溶媒溶质分离。升膜式薄膜蒸发浓缩法适用于蒸发量大、黏度较低、易起泡的料液的浓缩，此法对热敏性物质也适用，但黏度高、易出现析晶现象的提取液不宜使用此法。

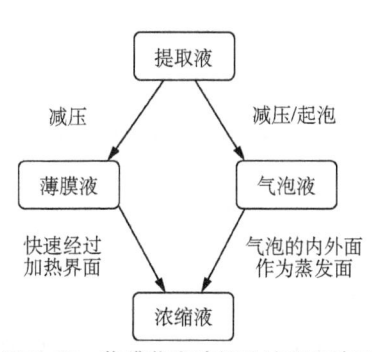

图 7.18　薄膜蒸发浓缩法流程示意图

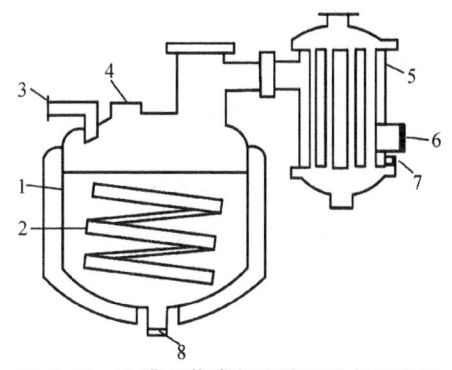

图 7.19　升膜式薄膜蒸发浓缩设备示意图
1. 加热面；2. 加热器；3. 进料口；4. 窥视镜；
5. 冷凝器；6. 排气口；7. 馏出口；8. 残渣口

与升膜式薄膜蒸发器不同，降膜式薄膜蒸发器（图 7.20）料液是从顶部加料口加入，料液加入后进入旋转分液分离器，在旋转刷和重力作用下，料液被打成薄膜沿管壁下降并同时被加热夹套加热，在底部的冷凝器中达到溶媒溶质分离的目的。降膜式薄膜蒸发器适用于蒸发量较少、浓度高、黏度大的料液的浓缩，可得到相对密度较高的流浸膏，但此法同样不适用于易结晶或结垢的料液。

刮板式薄膜蒸发器（图 7.21）的加热器内安装有快速旋转的刮板，料液从蒸发器上方加入后流入加热器内，利用刮板高速旋转产生的外力使料液均匀分割成薄膜分布于加热管壁上，液膜在下降过程中不断被蒸发浓缩，最终在底部出料口处被刮板旋转产生的离心力甩出。该法采用外力将料液驱动成膜，适用性高，可用于高黏度、易析晶、易结垢及热敏性料液的浓缩。

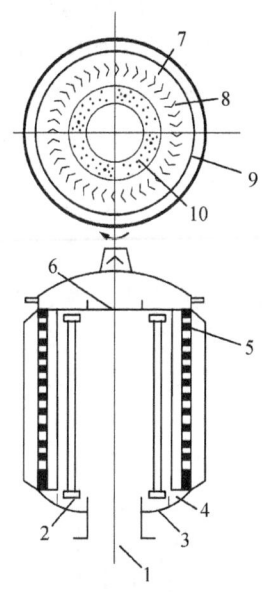

图 7.20　降膜式薄膜蒸发器浓缩设备示意图
1. 真空排气系统；2. 冷却；3. 馏出液；4. 残留液；
5. 加热；6. 供给液；7. 旋转分液分离器；
8. 旋转刷；9. 加热夹套；10. 凝缩冷却部

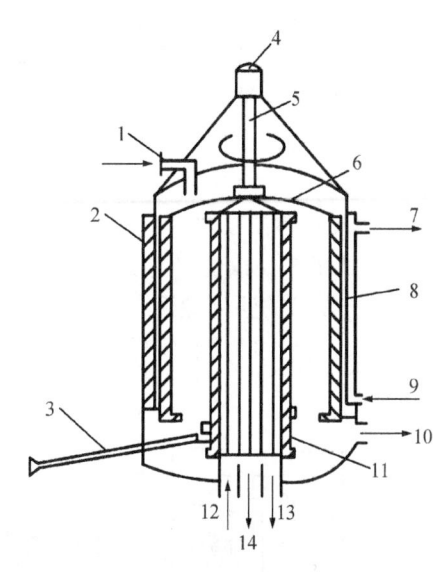

图 7.21　刮板式薄膜蒸发器浓缩设备示意图
1. 进料口；2. 加热夹套；3. 残渣排出管；4. 马达；
5. 轴；6. 轴盘；7. 热循环流体出料口；8. 滚动滑动片；
9. 热循环流体进料口；10. 真空；11. 内层冷凝器；
12. 冷却水入口；13. 冷却水出口；14. 馏出液出口

217

二、膜浓缩技术

膜浓缩技术是利用各种膜材料，使提取液中小分子物质及溶媒透过，而对其中大分子量物质进行截留，从而达到溶媒溶质分离的目的。膜浓缩技术是一种全新的技术，与传统的溶媒溶质分离技术完全不同，是利用有效成分与溶媒相对分子量的不同以实现分离的技术。与传统的溶媒溶质分离技术相比，膜浓缩技术具有选择范围广、适用性强、溶媒溶质分离效率高，无须加热等特点[27]。

（一）膜蒸馏浓缩技术

20世纪60年代膜蒸馏技术最初使用，随着膜材料及其制备工艺发展日渐成熟，膜蒸馏技术的实用性大大提高，并于20世纪80年代得到大规模应用。膜蒸馏浓缩技术采用的膜为疏水微孔膜，膜两侧的水无法透过该膜，在进行溶媒溶质分离时，仅对膜一侧的液体进行加热，膜两侧液体存在一定的温度差，使得两侧液面的水蒸气压力不同，温度较高的一侧水蒸气压力大于温度较低一侧，在压力推动下水蒸气透过微孔膜进入冷侧后冷却，从而实现溶媒溶质的分离。膜蒸馏浓缩技术所用设备为非金属材料，制作成本低，对药液的影响小；蒸馏时加热温度远低于溶媒的沸点，所需能量大大降低，适用于有效成分为热敏性成分药液的溶媒溶质分离。目前常用的膜蒸馏浓缩设备有多种，根据蒸汽扩散方式可分为接触式、气隙式、扫气式；根据膜的类型可分为真空膜蒸馏和渗透膜蒸馏。膜蒸馏浓缩如图7.22所示。

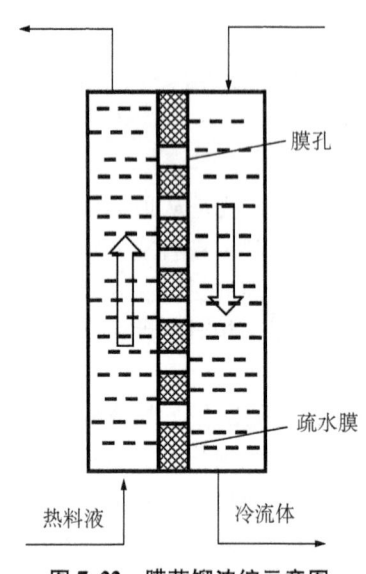

图7.22 膜蒸馏浓缩示意图

目前该技术在中药溶媒溶质分离中的运用还较少，因中药提取液中大分子杂质如鞣质、多糖、蛋白质等含量较多，这些杂质无法通过膜且附着在膜上，导致沉积、膜孔堵塞现象，造成膜污染，影响溶媒溶质的分离效率甚至使操作无法进行。因此，若将该技术用于中药产品生产中需要开发出高效、环保的膜介质及高性能的膜组件。

（二）反渗透和超滤技术

1. 反渗透技术 反渗透又称逆渗透，该技术使用的膜为亲水半透膜，水可自由通过该膜。反渗透技术的原理如图7.23所示，半透膜两侧的溶液存在一定的浓度差，在渗透压作用下稀溶液中的溶媒将透过半透膜进入浓溶液部分直至两侧压力达到平衡，此

图7.23 反渗透原理示意图

时若在浓溶液液面施加超过渗透压的推动力,则可使浓溶液中的溶媒进入稀溶液一侧,而其中有效成分因分子量较大无法通过半透膜,从而使浓溶液部分浓度不断增加,达到溶媒溶质分离的目的。

2. 超滤技术　超滤又称"超过滤",该技术也是在压力的推动下使一侧溶媒透过膜进入另一侧,大分子的有效成分被截留,从而实现溶媒溶质的分离,但是超滤技术使用的膜材料为超滤膜,超滤膜膜孔径较小。

3. 反渗透技术及超滤技术的特点　反渗透技术和超滤技术均无须加热,可避免热敏性物质的损失,能最大程度保留原溶液的有效组分,适用于热敏性及挥发性成分的浓缩,对于以水或有机溶剂为溶媒的中药提取液均可分离。同时膜工艺还有操作简单、易工业化放大使用、处理量大、无相变化及化学变化等特点。但反渗透技术和超滤技术是利用膜介质来达到浓缩目的,因此同样存在膜污染现象。

(三) 膜浓缩联用技术

各种膜技术都有一定的缺点影响其应用,但若将多种膜适当联用,可在一定程度上取长补短,达到更好的溶媒溶质分离效果。由于中药提取液中含有较多如鞣质、蛋白质、多糖等大分子物质,在使用膜浓缩时很可能会出现堵塞问题,故在使用时可将陶瓷膜过滤技术与反渗透技术联用(图7.24)[28],提取液先经陶瓷膜过滤,去除大分子杂质,再使用反渗透进行溶媒溶质分离。此外还有反渗透和超滤浓缩技术联用、运用多级膜分离浓缩可提高浓缩效率,减少膜污染。

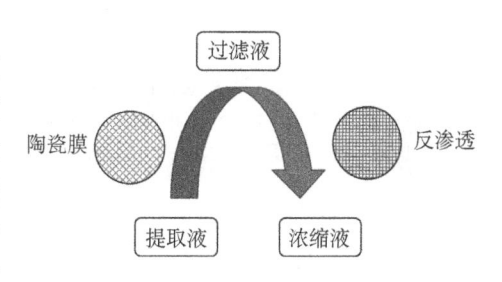

图7.24　陶瓷膜+反渗透联用技术示意图

三、冷冻浓缩技术

(一) 冷冻浓缩技术的定义与原理

冷冻浓缩技术是近年发展起来的一种新型溶媒溶质分离技术,该技术是在常压下将温度降至溶媒凝固点以下,使溶媒结成冰晶后再利用机械手段不断从体系中去除,以达到分离溶媒和溶质的目的,该法通常用于分离溶媒为水的稀溶液,对溶媒为有机溶剂的溶液不适用。冷冻浓缩技术流程如图7.25所示。

(二) 冷冻浓缩技术的特点

冷冻浓缩技术是在常压低温下进行,无须加热,有利于最大限度保存药液中的有效成分,适用于有效成分为热敏性或挥发性成分的提取液溶媒溶质分离;此外,在低温下进行操作还可在一定程度抑制环境中微生物的活性,可防止微生物导致的有效成分的霉变、变性等,有效降低了操作过程中的污染;在能耗方面,理论上来说低温技术耗能要远低于传统蒸汽加热的耗能,在生产中可大大降低能耗成本,具有广阔的工业化前景[29]。

图7.25　冷冻浓缩技术流程示意图

（三）冷冻浓缩技术的分类

冷冻浓缩技术根据结晶方式的不同，可分为悬浮结晶冷冻浓缩技术和渐进冷冻浓缩技术[30]。

1. 悬浮结晶冷冻浓缩技术 是在冷冻过程中利用机械手段，连续不断将悬浮于药液上的结晶排出，从而使药液浓度不断增加的方法（图 7.26）。悬浮冷冻浓缩技术可防止药液中热敏性有效成分及易挥发的芳香类化合物被破坏，可有效抑制药液中多余的化学反应、理化性质变化等，且整个过程能耗低。但是，悬浮冷冻浓缩技术效率不高，需要反复进行多次操作，且溶媒在结成冰晶时可能会有部分有效物质一同结冰，导致有效成分部分损失，运用该法得到的药液有效成分含量将略低于使用传统溶媒溶质分离技术得到的药液。

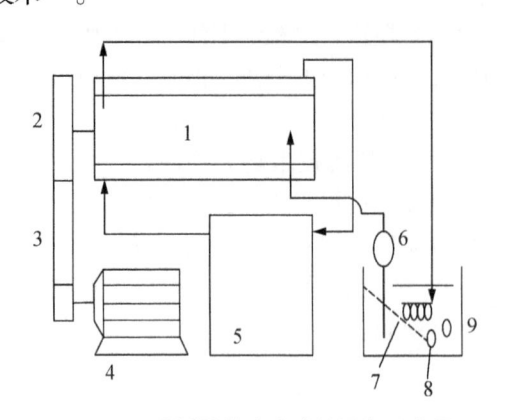

图 7.26 悬浮结晶冷冻浓缩设备示意图
1. 回转制冰机；2. 大皮带轮；3. 小皮带轮；4. 减速电机；
5. 制冷机；6. 低温药液泵；7. 滤网；8. 冰晶；9. 药液灌

2. 渐进冷冻浓缩技术 是在常压下降温，使药液表面逐渐形成冰层，在形成冰层的推动下，固液界面分界处的溶质被排出至未结冰的溶媒中，从而逐渐形成高浓度浓缩液的一种溶媒溶质分离技术。由于渐进式结晶技术在使用中结冰速度很慢，效率低下，故还未见有将其运用于中药提取液溶媒溶质分离的报道。

（四）冷冻浓缩技术存在的问题

目前冷冻浓缩技术仅应用于以水为溶媒的提取液的溶媒溶质分离，对于有机溶剂来说，其凝固点温度远低于水，操作起来有一定困难；此外为了充分利用冷冻浓缩的优势，该技术常与冷冻粉碎技术、低温提取技术、冷冻干燥技术等低温技术联用，因此在实际应用中具有一定的局限性。目前冷冻浓缩技术多用于食品制造业，在制药行业中的应用实例还较少，尤其是对于成分复杂的中药提取液，其应用还有待进一步研究。

四、离心浓缩技术

离心浓缩技术是指在常温负压的条件下使用高转速的离心设备分离药液中溶媒溶质的一种分离方法，该方法属于小规模的分离方法，可分离的药液体积较小，通常与离心式薄膜蒸发技术等离心技术相结合使用以提高效率。

在负压常温条件下进行溶媒溶质的分离可有效防止药液暴沸，还可防止药液中热敏性有效成分的损失；离心分离后溶质凝固于底部，便于回收。但是离心浓缩技术在工业化生产中对仪器设备的成本要求较高，故工业化生产中运用较少，同时离心分离无法有效分离微生物，后续还需要增加灭菌工艺。

五、蒸汽机械再压缩技术

（一）蒸汽机械再压缩技术的定义与原理

蒸汽机械再压缩技术是一种新兴节能的高效溶媒溶质分离技术，该技术利用清洁能源产生加热蒸汽用于蒸发并可对自身产生的蒸汽进行二次利用，以达到环保高效节能的目的，是近十年在制药行业应用的新型溶媒溶质分离技术。

蒸汽机械再压缩设备（图7.27）主要由预热器、加热器、分离器、压缩机、物料泵、成品罐组成。设备加热阶段，即设备在启动时需要使用外界产生的蒸汽进行预热，蒸汽经压缩机压缩后转化为热能给系统提供热量，待温度达到浓缩要求，系统正常运行后，外界所提供的蒸汽将大大减少，此时蒸汽在系统中循环，系统主要由二次蒸汽供能，实现了蒸汽的循环利用。在整个溶媒溶质分离过程中，仅设备启动时需要外界提供蒸汽，设备运行后基本无须新的蒸汽。

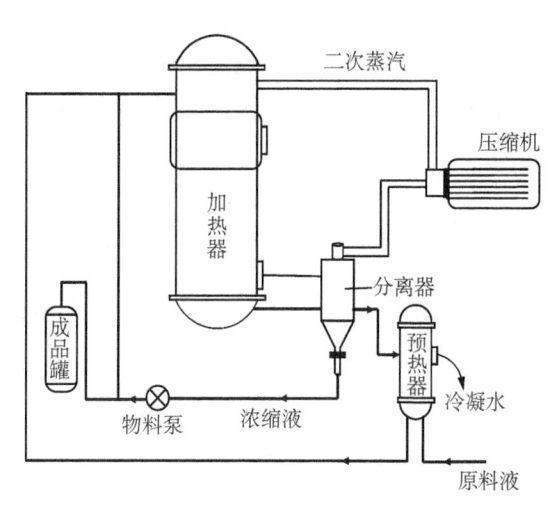

图7.27 蒸汽机械再压缩设备示意图

溶媒溶质的分离则主要采用分段式蒸发浓缩，在溶媒溶质分离前设定最终浓缩液的目标浓度，当提取液经过第一次浓缩后若无法达到目标浓度则会经由真空泵重新泵回蒸发器，反复进行蒸发浓缩，直至浓度达到目标浓度。

（二）蒸汽机械再压缩技术的特点

1. **高效节能环保** 蒸汽机械再压缩技术所需蒸汽量远低于常规的蒸发浓缩技术，可大大节省能源，且该技术是利用清洁能源在低温低压下提供蒸汽，故环境友好；在浓缩阶段，未达到目标浓度的提取液将泵回蒸发器中反复浓缩，效率高。

2. **设备精简、成本低** 蒸汽机械再压缩设备的冷凝器与预热室是共用的，无须另外设置冷凝设备；且与传统的多效蒸发器相比，蒸汽机械再压缩设备靠物料泵将料液泵回原蒸发器，无须多个效体，使设备体积大大减小。

3. **使用时安全性高** 蒸汽机械再压缩设备仅启动时需要新的蒸汽，在正常运行后往往无须工业蒸汽，故减少了传统蒸发设备存在的高温烫伤等安全隐患，使用时更加安全。

（三）蒸汽机械再压缩技术的应用及存在的问题

蒸汽机械再压缩技术由于其高效节能环保等特点，目前在中药制剂原料的生产过程中应用越来越多，对于能使用传统的蒸发浓缩技术进行溶媒溶质分离的中药，均可使用蒸汽机械再压缩技术，而且该技术对于复方中药的提取液也可进行高效浓缩。蒸汽机械再压缩设备也分多种类型，其中以降膜式蒸发器在中药提取液的浓缩中应用最多。但是蒸汽机械再压缩技术对待浓缩的中药提取液的料液量、料液的理化性质等都有一定要求：首先由于蒸汽机械再压缩技术是利用物料泵将未达标料液反复泵回蒸发器中重复浓缩，故对待浓缩料液的总量有所限制；其次，待浓缩料液不宜太过黏稠，黏稠的料液易堵塞设备的管道，影响设备的正常运行[31]。

溶媒溶质分离技术是中药产品原料生产中常用的、必不可少的技术，节能、高效、安全、简易及绿色环保是溶媒溶质分离技术研发的重要方向。溶媒溶质分离技术的合理与否将直接影响中药产品原料的质量，最终影响中药制剂的疗效。溶媒溶质分离技术的落后制约了中药浓缩效率，增加了企业的能耗。因此，改进和创新富集技术，结合效率、能耗、便捷性及安全性，尽量减少溶质富集过程中的成分损失，保证药品疗效，综合考虑浓缩技术与设备的选择和设计，是当前中药溶媒溶质分离技术发展的方向。

第五节　中药精制分离纯化技术

中药的精制分离纯化是指用一定的技术，将中药提取液中的有效成分与杂质分离，使最终制得的中药产品原料中有效成分达到一定纯度的过程。这对中药产品原料物质基础的明确可控有重大的意义。

传统的分离纯化技术主要利用沉淀的方法使杂质和有效成分分离从而达到纯化的目的，这种纯化方法只能做到初步除杂，要进一步精制，得到纯度更高的原料，还要借助一些现代的精制纯化方法，如柱层析技术、膜分离技术、高速逆流色谱法、分子印迹技术等。

目前在实验或生产中常用的中药精制分离纯化技术主要有醇沉法、絮凝沉淀法、柱层析分离纯化技术等，此外还有些现代技术虽还未达到大规模使用的程度，但都具有广阔的发展前景。

一、醇沉法

（一）醇沉法的定义与原理

醇沉法是中药初步纯化过程中常用的方法，该法是利用有效成分和杂质在不同浓度乙醇中溶解度不同的性质，通过改变溶液中乙醇浓度使杂质逐渐沉淀，从而达到分离的目的。醇沉法主要能去除中药水提取液中的淀粉、树胶、果胶、黏液质、蛋白质、鞣质、色素、无机盐等水溶性杂质。醇含量在50%~60%时去除淀粉，醇含量在75%时可去除蛋白质，醇含量达80%时几乎可以去除全部蛋白质、多糖、无机盐[32]。醇沉法流程如图7.28所示。

中药水提液经浓缩后在常温或低温下加入乙醇进行醇沉，乙醇既作为溶剂，溶解浓缩液中的有效成分，又作为沉淀剂来沉淀某些杂质。醇沉法是中药产品原料生产中常用的一种方法，2020年版《中国药典》中记载的甘草流浸膏、益母流浸膏等均使用醇沉法制备；玉屏风颗粒在制备过程中，水提浓缩液使用70%乙醇进行醇沉除杂；双黄连片在制备时，其浓缩液清膏使用75%乙醇醇沉，静置12小时除杂；蒲地蓝消炎口服液在制备过程中，浓缩液清膏使用75%乙醇醇沉，静置48小时除杂。

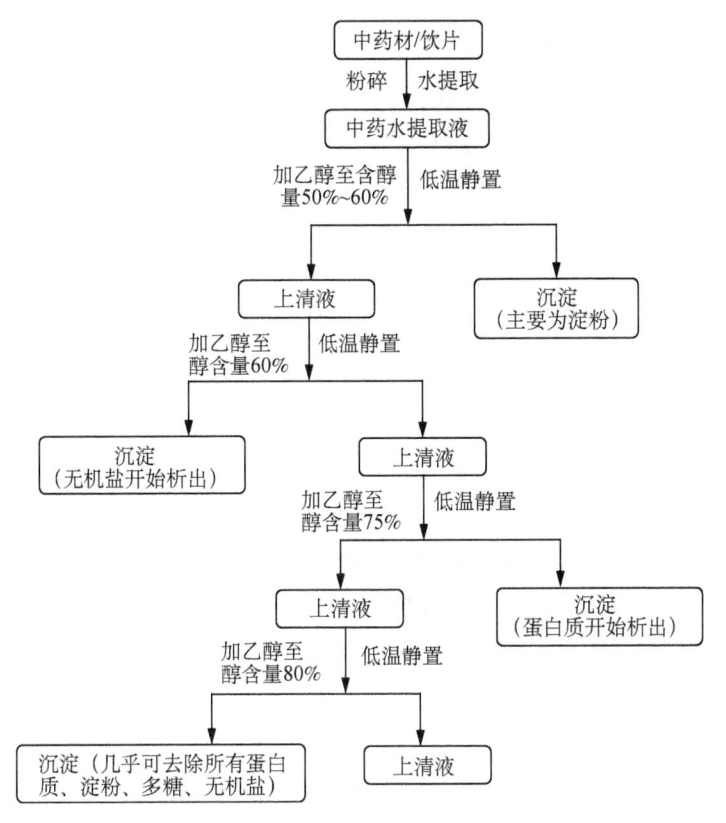

图 7.28 水提醇沉法流程示意图

(二) 影响醇沉法工艺的因素

1. **浓缩液的浓度** 在使用醇沉法之前,需要将提取液浓缩至一定程度以减少乙醇用量和增加醇沉效果。浓缩液的浓度视情况而定,不宜过浓稠也不宜过稀。浓度过大会导致药液不能与乙醇充分接触,且产生的沉淀易将有效成分包裹,造成有效成分的损失;浓度过小会导致醇沉时乙醇用量增加,造成浪费。

2. **乙醇用量及浓度** 通常沉淀出来的杂质与乙醇的用量密切相关:随着乙醇的增加,当浓度达到 50%~60% 时,淀粉等杂质可被去除;无机盐在醇含量 60% 左右时开始析出;蛋白质则在醇含量 75% 左右开始析出;当醇含量达到 80% 以上时,淀粉、蛋白质、多糖、无机盐等杂质均可被去除。

3. **醇沉温度** 对沉降速度影响较大,一般来说低温可加速沉淀物的析出与沉降。操作流程上,一般在室温下缓慢将乙醇加入药液,静置一段时间后将其移至 4 ℃ 条件中静置 24~48 小时。

4. **搅拌速度和加醇方式** 醇沉过程中易出现有效成分被多糖、蛋白质等杂质包裹沉淀而损失的现象,故在加入乙醇时需要不断搅拌以防局部乙醇浓度过高导致的突然沉降现象。搅拌速度也有一定的要求,搅拌速度太慢仍会导致局部乙醇浓度不均匀,出现沉淀包裹有效成分的现象;搅拌速度太快则会导致沉降颗粒的粒度变小,导致后期滤过分离工作难以进行。此外,乙醇的添加方式也对这些现象有所影响,一般来说,以从低到高的浓度梯度逐步添加乙醇,或者进行分次醇沉,均可达到在除杂的同时保护有效成分不因被包裹而损失的效果。

（三）醇沉法存在的问题

醇沉法作为中药原料生产中常用的除杂方法，具有方法操作简便、成本低廉且通过乙醇处理的药液不易变质等特点，但是其不足之处也有很多，醇沉过程周期长，通常需要静置1~2天；乙醇用量大，且若增加醇沉次数，更加消耗乙醇；有效成分损失严重，醇沉时产生的沉淀有时会对有效成分产生吸附、包埋等。

因此，醇沉法虽在生产中应用广泛，但只适用于初步除杂，若想得到进一步纯化的原料，还需与其他精制纯化技术联用。

二、絮凝沉淀法

（一）絮凝沉淀法的定义和原理

絮凝沉淀法是在中药提取液中添加絮凝剂，使提取液中的杂质微粒絮凝沉淀以达到分离纯化的效果。中药提取液中的某些组分以胶体的形式存在，加入絮凝剂可在不同胶粒之间吸附架桥或使胶体表面产生电中和作用，使得溶液体系的稳定性遭到破坏，使提取液中的杂质粒子沉降，再将沉淀除去。

（二）常用的絮凝剂

目前常用于中药产品原料生产中分离纯化的絮凝剂有甲壳素、壳聚糖、101澄清剂、明胶、果胶酶等[33-34]。具体见表7.6。

表7.6 中药产品原料生产分离纯化常用的絮凝剂及其性质

絮凝剂	絮凝剂性质
甲壳素	甲壳素又名甲壳质、壳多糖、几丁等，是一种广泛存在于虾、蟹等海洋节肢动物外壳及低等植物菌类、藻类等细胞壁中的多糖，通常呈淡黄色或白色无定型粉末，不溶于水、碱或其他有机溶剂，溶于浓盐酸、硫酸等强酸。甲壳素分子中存在酰胺键，分子间具有很强的氢键作用，化学性质较稳定。甲壳素及其衍生物作为絮凝剂可降低药液中的重金属离子的含量，且可有效保留药液中的有效成分。甲壳素及其衍生物可生物降解，有良好的生物相容性和成膜性，是中药絮凝剂的理想材料
壳聚糖	壳聚糖又称可溶性甲壳素、甲壳胺及脱乙酰甲壳素等，是由甲壳素进行脱乙酰基处理后得到的白色或米黄色半透明状固体，是一种含有谷氨基和羟基的天然高分子聚合物，属于天然阳离子絮凝剂。其溶解性相比于甲壳素有较大改善，可溶于盐酸、苯甲酸、乙酸等大多数稀酸溶液中。当壳聚糖溶解于稀酸溶液时，溶液中的氢离子与壳聚糖分子中的氨基结合，形成带正电荷的分子，与药液中的带负电荷的杂质（如纤维素、黏液质、鞣酸）等结合，产生沉淀，从而达到除杂的目的；此外，许多药液中含有蛋白质、鞣酸、果胶等大分子杂质，多以胶体形式存在，壳聚糖分子中的氨基和羟基可通过氢键或盐键形成类似网状结构的笼形分子，可与许多金属离子形成稳定的螯合物，并且可去除蛋白质、鞣酸、果胶等大分子物质对酚、卤素等小分子的吸附
101澄清剂	101澄清剂是一种新型食用果汁澄清剂，主要成分是变性淀粉，为水溶性胶状物质，其澄清原理是通过吸附与絮凝双重作用使得药液中大分子杂质快速絮凝沉淀，达到分离纯化的目的，主要可去除中药药液中的蛋白质、鞣质、色素及果胶等杂质。澄清剂具有澄清效果好、成本低、生产周期短、无毒无味、安全，且处理中不会引入新的杂质等特点，用量在2%~20%。澄清剂可很好地保留药液中的黄酮类、生物碱类、氨基糖类、多糖类等有效成分，但处理后的药液中的固形物质增加，对制备胶囊剂、颗粒剂有一定影响
明胶	明胶是一种来源丰富的天然生物材料，是动物结缔组织和真皮中的胶原、骨中的骨胶原等适度降解和变性后的产物，具有水溶性和凝冻性，主要成分包括蛋白质及不完全蛋白质，具有一定的絮凝作用，用作絮凝剂时一般与鞣酸联用。可与鞣酸反应生成络合物，该络合物可与中药提取液中的悬浮微粒共沉，且在酸性条件下带正电荷的明胶可与水提液中带负电荷的树胶、纤维素等杂质作用形成颗粒沉淀，达到分离纯化的目的

（三）絮凝沉淀的影响因素

絮凝沉淀是多种因素综合作用的结果，整个过程发生了复杂的物理及化学变化，其中的影响因素也很多，主要包括以下几点：

1. 絮凝温度及 pH　温度是在絮凝过程中影响絮凝反应、絮体生长的一个重要因素。在一定范围内，温度越高絮凝过程的化学反应速度及絮体的生成速度越快，絮凝作用将得到加强；但是温度过高也会给絮凝带来负面效果，絮凝速度过快会导致形成的絮体粒度变小，给后期的分离带来困难。此外，溶液的 pH 将影响絮凝剂在溶液中的溶解程度及其在悬浮液中的扩散程度，选择合适的 pH 既可减少絮凝剂的用量也可增加絮凝效果。

2. 絮凝剂的用量　也可在一定程度上影响絮凝效果，絮凝剂用量过多会导致絮凝胶粒表面饱和，产生再稳现象，从而影响絮凝效果；絮凝剂用量过低会导致絮凝程度不够，无法充分发挥絮凝剂的电中和及架桥作用，降低絮凝效率。

3. 絮凝过程的搅拌时间和速度　絮凝过程中需要进行搅拌，以增加絮凝效率。但若搅拌速度过快或搅拌时间过长，会导致形成的絮体被打散，导致絮体被破坏；若搅拌速度过慢或搅拌时间不够，则会降低溶液中微粒与絮凝剂的接触碰撞概率，从而使形成絮体的概率降低，难以形成理想的絮体，故在絮凝过程需要把握好搅拌时间及搅拌速度。

（四）絮凝沉淀存在的问题

目前絮凝沉淀技术是中药生产中常用的技术，使很多中药生产工艺得到优化，但絮凝剂的使用也有一些缺点：絮凝剂分为有机絮凝剂和无机絮凝剂，其中无机絮凝剂价格低廉易得，但是对仪器设备具有腐蚀作用且对人体健康有一定的影响；而有机絮凝剂虽质量较好不易腐蚀设备，但其价格较高且实验结束后的残留物具有"致癌、致畸、致突变"的"三致作用"，故在絮凝剂的选择上还有待考究。此外在絮凝过程中，其工艺参数的确定也是个复杂的过程，需要考虑的因素很多，也对絮凝技术的应用产生限制，但随着絮凝技术的进一步发展，该技术必将更加广泛地运用于中药领域。

三、柱层析分离纯化技术

（一）柱层析分离纯化技术的定义及应用

柱层析技术又称为色谱柱技术，是目前在中药精制分离纯化中应用最为广泛的技术（图7.29）。该技术是利用各组分极性的不同，导致其在固定相与流动相的分配系数不同进行分离（表7.7）。

在使用柱层析技术对中药提取液进行精制纯化时，其填充物的选择是关键，大孔吸附树脂、葡聚糖凝胶和聚酰胺树脂是在中药柱层析中常用的填料。

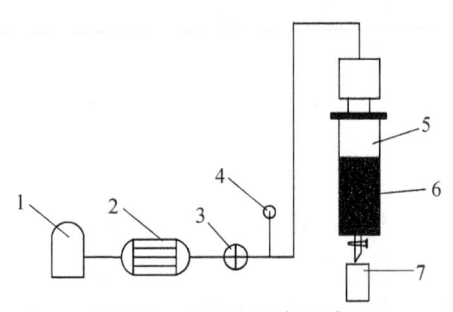

图 7.29　柱层析设备示意图
1. 溶剂储罐；2. 高压泵；3. 阀门；4. 压力表；
5. 层析柱；6. 填料；7. 洗脱液

表 7.7　柱层析分离中常用的填料及其在中药组分分离中的应用

柱层析分离中常用的填料	在中药组分分离中的应用
大孔吸附树脂	可用于中药有效组分中黄酮类（淫羊藿总黄酮）、生物碱类（盐酸小檗碱、秋水仙碱）、皂苷类（人参皂苷）、酚酸类（胆红素、丹酚酸）、萜类（熊果酸、齐墩果酸）等多种组分的精制纯化
葡聚糖凝胶	主要用于中药多糖（麦冬多糖、黄芪多糖）的精制纯化
聚酰胺树脂	主要用于中药有效组分中酚类（茶多酚）、醌类（蒽醌苷）和黄酮类（山楂叶总黄酮）等物质的精制纯化

（二）柱层析分离纯化技术的操作步骤

柱层析分离纯化技术的操作过程主要分为三步：装柱、上样吸附、洗脱解吸。装柱和上样吸附均可分为干、湿两种方法。各方法的操作过程及特点见表 7.8。

表 7.8　柱层析分离纯化技术中装柱及上样吸附的方法

方法分类		各方法的操作及特点
装柱	湿法装柱	湿法装柱是将填料先用适当的溶剂搅拌均匀后，缓慢填入玻璃柱中，再加压用淋洗剂冲洗，至填料表面平实。本法最大的特点是完成装柱后没有气泡且柱子结实
	干法装柱	干法装柱是直接将填料加入玻璃柱中，在装入填料过程中轻轻敲打柱子两侧，直至填料界面不再下降，再使用真空设备对其抽真空，使其装柱结实，再用淋洗剂进行冲洗。干法装柱较方便，缺点是在用淋洗剂冲洗时易产生气泡
上样吸附	湿法上样	湿法上样是将待分离纯化的样品稀释后，将其沿着层析柱内壁均匀加入，该法比较简单方便，故一般采用湿法上样
	干法上样	干法上样是将待分离纯化的样品用溶剂稀释后，加入少量填料，充分搅拌均匀后去除溶剂，再加至柱子顶层。干法上样比较麻烦，但是可以保证样品层平整

上样结束后，根据填充物对样品的吸附能力，等待一段时间后开始洗脱解吸。用适当的洗脱剂（一般为不同浓度的乙醇）以一定的流速冲洗柱子，收集下端流出的洗脱液。

柱层析分离纯化技术是比较简便有效的中药有效成分精制纯化技术，目前在中药产品原料的工业生产中广泛运用，2020 年版《中国药典》中，三七总皂苷、人参总皂苷、银杏叶提取物的制备过程中，均使用了大孔吸附树脂柱层析技术对其有效成分进行精制纯化。

（三）大孔吸附树脂分离纯化技术

大孔吸附树脂又称高分子多孔微球，是一种功能高分子材料，是中药精制分离纯化中最常用的柱层析填料。大孔吸附树脂是以苯乙烯、甲基丙烯酸甲酯、丙腈等为原料，添加各种交联剂和致孔剂后相互交联聚合形成的多孔骨架结构。干燥的大孔吸附树脂内部空隙较多且孔径大，该结构有利于其吸附各种组分。大孔吸附树脂不溶于酸、碱及各种有机溶剂，其高孔隙率导致其具有极大的比表面积，可吸附大量物质，且不同型号的大孔吸附树脂的吸附选择性不同，故在使用时可根据目标组分的性质选择不同型号的大孔吸附树脂以达到选择性分离纯化的目的。此外，大孔吸附树脂还有分离纯化速度快、效率高，操作方便，使用周期长且可循环再生等优点。

1. 大孔吸附树脂的分类　大孔吸附树脂按其表面性质可分为非极性、弱极性、中极性及极性四类[35]。各类大孔吸附树脂的特点及常用的型号见表 7.9。

表7.9 各类大孔吸附树脂的特点及常用的型号

大孔吸附树脂的分类	树脂的特点	常见的型号
非极性大孔吸附树脂	又称为芳香族吸附剂,是由偶极矩较小的单体聚合成孔制得,无功能基团,因此疏水性较强,适合在极性溶剂中对小分子内的疏水部分产生分子作用,吸附溶液中的有机物	D-101、XAD-1600
弱极性大孔吸附树脂	为聚苯乙烯型吸附树脂,表面有一定的酯基,具有亲水性,吸附机制为疏水性吸附	AB-8、DA
中极性大孔吸附树脂	由含酯基的单体加入甲基丙烯酸酯交联成孔制得,表面既有疏水基团又有亲水基团,可从极性溶剂中吸附非极性物质,又可从非极性溶剂中吸附极性物质,适用范围广	XAD-7HP、HPD-750、ADS-17
极性大孔吸附树脂	是含氮、氧、硫等极性功能基团如酰胺基、氰基、酚羟基等的吸附树脂,可吸附溶剂中的极性物质	XAD-9、AD-12

2. **大孔吸附树脂的吸附原理及特点** 在中药的精制分离纯化应用中,大孔吸附树脂主要通过分子间作用力和氢键作用对目标组分进行吸附,且可根据目标组分的极性大小、分子量大小、化合物所带有的特殊官能团等选择性吸附,故可通过选择不同极性、不同孔径大小的树脂来对不同的组分进行吸附,再用合适的洗脱剂对其进行洗脱解吸附,以达到对目标组分精制分离纯化的目的。目前大孔吸附树脂在中药的精制纯化方面已取得显著的效果,黄酮类、皂苷类、生物碱类、酚酸类等多种组分都可用大孔吸附树脂进行纯化,且产品可达到较高的纯度。

与传统的吸附剂相比,大孔吸附树脂可通过选择不同极性及型号对目标组分具有更高的选择性,极大的表面积使得其吸附量很大,且解吸时操作容易,效率高,大孔吸附树脂的再生还使得其可循环利用。此外,大孔吸附树脂还可根据需要与其他分离纯化技术联用,分离纯化效率更高。

3. **大孔吸附树脂的预处理及再生** 大孔吸附树脂在未使用时一般还会含有较多的杂质,如未聚合的单体,制作大孔吸附树脂时残留的交联剂、致孔剂,以及用于保存大孔吸附树脂的分散剂、防腐剂等,因此使用前需要用甲醇、乙醇、稀酸或稀碱对其进行预处理。最常用的大孔吸附树脂预处理操作为:在使用前一般选用乙醇对树脂进行多次冲洗,直至加水后不会出现白色浑浊的漂浮物,再用蒸馏水冲洗数遍至大孔吸附树脂无醇味即可;若单用乙醇无法洗净,则可以适当使用稀盐酸或稀氢氧化钠进行冲洗。

由于大孔吸附树脂是可反复循环利用的,在长时间使用后其中吸附的杂质物质也会不断累积,导致其吸附能力下降,故在使用一定时间后需要进行大孔吸附树脂的再生。大孔吸附树脂的再生中使用较多的是乙醇、稀盐酸和稀氢氧化钠。再生的操作与预处理类似,用再生溶剂对树脂反复洗涤,至树脂颜色复原,再用水冲洗至无醇味或中性。

4. **影响大孔吸附树脂吸附及洗脱的因素**[36-37]

(1) 大孔吸附树脂与化合物的结构:大孔吸附树脂与目标组分化合物的结构相性越好吸附效果越佳,即极性相似、化合物分子中某些官能团可与树脂形成氢键等作用,故在选择树脂时需要从目标组分的结构考虑。

(2) 上样液的浓度:上样液的浓度对大孔树脂的吸附效果也会产生一定的影响。浓度过高会导致在一定的流速下大孔吸附树脂的吸附速率不足，造成药液的泄漏；浓度过低则会导致上样液量大，上样时间增加。

（3）洗脱剂的极性：会对影响洗脱液的组分组成，对极性小的组分来说，洗脱剂极性越小其洗脱能力越强，故对于小极性化合物，一般先用一定体积的水洗脱，再梯度增加乙醇的用量，最后再用最适合的乙醇浓度进行洗脱，以达到除杂加富集纯化的效果。

（4）上样液及洗脱剂的 pH：由于中药中许多成分都有一定的酸碱性，故上样液的 pH 对其溶解性将会造成一定的影响，从而影响大孔吸附树脂的吸附。洗脱剂的 pH 也需要根据待洗脱组分的酸碱度进行调整，对于某些酸性或碱性化合物，可在洗脱剂中适当加入碱或酸进行洗脱。一般来说，酸性组分在碱性溶液中易于吸附而在酸性溶液中易于洗脱，碱性组分则相反。

（5）吸附及洗脱的温度：大孔吸附树脂的吸附主要是依靠其巨大的比表面积进行的物理吸附，故理论上说，温度越高越利于其吸附而不利于洗脱。

5. 大孔吸附树脂的应用　目前大孔吸附树脂吸附分离纯化在中药生产中已广泛使用且效果显著。但是对于中药复方，其中组分复杂，大孔吸附树脂对其中不同组分的吸附选择性不同，导致复方中药有效组分的保留率相差较大，在应用大孔树脂分离纯化中药复方时，使用单一的大孔吸附树脂技术显得不足，故将多种大孔吸附树脂联用或与其他分离纯化技术联用可有效地针对中药复方中不同性质组分在树脂上吸附性能的多样性与复杂性，提高对中药复方有效组分纯化的效率。目前常与大孔吸附树脂联用的有氧化铝、聚酰胺树脂、澄清剂等。

（四）凝胶分离纯化技术

凝胶柱层析又称为凝胶过滤，是利用药液中各组分分子量大小不同对多种组分进行分离的一种柱层析方法，也可理解为按照分子量大小对各组分进行过滤，从而达到精制纯化的目的。在吸附洗脱过程中，分子量较小的组分可较容易进入凝胶填料颗粒中，并与不断流动的洗脱液形成动态平衡，因此小分子组分的洗脱时间较久；而大分子组分由于其分子量大，无法进入凝胶填料颗粒中，故大分子组分较容易被洗脱下来，从而实现了按照分子量大小对组分进行分离纯化的目的。

在中药产品原料的生产中，凝胶柱层析法常用于中药多糖的分离纯化中。常用的凝胶有葡聚糖凝胶（Sephadex G）和羟丙基葡聚糖凝胶（Sephadex LH-20）。这两种凝胶的特性及应用见表 7.10。

表 7.10　两种常用凝胶的特性及应用

凝胶种类	特性及应用
葡聚糖凝胶	葡聚糖凝胶由平均分子量一定的葡聚糖及交联剂（如环氧氯丙烷）交联聚合而成。生成的凝胶颗粒网孔大小取决于所用交联剂的数量及反应条件。加入的交联剂数量越多，则交联度越高，网孔越紧密，孔径越小，吸水膨胀也越小；交联度低，则网孔越稀疏，吸水后膨胀也越大，常用的型号有葡聚糖凝胶 25
羟丙基葡聚糖凝胶	羟丙基葡聚糖凝胶为葡聚糖凝胶 25 经羟丙基化处理后得到的产物。与葡聚糖凝胶相比，虽然羟基的数目没有改变，但碳原子所占比例相对增加，因此此类型凝胶不仅可在水中应用，也可在极性有机溶剂或它们与水组成的混合溶剂中膨润使用。此类型除保留有葡聚糖凝胶的分子筛特性，可按分子量大小分离物质外，在由极性溶剂与非极性溶剂组成的混合溶剂中还可起到反相分配色谱的作用

（五）聚酰胺树脂分离纯化技术

1. 聚酰胺树脂的简介 聚酰胺，俗称尼龙，通常是由二元酸和二元胺经缩聚而成的分子，其中具有酰胺基结构的缩聚型高分子化合物，其分子中的酰胺基可通过氢键作用与化合物中的羧基和羟基结合，从而产生吸附作用，且其吸附能力会随着化合物分子中羟基数量的增加而增强。因此聚酰胺树脂特别适用于中药中酚酸类、黄酮类、醌类化合物的分离纯化，聚酰胺树脂对这几种化合物具有吸附可逆、分离效果好及吸附量大等特点，此外聚酰胺树脂对木脂素类、生物碱类、萜类、甾体类化合物也有一定的吸附作用。目前聚酰胺品种多达几十种，最常用的有聚酰胺-6、聚酰胺-66和聚酰胺-610。

2. 聚酰胺树脂的吸附及洗脱原理 目前认为聚酰胺树脂的吸附原理主要为氢键吸附。聚酰胺分子中的酰胺基能与羟基和羧基形成分子间氢键，酰胺基能与羰基和硝基等形成分子间氢键，故聚酰胺树脂对于黄酮类、醌类、酚酸类化合物吸附作用强。在水溶液中，聚酰胺树脂的吸附作用通常有以下规律：①化合物分子中羟基、羧基或羰基、硝基越多，越易形成氢键，吸附作用越强；②化合物分子越易形成分子间氢键，吸附作用越强，但越易形成分子内氢键，其吸附作用越弱；③化合物分子的芳香程度越高，聚酰胺对其吸附能力越强，反之越弱。溶剂对聚酰胺的吸附能力也有较大的影响，聚酰胺与酚酸类或醌类化合物在水溶剂中的吸附能力最强，但随着溶剂中含醇量升高，吸附能力会越来越弱。故在解吸附过程则可通过不断增加洗脱剂中的醇含量来使得洗脱能力增加，从而达到对不同结构化合物的分离作用。

氢键理论可用于解释大多数聚酰胺吸附洗脱现象，而生物碱、甾体、萜苷类等不易与聚酰胺形成分子间氢键的化合物的吸附与洗脱则可用双重层析理论解释。聚酰胺分子中除了含有大量极性的酰胺基团，还含有非极性的脂肪链，当使用大极性洗脱剂时，其中非极性脂肪链可作为非极性固定相，使极性较大的吸附物易洗脱下来；当使用小极性洗脱剂时，聚酰胺作为极性固定相，使极性较小的吸附物易洗脱下来。故该理论认为使用极性流动相时，聚酰胺作为非极性固定相，作用类似反相分配层析；当使用非极性流动相时，聚酰胺作为极性固定相，作用类似正相分配层析。

此外聚酰胺树脂在多次使用后运用一定的方法也可进行再生处理。再生流程一般为依次用一定体积的乙醇、碱液（NaOH）、蒸馏水、酸液（冰醋酸）、蒸馏水对聚酰胺树脂进行冲洗。

聚酰胺树脂对于中药有效成分中黄酮类、酚酸类、醌类化合物等具有较好的分离纯化效果，且吸附量大、性价比高、可重复利用，且在一定情况下还可与其他树脂联用，故在中药有效成分的分离精制纯化中有着广泛的运用。

（六）柱层析联用技术

在运用柱层析对中药进行分离精制纯化的过程中，不同填料有其各自的优缺点，但因中药成分复杂，有时单用一种树脂无法达到理想的分离效果，此时根据目标组分的特征，选择多种树脂联用或将柱层析技术与其他分离纯化技术联用，将取得更好的效果。常用于联用填料的有大孔吸附树脂，大孔吸附树脂-聚酰胺联用、大孔吸附树脂-氧化铝联用、大孔吸附树脂-澄清剂联用。

大孔吸附树脂-聚酰胺联用技术主要用于黄酮类化合物的精制分离纯化。使用该技术时，先用一定量的聚酰胺树脂对样品进行吸附并水洗除杂，再将聚酰胺树脂缓慢加至预处理好的大孔树脂顶部,最后用一定浓度的乙醇进行梯度洗脱,再收集特定浓度的洗脱液即可得到纯度较高的黄酮组分。大孔吸附树脂和聚酰胺吸附机制不同,联用可充分发挥两者的优势。聚酰胺树脂对黄酮类活性组分的选择性吸附作用较强,可截留部分色素及脂溶性成分,从而减轻了对大孔吸附树脂的污染,经初步分级的上样液再经大孔吸附树脂纯化,再利用树脂吸附和分子筛作用即可极大地提高产物纯度,且该方法操作简单,树脂再生方便,具有广阔的应用前景[38]。此外,大孔吸附树脂-氧化铝联用对皂苷类、木脂素类成分精制纯化、澄清剂或超滤技术-大孔吸附树脂联用对黄酮类、内酯类及多糖类成分精制纯化都取得了不错的效果。

四、膜分离技术

(一) 膜分离技术的原理

膜分离技术与膜浓缩技术类似,是以特定的膜材为分离介质,在外力推动力的作用下对溶液中特定组分进行分离的一种分离技术。膜分离技术的原理如图 7.30 所示。

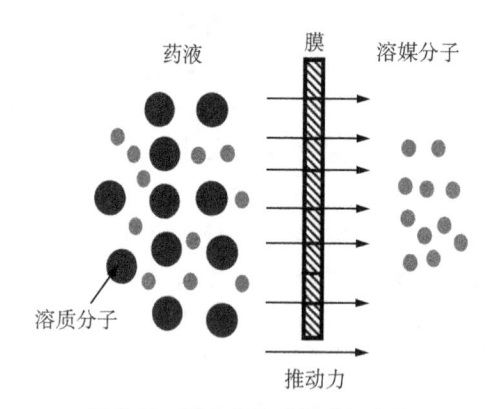

图 7.30 膜分离技术原理示意图

(二) 膜分离技术的分类

常用的膜分离技术有微滤、超滤、纳滤、反渗透,其中微滤主要用于中药提取液或中药制剂的分离纯化,反渗透则主要用于分离提取液中的溶媒和溶质。而超滤、纳滤等在中药分离纯化和溶媒溶质的分离中都有运用。其中在中药分离纯化方面,微滤和超滤主要分别用于中药药液或一些液体制剂,如中药口服液、中药注射剂的澄清过滤和有效成分的分离。

1. 微滤技术 微滤是使用膜孔径介于常规过滤膜和超滤膜之间膜材料的一种膜分离方式,利用外界推动力实现水溶液中水溶性成分和固态微粒、胶体粒子的分离,在中药精制分离纯化中主要用于药液的澄清,常用的微滤膜是陶瓷微滤膜,它可较完全地去除药液中的悬浮杂质和固体微粒,分离得到的药液质量好,此外陶瓷膜还具有适用范围广、使用寿命长、高效无污染且易于放大等优点,故在生产中可用于制备中成药的膜分离工艺中。微滤膜材料分为有机材料和无机材料两类。有机材料有纤维素酯类、聚砜、聚丙烯等,无机材料包括金属、陶瓷、金属氧化物、玻璃、沸石等。与有机膜相比,无机膜具有化学性质稳定、耐高温、抗污染性强、易清洗、机械强度高等特点,近年来发展迅速[39]。

2. 超滤技术 超滤膜的膜孔径在 1~100 nm,常用于大分子物质的分级分离及小分子物质的纯化,药液中的淀粉、多糖、果胶等物质均可采用超滤截留。超滤过程中无相变化,不使用有机溶剂,选择性好,除杂效果好且可保持原药液有效成分,可显著提高中药口服液、中药注射剂等液体制剂的澄明度;此外超滤膜还可截留病毒、热源等有害物质,可延长药液的储存时间[40]。超滤膜一般为非对称膜,其组件形式有中空纤维式、板式、板框式、管式等。成膜材料有纤维素、醋酸纤维素、聚碳酸酯、聚氯乙烯、聚砜、聚偏氯乙烯、聚丙烯腈、改性丙烯酸聚合物、交链的聚乙烯醇、磺化聚砜及聚砜酰胺等。

3. 纳滤技术　纳滤是在反渗透的基础上发展起来的一种新兴的膜分离技术，是一种介于超滤和反渗透之间的膜过滤方法，其截留相对分子量为200～2 000 Da。纳滤膜的表面分离层由聚电解质构成，对离子通过静电相互作用而达到分离目的，可截留透过超滤膜的部分有机小分子。在中药产品中主要用于中成药澄清除菌过滤等[41]。

（三）膜分离技术的特点及存在的问题

由于中药提取液中成分复杂且杂质含量较多，使得中药产品原料生产中的精制分离纯化步骤难度较大，许多分离纯化工艺复杂且效率不高。而膜分离技术以其高效、环保、操作简单等特点，在中药精制分离纯化中有着独特的优势：①膜分离技术在分离过程中不发生化学反应，是一种物理分离纯化技术，可有效防止化学反应对有效组分造成的损失；②整个分离纯化过程在常温下进行，无须加热，特别适用于热敏性成分或挥发性成分的分离纯化；③分离纯化过程仅需外界提供推动力，能耗小，分离效率高，且对环境友好；④膜分离技术工艺操作简便，设备简单，在工业化生产中可行性高。

但是各种膜分离技术往往存在一些问题：①膜污染问题是各种膜技术都存在的共性问题，各种成膜材料可能会对药液造成污染或对药液中的活性组分进行吸附，造成污染和损失；②在使用膜分离技术时，在推动力作用下，无法透过膜的杂质微粒会在膜表面形成一层滤饼，该滤饼对有效组分产生截留作用，导致损失。

五、高速逆流色谱法

（一）高速逆流色谱法的定义

高速逆流色谱法（high-speed counter-current chromatography，HSCCC）是20世纪80年代初发展起来的一种色谱分离技术，该技术也是利用各组分在流动相中分配系数的不同以实现分离，与传统的色谱技术不同，该技术无须固体介质支撑即可实现液-液分离。目前该技术已被运用于中药的精制分离纯化，并发展出多种高速逆流色谱仪。

（二）高速逆流色谱法设备及运行原理

高速逆流色谱分离系统主要由储液罐、泵、主机（螺旋管分离柱）、检测器、色谱工作站、馏分收集器等几部分组成[42]。高速逆流色谱仪器如图7.31所示。

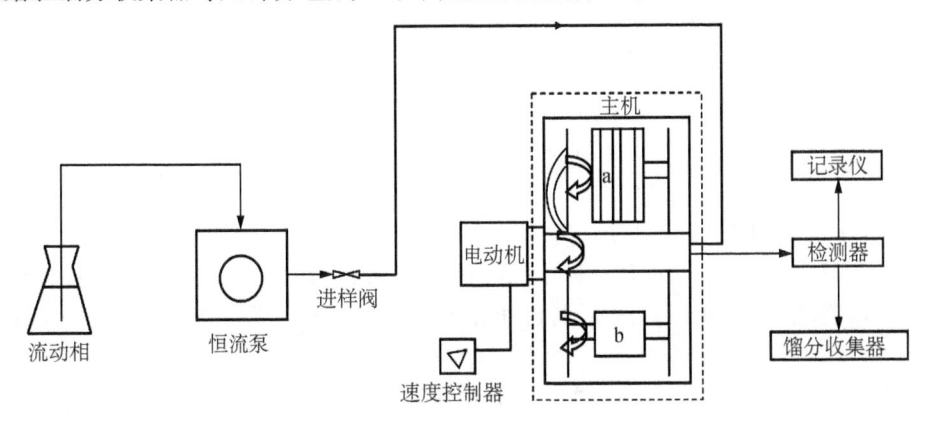

图7.31　高速逆流色谱示意图

高速逆流色谱仪的主机即螺旋管分离柱，是待分离药液和分离溶剂这两相溶剂混合、分配、传递及分离的主体，是用一根聚四氟乙烯管在支持件上绕制而成，设备运行时螺旋管支持件将绕着水平位置的中心轴线公转，同时还可绕着自身轴线自转，从而形成高速行星式运动。在进行分离时，一般先将一相加入螺旋管内随螺旋管高速旋转，此相可视为分离过程中的固定相，而另一相在恒流泵的作用下从固定相经过，此时借由螺旋管旋转产生的离心力，两相溶剂充分混合、分配后经过检测器，最后达到馏分收集器被收集。

（三）高速逆流色谱法中溶剂的选择

中药提取物中的化合物可分为弱极性、中等极性、强极性三种，相应的溶剂体系也可分为三种。各溶剂体系的组成及其应用见表7.11。

在高速逆流色谱法的应用中，溶剂系统的选择是其中的关键环节，但到目前为止溶剂系统的选择还没有充分的理论依据，只能根据实际积累的经验来选择。通常来说，两相溶剂体系应满足以下要求[43]：

（1）为了保证固定值和保留值不低于30%，两相的分离时间要小于30秒。
（2）目标组分的分配系数要控制在0.5~2，容量因子要大于1.5。
（3）两相的体积要与实际用量相匹配，避免浪费。
（4）尽量采用挥发性溶剂，以方便后续处理，易于物质纯化。
（5）不造成样品的分解或变性，且对样品有足够高的溶解性。

表7.11　高速逆流色谱溶剂体系的分类及应用

溶剂体系分类	溶剂体系的组成	溶剂体系的应用范围
弱极性溶剂体系	基本由正己烷和水组成两相，可根据需要在上下相中加入不同体积比的甲醇、乙醇、乙酸乙酯等来调节溶剂系统的极性	适合弱极性的生物碱类、黄酮类、萜类及木质素类等的分离
中等极性溶剂体系	基本由氯仿和水组成，可根据需要在上下相中加入不同体积比的甲醇、乙醇、乙酯等来调节溶剂系统的极性	适用于黄酮类、蒽醌类、香豆素类及一些极性较大的木脂素类和萜类等化合物的分离
强极性溶剂体系	基本由正丁醇和水组成两相，可根据需要在上下相中加入不同体积比的甲醇、乙醇、乙酸乙酯等来调节溶剂系统的极性；也可在氯仿-水体系中调节pH以增大极性；也有在甲基叔丁基醚-水体系的上下相中加入适量的酸和碱，如三乙胺和盐酸	适用于极性很强的生物碱类化合物的分离

（四）高速逆流色谱法的特点

1. 应用范围广，适应性好　高速逆流色谱法的溶剂体系分布广，可根据待分离组分的需求调整溶剂的极性，理论上说可适用于任何极性范围物质的分离，应用范围广。

2. 操作方便，损失少　高速逆流色谱法对样品的要求较低，无须过多的预处理操作，对一般的粗提取物也可分离，操作简便；分离过程中无固态介质，可减少因固态介质吸附而产生的损失。

3. **分离效率高，分离量较大** 由于高速逆流色谱可实现液-液分离，故得其不仅可以进行梯度洗脱，还可实现反向洗脱，且可重复进样，从而大大增加了分离效率，可实现大量药液的分离，使其在工业化生产中的应用具有可行性。

（五）高速逆流色谱法的应用及存在的问题

高速逆流色谱法作为较新型的分离技术，目前已用于黄酮类、生物碱类、皂苷类、蒽醌类、酚酸类及香豆素类等化合物的分离纯化中，且与传统的分离纯化技术相比有着较大的优势；但同时该技术也存在不足之处，如溶剂使用量较大、检测限较低、灵敏度差等，在溶剂体系的选择上还需要系统、成熟的理论来指导。

六、分子蒸馏技术

（一）分子蒸馏技术的定义及原理

分子蒸馏技术（molecular distillation technology）又称短程蒸馏，与传统的靠沸点差分离的蒸发技术不同，该技术是在真空条件下，利用各物质分子量不同而导致的分子运动平均自由程的不同以实现分离，是一种特殊的液-液分离技术。

待分离的液体混合物在加热板上流动，并同时被加热逸出进入气相，由于不同分子量的气体分子的运动自由程存在差异，分子量较小的分子运动自由程往往要大于分子量较大的，因此在轻分子可到达的距离但重分子无法到达处设置冷凝装置，则可将轻分子冷凝液化而排出收集，重分子则继续和液体混合物沿着加热板排出，从而达到分离的目的。

（二）分子蒸馏技术的设备

分子蒸馏器是该技术的主要设备，由分子蒸发器、加热系统、真空系统、冷却系统组成。蒸馏分离步骤主要在分子蒸发器中完成。而根据蒸发膜的不同，分子蒸馏器可分为以下三种。

1. **降膜式分子蒸馏器**（图 7.32） 设备结构简单，操作简便，待分离的料液经过分布器后在重力作用下沿着加热板往下流并很快被加热逸出，分子量小的物质在运动一定的距离后到达冷凝板被液化，从轻分子出口流出；分子量大的物质则会形成厚度不均匀的液膜，在下降过程中易形成沟流，以层流状态下流，流动速度慢。目前，由于只依靠重力作用形成液膜效率低下，故降膜式分子蒸馏器的使用越来越少。

2. **刮膜式分子蒸馏器**（图 7.33） 是在降膜式分子蒸馏器的基础上改进而来，利用刮膜器使料液在加热板上形成厚度均匀的涡流液膜进而蒸发逸出。刮膜器可使形成的液膜更薄更均匀，从而减少了其加热时间，蒸馏效率得到提升。刮膜式分子蒸馏器设备结构简单，造价相对适宜，是目前实验室水平应用较多的分子蒸馏设备。

3. **离心式分子蒸馏器** 在蒸发器中增加了高速离心设备，利用离心力在加热板表面将料液分散成厚度极薄且均匀的液膜，从而大大增加了蒸馏效率。但是该设备结构较复杂且成本高，因此比较适合在工业化生产中应用。

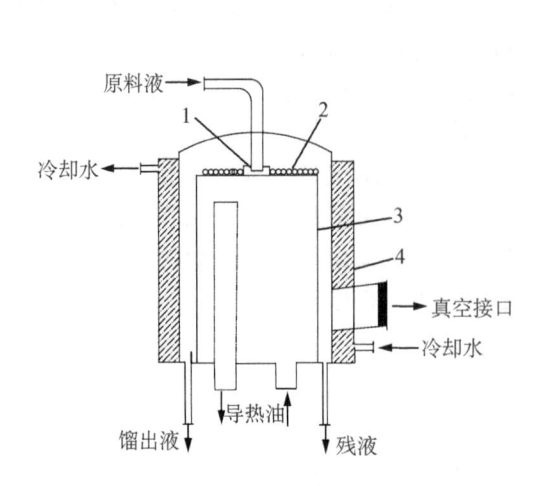

图 7.32　降膜式分子蒸馏器示意图
1. 溢流堰；2. 分布器凹口；
3. 导热油槽；4. 夹套

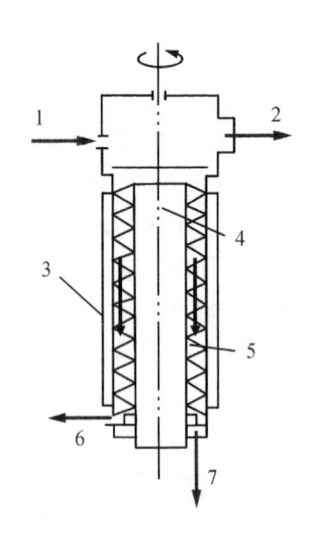

图 7.33　刮膜式分子蒸馏器
1. 进料口；2. 真空接口；3. 蒸发器；4. 冷凝器；
5. 刮板；6. 排水口；7. 料液馏出口

（三）分子蒸馏技术的特点及存在的问题

目前在中药分离纯化方面，分子蒸馏技术主要用于中药挥发油、酚酸类等成分的分离[44]，如连翘挥发油、川芎挥发油、香附挥发油等都用该技术成功分离得到纯度较高的组分。

分子蒸馏技术作为一种新型的分离技术，在中药的分离纯化方面有许多特点：①分子蒸馏技术是在真空条件下，利用各分子的平均运动自由程的差异进行分离，操作时温度远低于溶液的沸点，且设备的加热面与冷凝面距离小，整个蒸馏过程受热温度低且时间短，对药液中的有效成分特别是热敏性成分、挥发性成分等影响小；②在高真空度条件下，该技术只需要很低的压力就能进行，整个蒸馏过程中不存在鼓泡、沸腾等现象；③依靠分子平均运动自由程的分离使得该技术有更高的选择性，刮膜器、离心设备等的应用也大大提高了该技术的效率。

该技术也存在一定的不足，在真空条件下进行操作固然有很多优点，但是真空条件的创造对设备及技术的要求也更高，且该技术需要的配套设备较多，整个整流系统设备体积大，成本高，在工业化生产的应用中还存在较多困难。

七、分子印迹技术

（一）分子印迹技术的原理

分子印迹技术的概念在 20 世纪 70 年代就被提出，但是直至近十几年，该技术才在中药分离纯化领域发展起来。该技术简单来说即是制备与待分离目标组分分子具有高度选择性的分子印迹聚合物的过程。制备过程中，印迹分子（即模板）与功能单体先在溶剂中形成复合物，在交联剂的作用下交联形成聚合物，随后利用洗脱、水解等物理或化学方法去除印迹分子，此时在聚合物主体中便形成了与印迹分子空间结构、排列相类似的分子印迹聚合物。分子印迹聚合物对与印迹分子有相同或类似结构的分子具有高度的选择性结合能力，因此利用该技术可得到纯度较高的目标组分[45]。

其中根据印迹分子与功能单体的结合方式，分子印迹技术可分为共价键法、非共价键法和半共价键法。共价键法即通过功能单体与印迹分子间形成的酯键、缩醛、螯合等共价作用形成聚合物；非共价键法则是利用两者之间的氢键、离子键、静电力等非共价键作用形成聚合物；半共价键法则是前面两种方法的综合，也称为空间牺牲法。

（二）分子印迹技术的特点

分子印迹技术是集高分子合成、仿生生物工程、分子设计、分子识别等优势学科发展起来的新型分离技术，与絮凝沉淀法、柱层析法、膜分离法等其他中药分离纯化方法相比，分子印迹技术不仅溶剂消耗量小、耗时短，其高度的选择性使得所得产物纯度更高，具有操作简便、快速高效、产物质量好等优点。此外，分子印迹技术的适用范围也很广，目前使用该技术已成功从中药中分离出纯度较高的黄酮类、生物碱类、苯丙素类、酚酸类、萜类等组分[46]。

（三）分子印迹技术存在的问题

分子印迹技术具有众多优点，但由于其在中药分离纯化领域的应用时间相对较短，同时也存在不少问题[47]：①在分子印迹聚合物形成的过程中，分子印迹与功能单体的识别机制、结合位点等研究尚未成熟，给后续的定量分析等带来困难；②目前使用的功能单体品种较少，且价格很高，导致后期工业化生产成本高；③从目前使用的材料来看，分子印迹聚合物的制备只能在小极性的有机溶剂中进行，制得的聚合物亲水性差，限制了该技术用于大极性分子的分离。

第六节　中药干燥技术

从药材的加工炮制到中药产品原料浸膏的干燥，再到制剂过程中湿物料的干燥等，中药产业的多个阶段中都需要用到干燥技术。需要干燥的物料主要有中药材、中药饮片、中药浓缩液、中药提取物浸膏等。常用的干燥技术有烘干法、冷冻干燥技术、微波干燥技术等。此外，中药提取液、中药浓缩液等常采用喷雾干燥技术进行干燥，而在制剂过程中，流化床干燥技术则比较常用。本章将对这些技术进行简要的介绍。

一、传统干燥技术

（一）烘干法的原理

烘干法是将物料置于烘箱、干燥室或干燥机等中，通过加热，利用热气流进行干燥的方法。该法是传统的干燥方法之一，可用于中药材、中药饮片、中药浓缩液、中药浸膏等的干燥，可以根据各类物料的特点较好地控制干燥温度和干燥时间。

（二）真空烘干技术的简介

为了提高干燥效率，烘干法还常与真空技术联用，在烘箱中增加真空装置，形成真空加热干燥，可大大增加干燥的速率，且物料由于真空下的起泡效应，在干燥后易于粉碎，更利于进一步的操作。但是该方法不适合热敏性成分及挥发性成分的干燥。此外，若干燥物料中含有较多脂溶性成分（如色素），使用此法干燥所得的物料会比较黏稠，不利于后续操作。在真空干燥时还需要注意物料的满溢现象。

(三) 烘干法存在的问题

烘干法在制剂中物料的干燥虽沿用多年，起到了不可忽视的作用，但由于其效率不高，且缺乏系统的、科学的干燥理论和严格的生产控制，已不能满足现代中药材加工生产的需要。根据中药提取物的特点及干燥需求，选择干燥品质更高、能耗小、操作性强且环保的现代干燥技术，已成为现代中药干燥的发展方向。

二、真空冷冻干燥技术

(一) 真空冷冻干燥技术的原理

真空冷冻干燥又称真空升华干燥，是在真空条件下利用升华原理去除物料中水的一种干燥技术，其原理是在干燥前在冰点温度以下对样品进行预处理，使物料的水结成冰后得到稳定的固体骨架，再在真空条件下升温使其气化，从而达到脱水的目的。

(二) 真空冷冻干燥技术的步骤

中药的真空冷冻干燥主要包括预处理阶段、冷冻干燥（冻结、升华干燥、解吸干燥）、密封保存等步骤（图 7.34）[48-49]。在使用真空冷冻干燥之前，要对样品进行预处理。若干燥对象是中药材或饮片，则在预处理前还需先将药材或饮片洗净、切块等。预处理即对物料进行预冻，在低于冰点的温度下使物料中的水结成冰，赋予游离态水稳定的骨架，在后期真空条件下不易起泡、收缩，可保证干燥后所得产物的性质、形态等与干燥前相似。预冻时需要注意预冻的温度、预冻时间及退火等因素，这些因素对物料中的有效组分的活性有一定的影响。冷冻干燥设备如图 7.35 所示。

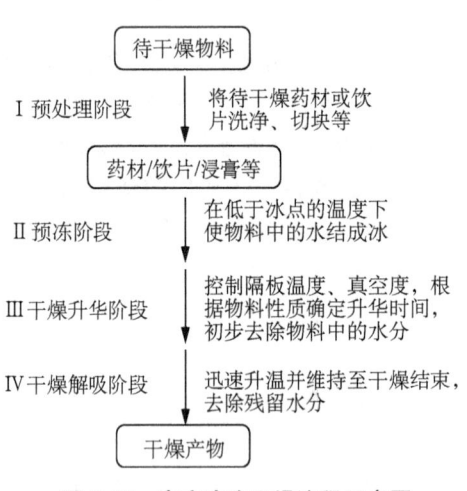

图 7.34 真空冷冻干燥流程示意图

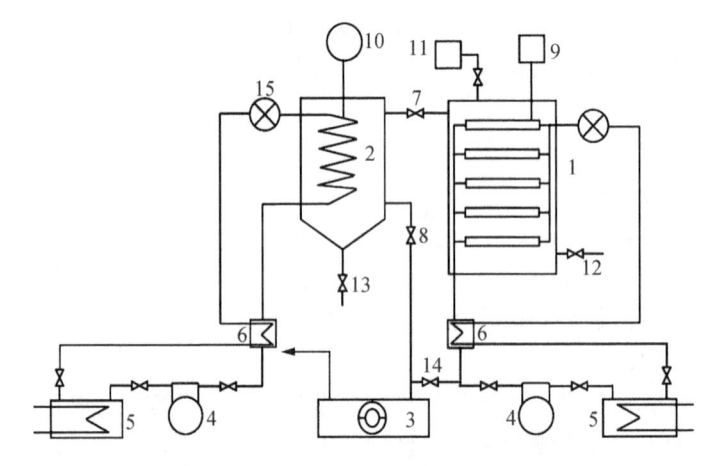

图 7.35 真空冷冻干燥设备示意图

1. 冻干箱；2. 冷凝器；3. 真空泵；4. 制冷压缩机；5. 水冷却器；6. 热交换器；7. 冻干箱冷凝器阀门；8. 冷凝器真空泵阀门；9. 主板温度指示；10. 冷凝温度指示；11. 真空机；12. 冻干箱放气阀门；13. 冷凝器放出口；14. 真空泵放气口；15. 膨胀阀门

（三）真空冷冻干燥技术的应用

真空冷冻干燥在中药生产中应用广泛，中药材、中药饮片、中药浓缩液、中药浸膏等均可使用真空冷冻干燥技术干燥。真空冷冻干燥过程是低温低压下水的物态变化和移动过程，可避免成分因高热而遭到破坏，特别适用于含有不耐热中药有效组分的干燥，冻干技术可最大限度地保存药用有效组分的活性，较好地保持物料的外观品质、颜色、气味，干燥后得到的物料脱水彻底，不易变质，易长期储存；在中药产品原料的生产中，如中药提取物粉末、中药组分粉末的制备，用真空冷冻干燥制备所得的粉末复溶性好，对药物活性影响小，有效成分/组分损失小，拥有其他干燥技术无可比拟的优越性，故在一些名贵药材如人参、冬虫夏草、鹿茸等的干燥方面应用广泛。此外，在2020年版《中国药典》中，在注射用双黄连制备的最后阶段，注射液灭菌，滤过，灌装之后，使用冷冻干燥技术干燥，压盖即得。

三、微波干燥技术

（一）微波干燥技术的原理

微波技术除了作为辅助手段应用于中药提取，在中药产品原料的干燥方面也应用广泛，主要用于中药材、中药提取物及中药浸膏的干燥。微波干燥技术是利用物料吸收微波后可将微波能转化为热能，从物料内部进行加热以达到干燥的目的[50]。

微波干燥设备如图7.36所示，主要由微波发生器、微波加热器、控制箱组成，微波发生器则是由微波管和微波管电源组成，微波管电源可把交流电转化为直流电以给微波管提供电能，微波管再将电能转化为微波能。

（二）微波干燥技术的特点及存在的问题

由于微波干燥法通过微波传递能量，热穿透能力强，干燥速度快，所以不管物料形状是否均匀，微波都能对物料进行均匀加热，不会引起外干内湿、外焦内生、外硬内软等现象；由于微波干燥所需时间短、物料本身吸热量少，有效成分破坏少，故能保持中药材或中药提取物、浸膏本身的特性，对品质影响小；此外，微波干燥还有

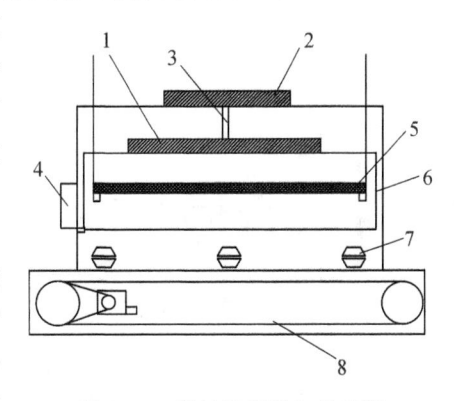

图7.36 微波干燥设备示意图
1. 微波加热器；2. 微波发生器；
3. 连接波导管；4. 控制箱；
5. 隔板；6. 托架；7. 坯体；8. 运输带

热效率高、工业化及自动化程度高等特点。微波干燥技术有着众多优点，使其在中药材、中药饮片及中药提取物、中药浸膏的干燥领域应用越来越广泛。

微波干燥技术的使用也存在一定的局限性，有效组分为热敏性或挥发性的中药提取物、中药浸膏等使用微波干燥容易造成损失；淀粉、树胶等成分含量较多的植物药材或饮片使用微波干燥易使其焦化发糊。此外，微波干燥还要求被干燥物料有良好的吸水性。

（三）微波真空干燥技术的联用

微波干燥技术常与其他技术联用，如微波-真空干燥技术、微波-冷冻干燥技术、微波-热风干燥技术、微波-远红外干燥技术等，都是在应用中常见的技术，其中又以微波真空干燥技术在生产中应用最为广泛。与真空技术联用后既可降低干燥温度又可加快干燥

速度，使得两者的优势充分发挥，能较好地保留中药提取物或中药浸膏的性质且可减少活性成分的损失。但在真空条件下干燥提取物或浸膏时，容易出现起泡现象，干燥体积大的时候还容易溢出，因此使用微波真空干燥时需要把握好真空度、微波功率及加热时间等。

微波干燥技术有着众多优点，在干燥中药提取物、中药浸膏等方面有其独特的优势，且还可与多种技术联用以提高生产效率、减少有效成分损失、提高产品质量。因此，相对来说，微波干燥技术是目前应用中高效、实用的干燥技术。

四、喷雾干燥技术

（一）喷雾干燥技术的原理

喷雾干燥技术是由多种技术系统地整合于一体，用于物料干燥的一种技术。其原理是通过雾化装置将物料分散为小雾滴，再迅速蒸发雾滴中的溶剂，最后得到干燥的细粉。在中药产品原料的生产加工中，喷雾干燥技术可用于提取液、流动性较好的浓缩液的干燥，最终的干燥产物可根据需求制成粉末、颗粒或团粒，得到产品后可省去粉碎步骤，直接用于中药制剂的生产中。

（二）喷雾干燥设备及操作步骤

喷雾干燥设备（图7.37）主要由雾化器、加热器、干燥塔体、空气系统组成，喷雾干燥的过程可分为三个基本过程阶段，如图7.38所示[51]。

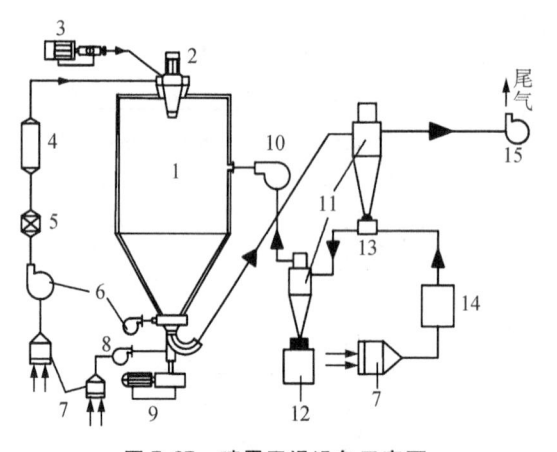

图 7.37　喷雾干燥设备示意图

1. 干燥塔体；2. 高速雾化器；3. 螺杆泵；4. 电加热器；
5. 蒸汽换热器；6. 送风机；7. 空气过滤器；8. 气泵；
9. 空气清扫器；10. 回收风机；11. 旋风分离器；
12. 收粉筒；13. 旋流器；14. 抽风机；15. 排风机

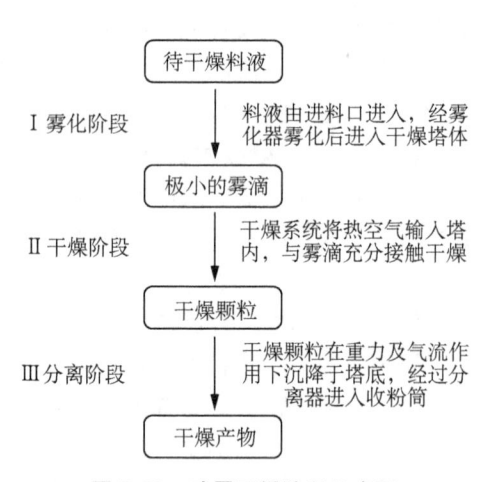

图 7.38　喷雾干燥流程示意图

（三）喷雾干燥技术的特点及应用

喷雾干燥技术在中药产品原料生产中有很多特点：由于是对雾化后的物料进行干燥，干燥速度极快，效率高，物料受热时间短，适用于热敏性物料的干燥；喷雾干燥除了适合以水为溶剂的提取液干燥外，配上有机溶剂回收装置后，还可对有机溶剂提取液进行干燥；且喷雾干燥得到的产品物料流动性好，松散度好，可直接作为中药产品的原料。2020年版《中国药典》中，川芎茶调颗粒、一清颗粒、三金片、益母草颗粒等的浓缩液或清膏均使用喷雾干燥技术进行干燥。

（四）喷雾干燥技术存在的问题

喷雾干燥技术目前已经广泛运用于中药产品的大规模生产中，但其也有一些缺点：设备体积大、能量消耗大、传热系数低、热效率低及易黏壁。其中黏壁现象是喷雾干燥技术在中药提取液干燥中的主要问题之一[52]。由于中药提取液、浓缩液中含有较多的多糖类、蛋白质、淀粉等物质，由喷雾干燥得到的粉末或颗粒黏性较大，易黏附在设备的内壁上，无法及时排出，从而延长了加热时间，导致产品出现烧焦糊化等现象，影响产品质量；黏壁后的物料经常结块落入产品中，有时影响产品的含湿量，且这些结块的物料混入产品中使得干燥结束后还需增加粉碎步骤；还有许多喷雾干燥设备需要喷雾干燥中途停止喷雾，拆卸设备以清除黏壁的物料，操作烦琐且大大降低了喷雾干燥的效率。

1. 黏壁现象的分类　喷雾干燥中的黏壁现象主要分为半湿物料黏壁和低熔点物料的热熔性黏壁两种。

半湿物料黏壁是在物料还未完全干燥，物料的外部还存在一定水分的时候，与塔壁接触而产生黏附。

低熔点物料的热熔性黏壁是由于物料的熔点较低，干燥温度过高导致物料干燥成颗粒后又出现热熔现象导致黏性增加，在触碰到塔壁后发生黏附。

2. 防止黏壁现象的方法　根据这几种黏壁的产生因素，防止黏壁现象的方法有以下几点：①针对半湿物料黏壁，可在一定范围内调整干燥温度以加快干燥速度，使其在接触塔壁前完成干燥；或者调整空气系统，改变塔体内空气的流速及流向，尽可能减少物料与塔壁接触；②针对低熔点物料的热熔性黏壁则可采用低温干燥。因此在实际应用中可控制热风在干燥塔内的温度分布，采用加热夹套冷却、冷空气吹扫、导入热风等措施。

目前喷雾干燥技术是在中药产品原料加工过程中运用广泛的技术之一，但是依然缺乏系统的理论对工艺参数、工艺设备等进行改进指导，在干燥动力学、非球形颗粒的干燥模拟等方面还有待进一步的深入研究，因此亟须一套完整的理论来指导中药喷雾干燥技术设备及工艺的优化。

五、流化床干燥技术

（一）流化床干燥技术的原理

流化床干燥又称为沸腾干燥，是流化技术在物料干燥中的应用。其原理是在干燥室内通入干燥的热空气，使其中的湿颗粒凭借流动热空气的动能悬浮于干燥室中并呈流化态，同时通过热空气的流动及加热，对湿颗粒进行干燥。流化床干燥技术主要用于中药制剂中颗粒的干燥。流化床干燥设备如图7.39所示。

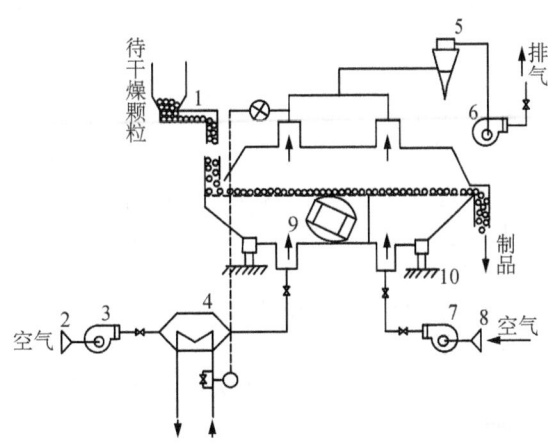

图 7.39　流化床干燥设备示意图
1. 过滤器；2. 送热机；3. 换热器；4. 旋风分离器；
5. 排风机；6. 排风器；7. 鼓风机；
8. 过滤器；9. 振动电机；10. 隔振弹簧

（二）流化床干燥技术的特点

1. 加热均匀，干燥速率快　由

于流化床干燥技术主要用于湿颗粒的干燥,其中热空气与颗粒可充分接触,颗粒剧烈运动,其表面气膜阻力小,热利用率高,且热空气的传热系数大,因此干燥速率快;此外在流化床中,热空气的分散使得床内温度均匀,可以做到均匀加热。

2. 产品质量均一且无污染　在流化床干燥过程中,各颗粒处于松散状态,可溶性成分不易发生迁移,故所得产品质量均一稳定;此外,整个干燥过程是在密闭空间完成,因此可避免杂质污染。

3. 操作方法简便,省时省力　流化床干燥设备在干燥时无须翻料,能自动出料,操作方便,节省劳动力。

(三)流化床干燥技术存在的问题

流化床干燥技术在使用过程中热能消耗量大,且由于干燥室是密闭空间,故不易清洗。流化床干燥技术对被干燥物料也有一定的要求,物料含湿量不能过高,且需要具有一定硬度的颗粒状物料,以便于悬浮,故含湿量较高的浸膏、大块颗粒状或松脆颗粒不适合用此法干燥。

中药产品原料的干燥技术及设备的现代化是中药现代化的一个重要环节,在保证中药材、中药提取物等有效成分不受损失的前提下,干燥技术及设备还要向高效节能的方向发展,坚持绿色发展,在干燥过程中以不污染产品、不污染环境作为干燥技术发展的目标。

(侯金才　封亮　叶亮　郭舒臣)

参考文献

[1] 贾晓斌,杨冰,封亮,等.中药药剂学研究前沿:组分制剂技术基础与关键科学问题[J].药学学报,2018,53(12):1943-1953.

[2] 侯雪峰,汪刚,邱辉辉,等.基于高生物利用度的创新组分结构中药制剂技术研究[J].中草药,2017,48(16):3280-3287.

[3] 杨艳君,邹俊波,张小飞,等.超微粉碎技术在中药领域的研究进展[J].中草药,2019,50(23):5887-5891.

[4] 王艳艳,王团结,丁琳琳.中药超微粉碎技术与装置研究[J].机电信息,2011,(23):35-40.

[5] 李真,贾亮,贾绍义.中药有效成分提取技术及其应用[J].化学工业与工程,2005,22(6):450-455.

[6] 李舒艺,伍振峰,岳鹏飞,等.中药提取液浓缩工艺和设备现状及问题分析[J].世界科学技术-中医药现代化,2016,18(10):1782-1787.

[7] 刘明言,余根,王红.中药提取液浓缩新工艺和新技术进展[J].中国中药杂志,2006,31(3):184-187,231.

[8] 税丕先,朱烨,牛曼思,等.有关粉碎中药问题的再商榷[J].时珍国医国药,2017,28(10):2489-2490.

[9] 张亚敏.水飞法之浅析[J].中医药信息,1988,(5):45-46.

[10] 舒朝晖,刘根凡,马孟骅,等.中药超微粉碎之浅析[J].中国中药杂志,2004,29(9):823-827.

[11] 王艳艳,王团结,丁琳琳.中药超微粉碎技术与装置研究[J].机电信息,2011,(23):35-40.

[12] 杨蓉,郑虎占.中药煎煮法的现代研究概况[J].中国医药科学,2012,2(17):44-46.

[13] 王婉莹,瞿海斌,龚行楚.中药渗漉提取工艺研究进展[J].中国中药杂志,2020,45(5):1039-1046.

[14] 薛峰,李春娜,李朋收,等.超声提取在中药化学成分提取中的应用[J].中国实验方剂学杂志,2014,20(18):231-234.
[15] 邬方宁.超声提取技术在现代中药中的应用[J].中草药,2007,38(2):315-316.
[16] 刘明言,王帮臣.用于中药提取的新技术进展[J].中草药,2010,41(2):169-175.
[17] 王艳,张铁军.微波萃取技术在中药有效成分提取中的应用[J].中草药,2005,36(3):470-473.
[18] 陈栋,周永传.酶法在中药提取中的应用和进展[J].中国中药杂志,2007,32(2):99-101,119.
[19] 薛璇玑,罗俊,张新新,等.半仿生酶法提取柿叶中总黄酮的工艺筛选及优化[J].中国药房,2017,28(13):1813-1816.
[20] 韩伟,马婉婉,骆羊荣.酶法提取技术及其应用进展[J].机电信息,2010,(17):15-18.
[21] 赵鹏,任秋霞,杨晋.超高压提取技术在中药提取中的应用[J].中国医药生物技术,2008,3(4):301-303.
[22] 王志锋,王青.超临界流体萃取技术在中药提取中的应用[J].科技与创新,2018,(14):13-15.
[23] 刘吉成,谢巍.超临界流体萃取技术在中药提取分离方面应用的研究进展[J].中国执业药师,2014,11(8):31-35.
[24] 王艳艳,王团结,陈娟.连续动态逆流提取技术及其设备研究[J].机电信息,2015,(5):1-9,14.
[25] 朱盼,石召华,郑国华.三罐动态逆流技术在活血消瘿片提取工艺中的应用[J].中药材,2016,39(3):610-612.
[26] 李舒艺,伍振峰,岳鹏飞,等.中药提取液浓缩工艺和设备现状及问题分析[J].世界科学技术-中医药现代化,2016,18(10):1782-1787.
[27] 郭维图.膜分离技术在中药提取液浓缩中的应用[J].机电信息,2007,(23):8-15.
[28] 李子豪.淫羊藿低糖苷组分的制备技术及工艺工程化研究[D].镇江:江苏大学,2019.
[29] 冯毅,史淼直,宁方芹,等.中药水提取液冷冻浓缩的研究[J].制冷,2005,24(1):5-8.
[30] 刘明言,余根,王红.中药提取液浓缩新工艺和新技术进展[J].中国中药杂志,2006,31(3):184-187,231.
[31] 张功臣.MVR蒸发器的节能特点及其在中药浓缩中的应用[J].机电信息,2015,(8):25-28.
[32] 王庆.浅谈中药的醇沉工艺及设备[J].机电信息,2009,(32):38-40.
[33] 张忠国,康勇,冯颖,等.絮凝技术在中药提纯中的应用[J].化学工业与工程,2003,20(6):377-386.
[34] 韩伟,邱绍兵,吕剑昆,等.中药分离中的絮凝剂及其应用研究进展[J].机电信息,2012,(17):1-5.
[35] 郭丽冰,王蕾.常用大孔吸附树脂的主要参数和应用情况[J].中国现代中药,2006,8(4):26-32.
[36] 张旭,王锦玉,仝燕,等.大孔树脂技术在中药提取纯化中的应用及展望[J].中国实验方剂学杂志,2012,18(6):286-290.
[37] 张玲忠,张贵华,段维杰.大孔吸附树脂在中药活性成分分离纯化中的应用[J].中国民族民间医药,2019,28(14):51-56.
[38] 李瑾,王露,丁茂鹏,等.大孔树脂联合聚酰胺法纯化牛蒡根总黄酮工艺的研究[J].陕西中医,2017,38(11):1600-1603.
[39] 邬方宁.膜分离技术在药物分离中的应用[J].天津药学,2010,22(2):65-69.
[40] 王绍堃,孙晖,王喜军.膜分离技术及其在中药提取分离中的应用[J].世界中西医结合杂志,2011,6(12):1093-1096.
[41] 陈余.膜分离技术在中药提取分离中的应用[J].化学工程与装备,2013,(2):126-128.
[42] 姜文倩,韩伟.高速逆流色谱技术及其在天然产物分离中的应用[J].机电信息,2017,(2):36-43,49.
[43] 王祖林,韩利文,刘秀河,等.高速逆流色谱在天然产物有效成分分离中的应用[J].山东科学,2009,22(3):40-44,49.

[44] 宋晓艳,迟延青,赵雪梅.分子蒸馏技术及其在中药分离中的应用[J].辽宁中医药大学学报,2015,17(10):135-137.
[45] CHEN L X, WANG X Y, LU W H, et al. Molecular imprinting: perspectives and applications[J]. Chem Soc Rev., 2016, 45(8): 2137-2211.
[46] 郝萌萌,徐锦,韩伟.分子印迹技术在中药活性成分提取纯化中的应用[J].机电信息,2017,8(23):49-55.
[47] 左振宇,张光辉,雷福厚,等.分子印迹聚合物在中药活性成分分离中的应用进展[J].中草药.2017,48(23):5019-5031.
[48] 詹丽茵.冷冻干燥技术的中药应用研究[J].中国医药导报,2008,5(22):26-28.
[49] 闫家福,仝燕,王锦玉,等.冷冻干燥技术及其在中药研究中的应用[J].中国实验方剂学杂志,2006,12(12):65-69.
[50] 刘利辉,张永萍,徐剑.微波干燥技术在中药领域的研究进展[J].贵阳中医学院学报,2015,37(1):89-91.
[51] 蔡业彬,曾亚森,胡智华,等.喷雾干燥技术研究现状及其在中药制药中的应用[J].化工装备技术,2006,27(2):5-10.
[52] 曾亚森,罗宇玲.中药喷雾干燥防止粘壁技术的研究[J].化工与医药工程,2006,27(3):10-13.

第八章 中药产品成型技术与制剂产业化

第一节 概　　述

我国中医药文化瑰宝源远流长，溯自殷商时期，传承至今已逾三千年。中药产品成型技术亦随古今成方和剂型的演变而不断发展，呈现出越来越快的发展趋势。以20世纪90年代中叶为时间分界线，我国中药产品成型技术的发展主要分为较慢速的传统发展时期和快速的现代发展时期。自1996年以来，随着中药现代化进程的推进，我国中药产业飞速发展，中药产品在制备理论与工艺技术、制剂新剂型与新技术研究开发等方面不断发展和完善。中药产品的生产也由传统手工模式逐渐转变为智能机械化的现代产业化模式，为中药的现代化发展提供了强有力的支持。

现如今，中药产品主要包括中药制剂、中药化妆品和中药保健品等几大类。其中，中药制剂产品的成型技术所涉及种类最为全面，且与中药化妆品、保健品等产品的成型技术有共同之处。自现代制剂技术引入我国以来，各类现代剂型被应用于中药制剂，在改良传统中药剂型的同时，也为中药制剂注入了新鲜血液，极大地推动了中药产品成型技术和产业化技术的发展。考虑到中药制剂在中药产品中的代表性地位，本章从中药制剂的角度介绍中药产品成型技术与产业化技术的分类及其发展状况。

在中药制剂的发展过程中，根据制剂前处理技术和成型技术的区别，可以将中药制剂划分为三代：

第一代中药制剂为传统制剂，主要包括汤、丸、散、膏、丹等传统剂型。主要以粉碎、煎煮和浸泡为前处理，以简单的混合、分散、挤压等为成型技术，具有粗大黑、药物分子混合释放等特点。

第二代中药制剂为现代制剂，主要包括片剂、胶囊剂、颗粒剂和注射剂等现代剂型。主要采用提取、分离、除杂等为前处理，采用现代化的制剂成型技术。制剂的外观形状得到大幅度改善，但由于物质基础不明及提取、纯化等制剂技术有限，仍然存在提取粗放、无序释药和口服用量大等问题。

随着分子生物学、网络药理学和各种组学技术的发展，中药有效组分逐渐明确，大量新型精制纯化技术的应用，使得中药有效组分的分离纯化得以实现。以有效组分为原料的第三代中药制剂——高端中药制剂应运而生。此代中药制剂将多种药物制剂新技术和新兴给药系统充分运用于组分制剂单元，构建了以组分多元释药系统为设计理念的高端中药制剂，具有剂量更小，疗效更加安全、用量精确的特点。

一、传统剂型

中药传统剂型中比较经典的有汤剂、散剂、膏方、丸剂、丹药、酒剂、露剂、锭剂、烟熏剂、香囊剂等 20 多种。这些剂型经过上千年的发展，有着独特的优势。

（1）汤剂：亦称汤液，系指将饮片加水煎煮，去渣取汁而得到的液体制剂，主要供内服使用。该剂型是我国自古以来最经典的剂型之一，也是目前中医临床最常用的中药剂型。

（2）散剂：系指原料药物或与适宜的辅料经过粉碎、混匀后混合制成的干燥粉末状制剂。由于是以粉末直接给药，散剂往往具有易分散、奏效快的特点，起效速度仅次于汤剂，在中医治疗实践中常用于治疗急症。

（3）膏方：又称膏滋，在现代又被称为煎膏剂，系指中药加水煎煮，去渣浓缩后，加糖或蜂蜜制成的稠厚状半流体剂型。膏方多用于慢性疾病治疗，以滋补为主，受热易变质及以挥发性成分为主的中药不宜制成煎膏剂。近年来随着人们对健康的重视和我国流传已久的滋补养生文化的影响，膏方在我国一直占据着非常大的市场。

（4）丸剂：系指原料药物与适宜的辅料制成的球形或类球形制剂。传统丸剂通常采用手工方式制备，工艺流程为，将饮片细粉以水、蜂蜜、米面糊、蜂蜡和浓缩浸膏等黏合剂通过泛制法或塑制法制备成丸剂，该剂型适用于慢性病。

（5）丹药：系指汞及某些矿物药，在高温条件下经烧炼制成的不同结晶形状的无机化合物，可用于治疗疮疖、痈疽、疔、瘘等病症。

（6）酒剂：又称药酒，系指饮片用蒸馏酒提取制成的澄清液体制剂，可用于内服或外用。内服酒剂则须采用谷类酒为原料浸制，而外用酒剂标准则与现代酊剂相似。

（7）露剂：又称药露，系指含挥发性成分的饮片用水蒸气蒸馏法制成的饱和或近饱和的澄明水溶液。通常制成浓芳香水剂，临用前稀释。该剂型能够保存药材固有的香味，多用于内服，起到解表消暑、清热解毒的功效。

（8）锭剂：系指饮片细粉与适宜的黏合剂（或利用饮片细粉本身的黏性）加工制成的不同形状的固体制剂。因其外形多样，可制成特定形状用于儿童口服用药，患者依从性较好。发展至现代，市售锭剂多采用宝塔形，味甜且适用于儿童。

另外，还有烟熏剂、香囊剂、胶剂等特殊剂型，这些剂型一方面充分利用了原料药物的物料特性；另一方面在功效上各具特点，适用于不同的病症。这些传统制剂的巧妙运用，符合当前的科学认知，充分体现了我国古人的高度智慧。

中药饮片种类繁多、性质各异，依据饮片的特点进行特殊的处理，实现精准加工是中药传统制剂工艺的特色，主要体现在煎煮、粉碎等前处理过程。

"先煎""后下""包煎""单煎""烊化"等是中药煎煮时对不同饮片的前处理方法。例如，含乌头碱类中药应先煎以减低毒性，有效成分易挥发的解表类中药不宜长时间煎煮而应后下，花粉等易刺激喉咙导致咳嗽或难以下咽的应包煎，名贵类中药往往选择单煎，遇胶类等可选烊化。

此外，中药传统粉碎的特色技术体现在多种中药混合粉碎，根据中药饮片的黏性、粉性及油性进行共碾、掺碾及配碾等，或通过水飞等技术进行极细粉的筛选。

二、现代剂型

根据物态，可将现代剂型分为固体、半固体、液体和气体四大类，其中颗粒剂、片剂（分散片、口腔贴片、泡腾片）、胶囊剂、滴丸、注射剂、气雾剂等现代剂型均在中药中得到广泛应用。1962 年出版的《全中国中药成药处方集》，收载中成药 2 700 余种，是继《太平惠民和剂局方》后又一次中成药的大汇集，起到了承前启后的重要作用。1983 年出版的《中药制剂汇编》，重点收载中药制剂 4 000 余种，剂型 30 余种；2002 年出版的《新编国家中成药》收载中药制剂品种 7 260 种；2020 年版《中国药典》则收载中药制剂品种近 1 500 种。

（一）固体剂型

现代固体剂型主要包括颗粒剂、片剂、胶囊剂等，这一系列剂型制备过程通常都涉及粉碎、过筛、混合、制粒、干燥等过程，成型后也可进行包衣。固体剂型较易储藏和运输，多为口服剂型，相比液体和气体剂型起效较慢。

1. **颗粒剂**　中药颗粒剂出现于我国 20 世纪 70 年代，在早期被称为冲剂。直到 2000 年版《中国药典》才将冲剂更名为颗粒剂。近年来，中药提取纯化技术不断提高，新型辅料、技术和设备也不断被运用于颗粒剂，使得颗粒剂的质量不断提高，品种也逐渐丰富。尤其是近年来兴起的配方颗粒剂，更是通过将中药饮片提取制成可溶性配方颗粒，形成了中药汤剂调配的一种新形式。

颗粒剂按溶解性能和溶解状态，可分为可溶颗粒、混悬颗粒和泡腾颗粒，在使用时需用水或白酒等溶剂冲服，属于汤剂、散剂、糖浆剂、酒剂等的改良剂型。一方面具有吸收快，患者依从性好、便于携带、运输和储存的优点；另一方面也存在着包装成本偏高、易吸潮结块等问题。因此，颗粒剂的防潮技术和干燥技术是其研究的热点。

2. **片剂**　系指将原料药物与适宜的辅料混匀制成的圆形或异形的片状固体制剂，目前是临床上应用最广泛的剂型之一。中药片剂在吸收了西药片剂制备技术之后，将汤剂、丸剂改良，衍生出了浸膏片、半浸膏片、全粉片和提纯片等。尤其新型中药前处理技术和制剂技术出现以后，中药片剂又新增了许多品种，如分散片、缓释片、口崩片和泡腾片等，成为中药中品种最多、产量最大的主要剂型种类。

片剂在中药现代剂型中有着不可替代的地位，有着许多优点：生产较易标准化，剂量和质量易于控制；片剂形式多样，可通过改变辅料、结构和包衣等手段调整药物溶出速度和生物利用度，用法灵活多样；便于携带、运输和储存；生产自动化程度高，产量大且成本低。当然，片剂对于儿童而言吞服较为不易，患者依从性仍显不足，因此需要进一步发展中药活性组分筛选和分离提纯的技术，减小片剂的尺寸和单次给药片数，通过缓控释技术达到更长的起效时间，减少服药次数。

3. **微丸剂**　系指由药物和辅料组成的直径小于 2.5 mm 的圆球形制剂。微丸剂本是我国传统中药丸剂中的一种，可直接服用，但生产效率低。中药微丸可作为一种制剂中间体被用于胶囊和片剂的生产。中药微丸剂由于其本身颗粒小、圆整度高、流动性好、剂量分布均匀等特点，非常适合作为组分制剂单元承载不同中药组分。

4. **胶囊剂**　系指原料药物或与适宜辅料混合填充于空心胶囊或密封于软质囊材中制成的固体制剂。根据所用囊壳的不同，胶囊可分为硬胶囊、软胶囊、缓释胶囊、控释胶囊和肠溶胶囊等，主要可供口服用。相比于片剂，胶囊中的药物粉末或颗粒没有受到压力等因素的影响，在胃肠道中能够迅速分散、溶出和吸收。另外，对于含油量高的药物和液态药物，软胶囊剂更是体现出了独有的优势。

胶囊剂在中药制剂中应用较为广泛，能将散剂、颗粒剂等剂型进一步改良成更加方便包装、运输和储存的形式。胶囊剂能够掩盖药物的不良嗅味，便于服用；可调整药物释放的部位和时间；便于自动化生产，产量大。胶囊剂与片剂一样也存在着患者依从性较低的问题，并且对于药物水溶液和乙醇溶液、氯化物和溴化物等易溶性药物，以及易风化或易吸湿的药物等都不能制备为胶囊剂，一定程度上限制了胶囊剂在中药中的应用。

（二）液体剂型

常用的中药现代液体剂型主要是一些浸出制剂，包括合剂、糖浆剂、酊剂等，这些制剂可大幅减少汤剂、酒剂等传统剂型的服用量，运输和储存也相对容易。

1. 中药合剂　又称口服液，系指饮片用水或其他溶剂，采用合适的方法提取制成的口服液体制剂。作为汤剂的改良剂型，合剂有药物浓度高、服用剂量小、适用于工业化生产、便于运输和储存等特点。

2. 中药糖浆剂　根据组成和用途的差异，可将糖浆剂分为单糖浆、芳香糖浆和药用糖浆。糖浆剂有很强的矫味作用，可掩盖药物的苦味和其他不良气味，患者尤其是儿童患者依从性良好。

3. 中药酊剂　系指原料药物用规定浓度的乙醇提取或溶解而制成的澄清液体制剂，也可以用流浸膏稀释制成。酊剂多供内服，少数供外用。由于乙醇本身具有生物活性，所以儿童、孕妇和有心血管疾病的患者不宜服用。

4. 中药注射剂　是指从饮片中提取的有效物质制成的可供注入人体内的现代制剂，包括肌内注射、穴位注射、静脉注射和静脉滴注使用的灭菌溶液或乳状液、混悬液，以及供临用前配成溶液的无菌粉末或浓溶液等注入人体的制剂。

（三）半固体剂型

半固体剂型主要包括软膏剂、乳膏剂和贴膏剂等经皮给药剂型。对于中药而言，这些半固体制剂很好补足了膏药等剂型的不足，有着便于吸收，不污染衣物等优点。

1. 软膏剂与乳膏剂　软膏剂系指原料药物与油脂性或水溶性基质混合制成的均匀半固体外用制剂，根据原料物质在基质中的不同分散状态，可分为溶液型软膏剂与混悬型软膏剂。

乳膏剂则系指原料药物溶解或分散于乳状液型基质中形成的均匀半固体制剂。根据基质的不同，可以分为水包油型乳膏剂和油包水型乳膏剂。软膏剂和乳膏剂能够快速且均匀地将药物涂覆在皮肤表面，在便捷性和操作性上比传统膏药有了很大提高，并且能够较快速度地起效，但在长效性上比之不足。

2. 贴膏剂　系指将原料药物与适宜的基质支撑膏状物涂布于背衬材料上供皮肤贴覆，可产生全身或局部作用的一种薄片状制剂。根据基质的不同，典型的贴膏剂有橡胶贴膏剂和凝胶贴膏剂（巴布剂）。

可以说，贴膏剂是对传统黑膏药的一大改进。贴膏剂携带方便，可直接贴于皮肤，不容易污染皮肤，尤其是凝胶贴膏剂，水溶性凝胶机制与皮肤的生物相容性更大，相比于橡胶贴膏剂也有更大的载药量,药效更加持久。

(四)气体剂型

中药现代气体剂型包括气雾剂、喷雾剂和粉雾剂。

1. **气雾剂** 系指原料药物、附加剂与适宜的抛射剂共同封装于具有特制阀门系统的耐压容器中,使用时借助抛射剂的压力将内容物呈雾状物喷出,可用于肺部吸入或直接喷至腔道黏膜、皮肤的制剂。目前已上市的中药气雾剂品种较少,主要是因为中药组方药味多,活性成分提取复杂且所需剂量较大,药液颜色深,制备难度大。

2. **喷雾剂** 系指原料药物或与适宜辅料填充于特制的装置中,使用时借助手动泵的压力、高压气体、超声振动或其他方法将内容物呈雾状释出,用于肺部吸入或直接喷至腔道黏膜和皮肤等的制剂。按照分散系统可分为溶液型、乳剂型和混悬型喷雾剂。

3. **粉雾剂** 系指借特制的给药装置将微粉化的药物喷出,由患者主动吸入或喷至腔道黏膜的制剂。根据用途可将粉雾剂分为吸入粉雾剂、非吸入粉雾剂和外用粉雾剂。

三、高端制剂

中药剂型的研究开始于对传统剂型的改进,通过新技术、新材料等提高成品的安全性、有效性、稳定性和可控性;并且通过各种现代剂型的应用,进一步拓展了中药的给药途径和给药方式。自20世纪末以来,随着中药提取精制技术的应用及药用高分子材料等技术的发展,中药缓控释给药系统、中药靶向给药系统及中药经皮给药系统中的中药复方多元释药系统等在中药系统中得到研究与应用,促进了中药剂型的发展。

(一)中药缓控释给药系统

中药控释制剂系指药物能在预定的时间内自动以预定的速度释放,使血药浓度长时间恒定维持在有效浓度范围之内,以达到长效作用的制剂,其药物释放主要是在预定的时间内以零级或接近零级速率释放,优势为降低不良反应,延长给药间隔及提高患者服药的顺应性。

(二)中药靶向给药系统

20世纪70年代末80年代初人们开始比较全面地研究靶向制剂,包括它们的制备、性能、体内分布、靶向性评价及药效与毒理等研究。该剂型有助于维持血浆和组织中药物在体内的水平,避免了健康组织受到损伤,符合目前所提倡的精准医疗思想及提高了临床用药的精准性[1]。

(三)中药经皮给药系统

通过皮肤吸收进入体循环或作用于皮肤局部产生药效,以及通过经穴效应发挥药效,达到相应治疗目的的给药系统。中药经皮给药系统属于中医外治法的范畴,是中医药治疗体系的中药组成部分。中药经皮给药系统不经过肝脏的"首过效应"和胃肠道的破坏,不受胃肠道酶、消化液、pH等诸多因素的影响,可提高生物利用度,提供可预定的和较长的作用时间,降低药物毒性和副作用,且具有提高疗效、使用方便、操作简单、减少给药次数等优点。

第二节　中药制剂物料性质与表征技术

中药制剂在从传统剂型到现代剂型的创新发展历程中，逐步形成了较为完整的制剂理论和剂型设计技术体系。目前，中药制剂除了面临着物质基础不明、生产效率低、顺应性差等问题外，还存在着许多亟待解决的难题，例如，如何根据中药的剂量及自身特点选择适合的剂型，在复杂的制剂工艺中成型性是否能准确预判，设计中药制剂递释特性的依据等。中药制剂成型都需要依据制剂前物料的性质开展剂型设计。制剂前物料是由临床处方中的饮片经过提取浓缩或提取分离精制等前处理过程所得。因来源、药用部位、成分特点等方面的差异性，获得的物料性质也千差万别，这为剂型设计带来新的难题。因此，对中药制剂（前）物料的性质研究成为中药剂型设计的重要内容。

一、中药制剂物料的分类与特点

根据中药制剂物料的前处理过程及性质特点，可将其分为中药粉末、中药提取物和中药组分 3 类。中药提取物与中药组分的区分是：如果提取物中 2 种及以上的物质含量之和≥90%定义为中药组分，含量不到 90%定义为中药提取物；其中若 1 种物质的含量即已≥90%时为组分的特例，按"中药单体物质"的名称定义。由于剂型对中药粉末载药能力的限制，中药提取物成为目前中药制剂物料的主要选择。随着工业化生产中精制、纯化等新技术的应用，已有少数中药制剂物料达到中药组分的要求。中药组分最大限度地保留了有效成分，能在一定程度上代表着中药的有效物质。以"组分"为制剂单元的设计技术为发展多组分递释系统提供了基础和可行性。现行 2020 年版《中国药典》一部收载的中药制剂品种中，中药制剂物料常常不是单一的物料形态，而是多种中药制剂物料形态的共存。对中药制剂物料进行合理的分类将有利于其物性研究进一步系统化、深入化。

二、中药制剂物料性质体系的构建

中药制剂的剂型选择及设计需要一个完整的、具有普遍适用性的中药制剂物料性质体系作为理论指导依据。在制剂过程中，仅仅依据某方面的性质难以从整体上把握中药制剂物料的成型性，建立多方面且相互之间关联的性质体系是指导中药制剂设计的最佳方案。由于 3 类中药制剂物料的存在状态及性质差异较大，提炼 3 类物料的共性建立具有普遍适用性的物料性质体系，对中药制剂物料具体的物性表征及物性之间相关性研究能起到指导作用。

中药制剂物料具有物质属性，在一定的时间、空间及热力学条件下，任何客观存在的物质均具有一定的物质构成特征，必然存之以"形"而表现为不同的空间构造，通过物质之间各种力的作用而在物质的外表面及内部显现出内在特性。中药制剂物料性质应包含物质构成性质、空间构造性质、体性质、面性质及理化性质，该体系中各性质之间存在的关联性是目前研究的热点，如中药作用力提取物的粉末直压特性与核壳粒子结构的相关性可归属于空间构造与体性质的相关性问题。此外，还可拓展研究粉末直压性与粒子的物质构成、表面性质等相关性，其相关性可以启发研究的创新性。

（一）物质构成性质

中药制剂的物质构成性质包括构成要素、物质的量及排列分布，其中构成要素及物质的量是中药剂型设计的基础，而构成要素在空间中的排列及分布亦是造成中药制剂设计难、成型难和质量控制难的重要因素。首先，物质构成性质与服用剂量直接相关，是所有中药剂型设计所面临的共同问题，准确地表征构成要素及量比关系是剂型选择的关键；其次，物质构成性质是其他一切性质的"根由"所在，中药饮片的炮制方法、前处理工艺及生产批次等因素会造成物质构成变化，减小其波动范围可使制剂（前）物料的性质保持相对稳定。

（二）空间构造性质

中药制剂物料的空间构造性质极易随制剂环境的变化而变化，是中药制剂过程控制难及成型质量预测难的主要原因之一，但同时又使得中药制剂物料具有极强的被设计和被改造空间。中药制剂物料的空间构造性质包括形貌、尺度及密集程度，常规的粉体学性质，如粒径及其分布、比表面积、孔隙和密度等归属于空间构造性质的范畴。在物质构成性质明确的情况下，中药制剂物料的空间构造存在多样性，尤其是固体物料，常与液体接触而导致粒径及形貌的改变并难以控制，而稳定的尺度及形貌特征往往是制剂单元功能稳定的前提。

（三）体性质

以一定凝聚态存在的中药制剂物料受力时必然发生形变，而每种物料都存在其独特的形变特性，与中药制剂的成型性密切相关，该特性定义为体性质。根据物料内部质点的相对位移的特点，中药制剂物料的体性质分为压缩性、流变性及流动性。

1. **压缩性** 不同相态的中药制剂物料表现出的体性质不同。固态物质在正应力下内部质点发生正应变而表现为压缩性质，该性质对制剂压缩工艺过程的影响较大。压缩性差的物料可能造成压片机压力过载、裂片等问题；用干法制粒时可能使颗粒的得率降低而需多次碾压。

2. **流变性** 半固体或液态中药制剂物料在切应力作用下发生切应变而表现为流变性质，以"轻按即散"的标准制备软材、物料的孔挤出过程、调节药液的黏度而防止成分析晶，这些都是中药制剂物料流变性质的具体应用。

3. **流动性** 中药制剂物料的最小单元如果为粉或粒的形式，此时每个粒子视为非连续性的质点，而在重力等力场的作用下表现为流动性。该性质对中药制剂物料的填充行为有较大影响，如硬胶囊的填充、粉末直压时在模具中填充，是影响中药成型质量的重要因素。

（四）面性质

中药制剂物料的表面上存在范德瓦耳斯力、线性张力、弹性力、表面张力和电场力等跨越7个量级的力相互竞争，是产生复杂表面性质的原因[2]。探究表面性质及其改性规律是中药制剂设计的创新源泉之一，表面性质与表面的物质构成及空间构造的相关性是表面改性技术所依据的核心规律。

1. **吸附性** 表面吸附性主要指在电场力、范德瓦耳斯力等作用下对物质小分子的吸附，如微量元素、水分子等，其中对水分子的吸附则表现为吸湿性，控制吸湿性对制剂生产过程中的物料转移、粉末的流动、制剂成型后的防潮具有重要意义。

2. 润湿性　表面润湿性主要由弹性力、表面张力中等量级的力作用，用于表征液体对固态物料的铺展能力，溶剂的润湿能力及润湿速率对颗粒剂、片剂等工艺影响重大，而实际生产过程中往往不能给予充分润湿时间，并且已成型的制剂有效成分的溶出首要阶段是润湿，因此探究不同pH、温度下液体对制剂物料的润湿性对工艺参数的选择及释药速率的控制具有重要指导意义。

3. 黏附性　表面黏附性是表面各种量级力的宏观反映，该性质在中药递释系统的设计中具有不可忽视的作用，如在体外选择合适的黏合剂及用量对颗粒的成型及得率具有决定性作用，在体内则对生物膜黏附的靶向递释系统的设计具有指导作用。

（五）理化性质

一定热力学条件下，根据分子的运动形式及在宏观上的表现，中药制剂物料的理化性质包含溶解性及渗透性、热学性及电磁性、解离性及结构化学性。探究各种复杂成分与总体理化性质的相关性，则有利于提升对理化性质的可预测性。

1. 溶解性及渗透性　物质分子向介质中运动扩散过程表现出溶解性及渗透性，两者是中药组分的生物药剂学分类系统的核心性质，在以往口服液体制剂中制剂物料的溶解性及渗透性容易被忽视，且由于溶解性及渗透性差而导致生物利用度低，而使用增溶剂、助溶剂等是制剂常用的助溶方法，多组分的协同提高溶解性及渗透性是中药制剂的特色之一。

2. 热学性及电磁性　微观粒子的运动形式包括线性运动、自旋、振动等，物质的热学性实质是由微观粒子运动的平均动能在宏观整体的表现，而电磁性实质由静电荷及带电粒子的运动所激发。中药制剂常在一定热力学条件下成型，热学性对中药制剂物料的挥发性、玻璃态转化、熔化等过程的控制具有重要意义，电磁性是中药组分的"特征基团"（印记模板）在体内过程中形成稳定的超分子的驱动力，如控制胶粒的动电电位可防止出现絮凝作用，提高液体制剂的稳定性。

3. 解离性及结构化学性　解离性是对物料分子在介质中发生解离程度的表征，H^+的解离是其中一种特殊情况，宏观上表现为酸碱性质，解离性由中药制剂物料分子的结构化学性质所决定。

三、中药制剂物料性质的表征技术

对中药制剂物料性质的评价应以客观的指标进行表达，确证科学的指标须依据一定的科学理论及方法。现代科学的发展为中药制剂物料性质的指标及其表征技术体系的建立提供了技术支撑。

（一）物质构成性质评价指标及表征技术

中药粉末及中药提取物的构成要素较为复杂，但现代成分检测技术对物质构成性质的表征奠定了坚实的基础。物质构成性质与中药饮片或处方的剂量密切相关，其中构成要素的量与量的关系是剂型选择的依据，然而临床处方随病证不断变化导致问题的复杂化，可用精制系数指标从理论上指导中药制剂物料的剂型选择与设计，如表8.1所示。

表 8.1　中药制剂物料的物质构成性质指标与表征技术

物质构成	指标体系	表征技术
构成要素	大分子物质	苯酚-硫酸法（多糖）、考马斯亮蓝法（蛋白）、橘红染色法（脂质）、紫外-可见分光光度法、磁共振
	小分子物质	色谱法、质谱法、紫外-可见分光光度法
	微量元素	X 射线荧光光谱法、微波消解-离子体-原子发射-光谱法
量比关系	精制系数	—
	质量分数	色谱法、紫外-可见分光光度法、原子吸收分光光度法
排列分布	均匀度	近红外实时检测技术

精制系数指标，系指中药饮片或处方经过加工处理所得中药制剂物料的质量与投料饮片总质量之比的倒数，见式 8.1；在明确的中药饮片来源及稳定的前处理工艺条件下，每种中药制剂物料的精制系数较为稳定，该指标是表达中药处方质量与载药量之间关系的纽带，见式 8.2。

$$Ex = \frac{1}{E/W} = \frac{W}{E} \qquad (式8.1)$$

$$D = W/Ex \qquad (式8.2)$$

式中，Ex 为精制系数；E 为口服中药制剂成型前物料质量；W 为前处理加工前的饮片投料量；D 为中药制剂物料的日服用剂量。

精制系数用于表征中药制剂物料的物质构成性质，实际制剂工艺存在配方与合方两种基本的制剂方式，与制剂的载药量密切相关，如配方颗粒的中药制剂物料日服用剂量是各种饮片日服用剂量的线性加和，而合方制剂则可能为非线性叠加，需通过实验数据寻找相关规律。

（二）空间构造性质评价指标及表征技术

一定热力学条件下，粉体粒子或液体中微粒的空间构造性质相对稳定，对尺度的表征方法及原理可归纳为直观法、等效转换法及标准参照法，如表 8.2 所示。直观法利用显微技术直接获取微纳米尺度粒子的形貌特征，如使用 X 射线图像结合计算机技术处理中药制剂物料表面及内部的三维结构；等效转化法则是将物料粒子分散后，通常利用光波或超声波的透射、散射及反射强度等效转化进行定量表征；标准参照法的原理是使用具有标准参数的设备与中药制剂物料比较，如用已知孔径的标准药筛表征药物粉末的粒径及分布等。

表 8.2　中药制剂物料的空间构造性质指标与表征技术

空间构造	指标体系	表征技术
尺度	成像粒径	光学显微镜、电子显微镜、透射电镜、原子力显微镜
	筛分粒径	筛分机、Aerosizer 仪、毛细管法、光学筛分法
	球等效粒径	库尔特计数器、光阻粒子计数器、动态光散射粒径仪、激光粒度仪/光散射仪、电声学谱仪、X 射线沉降仪
	比表面积	N_2 吸附法

续表

空间构造	指标体系	表征技术
形貌	伸张度	宏观描述法
	圆形度/球形度	宏观描述法
	空间填充因子（松散性、坚固性、不规则指数）	介观描述法
	凹凸度	介观描述法
	粗糙度	介观描述法
	分形维数	微观描述法
密集度	松密度、振实密度	粉体物性测定仪、量筒
	真密度	比重瓶法、悬吊法、真密度测定仪
	孔隙度	BET 比表面积测定仪

（三）体性质评价指标及表征技术

中药制剂物料的体性质是在力的作用下而反映的内在特性，因此相应的表征技术以应力-应变关系，即本构关系为核心依据，相关的指标亦由本构关系所衍生，如表 8.3 所示。

表 8.3　中药制剂物料的体性质指标与表征技术

体性质	指标体系	表征技术
流动性	休止角	粉体物性测定仪、标准漏斗法
	卡尔指数、豪森比	粉体物性测定仪
	流速	粉体物性测定仪
	内聚力	Jenike 型剪切盒、箱形流动因子测量器
	内摩擦角	Jenike 型剪切盒
	表观黏度（粉体）	粉末流变仪
压缩性	弹性模量、剪切模量	质构仪、多功能压片机、弹性模量测试仪
	屈服压力	质构仪、多功能压片机
	弹性恢复系数	碰撞法
流变性	黏度	流变仪、毛细管黏度计、落球黏度计、旋转黏度计
	损耗模量	动态力学性能频谱仪
	稠度	稠度检测仪
	咀嚼性	质构仪
	塑性势	应力分量法

（四）面性质评价指标及表征技术

中药制剂物料的表面作用力十分复杂，目前还缺乏直接、准确的测定方法，如表 8.4 所示。中药制剂物料的面性质随物质构成、空间构造、温度、pH 等因素变化，尤其对黏附性的产生机制尚不十分明确，确定其科学性质指标有待考证。此外，通常的表征技术不能全面描绘性质变化过程信息，为进一步完善中药制剂物料的面性质表征技术体系，创新性地提出了吸附性及润湿性等性质的动态多维表征技术及衍生的新指标。

表 8.4 中药制剂物料的面性质指标与表征技术

面性质	指标体系	表征技术
吸附性	平衡吸湿率（F^∞）/半吸湿时间（$t_{1/2}$）	动态水蒸气吸附仪、称重法
	临界相对湿度	动态水蒸气吸附仪、称重法
润湿性	接触角（静态/动态）	接触角测定仪
	表面能	表面能分析仪
	润湿张力	铝箔试验法
黏附性	黏附力、黏附强度	最小剥离力法、黏附力测量仪、原子力显微镜
	黏附功	最小剥离力法、黏附力测量仪

目前，运用传感技术获取本构关系是研究中药制剂物料主体性质的关键，如 Feng Yi 等[3]运用质构仪对软材进行多次压缩获取本构关系，根据导出的指标将软材分为 5 类，多功能压片机等可获取中药制剂物料粉末的压缩曲线等。由于中药制剂物料的物质构成及空间构造复杂，增加了对制剂物料体性质的表征难度，而目前的表征技术不能满足复杂的物质构成及空间构造与体性质相关性研究的大样本需求，因此需要向利用应力及位移传感技术获取本构关系的方面改进，使之适用于粉末、软材等多种状态的中药制剂物料。

（五）理化性质指标及表征技术

目前，对中药制剂物料理化性质的表征指标及表征技术研究相对成熟。中药制剂物料理化性质中关键指标的确定依据的是物理化学的基本原理，其中以多组分的化学热力学原理最为普遍，在分析中药制剂物料构成的基础上，可由某一广度变量导出相关理化性质的指标。不同中药制剂物料具有不同的溶解性、渗透性、热学性、电磁性、解离性、结构化学性，是由于物质转移程度及平衡点不同而造成的差异，相应的表征指标所依据的方法及原理为化学平衡、相平衡和电化学等规律，目前对理化性质的表征技术也大多基于化学热力学或化学动力学方法，如表 8.5 所示。

表 8.5 中药制剂物料的理化性质指标与表征技术

理化性质	指标体系	表征技术
溶解性	特性溶解度	恒温搅拌法、澄明度检测仪
	平衡溶解度	高效液相色谱法、紫外分光光度法
	溶解度参数	溶胀法、基团贡献计算法
渗透性	油水分配系数	摇瓶-紫外分光光度法
	表观渗透系数	Caco-2 细胞模型法
热学性	玻璃转变温度	差示扫描量热法、激光脉冲仪、温度计
	比热容	差示扫描量热法、温度计
	热导率	导热系数测定仪
	沸点	温度计

续表

理化性质	指标体系	表征技术
电磁性	动电电位	Zeta 电位测定仪
	电导率	电导仪
解离性	pH	pH 计、酸碱滴定法、薄层色谱 pH 法
	解离常数	毛细管电泳法、紫外分光光度法、电位滴定法
结构化学性	分子量	高效凝胶渗透色谱、静态光散射法、渗透压法
	分子结构	计算机辅助软件
	晶型	X 射线衍射法、红外吸收光谱法、激光显微拉曼光谱仪、偏光显微镜、熔点法及显微镜法、差示扫描量热法、差热分析、热重分析法、磁共振法、扫描隧道显微镜法

中药制剂物料的指标处于不断发展完善之中，新指标的产生需有理论依据及实践的考证。目前，对中药制剂物料性质的表示方法存在创新的空间，如应力状态的表示可采用二阶张量法以确定物料中某质点任何方向的应力状态，对指标进行无量纲化、高维化、非线性化、概率化等，能更合理地描述中药制剂物料的性质。因此，中药物性的表征指标在实践中不断发展创新，而掌握指标所依据的核心原理及方法才能在更高层次审视中药制剂物料性质指标体系的扩充与发展前景。

第三节　中药传统制剂成型技术与现代化

在中药制剂发展过程中，第一代中药制剂（传统剂型）由于技术的限制，前处理往往以粉碎、煎煮和浸泡等为主。传统的提取、浓缩、分离、粉碎等并不是作为制剂前处理过程，而是作为一种成型技术直接将中药饮片制备成一定剂型。随着科学技术的不断发展，传统制剂的生产已然摆脱了手工加工的生产方式，逐步进入半机械、机械化模式，多种新兴制剂技术相继应用于传统制剂生产中，为其发展注入了新的活力。

一、传统制丸技术

制丸技术为传统中药制剂中重要的成型技术之一，经近两千年的发展形成了多种类型的制法。

（一）传统制丸原理

以中药粉末为制剂前物料，以糊化的淀粉或处方中部分中药的提取物为黏合剂制备成软材，在力的作用下发生塑性变形而成丸。

（二）传统制丸方法

中药丸剂的传统制备工艺有泛制法和塑制法，两种工艺流程各有优劣。制备流程主要包括起模、成型、盖面、干燥、选丸。其中，起模是泛制法成丸的关键步骤，对成品的圆整度、规格和药物含量有很大程度的影响。

1. 泛制法　系指在泛丸机或糖衣机中，交替加入药粉与赋形剂，使药粉润湿、翻滚、黏结成粒、逐渐增大并压实的一种制丸方法，该法适用于水丸、水蜜丸、糊丸、浓缩丸、微丸等的制备。

泛制的过程中，药粉可分层泛入，可将一些易挥发、有刺激性气味、性质不稳定的药物泛入内层，也可将速释药物泛入外层，缓释药物泛入内层，中药细粉撒布与赋形剂润湿交替轮换，不断翻滚层叠加大，因此泛制法在民间又被形象地称为"叠丸"。

2. 塑制法　系指饮片细粉加适宜黏合剂，混合均匀，制成软硬适宜、可塑性较大的丸块，再依次制丸条、分粒、搓圆而成的一种制丸方法，可用于蜜丸、水蜜丸、水丸、浓缩丸、糊丸、蜡丸、微丸的制备，其中以蜜丸的塑制最为典型。蜂蜜黏度大，对饮片细粉的黏合力强，与药丸混合后丸剂不易硬化，有较大的可塑性，是塑制法首选的材料之一。以蜜丸为例，该法的制备流程主要包括制软材、制丸（制丸条、分粒和搓圆）、干燥、盖面、选丸等。

塑制法则可以通过自动化生产设备进行一次性成丸，大幅提高了生产效率和成品率，产品卫生标准也易于控制，但相比于泛制法，塑制法制丸的成品圆整度和溶解时限可控性却略显不足。

（三）丸剂的现代化

现代制药工业融入了许多新兴技术，中药丸剂引入了滴丸剂，同时发展了许多新型的微丸制备工艺，如挤出滚圆法、离心造丸法、流化床法等。随着现代药品质量要求的不断提高，传统丸剂已不足以满足当前市场的需求，极大地提高了丸剂的生产效率和质量水平，使传统丸剂的内涵获得了丰富与发展。随着现代的发展，微丸剂逐渐成为丸剂领域的研究开发热点之一。

二、传统制粉技术

制粉技术中各种中药的搭配技巧体现古代智慧，该技术是一种增加物质表面能的过程，外界必须提供一定形式的能量，而传统中药粉碎主要依靠手工等方法进行碾碎，其技术优势体现在根据中药饮片的特点进行单独或配伍粉碎。

（一）制粉技术原理

依靠手工或牲畜提供粉碎动力，在石磨等物体压力及摩擦力作用下，使单味中药或多味中药混合粉碎。多种中药混合可以克服单味中药油脂、黏性等中药粉碎难的问题。

（二）制粉搭配技巧

根据粉碎方法及所使用的工具不同，一般分为干法粉碎和湿法粉碎。按中药饮片的性质特点，将不同中药混合在一起进行粉碎的方法可解决粉碎黏性或油性中药时的困难，如麦冬、党参等可与茯苓、山药、天花粉等中药一起粉碎。中药散剂制备时中药的搭配技术可分为串碾法、掺碾法、配碾法、共熔法。

1. 串碾法　一般情况下，串碾法适于处方中占比较大，且黏性大而质地松软的药物，如党参、生地黄等，可先将其他粉性较强的中药粉碎成粗粉，而后与黏性且质地松软的中药串碾成颗粒，干燥处理后再进行粉碎。

2. 掺碾法　又称串油法，适用于处方中含有较多油脂性物质的中药，如杏仁、火麻仁、郁李仁等，先将该类中药捣碎为泥状，再将其他中药粉碎为粗粉吸收油脂，而后再进一步粉碎。

3. 配碾法　一般适用于处方中量小的贵重及毒性中药，量小的中药加入其他等量研磨后的中药，混合后再次粉碎至所需程度。

以上分别粉碎的方法各有其适用范围，根据饮片的性质及在处方中的量进行合理的选择。

4. 共熔法　指当两种或更多种药物经混合研磨成细粉的过程中出现湿润或液化现象，该法适合混合后能产生低共熔效应的中药，如常见的有薄荷脑和樟脑、薄荷脑和冰片等，可用该法粉碎。

（三）散剂的现代化

现代粉碎技术发展依赖各种粉碎设备，使得粉碎效率达到工业、产业化级别，提高了生产效率。现代超微粉碎技术是近20年迅速发展起来的一项高新技术，是指利用机器或者流体动力的途径将物料粉碎至亚微米级，一般的粉碎技术只能使物料粒径为50 μm，而运用现代超微粉碎加工技术能将物料粉碎至10 μm，甚至1 μm的超细粉体。

现代散剂的制备除了运用现代的粉碎技术，同时为提高散剂质量的稳定性，往往需要添加一定辅料以减少吸附性及粒子间的黏聚性。有研究表明，可以通过核壳粒子设计的方法增加散剂的稳定性，如将质地较为坚硬、苦味较大的粒子作为核，而质地疏松、苦味较小的粒子作为壳，不仅具有矫味的作用，还能防止不同密度的粒子发生离析而使得散剂更均匀，疗效更均一[4]。总之，散剂的现代化离不开现代新设备、新辅料的发展。

三、传统制膏技术

中药传统膏剂有外敷和内服两种，外敷膏剂是中医外治法中常用药物剂型，除用于皮肤、疮疡等疾病外，还在内科和妇科等病症中使用。内服膏剂，后来又称为膏方，因其起到滋补作用，也有人称其为滋补药，广泛使用于内、外、妇、儿、骨伤、眼耳口鼻等科疾病及大病后体虚者。

（一）传统制膏原理

传统中药制膏的原理为减少中药煎煮液的溶剂量，或往中药煎煮液、植物油等液体中添加固体粉末物质，如中药粉末、食用淀粉等，最终使中药固液比达到适合的值至凝而不固的稠度，则膏剂成型。

（二）传统制膏方法

（1）膏滋制备方法：传统中药制膏时，使中药煎煮液中溶剂减少的方法为继续煎煮浓缩法，不断煎熬药汁使溶剂蒸发而达到浓缩的目的。该方法浓缩效率低、温度高、时间长。现代研究表明，随着中药提取物浓度的不断升高，水蒸气压变小而致浓缩时的温度不断升高，使有效成分挥发，甚至发生水解、氧化、聚合等反应，对成分的破坏性较大，从而影响了临床处方的疗效。

（2）膏药制备方法：在传统膏药的药料制备过程中，将中药有效成分转移至220 ℃的植物油中制备药油，继而将药油继续熬炼至320 ℃左右，以滴水成珠为标准判断熬制终点，将固态药物如丹药等，加入至药油中，一般固液比为1∶2，通过不断搅拌使膏药均匀，防止出现过硬则老，过黏则嫩，最后形成不黏手、拉丝不断的膏药，为去除其副作用一般需用清水浸泡7日，此时可再撒入少许名贵中药粉末，如麝香等，分次搅拌均匀后涂布在牛皮纸或膏布上即可成膏。

(三) 制膏的现代化

传统制备膏剂的设备主要是煎药锅，现代发展了各种规格的煎药机大大提高了膏剂的生产效率。煎药机采用电加热方式，能够控制加热温度和煎煮时间，同时具有过滤和压榨的功能，方便了膏剂的大量生产。然而，该技术在先煎、后下药物的煎煮中仍然需要配合人工操作，不能完全实现机械化，并且其在提取成分组成及药效作用方面也需要进行更加深入的比较研究。

(1) 膏剂设备现代化：运用现代的浓缩设备，使得中药膏剂制备的效率大大提高，满足了工业化生产需求。将上述滤液加热浓缩至规定的相对密度，或以搅拌棒趁热蘸取浓缩液滴于桑皮纸上，以液滴的周围无渗出水迹时为度，即得"清膏"。相对密度法开始应用于收膏标准的判定，实现了收膏工艺的量化，推动了膏方的工业化生产。收膏稠度视品种而定，一般相对密度在1.4左右。

(2) 膏剂包装现代化：传统膏方的包装容器主要为陶罐、瓷罐等，而现代常用的膏方容器还有砂锅、真空袋、玻璃瓶等。其中砂锅由于结构疏松且有孔状结构，并不适合膏方的储存，而玻璃密封瓶和真空包装袋则较为适宜，尤其是真空包装袋，由于其便于携带、可单剂量服用及低成本等特点，受到了企业和消费者的喜爱。另外，近些年机械搅拌、离心技术、真空薄膜浓缩及冷冻干燥等现代技术逐渐被用于膏方制备过程中的浸泡、分离药渣和浓缩等环节，进一步提高了膏方的生产效率，同时也为膏方的生产提供了新的选择。

第四节 中药口服制剂成型技术与产业化

现代制剂与传统制剂有所不同，需将中药饮片经提取、分离、纯化、浓缩、干燥等工序得到制剂前物料，再经过一定的制剂工艺才最终成型。现代中药制剂前的物料主要有中药粉末、中药提取物及中药组分等形态，中药提取物又分为流浸膏、干浸膏及油脂类等形式。

本节主要从固体类制剂和液体类制剂两个物态角度介绍中药口服制剂的成型技术和产业化技术。气体类制剂受限于复杂的中药成分，大多数情况下难以制成稳定有效的气体类制剂，尤其难以制成用于肺部给药的吸入制剂，故本节不做讨论。

一、固体制剂技术

中药现代固体类剂型主要包括颗粒剂、片剂、胶囊剂等，其制备过程有共同之处，通常均涉及粉碎、过筛、混合、制粒、干燥等过程，制备合适的颗粒之后可以选择填充为胶囊剂或者压片。因此，固体制剂基本的单元制剂技术包括制粒、成丸、压片、包衣等，随着中药制剂的发展，防潮及掩味技术也成为制剂技术的重要组成部分。

(一) 制粒技术

制粒是固体制剂生产过程中重要的环节，尤其是目前片剂制备的必要步骤。通过制粒可解决药物粉末的黏附性、飞散性、聚集性等问题，改善药粉的流动性和压缩性能，更易于压片。目前已开发出了系列制料方法，主要有湿法制粒、干法制粒和流化床制粒等。

1. 颗粒成型原理　各种制粒技术的原理及特点见表8.6。

表8.6　各种制粒技术的成型原理及特点

制粒技术	成型原理	特点
湿法制粒	在粉末中加入液体胶黏剂（有时采用中药提取的稠膏），混合均匀，使粉体粒子之间形成固体桥而形成颗粒	增加粉末的可压性和黏着性，防止在压片时多组分处方的分离，能够保证低剂量的药物含量均匀，适用于受湿和受热不起化学变化的药物，所制成的颗粒外形美观、成型性好、耐磨性强
干法制粒	在压缩前预先将药物与赋形剂的混合物通过强力挤压，排出空气，然后将挤压物粉碎成大小均匀的颗粒	粒度均匀，堆积密度增加、流动性改善，便于后续加工、储存和运输。可能会影响药物的溶出，适用于对湿热不稳定药物的制粒，不适宜小剂量片剂的制粒
流化床制粒	流化床制粒使用气流将粉末悬浮，呈流态化，再喷入胶黏剂液体，使粉末凝结成粒	在一台设备内连续进行混合、制粒、干燥，甚至是包衣等操作，简化工艺、节约时间、劳动强度低；制得的颗粒为多孔性柔软颗粒，密度小、强度小，且颗粒的粒度分布均匀、流动性、压缩成形性好

2. 颗粒成型工艺　生产中常用的制粒技术主要包括湿法制粒、干法制粒与流化床制粒，实际应用时，应根据原辅料性质、后续制剂成型需要及生产实际进行选择。

（1）湿法制粒：主要工序包括混合、制软材、过筛、干燥、整粒等。制颗粒前需先制成软材，制软材是将原辅料细粉置混合机中，加适宜的润湿剂或黏合剂，混匀。润湿剂或黏合剂用量以能制成适宜软材的最少量为原则。软材的质量，由于原辅料的不同难以制定统一标准，一般以"握之成团、触之即散"为宜。

（2）干法制粒：是将粉末在干燥状态下压缩成型，再将压缩成型的块状物破碎制成颗粒。制粒过程中，需将混合物料先压成粉块，再制成适宜颗粒，也称大片法。阿司匹林对湿热敏感，其制粒过程即采用大片法制粒。根据制备方法不同，又可分压片法和滚片法。当片剂中成分对水分敏感，或在干燥时不能经受升温干燥，而物料具有足够内在黏合性质时，可采用干法制粒。

（3）流化床制粒：自下而上的气流作用下药物粉末保持悬浮的流化状态，黏合剂液体由上至下向流化室内喷入使粉末聚结成颗粒。可在一台设备内完成沸腾混合、喷雾制粒、气流干燥等工序（也可包衣），是流化床制粒法最突出的优点。影响流化床制粒的因素较多，如黏合剂的加入速度，流动床温度，悬浮空气的温度及流量、速度等均可对颗粒质量与效能产生影响，操作参数比湿法制粒更为复杂。

（二）成丸技术

中药丸剂通过控制不同的辅料种类和用量，可以使制剂中不同组分发生不同的释放行为，从而构成组分多元释药系统，达到更加精准且安全的治疗效果。

1. 微丸成型原理　各种成丸技术的原理及特点见表8.7。

表8.7　各种成丸技术的成型原理及特点

成丸技术	成型原理	特点
挤塑成型	使中药制剂物料呈现半固体状态，从圆孔中挤出，在滚圆筒的剪切力和摩擦力作用下随机断裂并滚圆	所制丸剂具有大小均匀、圆整、表面光滑等优点，生产效率较高，适用于工业化生产，但载药量低

续 表

成丸技术	成型原理	特点
冷凝成型	将原料药物与适宜的基质加热熔融后混匀，滴入互不作用的冷凝介质，在表面张力的作用下呈球形	所制丸剂圆整，该法工序简单高效、剂量准确且质量稳定，生产效率高
成核生长	物料在离心力、重力、摩擦力等共同作用下，通过喷入雾化的黏合剂，粉料逐渐凝聚成母核，并逐渐长大成丸	结合流化技术可使丸剂成型，与干燥同时进行，生产效率高，设备易清洗，所制丸疏松多孔，但圆整度不高

2. 丸剂成型工艺　现代丸剂成型工艺主要有挤出滚圆法、滴制法、离心造粒法、流化床造粒法等，与传统制丸方法相比，现代制丸技术依靠先进的设备使生产效率极大地提高，达到产业化规模。

（1）挤出滚圆法：从本质上属于塑制法，是目前国际上广泛应用的制丸方法之一。挤出滚圆法制备微丸的工序主要包括制备软材、孔挤出、滚圆及干燥等，其中制备软材是关键，加入润湿剂或黏合剂过少则无法挤出，软材黏性过大则无法断裂并滚圆，黏性过小则导致产品产生过多的粉末，成品率低。

目前，用挤出滚圆法制备微丸的设备主要有双螺杆挤出机、单螺杆挤出机、平模压力挤出机、多功能转子制粒机等，关键工艺参数为润湿剂（黏合剂）用量、温度、挤出压力及速率、滚圆时间及速率。在生产过程中，常用转矩流变仪控制最佳润湿剂用量，使软材具有适宜的流变学性质。固体油脂类挤条和一般辅料为基质的挤条温度要求不同，部分多肽类/蛋白类的药物需要控制温度。在孔挤出阶段，由于压力增大而导致水分流失，因此，需要选择微晶纤维素等保水能力强的辅料。在滚圆变形阶段，滚圆速率不可过快，否则可能导致已成型微丸被剪切成粉。

（2）滴制法：始于1933年，丹麦药厂用滴制法制备了维生素 AD 胶丸，1958年我国引入滴制法用于滴丸的研究与应用，滴制法制丸工艺主要分为原料处理、熔融、滴制、洗丸、干燥、选丸等步骤。新型药用高分子辅料在滴丸制备中的广泛应用，使滴丸剂既可以制备成以水溶性高分子材料为基质的固体分散体丸剂，又可以制备成以非水溶性高分子材料为基质的骨架型缓释滴丸。

滴丸的基质需符合以下条件：①与主药不发生化学反应，不影响药物的疗效与检测；②熔点较低，受热可融化成液体，遇骤冷能凝固，室温下保持固体状态；③对人体无害。根据治疗目的，可选用水溶性或非水溶性两类基质。常见的水溶性基质有聚乙二醇类（PEG）、硬质酸钠、甘油明胶、聚氧乙烯单硬脂酸酯（S-40）、聚醚等，可以形成固体分散体，提高药物的溶解性，加快药物的溶出速度和吸收速度；非水溶性基质常用的有硬脂酸、单硬脂酸甘油酯、蜂蜡、虫蜡、氢化植物油等，可以形成疏水骨架型结构，减缓药物的释放，达到长效作用。

（3）离心造粒法：属于泛制法制丸，离心造粒制丸工艺一般包括成核、聚结、层积和磨蚀转移四个过程。与传统泛制法不同的是，离心造粒法是将制剂原料细粉直接输入到离心转盘内，物料在转盘提供的离心力、自身重力和转盘与侧壁间隙中的鼓风浮力的共同作用下形成绳索状流化态，通过喷枪喷入雾化的黏合剂，粉料逐渐凝聚成粒，获得球形母核，继续喷入雾化黏合剂并持续供粉，使母核长大成丸的一种制丸方法。也可使用空白丸芯作为母核进行制丸。应用该法制备的丸剂具有真球度高、丸径控制灵活的特点。

（4）流化床造粒法：流化床喷涂制丸法又称空气悬浮包埋法、Wurster 法。该法是采用切喷装置的流化床，将流态化的物料粉末或丸芯在转盘的旋转作用与鼓风作用下，沿流化床周边以螺旋运动的方式旋转，黏合剂或药液喷入后，使其聚结成粒或增大，在离心力的作用下，颗粒沿内壁不断滚动，制成质地致密、表面光滑的丸剂。

该法特点是物料高度分散，物料在导向筒内处于气流输送状态，分散性好，伴随衣膜的喷涂，不易产生粘连；底喷装置使雾粒与物料同向运行，到达物料的距离较短，水分不易快速蒸发，可与物料产生良好的附着；大风量对流使物料形成喷泉式流态化，并可产生自转，使其表面任一角度与雾粒接触机会均等，有利于涂膜层分布均匀；制丸同时进行干燥，蒸发强度高，适合主药以溶液或混悬液方式喷涂在微丸表面。喷涂作业时增重小，辅料耗用少，生产成本低。

（三）压片技术

压片系指中药制剂前物料，如粉末、颗粒，或与适宜辅料混合均匀后，在一定形状的模具中压制成型。

1. **压片成型原理** 在一定应力作用下，粉末或颗粒发生变形而最终形成稳定的性状，其间经历粉体聚结、碎裂、弹性变形、塑性变形等阶段，是物料在压缩模具中受上冲、下冲及内壁共同作用的结果[5]。中药制剂前物料的性质决定片剂的成型性，对于低塑性高弹性颗粒或粉末，脆性较大，需要的压力过大，需添加一定的黏合剂以增强片剂的强度，中等塑性及中等弹性的中药物料粉体，需要的压力中等，约 200 MPa，低弹性及高塑性的成型效果较好。

2. **片剂成型工艺** 现代压片机的发展为中药片剂的产业化奠定了基础，可分为单冲压片机、花篮式压片机、旋转压片机（普通型、亚高速型、高速型、包芯型、粉末直压型）。中药制剂压片技术根据制剂前物料的形式不同，可将压片技术分为颗粒压片技术及粉末直压技术，所形成的片型有圆形及异形。目前较多采用颗粒压片工艺，根据中药制剂物料的性质选择合适的制粒技术，将中药物料制备成颗粒，而后再进行压片；粉末直压技术近年来在中药压片中的应用逐渐广泛，呈现诸多突出的优点。各压片技术工艺的特点见表 8.8。

表 8.8 压片成型工艺的特点

压片技术	特点
颗粒压片技术	解决了物料流动性、填充不均匀性及粉末吸湿性问题。但制粒工序复杂，耗能高耗时长，制粒过程中可能导致有效成分变化
粉末直压技术	省时节能，工艺简便，工序减少，适用于湿热条件下不稳定的药物等。粉末直接压片法存在粉末流动性差、片重差异大、粉末压片容易造成裂片等弱点，致使该工艺的应用受到了一定的限制

（四）包衣技术

近年来，随着新材料、新技术、新设备的不断涌现，包衣技术发展迅速。根据包衣对象不同可分为粉末包衣、微丸包衣、颗粒包衣、片剂包衣、胶囊包衣 5 种；根据包衣材料不同分为糖包衣、半薄膜包衣、薄膜包衣（以种类繁多的高分子材料为基础，包括肠溶包衣)、特殊材料包衣（如硬脂酸、石蜡、多聚糖）4种；根据包衣技术不同分为喷雾包衣、浸蘸包衣、干压包衣、静电包衣、层压包衣，其中以喷雾包衣应用最为广泛。根据制剂工艺又可分为滚转包衣、悬浮包衣和压制包衣。

1. 包衣原理　各种包衣技术的成型原理及特点见表8.9。

表8.9　各种包衣技术的成型原理及特点

包衣技术	成型原理	特点
滚转包衣	依据片剂的随机过程原理，在长时间喷洒包衣液后，每个片剂的包衣厚度趋于平衡	工艺简单、生产效率高。但对片剂的硬度要求较高，容易出现喷头堵塞、包衣液黏锅等情况，短时间喷洒可能导致花斑、色泽不均，如果片芯未完全干燥则可能导致脱壳等问题
悬浮包衣	利用流化床原理为被包衣的制剂提供悬浮动力，利用随机过程原理使包衣液喷洒包衣均匀	生产效率高，适于除片剂以外的轻小粒子单元的包衣，一般小颗粒则容易粘连，大颗粒运动困难，根据实际情况可选择顶喷、低喷、侧喷三种方式
压制包衣	在压应力作用下，使得干颗粒在制剂单元表面黏合聚集，在固体桥的作用及粒子间的静电力、磁力、范德瓦耳斯力等短程力作用下形成包衣膜	该技术的成膜均匀性好，能精确控制每个制剂单元。但颗粒粒径不均匀可能导致包衣颗粒过粗、过细或粒径分布较宽；压力过大可能导致片子过硬；此外可能出现颗粒吸湿、空心片等现象

2. 包衣技术　包衣是药剂学中最常用的制剂技术，涉及物理化学、化学工程学、液体力学、高分子材料学等学科。包衣多应用于固体形态制剂，具有防潮、避光、隔绝空气以增加药物稳定性作用；能掩盖不良嗅味，改善外观，便于识别；控制药物释放部位，如在胃液中易被破坏；控制药物扩散、释放速度；克服配伍禁忌等。

（1）滚转包衣：将片芯放入包衣锅中，转动包衣锅的同时，喷入适宜的包衣辅料，通过片剂的随机运动均匀形成包衣的一种操作方法。现代化包衣设备种类较多，有普通包衣机、Freund式包衣锅、埋管式喷雾包衣锅、高效包衣机等。

（2）悬浮包衣：利用急速上升的气流将物料悬浮在包衣锅内，使之呈沸腾状态，同时将包衣液喷入，热空气流使表面包衣液快速干燥，该法又称流化床包衣法。悬浮包衣的关键步骤为物料悬浮、包衣液喷入、溶剂蒸发形成包衣膜。常用的悬浮包衣设备有制粒包衣机、离心包衣机等。

（3）压制包衣：将包衣材料制备成干颗粒，利用干压包衣机将包衣材料颗粒压于片芯外层而形成包衣膜的一种操作方法。压制包衣的设备主要由压片机与包衣机联合构成，技术要点在于控制粉末填充、压片参数及物料的传递。

二、液体制剂技术

液体类中药制剂主要包括合剂、糖浆剂、酊剂等浸出制剂和其他液体剂型。在液体类制剂的成型过程中，药物的分散是核心步骤。针对不同类型的药物，可以选择不同的方式将药物以溶解、胶溶、混悬和乳化等形式分散于液体分散介质中。因此，本节主要围绕溶解、混悬、乳化相关的工艺技术进行介绍。

（一）溶解技术

广义上，超过两种以上物质混合而成为分子状态的均匀相的过程称为溶解。而狭义的溶解是指一种液体对于固体/液体/气体产生物理或化学反应使其成为分子状态的均匀相的过程。在制剂产业化过程中，溶解速率是影响生产的限速步骤，因此，提高中药组分的溶解速率十分必要[6]。

1. **溶解性的影响因素** 影响中药固态物料溶解的因素有粒径、比表面积、温度、溶出介质种类，中药固态物料的干燥工艺等。一般情况下粒径越小，比表面积越大，温度越高，溶解速率越大。

2. **溶解加速方法及原理** 为了减少疏水性较强的颗粒状或粉末状药物在溶出介质中结块，可加入润湿剂以改善固体粒子的分散度，稳定溶出界面而有利于提高溶出速度。提高溶解速率的方法有搅拌法、加热法、超声法、冻干法等，各方法原理及特点如表8.10所示。

表 8.10 提高溶解性的技术原理及特点

速溶技术	原理	特点及适用范围
搅拌法	采用机械搅拌的方式可加快分子的运动，有利于分子的扩散从而加快溶解过程	生产设备简单，操作方便，耗能小，在选择适宜溶剂的前提下，该方法溶解效率高
加热法	当药物受热后，分子布朗运动加快，向溶剂扩散的速率增加使药物溶解过程加快	加热在一定程度上可提高溶解度，可利用夹层蒸气加热法，使加热速率变快。但温度过高可能会引起有效成分破坏，当降温时，由于溶解度降低可能使成分结晶析出
超声法	超声加快溶解速度的原理主要是"空化效应"，即在溶液中形成大量小气泡后破裂，形成强大的冲击波，产生局部高温和高压，并使溶液湍流加速，降低了扩散层的厚度	超声波能够引起溶剂的机械振动，使药物粒径减小，比表面积增加，溶解速度随之加快。但该方法噪声大，工业化生产尚未广泛应用
冻干法	预先进行降温冻结成固体，在真空的条件下使水蒸气直接升华而被干燥	干燥后的物质疏松多孔，呈海绵状，加水后溶解迅速而完全，复溶效果好。反复预冻升华法适用于共熔点较低或结构复杂、黏稠的产品，如多糖或中药提取物等难以干燥的产品
添加表面活性剂	表面活性剂在水溶液中达到临界胶束浓度后，一些水不溶性或微溶性药物在胶束溶液中的溶解度可显著增加并形成透明胶束	适合一些挥发油、脂溶性维生素、甾体类激素等难溶性药物成分
制成盐型	有机弱酸、弱碱药物制成可溶性盐可提高其溶解度	难溶性药物分子中引入亲水基团也可增加其在水中的溶解度。如维生素K_3不溶于水，分子中引入—SO_3HNa则形成维生素K_3亚硫酸氢钠，可制成以水为溶媒的注射剂

（二）混悬技术

混悬是在机械搅拌和助悬剂的作用下，不溶性药物以微粒状态分散在液体分散介质中形成非均相分散体系的一种技术。

1. **混悬原理** 依靠助悬剂的增稠、润湿、絮凝或反絮凝的作用，使药物在液体介质中呈稳定的混悬分散状态。

2. **混悬方法** 主要有分散法和凝聚法。分散法是将大颗粒药物粉碎成符合粒度要求的细粒子，再分散于分散介质中制成混悬剂，该方法属于自上而下法；凝聚法主要通过物理凝聚或化学凝聚的方法，将溶液中呈分子和离子分散状态的药物聚集形成细小颗粒的方法，该方法属于自下而上法。一般情况下，对于亲水性药物需分批加入溶液，首先将药物粉碎至一定细度后，加入少量液体研磨至适宜的分散程度，再加入剩余的液体，形成混悬液。疏水性药物制备混悬剂时，药物细粉遇水后不能快速被润湿而难以分散均匀，此时需加入一定量的润湿剂，与药物研匀，再加液体混匀制成混悬剂。

3. 混悬设备 少量制备混悬液可使用乳钵，大量生产多用乳匀机、胶体磨等机械设备。胶体磨属于混合、分散机械，它的作用是把较粗大的固体粒子或液滴分散、细化以便于形成微粒分散体系，该设备还可用于制备胶体剂、乳浊剂等剂型。胶体磨是由电动机通过皮带传动带动转齿（转子）与相配的定齿（定子）做相对的高速旋转，被加工的中药物料在自身重力或外部压力的作用向下螺旋冲击，通过定齿、转齿之间可调节的间隙时，受到强大的剪切力、摩擦力作用而被有效地乳化、分散、均质和粉碎，达到物料超细粉碎及乳化的效果。

（三）乳化技术

乳化技术是指药物以细小的液滴状态均匀地分散在另一相液体中形成的非均相分散体系的一种技术。在中药乳液制剂制备过程中，乳化剂的作用不可忽视。

1. 乳化原理 溶解药物的溶剂与互补相容溶剂混合后，在乳化剂的作用下可降低两种相态液体的界面张力，当给予一定能量后容易形成乳滴，药物则被乳化均匀、稳定地分散于液体中。

2. 乳化方法 乳化时通常需要添加乳化剂，常用的乳化剂有表面活性剂、天然或合成乳化剂、固体粉末。有些中药成分具有天然的乳化剂作用，如中药皂苷类成分等，可充分利用以便减少辅料用量。常用的乳化剂有表面活性剂、天然或合成乳化剂及不溶性固体粉末等。

表面活性剂是一类亲水性和亲油性相对平衡的不对称化合物。表面活性剂的乳化能力较强，且性质较稳定，易形成单分子乳化膜，混合使用效果更佳。表面活性剂可分为阴离子型如硬脂酸、十二烷基硫酸钠等；阳离子型如季铵化合物等；两性型如卵磷脂等；非离子型如聚山梨酯类、脂肪酸山梨坦类等。

天然或合成乳化剂种类较多，包括来自植物、动物及纤维素衍生物，如阿拉伯胶、明胶、磷脂、胆固醇、西黄蓍胶等。该类乳化剂的特点为分子量大，扩散到界面较慢，因此需先制备含高浓度乳化剂的初乳，再用分散介质稀释。

不溶性的固体粉末可用作水油两相的乳化剂。由于这类固体粉末能分别被油水两相润湿到一定程度，因而聚集在两相间形成膜，防止液滴彼此接触合并，且不受电解质的影响。亲水型固体粉末乳化剂有氢氧化镁、氢氧化铝、二氧化硅、硅藻土、白陶土等，乳化时可形成 O/W 型乳化剂；而亲油性固体粉末乳化剂氢氧化钙、氢氧化锌、硬脂酸镁、炭黑等则可形成 W/O 型乳化剂。

3. 乳化设备 制备乳化剂的乳化设备主要有搅拌设备、乳匀机、胶体磨、真空均质乳化机及超声波乳化装置等。大量制备可用搅拌机，分为低速搅拌乳化装置和高速搅拌乳化装置。

乳匀机借强大推动力将两相液体通过乳匀机的细孔而形成乳化剂，制备时可先用其他方法初步乳化，再用乳匀机乳化，效果较好。

胶体磨利用高速旋转的转齿和定齿之间的缝隙产生强大剪切力使液体乳化，对要求不高的乳化剂可用本法制备。

真空均质乳化机可将大颗粒物质粉碎，防止分散相粒径过大导致乳状物不稳定，同时真空效应可避免搅拌带入空气，防止产品产生气泡化、细菌污染、氧化及外观不光滑等问题，该设备适用于高黏性乳化物，如膏霜、软膏等产品。

超声波乳化装置则利用 10~50 kHz 高频振动来制备乳化剂，利用超声波在溶液中高频振动搅拌实现均质化。可制备 O/W 型和 W/O 型乳化剂，但黏度大的乳化剂不宜用本法制备。

三、中药包装技术

中药包装技术系指选用适宜的材料和容器，利用一定技术对中药制剂产品进行分、灌、封、装、贴签等加工过程的总称。中药制剂的包装技术可以理解为中药产品所用的物料、容器及辅助物，即产品所用的包装的生产技术；也可理解为包装中药产品时的操作过程及包装方法等，包装是中药产品生产的最后一道工序。一种中药产品从原料、中间体、成品、制剂、包装到使用过程中，中药制剂包装具有防止中药产品损坏、标示、便于携带和使用等作用。

根据包装结构的不同可分为内包装和外包装，内包装直接与药品接触，而外包装又细分为中包装和大包装，一个或十几个单位集中于一个中包装，将中包装装入箱、袋、桶内组成大包装。由于中药剂型十分丰富，根据包装技术可分为泡罩包装、袋类包装、瓶类包装、气雾包装等。

（一）泡罩包装技术

泡罩包装是将产品封合在透明塑料薄片形成的泡罩与底板（用纸板、塑料薄膜或薄片，铝箔或复合材料制成）之间的一种包装方法。泡罩包装最初主要用于片剂、胶囊剂等药品包装，而后广泛应用于食品、化妆品等，该类包装保护性好，透明直观，方便使用，质量轻便。

1. *泡罩包装原理*　将塑料膜加热软化，在成型模具上利用真空或正压将其（吹）塑成与待装药物外形相近的形状及尺寸的凹泡，再将中药产品单元置于凹泡中，以铝箔等材料覆盖后挤压黏接成一体。

2. *泡罩包装工艺*　将聚氯乙烯（PVC）等薄膜装材料加热处理软化后，在气体吹入及压力下呈一定形状的凹槽（泡罩），泡罩内装入中药产品单元，再用铝箔热压处理封口，可用于片剂、胶囊剂、丸剂等固体制剂的包装。根据药物的常用剂量，将已包装成型好的产品（多为长方形）切割成片，完成泡罩包装的过程。

3. *泡罩包装设备*　薄膜输送泡罩包装机是一种多功能包装机，各个包装工序分别在不同的工位上进行。包装机上设置有若干个薄膜输送机构，其作用是输送薄膜并使其通过各工位来完成泡罩包装工艺。各种国产泡罩包装机采用的输送机构有槽轮机构、凸轮摇杆机构、凸轮分度机构、棘轮机构等，可根据输送位置的准确度、加速度曲线和包装材料的适应性进行选择。采用辐射加热和传导加热，在泡罩包装机上需要完成薄膜输送、加热、凹泡成型、加料、印刷、打批号、密封、压痕、冲裁等工艺过程。

（二）袋类包装技术

袋类包装技术是将中药制剂产品充填于袋形容器中，最后封口、裁切的技术。袋类包装一般适于颗粒剂、膏剂等呈流动状态的粉体或半固体及液体的中药产品的包装。

1. *袋类包装原理*　将薄膜材料置于成袋模具中被折叠成一定形状，如双层结构、圆筒状等，同步进行纵封合，填充中药产品后，对袋进行横封口、整边切断。

2. **袋类包装工艺** 主要工艺流程包括制袋，通过引进包材，成型，纵封呈袋式容器；中药填充于袋中；横封口与整边切断；最后检测计数。袋类包装技术可结合真空技术，使袋内呈真空状态，提高中药产品的稳定性，但这种工艺适宜固态类的中药产品袋类包装。

3. **袋类包装设备** 现代包装设备的基本构造包括成型系统、填充系统、封合系统及辅助系统四大系统，制袋充填包装机可分为立式和卧式两种类型。成型系统具有输送制袋材料，使薄膜材料进入滚轮，薄膜材料在其中被折叠、压制呈袋式；填充系统一般包括加料斗，可添加固态或半固体的中药产品；封合系统则对填充好中药产品的袋进行横切与纵切；辅助系统具有打字、切断等功能。

（三）瓶类包装技术

瓶类包装技术是采用包装瓶对中药产品进行包装的一种方法，包装容器一般指口部比腹部窄小、颈长的容器。包装瓶多数由陶瓷、玻璃、塑料或金属等不容易渗漏的物料制造。根据用途不同可分为口服或外用、注射或眼用包装，瓶类包装不仅适合固体类中药产品包装，同样也适用于液类中药产品。

1. **瓶类包装原理** 利用重力或加压系统，使中药产品从管道流入包装瓶内，通过调节流速、控制时间确定灌装量，瓶类包装一般用于液体中药制剂产品，但也可以用于呈流动状态的粉末、颗粒等剂型的包装。

2. **瓶类包装工艺** 包括容器的准备、产品的填充、封口、质检4个步骤。在工艺过程中应正确选择包装瓶的材质。玻璃材质耐酸性腐蚀，不污染药品，抗拉强度不变形，但易碎不耐碱腐蚀，成型工艺耗能大；塑料材质可塑性好，韧性且强度大，重量轻，耐水耐油，但易老化、变形等，部分可能降解，甚至污染药品。

3. **瓶类包装设备** 一般包括前处理系统、填充系统及封合系统。设备的前处理系统需要对包装瓶进行整理，去除不合格包装瓶，而后在洗瓶设备的作用下对包装瓶进行清洗，分为毛刷式、超声清洗等。填充系统对液体进行灌装，包括旋转式、直线式，机械结构简单，如对安瓿瓶灌装注射液；固体的分装设备可按粉体、颗粒的体积进行计算，有气流式和螺杆式。封口系统的功能主要是在中药产品充填以后，对包装瓶进行封口。安瓿灌封机的封口火焰是封口效果的关键，通常温度需达到1 500 ℃左右；螺杆式分装机适用于具有流动性的固态粉末，不适用于黏性较大、粒度分布不均匀的中药粉末；气流式分装机适用于流动性较差、体积大的固体粉末，对于小剂量粉末不适用。

（四）气雾包装技术

气雾包装技术是指装有阀门的容器，按动阀门开关或挤压软质容器壁，就可以控制流体药物喷射出形成雾状液滴中药产品，气雾包装具有许多其他包装形式无法替代的优点，如自备能量、使用快捷方便、对内容物的良好保护性，因而被广泛应用于医药用品、化妆品等。

1. **气雾包装原理** 气雾包装属于压力容器包装，有利用推进剂喷雾和利用机械泵喷雾两种方式。使用时可迫使内容物按需要形态如雾、射流、粉末、泡沫等形式释放。

2. **气雾包装工艺** 包括压罐法和冷罐法。压罐法一般使用的是金属容器，对容器进行成型及防腐蚀处理，清洗洁净；阀门系统处理，橡胶制品在高浓度乙醇中浸泡

24小时，脱色处理、消毒并干燥，如果是塑料制品需要在高浓度酒精中消毒，不锈钢弹簧用约1%碱水浸泡煮沸，最终还需高浓度乙醇进行消毒；液化抛射剂需经砂棒滤过后，在高压、密封状态下完成灌装。冷罐法首先对药液进行冷却至-20 ℃左右，抛射剂冷却至沸点以下5 ℃，将冷却的药液灌装于容器内，再加入已冷却的抛射剂，立即压紧阀门。

3. 气雾包装设备　气雾剂灌装设备分为手动、半自动和全自动气雾剂灌装设备三种类型，基本结构均包括气压装置、灌药装置、阀门安装设备、轧盖装置及抛射剂罐装装置。气压装置的功能是灌入洁净的空气、氮气等以增加罐内压力。因气雾剂产品内有压力，故将灌装设备分为灌液设备和灌气设备。灌药装置在常温常压下把定量液体灌入气雾罐内，由于雾滴的形成要有一定的压力，所以在充气之前必须封闭气雾罐口，灌气机是把定量的、有一定压力的气体（或液化气体）灌入气雾罐内。

第五节　中药非口服制剂成型技术与产业化

药物非口服途径给药包括经皮给药、雾化吸入、黏膜给药及注射给药等。经皮给药系统通过体表给药以产生局部或全身性作用，一般呈半固体或液体相态，如中药软膏、乳膏、贴膏或涂膜剂等，可直接作用于皮肤的病变部位，在皮肤或皮下组织有较高的血药浓度，可避免因吸收而产生的不良反应。此外，雾化吸入制剂使中药呈气雾状态，可喷涂于皮肤或从鼻腔吸入治疗肺部疾病；黏膜给药则从黏膜毛细血管吸收入血，如用于腔道的栓剂等。

非口服途径给药时，药物吸收不受消化道内pH、食物、转运时间等因素影响；可避免肝脏首过效应；克服因吸收过快、血药浓度过高而引起的不良反应；可持续控制给药速度，具有给药灵活等特点。近年来，非口服中药制剂研究和应用日趋受到重视，已发展了相关的制剂单元成型技术，其人性化的给药方式和临床表现使其呈现广阔的应用前景。

一、中药注射制剂技术

中药注射制剂技术是指从中药饮片中提取的有效物质制成的可供注入人体内的制剂技术，包括提取纯化技术、灭菌技术、除热源技术及冻干技术等。临床现有可供肌内注射、穴位注射、静脉注射和静脉滴注的真溶液、乳状液及混悬液等相态。中药注射剂是传统医药理论与现代生产工艺相结合的产物，突破了中药传统的给药方式，与其他中药剂型相比具有生物利用度高、疗效确切、作用迅速的特点。

目前，影响中药注射制剂产业化的因素主要为安全性，中药注射剂的生产原料、生产工艺及突出安全性的质量监控是影响中药注射剂安全性的关键所在，针对各品种临床存在的问题，通过加强中药注射剂安全性的基础研究，不断规范临床药物配伍及使用，强化相关物质、不溶性微粒、热原、过敏物质等风险性指标控制，确保中药注射剂用药安全。

（一）热原消除技术

热原是注射剂中微生物等产生的能引起恒温动物体温异常升高的物质，具有水溶性、耐热、过滤性、不挥发及酸碱破坏性等特性，一般用家兔法或内毒素法进行检验。热原主要来自生产过程中物料及设备的污染，可能从注射用水等溶媒、原料、用具及容器灭菌不彻底或临床使用时带入，热原严重影响了中药注射剂的疗效和安全，应尽可能去除完全。目前，去除中药注射剂热原的技术主要有离子交换技术、吸附技术、超滤技术等。

1. **离子交换技术**　离子交换树脂可去除中药注射药液或溶媒中的热原，热原大分子中含有带有负电荷的羧酸根与磷酸根等，极易被具有强碱性的阴离子交换树脂吸附，因此，该技术除热原效果较好，成为常用的除热原技术。

2. **吸附技术**　通常采用活性炭进行吸附，该技术需控制温度为45～50 ℃。使用时除需冷藏和不便加热的药液外，一般采用加热煮沸后吸附20～30分钟，降温至45～50 ℃，滤过脱炭。应避免温度下降或在放置过程中发生脱吸附作用，因此吸附时间尽可能短。活性炭的常用剂量为0.1%～0.5%，其用量可随原料的质量、品种而定，加入活性炭的量应适宜，过少则对杂质、热原等不能完全吸附，过多则可能污染药液。该技术的优势在于成本较低，易操作，但可能会引起有效成分大分子被吸附，导致物质基础变化。

3. **超滤技术**　超滤是一种以压力为驱动力，根据相对分子质量的不同来进行分离的膜过滤技术。该法是近年来发展起来的一种除热原的新技术。生产过程中应选择适宜的超滤膜、温度与浓度及操作压力等工艺参数，以获得较好的效果。超滤膜的孔直径一般为2～250 nm，可以分离相对分子质量在几百至几十万间的物质。超滤技术主要通过筛分拦截、嵌入拦截、扩散拦截和吸附拦截四种方式去除中药注射液中的热原。超滤技术应用于中药注射液的制备，在先进性、适用性、生产性、经济性等方面具有一定优势。

（二）灭菌/无菌技术

灭菌操作为影响中药注射剂质量的关键操作单元之一，直接影响中药注射剂的安全性、有效性及质量稳定性。根据灭菌的原理不同可分为物理灭菌技术和化学灭菌技术。

1. **物理灭菌技术**　利用温度、压力、辐射等方式消灭注射剂中细菌的方法。在物理灭菌法中，热力是一种应用最早、使用最广泛、效果最可靠的方法。

湿热灭菌是目前应用最广泛的灭菌方法之一。根据温度和压力的不同，湿热灭菌又分为流通蒸汽灭菌、高压蒸汽灭菌、低温间歇灭菌、高温瞬时灭菌等。湿热灭菌时蒸汽的比热大，穿透力强，因而具有灭菌效果可靠、设备简单、成本低等优势，但相当多的中药成分对热敏感，易被高温破坏。

干热灭菌是利用电热恒温箱或适宜的加热装置，升温至合适的温度和规定时间后，达到杀灭微生物的目的。其灭菌原理是通过高温脱水干燥使蛋白质氧化、变性、碳化和电解质浓缩中毒，使微生物死亡。干热灭菌温度高、时间长，容易造成挥发性成分的逸散，含挥发油成分、糖类或油脂成分比例高的药材细粉不适用干热灭菌法。

2. **化学灭菌技术**　化学灭菌是用化学物质直接作用于微生物，使之灭活的一种技术。常用的化学物质有乙醇和臭氧。

乙醇蒸气灭菌法是采用75%乙醇拌样，再通入高体积分数（95%）乙醇蒸气，同时保持较低的灭菌温度，约65 ℃，抽至真空度约为-0.08 MPa，最后自然降温约8小时，该灭菌技术通常需要多次重复才可达到较好的灭菌效果。乙醇杀菌机制在于，将乙醇渗透到微生物繁殖体的细胞内，使蛋白质变性而杀灭繁殖体，但对休眠期的微生物芽孢效果不理想，因此，乙醇通常只能作为消毒剂而不宜用于杀菌。

臭氧的灭菌机制类似于生物化学氧化反应，是以氧化作用破坏微生物膜的结构以实现杀菌。臭氧杀灭病毒是通过氧化作用直接破坏其 RNA 或 DNA 物质而完成。该灭菌方法效果稳定，明显优于干热灭菌法，具有对药粉中化学成分的影响较小、无辐照污染、灭菌周期短、操作简便等优点。

3. 新型灭菌技术　包括高压脉冲电场灭菌法、低温等离子体灭菌法、常温瞬时超高压灭菌法等，这些技术逐渐被广泛研究和应用。目前，国外竞相研究冷灭菌技术，希望能开发出一种新型高效节能灭菌技术。此外，还有利用射线、过滤等技术进行物理灭菌，如高频的 γ 射线或低频的微波、红外线等进行灭菌，也呈现较好的灭菌效果。

（三）冻干粉针技术

冻干粉针技术是制备中药注射剂的重要技术之一，注射液在经过预冷和冷冻后，在真空低温条件下通过升华而干燥，制备得到冻干粉，该技术制备的固态注射粉针松散多孔，具有优良的复溶性。

冻干粉针技术具有诸多优势，但生产工艺成本较高。干燥过程在低温下进行，特别适用于热敏感物料。在低温干燥过程中，中药注射剂产品中几乎没有挥发成分损失；微生物的生长和活性酶的作用不能继续进行，提高了干粉的稳定性；干燥后的物料疏松，多孔且呈海绵状，加水后，其迅速完全溶化并立即恢复其原始性质。

二、中药微针成型技术

微针是经皮给药系统的一种给药方式，用微针穿透皮肤表面的角质层，进而刺入皮肤一定的深度，穿刺的过程形成了一个微小的孔道，将药物通过此孔道输送至体内循环。该方法既可以促进药物在特定部位的蓄积，也可以促进药物经皮肤的渗透。微针的长度为 0.6 mm，针底座直径为 0.3 mm，针间距为 1.0 mm。微针技术是结合了注射和透皮优点的一种物理透皮给药技术，给药过程无痛、微创，用于保护皮肤、治疗各种皮肤疾病或治疗某些系统性疾病。

（一）微针成型原理

用微电子机械工艺技术（MEMS）制作呈针状微米级复杂而精细的结构，制作微针的材料多为硅、金属、聚合物，并可根据治疗的需求和位置的不同而个体化制作大小、长度和形状[7]（表 8.11）。

表 8.11　各种微针成型技术原理及特点

微针成型技术	原理	特点
微注塑成型	将聚合物浇铸到微针模板上，待干燥固化后，从模板剥离而成型	单个模板可大量复制重复使用，但操作步骤多，耗时长，可能导致封装的药物活性下降
液滴喷射吹气	将药液阵列滴在两块水平放置的基板之间，依靠微药液的表面张力拉伸形成对称的圆锥形，用喷射气流干燥固化	同时制备 2 块微针基板，所需要的药液黏性较大，成型条件温和，成型速率快，适用于蛋白、抗体、基因等生物制剂
绘图光刻技术	药液平铺于基板，待部分固化后，用阵列微圆柱与药液接触后再拉伸为细长圆锥形	该技术的关键在于药液的黏度，微针的长度依赖于与药液流体的相互作用

（二）中药微针特点

根据微针的结构可将其分为空心微针和实心微针，实心微针又可分为包衣微针、自溶性微针和水凝胶微针等[7]。

1. 空心微针　是指一组尺寸与固态微针相似、在针的中央轴线上有微小孔洞的一类微针，具有微注射功能。该类型的微针具有给药量精确、速度可调节的优点，其强度足以刺入皮肤，药液流入体内的速度可通过微针刺入皮肤的深度决定。由于微针针孔极小，易被皮肤组织堵塞，易断裂滞留皮内，若针壁角成型不佳，药液在注射时可能溢出皮外，上述情况在一定程度上制约了中药空心微针的推广使用。

2. 实心微针

（1）包衣微针：是指将药物包裹于针体表面的一种微针。由于针体与药物表面张力的作用，微针的载药量较小，一般小于 1 mg，同时，包裹药物后会影响针体锐度而导致针体不能顺利刺入皮肤，以上缺陷限制了包衣微针的发展。有研究表明，通过调整药液黏度可改变针体表面药液的厚度，如使用润湿剂、表面活性剂预处理微针针体表面后可能提高针体的载药量。

（2）自溶性微针：是指由实心微针的后基底部与其前端的可溶性针状结构结合而成的一类微针。此类微针的基质在插入皮肤后可被溶解，具有良好的生物相容性。微针的阵列一般由碳水化合物或合成聚合物构成，用于装载胰岛素、肝素、卵清蛋白、抗原及前体等物质。由自溶性微针的构造及基质特点可知，该类型的微针为一次性使用，可避免感染性疾病的传播。可溶部分所装载的药物不用经皮而被动吸收，持续时间优于传统皮下注射法。此外，微针的基底部可被回收利用制备实心微针。

（3）水凝胶微针：由溶胀材料和药物储集层组成。水凝胶微针阵列中的药物储集层和溶胀材料通过吸收组织液后发生膨胀而释放药物。水凝胶微针有两种装载药物的方式，一种是微针基底部载有药物，针体刺入皮肤后水凝胶吸收组织液发生膨胀，形成凝胶通道，基底部的药物则通过凝胶通道顺利进入人体，水凝胶的交联密度决定药物的渗透速率；另一种是水凝胶微针基底部及针体均由药物与聚合物混合制备，药物释放过程与第一种相同。水凝胶微针制备时其材料不存在降解物残留问题，因此可规模化生产。

三、中药雾化成型技术

药用气雾剂系指原料药或原料药和附加剂与适宜的抛射剂共同封装于具有特制阀门系统的耐压容器中，使用时借助抛射剂或机械能提供的压力将内容物呈雾状物喷出。中药通过呼吸道进行雾化给药，药液的微液滴能直接、均匀地分布于局部呼吸道黏膜，减少了挥发油类有效成分的损失，避免了肝脏的首过效应。近年来，中药雾化已广泛用于呼吸系统疾病、循环系统疾病、神经系统疾病、肿瘤的治疗[8]。

（一）中药雾化原理

各种雾化技术的成型原理及特点见表 8.12。

表 8.12　各种雾化技术的成型原理及特点

雾化成型技术	原理	特点
射流雾化	依据文丘里效应，当流体高速通过狭小空隙时，在喷嘴处产生负压，储液瓶内药液卷入气流，被高速气流分散成雾滴	雾化速率慢、雾滴粒径小，易在肺泡和较小的气道沉积，不受温度的影响
超声雾化	通过晶片耦合产生高频振荡，并产生高频的超声波，药液接收超声波的能量及高频率振动后被雾化成微液滴	雾化器体积较小，操作、携带便捷，雾化速度快，产生的雾滴大，患者接受治疗的时间少
振动筛雾化	通过带有 2~3 μm 的筛网，用超声等方法使筛板振动，使药液挤压通过筛孔而产生气溶胶	雾化器体积小，方便携带，雾化药液残留低，适用于生物大分子等稳定性差的中药有效成分

（二）气雾制剂工艺

气雾剂的关键工艺环节是中药物料的配制。可根据中药的理化性质添加适宜的辅料，如乙醇作为潜溶剂、吐温-80 作为增溶剂和乳化剂，以及加入适量抛射剂等制成溶液、混悬液、乳浊液等不同类型的分散相态。

1. 抛射剂的选择　抛射剂的选择对气雾剂产品的质量和安全性至关重要，抛射剂的种类主要有氯氟烃类、氢氟烃类、碳氢化合物类、含氧化合物类等。目前，氟烃类由于对环境产生污染而被限制使用。丙烷、丁烷、异丁烷等碳氢化合物类抛射剂性质稳定、毒性低、来源广泛、价格低廉，关键是溶解性较好，普遍用于非吸入气雾剂。含氧化合物类抛射剂主要指醚类，最早始于 20 世纪 70 年代，所提供的压力适中，对极性物质和非极性物质均有较好的溶解性，且低毒。抛射剂的存在可能使药物的粒度、晶型发生变化，含量应严格控制。

2. 稳定剂的作用　影响气雾剂物理稳定性的是其中各成分即药物微粉、表面活性剂、助悬剂及抛射剂之间的比例。助悬剂用量应使待灌装料液及灌装后的药物微粉保持较好的悬浮状态，但又要避免用量过多导致料液过于黏稠而影响罐装及气雾剂喷射效果。料液与抛射剂在总量一定的情况下有最佳比例，料液过少则减少了每瓶含药量，如果料液过多则出现喷出不完全等情况。内压直接与抛射剂加入量相关，应控制抛射剂的用量，原则上一般要求 25 ℃时小于 0.8 MPa，50 ℃时小于 1.0 MPa。

第六节　中药高端制剂成型技术与规模化

新剂型、新技术、新辅料的发展推动了中药剂型的快速发展。研究开发成分明确、质量可控、疗效确切的中药高端制剂成为中药剂型发展的重要方向。新型制剂技术的发展，如薄膜包衣、环糊精包合、固体分散、原位凝胶、纳米囊泡、pH 梯度释药、微囊化、微球化、微乳化、脂质体、缓控释、经皮给药及靶向给药等，这些技术和设备有的处于研究阶段，有的已实现产业化。辅料对制剂的成型有着非常重要的意义，一些新辅料如纤维素衍生物、淀粉衍生物、合成或半合成油脂、磷脂、合成表面活性剂、乙烯聚合物、丙烯酸聚合物、可生物降解聚合物的应用，为中药缓释、控释、靶向制剂等各种给药系统的研究提供了必备的物质基础，与此同时出现了许多新的制剂成型技术。

中药高端制剂单元要求实现缓控释、靶向等功能,对制剂单元的设计及成型技术有着较高的要求。传统剂型中,丸剂可实现一定的缓控释效果;同时,包衣技术在一定程度上能使某些固体制剂具有一定程度的定位作用,如肠溶片;而组织、细胞靶向,甚至细胞器的靶向制剂需要制剂单元具有更加精细的设计。现代发展的中药共晶技术、微流控技术、3D打印技术[9]、载体成型技术等为中药缓控释及靶向给药系统的成型提供了一定的技术支撑,但目前尚无法满足规模化生产要求。

一、共晶成型技术

2018年FDA颁布的《工业指南:药物共晶的监管分类》中将共晶定义为,共晶是在同一晶格内由两个或多个不同分子组成的结晶材料。中药组分的共晶是指不同的中药组分间或组分内各活性成分,通过氢键或者其他非共价键链接形成的一种具有不同理化性质的晶体物质。中药组分的共晶技术的出现可为解决中药成分难溶性问题提供策略,可在不改变药物活性成分的基础上,使药物的溶解度和溶出速率得到改善,从而提高药物的生物利用度,中药组分之间协同增强疗效[10]。

(一)组分的共晶原理

组分的活性成分与共晶配体在低温等理化条件下,通过非离子键相互作用形成共晶体。一般情况下,如果组分与配体的结合的平衡常数 $\Delta pKa \geq 1$,将有大量的质子转移,此时离子化和成盐的可能性大于共晶,如果 $\Delta pKa<1$,将只有少量的质子转移,可形成共晶。

(二)常见的共晶组分

1. **多酚类组分共晶** 天然多酚类化合物具有多种多样的生理活性,如抗氧化、抗感染、抗肿瘤等,但大部分多酚类化合物溶解性差、口服生物利用度不高。姜黄素是一种广泛存在于姜科植物姜黄根茎中的一类典型的多酚类物质,具有多种生物活性,多酚类难溶性成分形成共晶后可提高生物利用度。姜黄素难溶于水,在中性和碱性环境中易水解而导致口服姜黄素后生物利用度低,对姜黄素与间苯二酚和邻苯三酚形成的共晶进行研究发现,与姜黄素晶型Ⅰ相比,这两种共晶在30 ℃、40%乙醇水溶液中的固有溶出速率较晶型Ⅰ快5倍以上。

2. **黄酮类化合物共晶** 黄酮类化合物因具有保护心血管、抗氧化、抗炎、保肝及抗肿瘤等作用,已经成为国内外天然药物研究和开发的热点,但临床研究发现,多数黄酮类化合物因其水溶性差而导致口服给药后生物利用度低,进而影响了临床疗效的发挥。有共晶存在的黄酮类化合物及部分共晶的理化性质和体内药动学、药效学性质,可为药物共晶在黄酮类化合物深入研究和应用提供借鉴及参考。

目前,国内外已有许多对黄酮共晶的研究,但寻找更多有潜力的共晶配体已成为黄酮共晶研究中重要的环节。但目前对药物共晶的研究大都停留在共晶配体和制备方法的筛选、固态性质的表征及体内外性质等基础研究方面。随着对药物共晶理论的深入和技术的发展,未来将会有更多的难溶性中药有效成分被制备成药物共晶,在中药制剂领域具有广阔的产业化应用前景。

3. **生物碱类组分共晶** 生物碱类化合物是广泛存在于自然界中的一类天然有机化合物,绝大多数生物碱类药物存在于茄科、豆科等高等植物中,具有抗肿瘤、抗炎、抗病毒等药理活性。一般可根据化合物的分子结构将生物碱类化合物分为有机胺类、吡啶类、异喹啉类、吲哚类、嘌呤类等，不同种类的药物有不同的药理活性和临床应用。

改善生物碱难溶性的方法之一是成盐，但难溶性生物碱类药物与盐酸成盐后，会被肠液胃液中的 Cl⁻ 抑制解离而降低药物的溶解度，从而限制了生物碱类药物的临床应用。为解决这一问题，药学研究者在难溶性生物碱类药物研究中引入了药物共晶技术。研究显示，常见能形成共晶的生物碱类化合物结构有黄嘌呤类的茶碱、咖啡因、可可碱，喹啉类的四氢帕马丁、小檗碱，吡啶类的烟碱、苦参碱等。

目前，国内外有很多关于难溶性天然药物共晶的研究，主要集中在共晶配体的筛选、共晶制备技术、理化特性的表征等方面，因此，如何将共晶引入到药物制剂中并实现产业化，制备出纯度高、物理稳定性好的药物共晶制剂将是未来药学领域研究的热点和难点。

二、微流控技术

微流控（microfluidics）指使用微管道（10~100 μm）处理或操纵微小流体的系统所涉及的科学和技术，是一门涉及化学、流体物理、微电子、新材料、生物学和生物医学工程的新兴交叉学科。利用微流控技术可精密控制微管中流体的混合、各种微纳米尺度粒子的组合，如脂质体、聚合物纳米粒子等。

（一）微流控技术原理

微流控技术的原理是将不同微通道中液体混合，在气压或电磁场等动力下混合流动，同时合成需要空间构造的微纳米粒子。该技术的应用关键在于流体特性的控制、微流控的通道结构设计。

（二）微流控技术工艺

1. **微流控流体控制** 由于微流控通道的尺度为微纳米级，流体在该尺度下表现出与宏观状态显著不同的性质，在一定程度上表现为阻力增大、湍流等现象，导致来自不同微管道中的流体混合时会影响中药制剂的稳定性。由于微通道中流体阻力较大，导致流体不易混合，而对于相溶的液体，在层流状态也不易扩散。通常情况下，微流控管道中流体可能形成环形流动、分层流动、液滴流等，而流体行为是药物成分合成脂质体、乳化粒子等空间构造粒子的关键，需要精确控制[11]。

衡量流体物理特性的重要参数有雷诺数（Reynolds，Re）、佩克莱数（Peclet number）等。雷诺数用于衡量流体的黏性和惯性力的相对大小，一般情况下 $Re > 2\,000$ 时流体表现出明显的惯性力，导致流体呈湍流状态，而 $Re < 100$ 时表现为层流，此时流体动力学特性具有可预测性。佩克莱数是表征流体中微纳米粒子或分子的扩散能力的参数，该参数较大时的随机扩散速率不容忽视，应加以控制。

2. **微流控通道设计** 在流体性质一定时，微通道的尺寸、形状及壁面结构等对中药组分制剂成型非常重要。微流控通道主要由入口、主通道、辅助通道及出口组成，主通道的功能为流体的发生、混合、分离和反应。辅助通道根据形状不同可分为 Y 形、T 形及扇形，从辅助通道向主通道通入流体进行物理或化学合成，最终从出口流出。为增强流体的进一步混合及合成效果，可将通道设计为三维结构，以增强流体的涡旋搅拌作用，更有利于提高流体的混合效率。

将各种通道组合为整体则构成一张微流控芯片，该技术可精确地控制中药组分纳米粒子的粒径、空间构造，为中药高端递释系统设计提供坚实的基础。然而，微流控技术目前还处于实验阶段，随着研究的不断深入，该技术的应用范围将不断扩大并实现产业化应用。

三、3D 打印技术

早在 1986 年推出第一台 3D 打印机，随后实现了商业化，该打印机使用紫外线（UV）激光源对光敏液体聚合物进行光聚合，至 2016 年，市场上已经有了约十余种不同的 3D 打印技术，并且还在不断发展之中。目前，该技术已在许多领域得到应用，如汽车、消费电子和医疗保健行业等。

（一）3D 打印技术原理

3D 打印是一种以数字模型文件为基础，输入硬件系统使可塑性材料通过逐层打印的方式来构造物体的快速成型技术。3D 打印技术的关键在于打印材料的性质，在可用材料、速度、准确性和精度方面的进步促使 3D 打印技术在中药制剂领域蓬勃发展，在快速成型技术、控制释药动力学及个性化功能制剂方面有着独特的优势[12]。

（二）3D 打印技术应用

1. 快速成型及配方优化　与传统制造相比，运用 3D 打印技术制造口服固体制剂的最大优势是能够快速成型和快速优化不同参数。利用该技术已实现了不同释放特征片剂的生产，通过改变片剂形状、片剂填充密度或基质等，实现立即或持续或延迟释放。3D 打印机还可实现皮肤贴剂、心脏支架、体内植入、直肠给药等递释特性。其还具有在 CAD 软件中简单修改即可制造和改变复杂形状的能力，以及快速更改配方的灵活性，被证明是产品开发和优化的优势。该成型技术在个体化药品中尤其重要，可能需要小剂量的特定剂量或配方，生产线的周转可能短。

2. 控制释药动力学　提高口服药物生物利用度的有效途径之一是增加药物在胃内的停留时间，从而提高药物的吸收。两种最常见的方法是生物黏胶系统和漂浮系统。传统的生产要么生产步骤冗长，要么涉及多种聚合物，这使得优化工作变得困难和费力。有研究表明，使用 3D 打印机可以较低的成本和简单的方法制备羟丙基纤维素（HPC）片，用于多潘立酮的胃内浮动输送，通过改变打印片剂的填充密度来实现片剂的浮动能力。

利用 3D 打印技术能制备复杂的空心环形状的片剂。空心环状的片剂通过保持药物有效释放表面积与体积比恒定，提供稳定的药物缓释率。此外，通过 3D 打印机制备的基质片剂，在特定位置和方向还能实现材料梯度，如径向的材料梯度，并在片剂的顶部和底部设定一个无药物释放屏障。3D 打印成型技术可以实现各种制剂复杂空间改造设计，但由于打印材料的发展而受限，在未来 3D 打印技术在医药领域的应用范围将更为广泛。

3. 个性化多单元制剂　每个个体的药物疗效或不良反应都有差异，可能归因于药物代谢或吸收谱的个体间差异，因此较为精确的给药剂量各不相同。然而，目前通过传统粉末压缩成型的口服剂型大规模生产并不能应对个性化治疗方案挑战。

随着使用多种药物控制复杂疾病成为一种普遍现象，多单元制剂的使用给患者造成了负担，使顺应性降低。3D打印可设计特定几何形状，并使不同类型的制剂单元装载于不同区域。不同的辅料/聚合物混合物可以合并到片剂的特定区域，以实现定制的药物释放曲线。使用气动挤压的生物打印机，制成多单元药物在单个片剂中的组合。类似地，将一种愈创木酚树脂药物分隔成两种不同的赋形剂混合物，从而使愈创木酚树脂在一粒药片中持续释放。研究提示，3D打印技术个性化多单元制剂中具有广阔的应用前景。

四、载体成型技术

近二十年来，利用载体制备的中药给药系统取得了很大进展，为中药配方设计提供了新的机遇，载体制剂技术促进了中药高端制剂的发展。根据载体的性质及来源不同可分为无机载体与有机载体。

（一）载体制剂成型原理

中药组分或单体成分与各种载体材料在机械力搅拌、加热、超声、酸碱性等理化因素作用下，形成一定空间构造特征的微纳米粒子，从而具有较强的靶向性及缓控释性能。

（二）载体的分类及性能

药物载体种类繁多，根据粒径可分为微球或微囊（1~250 μm）、胶体载药系统（10~1 000 nm），包括胶束、脂质体、纳米粒等，载体有不同的运输途径及过程。理想在载体应具有以下特点：能够携足够量的多种组分；安全地将组分递送至靶点部位并保持有效浓度；当组分到达靶点部位以后，载体能控制活性组分的释放率；药物经外包装后仍具有足够的生物活性；经修饰或未经修饰的载体具有靶向定位能力；生物兼容性好，能及时被降解并被体内清除；抗原性、致热原性小；不易形成血栓；有效期长，便于储存[13]。

1. **无机载体** 目前无机载体的形式多样，通常具有纳米尺度及特殊的表面性质，如氧化铁、二氧化钛、金纳米粒等。它们通常优于传统的药物传递载体，能够克服人体内屏障而达到疾病靶点部位。但由于其毒副作用还未彻底解决，目前无机纳米载体极少运用于临床。选择作为中药的纳米载体通常具有良好的生物相容性、力学性能和稳定性，能够控制和维持药物释放，促进细胞对药物的摄取等优点。在肿瘤递释系统中，可通过增强渗透性和滞留（EPR）效应而促进其被肿瘤摄取。

2. **聚合物载体** 聚合物等载体可以克服组分的水溶性不良等缺点，如纳米胶束由双亲聚合物所形成的疏溶剂性核与溶剂化壳的一种自装结构，完成对药物的增溶及包裹，使用聚乙醇酸（PGA）、聚乳酸（PLA）等可降解的材料使载体具有良好的生物兼容性。纳米胶束不仅可加强组分渗透通过生理屏障的能力，易透过渗漏性血管组织（肿瘤、栓塞等区域），还可使组分逃避单核细胞的吞噬作用而"隐形化"。此外，还有用磷脂制备的脂质体属于微型胶囊型载体；树状大分子为一种具有高度支化的结构、大小可控、无免疫原性等优点的新型载体；用磷脂酰丝氨酸和正离子复合所形成的螺旋体等都是安全可靠的药物载体[14]。

3. **生物载体** 随着制剂技术的发展，逐渐运用生物体中的物质作为天然载体，如纳米尺度的脂蛋白、微米尺度的红细胞或白细胞等，甚至可利用某些病毒外壳、细胞外囊泡等作为载体递送药物。细胞载体是一种独特的药物传递系统，它作为一种天然载体，具有与正常生理相似的功能，能够极大地改善药物动力学性质，起到良好的缓控释及靶向效果。

（陈志鹏　史亚军　邹俊波　肖衍宇　熊志伟　李陈子）

参考文献

[1] 向燕,龙宇,谭裕君,等.新剂型和新技术在中药有效成分经鼻脑靶向给药系统中的应用[J].中成药,2020,42(4):991-995.

[2] YA P. Moving contact line problem: advances and perspectives[J]. Theor Appl Mech Lett, 2014, 4(3): 7-23.

[3] GAO Y, HONG Y, XIAN J, et al. A protocol for the classification of wet mass in extrusion-spheronization[J]. Eur J Pharm Biopharm, 2013, 85(3): 996-1005.

[4] 曾荣贵,蒋且英,廖正根,等.表面包覆改性技术改善中药浸膏粉体流动性及吸湿性研究[J].中国中药杂志,2016,41(12):2245-2249.

[5] LIU X, LI F, YANG Y. "Softness" as the structural origin of plasticity in disordered solids: a quantitative insight from machine learning[J]. Sci China Mater, 2019, 62(2): 154-160.

[6] CONG W, SHEN L, XU D, et al. Solid dispersion tablets of breviscapine with polyvinylpyrrolidone K30 for improved dissolution and bioavailability to commercial breviscapine tablets in beagle dogs[J]. Eur J Drug Metab Pharmacokinet, 2014, 39(3): 203-210.

[7] GAO Y, HOU M, YANG R, et al. PEGDA/PVP microneedles with tailorable matrix constitutions for controllable transdermal drug delivery[J]. Macromol Mater Eng, 2018, 303(12): 1800233.

[8] 张超,胡巍,方芸.雾化吸入羟基喜树碱对小鼠B16黑色素瘤实验性肺转移的影响[J].中国中药杂志,2011,36(5):618-623.

[9] 刘长青,王海霞,李正,等.3D打印技术在中药创新研制与应用方面的研究进展[J].中国实验方剂学杂志,2020,26(3):236-242.

[10] 陈颖翀,周伟成,雷方方,等.基于药物晶型结构改善中药活性成分理化特性与功效的研究进展与思考[J].药学学报,2021,56(8):2059-2069.

[11] 郭希颖,魏巍,王坚成,等.微流控技术在纳米药物输送系统中的应用[J].药学学报,2017,52(10):1515-1523.

[12] LIM S H, KATHURIA H, TAN J J Y, et al. 3D printed drug delivery and testing systems—a passing fad or the future?[J]. Adv Drug Delivery Rev, 2018, 132: 139-168.

[13] TIAN X, WANG P, LI T, et al. Self-assembled natural phytochemicals for synergistically antibacterial application from the enlightenment of traditional Chinese medicine combination[J]. Acta Pharm Sin B, 2020, 10(9): 1784-1795.

[14] MA W, WANG J, TU M. Preparation characterization and antitumor activity in vitro of berberine hydrochloride polymeric micelles[J]. China J Chin Mater Med, 2015, 40(21): 4182-4188.

第九章 中药大健康产品产业技术

第一节 概　述

改革开放以来，我国现代化社会不断发展，人们的生活质量也在持续提高，对健康的需求日益迫切。因此，在国内大力发展大健康产业的背景下，拓展中医药服务领域具有广阔的前景。中医药事业正迎来良好的历史发展机遇，现代化的理论及技术为中医药发展奠定坚实的根柢，也推动了中药大健康产业的形成和发展。中药大健康产业是以中药农业为基础、工业为主体、商业为枢纽、创新理论为动力的新型中医药产业[1]，是将传统中医药产业向外延伸形成的更加广泛的概念，主要包括健康相关的中医药产品和健康相关的服务，其中中医药健康产品主要包括保健食品、化妆品和功能性日用必需品等，而中医养生保健健康服务包括中医健康监测、调理养生、中医护理等医疗保健服务。中药大健康产业是一条中药相关产品研发、生产、流通、销售在内的跨行业、跨区域、跨国界的中药产业链[2-3]，发展中药大健康产业，具有提升就业率、实现中药工业转型升级、推动中医药文化产业发展、提升我国文化软实力等诸多益处。

中药大健康提倡的不仅是"治已病"，更是"治未病"，即从透支健康、对抗疾病的方式转向呵护健康、预防疾病的新健康模式[4]。我国正处于全面建成小康社会决胜阶段的关键时期，人口老龄化进程也随之加快，人民生活工作压力增加和不健康的生活习惯导致亚健康人群增长，人们对健康的需求日益提高，中药大健康产业面向巨大的消费市场。与中药及其提取物相关的化妆品或其他日化产品市场需求增长迅速，相关产品的市场销售额也在不断攀升。我国自实施中医药现代化战略以来，大力发展中医药事业，重点加大对中医药人才的培养，完善人才评价机制，加强中药资源保护利用，完善中药现代化过程中的技术研发和质量控制，为中药大健康产业的发展提供宝贵的人才资源和现代化技术设备。近些年来，党中央对中医药事业和中药大健康产业的发展提供了有力的支持，依次发布了《中医药健康服务发展规划（2015—2020年）》《中药材保护和发展规划（2015—2020年）》等文件。将传统中医药基础理论与健康监测护理等活动相结合，以调理改善慢性病为重点，以治未病为理念核心，探索一种将健康文化、管理和保险融为一体的中医健康保健产业模式。同时，通过不断完善中医药领域相关法律法规，并加大相关部门执法力度，做到严格执法，违法必究，为中医药发展构建合理必需的法律法规体系，为中药大健康产业发展提供法律保障。

当下，我国大健康产业正处于发展初期，人们的健康需求日益增长，需要更多高品质健康产品来填补市场空白。在健康中国战略的持续推进之下，健康产业正在逐渐占据企业产品布局的重要位置。"科学技术是第一生产力"，中药大健康产业的迅速发展也必然离不开科学技术的支持，高质量的产品和先进的生产技术永远是市场的敲门砖。因此，更好地提高中药大健康产品的质量，迫切需要技术的创新。市场中大健康类产品之所以更迭迅速，正是因为这些产品或是产业并未在原有技术基础上进行创新、开发新技术。

中药大健康产业的发展前景广阔，不仅是有政策的扶持，更关键的是大健康产品相关技术的不断提升。随着我国现代化科学水平的提升与技术的创新变革，中药大健康产业在发展中应充分运用现代化先进技术，如将冷冻干燥技术、超临界流体萃取技术、超微粉碎技术、微囊和包合等技术沿用到中药保健食品、中药相关的化妆品、中兽药和饲料的研发及生产中，扩大了中医药市场发展空间的同时，也提高了中药大健康产品的技术含量。本文重点介绍在中药大健康产业背景下，中药保健食品、中兽药、中药饲料、中药类相关的化妆品和其他日化用品的产业技术的原理、发展及应用。

第二节　中药保健食品生产技术

一、中药保健食品简介

（一）中药保健食品的概念

与普通食品一样，保健食品可以提供人类生存所需的基本营养素，并且都具有特定的颜色、香气、风味和性状。不同的是，保健食品含有一定量的功能成分或生理活性物质，可以调节人体功能并具有特定的生理功能[5]。保健食品通常适合特定人群，而普通食品则不适合。中药保健食品是在中医药理论指导下开发的具有特定保健功能的食品，通常有三个特点：具有即食食品和营养食品的特点；具有中医的特点，即具有一定的调节生理作用；必须满足《保健食品管理办法》的要求。与中成药相比，中药保健食品仍是自然食品。尽管它们具有调节人体某些功能的特性，但它们并不是人类治疗疾病所依赖的物质。

自古以来就有"药食同源"的说法。传统的中医理论认为，"治病称为药"，临床治疗不仅是祛邪，更要注意扶正。因此，古往今来的医生更加重视中医药与食物和营养的结合，很难清晰地区分食物与药物的界限。过去的本草中含有大量的现代食品原料。为了进一步明确药品和食品的范围并加强市场监管，国家卫生健康委员会于2012年公布了86种既是食品又是药品的中药品种；2014年国家卫生健康委员会公布新增了人参、山银花、芫荽等15种药食同源的中药材；2018年药食同源品种目录在以往基础上新增了党参、肉苁蓉、铁皮石斛等9种中药材，共计110种（表9.1）。此外，为了更加规范中药材在中药大健康产业的规范、安全使用，卫健委还颁布了相关公告明确指出哪些中药材可以用于保健食品（表9.2）及禁止应用于保健食品的中药材（表9.3），明确了哪些中药材禁止在保健食品中应用，哪些可以作为药物又可以作为食物，不仅有利于规范化中药材在保健食品的应用与发展，而且使人们更加安心、安全地购买服用保健食品。

表9.1 "药食同源"中药材品种

丁香	八角茴香	茴香	刀豆	小茴香
小蓟	山药	山楂	马齿苋	乌梢蛇
乌梅	木瓜	火麻仁	代代花	玉竹
甘草	白芷	白果	白扁豆	白扁豆花
龙眼肉（桂圆）	决明子	百合	肉豆蔻	肉桂
余甘子	佛手	杏仁	沙棘	芡实
花椒	红小豆	阿胶	鸡内金	麦芽
枣	昆布	罗汉果	郁李仁	金银花
姜（生姜、干姜）	鱼腥草	青果	枳子	枸杞子
栀子	砂仁	胖大海	茯苓	香橼
香薷	桃仁	桑叶	桑葚	橘红
桔梗	益智仁	荷叶	莱菔子	莲子
高良姜	淡竹叶	淡豆豉	菊花	菊苣
黄芥子	黄精	紫苏	紫苏子	葛根
黑芝麻	黑胡椒	槐米	槐花	蒲公英
蜂蜜	榧子	酸枣仁	鲜白茅根	鲜芦根
蝮蛇	橘皮	薄荷	薏苡仁	薤白
覆盆子	藿香	人参	山银花	芫荽
玫瑰花	松花粉	粉葛	布渣叶	夏枯草
当归	山柰	西红花	草果	姜黄
荜茇	党参	肉苁蓉	铁皮石斛	西洋参
黄芪	灵芝	天麻	山茱萸	杜仲叶

注：来源于国家卫生健康委员会公布的《关于进一步规范保健食品原料管理的通知》。

表9.2 可用于保健食品的中药材品种

人参	人参叶	人参果	三七	土茯苓	湖北贝母
大蓟	女贞子	山茱萸	川牛膝	川贝母	蒲黄
川芎	马鹿胎	马鹿茸	马鹿骨	丹参	熟大黄
五加皮	五味子	升麻	天门冬	天麻	番泻叶
太子参	巴戟天	木香	木贼	牛蒡子	蛤蚧
牛蒡根	车前子	车前草	北沙参	平贝母	越橘
玄参	生地黄	生何首乌	白及	白术	槐实
白芍	白豆蔻	石决明	石斛	地骨皮	酸角
当归	竹茹	红花	红景天	西洋参	墨旱莲
吴茱萸	怀牛膝	杜仲	杜仲叶	沙苑子	蜂胶
牡丹皮	芦荟	苍术	补骨脂	诃子	蒺藜
赤芍	远志	麦冬	龟甲	佩兰	鳖甲
侧柏叶	制大黄	制何首乌	刺五加	刺玫果	熟地黄
泽兰	泽泻	玫瑰花	玫瑰茄	知母	黄芪
罗布麻	苦丁茶	金荞麦	金樱子	青皮	银杏叶
厚朴花	姜黄	枳壳	枳实	柏子仁	野菊花
珍珠	绞股蓝	葫芦巴	茜草	荜茇	菟丝子
韭菜子	首乌藤	香附	骨碎补	党参	淫羊藿
桑白皮	桑枝	浙贝母	益母草	积雪草	

注：来源于国家卫生健康委员会公布的《关于进一步规范保健食品原料管理的通知》。

表 9.3　保健食品禁用中药品种（毒性或者副作用大的中药品种）

八角莲	八里麻	千金子	土青木香	山莨菪
川乌	广防己	马桑叶	马钱子	六角莲
天仙子	巴豆	水银	长春花	甘遂
生天南星	生半夏	生白附子	生狼毒	白降丹
石蒜	关木通	农吉利	夹竹桃	朱砂
米壳（罂粟壳）	砒石	香加皮	红茴香	红粉
羊角拗	羊踯躅	丽江山慈姑	京大戟	昆明山海棠
河豚	闹羊花	芫菁	鱼藤	洋地黄
红升丹	牵牛子	洋金花	草乌	红豆杉
骆驼蓬	鬼臼	莽草	铁棒槌	铃兰
雪上一枝蒿	黄花夹竹桃	斑蝥	硫黄	雄黄
雷公藤	颠茄	藜芦	蟾酥	

注：来源于国家卫生健康委员会公布的《关于进一步规范保健食品原料管理的通知》。

（二）中药保健食品的分类

在国内，保健食品主要分为功能型保健食品和营养素补充剂两类[6]，2016 年国家食品药品监督管理总局将功能型保健食品的申报功能分为增强免疫力、辅助降血脂等 27 项。营养素补充剂是以补充维生素、矿物质而不以提供能量为目的的产品，其作用是补充膳食供给的不足，预防营养缺乏和降低某些慢性退行性疾病的发生率。随着现代科学技术的发展和应用，中药中一些活性成分如黄酮类、多糖类、皂苷类等作为功能因子被应用于保健食品中。在发展早期，为了迎合消费者调理身体、改善体质的需求，中药保健食品的开发重点在于增强免疫力、辅助降血脂和辅助降血糖等方面。但随着现代社会生活节奏越来越快，工作压力日趋加大，便秘、肥胖、胃肠道不适等发生率逐年攀升，越来越多的企业加大对减肥、通便、保护胃黏膜等中药保健品的开发力度[7]。现今，市场上中药保健食品的类型也日益增多，如表 9.4 所示。

表 9.4　中药保健食品的主要类型

种类	功效	功能因子
增强免疫力类	补中益气、滋阴生津	人参多糖、虫草多糖、当归多糖、黄芪多糖
调节血脂血糖类	活血化瘀、利水渗湿	泽泻醇类、罗汉果皂苷、绞股蓝总皂苷、决明子蒽醌
改善睡眠类	益气养血、安神定志	酸枣仁皂苷、芍药苷、远志皂苷、柏子仁皂苷
改善胃肠功能类	理气健脾、消食化积	甘草酸、白芍总苷、川陈皮素、阿魏酸
美容养颜类	补益气血、清热解毒、芳香化湿	红枣多糖、芦荟多糖、花青素
减肥纤体类	清热解毒、润肠通便、利水渗湿	荷叶苷、槲皮素、茶多酚

（三）中药保健品相关政策和产业发展

《保健食品注册与备案管理办法》自 2016 年 7 月 1 日正式施行，严格定义保健食品是指具有特定保健功能或者以补充维生素、矿物质为目的的食品，即适宜于特定人群食用，具有调节机体功能，不以治疗疾病为目的，并且对人体不产生任何急性、亚急性或者慢性危害的食品。2018年12月20日,《市场监管总局关于进一步加强保健食品生产经营企业电话营销行为管理的公告》中明确规定,保健食品企业不得宣传保健食品具有疾病预防或治疗功能。保健食品标签和说明书必须符合国家有关标准和要求,并标明保健功能和适宜人群、食用方法和服用量、储藏方法、功效成分的名称及含量等有关标准或要求所规定的其他标签内容。此外,保健食品的标签、说明书和广告内容必须真实,符合其产品质量要求,不得有暗示可使疾病痊愈的宣传。

在保健食品的发展历程中,关键在于保健食品生产技术,功效和安全性评价技术的发展。开发保健食品的整个过程可分为5个阶段(图9.1)[8],每个阶段相对而言皆有提升的地方。目前,保健食品种类繁多,其功能性应具备科学依据。但是,由于相关技术的限制,可以证明产品中功能性成分效果的试验数据相对较少,其功能因素和作用机制尚不清楚。随着中国制药产业的发展,药物提取和检测技术的改进及规范、科学评估体系的建立,这些保健食品的成分、功效和安全性已得到科学鉴定和验证。此外,产品的外观、味道和便利性也得到了显著改善。中药保健食品是中药保健产业的重要组成部分,唯有在中医理论的指导下,运用现代技术手段,明确其具有安全性、保健功能性成分的基础上,开发健康的中药保健食品,才能更好地推动中药保健食品产业的发展。

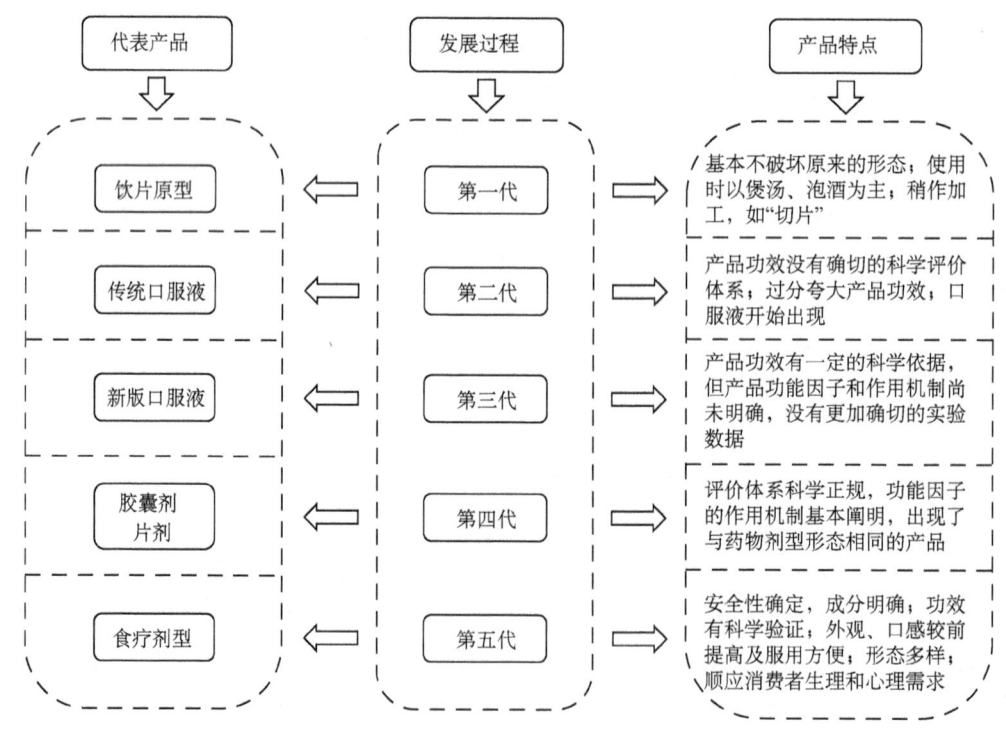

代表产品	发展过程	产品特点
饮片原型	第一代	基本不破坏原来的形态,使用时以煲汤、泡酒为主,稍作加工,如"切片"
传统口服液	第二代	产品功效没有确切的科学评价体系;过分夸大产品功效,口服液开始出现
新版口服液	第三代	产品功效有一定的科学依据,但产品功能因子和作用机制尚未明确,没有更加确切的实验数据
胶囊剂片剂	第四代	评价体系科学正规,功能因子的作用机制基本阐明,出现了与药物剂型形态相同的产品
食疗剂型	第五代	安全性确定,成分明确,功效有科学验证,外观、口感较前提高及服用方便,形态多样,顺应消费者生理和心理需求

图9.1 保健食品发展阶段示意图

二、中药保健食品研发理论依据

(一)中药保健食品研发的理论基础

1. 中医"治未病"理念 现代医学由"以治病为中心"向"以健康为中心"的转变体现了现代人重视预防保健,追求生命质量的集体诉求,这与中医"治未病"的理念十分契合[9]。中医"治未病"理念最早源于《素问·四气调神大论》中的"圣人不治已病治未病",表明了"治未病"的重要性,这一点与现代医学中的预防医学理论相符,也是中医健康管理工作中"未病先防"理论的基础[10]。首先,在疾病未发时应先防病,防病的方法是顺应外在的自然之道以改善体质,增强机体抗病能力。顺应四时阴阳的变化是保存生命的根本,在春夏时节保养阳气,在秋冬时节保养阴气,使机体与外界阴阳变化保持一致。其次,当疾病的典型特征显露出来时,进行早期干预和治疗,将其"扼杀"在功能状态。最后,强调在疾病"已发"时要防止传变,方法是避免只重局部而应着眼于整体调治。中医所说的"未病"不是没有病,而是指身体"已受邪"但还没有明显症状或症状较轻的阶段,若能发现这些细微的症状,然后采用防治手段阻断其发展。在疾病的三个阶段中,"治未病"成本最低,也最容易;"治欲病"次之;"治已病"成本最高,也最困难。因此,如果能抓住在器质性病变形成之前的两个环节:预防保健并早干预,将病情控制在功能状态,是一件很有意义的事情[11]。

2. **阴阳学说** 阴阳的法则即是阴阳的运动规律,它包括阴阳的对立制约、阴阳的互根互用、阴阳的消长平衡、阴阳的相互转化。阴阳两个方面是相互制约的,首先是通过阴阳之间的相互消长来实现的,这种阳长阴消、阴长阳消,使阴和阳任何一方皆不能脱离另一方而单独存在,正是由于阴与阳之间的这种相互对立制约才能维持阴阳之间的动态平衡[12]。这种相互制约,同样体现在人体脏腑之间和一脏一腑之间的阴阳生理活动当中。如五脏的心主火,肾主水,在正常情况下,水火之间需要互相制约。如果水不制火,火就偏旺,偏旺的火易变成邪火;火不制水,人体摄入的饮食就不能化生充养人体的津液,而成了水邪,则人体将处于阴阳失调的病态。人的机体之所以能维持正常的生命活动,就是因为阴阳之间相互制约,相互依存,并且不断处于变化之中保持着相对的动态平衡。中国古代认为,身体失健罹患疾病是阴阳失调所致。《素问·骨气论》曰:"调其阴阳,不足则补,有余则泻。"补即补益脏腑,泻即泻实去邪,补益脏腑有益气、养血、滋阴、助阳、生津等。

3. **五行学说** 中医认为人体的各个部分是有机地联系在一起的,这种相互联系的关系通过"五行"相生相克的循环达到一种动态平衡[13]。"五"是指由宇宙本原之气分化而构成宇宙万物的木、火、土、金、水五种基本物质;"行"是指这五种物质的运动变化。一旦五行中的某一行失常,必然会破坏整体的动态平衡。五行学说把人体脏腑分别归属于五行,以五行特性,解释脏腑的功能。如肝喜条达,有疏泄的功能,与木性相类,所以肝属木;心阳温煦,与火相类,所以心属火;脾有运化水谷、输送精微的作用,为气血生化之源,与土性相类,所以属土;肺主肃降,与金性相类,所以属金;肾主藏精,与水性相类,所以属水,脏腑之间存在相生相克的关系(图9.2A)。五行与脏腑的关系则是以五脏为中心,把六腑、五体、五官等联系起来,构成一个表里相联、上下沟通、密切联系、协调共济、井然有序的统一整体(图9.2B)。临诊过程中可以根据五官、形体、舌脉等外在的变化,了解脏腑的虚实、气血的盛衰及正邪的消长,以确定保健原则。

4. **气血理论** 为中医学上重要理论之一,用于阐述人体气血相关的生理特点,以及气血运行失常导致疾病发生、发展的病理机制[14]。气与血均是构成人体和维持生命活动的基本物质,在人体组织的生理功能活动中,两者相互促进、相互转化、相互依

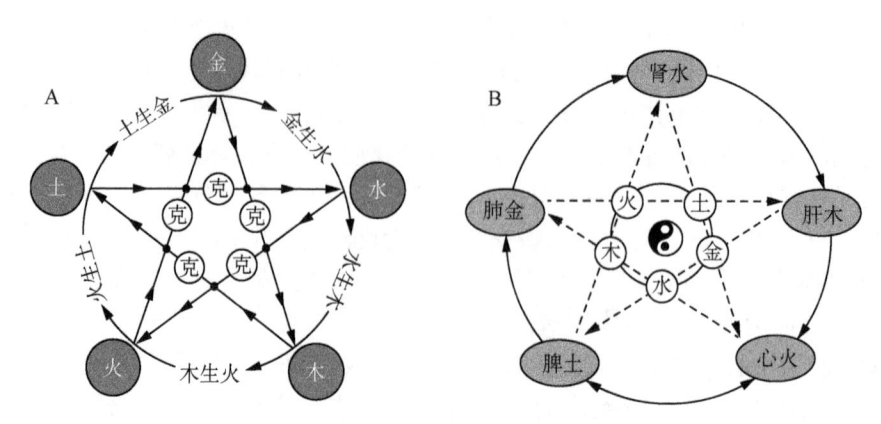

图 9.2　五行相生相克与五脏关系图

A. 五行相生相克；B. 五行与五脏关系

存。气是血生成和运行的动力，血是气的物质基础和载体。气以推动、温煦为主，血以营养、滋润为主（图9.3）。

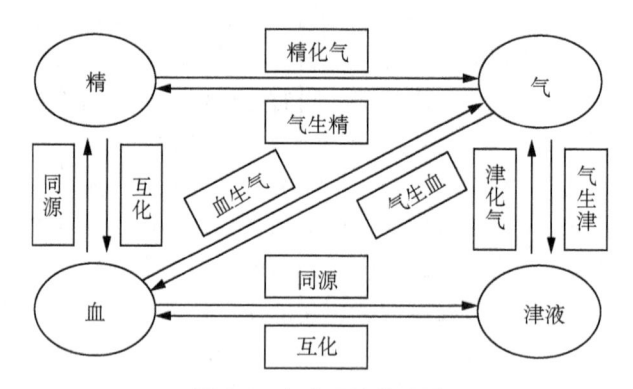

图 9.3　气血理论关系图

（二）中国居民营养与健康现状

根据《中国居民营养与慢性病状况报告（2020年）》可了解到我国居民体格发育与营养不足问题持续改善、居民健康意识逐步增强、重大慢性病过早死亡率逐年下降，但慢性病防控工作仍面临巨大的挑战。此报告显示，我国居民体格发育与营养不足问题持续改善，城乡差异逐步缩小，主要体现在以下三个方面：一是居民的平均身高持续增长（图9.4A）；二是营养不足的问题得到持续改善（图9.4B），已实现2020年国家规划目标；三是人群微量元素缺乏症也得到了持续改善。随着医疗技术和社会经济的发展，我国居民健康意识逐步增强，部分慢性病行为危险因素流行水平呈现下降趋势，定期测量体重、血压、血糖、血脂等健康指标的人群比例显著增加；重大慢性病过早死亡率逐年下降，因慢性病导致的劳动力损失明显减少。

与此同时，专家表示，我国慢性病的防控工作仍然面临巨大的挑战。挑战主要分为两个方面：一方面，居民不健康的生活方式仍然普遍存在，而且超重肥胖问题不断凸显，慢性病患病/发病率仍呈上升趋势；另一方面，营养不足问题虽得到改善，但膳食结构不合理问题依然突出。针对这些仍然存在的问题，将推进实施健康中国合理膳食行

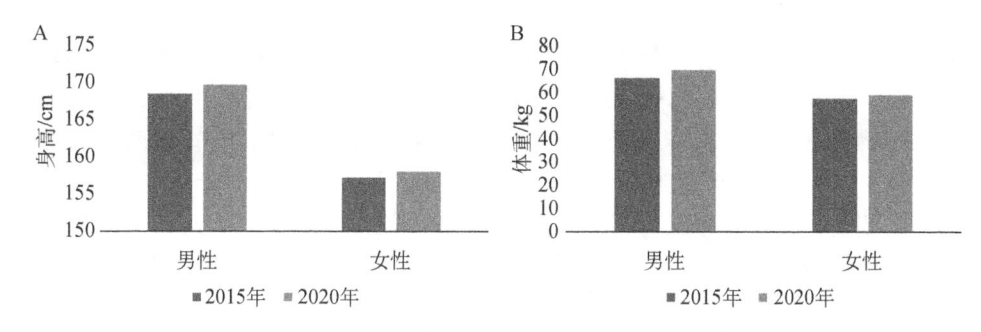

图 9.4　我国 2015 年及 2020 年居民体格发育示意图

A. 身高；B. 体重

动和国民营养计划。除了加大科普宣教力度，宣导养成良好的饮食习惯，针对重点营养问题实施以目标为导向的综合干预措施，持续开展居民营养与健康状况的监测、食物成分的监测以外，更重要的是加强对农业、食品加工业等食物产业链的导向作用。

三、中药保健食品研发的选方技术

按传统中医药学养生和保健理论研制的保健食品，配方中所用原料及多种原料配比关系，应当符合中医药学养生、保健理论，包括原料的性味、归经、升降浮沉等性能，要依据"理法方药"程序，按"君臣佐使"关系组合，针对适用人群的主要症状，本着辨证论治的原则，论述配方依据，尽可能提供现代医学理论支持或补充相应的科学文献资料[15]。在对配方依据的描述上，传统中医药学、保健作用与现代医学理论不应脱节。依据现代医学理论研制的保健食品应用现代医学理论及研究成果，从所用原料间的理化性质及现代科学的协同与拮抗情况进行配方依据的描述，说明量效关系，并提供相关的科学文献资料或申请人的试验数据，阐明国内外研究现状，并提供相关的文献依据。中药保健食品选方技术比较多，经过分析归纳后，主要有以下 3 种。

（一）源于临床验证技术

经中医临床实践检验的确有疗效的中药复方常被用作中药复方新药选方的参考，这些复方有些是祖传经验方，有些是在中医药理论指导下并经临床应用的基础上组成的经验方。此类中药复方的有效性具有一定的临床应用基础，其疗效相对确切。因此，可参照已经临床验证其疗效的中药复方进行中药保健食品的选方，可在一定程度上提升所研发产品保健功能的可靠性，尤其临床所验证过确有强身健体作用的中药复方。

（二）基于典籍数据挖掘技术

中医药有着悠久的发展历史、丰富的实践经验和海量的文献，但资源挖掘利用不足，将直接影响发展和传承效率。其实，历代中医药著作皆留下了丰富的经方和食疗方，这些经方与食疗方经过上千年或上百年的临床应用，其有效性及安全性大多数得到肯定，是极其宝贵的资源。无论这些中药保健配方是来自现代名老中医的临床心得验方，抑或是各民族传统医药的治疗经验，都具有发掘、借鉴和汲取的价值意义。因此，将众多中医古籍、临床资料数字化，大力挖掘与保健相关的数据并进行分析，从数据中寻找复方的组方配伍规律，可作为中药保健食品选方的参考依据，但该技术存在的缺点为缺乏临床应用经验与实验数据的支持。

(三) 源于配伍组方技术

近年来，中药复方中各味药之间的药理研究表明，中药之间的配伍组方应用对于提高疗效、减少毒性起着重要作用。中药通过配伍组成方剂是中医临床用药的主要形式和治病疗疾的物质基础[16]。中药配伍是依照病情需要与药物特性，选择将两种以上的药物一起使用，又将单味药的应用、药与药之间的配伍关系总结为"七情"，习惯上是单行、相须、相使、相畏、相杀、相恶、相反等用药形式[17]。针对中药保健食品选方而言，可借鉴中药配伍组方技术，将具有协同作用、保健功能的中药材进行配伍组方，遵循配伍原则，在增强保健功能的同时将毒副作用降至最低。

针对中药保健食品研发而言，研究者应尽可能地掌握现代中药药理学研究资料和毒理学研究结果，一是发现中药新的药理作用，开拓新的临床应用；二是达到对中药安全性研究有较为全面、清晰的认识。中药药理学和毒理学研究是古籍巨作中欠缺的研究内容，对于中药保健食品研发工作而言又是不可或缺的模块。现代也依然会有老中医在临床辨证遣方用药时，参照现代研究中中药的药理试验结果或毒副作用，配上 1~2 味中药达到增强疗效的同时减小毒副作用。中药保健食品配方的设计要重视和吸取中医的临床用药经验。比如，在临床上黄芪常被用于降血压，一般用量大于 30 g，当用量低于 30 g 时，黄芪反而会使血压升高，故有"中医之秘在于量"一说，量与效紧密相关，不可轻视。此外，中药功效是多种成分综合作用的体现，如现代研究表明人参的主要活性成分人参皂苷可消除疲劳、强身健体，但功效不及人参，经深入研究，发现人参多糖等成分也具有强筋健骨的功效，由此提示，中药治疗疾病并非单一成分发挥功效，而是多种活性成分协同作用的结果。

中药保健食品的配方设计应充分利用现代试验研究的结果。因为保健食品的原料多是质地滋腻的补养药，久服会影响食欲，因此可配伍行气药调脾和胃，如熟地久服宜配伍砂仁；人参和知母单用均有降低血糖作用，两者合用则降糖作用减弱；石膏单用无降血糖作用，配伍人参，可增强人参的降血糖作用。申报保健食品有关文件规定，复方应控制在 4 味以内，超过时应进行毒理学评价。从生产工艺及质量控制方面考虑中药保健食品配方设计，复方药味如果过多，会增加技术的难度，因而复方的设计宜选用 3~4 味中药为宜。此外，保健食品兼具食品的属性，因此配方的设计需考虑产品的气味、口感、外观等因素。

四、中药保健食品加工技术

(一) 中药保健食品原料加工技术

"药食同源"的中药材原料常用的提取方法有水煎煮提取法、回流提取法、渗漉法、水蒸气蒸馏法等，根据中药材中所含活性成分的性质选择适宜提取方法。在保证功能成分的完整性和安全性情况下，对原料进行预处理、提取和纯化，最大限度地提取有效成分，并保持其活性。以提高中药保健食品的生物利用度和功能因子的稳定性，降低有毒成分的含量，增强中药保健食品的安全性。

中药诸多制备工艺已被广泛应用于中药保健食品的生产中，如中药原料中有效组分的预处理，提取、分离、浓缩、干燥等过程（图 9.5）。其中，传统的中药功能因子提取方法包含水煎、浸泡，随着科技的飞速发展，超声、超临界流体和微波也逐渐被应用于提取过程中,且极大程度上节约了制备成本。而常用的分离方法为沉降分离、离心分离和过滤分离。沉降分离与离心分离通过利用混合物的密度差实现分离的目的,过滤分离则常借助含有过滤材料的滤器实现固液分离。无论是提取、分离、浓缩和干燥,皆需根据所提取成分的理化性质选择适宜的方法。

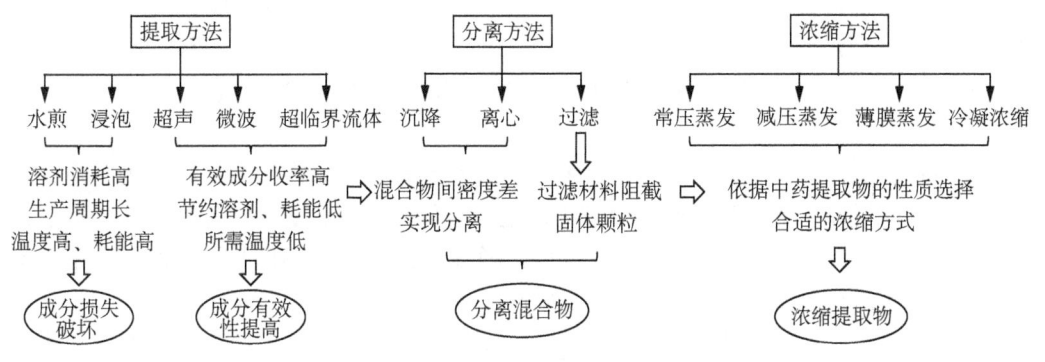

图 9.5　中药原料有效组分预处理流程图

在生产中药健康食品的过程中,干燥被广泛用于新鲜中药的脱水,原料和辅助材料的除湿,以及水丸、片剂、颗粒剂等的制备过程。可以通过干燥来控制原料和制剂的规格,这有利于制剂的形成并且提高半成品和制剂的稳定性。在中药保健食品生产行业中,由于待干燥物料的形状各异、性质不同、干燥要求不同、生产规模和生产能力不同,所使用的干燥方法和设备也不同。常用的干燥方法包括烘干法、减压干燥法、喷雾干燥法、沸腾干燥法、红外线干燥法、微波干燥法等。

(二) 中药保健食品非传统形态制备技术

保健食品的形态分为传统形态和非传统形态。传统的保健食品形态包括饼干、饮料、糖、酸乳等;非传统形态分为硬胶囊剂、软胶囊、片剂、口服液、散剂、酒剂等。目前,我国保健食品形态主要以非传统形态为主,非传统保健品形态占据国内保健食品的95%。相较于传统形态,非传统形态发展势头较好,从形态自身原因分析,非传统形态具有精准定量、长时间保质的特点,更符合保健食品定量食用、质量稳定的要求,下面以中药保健食品散剂、酒剂的制备为例,介绍其中应用的技术。

1. 散剂超微粉技术　保健食品中的散剂是将"药食同源"中药材或者可用于保健食品的中药材经过粉碎、混合均匀制成的粉末状制剂(图 9.6)。传统中药提取方法如

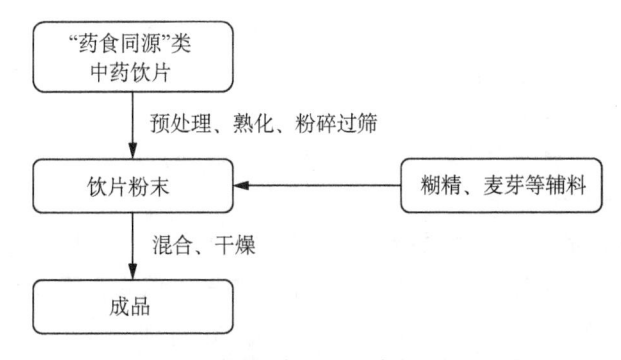

图 9.6　常见中药散剂保健食品工艺流程图

煎煮、浸渍等，容易造成药材有效成分的利用率低下和中药材资源的浪费。而不经煎煮直接打粉服用，在很大程度上减少了药材中活性成分的损失，提高了药材的利用率，也保留中药性能和配伍等传统属性，尤其是贵重药材如人参、灵芝、冬虫夏草等在生产中直接粉碎后制成散剂，以提高有效组分的利用率。此外，一些"药食同源"的中药材中富含优质蛋白质和脂肪酸，如杏仁、桃仁等，桃仁蛋白可改善机体异常的免疫状态，调节免疫系统失衡，如以植物蛋白为原材料的蛋白质保健食品，不仅蛋白质含量高，补充人体必需氨基酸，还具有丰富的膳食纤维和维生素，适合人们日常食用。

散剂制备工艺流程通常包括粉碎、混合、分剂量等过程。在制备工程中为了更好地保留有效组分的分子结构和活性，通常在低温下进行，随着温度的降低，物料硬度和脆性会增加，而可塑性和韧性降低，则更容易破碎。

此外，在制备植物蛋白粉的过程中，需要使用酶水解技术提取植物蛋白（图9.7），该技术可以将大分子物质转化为易吸收的小分子的肽和氨基酸，从而更易吸收，大大减少了胃肠道负荷。在制备粉末的过程中，需要改善其制备性能，一般在制备过程中加入一定量的载体，如糊精麦芽、β-环糊精、卡拉胶等，以改善分散性、润湿性和稳定性，从而形成稳定的乳浊液。以此来解决散剂冲调时易结块、难溶、质地不均匀、流动性差等问题。

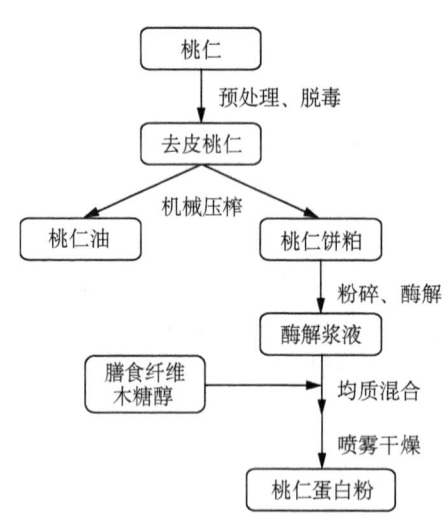

图9.7 桃仁蛋白粉的制备方法

随着制备技术研究的深入，在制备散剂过程中涌现了超微粉碎技术和粒子设计技术。超微粉碎技术指借用机械力和流体动力的方法克服固体内部凝聚力使其破碎，从而将3 mm以上的物料颗粒粉碎为粒径10~25 μm的操作技术。超微细粉末有着良好的溶解性、分散性，且有效成分溶出速率快，广泛应用于保健食品、涂料等制备，因此，超微粉碎技术在中药保健食品的制备过程中有着广泛的应用前景。此外，粒子设计技术是指在"药辅合一"的思想指导下，通过调控物料粉碎顺序，利用不同药物离子间相互作用力而达到设计粒子的特定结构和相关功能目的的一系列技术总称。中药粒子设计技术可以改善中药粉体混合易吸潮结块、混合均匀性差、溶解性差等问题，并通过选择中药壳粒子和最外层复合粒子使散剂呈现不同的气味，改善其口感。将此技术应用于中药保健食品散剂的制备过程中不仅可解决其现存的问题，还可以在一定程度上改善中药保健食品的口味，提高消费者的顺应性。因此，将中药粒子设计技术应用于中药保健食品的制备过程中值得深入探索与研究。

2. 保健酒制备技术　保健酒系指适用于特定人群饮用，不以治疗为目的的酒，具有调节机体功能、滋养健康、强身健体等功效。中医学认为，酒具有安神活血、消风散寒、健脾益智的作用等，兼具缓和药性，改善药物功效，矫正味道和气味，促进酒中生物活性成分吸收的作用。不同活性成分（黄酮类、皂苷、多糖和生物碱等）溶解在保健酒中，可使保健酒具有抗炎、抗疲劳、抗衰老、提高免疫力和抗肿瘤的功能。由于保健酒中富含多种原材料，有多种保健功能和发展空间，因此备受大家青睐。

根据不同的生产工艺，常将保健酒的制备分为三种方法：浸提法、配制法和酿制法。浸提法是将预处理的药材浸泡在基酒中，并使用酒精从原料中提取活性成分。该方法工艺简单，低成本，但药用材料的使用率低；配制法是先从药材中提取有效成分，然后用食用酒和调味液制备，这种保健酒的生产过程与浸提法相似。酿制法的特点是：发酵后的原料药中保留了大部分的活性成分，且发酵后的营养物质富含微生物，易于人体吸收。酿酒过程主要包括原料加工、糖化、发酵和酒过滤，这些工艺技术不断发展，例如，使用超声波清洗技术可以有效去除植物材料表面上的农药残留，保证产品的安全性；为了增加活性成分的溶解量同时减少活性成分的损失，可以使用超微粉碎技术或冷冻粉碎技术。在糖化和发酵过程中，传统的方法是使用天然蒸馏酵母进行糖化和发酵，酶活性低，容易被细菌污染。而在酿造保健酒的现代工艺流程中，使用酶工程技术提取多种酶，如纤维素酶、果胶酶和淀粉酶，不仅可以高效利用原料中的淀粉，而且可以把原料中较难利用的纤维素和果胶分解为可发酵性糖，从而提高糖化率和原料利用率。现代酿造和发酵使用的大多是纯种培养的酵母。经过多次筛选，它们具有糖酒转化率高，发酵快，耐酒精性，产酸量低，香气和味道佳的优点。尽管保健酒酿制工艺得到改善和发展，但大多数保健酒的酿制生产仍采用传统的酿酒方法（浸出法和酿造法），这些方法存在原料质量不均，有效成分不稳定，发酵产酒率低，生产规模小，成本高等众多问题。因此，相关公司应加强保健酒原料的质量控制、有效成分检测和保健功效研究，同时使用新的酿造技术来提高出酒率和有效成分的含量，降低生产成本，实现保健酒的高质量发展。

（三）中药保健食品新剂型制备技术

中药保健食品首先为食品，食品必须具有颜色、香气、风味和形状的特征，并且必须满足人们对外观和口味的需求。目前市场上流行的形态主要有片剂、胶囊剂和口服液。应用现代食品科学技术，加强保健食品的特性、质地和成型工艺研究，开发与保健食品的有效组分特征和保健功能相适应的新型保健食品形态，突出保健食品的特征，可满足消费者的真正需求，增强中药保健食品市场的竞争力。随着保健食品市场的发展，一些企业还开发了类似于普通食品类型的健康食品，如袋泡茶、保健饼干、中草药果冻等。

1. 袋泡茶制备技术　中药袋泡茶是药茶中的一种，是指将加工炮制成粗粉的药物，分装于专用纸袋中，将其浸泡在沸水中以除去纸袋中药渣的形态[18]。中药袋泡茶对原料药材的加工与包装可根据原料药的特性进行专门设计，根据茶包的不同形式，中药袋泡茶可分为三类：全粗末型、半生药粗末型、全浸膏型。某些含有挥发性和易热解成分的药材，如薄荷、鱼腥草、生姜等，都可以用作全粗末型袋泡茶的原料。此类药材经汤剂长时间煎煮会损失大量有效成分，而茶包避免了久煎的弊端。全浸膏型与半生药粗末型可以减少袋泡茶装量，对于含有水不溶性成分，可以将其制备为全浸膏和半生药粗末型袋泡茶。根据药用材料和配方的不同特性，可以将其设计为不同的茶包类型，中药袋泡茶制备技术过程如图9.8所示。

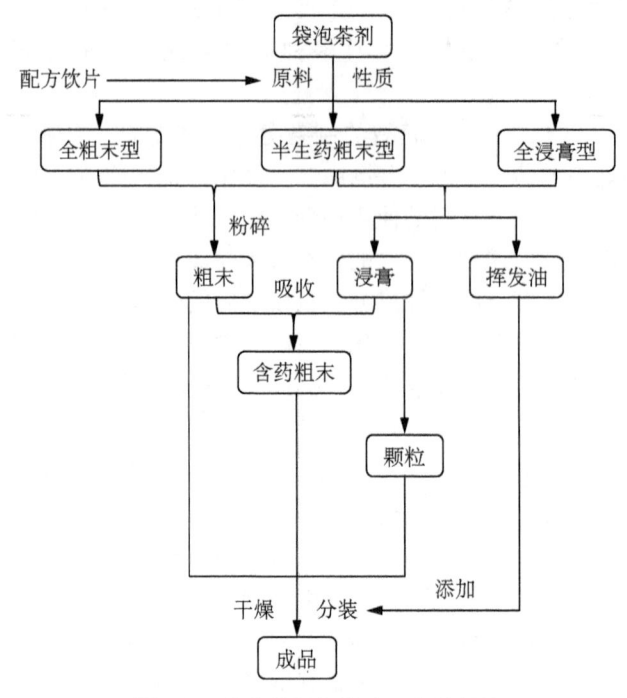

图 9.8　袋泡茶制备技术工艺流程图

袋泡茶制备工艺重点为提取、干燥、成型步骤。提取工艺主要涉及提取方法、提取温度、时间、溶剂添加量、提取次数等，合理的提取工艺可增加成品热稳定性，减少服用剂量，且口感更佳，提高了消费者的顺应性[19]。袋泡茶干燥过程分为原药材粗末的干燥与提取后药液的浓缩，原药材粗末的干燥需控制温度及时间，防止有效成分的散失与转化；药液浓缩、干燥需依据其后的成型工艺进行考察，根据后续制粒方法不同（湿法制粒、干法制粒），将其提取液分别浓缩为稠膏或干粉。该制剂制备技术相对于其他剂型而言，简单易操作，成品便于携带，制剂价格低廉。目前市面上减肥、养生类袋泡茶的品种层出不穷，应着力加强对于此制备技术的升级或改良，使其更好地服务于大健康产业。

2. 保健饼干制备技术　饼干是一种适应性强、人气高、销量大的食品，可以满足不同人群、不同场合、不同季节的需求。中药保健食品制备为饼干形态，其味道和饱腹感良好，携带方便，消费者在心理上更容易接受和服用，其制备技术路线如图 9.9 所示。

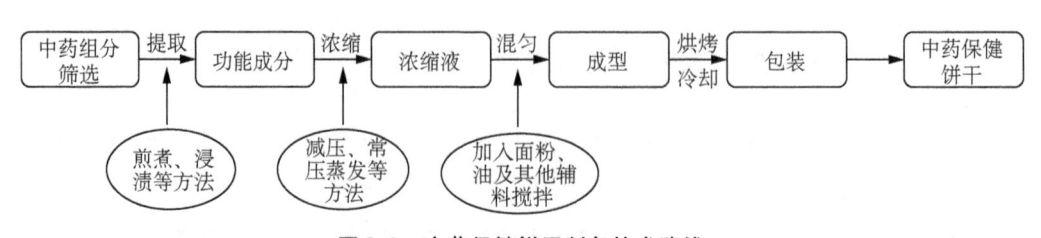

图 9.9　中药保健饼干制备技术路线

由于制作饼干过程中需要烘烤，因此某些含有热敏成分或挥发油的中药不适合制作保健饼干。烘烤的时候温度较高，有效组分易损失。在健康饼干的早期开发中，烹饪温度对成品中功能性因素含量的影响是研究重点。为了检查产品的味道和外观，在保健饼干开发中经常使用单因素实验和正交优化实验来选择曲奇配方和烘烤温度等。对于口感不佳的中药保健饼干，在制备过程中可加入山楂、大枣、黑芝麻、蜂蜜等一些具有特殊香气和味道的药用材料，不仅可以改善饼干的味道、丰富口味，还可以起到保健作用。现代生活中工作、生活和学习压力导致人们产生不同程度的疲倦，在制备中药保健饼干的配方中加入人参、黄芪等抗疲劳中草药提取物，将有助于减轻消费者的疲劳并使其恢复能量。

中国的保健饼干产业具有广阔的发展空间，但一些制造商为了吸引消费者，大肆宣扬不切实际的广告，严重阻滞了保健食品的开发。例如，基于膳食纤维的保健饼干由于其增强饱腹感作用等而在膳食替代产品中过量使用，这意味着消费者可以通过长期食用此类保健饼干达到减肥的目的，但却不利于消费者的身体健康。因此，政府部门必须制定有关规定，严格审查控制，确保促销合理；企业必须严格遵守行业标准，专注于产品开发，通过提高产品质量来提高市场竞争力。

3. **中药功能性软糖制备技术** 我国的保健食品中功能性食品约占全部保健食品的80%，其中中药类保健食品约占全部保健食品的57%，占功能性保健食品的70%以上[20]。中药功能性软糖是在中医药理论的指导下，以中药材原料或中药有效成分提取物为原料，针对特定体质的人群开发研制而成，在预防慢性疾病、调理人体体质、美容减肥方面具有突出的功效。中药功能性软糖使用的中药材一般需要进行前处理，含有粗纤维多或有效成分易于提取的样品需要进行提取浓缩，其制备技术如图9.10所示。

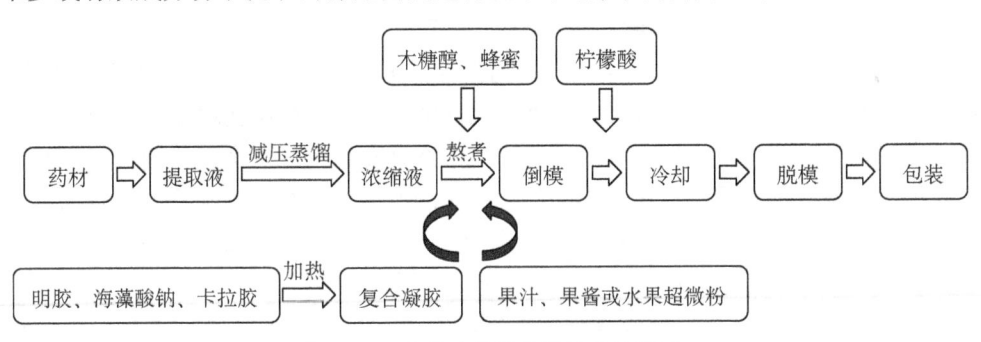

图 9.10 中药功能性软糖技术流程图

现有的中药功能性软糖大多添加成分单一，没有中医整体观念的指导。此外，一般中药膳食由于中药材的加入，普遍口感较差，且市面上大部分软糖中的防腐剂及添加剂并不符合养生原则。因此，有必要在中医药理论指导下，从经方中优选出需求量广的名方，以解决上述问题。

虽然中药功能性软糖具有补充维生素、增强免疫力、辅助降血糖、降血脂、降血压、通便、减肥和抗氧化等保健功效，改善了传统给药剂型的不良味道和适应性差等问题，但是软糖生产过程中要考虑防黏问题，且软糖中甜味剂的具体使用量还存在争议，应建立合适的方法确定甜味剂的用量。为解决中药功能性软糖存在的问题，应建立规范合理的评价指标、改进制备工艺，并研究功效类似的凝胶剂和甜味剂合用后在人体内的安全性，研制出科学、安全、适用性更高的中药功能性软糖。

（四）中药保健食品发酵技术

中药的发酵源于古代人们利用微生物发酵进行酿酒、制作生产酱醋等辅料，在此基础上加入不同的药材，进而形成发酵中药。随着现代生物科技的发展，发酵工程技术逐渐在食品和农产品等行业内普及。中药经微生物发酵后可使药性得以改变、药效提高、毒性减小，能有效提高中药资源利用率，具有广阔的应用和发展前景，将生物发酵应用到中药研发和生产中，也已成为中药现代化研究的重要内容。

1. 传统中药发酵技术　传统中药发酵为微生物发酵技术，是指药物经过净制或处理后，在一定的温度和湿度条件下，借助微生物和酶的催化分解作用，使药物发泡，产生黄白色霉衣的方法[21]。传统中药发酵是通过采用固体自然发酵的方式，利用环境中野生的微生物如霉菌、酵母菌、细菌等进行单一菌种或多菌种混合发酵。但是由于传统中药发酵中参与发酵的菌种种类及数量会受到环境和季节变化的影响，而且发酵工艺过程多依靠人为主观经验进行判断和控制，因此难以保证发酵中药产品的安全有效性和稳定可控性。

2. 现代中药发酵技术　又称中药生物转化技术，是在继承传统中药发酵炮制方法的基础上，结合现代微生态学、生物工程学、发酵工程技术等学科，形成的中药现代化制药新技术[22]，其中包括液体发酵技术、固体发酵技术和药用真菌双向发酵技术：①液体发酵技术，是将营养物质溶解在液体中作为培养基，然后接入菌种，通过一段时间培养得到目的产物。液体发酵可以进行工业化连续生产，具有自动化程度高、产量高、生产效率高、有利于实现大规模生产等特点[23]。②固体发酵技术，固体发酵源自古代的制曲工艺，以具有一定活性成分的中药材或药渣作为发酵营养基质，用一种或多种真菌作为发酵菌种[24]。其发酵自然开放，基质不灭菌，多种菌体发酵的制剂疗效不亚于深层发酵，但是其工艺还存在一定的局限性，如机械化程度低、难以大规模生产、速度慢、产品有限。③双向发酵技术，即采用具有活性成分的中药材作为基质被有益的药用真菌发酵，在真菌的生长过程中，会发生一系列复杂的分解合成代谢，产生新成分和新功能，使发酵的作用从原来单向型的仅由农副产品构成的营养基质提供真菌生长所需要的碳、氮等养分，发展到应用真菌的生理活动使药性基质中的有效成分发生转化，产生新的成分，从而产生新的性味和功能，这就具有双向型，即形成了新型发酵，或称为双向型发酵[25]。与传统营养型基质固体发酵工程相比，双向发酵技术具有生长周期短、增殖快、产量大、生产成本低、生产效率高、不受环境的影响、生产过程具有可控制性等优点，可以广泛应用于工业化大规模生产。

近年来随着现代发酵工业的迅猛发展，发酵技术在中药研究领域的应用越来越广泛，行业内研究者对中药发酵也提出了新的理解和认识。现代中药发酵技术在继承传统中药发酵工艺的基础上，吸收现代微生态学的研究成果，并结合发酵工程等现代生物技术，用于传统中药的研发。传统中药发酵采用自然发酵的方式，因发酵条件难以控制，造成发酵周期长、卫生条件差、无法保证成品质量，一定程度上阻碍了中药发酵技术的发展。中药发酵作为一门古老而又新兴的技术，应在对传统发酵科学传承的基础上，通过科学阐释发酵机制、规范创新发酵工艺等，结合发酵工程等现代技术进行创新，提高发酵类中药产业的技术水平，积极推动中药的现代化发展。

随着中药产业的不断发展，对中药发酵技术的发酵原理、生产工艺及质量控制等方面也提出了更高要求,中药发酵机制的研究、发酵工艺的规范与创新、发酵菌种的选育等系列关键技术问题亟待解决。这就需要研究人员在对传统中药发酵技术科学传承的基础上,结合现代新技术进行创新,不断地为中药发酵注入新活力,实现中药发酵技术不断发展,积极推动中药现代化。

（五）中药保健品原料保鲜技术

1. 气调保鲜技术　是指主要利用气调库或其他气调方式通过人工控制或自发调节储藏环境的温湿度及环境中二氧化碳与氧气的含量比来抑制采后鲜药呼吸作用,同时制造一个不利于微生物和害虫生长繁殖的环境,从而延长药材储藏期,保证其新鲜程度,减少活性成分损失的技术[26]。传统的气调技术是在存储环境中适度增加 CO_2 并降低 O_2 浓度,以降低产品的呼吸速率,同时又保持有氧呼吸代谢产品的新鲜状态。有时采用超大气高氧（21%~100%）处理技术来抑制产品的厌氧呼吸,减少有味物质的产生,控制酶促褐变并抑制腐败微生物的生长。气调技术包括人工气调、自发气调包装及复合气体包装等,自发气调包装即薄膜袋（如聚乙烯袋和聚丙烯袋等）包装,使用新鲜药物自身呼吸来自动降低薄膜包装环境中的 O_2 浓度并增加 CO_2 浓度。复合气体包装是在薄膜袋中填充一定比例的混合氧气与二氧化碳气体。使袋内的各种气体含量达到适宜的比例,从而达到使药品保鲜的目的。气调储藏操作较简单,投入成本较少,但气调储藏只适合短期储藏,时间较长储藏则效果不理想。

2. 保鲜剂保鲜技术　一般是将由蔗糖、淀粉、脂肪酸和聚酯物调配成的半透明乳液喷雾、涂刷或浸渍在鲜药的表面,保鲜剂在鲜药表面形成一层膜,阻止氧气进入鲜药的内部,从而延缓鲜药成熟及衰老的过程,起到保鲜作用。保鲜剂可食用,但不足之处是部分鲜药在使用保鲜剂后会出现变色等现象,长时间储藏可能会改变鲜药的部分性能。

3. 速冻保鲜技术　常被用于鲜药保鲜,效果较好。此技术需先将药品清洗干净,然后将其表面的水分晾干。为了方便储藏,可将药材切片或切段,然后放入包装袋里,抽真空后封口,置于-30 ℃下速冻,随后放入-18 ℃冰箱内储藏。速冻保鲜技术是使鲜药中的水分快速结晶,迅速降低鲜药温度的一种加工技术,它能保证鲜药的原有成分和性质不变,而且该法成本较低,保鲜效果较好。

4. 辐射保鲜技术　是一种利用电离辐射能量如 ^{60}Co-γ、^{137}Cs-γ 射线、β 射线、X 线等辐照药材,进行杀菌、杀虫、防止霉变、抑制发芽、延迟后熟等处理,从而最大限度地减少食品损失,保持食品品质,延长食品保藏期。辐射照射过程中产生的电离和化学作用,使微生物细胞间质形成离子或分子碎片,同时水分也分解出可与其他物质反应生成新化合物的游离基和过氧化氢,这两种效应会导致微生物细胞死亡,从而使食品保鲜。

中药保健食品受辐射会引起成分的变化,导致异味的发生、过氧化物的增加和物理性质变差,但以上变化一般是利用单一成分进行辐照试验的。由于中药保健食品是多种成分有机结合及成分之间相互保护,整体食品的变化情况与以上不完全一样。因此,对于利用杀菌剂量的辐照,蛋白质并不引起分解,碳水化合物也较为稳定,脂肪的变化也小,食品中的其他成分的变化则更少。另外,在辐照方法上,应尽量采用低温辐照、缺氧辐照,或利用增感剂及选择最佳的辐照时间等,这样可在一定程度上减轻辐照对食品产生的副作用。中药保健食品经辐射处理后，食品所发生的化学变化从量上来说虽然是微乎其微的，但敏感性强的食品和经高剂量照射的食品可能会产生不良的感官性质变化，尤其是高蛋白和高脂肪的食品其性质变化尤为突出。

5. 化学涂抹法保鲜技术　是使用化学药剂对药材表面浸涂，使中药表面、内部和环境中的微生物得到有效控制，减弱鲜药后熟作用和呼吸强度，从而达到保鲜目的。目前在国内，化学方法保鲜中药材采用较多的有 SO_2 熏蒸法、亚硫酸钠浸泡法等。虽然化学保鲜效果显著，耗能少，成本低，但随着人们对食品药品的安全性愈加重视，以植物、动物、药材、微生物代谢产物等为原料制得的天然可食性膜，逐步成为化学涂抹技术的核心材料。由于药材品质变化都离不开水和氧，故能阻止氧化水解反应的都可用于保鲜。可食性膜是以天然可食性物质（如多糖、蛋白质、脂类等）为材料，添加可食性的增塑剂、交联剂等，通过不同分子间的相互作用，并以包裹、涂布或微胶囊等形式覆盖于食品表面（或内部），形成保护作用的薄层，以阻隔水汽、氧气或各种溶质的渗透[27]。可食性涂膜的保鲜机制主要有以下几个方面：①减少鲜药表面与空气的接触，降低鲜药氧化的速度；②减少外界微生物对药材的污染；③降低水分传递的速度，减少失水和吸潮现象；④抑制药材的呼吸强度。研究人员应根据不同鲜药材药性、不同活性成分，选择合适的涂膜剂，并进行试验以确定最佳配方。桃仁是一种常见的"药食同源"的药材，李成文等以大豆分离蛋白为主要原料制成一种可食用膜，它有着良好的阻水性和密封性，能使桃仁在储藏期间与空气中的氧和水分隔绝，阻止了氧化水解反应的发生，从而达到保鲜的效果[28]。

五、中药保健食品生产技术的应用

（一）生物技术

目前现代生物技术被广泛应用于保健食品领域，主要涉及酶工程、发酵工程、细胞工程。在保健食品方面应用最早的技术为发酵技术，主要采用现代发酵设备放大培养优选细胞或经现代技术改造的菌株，并控制性发酵获得工业化生产预定的食品或食品功能成分[29]。

1. 酶工程技术　是将需要催化的动植物细胞、微生物细胞、酶等原料与催化酶置于同一生物反应容器中，然后利用生物酶的催化功能，使原料的化学性质发生变化，产生不同的作用[30]。酶工程技术首先需要对生物酶进行制备，生物酶的分子活性影响着化学反应速率，为了确保较高的化学反应速率，需要对生物酶制剂采用分离提纯技术提高纯度、收率、活性。食品工业是最早广泛应用酶的工业之一，目前已有几十种酶成功地被应用于食品工业，涉及功能性低聚糖及功能性糖醇的加工、生物活性成分的提取、蛋白质水解及生物活性肽的制备、肉制品和乳制品的加工等[31]。酶工程在保健食品生产中应用的关键是需要选择适当的酶和控制酶解的适宜条件，并控制酶解的程度。酶工程技术作为生物工程中的重要分支，在不同行业中的应用方式不同，需要结合其他的生物工程技术对酶分子进行改造，研究不同的基因酶制剂，才能不断地丰富酶业和酶化学工业，扩大应用范围，发挥其在保健食品和医药行业的贡献作用。

2. 发酵工程技术　发酵工程是对发酵技术的统称，是发酵技术的集成化表现形式，相比于传统发酵技术，应用生物技术的发酵工程为食品生产带来了新的机遇。该技术采用现代工程技术手段，利用微生物的特定功能，为人类生产有用的产品，或直接将微生物应用于工业生产过程[32]。发酵工程包括菌种选育、培养基配制、灭菌、扩大培养和接种、发酵过程及产品分离提纯等环节。发酵工程与食品生产密切相关，随着食品工业的发展，发酵食品种类及数量随之增加。传统食品加工过程中，原材料浪费现象十分严重，不利于可持续发展。在发酵技术的帮助下，可有效改良传统食品制造工艺，提高原材料利用率，减少材料浪费，提高企业经济效益。在发酵工程技术的帮助下，我国已成功研发出多种功能性食品，运用药用天然细菌，借助发酵工程技术，实现功能性食品的产业化生产。在培养药用真菌过程中，发酵工程技术具有极强的辅助作用。

随着食品的多元化发展，保健食品研发工业发展和安全问题成为社会各界十分关注的热点话题。发酵工程技术已经在保健食品生产中得到了极为广泛的应用，在科技高度发展的背景下，借助发酵工程技术有助于保健食品研发，可提高食品生产效率，提高企业经济效益，应用发酵工程技术已经成为食品工业的必然举措。只有不断研发新的生物技术，提高发酵工程技术适用性，才可以推动食品工业的稳定前行。所以，作为生物技术重要分支的发酵工程技术，应朝向精细化发展，充分发挥其效用。

3. 细胞工程技术　细胞工程则是以细胞为研究对象，应用生命科学理论，借助工程原理与技术，获得特定细胞、组织产品的一门综合科学技术，主要用来生产功能型食品和食品添加剂[33]。细胞工程主要有细胞培养、细胞融合及细胞代谢物的生产等。细胞融合是在外力（诱导剂或促溶剂）作用下，使两个或两个以上的异源（种、属间）细胞或原生质体相互接触，从而发生膜融合、胞质融合和核融合且形成杂种细胞的现象。细胞融合技术是一种改良微生物发酵菌种的有效方法，主要用于改良微生物菌种特性、提高目的产物的产量、使菌种获得新的性状、合成新产物等[34]。其与基因工程技术结合，为对遗传物质进一步修饰提供了多样的可能性。目前，微生物细胞融合的对象已扩展到酵母、霉菌、细菌、放线菌等多种微生物的种间甚至属间，不断培育出用于各种领域的新菌种。但细胞工程技术也带来了很多问题，如安全问题、伦理问题等，其中最主要的就是伦理问题，这也是制约细胞工程技术发展的主要阻力。

生物技术应用于食品加工不仅能够促进食品加工技术的创新，推动产业的优化和升级，而且能够增加附加值，避免浪费。无论是发酵工程、细胞工程、基因工程，还是酶工程，都对食品加工起着重要的推动作用。

（二）微胶囊技术

微胶囊技术是指将固体、液体或气体物质包埋、封存于微型胶囊内使其成为一种固体微囊产品的技术[35]。微胶囊通常由两部分组成，即芯材和壁材，芯材可为油溶性、水溶性化合物或混合物，其状态可为粉末、固体、液体或气体，可包囊物的品种繁多，如交联剂、催化剂、化学反应剂等；通常可用作微胶囊包囊材料的有天然高分子、半合成高分子和合成高分子材料，依据所包囊物质（囊心物）的性质，油溶性囊心物需选水溶性包囊材料，水溶性囊心物则选油溶性包囊材料，即包囊材料应不与囊心物反应，不与囊心物混溶。高分子包囊材料本身的性能也是选择包囊材料所要考虑的因素，如渗透性、稳定性、可聚合性等，其芯材与壁材包覆过程如图9.11所示。

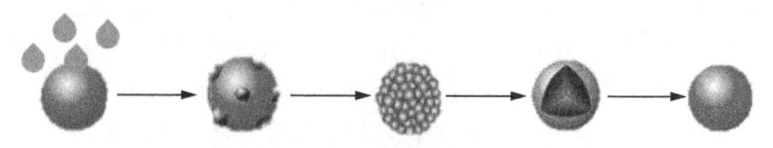

图 9.11 微胶囊技术示意图

近年来，由于人们对食物的营养及多方面的需求越来越多，使得微胶囊技术也在不断创新，并且微胶囊技术的应用也更为广阔。微胶囊化方式常包括三大类，物理法、化学法及物理化学法。其中，物理法中微胶囊化方法主要包括喷雾干燥、挤压、冷冻干燥、空气悬浮、分子包埋法；化学法主要为原位聚合、界面聚合、锐孔—凝固等微囊化方法；而物理化学法则是通过复合凝聚及相分离方法实现微囊化，制备微胶囊，制备过程如图 9.12 所示。目前，微胶囊技术常应用于油脂的微囊化、酶和微生物的微囊化、保健食品添加剂的微囊化、保健果蔬饮料的微囊化、功能性糖果微囊化等各种保健食品工业中，为大健康行业提供更广阔的应用、更多的控制和更灵活的方式，不断创造出使人们更感兴趣的保健食品。

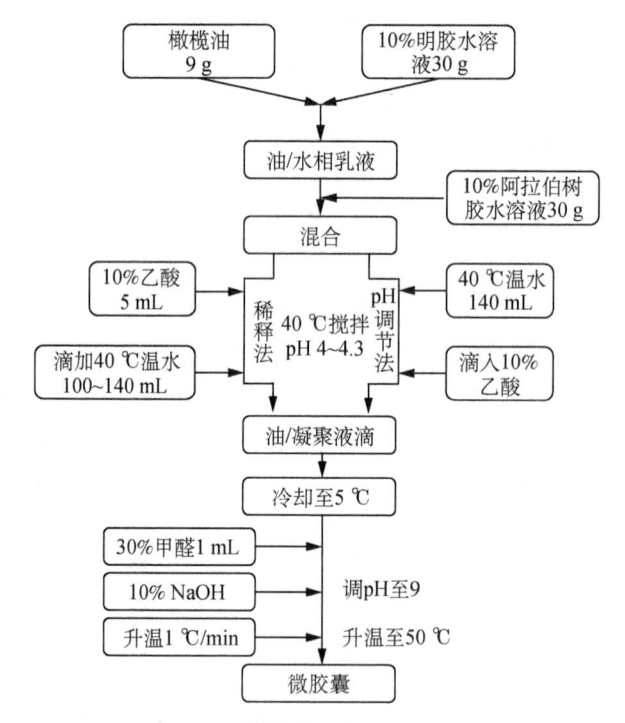

图 9.12 微胶囊制备工艺流程图

该技术适用于中药保健食品中易受环境影响而被破坏的活性成分的包埋，可最大限度地保留产品的色、香、味及营养成分。一些存在异味的物料通过微胶囊化可遮掩气味，或由原来不稳定的气体状态转化为稳定的固体状态，可在一定程度上延缓产品变质。经微囊化的中药保健食品，其色泽、耐热性、储存性等理化特性均有所改变，使微胶囊化技术在中药保健食品生产中得到应用，如实际生产中常把容易变质的富含二十碳五烯酸（DHA）、二十二碳六烯酸（EPA）的鱼油进行微胶囊化处理，可较好地延长其内容物的保质期[36]。

由于微胶囊具有众多技术优势,在中药保健食品方面应用日益增加,不仅使功能性物质得到有效开发,而且提高了其经济价值。目前,微胶囊技术在很多领域都取得了很大的进步,但仍存在环境污染、芯材释放时间长等问题。微胶囊技术可以从以下3个方面做进一步的研究:①核心材料智能释放,有效追踪功能性物质;②做到壁材梯度化,有效感应环境压力;③做到微胶囊直径更短,使胶囊与载体涂层间的相容性和更多的功能特性得到改善。

(三)膜分离技术

膜分离技术主要是利用膜的选择性,以膜两侧的能量差作为推动力,由于溶液中各组分通过膜的迁移率不同而实现分离的一种技术(图9.13)。膜分离技术的核心要素为膜,膜的选择为关键,膜分离技术包含的方法较多,其中常用的为超滤法、反渗透法和微孔过滤法。膜分离技术的优势在于集分离、纯化、浓缩、精提于一体,可实现分子层面的过滤;其分离、提取效率高,节能环保,过程操作简便,便于推广使用。同时,提纯是中药保健食品加工生产中重要的工艺环节,膜分离技术在中药保健品食品行业已被大范围推广,主要用于功能成分的提取、分离、纯化、浓缩和精提[37]。

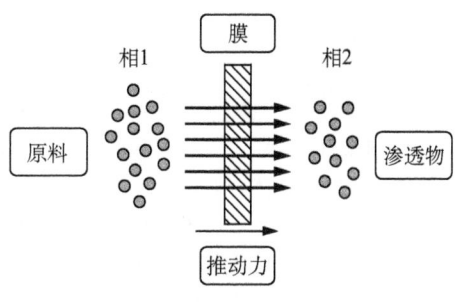

图9.13 膜分离技术示意图

其中,膜分离中的微孔过滤可用于植物提取物的过滤,保健食品口服液的除菌;超滤技术可用于提取物中高分子与低分子的分离;反渗透常用于浓缩提取液中功能性成分及液体状食品。目前,在中药保健食品的生产中常根据功能成分的性质选取适宜的膜分离技术。如汪陈平等研究了膜分离技术的应用,可提高保健酒中功能成分的含量,改善了酒体风格[38]。吴劼等研究速溶茶时发现,超滤和反渗透两种分离方法制备得到的产品不仅色、香、味俱佳,且溶解性高,耗能低[39]。

(四)超临界流体萃取技术

超临界流体萃取技术是一种新型萃取分离技术。它利用超临界流体,即处于温度高于临界温度、压力高于临界压力的热力学状态的流体作为萃取剂,从液体或固体中萃取出特定成分,以达到分离目的。超临界流体萃取包含三种萃取方法,分别为等温超临界萃取法、等压超临界萃取法、吸附超临界萃取法,三者对应的设备示意图如图9.14所示。

超临界萃取流体的溶解能力与其密度密切相关,超临界流体兼具有气体和液体的特性,不仅溶解能力强,传质性能好,而且临界压力适中,尤其适用于热敏性物质和高沸点物质的分离提纯。目前,超临界流体萃取技术已在中药保健品领域得到广泛认可和应用[40]。该技术尤其适用于鱼油这种热敏性天然产物的萃取分离,鱼油中富含多种抗动脉粥样硬化、预防糖尿病的保健功能成分,可极大地提高鱼油的利用率,降低其生产成本。

众所周知,对于药物制剂过程来说,中药有效成分的提取与分离,是必不可少的工艺步骤,是剂型改良、质量提高、新品种的增加、市场竞争力提升等的关键环节。传统

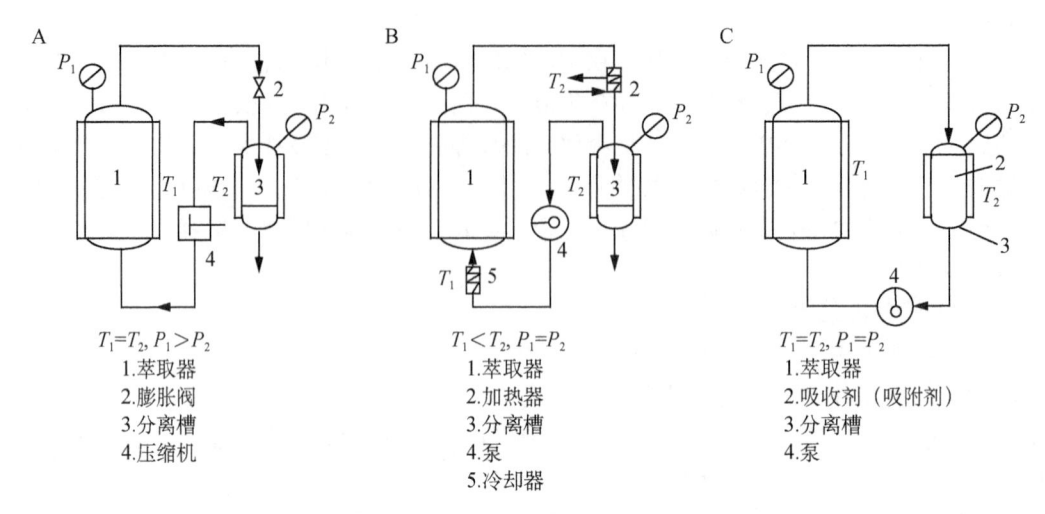

图 9.14　三种不同超临界流体萃取技术示意图
A. 等温超临界萃取法；B. 等压超临界萃取法；C. 吸附超临界萃取法

意义来说，提取有效成分的方法往往工艺复杂、纯度低，易残留有害溶剂等。而超临界流体萃取技术提取效率高、纯度好、操作简单、能耗低，适合不稳定、易氧化的挥发性成分及脂溶性成分的提取与分离，更适用于中药提取。现在，超临界萃取法越来越受到各国的重视，已广泛地应用于中草药及其他天然产物的提取中，它与气相色谱、质谱联用形成较为有效的分析技术。从研究范围来看，超临界流体萃取技术已非常广泛。但是由于 CO_2 有其物理性质特点，使得该技术难以提取分离强极性和分子量较大的成分。

（五）冷冻干燥技术

冷冻干燥技术利用升华的原理，将含有大量水分的物质降温冷冻为固体，在真空条件下使水蒸气升华而实现干燥的目的（图9.15）。冷冻干燥在低温状态下进行，适用于热敏性成分的干燥，降低食物中挥发性成分的损失，可以较好地保留其营养成分。实际生产中常压冷冻干燥和真空冷冻干燥皆属于冷冻干燥法，常压冷冻干燥具有设备昂贵、干燥时间长、成品性质不稳定等缺点，因此在保健食品行业应用较少。目前，应用最多、最广泛、最有效的方法为真空冷冻干燥。真空冷冻干燥时，所含氧气极少，水分以固体状态升华而被除去，可以很好地保护活性成分结构的完整性。经过冷冻干燥后的物质，加水后迅速溶解，并恢复原来的形状，可以获得外观和内在品质兼优的成品。冷冻干燥已广泛用于保健食品人参、蜂王浆、速溶茶等的加工制造中。

真空冷冻干燥技术从问世到现在，经历了数十年的发展，通过不断的升级、优化和创新，使其在制药过程中得到了广泛的应用。真空冷冻干燥技术作为一项综合性较强的技术，在我国食品和制药行业的发展中发挥了重要的作用。虽然冷冻干燥技术优点众多，但想要进一步提升冷冻干燥技术的应用效果，就需要从准备阶段、预冻阶段、升华干燥环节、解析干燥环节和密封保存环节入手，做好重点技术参数的控制工作，以便于冷冻干燥技术发挥更大的优势。

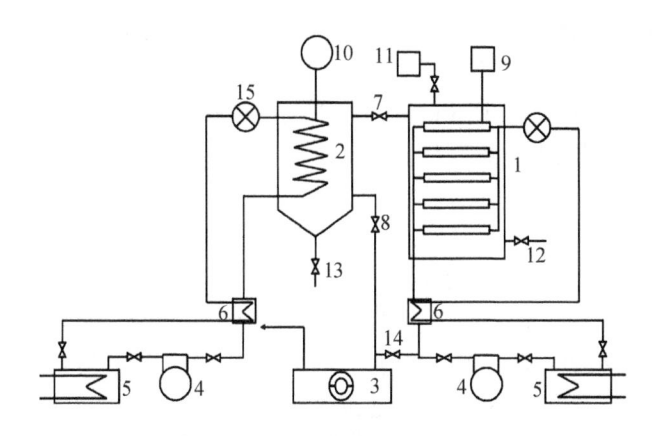

图 9.15　冷冻干燥技术示意图

1. 冻干箱；2. 冷凝器；3. 真空泵；4. 制冷压缩机；5. 水冷却器；6. 热交换器；
7. 冻干箱冷凝器阀门；8. 冷凝器真空泵阀门；9. 主板温度指示；10. 冷凝温度指示；
11. 真空计；12. 冻干箱放气阀门；13. 冷凝器放出口；14. 真空泵放气口；15. 膨胀阀

（六）冷杀菌技术

冷杀菌是当代一类崭新的物理杀菌技术，物理杀菌条件易于控制，外界环境对其影响较小，且杀菌过程中食品温度并不会升高，或者升高较低，不仅有利于保护食品中功能成分的生理活性，而且可极大程度上保持其营养成分。目前，冷杀菌方法较多，如超高压杀菌、放射线辐照杀菌、紫外线杀菌、臭氧杀菌等。超高压杀菌技术的特点是均匀、瞬时、高效；放射线辐照杀菌法其射线穿透力强，辐照过程易于控制，不存在交叉污染；紫外线杀菌在生产中主要用于物表和环境的杀菌；臭氧杀菌技术主要有高效性、高洁净性、方便些、经济性等优点。这些杀菌方法都在食品工业的不同领域显示出较好的应用价值。

与传统的食品加热杀菌比较，冷杀菌能充分保留食品的营养成分和原有风味，甚至产生某些令人喜爱的特殊风味，杀菌彻底，处理时间短，不产生毒性物质。但由于有些技术还不成熟，实际应用中仍受到较大程度的限制。随着冷杀菌机制的深入探讨和技术的逐步完善，相信冷杀菌技术将会更多地取代现有的食品热杀菌技术，人们将享受到品质更好、更安全、更新鲜的保健食品。

第三节　中药日化用品生产技术

一、中药日化用品简介

日化用品是指日用化学品，是人们平日常用的科技化学制品，其中包括洗发水、沐浴露、护发素、洗衣粉及各种美妆产品等。根据用途可划分为以下几类：洗涤用品、口腔用品、香味剂和除臭剂、驱虫灭害产品、其他日化产品等。随着经济的发展和生活水平的提高，天然、健康的生活方式正在成为趋势，消费者越来越注重产品的天然性和安全性。而具有几千年历史文化的中草药不断为国人熟知、信赖，甚至在逐步与国际接轨。现今，为了提高日化产品的疗效和安全，部分产品（涵盖孕婴童和成人洗护、家具洗涤、驱虫驱蚊等方面）已经实现了与中医药的结合。将新的制备技术融入日化用品的生产过程中或在原有生产工艺上进行优化，不仅可提升产品的品质，增加产品的市场竞争力，还可以在一定程度上节约原料。

二、中药日化用品生产技术

（一）清洁卫生产品相关技术的应用

现如今，洗衣粉、洗涤剂等清洁用品已经成为日常生活中的家居必备品，常常用于冲洗水果蔬菜、餐具、衣物、瓷砖等。然而，在使用这些清洁产品的过程中，一些残留成分难免会附着于餐具、衣服上，从而间接地进入人体。此外，还会出现伤手、清洁力度欠缺、泡沫少及可降解性差等问题。目前，日常清洁产品所具备的基本清洁功能已经无法满足消费者的需求，此类产品是否会影响消费者的身体健康已经引起人们的密切关注。

另外，随着人们环保意识的提高，洗洁精和洗衣粉的排放及降解对土壤和地下水造成的污染问题也亟待解决。因此，人们在追求新型清洁产品时提出了3个基本要求：绿色环保产品；使用安全且对手没有灼伤的中性产品；高去污力产品。为了满足市场需求，获得高效清洁、刺激性小及环境友好型的清洁产品已经成为当今清洁产品研发过程中的一项重要任务。这种清洁产品需要满足三个特点：①无磷，因为含磷的清洁用品不仅会损坏衣物，而且对皮肤有强烈的刺激作用，长期使用含磷量较高的洗衣粉会影响人体对钙的吸收，极易诱发小儿软骨病。此外还会导致水质富营养化，形成赤潮或水华现象。因此使用无磷产品不仅可以减少对人体的损害，还可最大限度地降低所排放污液对水环境的高营养化危害。②中性，pH 在 6~7 的清洁产品可以减小碱性废液对土壤环境的污染。③超强去污力，具有很强去除油污、汗渍、血渍、果蔬汁等污渍的效果，洗涤后洁白如初。

此外，从近现代化工合成的发展历史来看，洗衣粉产品主要经过了四代发展：第一代为皂角，第二代为洗衣皂，第三代为洗衣粉，第四代为洗衣液。相比于洗衣皂和洗衣粉，洗衣液的配方比洗衣粉柔和得多，最主要是不伤手，衣服残留液也少，深得家庭主妇的喜爱。随着世界洗涤产品的发展，中国的洗涤产品也由粉状洗涤产品向液状洗涤产品发展，同时我国洗涤用品的另一发展趋势是浓缩化、安全化和环保化。

洗衣粉的生产成型工艺主要有高塔喷雾干燥法和附聚成型法。高塔喷雾干燥法即将洗衣粉的原料与水混合制成适当比例的流体料浆，料浆经过滤加压，从干燥塔的上端呈雾状进入喷雾干燥塔，塔的下端通入干燥的热空气。在干燥塔内，下降的洗衣粉料浆雾滴与上升的干燥热空气充分接触，把洗衣粉干燥成空心颗粒。附聚成型法按固体粉料的流态化方式可分为搅拌混合附聚和气流混合附聚等类型。目前，洗衣粉制备工艺的技术升级为后配造粒技术，后配造粒技术是将洗衣粉配方中的某些物料按一定比例混合，然后通过造粒设备制成颗粒均匀、视比重稳定的粒子，将粒子作为洗衣粉配方中的一种原料在后配料中加入，它是高塔喷雾干燥法和附聚成型法两种生产工艺相结合的洗衣粉生产技术。洗衣粉生产采用后配造粒技术具有很多突出的优点：①可以实现脂肪醇聚氧乙烯醚硫酸钠（AES）、d-烯基磺酸钠（AOS）、脂肪醇聚氧乙烯醚（AEO-9）、脂肪酸甲酯磺酸钠（MES）等多种表面活性剂的复配应用，而且工艺上简单可行；②提高后配料表面活性剂的加入量，降低前配料的加入量，从而提高生产效率，降低能耗和生产成本；③解决了后配物料种类繁多、计量设备复杂、配料误差大的难题，有利于产品质量的稳定；④生产工艺易于调控，固定前配料配方，通过后配造粒配方调整可以快速实现洗衣粉多品种的生产切换，从而切实避免了因生产中的品种切换造成物料、时间等浪费，而且产品质量稳定；⑤为洗衣粉中复配热敏性的表面活性剂提供了一种有效途径，有利于洗衣粉配方的多元化发展。

新型表面活性剂的应用和多种表面活性剂复配技术的发展是洗衣粉技术创新的重要途径。后配造粒新技术的开发拓展了可用于生产洗衣粉的表面活性剂的种类，实现了各种性能优良的新型表面活性剂的多元复配，具有良好的协同增效作用，有利于全面提高洗衣粉的去污能力和综合性能。同时，洗衣粉后配造粒技术的应用还可以降低洗衣粉生产的能耗，提高产品的视比重，节约包装材料。虽然在生产应用中还存在能否完全混合均匀等问题，但相信随着洗衣粉后配造粒技术的发展完善，这些问题在生产实践中将会逐步得到解决。中药清洁类产品中含有的一些活性成分可发挥清洁的作用，例如，皂苷成分由于其表面活性剂的性能，去污能力较好且温和不伤手，易于降解，不易污染环境，受到消费者一致好评，在我们日常生活中逐渐出现了新型中药洗衣液（植物型洗衣液），其配方技术如表9.5所示。中药中具有抑菌作用的活性成分可以取代清洁产品中的防腐剂，在降低刺激性和致敏性的同时又可发挥其抗菌杀菌的功效，如市面上出现的中药除菌芳香洗洁精，其配方技术如表9.6所示。其中，一些具有保湿功能的中药材如生姜、芦荟等作用温和，减少其对皮肤的伤害。

表9.5　一种植物性洗衣液的制备配方（CN201811651620.6）

成分	配方比例
水	70~82份
乙醇	5~9份
碳酸钾	16~25份
皂角素	8~15份
无患子果皮提取液	12~27份
丹皮酚	9~13份
侧柏提取液	20~28份
甜菜碱	15~29份

表9.6　一种除菌芳香洗洁精的制备配方（CN201711234634.3）

成分	配方比例	成分	配方比例
洗洁精母料	8~10份	柠檬提取物	2~3份
增稠剂	2~4份	芦荟提取物	4~5份
乳化剂	4~8份	食用香精	4~8份
防腐剂	4~6份	氯化钠	6~8份
活性剂	3~5份	95%乙醇	5~7份
促进剂	2~4份	蒸馏水	40~60份

（二）香料香精产品相关技术的应用

我国有十分丰富的芳香性中药资源，其相关产品被广泛应用于美容保健和日常生活中。其中，肉桂、八角、茴香、花椒、白芷、丁香、栀子、薄荷、陈皮、砂仁和干姜等早已应用到食品调味剂中。西红花则因其淡雅的芳香、诱人的色彩成为餐桌上提高食欲的食物调味品。芳香性中药在中国有着悠久的历史，其具有强烈的香味，可以延长食品的保质期，并具有抑菌和防腐的作用，是天然防腐剂的重要来源。芳香性中药材作为香辛料应用于食品的腌制和储存，既能改善食物味道，又抑制了微生物的生长，防止食物因长期储存而变质。为了减少芳香性成分的损失以及日常生活中使用更便利，通常将单味使用的香辛料直接烘干或晒干，保存在密封干燥的环境中。然而，为了丰富食物的风味，常将各种中药材香料粉碎后均匀混合后使用。例如，在大众餐桌上经常出现的传统香料十三香由13种具有独特香味的中草药组成，包括砂仁、肉豆蔻、肉桂、丁香、花椒、大料、小茴香、木香、白芷、山柰、高良姜、干姜等。制作"十三香"的原料通常需要晒干或烘干、粉碎、过筛，混合均匀后保存在密闭干燥的环境中，以防香料回潮或走味儿。

由于中药富含多种挥发油，且具有开窍、提神、消除疲劳及缓解压力等功效，因此越来越多的企业开始将芳香中药中的精油进行提取，制备成具有一定功效的日化产品。大量研究表明，芳香中药具有生理和心理两个方面的治疗功效，将芳香中药制成适宜的剂型，通过按摩、外涂、艾灸、熏香、内服等方式作用于局部或全身，达到预防或治疗疾病的目的。芳香性中药材中的挥发油通常被制备成单味精油或配方精油，加至香薰制品、香水、洗护产品中赋予其独特的香味。现阶段，为了提高中药精油、香精、香料的利用效率和产品的内在附加价值，一些企业通过微囊技术制备缓释型香精和精油。缓释型香精和精油能够增强香精、精油的稳定性，达到控制释放的效果。因此该种产品被广泛应用于食品、医药、纺织、皮革和日化等相关领域（表9.7）。

表 9.7 　缓释型香精微胶囊应用领域分类分布情况

精油	壁材	应用
甜橙油	壳聚糖	纺织品
薄荷油	阿拉伯胶、瓜尔胶解聚物	食物、香料香精
百里香油	聚乳酸	香水、化妆品
广藿香油	壳聚糖、阿拉伯胶	香水、化妆品
香茅油	明胶、阿拉伯胶	纺织品、驱蚊剂
茶树油	三聚氰胺甲醛树脂	抗菌剂
艾叶油	明胶、阿拉伯胶	纺织品

近些年，中药精油受到了人们的广泛欢迎，其萃取技术也在不断完善和提升，对其相关提取技术进行深入研究，也显得尤为重要，其萃取技术主要包括水蒸气蒸馏技术、有机溶剂萃取技术、超声波萃取技术、超临界二氧化碳萃取技术等。其中超声波萃取技术和超临界二氧化碳萃取技术为萃取新技术。水蒸气蒸馏技术是一种传统的工艺，操作时是将中药和水放在一起进行蒸馏，在液体内各个成分不发生化学反应时，液体的总蒸汽压和各成分的饱和蒸汽压相同时，中药内的一些挥发性成分就会和水蒸气一起被蒸馏

出来，再经过冷凝、分液处理后，得到中药精油（图9.16）。水蒸气蒸馏法具有低成本产量大的优点，蒸馏技术比较简单，操作方便，萃取率较高。但是也存在一定的缺点，萃取的效率相对较低，还会影响精油中的有效成分，并且在高温下，精油中的一些易水解物质会被水解，含量减少，而萃取技术的不断升级，使得该技术逐渐被取代。

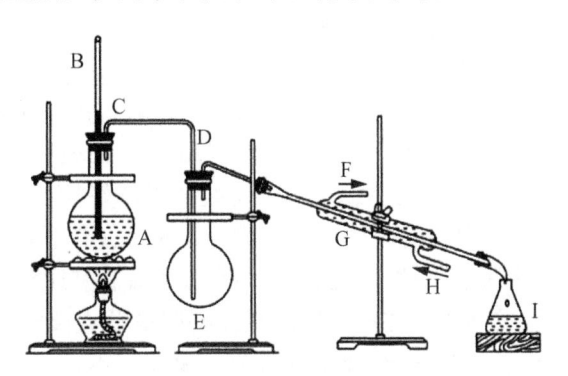

图9.16　水蒸气蒸馏原理图
A. 水蒸气发生器；B. 安全管；C. 水蒸气导管；D. 大直角管；
E. 提取瓶；F. 出水口；G. 冷凝管；H. 进水口；I. 接收瓶

超声波萃取法是在有机溶剂的基础上升级的一种萃取方法，具有萃取时间短、效率高等优点。由于这种萃取技术还不是十分成熟，故在工业上普及度还有待提高。超临界二氧化碳萃取方法是一项新的萃取技术，对温度没有过高的要求，只需要保持常温即可，其具有操作相对简单、萃取成本低、制取浓度高等优势，这主要是因为二氧化碳成本低，容易制取，可以循环利用，同时这种萃取方法，不会破坏中药的成分，能够制取纯度比较高的精油。

中药精油具有多重美容和保健功效，因此在众多领域得到应用，对其高效萃取技术的研究及功效研究也显得更加重要。现阶段，为了提高香精的利用效率和产品的内在附加价值，一些企业通过微囊技术制备缓释型香精。缓释型香精能够增强香精的稳定性，达到控制释放的效果。

（三）驱蚊杀虫产品相关技术的应用

数量庞大的蚊虫在世界各地传播各种疾病。普通的蚊虫叮咬人体之后会引起皮肤瘙痒、起包等轻度症状。但是，被一些携带病原体的蚊虫叮咬之后可能会诱发各种疾病，包括登革热、疟疾、黄热病、丝虫病等。长期以来，人们主要使用化学药物来防治蚊虫的侵袭，防治效果较好。然而，市面上的驱蚊产品大多含有色素、香精、酒精、苯、避蚊胺等物质，而避蚊胺、苯等对人体有刺激性和毒性，婴幼儿及孕妇不能长期使用。很多固体蚊香、蚊香片、驱蚊液都清楚地标有低毒、微毒或有毒等红色字样。虽然标注的有毒物质含量很低，但是日积月累就会对人体构成潜在的威胁。自古以来，夏季防避蚊虫一直是一个值得人们关注的问题。一些具有驱蚊功效的中药逐渐被人们所认识，《本草纲目》中已有关于佩戴中药香袋驱虫且防病的记载。现如今，以中药为主要原料的天然驱蚊剂被认为具有低残留、易降解、气味清新、低毒或无毒、对皮肤刺激小和环境友好等多种优点，被消费者普遍接受和广泛使用。常见的具有驱蚊功效的中药如艾叶、薄荷、藿香、石菖蒲、丁香、白芷、金银花、青蒿、夜来香、樟脑等不仅可驱蚊止痒，还具有解表化湿、芳香醒神、静心凝神的功效，可以缓解夏季天气潮湿炎热所致的浮躁情绪。

研发人员在防止蚊虫叮咬方面已作出诸多努力。传统的驱蚊方法因潜在安全性问题，在密闭空间中使用有所限制。另一选择是使用驱蚊霜，但其效果也不太理想。新型的制剂形式如微胶囊化、微珠化得到创新发展，但是这些方法也存在不可持续性和不可重复使用的缺点。世界卫生组织提出了创新的解决方案，即把微胶囊化工艺提升为纺织化，利用智能纺织系统，固着到织物上，并实现由用户自行控制的可重复加载，在移动中多次加载驱蚊剂。此方案展示了可持续智能纺织品作为驱蚊技术平台的优越性。

目前市场中出现了各种各样的驱蚊产品，防蚊效果较好的如驱蚊贴、驱蚊手环等，都是以驱蚊中药的提取物尤其是挥发油为主要成分，通过这些中药的特殊味道达到驱赶蚊虫的效果。驱蚊贴是由天然防蚊中药提取物与高分子凝胶基质相结合制备而成，技术工艺如图 9.17 所示。驱蚊贴使用方便，用时只需将驱蚊贴直接放入衣服口袋，或粘贴在衣服或者身边的桌椅上，即可达到驱蚊的效果。驱蚊贴不直接接触皮肤，具有安全、便捷的优点，更容易被人们所接受。

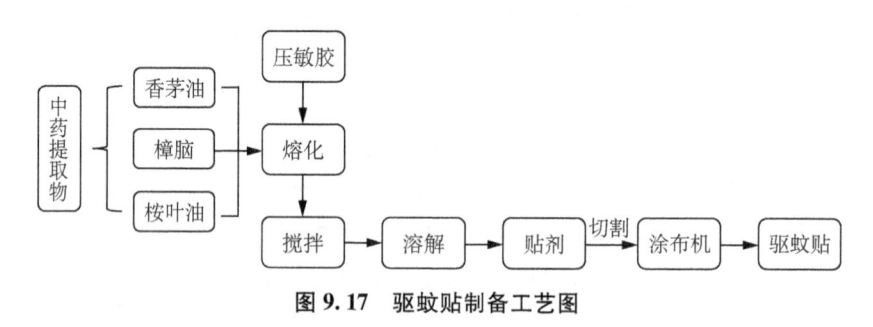

图 9.17　驱蚊贴制备工艺图

相关研究表明，香茅油、桉叶油、艾草油、复方精油 4 种精油驱蚊贴对白纹伊蚊均有一定的驱避作用，其中以香茅油的驱蚊效果最好，是避蚊胺、驱蚊酯等化学驱蚊剂的良好替代品。在非密封状态下存放后发现放置时间越长，驱蚊贴的驱避效果越低。通常情况下，使用第 1 天的驱蚊贴对蚊虫的驱避效果最佳。由此可见，以中药提取物为原材料制成的驱蚊产品因其活性成分易挥发而驱避时间较短。为了更好地解决这一弊端，在进行研发时可将缓释技术应用到驱蚊产品中以延长其使用时间，提高驱蚊效率。

第四节　中药化妆品生产技术

一、中药化妆品简介

中药化妆品一直缺乏清晰的定义，对于中药化妆品的认知，一直混淆于天然、有机、植物、医学护肤品、功效化妆品、药妆品等概念中。不同学术背景的专家和学者有着不同的定义，但总体来看可归纳为两种：第一种观点认为中药化妆品是在中医理论指导下，运用现代科学技术，以中草药为主要原料制成，能为消费者带来明确功效感知的产品，中药化妆品是介于药品和化妆品之间的功能性产品；第二种观点认为中药化妆品是把中药提取物以功能性原料的性质加入到化妆品中，赋予化妆品一些特殊功能，使化妆品具有嫩肤、美白、防晒、祛斑、抗衰老等功能，中药化妆品是中药与化妆品的结合物[41]。根据我国《化妆品监督管理条例》可知，化妆品是指是指以涂擦、喷洒或者其他类似方法，用于皮肤、毛发、指甲、口唇等人体表面，以清洁、保护、美化、修饰为目的的日用化学工业产品。化妆品分为特殊化妆品和普通化妆品。用于染发、烫发、祛斑美白、防晒、防脱发的化妆品及宣称新功效的化妆品为特殊化妆品，特殊化妆品以外的化妆品为普通化妆品[42]。中药化妆品首先是化妆品，所以第二种观点更加符合当前我国法律法规的定义。化妆品制备工艺过程如图9.18所示。

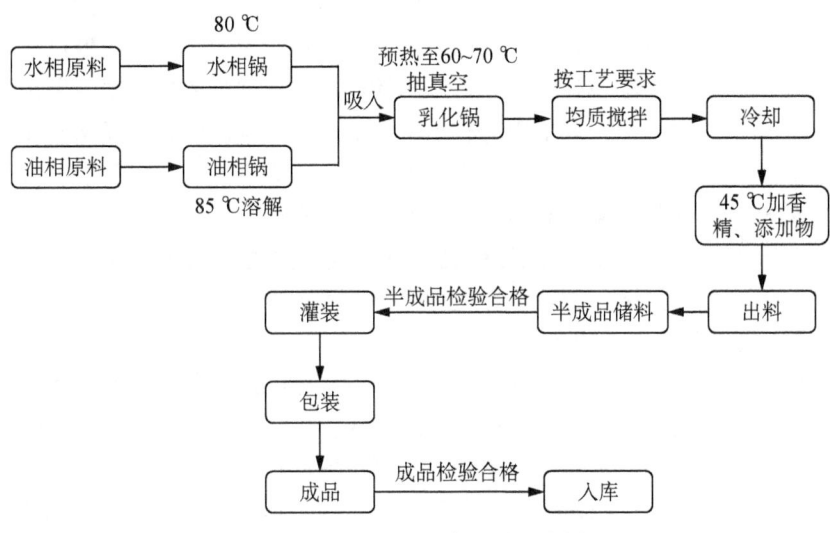

图 9.18　化妆品制备工艺示意图

在崇尚自然的现代社会中，人们对健康护肤和安全护肤的认识逐渐增强，具有保养功效且高安全性的中草药已受到化妆品从业人员的高度关注，对该种类化妆品的研发已成为化妆品行业的主流趋势。中国传统特色化妆品的发展贯穿中医药历史，明代的《普济方》不但汇集了明代以前的大量美容方剂，还创制了"白面方"等美容新方；李时珍的《本草纲目》对美容药物的记载更加丰富，包括药物外用护肤、祛皱、增白、消斑等美容保健及治疗方法等；清代以来，中药化妆品已逐渐形成祛污洁净类、滋养润泽类、增白染色类和芳香除臭类等类型。数千年的人体应用历史，也证实了天然来源的中国传统特色化妆品具有性能温和、刺激性小、不良反应小等优势。传统中医药及藏药、蒙药、维药、傣药等民族医药的传承、发展和现代研究，促进了我国传统特色化妆品功效与文化的有机融合，孕育出白面方、七白散、玉肌散、澡豆方等大量与美容相关的中药方剂，以及熊果苷、光甘草定、红景天苷等天然功效成分[43]。因此，独特的医药资源、潜力巨大的经济资源、具有原创优势的科技资源、优秀的文化资源和重要的生态资源，均为我国传统特色化妆品提供了巨大的发展空间。

近年来，市场对化妆品的要求越来越高，《化妆品监督管理条例》第二十二条指出，化妆品的功效宣称应当有充分的科学依据，通过科技引领，不断加强高技术含量化妆品的研发，将会是以后化妆品行业发展的必然趋势。因此，可在化妆品制备过程中融入新技术，并通过化妆品原料提取分离纯化技术不断升级，加强新型化妆品的开发。

二、中药化妆品生产技术

近年来，由于化妆品市场上的同质化竞争，消费者对于化妆品品质要求也在不断提升，中国传统中医药文化在全世界的认可程度与日俱增，以"安全有效"著称的含有中药活性成分的化妆品已然成为业内普遍关注的一大领域。中药及提取物类化妆品的开发与应用，应在中医药理论的指导下，选择合适的中药单方或中药复方，以科学合理的提取方式进行提取和浓缩，再和其他的原辅料相结合，通过一定的制备技术进行制备，同时应遵守《化妆品监督管理条例》相关的法律法规。

对用于化妆品中的中药，需要采用一定的提取技术，将中药中的有效成分从中药饮片中提取出来而将杂质成分去除。根据现有的技术手段，对中药进行提取的传统方法有溶剂提取法、水蒸气蒸馏法、升华法、直接压榨法等，较先进的有超临界萃取法和半仿生提取法等；而在纯化方面，较常用的有水提醇沉和醇提水沉法、专属溶剂沉淀法、离心沉淀法等，大孔树脂、柱层析、离子交换树脂等，也为中药提取成分的分离纯化提供了更多更好的选择。这些提取分离纯化的技术方法基本满足了中药类化妆品中有效成分的制备。中药及其提取物类化妆品已逐渐出现在大家视野中，此类化妆品主要发挥美白祛斑、保湿、抗衰老、抗菌、防晒、生发乌发等作用。

（一）中药化妆品的作用特点

1. 美白祛斑作用　现代美白祛斑技术主要包括皮肤磨削术、冷冻技术、AFT 彩光术、激光术四大类。皮肤磨削术常被称为磨除术或擦皮术，是在我国发展较快的一种美容技术。目前被广泛应用的为磨削术中的不锈钢橄榄型磨头法，该方法利用磨头的高速旋转对色斑皮肤予以磨削剥脱，实现美白祛斑的目的，具有疗效持久、效果明显。但因其操作难度大，技术性强而多在医院整形外科中使用；AFT 彩光术主要是运用"光热效应"的原理，通过将光能转化为热能，而极高的热能则让皮肤病变组织迅速地热解、气化，或碎裂成微小的碎片，被体内细胞吞噬，排出体外，从而达到祛除皮肤病变的目的；冷冻美白祛斑技术是近代治疗学领域中的一门新兴技术，冷冻治疗是一种冷冻生物学的综合效应。冷冻技术可以使皮肤温度较低，舒缓炎症因子，降低络氨酸酶活性，从源头精准定向抑制黑色素生成和传递，减少色素沉淀；低温持续作用肌底，还能加速老化角质、色素的代谢，让皮肤恢复白皙洁净的状态。

由于中药毒副作用小，使用后效果明显，越来越受到广大消费者的欢迎。因此，研究开发中药美容护肤品不仅可以满足市场的需求，也对挖掘中医药宝库、发扬光大我国传统中医药十分有益。中医药美白、祛斑等产品以日本、韩国和中国台湾发展较为迅速，市售的许多美白、祛斑产品都是通过抑制酪氨酸酶活性，减少黑色素的形成而起到美白的功效。酪氨酸酶是黑色素合成过程中的主要限速酶，中药提取物可通过抑制酪氨酸酶的活性，阻断黑色素的合成反应链，减少其在皮肤内的生成从而达到祛斑增白的效果，其美白作用机制如图 9.19 所示。

2. 保湿作用　充足的水分是维持皮肤健康和延缓衰老的重要条件，保湿成为护肤产品设计时重点考虑的功效。多糖是多种单糖或其衍生物聚合形成的大分子化合物，是人体皮肤真皮层的重要组成部分，也是天然保湿剂，具有强吸水性、乳化性、高黏度和良好的成膜性等性质。研究发现，中药来源的多糖可起到保湿作用。芦荟多糖是强吸水

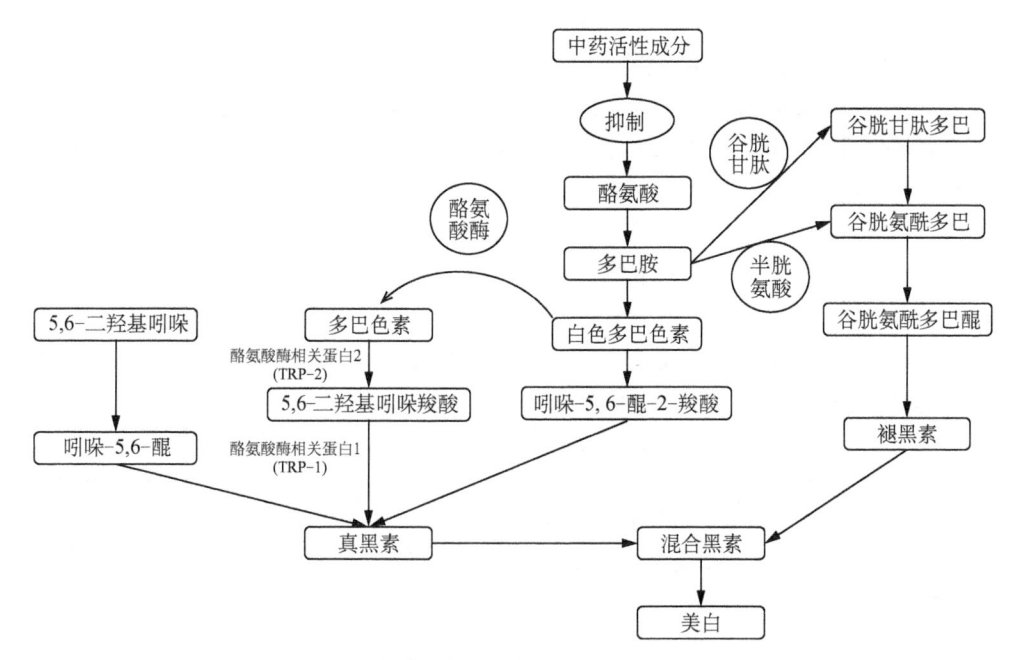

图 9.19 中药活性成分抑制黑色素形成的机制
TRP-2. 酪氨酸相关蛋白 2；TPR-1. 酪氨酸相关蛋白 1

性和成膜性能的完美结合，是一种出色的天然保湿剂，在化妆品领域发挥着重要作用。芦荟凝胶、面膜等保湿产品受到越来越多消费者的喜爱。芦荟多糖可以显著改善皮肤的水合状态，同时减少透皮水分流失，具有显著的补水、锁水等保湿功效，可以用作保湿类化妆品或治疗皮肤干燥症[44]。

3. **抗衰老作用** 衰老是一种不可抗拒的自然规律，是每个个体生长发育的必要阶段。当一个人步入中年以后，皮肤会逐渐松弛，皱纹开始出现并且不断加深，皮肤状态逐渐衰老。目前，国际公认的衰老机制包括自由基和氧化应激学说、线粒体DNA损伤学说、端粒学说和细胞凋亡学说。中药黄酮类和多糖类化合物具有抗氧化、清除自由基、抗菌和抗衰老的作用。红景天是我国传统特色药材之一，现代药理学研究表明，红景天具有抗衰老和抗氧化等作用。红景天含有红景天苷、黄酮类、多糖类、维生素及氨基酸等多种活性成分，在化妆品的开发和应用中有着广阔的前景[45]。红景天提取物与发酵红景天提取物能有效抑制蘑菇酪氨酸酶活性，抑制黑色素生成，改善肤色达到美白效果；同时，红景天提取物能够清除自由基，降低氧化应激损伤，促进成纤维细胞增殖，修复成纤维细胞紫外线A（UVA）照射损伤，以防皮肤晒伤，从而达到深度抗衰老的目的。

4. **抗菌抑菌作用** 在化妆品中添加适量的防腐剂可以防止产品在储存、运输或使用中腐败变质，提高产品的安全性。然而，防腐剂（对羟基苯甲酸酯类和甲醛释放体等）在防止微生物污染的同时，有可能会对皮肤产生刺激，甚至引起过敏等不良反应。而天然防腐剂功能性强、无毒副作用，使用有抗真菌、抗细菌等作用的中药提取物取代化学防腐剂，更符合绿色天然的理念。中药类化妆品中很多活性成分本身就具有抗菌、抑菌作用，甚至无须再添加外来防腐剂以提高产品的安全性。随着现代化提取分离技术的迅速发展,中药抗菌活性成分的提取、分离及其在临床上的研究也不断取得进步,现代研究证实,中药抗菌成分主要包括黄酮类、生物碱类、有机酸类等活性成分。由于中药的这些活性成分既可以直接抑杀细菌,又可以通过增强机体免疫力而发挥抗感染作用。

5. 防晒作用　当紫外线高强度长时间照射皮肤时,会引起光老化、光照性皮炎等。目前市面上具备防晒功效的化妆品主要以物理防晒与化学防晒为主,这类化妆品中的防晒剂可能会对皮肤产生刺激性,严重的会引起皮肤红肿等,不适用于敏感性皮肤。一些具备防晒、美白等功效的中药提取物安全性较高,不仅可在防晒的同时修复光老化的肌肤,还可以缓和防晒霜中其他成分对皮肤的刺激,是市场中防晒霜的优质原材料。中药中具有防晒作用的有效成分主要包含多糖类、黄酮类、皂苷类和多酚类等。不同种类有效成分的防晒机制也各不相同,具体如表 9.8 所示。

表 9.8　具有防晒功效的中药成分及其机制表

成分类型	功效	代表性成分及其作用
多糖类	抗氧化、修复紫外线造成的皮肤损伤	麦冬多糖可提高光损伤细胞的生存率,超氧化物歧化酶、谷胱甘肽过氧化物酶活力,抵抗紫外线 B 诱导的皮肤光老化
黄酮类	共轭双键对紫外线有较强的吸收	芦丁能抗自由基氧化和抗辐射,可以吸收紫外线和清除细胞活性氧自由基;提高超氧化物歧化酶活性,防治皮肤光老化
皂苷类	抗衰老、拮抗皮肤光损伤	三七总皂苷能提高抗氧化酶活性、抑制基质金属蛋白酶表达及增强皮肤免疫防御等
多酚类	抗氧化、拮抗皮肤光损伤	白藜芦醇通过保护细胞增殖活性等,拮抗紫外线 A 照射诱导的成纤维细胞光损伤,从而发挥抗光老化作用

6. 生发乌发作用　随着人们精神压力的增加及不良生活习惯,越来越多的老年患者甚至是年轻人受到脱发和白发的困扰。现代医学认为,过早脱发和白发与遗传、免疫、内分泌和精神等诸多因素有关。也有相关研究表明产生白发的原因可能与毛囊中黑色素功能衰减、络氨酸酶活性降低或无法合成络氨酸酶等多种原因相关。目前现代医学还没有能够完全抑制脱发的方法,对白发也束手无策。中医对脱发和白发的认识却由来已久,中医上认为头发的生长与肝肾、气血紧密相关,肝肾损伤及气血亏虚是过早脱发和白发的主要原因。因此,中药预防或治疗过早脱发和白发大多依据此病机。这些中药大多数为补虚药,在滋阴、益气等方面各有侧重,如乌发良药女贞子,主要通过影响黑色细胞、络氨酸酶的功能从而促进黑色素的合成,以达到乌发的作用(表 9.9)。

表 9.9　中药及其提取物应用于化妆品中的作用及代表性中药

作用	代表性中药	作用机制
美白祛斑	甘草、桑白皮	抑制酪氨酸酶的活性,减少黑色素的合成
保湿	芦荟、银耳	改善皮肤的水合状态,减少透皮水分流失,补水锁水
抗衰老	红景天	清除自由基,降低氧化应激损伤,修复成纤维细胞紫外线 B 照射损伤
抑菌抗菌	黄芩	影响细胞膜的通透性,抑制细菌中的蛋白质合成,减慢细菌代谢
生发乌发	女贞子、黑芝麻	提高酪氨酸酶活性,刺激黑色素合成

（二）中药化妆品的提取分离技术

在崇尚绿色和健康的今天，中药化妆品以其来源自然、使用安全的特点，越来越受到广大消费者的青睐。中药类化妆品具有毒性小且副作用很少、安全性高等特点，符合现代人的需求。众所周知，中药成分十分复杂，而中药活性成分的提取又是阐明中药药效物质基础及质量控制的关键问题，传统的煎煮、浸渍等提取方法已无法满足中药活性成分的高效率提取，不利于工业化生产。因此如何将中药中的活性成分有效地提取出来是个至关重要的问题。近年来，由于中药类化妆品的不断涌现，在中药提取方面也随之出现了许多新思想、新方法、新技术，有力地推动了中药类化妆品的现代化发展进程。

1. **超声波提取技术** 是指利用超声波具有的机械效应、空化效应和热效应，通过增大介质分子的运动速度及介质的穿透力以提取中药化学成分的一项新的提取技术[46]。目前，由于超声波提取具有提取时间短、提出率高、提取温度低等独特优势，被广泛应用于中药材及各种动、植物有效化学成分的提取。但同时该技术也存在一定的缺陷，如药材会受超声波衰减因素的制约而提取不完全；当超声波功率太小时，难以达到应有的提取效果。

2. **微波萃取技术** 是指在微波能的作用下，用溶剂将样品中的待测组分溶出的一种新型高效的萃取技术，其原理是在微波场的作用下，由于基体物质中某些区域或体系中的某些组分的介电常数不同，进而吸收微波的能力也具有差异性，使得待测组分被选择性加热，从基体或体系中分离出来[47]。该技术的特点是适用于耐热成分的提取，具有选择性高、可供选择的溶剂较多且用量少、溶剂回收率高、穿透力强、加热效率高、萃取时间短、萃取效率高、所得产品纯度高、成本低、投资少等诸多优点。

3. **半仿生提取技术** 是从生物药剂学的角度，将整体药物研究法与分子药物研究法相结合，模仿口服给药及药物经胃肠道吸收和转运的过程，采用固定 pH 的酸性或碱性溶剂依次提取中药及复方原料，得到含目标活性成分更高的活性混合物，为经消化道给药的中药制剂提供了一种新的提取工艺[48]。该技术具备的特点：①有效成分损失少，在对多个单味中药和复方制剂的研究中，半仿生提取法已经显示出较大的优势和广泛的应用前景；②提取过程符合中医配伍和临床用药的特点及口服药物在胃肠道转运吸收的特点；③在具体工艺选择上，既考虑活性混合成分又以单体成分作指标，这样不仅能充分发挥混合物的综合作用，又能利用单体成分控制中药制剂的质量。但半仿生提取法仍沿袭高温煎煮方式，容易影响许多有效活性成分，降低药效。因此，有学者建议将提取温度改为与人体相近的温度，在提取液中加入拟人体消化酶活性物质，使提取过程更接近于药物在人体胃肠道的转运吸收过程，更符合辨证施治的中医药理论。

4. **生物酶解提取技术** 酶法是利用酶反应的高度专一性，根据中药有效成分选择一些合适的酶类，使细胞壁及细胞间质中的某些物质降解，降低有效成分从细胞内向提取介质扩散时所受细胞壁及细胞间质等传质屏障的阻力[49]。该方法具有反应条件温和、不破坏有效成分原有的立体结构和生物活性、提取时间短、提取率高、反应特异性高、操作简单、对设备要求不高等多项优点。通常选用的酶种类为纤维素酶和果胶酶，此外也有中性蛋白酶等。中药酶解技术可明显提高中药中有效成分的提取率，但对实验条件要求较高，为保证酶发挥最大效用，不仅需要确定最宜 pH、最适提取温度及最佳提取时间等，还需要考虑底物浓度、酶浓度、激动剂、抑制剂等对提取成分的影响，以及酶对中草药中其他化学成分的影响。对于中草药中含量非常低，以及受溶剂影响较大易发生结构变化的有效化学成分的提取，中药酶解提取技术可作为首选方法。

5. **高速逆流色谱提取技术**　是一种新型的无固态支撑物的连续高效的液液分配色谱技术[50]。它是利用互不相溶的两相溶剂体系在高速旋转的螺旋管内实现连续的高效混合、分配及充分保留，进而在短时间内实现样品在两相溶剂的高效分离。相对于传统的固-液柱色谱技术，具有适用范围广、高效快速、产品纯度高、样品无损失、无污染、制备量大和费用低等诸多优点。该方法在中药提取分离方面取得了显著效果，具有不可比拟的优势，为中药有效成分的高效和高收率分离开辟了一条新的途径。

6. **组织破碎提取技术**　是通过闪式提取器来实现的，依靠高速破碎、高速碾磨、高速搅拌和超分子渗滤技术，在常温液体状态下迅速对中草药的根、茎、叶、花、果实、种子（细小种子除外）等进行组织破碎、研磨至细微颗粒[51]。使组织细胞内部的有效成分以最快的速度溶解转移，并通过过滤达到提取目的。组织破碎提取技术在皂苷类、黄酮类、多糖等活性成分的提取工艺研究等方面均取得了较大进展。组织破碎提取技术与煎煮法、回流法相比，不仅提取率高，而且操作简单，节能经济。

7. **分子蒸馏技术**　是一种在高真空下操作的液-液分离技术，通过利用轻、重分子平均自由程的不同而实现液体混合物分离的技术[52]。该技术适用于分子量差别较大的液体混合物的分离，也可分离分子量接近但性质差别较大的物质，尤其适用于分离高沸点、热敏性、易氧化物质。该技术不仅具有操作温度低、真空度高、物料受热时间短的优点，而且具有分离程度高和产品收率高的特点。分子蒸馏技术其分离过程为物理分离过程，无毒、无害、无污染、无残留，可很好地保持提取物纯天然的特性，在中药提取领域已被广泛应用于高纯物质的提取。但分子蒸馏设备价格相对于传统蒸馏设备较高，且使用时必须保证体系压力达到的高真空度，对材料密封要求较高，设备加工难度较大，成本造价高，不利于该技术的推广应用。

此外，中药提取新技术还有大孔吸附树脂分离纯化技术、动态循环连续逆流提取技术、膜提取分离技术、超微粉碎技术等，这些新技术都在中药活性成分的提取分离方面具有广泛的应用前景。中药成分复杂，不同的提取方法、溶剂用量、工艺条件都会影响活性成分的提取效率，应根据中草药所含活性成分的特性选择最佳提取方法或多种方法联用以最大可能保留目标活性成分，提高提取效率。随着现代科技的发展，越来越多的高新技术将会应用到中药的提取分离中来，使得中药类化妆品中活性成分的提取更完全、更高效，推动中药类化妆品现代化发展与进步。

三、新型技术在中药化妆品中的应用

（一）分子生物学技术在中药化妆品中的应用

生物技术是指人们以现代生命科学为基础，结合其他基础科学，采用先进的科学技术手段，按照预先的设计改造生物体或加工生物原料，为人类生产出所需产品或达到某种目的一门技术[53]。近年来，随着生物技术在分子生物学、医药等领域的快速发展，生物技术和生物制剂在化妆品原料的研发、化妆品的安全性和功效性评价等化妆品工业领域中的多个环节得到了广泛推广和应用。越来越多的生物制剂，如透明质酸（HA）、超氧化物歧化酶、表皮生长因子（EGF）、核酸（RNA）等，作为功效添加剂都成功地应用于化妆品。基因芯片、皮肤组织工程、微流控芯片、纳米透皮等新技术在化妆品行业的应用成为新亮点,逐渐成为化妆品行业未来发展的主要方向之一。

1. 基因芯片技术在中药化妆品中的应用　　基因芯片常被称为微阵列,是基于碱基互补原理,在固体载体表面按一定的阵列集成大量的基因探针,通过与待测基因进行杂交反应后检测杂交信号的强弱,判断样品中靶基因的性质,进而对大量基因进行平行瞬时分析检验的技术[54]。基因芯片在化妆品行业的应用主要集中在新产品的开发、化妆品功效评价及化妆品分析检测等方面。在新产品开发中的应用主要包括功效成分作用靶点研究、功效成分筛选和作为高通量筛选平台及开发"量身定做"化妆品。目前,将基因芯片应用于化妆品功效成分的筛选并不常见,但在合成药和中药的筛选中已得到广泛使用。该技术用于化妆品功效成分时,只需将化学药物改为化妆品功效成分即可,而筛选系统和检测方法并不需要有大的改变,可以有效地改变传统化妆品功效成分筛选时样品消耗量大、实验周期长和成本高的缺点。开发"量身定做"化妆品,将基因芯片运用到化妆品开发方面,根据基因型将人群分类,实现化妆品的个性化是未来化妆品的发展趋势之一。

2. 微流控芯片技术在中药化妆品中的应用　　微流控芯片技术是一种在微米尺度的流道内对纳升或皮升量级的液体进行操纵或控制的技术,该技术着重于构建微流控通道系统来实现各种复杂的微流控操纵功能,是目前迅速发展的多学科高度交叉的科技领域之一[55]。随着现代生物学研究模式的转化,以细胞为对象的微流控芯片研究已经引起诸多研究者的关注。成纤维细胞是皮肤真皮中的主体细胞成分,它与自身分泌的胶原纤维、弹性纤维及基质成分一同构成了真皮的主体[56]。将成纤维细胞在微流控芯片实验室内进行培养,可以直观地观察功效添加剂对细胞生长形态的影响,快速测定与抗衰老功效检测相关的靶位点羟脯氨酸的含量、I型胶原纤维的含量,达到对化妆品原料快速、高效、高通量的筛选评价[57]。

3. 纳米透皮技术在中药化妆品中的应用　　相较于普通化妆品,采用纳米技术制备的化妆品可迅速达到细胞层,而普通化妆品最多达到真皮层,起到滋润表皮的效果(图9.20)。纳米技术在化妆品透皮中的应用主要有以下三个方面:①直接使用纳米材料,如直接使用纳米级二氧化钛作为防晒剂;②纳米载体,如脂质体等;③本身为纳米产品,如纳米乳。纳米透皮技术种类繁多,优缺点各异,无论采用哪种透皮技术,只要能在适当的时间内,以适当的浓度将适当的化合物传递至适当的部位即是成功的透皮技

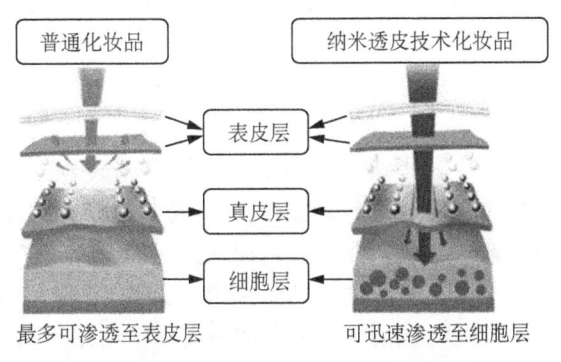

图 9.20　纳米透皮技术化妆品和普通化妆品渗透对比

术。其中，纳米乳主要应用于亲脂性活性物的药物透皮载体。与微乳相比，纳米乳减少了透皮过程中的局部和系统性副作用，并增加了活性物的透皮能力。然而，由于纳米乳是热力学不稳定产品，因此稳定性是一大问题。此外，活性物粒子在水相和油相中均有分布，因此进一步降低了体系稳定性，并削弱了其透皮量。由于弱点明显，纳米乳在化妆品中的应用不多。而立方体具有比表面积大、低黏及热稳定性好等特点，能够以任意比例稀释使用，同时还能够作为亲水和亲脂分子的载体[58]。由于原材料成本较低，并有控释可行性，因此立方体对化妆品应用和药物透皮来说都是一个很有吸引力的选择。

随着生活水平的不断提高，人们对美和永葆青春的不断追求，纳米技术因其优越性毫无疑问将在化妆品中扮演越来越重要的角色。虽然纳米科技应用于化妆品已有多年的历史，但是应用面仍不够广，很多技术也仅仅停留在实验室阶段，并未进行到体内后的代谢、毒理及安全性研究，导致其无法广泛地应用于化妆品生产。当今，越来越多的人提倡绿色、天然化妆品，而中草药作为我国瑰宝，长久以来被看作是化妆品民族品牌与国外品牌抗衡最为重要的武器，但目前中草药在化妆品中的应用还存在外观及功效不足等问题，如何将新兴的纳米透皮技术与中草药相结合，是值得化妆品企业关注和思考的问题。

（二）新型乳化技术在中药化妆品中的应用

大多数化妆品属于乳状液体系，新型乳化技术是化妆品行业新技术发展的主要方向之一。相对普通乳状液，新型乳状液乳化粒子具有独特的结构，具有促进化妆品有效成分在皮肤上的渗透、提高产品的稳定性、改善化妆品的肤感等优异的性能。随着化妆品技术的快速发展及消费者对皮肤安全性和环境友好意识的提高，在乳化技术开发研究中，一些新型乳化技术随之产生，如 Pickering 乳化技术、纳米脂质体技术、微胶囊技术等。

1. Pickering 乳化技术　是一种由纳米固体颗粒代替传统表面活性剂稳定乳液体系的新型分散乳化技术[59]。与传统乳化技术相比，Pickering 乳化技术在较低乳化剂用量下即可形成稳定均一的乳液，降低生产成本和加入表面活性剂后对皮肤的刺激性。由于纳米固体颗粒在油/水界面上的吸附几乎是不可逆的，因此 Pickering 乳液稳定性相对较高。根据我国《已使用化妆品原料目录名称》，在化妆品中应用的 Pickering 乳液主要包括无机纳米粒子和生物来源的有机颗粒两类。化妆品中常用的无机纳米粒子有黏土、二氧化硅、氧化锌、二氧化钛等，这类无机纳米粒子不仅可以稳定 Pickering 乳液，同时还可发挥自身功能，如二氧化硅作为 Pickering 乳液材料的同时还可以实现有效增稠，从而提高产品稳定性、改善产品的触变性能和使用肤感。

2. 纳米脂质体技术　脂质体是类脂组成的双分子层结构，纳米脂质体采用天然的卵磷脂作为脂质体的壁材，卵磷脂作为生物细胞膜的组成成分，具有良好的乳化能力，还具有提高功效性成分稳定性、促进其经皮吸收和减少皮肤刺激性的作用[60]。随着脂质体技术的不断发展与创新，脂质体在美容化妆品方面的研究越来越深入，脂质体化妆品的保湿性、渗透性及安全性是传统化妆品无法超越比拟的。由于脂质体具有良好渗透性，因此一些潜在致敏、刺激性强的活性成分的包覆并不适用于脂质体。如维生素 A 具有调节上皮细胞的增殖分化及代谢的功能，可以提高皮肤细胞的活性，使皮肤变得光滑有弹性,因此维生素 A 被国内外化妆品公司广泛使用。但是由于维生素 A 中含有大量不饱和双键,光稳定性和热稳定性较差,易产生氧化,故不易于储存和运输。此外,维生素 A 分子量较大,不易透过皮肤吸收。神经酰胺作为常用的脂质体包材,广泛存在于皮肤组织的角质层中,可以对维生素 A 进行良好包裹,用神经酰胺作膜材制备的维生素 A 脂质体将有利于其透皮吸收,提高生物活性的稳定。目前,国外各种类型的脂质体化妆品层出不穷,但国内此块市场仍处于初级研究阶段,并未形成成熟的市场,其中较为主要的原因是脂质体自身稳定性问题,在与其他原料配比使用时容易发生沉淀、磷脂易氧化变色、对表面活性剂敏感等多种问题,因此阻碍了其发展的脚步。

(三) 包覆技术在中药化妆品中的应用

包覆技术最早主要应用于医药领域,随着各行各业的不断发展与壮大,该技术在印刷、纺织、食品、化妆品等诸多行业中得到了广泛的应用与发展。包覆技术是指将某些原料由于特殊需要将其用某些材料包封起来,从而使这些原料具有缓释、助渗透、提高稳定性和降低刺激性等作用。目前,被广泛应用的包覆形式按照包覆载体结构的不同可分为 4 类,分别是微胶囊、脂质体、多孔聚合物系统及纳米结构脂质载体。

随着科学技术的发展及消费者生活水平的提高,消费者对化妆品功能性如营养、保湿、防晒、美白及抗衰老等的要求日益提高。然而在研制这些功能性化妆品时,存在活性组分皮肤渗透性差,作用时间短,稳定性差,皮肤刺激等一系列关键性问题,而正是这些问题极大地限制了功能型化妆品技术的发展,也使得许多化妆品公司更多地投入这一领域进行研究,以期产品在市场上具有更强的竞争力。

解决上述问题最常用的方法为包覆技术,近 20 年来,欧美及日本对化妆品中功效活性组分的超微载体系统进行了大量的研究。主要包括微胶囊、多空聚合物微球、脂质体及由脂质体结构衍生的固体脂质微粒等,它们被越来越广泛地应用于化妆品配方中。包覆技术主要是将活性组分包覆于微结构中,大大提高了活性组分的稳定性;鉴于微结构与皮肤之间的亲和性,促进了活性组分在皮肤上的渗透;活性组分在微结构中的缓慢释放,实现了活性组分的缓释效应,以达到长期有效的目的;同时一些对皮肤有刺激性的成分因其微结构阻隔了活性成分与皮肤的直接接触,极大地降低了活性成分对皮肤的刺激。

第五节 其他大健康产品生产技术

一、艾灸技术

艾灸是指将艾叶捣碾成绒状后点燃,在穴位、其他特定部位或室内熏灼,借其温热性刺激和药物的药理作用达到防病治病的目的。作为一种独特的传统中医治疗方法,艾灸具有温经散寒、活血通络、回阳固脱、升阳举陷、消瘀散结、防病保健等功效。千百年来,艾灸在防治疾病中作出了巨大的贡献。《肘后备急方》中记载:"断温病令不相染……密以艾灸病患床四角,各一壮,不得令知之,佳也……霍乱初得之便务令吸,亦可以熨斗贮火著腹上，如此而不净者，便急灸之。"表明艾灸可用于治疗霍乱。在对艾灸疗法的分析研究中发现，艾绒的燃烧不是简单地等同于艾叶的植物理化特性及中药学药性，需分析艾绒的整个燃烧过程。温热刺激、光辐射和艾灸生成物是艾灸起效的三个关键因素。在治疗过程中三者经由患者的呼吸、皮毛组织吸收及腧穴本身效应综合作用达到治疗的效果。随着对艾灸的广泛应用与深入研究，人们发现艾灸技术本身也存在一定的缺陷。

（一）传统艾灸技术

传统艾灸是一种使用燃烧后的艾条悬灸人体穴位的中医疗法，用于内科、外科、妇科、儿科、五官科疾病，尤其对乳腺炎、前列腺炎、肩周炎、盆腔炎、颈椎病、糖尿病等有特效[61]。艾灸疗法的适应范围十分广泛，是中国古代治疗疾病的主要手段。艾灸疗法不仅具有温阳补气、祛寒止痛、补虚固脱、温经通络、消瘀散结、补中益气的作用，还可养生保健[62]。谢利等通过艾灸疗法治疗非小细胞肺癌，结果表明艾灸可以使皮肤组织中潜在的抗癌物质得到活化，起到抗癌作用[63]。传统艾灸需用明火点燃灸条，若灸条与患者之间的距离把握不当，可能会引起烫伤。若长期使用艾灸或处于艾灸环境中，吸入大量艾烟极易引发呼吸道疾病，如咳嗽增多，同时伴有咳痰、鼻部瘙痒、咽部干燥等症状。因此，传统艾灸疗法虽然疗效神奇，但是现在很多人不太愿意接受，尤其是妇女、儿童，甚至某些专业医疗机构也很少使用。

（二）电子艾灸技术

电子艾灸指在中医学理论指导下，将现代远红外、磁疗、微电子等技术与传统灸疗法相结合，通过电加热专用艾饼，一方面通过温热穴位局部加速组织的气血运行；另一方面通过加热灸片散发艾的药性，发挥温经散寒、调整脏腑的功用[64]。临床研究表明，在施灸过程中需要反复剔除艾灰，且不能排除因艾灸引起的意外烫伤，甚至火灾等潜在风险，非但不能治疗失眠症，反而会给患者增加负担而加重失眠[65]。相较而言，电子艾灸的优势就显而易见，既发挥了传统艾灸的疗效作用，又避免了传统艾灸的缺点，它没有燃烧冒烟、没有明火隐患、温度可调控、操作方便易学，是传统灸法革命性的创新。随着现代科技的发展，人们生活和工作环境的影响，以及人们对生活品质越来越高的要求，电子艾灸疗法将会有一个大规模的普及与推广。

（三）艾灸贴技术

艾灸贴是在传统灸法的基础上，增加了自动加热与胶布粘贴功能，最大限度地增加艾灸时间，是一种全新的使用灸法，相较于传统的艾灸而言，艾灸贴更加便捷舒适。为了解决传统艾灸疗法所存在的问题，更好将艾灸应用于临床中，一些新型艾灸产品应运而生，艾灸贴就是其中之一。陈敏等设计的一种组合式自热艾灸贴包括分离的艾灸疗层、黏合层和发热层三部分[66]。使用时，上述三部分自皮肤一侧起通过医用压敏胶黏合起来。该自热式灸疗贴的发热层是一个装有蛭石、还原铁粉、盐等混合均匀的自热材料的无纺布袋；黏合层由远红外布或无纺布等透气材料制成；艾灸包的包袋与皮肤黏合的一面为水凝胶，与黏合层黏合的一面为无纺布。这种设计方法不仅轻便透气，且艾灸包用水凝胶既可以对皮肤起到灸疗作用又不会造成肌肤过敏。艾灸贴最大限度地保留了传统灸疗的优势，在此基础上突破了传统静态式艾灸治疗的模式，效果显著，极有可能成为未来艾灸疗法的主流。

(四) 艾脐贴制备技术

肚脐，在医学上称为神阙穴，本质上是胎儿出生后，脐带脱落留下的瘢痕。胎儿出生之前，赖此宫阙输送营养，以保证胎体的成长发育。神阙穴的浅层主要由第十胸神经前支的前皮支和腹壁脐周静脉网组成；深层有第十一胸神经前支的分支，若针对此穴位治疗疾病时，宜采用灸法治疗。于丽霞利用艾叶的温经理气、祛寒止痛的功效结合中医艾灸技术和现代微晶技术研发了一种无烟无火的艾灸脐部贴敷产品[67]。其配方主要由艾叶、没药、乳香、丁香、远红外素、负氧离子素和生命磁组合而成。将该制剂贴敷于脐部，使中药的药效与微晶量子素共同作用于脐部神阙穴，从而对女性宫寒痛经和月经不调进行整体理疗，调经暖宫。艾灸贴的自发热系统通过发热效应将热能和药效通过穴位和经络传至人体，从而起到灸疗效果。此外，艾灸贴的无明火设计，最大限度地降低了艾烟的产生，有效避免了呼吸道疾病的感染。同时艾灸贴的自动加热与胶布粘贴功能，极大地增加了艾灸时间，精准贴敷于穴位，更好地发挥治疗作用。灸法作为我国传统医学的外疗法之一，常被用于治疗颈椎病。王海蓉等分别采用传统艾灸方法对颈椎病患者进行治疗，比较半个月后两者的治疗效果，统计分析后发现艾灸贴法的临床治愈率为95%，而传统艾灸方法的临床治愈率仅为75%[68]。艾灸贴不仅保留了传统灸疗的优势，而且弥补了其不足之处，更能满足现代人的需求。

二、香囊制备技术

(一) 传统香囊制备技术

香囊也被称为锦香袋、花囊、荷包、容臭。香囊不仅是古代汉族劳动妇女创造的一种民间刺绣工艺品，而且是以男耕女织为标志的古代汉族农耕文化的产物，越千年而余绪未泯的传统文化的遗存和再生[69]。早在《岁时杂记》中已有关于香囊的记载，"端五以赤白彩造如囊，以彩线贯之，搐使如花形"，即端午时节，用彩线缝制香囊，内装香料，佩在胸前，香气扑鼻。随着时代的更迭，这些随身携带的袋囊内容物也几经变化。从吸汗的蚌粉、驱邪的灵符、铜钱，避虫的雄黄粉，发展成装有香料的香囊，再到具有保健功效的中药香囊。

(二) 中药香囊制备技术

中药香囊是指将既具有独特香气又有一定治疗保健功效的中草药包裹于香囊之中，既可以清新空气又可以发挥预防疾病和保健的作用。中药香囊制作方法简便、易于携带、外观精美，在预防疾病和保健方面发挥着积极作用，深受人们喜爱。现代药理研究表明，中药香囊具有抑制细菌、抗病毒及提高免疫力等多种功效。随着人们保健意识的增强，历经数千年而不衰的中药香囊逐步朝着流行的趋势发展，中药香囊系列产品的开发具有极大的市场潜力。使用中药香袋敷于神阙穴以达治疗失眠的作用，能较好地改善睡眠质量，尤其对轻、中度患者，总有效率达90%以上。邢雪梅等用石菖蒲、豆蔻、藿香、夜交藤、薰衣草等中药制作具有开窍宁神、镇静助眠作用的中草药香袋[70]。现代药理学研究证实，中药香囊中的大部分药物都含有挥发油性成分。根据具体功效，中药香囊时常配伍一些益气活血、镇静安神等药材，如党参、黄芪、川芎、薰衣草等（图9.21）。

图 9.21　中药香囊及中药足浴

（三）PVA 缓释微香囊制备技术

PVA 缓释微香囊制备技术是近几年新涌现的香囊制备技术，史富娟等选用聚乙烯醇为囊材，戊二醛为交联剂，采用界面聚合法合成醇醛树脂香精微胶囊[71,72]。研究结果表明，PVA 缓释微香囊制备技术可以保护香精，避免其直接受热、光、氧化的影响；同时由于 PVA 囊材具有缓释效果，提高了香精的稳定性，延长了散香期。但同时影响 PVA 缓释微香囊制备技术的主要因素为以下 4 种：皮材用量、乳化剂、温度、戊二醛用量。因此，在制备 PVA 缓释微香囊的过程中应选择适当的皮芯，以使微香囊具有较好缓释性的同时节约原料。香精微胶囊化技术是提高产品附加值的一条可行途径，其生产技术的推广和产品的普及必将为纺织工业增添活力，对国内外纺织品市场开拓具有积极意义。

三、中药足浴技术

中药足浴是一种用中药煎煮汁液泡脚的常见保健治疗方法，作为传统中医外治法之一，其操作简便、效果显著、经济安全，具有防病治病的功效[73]。中药足浴通过温热和机械作用，刺激足部各穴位，促进气血畅通循环，疏通经络，并随血液循环快速分布到全身，充分发挥药物的作用[74]。中药足浴作为中医外治法的一门特色保健疗法，近年来发展迅速，诸如失眠、糖尿病等临床难治性疾病，应用中药足浴治疗均取得了一定的疗效，尤其治疗失眠、痛经等效果显著[75]。由于操作方便，足浴桶及多种足浴中药组方已经出现在市场上，并且受到了广大消费者的青睐。足浴产品中大多为辛香走窜之品，许多辛香走窜的中药能"开腠理"，打开皮肤的渗透通道，促进药物的透皮吸收，再加上其本身的功效，使有效成分直达病所，发挥疗效。

随着人们生活需求的不断提高，中药足浴已由饮片煲好后的药液浸泡，演变为中药足浴泡腾片和中药足浴粉。中药足浴泡腾技术近年来发展较为普遍，中药泡腾片制备技术相对于普通片剂而言崩解速度更迅速，更快地发挥疗效，其技术路线如图 9.22 所示。

中药足浴泡腾片具有起效快、吸收完全、不伤黏膜等特点。但制备中药泡腾剂的生产工艺复杂，难度大，成本较高，这也是一直以来限制该制剂发展的最大影响因素。因此，开发出工艺简单、成本较低的中药足浴泡腾片具有重要的应用价值。中药足浴粉是指将中药材粉碎成适宜粒度混合均匀、过筛后形成的制剂。中药足浴粉可调节脏腑功能，增强人体素质，远离亚健康。

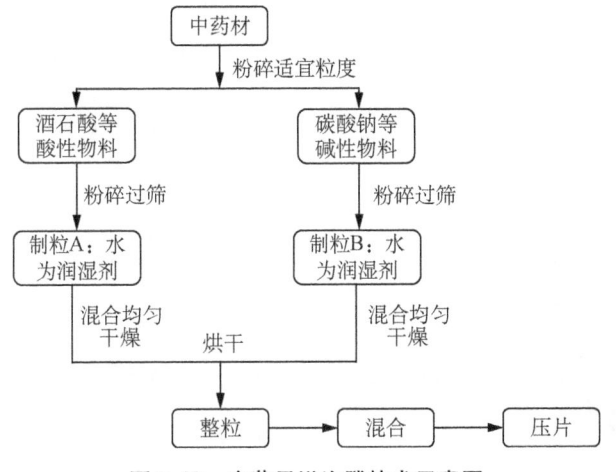

图 9.22　中药足浴泡腾技术示意图

四、中药熏香制备技术

熏香是原态香材、香料经过清洗、干燥、分割等简单的加工制作而成的一种香料。根据外形特征可分为原态香材、线香、盘香、塔香、香丸、香粉、香篆、香膏、涂香、香汤、香囊、香枕等。熏香在古代是非常流行的一种活动，特别是在贵族阶级和文人墨客的生活当中应用极其广泛，是他们居家养生、陶冶情操必备的日常用品。熏香大多采用沐浴、佩戴、雾化释放、加热释放、常温释放等方式，是以植物次生代谢合成的挥发性物质为媒介的一种无创伤、简单、安全的缓解或干预手段，与现代芳香疗法的吸入疗法较为相似。

中药熏香疗法是指通过芳香中药自然挥发或燃烧，刺激人体呼吸系统及皮肤，起到治疗疾病的一种自然疗法，所用药物多具有醒脾化滞、疏肝解郁、醒神开窍的功效。传统的中药熏香防疫的方法主要有悬佩法、熏烤法和烧燃法。而现代发展的常用中药熏剂消毒灭菌的方法增加了中药熏香抗菌条、中药提取物消毒液、中药提取液喷雾剂等。

（一）传统中药熏香技术

传统熏香方式是对植物香原料或者加工后的香料采用不同的方法使其中的香味为人所用，达到香氛、香衣、香体或调情等目的，利用的主体是香料物质本身，包括香汤沐浴、佩戴或涂抹熏香、焚烧熏香、隔火熏香等，如图 9.23 所示。

其中，从现存的史料来看，熏香主要是直接将香料放在衣服中香身或煮香汤沐浴，春秋战国时期，香汤沐浴熏香的习俗已经在上层社会广为流传。古代埃及人也有悠久的用香历史，他们在沐浴的时候加香油或者香膏，这也是香汤沐浴熏香的一种习俗，当时使用的熏香原料有百里香油、芍药、乳香等；中国佩戴香的风俗历史悠久，花样繁多，如佩戴香囊、香包等皆属于佩戴熏香方式；焚烧熏香常指将各种香料制成不同的形状，用燃烧的方式使其中的香味散发出来，可以使香气弥漫至各个角落，是古人熏香的一种常用方式，并且焚烧熏香比佩戴香囊熏香更风雅；隔火熏香是唐宋以后熏香发展到极致后形成的一种更加高雅的熏香方式，更加科学，不再是直接燃烧香料，而是隔火熏，虽然程序更复杂，但香气更醇、更宜人，深得文人雅士的青睐。隔火熏香所用香材多为各

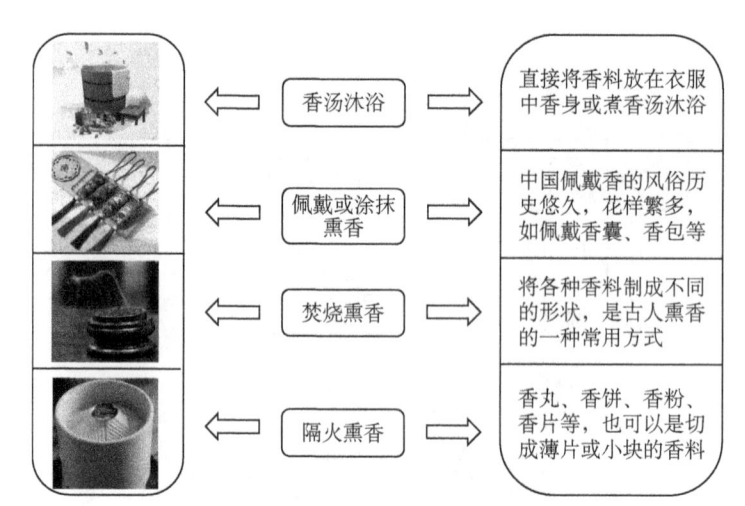

图 9.23　传统中药熏香方式简介图

种香料调制出的合香,可以是香丸、香饼、香粉、香片等,也可以是切成薄片或小块的香料,而隔火熏香的香灰和炭的制作选材挑剔、程序复杂,好的炭和灰才能熏出好的香。

(二)现代中药熏香技术

现代熏香方式主要是利用植物精油进行熏香。植物精油,又称植物挥发性成分,是以蒸馏、萃取或冷榨、冷吸等方式从植物不同部位(种子、树皮、树叶、枝叶、树根、花朵、果实等)提取获得的挥发性物质,多数为油状液体。现代熏香方式主要为隔火熏香和无火熏香,熏香的材料为植物精油,加热方式不再是用炭,大多为用电的香薰灯、香薰蜡烛等的隔火熏香,或者以扩香器、熏香加湿器、熏香条、熏香花等为媒介的无火熏香方式。目前市场上在售的香氛产品,主要有家用型香氛产品、车用香氛产品、公共场所香氛产品,如酒店、商场、汽车4S店等,可调节空间香气,也可杀菌、去除异味等。结合现代空间香氛(将天然香薰精油雾化扩散到空气中的冷扩香技术)的发展、香氛营销策略的兴起,中药熏香的发展和市场前景将十分广阔。

传统的中药熏香的方法如燃烧、熏烤所散发烟雾较多,令人呛鼻,呼吸困难;中药香囊效用有限,且需频繁更换。现代研究发明的复方中药提取液的喷雾剂应用效果较好,但制作成本略高,故暂时未有更多的实验研究。目前中药熏香的研究多停留在空气消毒或流感预防方面,我们需要思考的是如何发挥中医药防疫的历史实践经验的优势,开发多剂型、预防多种流行性疾病的中药熏香,制成更安全、更经济、更有效的中药熏剂,将其推向家庭,甚至国际,让全球更好地应用中药熏香,了解中医药文化。

(赵菁　马维坤　杨艳君　庞时汀)

参考文献

[1] 张伯礼,张俊华,陈士林,等.中药大健康产业发展机遇与战略思考[J].中国工程科学,2017,19(2):16-20.

[2] 亓霞,赵喆,邓岩浩,等.中药保健食品的现状及开发战略[J].科学咨询(科技·管理),2019,(10):62-63.
[3] 黄璐琦,李军德,李哲,等.我国现代大中药产业链发展趋势及对策[J].中国科技投资,2010,(5):67-69.
[4] 李彦文,赵英凯,崔蒙,等.加强中医药信息产业化,推动大中药产业健康发展[J].中国药房,2013,24(7):577-579.
[5] 韩丽,魏春燕,魏博,等.探讨中药保健食品研发的思路[J].食品安全导刊,2015,(9):62.
[6] 邵晶,杜丽东,吴国泰,等.红芪等4种中药多糖对环磷酰胺所致免疫低下小鼠模型的免疫调节作用对比研究[J].中国临床药理学杂志,2017,33(21):2175-2178,2186.
[7] 杨延.茶叶中活性成分分析[J].广东蚕业,2019,53(2):22-23.
[8] 詹皓,吴峰,陈良恩,等.有助于改善睡眠的中药类保健食品与药膳研究进展[J].中国疗养医学,2016,25(11):1127-1131.
[9] 齐佳龙,齐昌菊,杨睿,等.中医治未病理论的古代文献梳理及内涵浅析[J].中医文献杂志,2021,39(1):34-36.
[10] 尚世由,农泽宁,李秀芳,等.基于中医体质辨识及经络特点的中医治未病研究[J].亚太传统医药,2021,17(2):65-68.
[11] 张丹.基于"四时调阳"理念构建中医内科"治未病"新体系的应用[J].中医药管理杂志,2021,29(9):247-248.
[12] 焦雨琦,党赢,海日,等."阴阳学说"视域下的中医疮疡"半阴半阳证"理论探微[J].中国医药导报,2021,18(6):161-164.
[13] 眭师宜,陈秘密,毛婉萍.情志疗法结合五行学说在中医美容中的初探[J].人人健康,2020,(12):125.
[14] 潘道友.基于中医气血理论探讨推拿与中医美容的关系[J].中国民间疗法,2020,28(14):11-12.
[15] 李慧敏,贺凯,郑慧,等.中医药健脾的保健作用机制及药食资源[J].中草药,2020,51(3):780-787.
[16] 周远,苏式兵.中药复方配伍的研究方法及其进展[J].中国实验方剂学杂志,2019,25(23):202-208.
[17] 陈海锦,陈子珺,都广礼.中药复方配伍规律的现代研究进展[J].中华中医药学刊,2018,36(12):2835-2841.
[18] 赵嘉祺,陈建萍,傅超美,等.中药袋泡茶剂的现代定位与关键问题分析[J].中药材,2017,40(12):2978-2983.
[19] 张娇,蒋倩倩,张伯言,等.基于AHP-CRITIC法正交优选乌甘袋泡茶提取工艺及抗炎作用研究[J].中草药,2020,51(8):2177-2184.
[20] 王艳宏,栾宁,樊建,等.中药功能性软糖的研究进展[J].中国中药杂志,2019,44(24):5345-5351.
[21] 许枬,周翎,王丽娜,等.传统中药发酵研究的思路与方法[J].中成药,2016,38(10):2239-2243.
[22] 胥敏,吴纯洁,严丹,等.中药发酵技术传承与创新的探索[J].中国实验方剂学杂志,2015,21(23):230-234.
[23] 何栾樱,林子淳,卢建东,等.基于灵芝双向固体发酵雷公藤减毒持效的研究[J].北京化工大学学报(自然科学版),2021,48(4):48-56.
[24] 王耀新,陈丽娜,韩国庆,等.中药发酵技术研究概况[J].中医药信息,2018,35(6):120-124.
[25] 潘扬,彭薇,刘春美.运用双向发酵技术建立中药微生物药代模型的设想[J].食品与生物技术学报,2013,32(3):225-231.
[26] 姬亚男,高吉鑫,马云锡,等.气调技术对中药材储藏害虫药材甲 Stegobiumpaniceum 存活的影响[J].甘肃农业大学学报,2020,55(4):92-97.

[27] 黄雪,张慧,彭舒悦,等.天然可食性壁材虫胶在功能组分微囊化中的应用研究进展[J].食品科学,2019,40(17):317-324.

[28] 李成文,孙美侠,苗明三.不同保藏方法对高温下桃仁中维生素E稳定性的影响[J].中药材,2005,28(2):137-140.

[29] 赵明明.论新技术在保健食品生产中的应用[J].现代食品,2021,(1):119-120,129.

[30] 路福平,刘逸寒,薄嘉鑫.食品酶工程关键技术及其安全性评价[J].中国食品学报,2011,11(9):188-193.

[31] 史秀珍.酶工程在食品加工中的作用探讨[J].食品安全导刊,2016,(9):96.

[32] 周景文,高松,刘延峰,等.新一代发酵工程技术:任务与挑战[J].食品与生物技术学报,2021,40(1):1-11.

[33] 李从林.细胞工程在制药方面的研究[J].科技风,2021,(5):173-174.

[34] 郭佳,厉雪纯,方园,等.利用单细胞融合技术高效获得融合细胞的方法[J].中国兽医学报,2019,39(4):782-786,799.

[35] 卢立新,徐婧,潘嘹.刺激响应型微胶囊研究进展[J].食品与生物技术学报,2021,40(6):8-17.

[36] 杨巍巍,张海荣,李淑珍.胶囊技术及其在食品中的应用[J].沈阳师范大学学报(自然科学版),2021,39(3):238-241.

[37] 侯琤斐,任虹,彭乙雪,等.膜分离技术在食品精深加工中的应用[J].食品科学,2012,33(13):287-291.

[38] 汪陈平,陈志元,李丹,等.膜分离技术在保健酒生产中的应用[J].酿酒科技,2015,(8):67-70.

[39] 吴劼.高咖啡碱速溶茶粉的膜分离制备及其能量饮料开发[J].茶叶科学技术,2014,(3):34-37.

[40] 李丰,毓志超,闵曼,等.超临界流体技术研究进展及在中药检测中的应用[J].广东化工,2021,48(12):106-107.

[41] 吴蕾.中药化妆品的研制开发与发展方向[J].科技风,2016,(19):190.

[42] 李能.2020年中国化妆品监管动态回顾[J].日用化学品科学,2021,44(5):11-16.

[43] 冯年平,孙世.中国传统特色化妆品赢获消费者青睐[J].中国化妆品,2021,(8):34-37.

[44] 任海毅,王巧娥,董银卯,等.药用库拉索芦荟活性多糖的护肤特性研究[J].药物评价研究,2012,35(6):431-434.

[45] 王英存,汤晓琳,刘丹,等.红景天提取物应用于化妆品的生化和细胞学功效评价[J].日用化学品科学,2018,41(3):44-50.

[46] 张建英,贾龙,张化.正交实验优选沟眶象甲壳素的超声波提取工艺[J].生命科学研究,2018,22(5):355-362.

[47] 熊善波,肖全伟,何鲭,等.微波萃取结合高效液相色谱-电感耦合等离子体质谱法分析测定干制食用菌中汞的形态[J].食品与发酵工业,2020,46(22):252-256.

[48] 王秋红,赵珊,王鹏程,等.半仿生提取法在中药提取中的应用[J].中国实验方剂学杂志,2016,22(18):187-191.

[49] 于敬,周晶.生物酶解技术在中药提取中的应用[J].现代药物与临床,2010,25(5):340-344.

[50] 孙珊珊.高速逆流色谱分离纯化百华花楸中的多酚化合物及几种小分子化合物与人血清白蛋白相互作用研究[D].沈阳:辽宁大学,2019.

[51] 叶陈丽,贺帅,曹伟灵,等.中药提取分离新技术的研究进展[J].中草药,2015,46(3):457-464.

[52] 樊振东.分子蒸馏分离重烷基苯技术研究[D].淄博:山东理工大学,2017.

[53] 张丹,王颖莉,杜晨晖,等.生物学技术在药用植物鉴定中的研究进展[J].中国实验方剂学杂志,2021,27(1):214-222.

[54] 翟雪芹,何义,高玉,等.应用基因芯片技术研究冠心病秽浊痰阻证差异表达基因及其通路[J].中国中西医结合杂志,2021,41(8):922-927.

[55] 陈凯丽,刘珍珍,王朋林,等.微流控芯片检测方法及其在畜牧兽医上的应用[J].动物医学进展,2019,40(5):115-119.

[56] 田露露.基于微流控芯片技术的仙鹤草抗肝肿瘤药效物质及初步作用机制研究[D].沈阳:辽宁中医药大学,2019.

[57] 吴佳颖,李栋基,陈翔,等.基于微流控芯片技术的秀丽隐杆线虫药物筛选体系研究进展[J].药物分析杂志,2021,41(6):929-942.

[58] 罗绍强,唐青涛,吴志韻.纳米透皮技术在化妆品中的应用[J].日用化学品科学,2011,34(9):22-26.

[59] 王小凤.脂肪酸淀粉酯Pickering乳液的制备及其性质研究[D].沈阳:沈阳师范大学,2021.

[60] 方顺翔.核桃多肽纳米脂质体制备、结构及稳定性研究[D].北京:北京林业大学,2020.

[61] 莫雪蕊,陈君超,金铭,等.传统艾灸艾烟安全性的研究进展[J].中国医药导报,2020,17(6):23-25,43.

[62] 曹玲,于丹,崔磊,等.艾叶的化学成分、药理作用及产品开发研究进展[J].药物评价研究,2018,41(5):918-923.

[63] 谢利,刁本恕,刁灿阳,等.扶正减毒抗癌方联合艾灸对非小细胞肺癌放射治疗增效减毒作用的临床研究[J].辽宁中医杂志,2016,43(4):762-764.

[64] 茅柳燕,庄姬.揿针联合电子灸治疗慢性肾脏病腰酸临床研究[J].新中医,2019,51(9):222-225.

[65] 何芙蓉,赵百孝,郑美凤.艾灸涌泉治疗失眠症的临床文献评析[J].中国针灸,2018,38(5):541-544.

[66] 陈敏,候永芳,贾永锋.一种组合式自热灸疗贴[P].中国专利:201420257571.9,2014-11-26.

[67] 洪国萍,刘岩,孙慧丽.艾灸贴治疗颈椎病的疗效观察[J].世界最新医学信息文摘,2019,19(52):111-112.

[68] 王海蓉.艾灸贴在颈椎病治疗中的应用[J].当代护士(中旬刊),2019,26(1):98-99.

[69] 李丹.古代香囊里的文化韵味[J].幸福家庭,2019,(9):55.

[70] 邢雪梅,张云云,李航.中药香袋对胸部手术患者术前焦虑情绪的影响[J].中华护理杂志,2011,46(1):78-79.

[71] 史富娟,杨俊玲.PVA缓释微香囊的研制及结构表征[J].纺织学报,2011,32(3):86-90.

[72] 史富娟,杨俊玲,张龙.界面聚合法制备缓释微香囊[J].兰州大学学报(自然科学版),2010,46(S1):219-222,225.

[73] 李小宁,卫玲,张骞文,等.中药足浴疗法对妇科肿瘤化疗患者睡眠及生活质量的影响[J].西部中医药,2020,33(6):135-137.

[74] 郑慧敏,李健.中药足浴临床应用研究进展[J].江苏中医药,2013,45(12):75-77.

[75] 暴昕.中药足浴治疗痛经组方和疗效调查[J].中国民康医学,2010,22(12):1600.

第十章 中药农兽药产品应用技术

第一节 概　述

我国自古以来就是一个农业大国，农耕文明源远流长，农业作为第一产业，是我国国民经济的重要组成部分，其发展直接关系着社会的稳定[1]。农业是以土地资源为生产对象，通过培育动植物生产食品及工业原料的产业[2]。农业有广义和狭义之分，狭义的农业仅指种植业，而广义的农业主要分为种植业、水产业、畜牧业、林业、副业及采矿业[3]（图10.1）。利用土地资源进行种植的称为种植业；利用土地空间进行水产养殖的称为水产业，又称渔业；利用土地资源培育或者直接利用草地发展畜牧的称为畜牧业；利用土地资源培育采伐林木的称为林业；对这些产品进行小规模加工或者制作的为副业[4]。

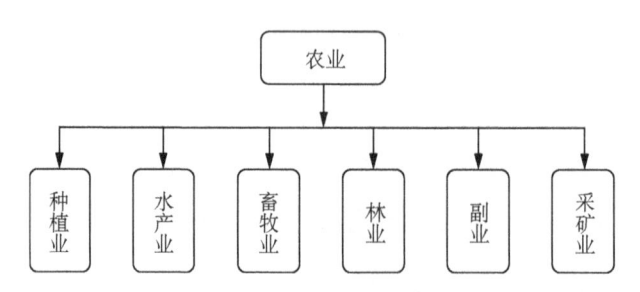

图 10.1　农业的主要分类

中医药作为中华民族的瑰宝，在中国古代农业生产中应用颇多，具有不可磨灭的贡献。早在中国周代的《礼记》当中就有"以莽草熏之除虫"的中药农药杀虫的史料记载[5]。我国最早的药学专著《神农本草经》中就有"牛扁疗牛病""桐叶治猪疮""雄黄治疥癣"的有关中兽药记载[6]。中国古代"五大农书"《齐民要术》《王祯农书》《农桑辑要》《农政全书》《授时通考》引用中医原理和方法在农业上应用颇多[7]。北魏贾思勰所著《齐民要术》中明确记载了家畜疾病治疗的四十余种方技，如"以藜芦根煮水治虫"的古法[8]。明代李时珍的《本草纲目》中记载了石灰、百部、藜芦、狼毒、鱼藤根等大量有杀虫作用的中药，为开发中药农药杀虫剂积累了宝贵的经验。

随着人们生活水平的提高，对绿色安全的动物食品需求量越来越大，安全无抗生素残留的动物食品将是畜牧业发展的必然趋势。近年来，由于化学药品及其抗生素的滥用导致农副产品的药物残留增多，严重影响消费者的身体健康，同时对环境造成污染。而中药具有药源天然特性，其低残留性、无抗药性是化学农药无法比拟的，将在某些领域逐步取代化学药品（图 10.2）。中药农业生产可保证农产品、水产品、家畜产品绿色健康、安全可靠，这无疑是长远发展的必然趋势。中药在农业的应用主要分为中药农药、中药肥料、中兽药、中药饵料四类。中药农药、中药肥料主要应用于种植业与林业；中兽药主要应用于畜牧业；中药饵料主要应用于水产业。

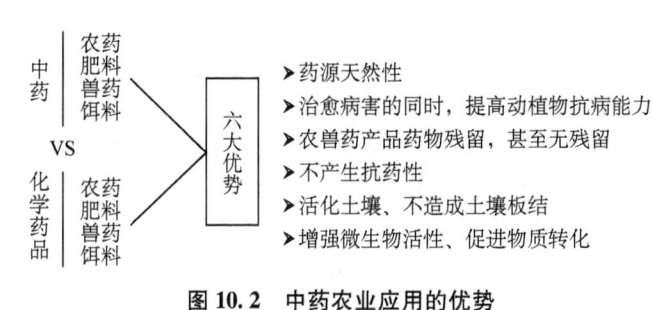

图 10.2　中药农业应用的优势

六大优势：
- 药源天然性
- 治愈病害的同时，提高动植物抗病能力
- 农兽药产品药物残留，甚至无残留
- 不产生抗药性
- 活化土壤、不造成土壤板结
- 增强微生物活性、促进物质转化

第二节　中药农药应用技术

中药农药是根据传统中医药理论及其现代药学研究，将具有杀虫、抗菌、抗病毒、除草作用的中药单独或复配使用，并采用合理工艺制备相关剂型，用于防治农业上各种病虫害和调节农作物生长发育的农药。中药农药在杀菌治虫、控制病虫害蔓延、提高农业生产水平上有着不可替代的作用。中药农药由于对人畜安全、不杀伤天敌昆虫、选择性强、对生态环境影响小等特点，正日益受到人们的广泛关注[3]。从传统中药中提取具有杀虫、抗菌、抗病毒功效的农药活性成分制备新一代超高效低毒的中药农药，正成为近年来新农药创制的趋势[9]。

一、中药农药报批

依据《农药管理条例》，中药农药的报批流程主要分为田间试验、临时登记和正式登记三个环节[10]（图 10.3）。田间试验即农药研制者向农业农村部农药检定所提出申请，经审查批准后可按照《农药田间药效试验准则》实施；临时登记是在田间试验后，生产者需要进行示范试验（面积超过 100 000 m²）、试销，并向地省级农业行政主管部门所属的农药检定机构提出临时登记申请，经审批后，由农业农村部发给原药和制剂农药临时登记证。正式登记是经过示范试验、试销可以作为正式商品流通的农药，其生产者应向农业农村部农药检定所提出原药和制剂正式登记申请，经国务院农业、化工、卫生、环境保护部门和全国供销合作总社审核同意后可颁发原药和制剂农药登记证。农药登记证有效期为 5 年，可以续展。

起点　提出申请 ⇒ 田间试验 ⇒ 临时登记 ⇒ 正式登记 ⇒ 颁发中药农药登记证　终点

（中药农药报批流程）

图 10.3　中药农药报批流程

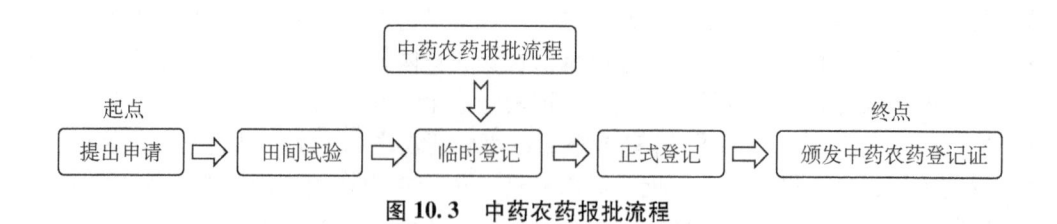

二、中药农药制备技术

中药农药制备指选择具有抗病、杀虫作用的中药及其中药提取物，通过适当工艺加工制成适用于农药施药的剂型。目前常见的中药农药可分为两种类型，即复方中药农药和提取物中药农药，其中提取物中药农药又分为有效部位中药农药、活性成分中药农药、活性成分复方中药农药 3 种常见形式（图 10.4）。

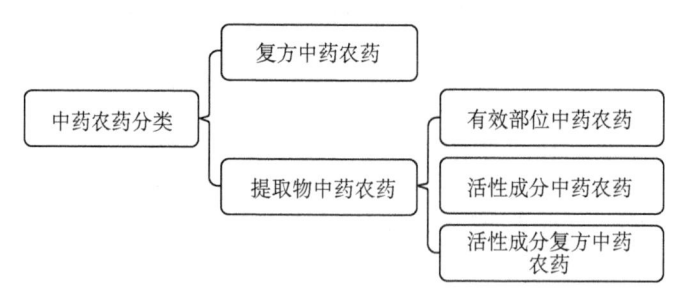

中药农药分类
- 复方中药农药
- 提取物中药农药
  - 有效部位中药农药
  - 活性成分中药农药
  - 活性成分复方中药农药

图 10.4　中药农药分类

（一）复方中药农药制备技术

复方中药农药是选取具有杀虫、抗菌、抗病毒或毒性的中药通过适当的复配原理组成复方，并通过合理工艺加工成用于防治病虫害的中药农药[11]。复方中药水提液制剂是按照传统水煎煮方式，选择具有杀虫、抗菌、抗病毒的中药组成复方，加入适当倍量的水煎煮，将煎煮液过滤、浓缩即得。此方法是中药农药最常用、最简单的制备方式。其中烟雾剂的制备较为特殊，即将晾晒干燥的具有杀虫作用的中药适当粉碎，加入硝酸铵、锯末、辣椒粉、辣椒杆粉、烟草杆粉混合均匀，装入烟雾剂纸筒，插入鞭炮焾子即得，具体制备流程如图 10.5 所示。常用的防病虫害中药可分为以下三类（图 10.6）：以杀虫作用为主，如蛇床子、苦参、藜芦、白鲜皮、苦楝皮；以抗菌、抗病毒作用为主，如蒲公英、穿心莲、山豆根、金银花、虎杖；以毒性作用为主，如鸦胆子、乌头、商陆、马钱子、雷公藤。

中药 ⇒粉碎⇒ 粉末 （加入 硝酸铵、锯末、辣椒粉、烟草杆粉）⇒装入⇒ 纸筒 ⇒插入焾子⇒ 烟雾剂

图 10.5　烟雾剂制备图解

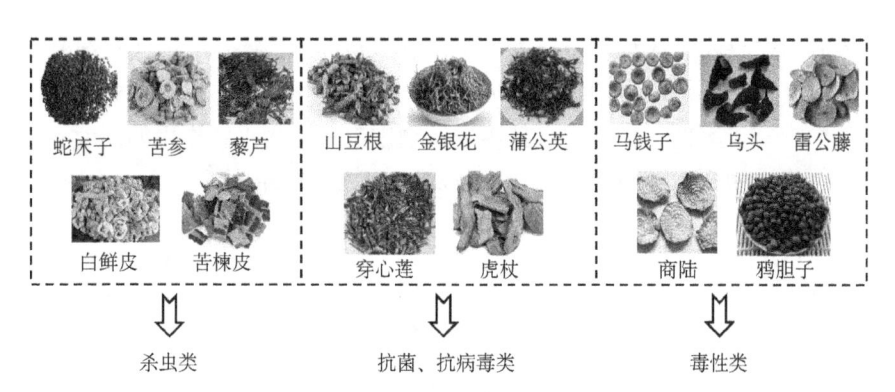

蛇床子　苦参　藜芦　　山豆根　金银花　蒲公英　　马钱子　乌头　雷公藤

白鲜皮　苦楝皮　　穿心莲　虎杖　　商陆　鸦胆子

⇩杀虫类　　⇩抗菌、抗病毒类　　⇩毒性类

图 10.6　防病虫害中药分类及其举例

彩图 10.6

（二）中药提取物农药

单体中药农药指选取具有杀虫、抗菌、抗病毒或毒性的中药通过适当的提取、分离、纯化技术，优选药效较强的单体化合物，并通过合理工艺加工成用于防治病虫害的中药农药。此类中药农药针对性强，防病虫害效果明显，具有广泛的应用前景，如有良好杀虫作用的烟碱、苦参碱、百部碱等，以毒扁豆碱为模板合成的氨基甲酸酯杀虫剂，是世界公认的三大类成熟杀虫剂之一[12]。苦参碱作为天然的植物源广谱杀虫剂，具有胃毒和触杀作用，其杀虫机制为通过麻痹害虫神经中枢，从而使虫体蛋白质凝固、气孔堵塞，最后窒息而死[13]。其主要杀灭刺吸式口器害虫、咀嚼式口器害虫和虹吸式口器害虫。目前国内的苦参碱农药制剂有 0.36% 苦参碱水剂、0.5% 苦参碱水剂、1% 苦参碱醇溶液、1.1% 苦参碱溶液和 1.1% 苦参碱粉剂等[14]。这些单体中药农药已应用于蔬菜、果树、茶叶和烟草等作物上，对害虫具有良好的防治效果。目前常见的用于防病虫害的中药单体有生物碱类（尼古丁、喜树碱、雷公藤碱、小檗碱、苦豆碱、苦参碱）；萜类（印楝素、川楝素、茶皂苷）；黄酮类（鱼藤酮、胡桃醌）；蒽醌类（茜草素）；挥发油类（桉树油、薄荷油）；香豆素类（蛇床子素、花椒毒素）等[15]。

（三）常见中药农药剂型

中药农药的原药一般不能直接使用，必须加工配制成各种类型的制剂才能使用。我国目前使用最多的剂型是乳油剂、悬浮剂、可湿性粉剂、粉剂、粒剂、水剂、毒饵等十余种剂型[16]。除此之外，也有中药农药缓释剂型，如黏附控制释放剂、吸附颗粒剂、空心纤维剂、微胶囊剂等。喷雾施药是农作物施药的最常用方式，所以中药农药的多数剂型也是以喷雾施药方式为目的制作的，如乳油剂、悬浮剂、可湿性粉剂、水剂及微胶囊剂等。具体剂型如图 10.7 所示。

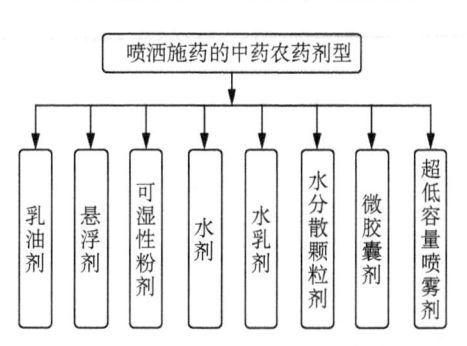

喷洒施药的中药农药剂型
- 乳油剂
- 悬浮剂
- 可湿性粉剂
- 水剂
- 水乳剂
- 水分散颗粒剂
- 微胶囊剂
- 超低容量喷雾剂

图 10.7　喷洒施药为主的中药农药剂型

1. **中药农药乳油剂**　乳油剂是我国用量较大的一个剂型，中药乳油剂是将中药成分按比例溶解在有机溶剂（甲苯、二甲苯等）中，加入一定量的农药专用乳化剂（如烷基苯磺酸钙和非离子等乳化剂）配制成透明均相液体[17]（图 10.8）。其有效成分含量高，一般在 40%~50%。因为乳油中含有

乳化剂，有利于雾滴在农作物、虫体和病菌上黏附与展着。施药且沉积效果比较好，持效期较长，药效好。乳油除可用喷雾器喷洒外，还可涂茎、灌心叶、拌种、浸种等。但应注意乳油中含有机溶剂，在促进农药渗透植物表皮和动物皮肤作用的同时，其残留时间较长，应严格控制药量和施药时间，以免发生药害及中毒事故。

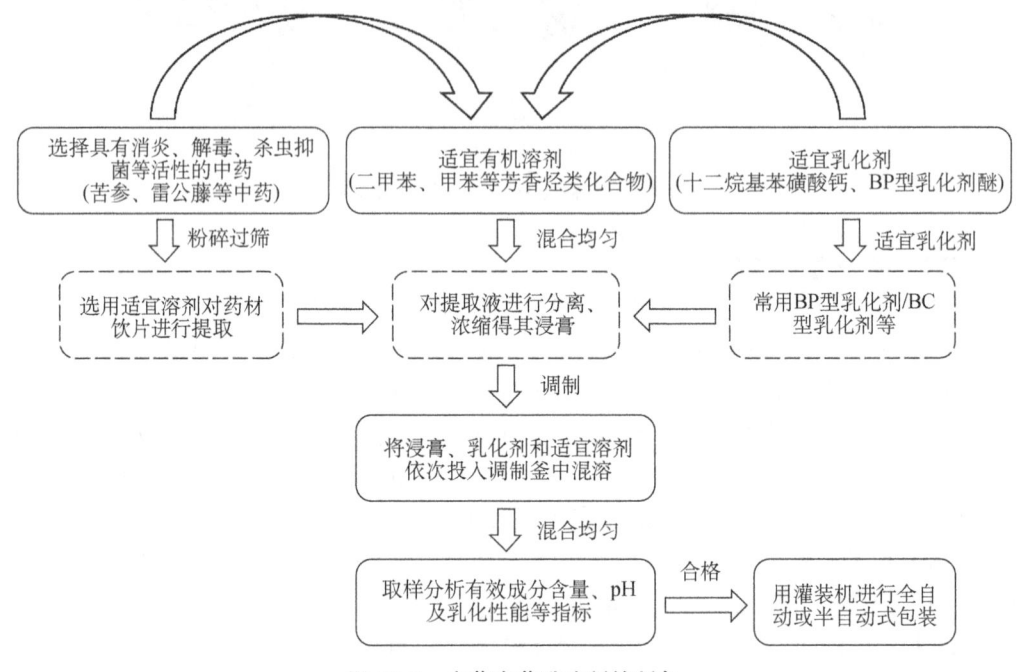

图 10.8　中药农药乳油剂的制备

2. 中药农药可湿性粉剂　可湿性粉剂是在粉剂的基础上发展起来的一个剂型，它的性能优于粉剂，其颗粒细度比粉剂更小，它是用中药农药和惰性填料及一定量的赋形剂或附加剂（湿润剂、悬浮稳定剂、分散剂等）按比例充分混匀和粉碎后制成，粒径在 74 μm 以下，99.5%可通过 200 目筛，其有效成分含量高于粉剂农药，一般为 20%～70%，且湿润时间小于 2 分钟，悬浮率60%以上质量标准的细粉（图 10.9）。使用时加水配成稳定的悬浮液，喷雾施药即可。其黏附性好，药效也比同种原药的粉剂好。

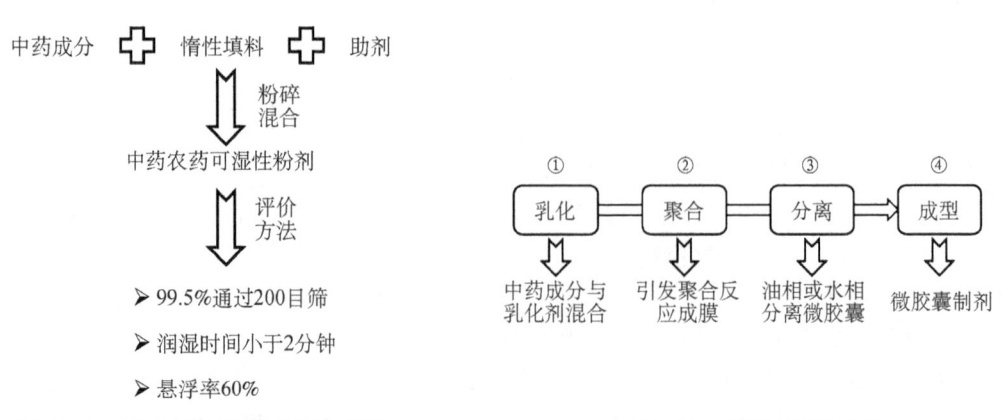

图 10.9　中药农药可湿性粉剂的制备　　　　图 10.10　微胶囊制备流程

3. **中药农药微胶囊剂** 目前关于中药农药的缓释剂型种类较多,其中以微胶囊剂型开发较多,如图10.10所示。微胶囊剂即将中药农药有效成分包在高聚合物囊中,粒径为几微米到几百微米的微小颗粒[18]。微胶囊喷洒在田间植物或暴露在环境中的昆虫体表时,胶囊壁破裂、溶解、水解或经过壁孔的扩散,囊中被包的药物缓慢地释放出来,可延长药效,提高中药农药利用率,减少施药次数,同时提高中药农药稳定性,延长持效期。微胶囊成品颗粒一般为20~50 μm粉状物,便于包装、储存和运输。

4. **中药农药超低容量喷雾剂** 中药农药超低容量喷雾剂是一种油状剂,又称为油剂。它是由中药农药和溶剂及其助溶剂、稳定剂等混合加工而成(图10.11)。油剂不含乳化剂、不能兑水使用,直接喷洒即可。其药液以极细的雾滴、极低的用量喷出,是供超低容量喷雾施用的一种专用剂型。由于该剂喷出雾粒细(其直径70~120 μm),浓度高,单位受药面积上附着量多,因此加工此类制剂的中药农药必须高效、低毒,且要求溶剂具有挥发性低、密度较大、对作物安全等特点。与常规喷雾剂型相比,其功效高出数百倍,且以高沸点油质性溶剂作为载体,更耐雨水冲刷,药效期更长。

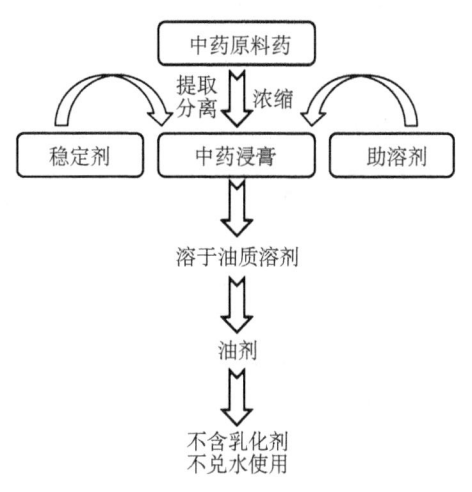

图10.11 中药农药油剂的制备流程

三、中药农药开发应用技术

病虫害是农业生产的重大问题,如何开发具有针对性强、效果好的中药农药才是应对病虫害的首要问题。依据中药农药杀虫活性成分对昆虫的作用方式,如胃毒、触杀、忌避、拒食、内吸、熏杀、麻醉、不育、引诱、抑制生长发育等,中药农药开发应将活性成分对昆虫的作用方式考虑在内。中药毒性活性成分,如生物碱毒性成分雷公藤碱、百部碱、苦参碱;豆科提取的鱼藤酮类成分,楝科提取物川楝素等,皆为中药毒杀、触杀型农药杀灭害虫的常见毒性活性成分,这些毒性活性成分在中药农药的开发选择上占有最大的比重。引起忌避、拒食、熏杀作用方式的主要成分是中药挥发油类及刺激性气味的成分,如大蒜油、花椒油、印楝素、川楝素等。而引起害虫麻醉的活性成分主要是雷公藤总碱、苦楝皮素等。目前中药农药的开发主要选择含有毒性、驱虫效果、挥发油类中药品种,通过提取、纯化得到活性更强的杀虫成分,植物防病治病中药农药开发主要聚焦于抗菌、抗病毒类中药。

传统的农药制剂包括乳油剂、可湿性粉剂、颗粒剂和粉剂,4种剂型约占据50%的市场份额,4种制剂既危害使用者,又污染环境,持效期短,长期大量使用容易增加残留和产生抗性。随着环保要求的不断提高,高效、低毒、低残留、经济、环保的水基、粒状、缓释、多功能剂型已成为农药制剂加工发展的方向和研究热点。此外,防病虫害的中药农药配方也逐渐出现在大众的视野,所谓病虫害即指病害和虫害。病害一般由细菌、真菌、病毒滋生引起,而虫害顾名思义便是由喜食农作物的害虫引起。按照病虫害的分类,中药防病虫害农药可分为中药源抗细菌剂、中药源抗真菌剂、中药源抗病毒剂和中药源杀虫剂。研究表明，天南星、大蒜、金香草、猪牙皂、洋葱、龙芽草等具有抗细菌的作用；细辛、土槿皮、青蒿等具有抗真菌作用；商陆、藜芦、蒲公英等具有抗病毒作用；苦楝皮、附子、马钱子等具有杀虫作用。按照中药复配方式，中药农药防病虫害配方有以下4种，即中药抗细菌配方、中药抗真菌配方、中药抗病毒配方、中药杀虫配方（表10.1）。

表 10.1　常见中药农药分类及其配方

中药农药配方	配方组成列举
中药抗细菌配方	雄黄 15 kg，硼砂 15 kg，天南星 10 kg，猪牙皂 10 kg，大青叶 15 kg，红藤 12 kg，土瓜狼毒 15 kg，草藓 5 kg，附子 19 kg，莨菪子 4 kg
中药抗真菌配方	玄参 4 kg，白鲜皮 4 kg，土槿皮 4 kg，射干 4 kg，益母草 3 kg，鱼腥草 3 kg，大黄 2 kg，苦参 2 kg，青蒿 2 kg，苦楝皮 2 kg
中药抗病毒配方	甘草 5 kg，虎杖 5 kg，射干 5 kg，蒲公英 5 kg，穿心莲 2 kg，板蓝根 2 kg，山豆根 2 kg，二花 2 kg，大青叶 2 kg
中药杀虫配方	杀虫菊 8 kg，商陆 5 kg，雷公藤 5 kg，鱼藤 2 kg，闹羊花 2 kg，羊角拗 2 kg，烟叶 2 kg，苦楝皮 2 kg，花椒 2 kg，马前子 100 g

（一）高通量配方开发技术

高通量技术作为21世纪一项全新的快速开发技术，已被广泛应用于药物开发和聚合物催化剂筛选当中，但目前高通量技术在农药制剂特别是悬浮剂的开发还没有得到普遍应用。通过高通量配方制备技术，使农药悬浮剂配方的开发速度提高了5~10倍，同时提高了配方筛选的效率和准确性。而且随着大量原始数据的积累为配方中各组分相互作用机制的研究提供了可能。首先用高通量配方设计软件 Library Studio[19] 进行配方设计，包含配方数目、组分及比例和添加顺序；然后用自动化设备进行配方制备，所有配方均在4行6列的多孔板上配制，反应器体积为20 mL 塑料容器，制备过程用到 Free Slate 公司粉末分配设备和高黏度配方制备设备，前者用来进行吡虫啉原药固体粉末的添加，后者用于液体加料和高速分散。配方制备完成后按照流动性打分方法进行快速评估筛选；符合流动性要求再进行稳定性评估；最后进行配方组成和构效关系分析及建模。通过该流程，每天可快速筛选至少96个悬浮剂配方。将高通量配方技术应用于农药悬浮剂配方开发，缩短了配方开发周期，并开发出对原药普适性强的悬浮剂配方。

（二）控制释放制剂开发技术

控制释放制剂分为缓释制剂和控制释放制剂两种，而缓释制剂包含常规缓释技术和超长效缓释技术，前者主要用于防治卫生害虫、储粮害虫、地下害虫等，主要在封闭环境中缓释药剂；后者可数月或数年在开放性环境中缓释施药，如海洋防腐用药、特种信息素缓释用药。此外新开发的控制释放技术适用范围较广，尤其适用于大田，能实现精准施药，是绿色安全农药制剂技术的重要发展方向。

1. 预设条件下快速释放技术　预设条件下快速释放技术主要涵盖3个方面：①田间施用后快速释放的微囊制备，该制备过程中关键技术在于把微囊材料设计成对 pH 敏感的类反渗透膜，把制剂按材料要求设置成微酸性或微碱性，囊内药物不能透过囊膜外溢，保持了制剂稳定。施药稀释恢复中性后，药物快速释放。②微碱性条件下释放技术，用该方法特别适合将防治鳞翅目害虫的杀虫剂制成微囊悬浮剂。甜菜夜蛾、棉铃虫、玉米螟等鳞翅目害虫幼虫的消化道呈碱性，此种微囊悬浮剂进入这些害虫的消化道后，在碱性条件下释放出有效成分而发挥作用。若在制剂中定向添加诱食剂，其防治效果会更好。③微酸性条件下释放技术，可进行种子处理或田间茎叶喷施的一些杀虫剂适合被制备为这类制剂。喷施在茎叶上的药液因水分蒸发而浓缩，酸性增加，药物迅速从囊中释放出来。该技术的关键步骤是对囊材进行结构修饰，嵌入易遇酸水解的基团（如低聚乙缩醛基团），使制剂遇酸后囊中药物破囊而出。

2. 水中不释放技术　一些农药品种药效高，但对水生生物高毒，这限制了其在水田的应用。而这一技术的开发给这些农药品种带来了水田应用的可能，且带来了巨大的市场空间。水中不释放技术的关键核心为其水相与农药原药油相混合所得油包水体系，以此体系为囊芯物来制备微囊悬浮剂，按渗透平衡和使用要求在囊中和囊外水相中，加入渗透压调节剂（如盐、醇等），使制剂在储存期内囊外渗透压大于囊内渗透压，使制剂保持稳定。施用后，药剂黏附在植物表面，由于囊外的水相蒸发，在囊内水分的推动下破囊而出。掉入水中的药剂，由于囊外渗透压大于囊内，故能长时间储存于囊内，而下沉到水底污泥中致降解。在我国农药制剂技术领域中，控制释放技术和超长效缓释技术与国际水平差距最大。研发和开发一系列关键技术是今后我国在农药制剂方面的重要发展方向。

四、中药农药施药技术

目前，中药农药的施药方式千差万别，针对不同植物选择合理的施药方式也尤其重要。按照不同植物类别施药可分为林木果树施药、农作物施药、土壤施药；按照施药范围可分为大规模施药和小规模施药。具体施药分类如图 10.12。

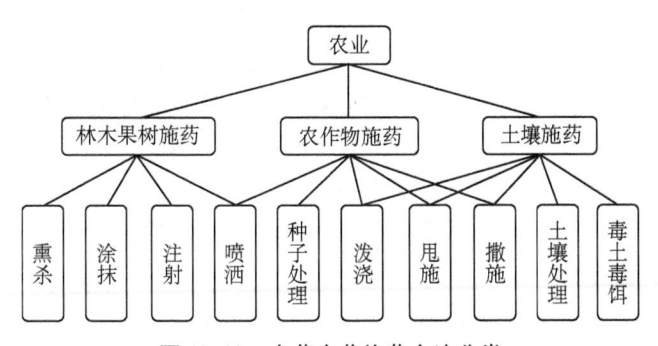

图 10.12　中药农药施药方法分类

（一）喷洒施药技术

喷洒施药是农业生产中大面积防治病虫害的常用方式，其发展过程如图 10.13 所示，主要分为喷雾施药和喷粉施药两种，其中喷雾法是农作物施药的最常用方式。

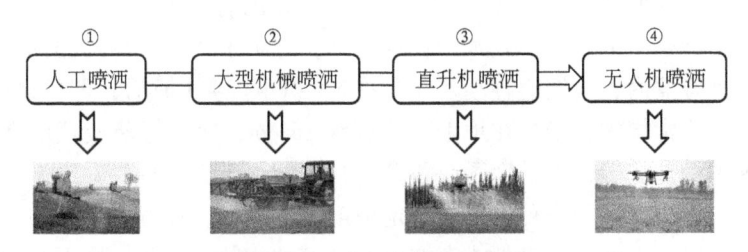

图 10.13　喷洒施药发展阶段

喷雾施药是防治农作物病虫害和杂草最常用的一种施药方法,取一定量液状中药农药制剂与适量的水配成药液,利用喷雾药械将药液喷洒成雾滴,均匀地分布在作物或防治对象表面,形成药膜,达到防治病虫的目的[20]。喷雾施药适用于乳油剂、水剂、可湿性粉剂、悬浮剂、油剂、可溶性粉剂等中药农药剂型,可做茎叶处理,也可做土壤处理。喷雾法因药液可直接触及防治对象,具有分布均匀、见效快、防效好、方法简便等优点,但也存在易飘散流失、施药人员安全性较差等缺点。

喷粉施药是利用喷粉器所产生的风力将具有良好分散度的中药农药粉剂均匀地撒在作物或防治对象的表面,从而达到防病杀虫的目的。喷粉施药的主要优点:工作效率高,手动喷粉器一个单机日施药 13 000~20 000 m²,是手动喷雾法的 10 倍;不受水源限制,适用于大面积防治和水源缺乏的地区。缺点:农药回收率低,一般为 20%,仅为常量喷雾的一半;易受环境因素影响,若风力超过 1 m/s,则不能喷粉,喷粉后 24 小时内遇雨会降低药效,应补喷药粉;粉剂黏着力差,飘散性强,防治效果一般不如喷雾法,易污染环境。

(二)涂抹施药技术

涂抹施药是目前国内外使用的一种新技术,可形象地理解为医学上的"外科涂药"。此法是将中药农药涂抹在作物或杂草体上,通过茎叶吸收传导或药剂本身的黏附作用以达到防病虫害的目的。涂抹施药防病虫害的方式主要分为两种:①内吸性防病虫法,将具有内吸性的中药农药涂抹在植物的茎、叶、生长点等部位,通过茎叶吸收传导,将药液送达病害部位从而起到防治作用。此法主要用于防治具有刺吸式口器的害虫和钻蛀性害虫,也可施用具有一定渗透力的杀菌剂来防治病害。②外周型防病虫法,主要用于果树类,因生长、结果、落叶生物学阶段变化,春、夏、秋、冬四季气候变化而进行地上、地下转移生存,树干内、树干外转移生存的害虫成虫(主要为蛾、蝶类)、幼虫转移期的防治。根据此类害虫的转移生存习性,其防治方法分为地表用药和树干用药两种。树干用药以粘杀剂为主,将粘杀剂涂抹树干一周,在遇害虫转移时,将其黏附杀死。除此之外,粘杀剂也可用于特定害虫段施药。地表用药以粉剂为主,将药粉均匀撒在树冠下部地面,将药粉与土壤搅拌均匀,从而杀死迁移的害虫。

(三)种子处理技术

种子处理技术是将特定的中药农药与种子混匀或浸润以达到防治地下害虫、种子带菌和土传病害的措施,主要分为拌种、浸渍、浸种和闷种 4 种方法[21]。

(1)拌种法:利用拌种器或其他工具将一定量的药粉或药液与种子混合拌匀后播种,主要用于防治附带在种子上的病菌和地下害虫及苗期病害。此法分为干拌法和湿拌法两种:①干拌法是将高浓度粉剂农药附着在种子表面,药剂随种子带入土壤中,待种子在土壤中吸水后才发挥药效。②湿拌法主要是用乳化剂农药拌种,拌种时先按比例将农药、水、种量称好,把农药倒入水中稀释均匀,把种子倒入拌种容器内,然后将农药稀释液倒入拌种容器内,边倒边翻动,充分拌匀后堆闷 24 小时后,即可播种。

(2)浸渍法:常指把种子摊在地上,厚度约 15 cm,然后把药液喷洒在种子上,并不断翻动使种子全部润湿,盖上席子等覆盖物,堆闷 1 天后播种。

(3)浸种法:常将种子或种苗浸在一定浓度的药液里,经过一定时间浸蘸使种子或幼苗吸收药剂,以消灭种、苗表面或存在于其内部的病菌,并防治地下害虫的危害。浸种法可分为冷浸法和温浸法,对不易吸收药剂的种子,温浸法可提高种子对药剂的吸收度,但温度要严格控制在20~35 ℃。浸种法对用药类别、用药浓度、温度和时间要求严格,浸种后需确保种子发芽率,以防伤害种子。

(4) 闷种法:将药液与种子拌均匀后堆闷一定时间再播种。其目的是让具有内吸作用的药剂进入种内,提高药剂的杀菌能力。其次在堆闷时种子吸水后即开始了呼吸过程,呼吸产生的热量也有利于药剂的渗透。

(四) 熏杀技术

熏杀技术是利用毒气或毒烟来消灭有害病虫的方法,主要用于防治温室、大棚、仓库等密闭场所的病虫害,可分为熏蒸法和熏烟法两种。熏蒸法是采用熏蒸剂或易挥发的药剂,使其挥发成有毒气体而达到杀虫灭菌的效果。本法主要在密闭条件下进行,其优点是能消灭隐蔽性病菌和害虫,速效性较强。进行熏杀时应注意以下四点可能影响熏杀效果的因素:①农药药剂本身的物理特性,若为毒气熏杀则一般要求药剂沸点低、密度小、蒸气压高;②被熏杀物体表面的性质,对农药立体的吸附性能有较大影响,物体表面积越大,吸附药量越大,毒气吸入慢,熏蒸后散气也较慢;③温度升高,药剂容易挥发,同时,昆虫活动能力增强,熏蒸效果可以提高,但一般温度不超过20 ℃,湿度对熏蒸效果影响较小;④昆虫的种类和发育阶段对熏蒸效果有一定影响,其中,老龄幼虫药物抵抗力最弱,成虫药物抵抗力最强。此外,在进行熏杀时首先应注意熏蒸环境的密闭性,目前多采用仓库封闭法和熏蒸物体封闭法两种形式,其主要目的是创造一个密闭的环境,防止毒气外逸,使毒气很快地达到有效浓度;其次应注意控制熏杀的温度及湿度,温湿度过高易引起被熏物质的发霉、变质、腐蚀等现象;最后关键在于防止中毒,在熏杀过程中应注意专人看管,以避免他人误入作业区,熏蒸完后要彻底通风散气,确认无毒气后才可进行其他作业。

熏烟法是将烟剂农药点燃后产生浓烟弥散于空气中,起到防治病虫害的作用。一般选择川乌、草乌、雷公藤等毒性较强的中药配置烟雾剂,并加入锯末、辣椒粉、烟草杆粉等起到辅助杀虫的作用。辣椒本身毒副作用不大,但强烈的刺激气味,对害虫的嗅觉和视觉造成极大刺激和损害,使其不能正常活动,起到熏杀作用。锯末、辣椒杆粉、烟草杆粉主要起到辅助熏杀和隔绝氧气作用,以便于杀灭害虫[22]。

(五) 土壤处理技术

土壤处理技术是针对土壤采用喷粉、喷雾、撒毒土、撒颗粒剂或土壤注射药液等方法,将药剂均匀地施于土表或土层内,经机械翻耕或简单混土作业,使药剂分散于耕层中来防治病虫草害的一种施药方法。主要用于防治地下害虫、线虫、土传性病害和土壤中的虫、蛹,同时也适用于内吸剂施药,由根部吸收,传导至作物的地上部分,防治地面上的害虫和病菌。此法简单易行,受环境因素影响较小,适用于杀灭土壤中病菌和防除杂草,但用药量要准确、均匀,用药量一般根据土质、有机质含量或土壤含水量而定。

(六) 撒施、甩施技术

撒施法施药是利用简单的撒施工具,抛撒颗粒剂或毒土的最简便施药方法,此法具有使用方便、目标性强、无微粉尘飘散等优点,适用于土壤处理、水田施药及多种作物的心叶施药。通常撒施法施药有平抛撒施法和工具撒施法两种。平抛撒施法撒粒准确,易控制用量；工具撒施法主要是用勺、铲、塑料袋、瓶等甩撒，工具盛药粒后左右摆动或撒于土壤开沟内，达到防治病虫害的目的。撒施法施药在水田施肥中较为普遍，这种施药方法不需要任何机械，仅需携带装有农药的容器便可作业。撒施法较人工喷雾省工、方便、工效高，特别是在山区、丘陵地区和喷雾作业有困难的水田，更能显示其优越性。但撒施法不如喷雾法的药剂分布均匀，并要有一定的水层来保证农药的扩散，在水田中撒施农药时需要先灌注 3~5 cm 深的水层，撒施后应根据不同农药的保水做好补水。生产上为了省工方便，在水稻移栽后常将农药与化肥混拌撒施，因化肥用量少或因化肥吸水潮解撒不均匀而影响农药药效，一些安全性差的农药易造成药害，为安全起见，高毒农药不能制成毒土撒施。甩施技术通常指的是瓶甩，即将农药制剂装在瓶中，通过瓶盖口处的小孔，甩施法是一种方便、省工、工效很高的施药方法，每人每天可甩施近百亩，主要适宜水田施药。甩施法进行施药时需要注意手法，以免出现施药用量不均匀，或者甩到自己身上的现象。甩施法施药主要适宜水田施药，此法要求药剂具有良好的乳化性和扩散性，并且水田中要有均匀的水层。一般保持田间水层 3~5 cm，防止水田漏水，用手持瓶左右均匀甩动各 3~5 m 即可。甩施技术存在的主要问题是易出现堵塞现象，当选用的药剂不适宜时，药剂会聚集在甩瓶盖子上的孔洞中，导致药剂的甩施不完全。

（七）泼浇技术

泼浇施药是将定量的乳油剂、可湿性粉剂或水剂等，加水稀释，搅拌均匀，以盛器泼洒于田间的一种施药方法，主要适用于稻田施药。其特点是泼浇时水滴很大，能将在水稻植株上为害的稻螟虫击落水中，提高杀虫效果；泼浇到水田的药液借水层扩散，下沉后附于土表，形成封闭层，可对水层、土壤层中的病虫起到防治作用。泼浇施药技术最早使用于水稻防虫害，是防治水稻害虫的一种施药办法。防治水稻病虫主要依靠泼浇和弥雾两种方法，大面积生产上，泼浇法具有省成本、高效、安全等优点，科学应用，甚至起到弥雾法不可替代的作用。水稻生长中后期，群体密闭，病虫害种类多，发生量大，如稻螟虫、稻飞虱、稻纵卷叶螟、纹枯病等栖息在植株的中下部为害，应用泼浇法防治，由于水量足，药液由稻尖淋到叶鞘基部，直接接触靶标，发挥杀虫和防病效果，克服了弥雾法用水量少的不足。水稻病虫害总体防治时，正值高温期间，若选用弥雾法防治，雾滴细，容易飘散，稍有疏忽就会发生施药人员中毒；而泼浇法防治，由于水量大、浓度低，中毒事故发生的可能性较小，泼浇法还避免了弥雾机操作不匀而产生的作物药害现象，但泼浇法在具体操作时，也存在吸药不均匀、发生漏喷等现象。因此，可对泼浇机械进行改良，以免吸药不均匀、漏喷等现象的发生。

（八）毒土毒饵施药技术

毒土毒饵技术顾名思义可分为毒土施药与毒饵施药。毒土法是将中药农药制剂与一定粒度的细干土混合均匀后，撒在地面或播种沟穴内而达到防治病虫草目的的一种施药方法，主要适用于防治地下害虫和水田除草。毒饵法是将农药与害虫害鼠喜食的饵料、谷物拌匀，施于地面或巢穴，引诱其取食药饵，从而防治虫害。所用饵料有鲜草、豆饼、生饼、麦麸和炒香的秕谷等，所用药剂多数是胃毒剂。此法主要用于防治地下害虫、害鼠和害鸟等。

（九）注射施药技术

注射施药技术是一项效果突出的防病虫害手段，采取特制的工具，根据树木的蒸腾拉力将药物和养分输送到植物体内，调节植物的内部机制，使树木在吸收养分的同时驱虫避害，促进其新的发育和生长。传统树木病虫防治主要依靠化学药剂防治方法，施用化学药剂大多采用喷雾法，但该方法缺点十分突出，在喷雾时绝大部分药剂喷落于土壤和飘散在空气中而损失掉，药剂利用率有时甚至仅达到 0.4%[23]，极大地影响了防治病虫害效果。此外，过量的药剂喷施引起环境污染、农药残留、害虫抗药性等一系列的问题。随着"绿色植保"理念的深入人心，农药使用法规的日趋完善，传统的化学防治施药方法将面临越来越多的限制。因此，选择使用高效、低毒、低残留的农药制剂及先进的农药施用方法就成为农药发展的必然选择。树干注射药物技术是一种高选择性树干施药技术。此法主要适用于高大树木、果树等，施药不受树木的高度及病害部位的限制，且药物利用率较高。目前常用的树干注射方法有三种，分别是高压注射法、打孔注射法和挂瓶输液法（图 10.14）。高压注射法是利用高压将药液注入树干中的施药方法，其防病效果与注射压力相关；打孔注药法是通过打孔技术将药物直接注入树干中，但此法对树木有损伤；挂瓶输液法是利用树液的流动将药液分布到树木的各个部位。

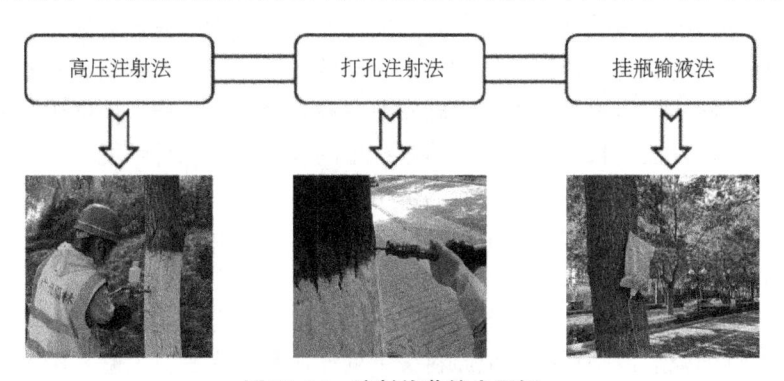

图 10.14 注射施药技术图解

彩图 10.14

将注射技术应用于树干保护中，可极大减轻化学药物对环境的污染，保护天敌等其他益虫，提高防治效果，降低防治成本，增加经济收入[24]，特别是在果树开花期间应用，能达到既放养蜜蜂，又防治害虫的双重目的。在树干注药时加入微量元素和生长调节剂等营养元素可以在防治病虫害的同时达到追肥的效果。将注射法应用于树干中不但可以防治果树害虫，对林业害虫也有较好的防治效果。但该技术也有一定的不足之处，如打孔时对果树组织造成损害，引起伤口感染或昆虫侵入。药剂在注入树干后，药液部分被分解或未能较好地被送到靶标部位，以及注药后，茎干上的注药孔口有药液渗出也会影响防治效果。同时，在利用注射技术时，应注意根据树干的树冠大小、黄化程度注意药剂注射的用量和深度。使用不当容易造成肥害。注射技术的应用，对于各类树木的病虫害防治仍有较大的潜力，但实际应用时需根据树木的种植环境灵活选择注射方式，探寻最有效的药剂，最适宜的浓度、用量和注孔深度等，从而达到最佳的防治病虫害的效果。

五、微生物中药农药增效技术

（一）微生物复合中药农药增效技术

微生物复合中药农药增效技术是利用现代微生物技术[25]，以提高中药农药防治效果为目的，以粉碎的中药为底物，加入培养基和有益微生物发酵，让微生物代谢过程中产生丰富的有机酸、乙醇和微生物酶,充分溶解、转化中药中的有效成分。传统的水煎,或酒、醋浸泡中药,只能把溶于水、酒、醋的中药成分溶解出来,而这些成分占比有效成分较少。凡用水煎煮中药制备而来的中药农药,所含有效成分很少,一旦稀释几十倍、几百倍,其防治收效明显下降。通过微生物技术制备的中药农药,其药效优于传统方法,甚至提效高达30倍以上,极大程度上减少了中药资源的浪费。

传统微生物农药防治技术在设施内的效果不如大田,也不及化学农药,这是微生物农药推广使用的重大障碍。由于作用成分是生物成分或活体,与常用的化学农药有明显差异,在设施中使用时常出现以下四个问题:①环境条件限制,日光温室内的气候条件与外界不同,这种特殊的半人工半自然环境并不利于微生物农药发挥作用,设施内的条件可能不是农药发挥作用的最适条件,极端情况下甚至超过存活条件而致死。②使用效果不理想,以寄生、捕食等种间关系起作用的农药类型,受群落种间关系影响,在迁入新环境后,难以迅速成为优势种,在建立优势过程中往往会错过最佳防治时期。③配套装备与方式不匹配,喷药设备通常采用的是化学喷药的设备,对生物制剂的活性有一定的影响,微生物菌种容易受到喷药设备表面的反作用力,喷头表面对微生物菌种的反作用力增加,加剧生物农药菌种细胞结构损伤,导致成活率降低,两者相互作用,彼此加剧影响。④与设施栽培需求不匹配,设施农业一般是短周期运作,而微生物农药建立的种间关系适合长期种植。长期的防治较适宜种植的林业,但森林环境中烟雾喷洒浪费太严重,喷雾法又不成熟,且微生物农药的价格较高,无法大范围推广。因此,在获得同样防治效果的情况下,化学农药比生物农药有优势,更具有竞争力。

(二)中药农药发酵技术

中药农药发酵技术是在严格消毒的无菌车间发酵,工业化生产采用发酵罐,作坊式生产可采用消毒的瓷缸或塑料桶。把原料按下列比例和程序进行发酵:配方中药粉碎后作为底物,加入2倍于底物的红糖,4倍于底物的净水,混合均匀,灭菌(加热到100 ℃,并保持10分钟)。溶液温度降至50~45 ℃,倒入发酵器具中,加入0.4倍于底物的发酵剂,搅拌均匀,在30~45 ℃,有氧发酵15天左右。发酵罐发酵应不断输入净化后的空气。采用过滤机进行过滤,发酵后的药液呈澄清状,棕红色,pH为4±0.5,气味酸、甜,略有酒味,并以酸为主,具体工艺流程如图10.15所示。

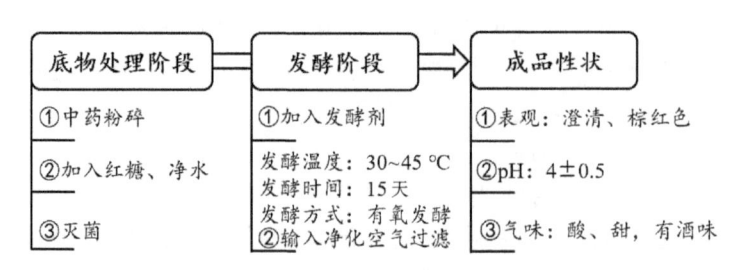

图 10.15 中药农药发酵工艺

此外,菌种一般选择能产生多种有机酸、乙醇、酶类的菌种和能产生抗生素和杀虫物质的菌种。各菌种能经受中药杀菌的考验,相互之间不拮抗,才可以组合成有益的菌群,且发酵剂中常用的微生物为嗜热芽孢杆菌、嗜热乳酸杆菌、耐高温酵母菌、嗜热链球菌、地衣芽孢杆菌、高温放线菌属、高温单孢菌属、枯草芽孢杆菌、圆褐固氮菌、苏云金杆菌、青虫菌、金龟子芽孢杆菌等，以上微生物对人畜均无毒。

经微生物发酵的复合中药农药具有以下优势：①微生物在次级代谢过程中产生大量的多种有机酸，如葡萄糖酸、乳酸、枸橼酸、氨基酸等；乙醇和酶类，如淀粉酶、蔗糖酶、葡萄糖酶、酒精酶、蛋白酶、纤维酶等，可以充分溶解、转化中药活性成分。②发酵剂中的圆褐固氮菌、地衣芽孢杆菌、高温放线菌属等，可以产生多种抗生素，具有良好的杀真菌和杀虫效果。可以防治真菌造成的黄萎病、枯萎病、炭疽病、轮纹病、霜霉病、白粉病等多种病害及根结线虫。③微生物产生的多种酶类，不仅能转化中药的药物成分，也能防治病虫害。如超氧化物歧化酶，可以杀灭有害微生物，也可以让果蔬成为超氧化物歧化酶果蔬，预防癌症。再如纤维蛋白溶解酶，可以降低人们的胆固醇，预防心脑血栓。这种中药农药可以把瓜果蔬菜栽培为具有防病治病功能的食品。④微生物能产生多种营养物质，如氨基酸、维生素、糖类化合物、脂类化合物、纤维素等，也可以为农作物提供营养，进而提高其营养价值。⑤微生物能产生多种天然激素，促进作物生长发育，根深叶茂，多花多果，且抗旱、抗寒、抗病性良好。此中药农药可以稀释 200～300 倍。每 500 mL 成品药能配制使用液 100～150 kg，可以喷施防治 2～3 亩地的农作物。

第三节　中药肥料应用技术

肥料是指能够提供一种或多种营养元素，供给作物正常生长发育的物质。目前肥料主要分为无机肥和有机肥。其中无机肥是利用化学合成方法生产的肥料，包括氮、磷、钾、复合肥，虽然养分含量高、肥效快，但养分单一、肥效短，长期施用会被土壤固定，导致磷酸盐、硝酸盐大量沉积，破坏了土壤的团粒结构，造成土壤板结，可耕种性变差，同时污染环境。有机肥主要是作物秸秆和畜禽粪便经过一定时期发酵腐熟后形成的肥料，此类肥料不仅能提供养分，还能活化土壤中的潜在成分，增强微生物活性，促进物质转化。但有机肥养分含量低、肥效缓慢，并且常常伴随有机原料发酵不彻底，其中的病原菌和害虫卵很容易成为农作物病虫害的根源。中药肥料作为新型肥料，可有效解决有机肥和无机肥所面临的问题，不仅能保持养分及其土壤结构，而且能防治病虫害，增强植物抗病能力。中药肥料利用中药的天然特性、防病虫害特性、低毒易降解特性制备肥料，中药肥料的开发将成为无毒、无公害肥料发展的一大方向（图 10.16）。

一、中药肥料制备技术

中药肥料简单来讲就是含有部分中药的有机肥料或无机肥料。中药肥料可分为中药添加肥料、微生物中药肥料。中药添加肥料是通过复配技术将部分中药直接加入有机肥或无机肥中得到的肥料，主要起防病虫害的效果。微生物中药肥料主要是通过微生物发酵技术，将复配的中药发酵，使其腐烂变质后得到的肥料。此方法主要应用于中药药渣，具体工艺如图 10.17 所示，该方法可使药厂的药渣二次利用，提高效益，保护环境。一般中药药渣粉碎粒度在 0.2 mm 以下，有利于快速发酵，节约时间；药渣水分含量一般控制在 55%～65%，判断方法是手抓一把药渣，见水印不滴水，落地即散为宜。若加水较少，则发酵太慢；若加水过多，不仅通气差，还会导致腐败太过产生臭味。

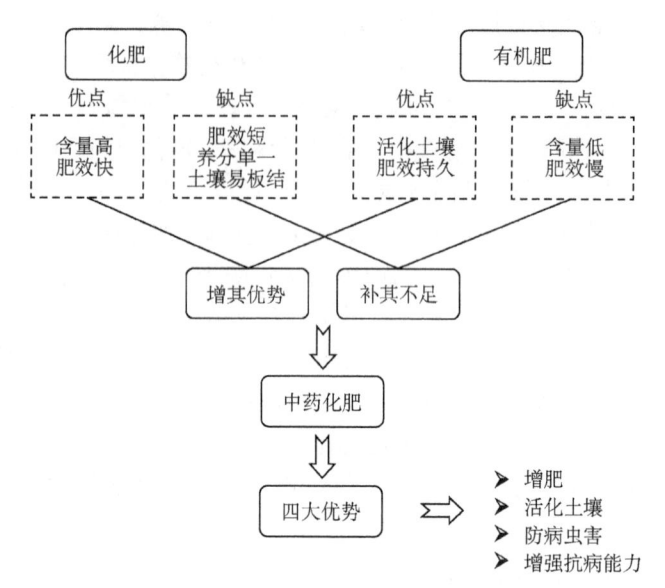

图 10.16　中药化肥独具优势

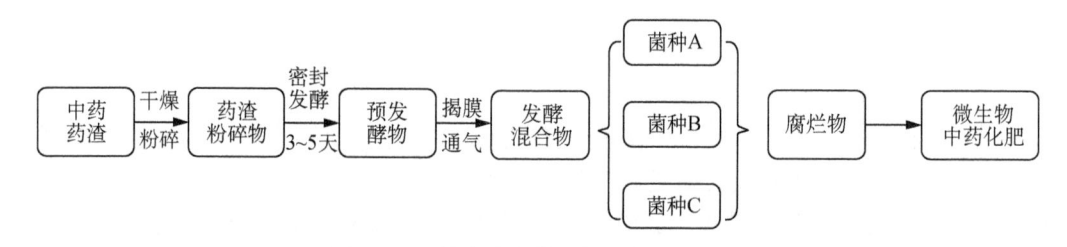

图 10.17　微生物中药肥料制备工艺流程

二、中药肥料施肥技术

中药肥料主要以粉剂、散剂、颗粒剂等固体剂型为主，故而中药肥料的施肥方式主要以撒施、根施为主。农作物生产以撒施肥料最为常见，林业及其果树施肥主要以根施为主。

（一）撒施技术

撒施技术是将中药肥料均匀撒布于土壤中。撒施通常分为表施和深施两种方式，如图10.18所示。表施是将肥料撒入土壤表面，而深施就是将表施的肥料通过翻耕埋于土壤下层。撒施适用于种植较密的作物和施肥量较大的情况。撒施技术简便，土壤各部位都有养分被作物吸收，但肥料利用率不高在农作物吸收的同时肥育了杂草，所以应添加除草类中药防治杂草的生长。氮肥用作密植作物的追肥时难以做到深蘖覆土，多为撒施。为了减少肥分损失，撒施后应及时浇水，使肥料尽快渗入土中，水肥结合则能使肥料充分发挥作用。氮肥用作

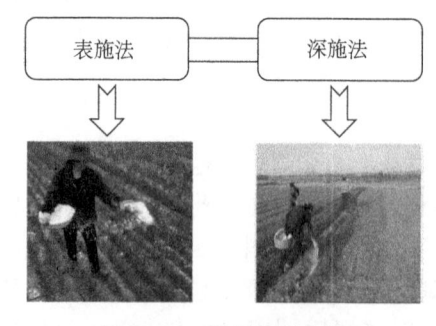

图 10.18　撒施技术图解

彩图 10.18

水稻的追肥时也可撒施。撒施前田面留有薄层水，撒肥后及时中耕耘田，使土肥相融，减少肥分流失。

(二) 根施技术

根施技术是将中药肥料施入树木根部，按照肥料在土壤中的深浅程度，可分为深施和浅施；按照林木数量及其根系生长情况可分为环状施肥、放射沟施肥、条状沟施肥、穴状施肥四类（图10.19）。环状施肥是在树冠外围稍远处挖一环状沟，沟宽30~40 cm，深20~40 cm，把肥料施入沟内，与土壤混合后覆盖。此法施肥范围较小，适于幼龄树使用。放射沟施肥是在树冠下，距主干100 cm以外处，顺水平根生长方向放射状挖5~8条施肥沟，宽30~50 cm，深20~40 cm，将肥料施入。为减少大根被切断，应内浅外深，并逐年扩大施肥面积，以扩大根系吸收范围。条状沟施肥是在果树行间，树冠滴水线内外，挖宽20~30 cm，深约30 cm的条状沟，将肥料施入。此法适宜于宽行密株栽植的果园采用，较便于机械化操作。穴状施肥是在树冠外围滴水线外，每隔50 cm左右环状挖穴3~5个，直径约30 cm，深20~30 cm。此法多用于追肥，以减少与土壤接触面，避免被土壤固定。

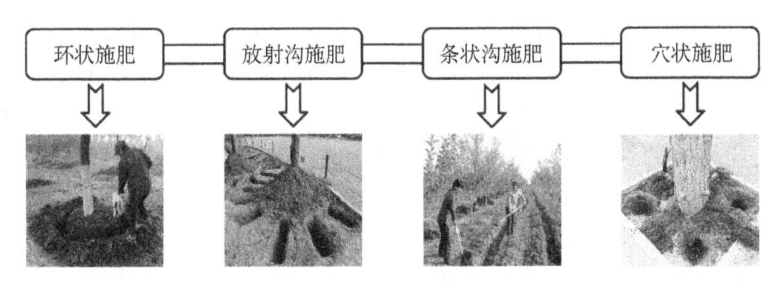

图10.19　根施技术图解

(三) 灌施技术

灌施技术主要包括喷灌施肥和滴灌施肥。适合灌水施肥的肥料主要为氮肥，对于磷肥来说，优越性明显。因为磷肥易被土壤固定，且灌溉水中的盐类与磷肥起反应形成沉淀，易堵塞喷灌装置的过滤器和喷管的小孔；喷灌施肥的氮肥浓度和适用范围，一般是浓度低于0.3%，适合所有作物；0.3%~0.6%适用于禾谷类作物。而滴灌施肥是利用低压管道系统把肥料溶液输送到滴头，通过滴头再一滴一滴地输送到作物根系附近。主要用于果树或蔬菜等作物。灌施技术可以使肥料呈溶液状态，不仅使肥料中的养分较快地被作物根系、叶迅速吸收，而且能减少机械通过田间的次数，从而减少对耕层土壤结构的破坏。灌溉施肥不仅可以提高肥料的利用率，节省肥料的用量；而且可以节省施肥劳力；灵活、方便、准确掌握施肥时间和数量。此外，使用灌溉施肥技术还可以使养分吸收速度更快、改善土壤的环境状况，特别适合微量元素的应用，且对环境较为友好。灌施技术其实是将灌溉与施肥有机结合的一项农业新技术，主要是借助新型微灌系统，在灌溉的同时将肥料配兑成肥液一起输入到农作物根部土壤，可以精确控制灌水量、施肥量和灌溉及施肥时间。由于微灌过程主要是根部灌溉，肥料也随水被输送到根系的周围，直接被作物吸收利用，极大地减少灌溉用水和肥料的投入，提高水资源和肥料的利用率。

第四节　中兽药应用技术

中兽药与中药（传统人用）一脉相承，都是在中医药理论的指导下用于预防、治疗疾病并具有康复与保健功能的物质。唯一的区别是中药应用于人体，而中兽药应用于兽类动物。中兽药是指将中医药理论应用于动物身上以预防、治疗、诊断动物疾病或有目的地调节动物生理功能的中药。而中兽药制剂是将确定性味、归经的中药按照中医理论配伍原则组成复方，并采用合理工艺制成剂型，如传统剂型汤剂与"丸散膏丹"，现代剂型口服液、颗粒剂、注射剂、灌注剂，近年来的新剂型超微粉、可溶性粉及透皮吸收剂等也不断涌现，但中兽药制剂产品一直以来都存在质量不稳定的现象，高科技含量较低，由于目前中兽药产品没有国家标准，缺乏科学的定性与定量方法。因此，今后中兽药的研究与开发可从其质量控制方面作为侧重点。

禁抗令的全面实施使中兽药迎来了新机遇。化学兽药为动物疾病防治立下汗马功劳，但我们也必须清醒认识到化学兽药的长期使用及滥用导致的药物残留，严重影响着消费者的健康。继2019年8月8日农业农村部出台第194号公告后，2019年12月26日，农业农村部发布了第246号公告，再次强调自2020年1月1日起，将废止仅有促生长用途的药物饲料添加剂等品种质量标准；注销相关兽药产品批准文号和进口兽药注册证书。全面禁抗的到来，意味着开发中兽药将成为长远发展的必然趋势。

一、中兽药报批及其分类

依据《兽药管理条例》和《新兽药研制管理办法》，中兽药研制可分为临床前研究、临床研究和申请审查三部分。申请者向国务院兽医管理部门提出申请，审查合格后并颁发新兽药注册证书，表明新兽药研制成功。中兽药临床前研究除具备其他兽药的研究项目外，还应当包括原药材的来源、加工及炮制等。中兽药临床研究经审批后依据《兽药临床试验质量管理规范》执行即可。目前中兽药新药主要分为四类，具体分类如表10.2所示。

表 10.2　中兽药新药分类

中兽药新药分类	细则
未在国内上市销售的原药及其制剂	① 从中药中提取的有效成分及其制剂 ② 来源于动物、植物、矿物等药用物质及制剂 ③ 中药材代用品
未在国内上市销售药用部位及其制剂	① 中药材新的药用部位制成的制剂 ② 中药中提取的有效部位制成的制剂
未在国内上市销售的制剂	① 传统中兽药复方制剂 ② 现代中兽药复方制剂、中西兽药复方制剂 ③ 中药制成的注射剂
改变国内已上市销售产品的制剂	① 改变剂型的制剂 ② 改变工艺的制剂

虽然研制的中兽药种类较多，但获批的品种却是极少数，截至2020年，我国获批

的国家二类中兽药仅有4个，分别为博落回提取物及博落回散、紫锥菊根及根末、香菇多糖及香菇多糖粉、博普总碱及博普总碱散。2019年9月23日，在农业农村部公告第214号公告中，新增两款二类中兽药。其中博普总碱主要成分为原阿片碱和别隐品碱，两者总量不低于50%，其中原阿片碱不低于35%；博普总碱散由博普总碱原料制成，其中原阿片碱和别隐品碱总量不低于1.5%，原阿片碱不低于1.0%。两种中兽药均具有抗菌消炎的作用，主要用于治疗鸡大肠杆菌性腹泻。

二、中兽药制备技术

按照中兽药新药分类标准，中兽药制备同样应分为四类，而最为常见的中兽药制剂类型为中兽药复方制剂与中兽药提取物制剂。中兽药复方制剂是按照中药兽医用药理论，相互配伍组成复方，并采用传统工艺制备而成的制剂。如黄芩解毒散2009（新兽药证字35号）是由黄芩、地锦草、女贞子、金樱子等9味中药配伍而成[26]。中兽药提取物制剂是通过适当工艺提取中药有效部位或有效成分而制成的制剂，可分为有效部位制剂和有效成分制剂。有效部位制剂其有效部位的含量应占总提取物的50%以上，有效成分制剂其单一成分含量应占提取物的90%以上。目前《中国兽药典》收录的中兽药剂型可分为散剂、酊剂、片剂、外用制剂等7类，其中以散剂最为普遍。近年来中兽药新技术（超微粉制备技术、可溶性粉剂制备技术、透皮吸收剂制备技术、发酵中兽药制剂制备技术）不断推出，这些新技术为动物疾病防治提供了新方法与新思路（表10.3）。

表10.3　2015年版《中国兽药典》收载的中药制剂类别

剂型	散剂	酊剂	片剂	合剂	颗粒剂	注射剂	外用制剂
数量/个	153	12	9	6	5	5	3
占比/%	78.1	6.1	4.6	3.1	2.6	2.6	1.5

（一）中兽药超微粉制备技术

超微粉中兽药是利用先进的超微粉碎技术，采用机械或流体动力的方法，将中药粉碎至微米级甚至纳米级的粒度，以提高中药的溶解性、分散性、吸附性和化学反应活性等物理化学性质，这项技术可以极大地提高中兽药利用率和生物活性，改善中兽药品质[27-28]。与普通粉碎的药材相比，超微粉碎药材有效成分溶出量和溶出速度高出30%~50%；由于其比表面积增大，使其能够最大程度发挥表面效应、体积效应，增大其吸附作用，大大提高了药物的吸收率；药物的有效成分均匀化，提高了药物的安全性和有效性；当粉体粒子粒径减小至适宜粒度时，其溶解性得到改善，便于制成速溶性颗粒、混悬性液体制剂或其他多种剂型。

中药超微粉增效的原理为中兽药超微粉碎可直接将中药材的细胞壁打碎，从而实现细胞级粉碎，其制备工艺参考图10.20。由于中药材绝大部分是以植物药材为主，植物药材的有效成分主要储存在细胞内，通过特殊机械在特定的环境条件下将细胞壁打碎，从而使细胞内的有效成分释放出来，从而提高药材的生物利用度。超微粉中兽药主要以拌药给药为主，绝大部分粒径低于50 μm，其中粒径为10~25 μm的微颗粒所占比例不低于50%，由于粒度很小，动物消化吸收较快。

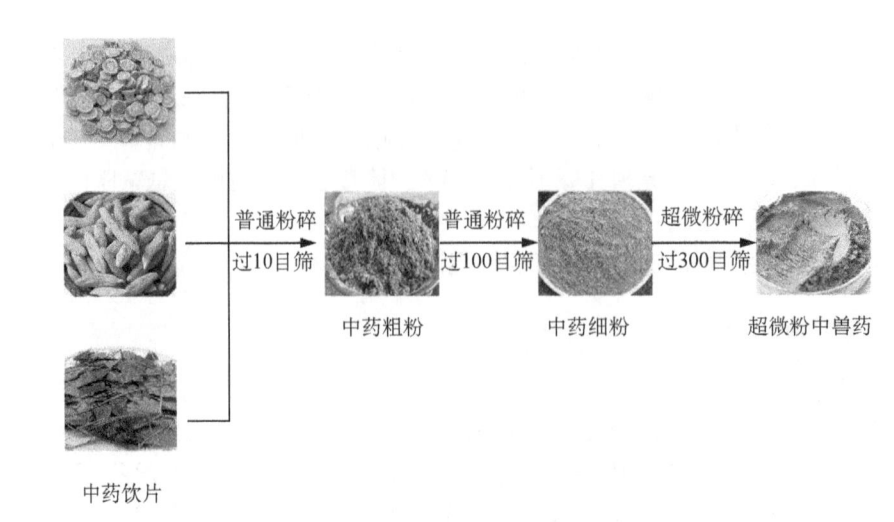

图 10.20　超微粉中兽药制备

（二）中兽药可溶性粉剂制备技术

中兽药可溶性粉剂是将单味或复方中药通过水煎煮提取、浓缩得到适当密度的流浸膏，然后通过干燥并加入辅料粉碎成规定粒度即得（图10.21）。其中干燥方式一般为喷雾干燥、冷冻干燥，具体干燥方式依据药物形状而定，其中以喷雾干燥最为常见。辅料一般选用葡萄糖粉，可溶性粉剂的粒度要求过80目筛。兽用可溶性粉剂以饮水给药为主，与普通剂型相比，其水溶性强、分散度大，中兽药利用率更高，同时便于运输携带。目前中兽药可溶性粉剂倍力生（新药证字51号）属于国家三类新兽药，主要成分为黄芪、刺五加。

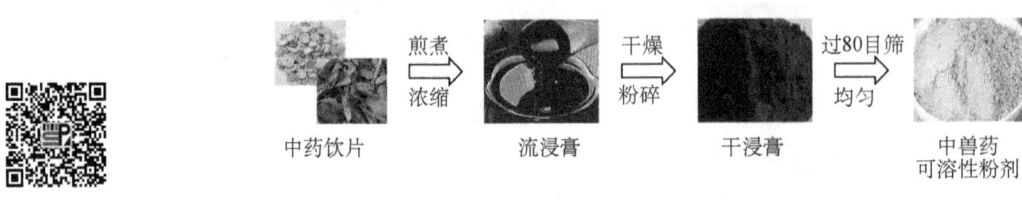

图 10.21　中兽药可溶性粉剂制备流程图

（三）中兽药透皮吸收剂制备技术

透皮吸收是中兽药的传统给药方式，体现中兽医内病外治的治疗原则。中兽药透皮吸收剂主要由药物与辅料组成，药物主要包括中药粉末、提取物（活性部位、活性成分），辅料最重要的是透皮吸收促进剂[29]，其制备工艺如图10.22所示。传统中兽药透皮给药形式有洗剂、搽剂、软膏剂、糊剂等；随着制剂学的发展，现在的透皮给药形式有涂膜剂、膜剂、凝胶剂、贴剂等。透皮给药可避免肝脏的"首过效应"、避免胃肠道破坏，不仅可内病外治，同时可用于动物疾病，如皮肤病、寄生虫病等。

图 10.22　中兽药透皮吸收剂制备图解

（四）发酵中兽药制剂制备技术

发酵中兽药制药技术是在继承中药炮制学发酵法的基础上，汲取微生态学研究成果，结合现代生物工程的发酵技术而形成的高科技中药制药新技术。传统中兽药发酵在天然条件下进行，现代中兽药发酵制药技术是在充分吸纳了近代微生态学、生物工程学的研究成果基础上逐渐形成的。发酵中兽药制剂是中兽药、有益菌、酶制剂、益生素四合一的新剂型。将中药材与有益微生物结合起来，通过菌株代谢产生酶，从而破坏中兽药细胞壁，不仅使药效成分充分溶出，而且产生大量的活性成分，同时有益菌进入肠道后，维持体内肠道微生态的平衡，调节动物机体整体功能，刺激免疫系统，产生益生菌和消化酶。通过这种方法可极大地提高中兽药利用率、发挥中兽药疗效，有望应用于畜牧业，实现无抗、高品质养殖。

发酵中兽药制剂的制备技术指在常温、常压等较为温和的条件下进行生物转化，优选有益菌群中的一种或几种、一株或几株益生菌作为菌种，加至中药提取液中，再按照现代发酵工艺制备而成。它是一种含有中药活性成分、菌体及其代谢产物的全组分发酵液的新型中药发酵加工制剂。发酵中兽药剂型最典型的特点就是生物转化，其优势可归纳为以下4点：①药物的有效组分、活性物质最大限度地得到提取、利用；②药物进入人体后不能直接被利用的活性组分，因在体外得以完成而被直接利用，迅速发挥效应；③优选的人体有益菌本身具有补充或增强原有药物的功能，中药发酵与原药相比产生了新的活性物质，从而具有新的保健、预防或治疗功能；④其生产工艺可控，所得产物精确，制备方便，便于与国际接轨。

（五）中兽药固体分散体技术

固体分散体技术指将难溶性药物以微粒、微晶、分子、胶态或无定形等形式均匀分散在另一种水溶性或难溶性材料中使药物呈固体分散体的一项新技术[30]。常用的制备方法有热熔挤出法、超临界流体技术、共沉淀法、冷冻干燥法、熔融法等，常用于增溶作用的载体分为两类，水溶性聚合物有聚乙烯吡咯烷酮（PVP）、聚乙二醇（PEG）等；水不溶性聚合物有乙基纤维素、聚丙烯酸树脂、胆固醇等。近年来固体分散体技术已经广泛地应用于中药临床中，如青蒿素固体分散体、丹参酮固体分散体、姜黄素固体分散体等品种。但使用固体分散体技术制备的兽药新制剂还是十分贫乏，在兽药新剂型和新制剂的研制及生产方面已越来越不能适应养殖业迅猛发展的要求和人们对绿色无公害食品的需求。因此，加强兽药新技术的开发，促进兽药新剂型的发展是兽药研发中一个急需解决的重点问题。

（六）中兽药包合技术

包合技术指一种分子被包裹于另一种分子空穴结构内形成包合物的技术[31]。这种包合物由主分子和客分子组成，主分子即包合材料，具有较大的空穴结构足以将客分子（药物）容纳在其空穴结构内，形成分子囊。目前常用的包合材料主要有β-环糊精及其衍生物、尿素和淀粉三种。其中饱和水溶液法、喷雾干燥法和冷冻干燥法是β-环糊精做包合材料时常用的几种包合方法[32]。将包合技术应用于中兽药制备过程中，不仅可丰富兽药品种，而且可明显改善传统制剂的缺点，有利于提高药物的安全性、稳定性和有效性，很好地减少毒副作用，提高用药顺应性。

（七）中兽药微型包囊技术

微型包囊技术是利用高分子材料，将药粉微粒或药液微滴包埋成微小囊状物的技术[33]。其中将固体药物或液体药物作囊心物包裹而形成的药库型球形微粒叫作微囊；药物被溶解、分散或被吸附在药物载体材料中而形成的骨架型球形微粒叫作微球，可统称为微粒。药物微囊化后，具有延长疗效，提高稳定性，掩盖不良嗅味，降低在胃肠道中的副作用等功效，微囊以往多以凝聚法制备而得，微球多用喷雾干燥方法制备。在喷雾过程中，由心材和壁材组成的均匀物料，被雾化成微小液滴后，受周围热空气的影响，使雾滴表面形成一层半透膜，形成粉末状微囊颗粒[34]。微囊化作为一种高新科技成果，正逐步转化为实用技术。目前该技术已经深入到医药、食品、兽药等领域，正改变着传统的产品形式。例如，现在畜牧养殖业的集约化、规模化程度越来越高，群体给药由于给药方便、动物应激少而受到市场欢迎，可重点开发长效制剂、透皮制剂、喷雾制剂等[35]。另外，还应该注意在药物新剂型和新制剂的研发生产过程中药物晶型的转变问题，同一药物的不同晶型在外观、溶解度、熔点、溶出度、生物有效性等方面可能会有显著不同，从而影响了药物的稳定性、生物利用度及疗效，该种现象在口服固体制剂方面表现得尤为明显。

三、中兽药开发应用技术

依据动物临床疾病及其治疗方式，中兽药主要分为三大类，即预防类、治疗类、保健类（表10.4）。预防类中兽药主要以扶正祛邪为主，增强动物机体免疫力、提高抗病能力。中兽药研发一般选择补益类中药，如白术、甘草、黄精等。治疗类中兽药以治疗动物体具体疾病为主，主要选择解表、解毒、驱虫等中药，如黄连、黄芩、穿心莲等。保健类中兽药主要以消食健脾、促进动物生长为主，如山楂、麦芽、陈皮等。

表10.4　中兽药产品开发

中兽药类别	中兽药产品	组成
预防类	芪芍增免散	黄芪、白芍、麦冬、淫羊藿
	玉屏风口服液	黄芪、白术、防风
治疗类	注射用双黄连	金银花、黄芩、连翘
	清肺颗粒	葶苈子、贝母、板蓝根、桔梗、甘草
保健类	五味健脾合剂	党参、白术、甘草、神曲、山药
	平胃散	苍术、厚朴、陈皮、甘草

四、中兽药给药技术

中兽药给药方式分为群体给药和个体给药。群体给药法具有省时省力、简便易行、安全有效的优点，但不能照顾到所有个体，适用于大规模养殖企业，其主要包括拌药给药、饮水给药、气雾给药、体外给药。个体给药法虽然药量准确、直观可靠、灵活性强，但只能逐只进行，费时费力，畜禽较多而人手不够时不宜采用，个体给药法主要包括口服给药和注射给药（图10.23）。

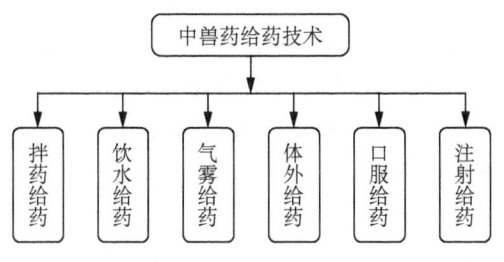

图 10.23　中兽药给药技术

（一）中兽药饮水给药技术

饮水给药是将药物溶解到水中，让畜禽群自由饮用，饮水的同时将药物饮进体内。本法适用于禽类因病不能采食而能饮水情况，用于短期投药和紧急治疗。需要注意以下 3 点给药注意事项：①药物特性和饮水要求，饮水给药要注意药物必须是水溶性的，药物必须充分溶解于水，所用药物应易溶于水，对于较难溶于水的药物，可先将药物加入少量热水中或加助溶剂，使其全部溶解，同时，饮用水要保证清洁，若使用氯消毒的自来水，应先用容器装好露天放置 1~2 天，让余氯挥发掉，以免药物效果受到影响。②注意调药均匀，按量给水调配药液时，药物要充分溶解并搅拌均匀。保证绝大部分禽类只在一定时间内喝到一定量的药物水，一般药药水以在 1 小时内饮完为好，防止剩水过多，造成吸入禽体内的药物剂量不够，或加水不够，饮水不够，饮水不均。调药时要认真计算不同日龄及禽群大小的供水量，并掌握饮水中的药物浓度。③注意饮水前停水，确保药效为保证禽只饮入适量的药物，用药前要让整个禽群停止饮水一段时间（具体时间视气温而定），一般寒冷季节停水 4 小时左右，气温较高季节停水 2~3 小时。经过一定时间的停水，然后添加对症的带药饮水，不仅能让禽只在一定时间内充分喝到药水，而且治疗效果十分理想。④所选药物在水中应不易被破坏，特别是需要加热溶解的药物，在加热的同时其稳定性和药效不应降低；掌握药物浓度和使用时间，根据畜禽的数量、年龄、体重、饮水量、水温、环境条件等因素合理计算药物投放量和用水量，并在规定时间内将药水饮完，必要时预先停水。饮水给药是禽用药物的最适宜、最方便的途径，这一方法适用于短期投药和紧急治疗，特别有利于发病后采食量下降的禽群。

（二）中兽药拌药给药技术

在现代集约化养禽中，拌料给药是常用的一种给药途径。这种方法是将药物均匀地拌入料中，让畜禽在采食的同时将药食入。拌料给药简便易行，节省人力，减少应激，效果可靠，主要适用于不溶于水的适口性较差药物的连续使用及预防性用药，尤其适用于几天、几周甚至几个月的长期性投药。对于患病的家禽，当其食欲下降时，不宜应用此法。拌料给药的药物一般是难溶于水或不溶于水的药物。此外，如一般的抗球虫药及抗组织滴虫药，只有在一定时间内连续使用才有效，因此多采用拌料给药。抗生素用于控制某些传染病时，也可混于饲料中给药。拌药给药时应严格按照家禽群体重计算并准确称量药物，以免造成药量过小不起作用，或药量过大引起家禽中毒现象的发生。为保证混合均匀，通常采用分级混合法，大批量饲料拌药更需多次分级加入，以达到混匀的目的。切忌把全部药量一次加到所需饲料中，简单混合会造成部分家禽药物中毒，而大部分家禽吃不到药物，达不到防治疫病的目的。

拌药给药后密切注意有无不良反应，有些药物混入饲料后可与饲料中的某些成分发生拮抗反应，这时应密切注意不良反应。如饲料中长期混合磺胺类药物，就易引起维生素 B 和维生素 K 的缺乏，这时应适当补充这些维生素。另外还要注意中毒等反应，发现问题及时加以补救。经长期实践验证，饮水给药和拌料给药两种途径各有所长，但以饮水方法最佳，因为禽群发病时往往出现采食量下降甚至不采食，而饮水量增加的现象，这时采用饮水给药，一举两得，既保证了病禽对水的需求，又达到了用药治病的目的。而拌料给药病禽的实际食入剂量一般较难达到预期要求，常常造成最佳治疗时机的延误。

（三）气雾给药技术

气雾给药即呼吸道给药，适用于配备气雾设备的现代化大型养殖场，主要用于家禽。由于禽类具有气囊，可促进药物面积扩散，从而增加药物的吸收量。气雾给药对禽类呼吸道无刺激性，又能溶解于其分泌物中，根据药物作用的部位不同，选择不同性质的药物，如使药物作用于肺部，应选用吸湿性较差的药物，进入肺内的微粒直径范围以 $0.5 \sim 5.0~\mu m$ 较佳；若使药物作用于上呼吸道，就应选择吸湿性较强的药物。气雾给药具有吸收快、可直接到达作用部位、省时省力、药效迅速可靠的优点，且此法不受胃肠环境、肝脏代谢和肾脏排泄等因素影响。

（四）中兽药体外给药技术

体外给药是将药物直接附着于动物体表皮肤，达到杀死家禽体表寄生虫、微生物所进行的用药方式。主要包括喷粉、喷雾、砂浴、水浴。其中水浴需要将畜禽进行洗浴，务必使药液充分浸透被毛或羽毛；砂浴需要让家禽在含有药物的砂池中自行爬卧、扑动即可。需要注意的是，动物在水浴前要充足饮水，避免饮药水；砂浴前充足饮食，避免误食药物；喷雾要湿透被毛或羽毛。水浴、喷雾要选择夏季温度较高时进行。

（五）中兽药口服给药技术

口服给药即经人工投服，将畜禽嘴掰开，将药物用手或投食工具送至口腔或食管的一种给药方式，适用于片剂、丸剂、胶囊剂等。口服给药分为口腔送服和胃管投服两种。口腔送服是将药物通过人工或器具投入口腔，由动物自行咽下进入胃内的一种方法，用于刺激性不强、适宜口服的药物投服。胃管投服是将药物经胃管由胃导管送入胃内的方法，可用于剂量大、刺激性强、适口性差的药物。但需要注意的是，此类给药方式需将畜禽固定好才能投药，药量较多时，应分多次进行；投药前应先将舌头拉出并固定在下颚上，防止药物投到舌根部，等畜禽吞进药物后才可放开。

（六）中兽药注射给药技术

注射给药是将无菌药液用注射器直接注入畜禽机体组织或管腔中以达到预防和治疗疾病的目的。主要分为皮下注射、肌内注射、静脉注射、皮内注射等，其中肌内注射和皮下注射最为普遍。注射给药方法中的肌内注射是将药物注入肌肉组织的方法，是临床中不适宜或不能制备为静脉注射制剂时最常用的方法，注射时应选择肌肉厚实，离神经、大血管较远的部位，需要将针头快速刺进肌肉内适当的深度，不能与骨骼接触，一般深度为 $2\sim3~cm$ 较佳；静脉注射是将药液短时间内注入静脉，使药液从静脉快速进入血液循环而迅速发挥药效的方法，通常要求在一定时间内完成注射，但药物浓度高、刺激性大、量多而不适宜采取其他注射方法，对组织有强烈刺激性的药物，应防止药液漏出血管而引发静脉周围炎或坏死。静脉注射将大量药物溶液通过静脉缓慢输入体内的方法，其特点为药液容量较大、维持时间长，应注意药物配伍禁忌，注意保护血管和滴注速度，因为静脉滴注一旦入血无法逆转，具有一定的危险性；而皮内注射是将药物注射于表皮与真皮之间，一般适用于皮试或药量较少的药物，进针较浅；皮下注射是将少量药物注射入皮下组织，对于不适于口服或需要延长吸收时间的药物，皆可选用皮下注射方法。

注射给药优点是给药少、见效快、剂量准确、吸收完全，同时可避免消化液破坏，是临床治疗最常用的方法。其实，我国兽药剂型比较单一，仅限于粉剂、散剂、口服液、注射剂等几种常见剂型。因此，有必要加强对兽药新剂型与新技术的学习，加大对中兽药及其新剂型的研发，同时避免中药走入西药研发的误区，加强对兽药新辅料和新设备的研发，对促进兽药新剂型的发展至关重要。

第五节　中药饵料应用技术

中药饵料是通过复配技术将中药或与饵料混合，并通过适当工艺加工成用于防治水产动物疾病的剂型。中药饵料常分为炙与生两种，都有调和中药的作用，使其他部分药材性味发挥缓释的效果，自身味甘，也有较强的诱食性，但中药饵料目前仍处于发展阶段。中药饵料主要以水产动物的防病、驱虫、促生长为主，目前主要应用于水产业的中药饵料可分为四类：抗菌类、抗病毒类、驱虫类和促生长类（图10.24）。

图 10.24　中药饵料主要药味来源

一、中药饵料制备技术

中药饵料制备技术相对比较传统，将中药复方通过浸泡或煎煮成汤剂即可泼洒池塘。目前大部分中药饵料是粉剂或散剂等粗制品，中药超微粉制剂也在水产业中有所应用。中药饵料主要分为两类，即纯中药饵料与复合中药饵料。纯中药饵料一般水溶性好，投入水中可迅速扩散，使水产动物以药浴的方式治疗疾病。复合中药饵料主要是将中药饵料与饲料混合，投入水中供水产动物食用，从而治疗疾病。此法适用于水溶性差、贵重药材。

二、中药饵料给药技术

近年来，随着我国水产养殖业的快速发展，集约化养殖程度不断提高，养殖密度连年增大，造成养殖水域环境不断恶化，水产动物抗病能力急剧下降，使得新的病种快速滋生，疑难病种频频出现，若不注意施药方法或给药技术，可能会延误最佳防治时期，导致养殖的水产动物大面积死亡而造成经济损失。同时，由于水产养殖的环境因素限制，导致水产动物给药方式相对匮乏。目前，常见的水产动物给药方式有口服、投喂、遍洒、浸泡等。疾病病原体种类不同、寄生部位不同，应根据病原体的特性选择不同的给药方法。对于病程较轻的疾病，遍洒或口服方法可达到治疗效果；而病程较重的疾病，需要采用浸泡的方式单独处理（图10.25），为了更快地发挥药效，则采取注射、涂抹或口灌的方法，但这些方法对于规模化池塘养殖难度较大，则采取遍洒和口服相结合的方式进行群体防治。

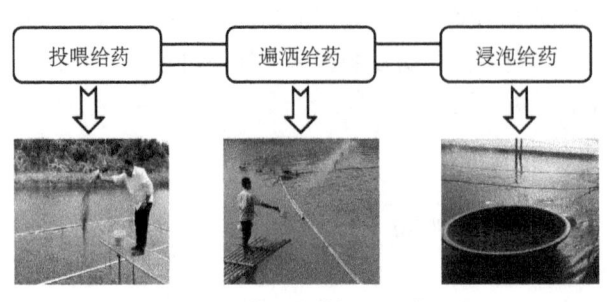

彩图 10.25

图 10.25 常见中药饵料给药技术

（一）投喂给药技术

将中药饵料添加到饲料中，投喂药饵前停喂1~2天，然后先投喂少量饲料，再投喂药饵。此法适用于可进食的水产动物疾病治疗或预防。投喂药饵时，每次的投喂量应考虑同水体中可能摄食饵料的其他混养品种。投喂技术适用于小面积范围的养殖环境，此方法耗时多，较费力，不适用于现代化大规模水产动物疾病的治疗。

（二）遍洒给药技术

将中药浸泡或煎煮后取汁泼洒到池塘中或食场，多用于预防或紧急治疗。遍洒法指采用对某些病原体有杀灭效果而对鱼体本身又安全的药物浓度将药物按水体积计算的用量，在鱼池中遍洒，以杀灭鱼的体表和鳃部及水体中的病原体，从而使病情痊愈或好转。使用此法，必须较精确地计算出鱼池水的体积，再算出所用药物的药量，将称取的药物用水均匀化开，稀释后均匀地泼洒全池。此法用药量大，对水体积和用药浓度应准确估算，进行均匀泼洒，一般需多次泼洒。该法优点是用中药药物使养殖水体达到一定的药物浓度，杀灭水产动物外及水环境中的病原体，可较彻底地杀灭病原体，预防和治疗均可用；缺点是用药量大，计算水体积较麻烦，且有些药物的毒性与水体的温度、pH、溶氧量、浮游生物量有很大关系；且需要注意在泼洒药物过程中要泼洒均匀，边泼边加水溶解药物，一直到药物全部溶解后泼完，避免水产动物误把药物颗粒当成饵料吞食而致中毒死亡。

（三）浸泡给药技术

将中药捆扎成束或置于木桶、网箱内，放入进水口或食场附近浸泡，利用泡出的药液扩散全池达到防治疾病的效果。对患病养殖鱼类进行药液浸泡虽然有几种不同的方式，但是，其主要过程都是将药物首先溶解在饲养水中或者用某种容器盛装的水中后，再将养殖鱼类放入药液中浸泡，以清除寄生在养殖鱼类体表的病原体。与将药物拌在饵料中使养殖鱼类口服药物的给药方法相比，养殖鱼类口服的药物是经过消化道吸收而进入体内，而用于浸泡养殖鱼类的药液除了能直接清除寄生在体表的病原体外，还能通过患病部位和鳃部被机体吸收。此法适宜在苗种放养、转池和运输时使用。

（四）挂袋（篓）法给药技术

挂袋（篓）法又称悬挂法，即将中药药物装在有微孔的容器中，悬挂于食场周围或网箱中，利用药物的交缓溶解速度形成药物区，通过养殖动物到食场摄食的习性达到消毒的目的。此法通常在未发病或初发病，病情较轻时使用。养殖水体中必须预先设置食场和食台，并且已养成到食场或食台摄食的习惯，而后将盛装药物的容器悬挂在食台或食场。悬挂篓或袋的数量一般为3~6只，剂量一般为每篓或袋100 g左右。每次挂袋挂篓后，应在池边观察养殖物是否来摄食，如果不来摄食，说明浓度太大，则应减少所挂的袋数至养殖物能来吃食为度。在养殖水体病流行季节，挂袋与挂篓应交替进行，对预防疾病能起到良好的效果。该法具有用药量少、方法简便、没有危险及副作用小等优点，缺点是杀灭病原体不彻底，且药量必须掌握在水产动物能食的最高忍耐浓度，使用该方法必须有一定的食场。目前常用的悬挂药物有含氯消毒剂、硫酸铜、敌百虫等；悬挂的容器有竹篓、布袋和塑料编织袋等。

（五）中药饵料口服法给药技术

口服法用药量少，操作方便，对水环境影响小，是养殖水体疾病防治中一种重要的给药方法。此法常用于提高养殖水体代谢能力和抗病力、防治体内病原微生物感染等，如细菌性肠炎、病毒性出血病等。口服药物法的治疗效果易受养殖动物病情和摄食能力的影响，对病重和失去摄食能力的个体无效。

不少从事水产动物养殖的人员在渔用药物的使用上存在许多误区，不正确地使用渔用药物，不仅会影响药物的疗效，贻误治疗的最好时机，还可能导致药物对水产动物机体和养殖环境的污染。患病水产动物常出现下列状况：患病后的水产动物的摄食量一般都是趋于下降的，游泳的速度也变得比较缓慢，常出现离群独游的现象。对于食欲严重衰退的水产动物群体，即使将药物拌在饲料中投喂，也只能是尚未丧失摄食能力的水产动物能吃进药饵，因此，难以达到药物治疗的目的。

还需要注意的是，如果具有摄食能力的水产动物吃进了过多的药饵，还可能导致药害现象的发生，而如果摄食药饵量太少，药物在水产动物体内不能达到抑制病原体的药物浓度，就不仅不能达到控制疾病的目的，还有可能导致病原菌对药物产生耐药性。此外，未被水产动物摄食的药饵，可能在水体中不断地释放药物，还会对养殖水体中的微生态环境产生不良影响。因此，采用拌药饵投喂的给药方式时，一定要考虑患病的水产动物是否还有摄食能力。

（封亮　杨艳君　杨挡）

参考文献

[1] 周小华,周泽仪,李昆志.铝胁迫下外源抗坏血酸对水稻幼苗抗氧化性能的影响[J].核农学报,2020,34(10):2368-2375.

[2] 叶敬忠,贺聪志.基于小农户生产的扶贫实践与理论探索——以"巢状市场小农扶贫试验"为例[J].中国社会科学,2019,(2):137-158,207.

[3] 叶君剑.中国渔业史研究:学术史回顾与思考[J].浙江大学学报(人文社会科学版),2020,50(5):195-209.

[4] 韩连贵,王岩,王其文,等.新时期农业综合开发治理的目标、方略与可行性研究[J].经济研究参考,2018,(40):3-67.

[5] 张洁.中国植物源杀虫剂发展历程研究[D].西安:西北农林科技大学,2018.

[6] 邱仁华,李俊宜.浅谈阉割术的发明和兽医的起源[J].畜禽业,2016,(8):61-62.

[7] 孔令翠,刘芹利.中国农学典籍译介梳理与简析[J].当代外语研究,2019,(4):106-114.

[8] 章力建,朱立志."中医农业"发展战略及前景[J].农业展望,2018,14(11):72-76.

[9] 张文静,刘恺,王铭禹."中药农药"保障"舌尖上的安全"[J].农村.农业.农民(B版),2018,(2):27-28.

[10] 兰玉彬,王国宾.中国植保无人机的行业发展概况和发展前景[J].农业工程技术,2018,38(9):17-27.

[11] 柳娜,王雅莉,张旭东,等.中药复方农药与中药复方肥料对当归质量的影响研究[J].中药材,2019,42(2):267-270.

[12] 柳娜,王雅莉,张凤萍,等."中医农业"思想在岷归病虫害防治中应用的必要性[J].安徽农业科学,2019,47(20):145-147,154.

[13] 任善军,李洪华.果园杀虫剂杀虫机理和使用安全评价[J].中国园艺文摘,2016,32(7):196-204.

[14] 王玉龙,关扎根,贾学思,等.苦参碱在农业害虫防治中的应用研究进展[J].山西农业科学,2012,40(4):424-428.

[15] 邢晓艺,李风录,陈旭,等.中草药源农药的研究进展[J].生物化工,2019,5(3):125-127.

[16] 吴晓峰,刘秀,金晨钟,等.我国化学除草剂剂型研究进展[J].现代农药,2015,14(5):10-13.

[17] 周一万.植物源农药制剂加工关键技术研究[D].西安:西北农林科技大学,2011.

[18] 郭明程.环境响应性农药控释剂的制备及生物效应研究[D].北京:中国农业大学,2016.

[19] 任华,陆威,负栋,等.高通量配方开发技术在农药悬浮剂开发中的应用[J].农药,2014,53(7):490-491,503.

[20] 闫晓静,杨代斌,薛新宇,等.中国农药应用工艺学20年的理论研究与技术概述[J].农药学学报,2019,21(Z1):908-920.

[21] 毛连纲,颜冬冬,吴篆芳,等.种子处理技术研究进展[J].中国蔬菜,2013,10:9-15.

[22] 冯丽娜,强建国,冯敏杰.一种中药材植物复合熏杀型无公害农药烟雾剂的加工方法[P].中国专利:201510170463.7,2015.7.29.

[23] 张未仲,赵龙龙,胡增丽,等.树干注射法防治果树病虫害研究进展[J].农业技术与装备,2020,(11):148-150.

[24] 葛迎春,韩冰,张华伟,等.树干注射施药技术的应用分析[J].现代农村科技,2020,(10):30-31.

[25] 冯子龙.新型中药农药及其发酵工艺[P].中国专利:200910133095.3,2010.4.8.

[26] 甘辉群,刘明生,袁橙,等.黄芩解毒散对家禽生长性能和肠道健康的影响[J].安徽农业科学,2018,46(30):92-95.

[27] 高玉环,朱峰亮,魏中锋.超微粉中兽药应用前景分析[J].山东畜牧兽医,2017,38(8):53.

[28] 张华,钟平华,黄迪海,等.一种防治鸡热毒血痢的中药超微粉制剂及其制备方法[P].中国专利:201110301272.1,2012.1.18.

[29] 曹允,王黎霞.透皮制剂在中兽药研究中的应用[J].动物医学进展,2018,39(6):104-107.

[30] 罗怡婧,黄桂婷,郑琴,等.药物固体分散体技术回顾与展望[J].中国药学杂志,2020,55(17):1401-1408.

[31] 徐湛.β-环糊精包合技术在中兽药中的应用[J].新农业,2017,(7):33-35.
[32] 任敏,孙希阳,贺丰洋,等.β-环糊精包合物的研究进展[J].山东化工,2020,49(18):77-78.
[33] 朱瑶,邹田德,黄艳群,等.饲用微囊制剂的技术研究进展及应用效果[J].饲料工业,2020,41(22):61-64.
[34] 姜甜,陆文伟,崔树茂,等.静电喷雾干燥微囊化乳双歧杆菌BL03[J].食品与发酵工业,2021,47(7):27-33.
[35] 王晓艺,王林,郭梦鸿,等.新制剂技术在兽药中的应用及发展[J].家禽科学,2017,(6):51-54.

第十一章 中药产业升级与智能制造

第一节 概 述

我国新版 GMP（2010 年修订）对药品质量的控制要求日趋严格，中药产业的创新与变革势在必行。中药产业是以中药农业为基础、中药工业为核心、中药商业为纽带、中药知识业为动力的多领域复合产业。"守正创新"是现阶段我国中医药产业发展的核心内容，目标是打破我国中药发展传承不足、创新不够的局面，我国中药产业正处于转型升级的关键时期，产业升级取决于技术和需求两个方面因素，技术推动产业自主研发能力的提升，需求打造产业品牌和渠道。如今所认为的产业升级是指产业的技术水平和附加值由低向高的发展走势，技术的进步是推动产业升级的核心力量。《中医药发展战略规划纲要（2016—2030 年）》提出：要加快推进智能制造，注重信息化、智能化与工业化的融合，实现中药制造的数字化、智能化是走向"制药强国"的必经之路。智能制造是中药产业升级的重要内容。

中药产业升级的核心是中药工业。中药工业的发展历程及目标如图 11.1 所示。我国中药制药技术初具规模起源于 19 世纪 70 年代，以水提醇沉等"机械化和半机械化"为技术特征的工艺，称为"中药工业 1.0"。第二代中药制药技术出现于 19 世纪 90 年代，以中药制药设备的"管道化、自动化和半自动化"为技术特征，称为"中药工业 2.0"。21 世纪初，随着数字化、网络化和自动化等工程技术的融入，中药制药技术实现了高产能和高效率，推动"中药工业 3.0"的发展。智能制造技术的发展为中药制药技术提出了"智能化"的构想，通过先进的信息技术推动中药工业向智能制造时代靠拢，促进中药工业的提质增效和转型升级，首要目标是应用大数据、云计算、物联网等先进技术构建智能工厂，实现"中药工业 4.0"[1]。

智能制造是第四次工业革命的主题。智能一般被看作是既有一定的知识基础，又有获取和运用知识解决问题的能力，最终可达到与人类相似的处理能力，以实现在某些方面能够替代人工。智能制造一般划分为智能制造技术和智能制造系统两个层面，智能制造系统可通过对实践数据进行搜集并处理分析而不断调整和规划自身操作的能力，具有一定的自主学习性能。智能制造在制造业中应用的关键点在于使用含有信息的"原材料"，实现"原材料（物质）"＝"信息"，将制造业与信息产业充分结合。根据《智能制造发展规划（2016－2020 年）》《智能制造工程实施指南（2016－2020）》的要

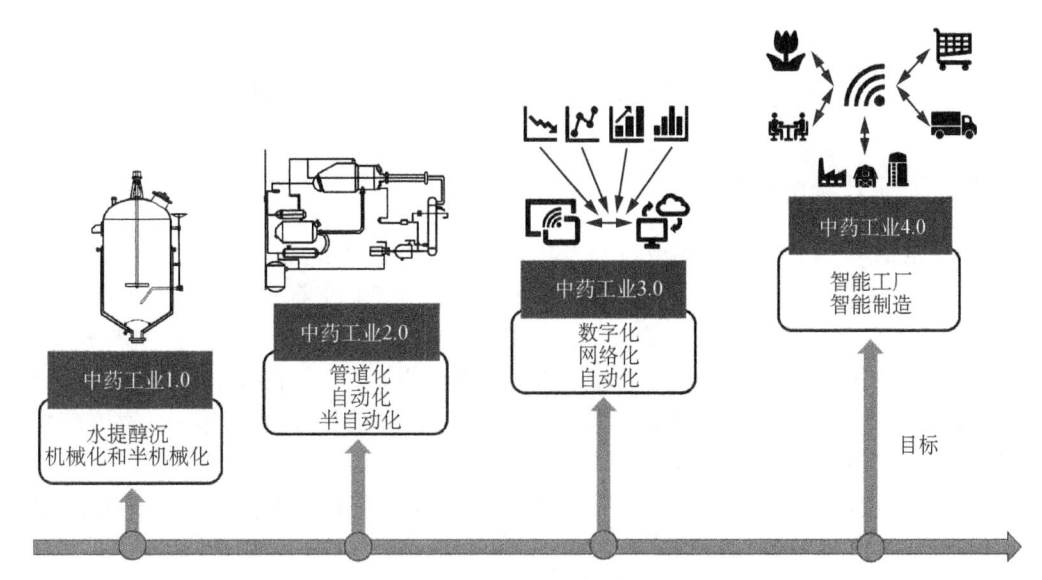

图 11.1　中药工业的发展历程及目标

求,工业和信息化部重点围绕离散型智能制造、流程型智能制造、网络协同制造、大规模个性化定制、远程运维服务 5 种智能制造模式,鼓励新技术集成应用,开展智能制造试点示范。目前,中药企业也在逐步加大智能化改造力度,提高产品品质,降低生产成本,并探索与智能化改造相匹配的管理体制和运行机制。

为明确我国制造企业智能制造发展目标,2016 年 9 月,由工业和信息化部指导,中国电子技术标准化研究院发布的《智能制造能力成熟度模型白皮书(1.0)》明确了智能制造的 5 个阶段水平:①开始对智能制造进行规划,部分核心业务有信息化基础;②核心业务重要环节实现了标准化和数字化,单一业务内部开始实现数据共享;③核心业务间实现了集成,数据在工厂范围内可共享;④能够对数据进行挖掘,实现了对知识、模型等的应用,并能反馈优化核心业务流程,体现了人工智能;⑤实现了预测、预警、自适应,通过与产业链上下游的横向集成,带动产业模式的创新。中药企业在实施智能制造时,应按照逐级递进的原则,从低级向高级循序渐进,要注重投资回报率。

中药产业升级需要依靠智能制造技术,依靠互联网为载体,借助人工智能、大数据、物联网等先进信息技术对中药农业、中药工业及中药商业等全产业链进行调整和升级。智能制造通过提高工艺技术水平,来拔高产品质量和价值,营造新型商业氛围,与原产业相比融入了互联网及先进信息技术的产业价值,提高了产品的附加值以达到更大的产值[2]。当前我国医药产业生态格局和行业运行规则正在剧变,中药产业正处于转型升级的关键时期,以临床价值、科学价值为核心的科技创新驱动,成为中药产业高质量发展的主要推动力。提升中药产品质量,推动中药产业发展,在保证国内用药安全的前提下打入国际市场,促进转型升级,进行智能化改造已经成为中药企业发展的必然趋势。

第二节　中药产业升级的现状与挑战

一、中药产业升级的现状

自20世纪90年代起，我国政策大力鼓励中药现代化产业通过产、学、研层面联合发展，甚至将中药产业部署为国家战略性产业。但中药产业在前三次工业革命中现代化进程缓慢，当今中国制造业面临劳动力成本上升、原材料价格大幅上涨、节能减排和产业升级等多重挑战。然而，受制于药品原研时代在医药知识、工艺技术、制药装备及药品监管政策等诸多方面的历史局限，大部分中成药品种的制药技术较落后，存在粗放、缺控、凌乱、低效、高耗等问题。

在2018年7月举办的"智造中药高峰论坛"上，中国工程院院士张伯礼指出，我国中药现代化战略实施20多年来，中药工业总产值从不到300亿元增长到9000余亿元，中药大健康产业规模达2.5万亿元。但同时，他也坦陈，我国中医药现代化还处于初级阶段，中药产业普遍存在生产工艺粗放、科技基础薄弱、质控水平低、质量有待升级等问题。大部分中药生产线仍处于工业2.0水平，实现了机械化或自动化生产，但真正达到工业3.0或4.0水平的数字化、智能化生产线还很少。

中药材种植加工是制约中药产业升级的关键问题之一。1996年，为整顿我国中药材市场，国家中医药管理局审核批准设立了17个中药材专业市场。在这20多年的发展历程中，以安徽亳州、河北安国、河南禹州、江西樟树为首的中药材专业市场汇集了全国各产区中药材，成为中药材产业链条的重要环节。然而中药材的前端被定位为农副产品，市场门槛低，人员素质参差不齐，同时由于市场管理松懈与国家监管主体不明确等问题，导致市场上的药材来源错综复杂。近年来随着产地种植规模的扩大与产地市场交易中心功能的不断提升，大多制药企业或经销商直接到产地采购，中药材专业市场的功能不断萎缩，市场份额急速下滑。然而，中小型制药企业的中药材来源仍以药材市场为主。

中药生产工艺粗犷简陋、质量标准体系难以评测是制约我国中药产业发展的重大问题。中药产业一直以来有着生产过程监测缺失、疏忽管理、调控不当、能耗高、效率低等生产技术漏洞，抬高了生产成本且不利于质量标准评价体系的完善，导致中药产业效能及效率降低，在制造出优良中药产品的过程中屡屡受挫。如今中药生产制药模式的生产线设计标准、制药工艺标准、生产工程规范及其实际技术表现与世界先进技术水平尚有一定差距。所采用的技术是否智能化、高效能更是中药制药技术发展的重要问题。

中药生产装备方面，我国中药制药装备信息化和智能化较低，一方面很多小型制药企业生存艰难，缺乏资金，无暇顾及新概念技术；另一方面部分企业至今仍靠我国人口红利来获得高产量和经济效益，缺乏应用新技术的积极性，传统制药工艺与现代制药技术共生，落后与先进共存。况且某些新技术还存在缺陷，如设备昂贵、规模较小等，甚至有些还停留于实验阶段，难以应用到中药制剂的大规模工业生产中，因此仅少部分大型中药企业注重数字化乃至智能化的产业升级，建立数字化监控、智能工厂等。

总的来看，中医药是我国传承上千年的智慧结晶。但是在国际市场，日本却占据了目前全世界 90% 左右的中药市场销售份额，市场份额位居第二的是欧洲的植物药，而我国中药在世界市场所占份额少之又少。日本汉方重视传承创新并且严控质量，日本津村药业先后在中国建立了 70 多个 GAP（中药材生产质量管理规范）药材种植基地，而国内同仁堂 GAP 基地也才只有 8 个，德国企业在植物药提取物技术方面也远远领先于国内绝大多数企业。我国新版 GMP（2010 年修订）对药品质量的控制要求日趋严格，中药产业的创新与变革势在必行。

二、中药产业升级的挑战

我国目前制药设备落后、制药工艺粗犷、评价标准欠缺的现状亟须中药智能制造对其进行革新，摆脱国外厂商对设备方面的重重设卡，在中药工业方面研发设计出符合我国中药产业现状的智能型设备，带动智能化零部件、感知器件、信息系统、设计和控制软件等整个中药工业产业链发展，最终通过有机结合构建规模化的智能工厂，促进中药产业相关工艺及技术高质量创新发展。通过对制药设备、过程质量、工艺品质、质量风险、质量检验等信息进行搜集汇总和处理分析，并将各个工艺环节的过程信息进行集成再处理分析，将海量信息数据转化为产业优势，为促进中药产业智能制造发展提供技术支撑。

中药工业在搭乘先进信息技术的快车时，独特的制药工艺、互联网技术和过程质量控制技术是主导我国中药产业升级的核心。通过中药制药工艺与信息技术的融合创新，大幅改善中药产业的效能及产品质量，以推动智能制造更广泛地应用于中药产业中。即便如此，中药产业在朝着智能制造方向发展时，更要注意工业转化，谨防出现随波逐流、忽略实效的情况。创造产业价值才是产业升级的目的，中药智能制造的目的是提升药品质量及生产效能，实现中药制药从粗放型向智慧精益型升级，从而达到价值的攀升，而不是象征性地购买一些智能制造设备；效能的提升不仅要估算智能化工程构建的实施成本，还要对生产成本进行相应估算，合理采购符合生产需要的仪器设备，不盲目采用成本高昂但适用性差的高新技术装备，应切合实际并且节约成本，根据实用性原则因地制宜、视情实施，要求设计人员对智能制造有足够的理解力和结合企业产业转化的能力。

一些企业在中药智能制造的发展道路上对智能制造设备进行了研发创新，如通过数据和信息系统，研发高速微滴丸工艺与成套智能装备等。多项利好智能制造政策使中药这种传统产业受益匪浅，高速迈向智能制造时代，进而实现中药产业升级。但中药智能制造不只是一味地制造设备升级、效率升级、利润升级，最重要的是产品内在质量的升级，质量优异必定会赢得市场。目前汉方中药的销售额是世界中药制剂的 92%，可见一个有着优异质量的产品，无论在哪都会拥有巨额的市场，如何用质量不稳定的中药材或饮片生产出质量高且均一性有保证的产品是我们中药智能制造的目的和初衷之一，要完成它需要依靠科技创新，需要依赖智能制造来推动，这也是中药产业升级的目的。然而，中药产业升级仍面临许多挑战，如图 11.2 所示。

中药产业链延伸长，覆盖面广：涉及中药种植采收、加工炮制、提取浓缩等多个环节，监管困难

对新科技的认识有失偏颇：任何产业均难摆脱传统思维惯性，在对先进技术成果的运用方面比较稀缺

人力需求占比高：仍依赖重复性高、技术要求低的体力劳动、且对人体危害程度大

"劣币驱逐良币"现象：不少中小型药企凭借人口优势以低端产品仍能盈利，进而导致产业创新动力不足，先进的技术设备少有使用

距离智能化差距较大：普遍处于低水平机械化生产阶段，部分实现但未普及制药技术融合信息技术的层面

中药产业侧重于生产制造：对传统中医药的精华部分的保护、研发力度较小，面临着传承不足、创新不够的局面

产业标准及规范缺失：质量控制体系难以建立、产业规范及标准不明确、缺乏规模效应等

产业链中信息偏差和时滞：产业链长且细分，参与者多，需求信息在供应链传递过程中扭曲，信息真实性与反馈及时性无法保证

图 11.2　中药产业升级面临的挑战

（1）中药产业链延伸长，覆盖面广：涉及中药种植采收、加工炮制、提取浓缩到产品流通及售后服务等多个环节，纵观整个产业链，各环节发展失衡甚至部分环节滞后严重。

（2）人力需求占比高：中药产业要借助先进的技术和设备，从而节约成本，提升产能，保障产品质量，然而，目前中药制造大多依赖重复性高、技术要求低的体力劳动，且部分中药生产过程对人体危害程度大。

（3）距离智能化差距较大：中药工业方面各企业的标准化、规范化和智能化差异较大，大部分企业普遍处于低水平机械化生产阶段，制药技术与信息技术的融合尚未普及，无法完成中药产品质量的整体升级。

（4）产业标准及规范缺失：中药农业目前属于中药产业链中的薄弱环节，尚存在质量控制体系难以建立、产业规范及标准不明确、缺乏规模效应、中药产品流通环节的信息化程度相对低下、溯源系统尚未完善、品牌建设有待强化、售后服务亟须改进等问题。

（5）产业链中信息偏差和时滞：中药产业链长且细分，参与者多，需求信息在供应链传递过程中扭曲，下游的需求信息与反馈受阻或真实性下降，产业链中信息偏差和时滞也使中药产品的交易成本水涨船高。

（6）中药产业侧重于生产制造：中药产业升级涉及研发创新、生产制造、经营销售及售后服务等行业的多链式体系，然而，当前中药产业价值链侧重于生产制造方面，上端研发和下端流通环节相对薄弱，纵向延伸能力差，体现为对传统中医药的精华部分的保护不够、研发力度较小，面临着传承不足、创新不够的局面。

（7）"劣币驱逐良币"现象：推动产业需求和供给层面的升级，需求方面各种中药产品的需求量大，市场广阔，可以调动中药产业升级的积极性。供给方面中药产品的质量控制体系、产业规范及标准不够明确甚至有缺陷，信息的不对称导致"劣币驱逐良币"现象，进而导致产业创新动力不足，先进的技术设备少有使用，这些问题使产业升级的推广实施举步维艰。

(8) 对新科技的认识有失偏颇：透彻分析了阻碍中药产业升级的原因，要扫除这些阻碍必须借助现有先进技术制定相应的产业标准规范和构建质量评价体系，实现信息实时对称、共享，标定优质产品应有的市场价值，获取切实的利益，企业才会有产业升级的动力。有学者对中药现代化进行剖析认为任何产业均难摆脱传统思维惯性，对新科技的认识失之偏颇，在对先进技术成果的运用方面比较稀缺，导致其无法跻身世界甚至中国的前列。

综上所述，中药传统产业升级必须充分运用现代科技手段，从研发、生产、质量控制直至安全评价、临床应用的标准体系制定开始，系统地、整体地解决质量控制和评价难题。同时，信息技术在中药现代化中将发挥巨大作用，凭借大数据、物联网、人工智能等先进信息技术支持，消除信息孤岛，达到过程可感知、生产可视化、产品可评价、质量可追溯，可以为中药的研究助力，多学科、跨行业合作将加速中医药现代化进程并带动相关技术发展，最终实现中药产业升级。

第三节 中药产业各环节智能制造的发展趋势

中药传统制造是指对经典传承下来的成方药剂，在汤药给药形式的基础上，进行工业化生产制造，其生产条件、制备工艺及质量控制技术均落后于化学药物的生产水平[3]。相较之下，虽然中药智能制造是针对传统方剂进行中药产品的生产制造，但其有着区别于传统制造的特征。首先，智能制造具有柔性化的生产方式，传统生产方式注重规模化、大批量，保证产品质量的均一性；中药智能制造则着重个体化、小批量，在保证疗效的基础上进行柔性化生产，通过对症给药、按需生产，彰显中医药辨证施治、同病异治等特色诊疗方法，符合当前精准医疗、个性化给药的行业走势。其次，目前传统中药的制备工艺仍普遍采用人工或半自动化技术，中药智能制造是将工业化与信息化技术交叉融合，通过信息技术与中药智能制造理论的有机结合，实现生产过程的实时监管和设备智能化调度，同时，解决生产要素整合迟缓、资源配置不够优化、交易成本居高不下等问题，构建智能中药产业创新生态系统，加速中药产业技术、研发及销售、流通环节的升级，推出疗效更高的产品，更好地满足市场需求，推动中药全产业链的现代化进程，实现产业升级。中药的产业升级可以大致划分为：①中药饮片产业；②中药制剂物料（中药提取物等）产业；③中药制剂产业。其中每一部分都可以利用智能制造来实现产业升级，智能化的基础是信息化，信息化的基础是自动化，由于每一部分的生产条件不同，导致中药产业各环节智能制造的发展趋势参差不齐。

一、中药智能制造概述

基于工业发展的不同阶段，人类工业可划分为四个时代，工业1.0的蒸汽机时代、工业2.0的电气化时代、工业3.0的信息化时代和工业4.0的智能化时代。中国和德国是目前世界上最主要的制造业大国，2013年4月，德国政府正式推出"工业4.0"战略，2015年5月，国务院正式印发《中国制造2025》，部署全面推进实施"制造强国"战略。同年10月，默克尔访华时，中德两国宣布，将推进"中国制造2025"和德国

"工业4.0"战略对接，共同推动新工业革命和业态。智能制造是"工业4.0"的主题，信息通信技术（ICT），包括联网装备之间自动协调工作的M2M（Machine to Machine）、通过网络获得的大数据的运用、与生产系统以外的开发/销售/ERP（企业资源计划）/PLM（产品生命周期管理）/SCM（供应链管理）等业务系统联动是智能制造的关键技术。

中药智能制造技术形成的关键在于中药制药技术的数字化、信息化、智能化改革，追求对整个产品环节的自动化调控，通过多项技术融合对工艺进行创新改进，规范工艺流程，有效提高并控制产品的质量水平（图11.3）。首先，对于中药生产前处理、提取、浓缩、制剂和检验等过程，要利用ICT、网络空间虚拟系统和信息物理系统相结合的手段，把物理装备连接到互联网上，使物理装备具有计算、通信、精确控制、远程协调和自我管理的功能，实现虚拟网络世界和现实物理世界的融合，将制造业向智能化方向转型。打破在传感器、自动控制和数字化技术的壁垒，对工业传感器、过程检测及分析仪器等设备进行开发及自动控制技术研究，实现中药智能工厂。

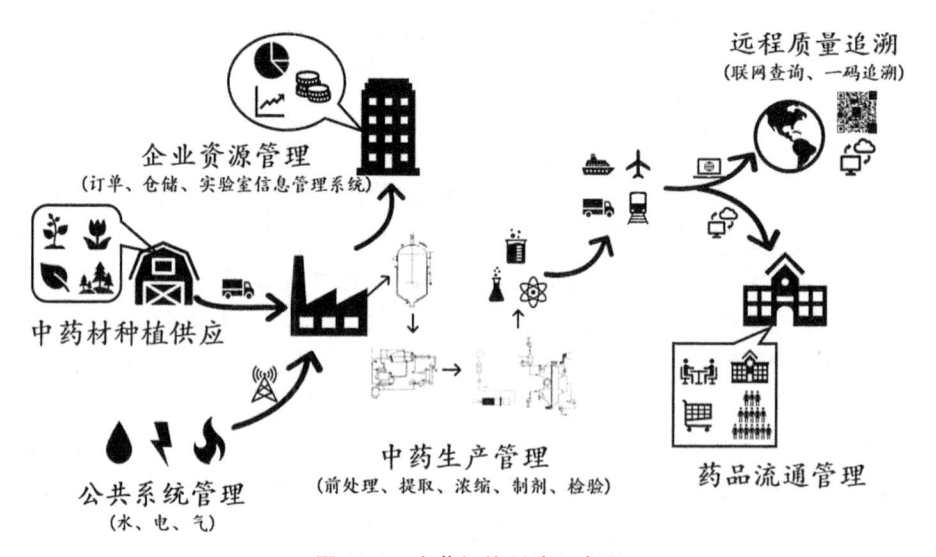

图11.3 中药智能制造示意图

智能设备是中药智能制造的重要基础，其是由自动化设备演化而来，其特点如下：①情景感知功能，可以搜集生产设备的信息并分析处理各设备的联系进行及时调控；②智能协作功能，根据患者的不同需求，通过对不同功能的生产设备进行调控以达到柔性组合，生产出符合个性化产品，满足患者需求；③多通道交互功能，智能设备借助物联网、传感器、人工智能等多项信息技术构建"人—机—物"互联和信息实时共享，易于对搜集到的需求、反馈信息及时汇总以作出相应的决策并执行有效的调整[4]。

中药智能制造要通过智能设备组装集成后构建出智能工厂（图11.4），以生产过程中大数据为起点，利用中药材资源优势，将智能制造与自动化规模生产连接起来扩大生产规模，提高工艺过程的智能化，使智能制造的特性得以显现，改善其对烦冗制备工艺的理解及对设备性能的掌控和调节，在人工受限的情况下实现智能化监管调控，提高产出比和产品质量以保证经济和竞争中处于优势地位[5]。

图 11.4 中药智能工厂核心内容

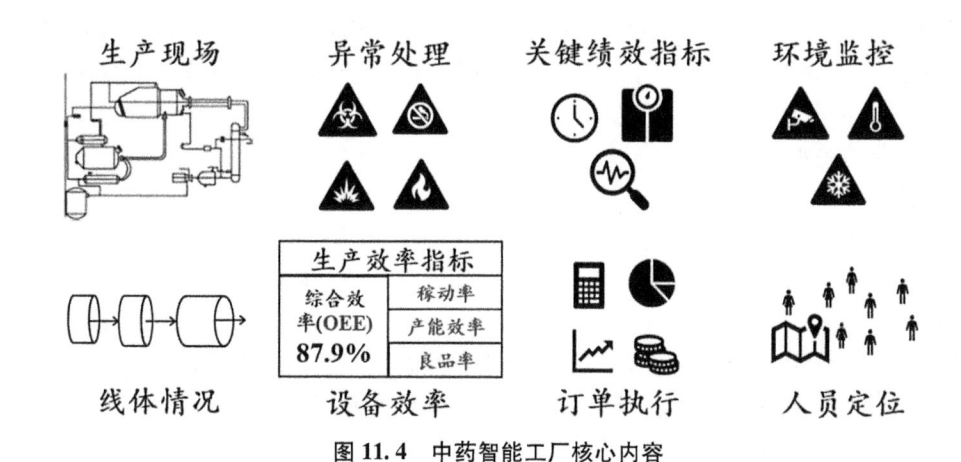

二、中药饮片产业

(一) 产业现状

中药材的种植环节作为产业链的源头，具有农业弱质性的特点明显，对自然环境的依赖性强，种植技术方面仍局限于传统经验，不同中药种植所需的条件不够明确，标准作业程序（SOP）也无法验证落实情况，标准化、规模化种植难以执行等问题。另外，药材道地性、种植环境、药用部位、采收加工和炮制等因素均可造成中药饮片质量和规格差异。如饮片厚薄差异，极薄片、薄片的药效成分能被充分提取，而厚片、斜片、段、块可能会有提取不完全的情况，最终导致中药产品质量的均一性得不到有效保证[6]。

在中药选苗种植、采收加工和炮制等工艺中，许多书上中记载、SOP 中未说明的经验技巧在中药品质保证中起到重要作用，这样导致生产过程中的质量传递规律追溯困难，制约了对中药生产过程的质量控制。提升中药产品质量首先应注重中药材种植到中药饮片环节的质量，之后才能保证中药智能制造的整体质量。

(二) 前沿发展

随着"中国制造 2025"强国战略的提出，我国政府对将高新科技应用于制造业中的案例愈发注重和鼓励。借助高新科技和信息技术发展，中药饮片在技术创新方面也有了重要的科技保障。先进生产设备会为中药饮片的加工生产带来新的活力，例如，各种色谱和红外等量化检测工具的应用大幅度提升了中药饮片在质量检测中的准确性与高效性。同时，中药饮片加工技术和工艺设备的升级将会在很大程度上改善中药饮片的质量水平，提升中药饮片的产能。另外，大数据、云计算、物联网等技术应用于饮片产业还可以帮助其商业销售，更便捷地对产品流通环节进行调控，减少资源浪费，节约成本。

中药饮片加工包括中药材粗选、炮制、干燥、精选、检测、包装等生产工序，可以通过积极引进计算机信息技术，实现全过程的信息化管理，设计中药饮片生产、质量控制、存储和销售的软件系统，并采用先进的生产设备对饮片炮制工艺和生产步骤进行机械化设置，有序地控制中药饮片的原材料选择、加工生产、包装、储存过程的质量检测。中药饮片生产过程的转型升级（包括生产的规模化、自动化、标准化）需要依赖设施设备的全面升级。另外，中药饮片炮制工程中可以通过使用近红外光谱等在线分析技术提高工艺流程中的质量控制水平。在中药饮片产品外观包装环节，推荐使用小包装，解决传统中药饮片存在的不准确、不均匀、效率低下、不便于携带等问题。

（三）业内差距

中药饮片在工艺生产过程中的均一性难以保障，即便饮片的形态特征趋于一致，其统一炮制过程中外形和内部的变化过程仍存在差异。我国当前饮片生产设备相对落后、生产过程控制仍多依靠经验判断，炮制工艺主观性强，饮片质量高低不一，临床疗效难以保证，从多数饮片生产公司在使用的饮片生产设备来看，设备性能、自动化程度及生产效能等难以达到中药饮片规范化、规模化生产的要求，饮片生产和炮制设备的落后严重制约了炮制工艺规范化和饮片生产自动化、智能化的发展[7]。

中药饮片的生产专业化程度不够，生产模式及规格多样化导致机械设备的容错率较低，无法较好地满足规模化、规范化需求，智能化检测设备还不能完全融入传统饮片工艺流程，无法较稳定地对饮片生产过程进行动态监测，是目前面临的困境之一。中药饮片的规格标准还难以一致化，不同生产机械、不同工艺参数、不同判断经验均会造成饮片质量差异，所以在药材前处理环节，必须要研制和统一中药饮片制造机械设备及方法，提高中药饮片制造业技术水平与规模效益，使用可以提高效率的饮片设备，为提高中药产品整体质量打下基础[8]。

（四）发展趋势

物联网技术在中药材规范化种植中起到了非常积极的作用，上述一些问题不仅难以支撑中药材生产的规范化，也难以让下游用户准确掌握药材生产的详细信息。物联网在中药饮片产业中的应用如图11.5 所示。利用物联网系统的传感器（温度传感器、湿度传感器、pH 传感器、光传感器）等设备，可以实时监测药材生长环境的温度、相对湿度、pH、光照强度、土壤养分等物理参数，掌握中药材的生长需求，确保中药材生长环境的适宜，从而提高中药材的产量和质量，促进中药种植的规模化、标准化发展[9]。基于物联网等关键技术的中药材种植溯源系统，可将农户档案、产地环境、种源、田间等多环节信息进行搜集后系统管理，对于保证中药材质量及中药产业安全稳定发展具有深远意义。

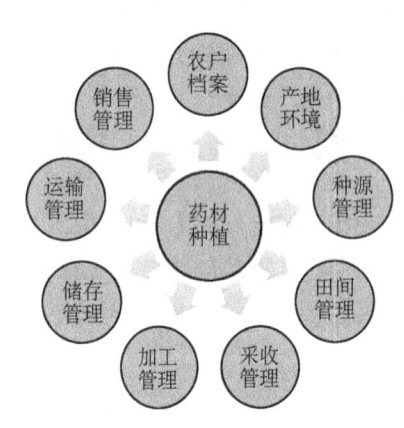

图 11.5　物联网技术在中药饮片产业中的应用

另外，中药饮片生产的智能化必须建立在规范化和规模化的基础之上，务必加大对饮片生产设备智能化改进研究经费的投入，设计制造出满足规范化生产要求的设备，为中药饮片的智能制造奠定良好基础。例如，以生产中常见的炒制设备进行相应改造，使其满足自动化、规范化、规模化的需求，还可以对其装配监测调控设备，可为智能化炒制设备提供设计思路，逐步发展成智能制造的一个基础部分。

中药饮片炮制前后的药性有显著差异，导致其评价手段、临床应用等也存在差异，因此对炮制饮片质量的判别极其重要，应该将传统经验融入现代科技中进行甄别，对每种炮制前后的饮片构建相应评价指标的数据信息，运用先进的仿生仪器（电子鼻、电子舌等）进行初步性状判别后再通过气相色谱等对其成分进行准确测定，判断饮片的质量是否符合标准规范，如果不符合则需找出影响因素，对炮制工艺进行相应的改进。总而言之，传统经验结合现代科技可对炮制生产线进行专业化、针对性的改进，可以有效地保证饮片质量的稳定均一，对后续产品的疗效也起到保障作用，也可为智能制造奠定基础。

凭借传统经验与现代信息技术的结合，中药饮片生产可以在产业链的源头进行质量的有效控制，保证药材的道地性、优质性，提升饮片生产的专业化，通过相应生产设备等达到规范化、规模化生产，并进一步实现生产过程自动化甚至信息化，只有前面这些基础都够牢固，才能再构建起饮片智能化生产模式。

就目前现状而言，盲目应用不成熟技术和设备创新是不可取的，直接将智能化的设备不假思索地应用于传统生产过程，类似于拔苗助长，最终结果与最初目的可能背道而驰，因此稳步发展才是关键。我国中药种植材到中药饮片生产环节现在应通过多学科多技术交融助力，花时间花精力针对目前饮片生产遇到的障碍，逐步向规模化、规范化看齐，再慢慢向自动化、智能化过渡。

三、中药制剂物料产业

（一）产业现状

中药制剂物料是指质量达标的中药饮片经过提取、分离、浓缩、加工等工艺得到药效和质量标准相对清楚的物质，一般包括固体（药材粉末、浸膏粉或提取物）、半固体（半浸膏）、液体（中药提取液）三种形态。制剂原料的物理属性将影响成型工艺的难易程度、加工流程的顺畅程度，最终影响药品的质量高低等。

根据2020年版《中国药典》一部中1 634首单方制剂及成方制剂的统计，中药制剂物料主要呈现两类形式：中药粉末和中药提取物。中药粉末由中药饮片直接粉碎而得，剂型主要聚焦在散剂及丸剂，分别占比3.4%和24.8%，该类中药物料以全成分入药，但压缩性差；中药提取物由饮片提取浓缩或提取分离精制后所得，包括流浸膏、干浸膏和油脂类，剂型主要聚焦在片剂、胶囊剂与颗粒剂，分别占比19.7%、19.2%和14.9%，中药提取物主要有流动性与压缩性差、黏附性及吸湿性强等问题。中药经过提取、精制并进一步纯化，达到同一类化学物质占到90%以上或接近90%的含量，如人参茎叶总皂苷等，可作为中药制剂的第3类物料，即中药组分提取物，可简称为中药组分。随着第3类中药制剂物料（CMM）中有效物质的纯度不断提高，其物性可能发生质的改变，以CMM性质为核心依据，选择剂型及设计递释特性，将是发展具有中药自身特点的制剂理论的突破口。

（二）前沿发展

目前，中药制剂物料产业可以借助自动控制系统和在线监测系统，依靠电子计算机或控制器对生产过程进行自动化控制，及时检测各种工艺参数的信息，涵盖提取、浓缩、醇化、干燥等工艺环节[10]。例如，在提取方面，一些新技术如超声波辅助酶法、超临界流体萃取技术、半仿生辅助酶法提取技术、组织破碎提取法和纳滤提取技术可以增加提取效率，还具有操作简单，提取效率高，节约能源，可有效保留易挥发组分和不耐高温的有效成分，产品质量高等优点[11]。融入自动控制、实时监测传感器的中药智能制造系统能够大幅提高中药制剂制造水平，通过传感器技术的助力，将会大幅度提升中药制剂物料产业的自动化、数字化水平。

（三）业内差距

近年来，中药制剂学研究取得了很大进展，新方法、新技术也层出不穷，但中药制剂设计仍然存在盲目性和经验依赖性等缺点，中药制剂物料的处方前研究并没有产生本质性的突破，剂型选择和处方设计的科学性、系统性有待加强。传统的中药制剂物料大多通过提取或通过大孔树脂进行富集分离得到，制备工艺中动态质量控制过程中相较粗略的制剂原料将会被慢慢淘汰，期待其向更高一层次的信息智能化方向发展。

目前来看，我国中药制剂物料生产现状存在能耗高、效率低、热敏成分损失严重、活性成分转移率低及物料性状低劣等多方面阻碍因素。纵观国际领域，制药装备的提供商主要是德国、意大利等老牌工业强国，其占有垄断性的竞争地位。此外，日本津村制药公司将最先进的管理理念与自动化技术设备、工业机器人及信息技术一体化，建造规模化智能化生产线，在中药制剂物料生产中始终处于国际领先地位。

（四）发展趋势

组分结构中药或者等效成分群作为中药制剂的物料，其成分/（组分）构成相对明确，通过对药效物质基础的深入研究和先进分离技术，可以对功能性成分进行特异性判别和高效制备，确保其成分明确、质量优异、含量均一的精致化的中药制剂原料，如等效成分群/（组分）结构。现代研究表明中药药效物质基础是一系列含量明确，并且能发挥与原药材等效的化学成分群体，称作等效成分群；多成分-多通路-多靶点协同发挥药效，各成分各组分之间存在特定量比关系，即存在一个多层次性的特殊组成结构，与"组分结构"思想相契合，因此也被一些学者称为组分结构。随着研究的不断深入，等效成分群或组分结构的理论基础和产业应用也逐步完善，为现代中药制剂物料的发展提供了理论支持（图11.6）。

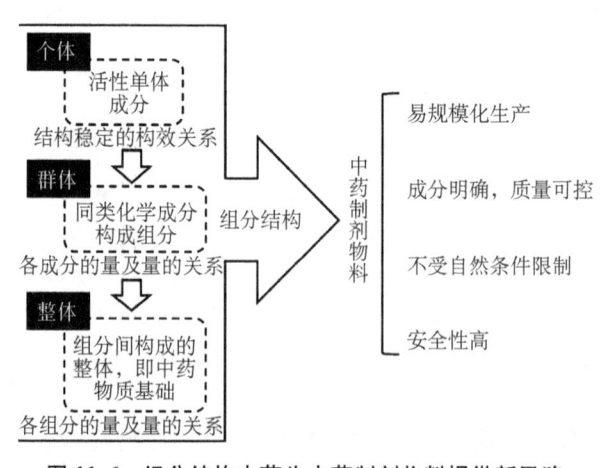

图11.6 组分结构中药为中药制剂物料提供新思路

组分结构中药或等效成分群是目前中药制剂物料发展的必然趋势，中药中各成分各组分结构组成复杂多样，对制备工艺和设备的要求也更为严格，但如今大部分中药企业的富集方法选择性差、产品得率低。因此，想要将中药制剂物料制备精致且保证原有疗效，是现代中药制剂原料发展乃至智能制造发展的核心基础[12]。作为中药制剂物料基本单元，组分是一个独特结构的多成分复杂体系，建立符合整体特征的生物药剂学研究与评价体系，无疑是现阶段中药药剂学研究的重点与难点[13]，只有解决现存问题，才能进一步向智能制造迈进。

组分结构中药或等效成分群等理论在理论基础上为中药制剂物料的生产制造提供了参考，而先进技术如传感器技术及各种提取、分离、浓缩等技术在实践生产中对中药制剂物料的质量实现了监测控制，理论与技术两者相辅相成，今后必然会使中药制剂物料产业由目前的自动化、信息化向更好更优的智能化方向发展，最终实现中药品质和产量的升级，继而实现产业升级。

四、中药制剂产业

（一）产业现状

中药制剂所含化学成分众多，药材及物料品质冗杂，合理控制制剂中哪些化学物质（药效物质、风险物质等）、理化及生物参数才能确保制剂质量及生产效益是产业发展的首要技术难题。中药制药过程参数混杂，一方面各种状态、工艺、物料及环境参数等与制剂关键质量属性间的关系不够明确，检测参数的选择与设置的盲目性无法反映药品的整体质量与疗效，检测费用提高，制剂质量却仍难以控制。另一方面，哪些过程参数（状态、工艺、物料、环境及排放参数等）与生产效能相关也较模糊，致使生产效能低且产品质量得不到确切保障。绝大部分中成药的药品质量属性定义不明确并与临床疗效关联度低，导致中药制药过程所产出的药品质量参差不齐，不仅影响药品疗效，还波及药品质量一致性。

中成药化学组成及制药工艺特点决定了其生产制造过程动态变化的高度复杂性，过程状况难以全面辨识且缺乏有效的检测技术装备，过程参数的可测性和可观性成为能否科学管控中药制药过程的关键因素。在中药制剂全过程各关键节点实时监测状态、工艺、质控、物料参数等一直存在技术盲区，出现"该测而没有测、应测却测不出、想测但测不了"等工程实际问题。

（二）前沿发展

热毒宁注射剂数字化智能化提取精制生产线就是一个示范，其采用了先进的现代质量控制技术来强化注射液的质量管理，并对注射液进行生产的全程控制；搭建了与生产过程控制、生产管理系统互通集成的实时通信与数据平台，实现工业化与信息化的高度融合[14]。另外，热毒宁注射液中金青（金银花、青蒿）醇沉工艺历史生产数据呈现出数据量大、价值密度低、来源多样等大数据的部分特征，采用大数据分析的方法筛选得到的关键工艺参数有助于准确地描述金青醇沉过程质量传递规律[15]。采用新型的传感器对中药制剂的关键质量属性进行客观化表征，可为中药制药过程智能控制明确目标[16-17]。

伴随着中药制剂生产技术的快速发展，以及不断地引入、开发一些新型的制剂技术，大大促进了中药制剂生产技术现代化发展的进程。薄膜包衣膜是近年来的一种新型中药制剂技术，目前已经被广泛应用于中药颗粒剂药物、片剂药物、丸剂药物的制作中。使用该技术能够有效地防止药剂褪色，避免挥发，有效保障药物的效果。在临床中药制剂中，糖衣片或滑石粉的使用较多，这些包衣都有各自的优势，但都有易受潮，受环境温度的影响比较大，生产工艺比较复杂及耗时比较长等缺点。而相比之下，薄膜包衣膜技术更具有优势，其所需的时间更短，而且抗潮抗热，能够有效保障药物的药性。

将中药中的活性成分进行提取与分离，发现了很多活性单体具有安全有效及稳定的作用，有效促进了中药成分制剂的发展。促透剂、纳米粒、聚合物胶束、自微乳、原位凝胶、前体脂质体和前体药物等技术也应用于中药制剂方面，将材料作为药物的载体也是中药制剂发展的途径之一，但是药物载体对中药多成分难以很好地结合，目前多以中药单体成分进行相应研究，无法达到中医药整体观的传统概念。

（三）业内差距

我国的中药制药装备自动化和智能化水平普及不够，自主创新能力不足，相互模仿、低水平重复较为常见，制造过程以落后的单元操作为主，远未实现整个制造装备与技术的集成及优化。国内中药制药装备专产兼产的企业1 000余家，95%以上为小型企业，年产值过亿的更是寥寥无几，仅少数企业应用了先进的技术与装备，严重制约了中药产业的可持续发展及国际化进程。国内中药制药装备行业所提供的产品普遍数量充足、品质较差，部分企业至今仍靠大量提供低质量的产品来获得经济效益。

目前，我国中药制药装备产品的研究和开发缺乏自主创新人才，也缺少指导和监督中药制药装备产品生产质量的相应人才，产品同质化趋势十分明显。大多数中药制药设备企业在发展初期均效仿成熟企业的生产模式，一定程度上限制了企业技术潜力的发挥，并且制药装备牵涉众多专业学科，对精度、技术水平的要求与其他工业生产装备设备有明显差异，对具有扎实的专业基本功和自主创新能力的技术人才需求量大。

（四）发展趋势

传感器技术有效应用于中药生产工艺参数的科学调控、严格管理，包括物料温度、药剂流速、成分含量、含水质量、崩解时间及施加压力等参数，对中药干燥工艺进行连续智能管理，有效提高中药加工效率，降低生产成本，提高中药成品质量，确保制造的中药符合国家安全标准，还涵盖了中药灭菌工艺中多个影响中药成品质量的工艺参数，如灭菌温度、处理时间、辐照剂量、施加压力、耐热参数、致死率等，传感器技术的有效应用能够对上述参数进行实时监控与管理，能将收集到的数据信息及时传输给终端控制系统，有助于尽早发现异常数据，避免操作故障的发生。我国有学者在微波灭菌原理的基础上研制出了具有温度控制功能的微波自动灭菌装置，能够对中药灭菌过程的温度进行准确测量，并能通过控制微波输出频率，为灭菌中药提供低温、常压的操作环境，确保中药成品符合相关标准的同时，还能节省能耗费用。

中药制剂防潮技术也有了相应的发展，中药制剂的防潮应基于物质吸湿基础、非晶体吸湿特性、毛细管作用、烧结结块机制等吸湿理论，围绕制剂生产的前处理、处方、工艺等方面，针对性地进行防潮研究[18]。通过总结影响中药制剂吸湿的主要因素，针对性地防潮，如辅料改性、粉体包覆、微囊化、薄膜包衣等，更科学地处理吸湿问题，达到预期防潮目的，从而促进中药制剂现代化。

为了能够抓住发展机遇进入国际市场，中药制药装备企业必须与时俱进，在提高装备水平、产品等方面提出可行的方案[19]。通过中药制药工程科技创新，建立符合中药特点的制药过程质量控制方法与先进制药技术体系，能够用存在化学差异的中药生产出一致性较好的优质中药产品，为推进中药工业高质量发展提供科技支撑。通过提高生产工艺、制剂装备，使中药制剂的质量切实提高是一方面，而药物进行新剂型与新技术的引进又是另一方面，这样可明显改善传统中药制剂的缺点，有利于提高中药的安全性、稳定性及有效性，促进中药制剂从自动化更替为信息化，然后逐步升级产业到智能制造。

第四节　中药产业智能制造发展的难点与关键技术

中药产品是中药智能制造的价值载体。与化学药品相比，中药原料的天然属性决定了中药原料质量的不确定性、物质基础和生产工艺的复杂性，以及中药质量标准和临床疗效之间的模糊性。以数字化、网络化和智能化为核心，通过"中药材来源基地化"和"生产过程智能化"构建中药制造智能工厂，降低制药过程的人力、物力和能源消耗，保证中药的安全性、有效性、一致性，提高中药质量，使中药成为高品质的代名词，形成具有我国原创性的中药智能制造，是我国中药产业发展智能制造的核心目标。然而，目前中药产业智能制造发展仍存在许多难点。例如，我国中药材与饮片生产加工的产业种植信息不透明，且中药作为农产品与生产地域关系密切，生产过程长且流程复杂，缺乏准入标准及严格监管，所以容易发生重金属农残超标、以次充好等质量问题。数字化是智能制造发展的关键技术，对于中药产业来说，中药材与中药饮片来源、品种复杂，重金属污染和农药残留问题显著，构建数字化质量追溯体系是中药智能制造的基础。

一、中药产业智能制造发展的难点

（一）中药来源和基源难以追溯

中国工程院黄璐琦院士指出：现阶段中药材生产应当以"有序""安全""有效"为目标，提高科技有效供给，加大科技成果的推广力度，推进中药材生产"八化发展"，以创新驱动中药材产业的现代化。由于中药化学成分复杂，部分药材来源广泛、基源复杂，加上违法添加、造假，给中药材和中药饮片的质量标准制订带来了巨大挑战。中药材的产地加工是中药材产业链条中最薄弱的环节，严重制约着中药材产业的发展。

对于特异性强的品种，快速鉴别技术是建立中药材与饮片数字化可追溯体系的首要保障。传统鉴定中药主要通过中药的表象特征进行，包括中药的质地、味道、气味、形状、颜色等，受主观因素影响较大，准确性无法保证。将近红外漫反射光谱技术与聚类分析方法相结合，可从方法学上快速准确识别伪劣药材，该方法已经得到广泛推广，但相关鉴定装备及鉴定标准仍需不断完善，应加强中药鉴定技术的发展与简化。

（二）中药生产过程的数字化水平低

中药生产过程复杂，涉及参数较多，在生产过程中发现问题并不断改良是提升中药产品质量的关键。随着近红外光谱、紫外光谱、工业电导率等过程分析检测方法的快速发展，智能感知与生产过程网络化系统在石油化工等领域的单元装备建模、控制和优化上已取得了一定成果，这些成果可为中药智能制造技术提供参考，但仍需结合中药自身复杂性的特点。通过在生产过程安装各种传感器形成数字化感知网络，获取关键的工业数据，建立工艺机制与算法融合的数学模型，并基于网络化系统形成控制策略，解决中药生产过程质量变化复杂的实际问题，是中药生产过程智能化的重要内容。

在传统中药种植、采收、加工和炮制等工艺中，大量隐性知识的使用对保证中药品质起到重要作用，生产的工艺控制模式仍停留在传统的经验控制上。仅对生产过程的温度、压力、反应时间等物理参数进行监控，难以表征生产过程中物料成分的复杂变化。中药制造工业生产中涉及提取、浓缩、醇化、干燥、灭菌等过程，具有工艺复杂、装备种类繁多、高温、高压、腐蚀、易燃、易爆等特性。为了保证生产人员、生产装备、生产环境及生产原料和产品的安全，必须有可靠有效的检测与控制手段。

（三）中药制造装备自动化水平低

智能装备是中药智能制造的关键。中药的炮制、提取和浓缩过程是影响中药质量的重要因素，也是中药智能装备和大数据分析应用的关键环节。《中医药发展战略规划纲要（2016—2030年）》要求：为全面提高中医药产业发展水平，推进中药工业数字化、网络化、智能化建设，要加强技术集成和工艺创新，提升中药智能装备制造。严谨的制造装备是智能制造的关键，必须开发一批中药制造机械与装备，提高中药制造业技术水平与规模效益，在研发装备的同时应尽量避免主药指标性成分的损失和破坏，最大限度地保留中药有效成分。制造出具备高效、节能、生产自动化和智能化、适应大生产等特征的专用型装备，可为中药产业智能制造稳定发展提供硬件设施和数据支撑。

传统的中药饮片加工炮制主要为作坊式生产，采用以手工为主的加工炮制装备，形成了以经验评价为核心的炮制工艺体系。随着中药饮片规模化生产的实施，机械化炮制装备得以在制药工厂推广，但由于不同装备的性能差异，加上中药材本身的质量差异，导致中药炮制工艺难以统一。中药饮片炮制过程是一个动态变化过程，现行判定标准无法准确对炮制的"适中"颜色进行定量阐述，不同的饮片企业需通过生产实践积累形成相对稳定的炮制工艺参数。炮制装备对不同物理属性药材的适应性，工业炮制过程中排放烟尘和药材间交叉污染是当前炮制装备研发的重点。开展针对中药复杂系统的可控性炮制装备的研究，实现炮制装备的智能化，对于确保中药饮片质量稳定性具有重要意义。

中药提取浓缩过程具有非线性、多变量耦合、不确定性和滞后性等特点。现阶段的中药提取主要以水煎煮法和回流法为主，提取分离技术相对落后，工艺粗放，制造过程主要为单元操作和人工操作。由于中药材性质不同，需要不同的浸提方法，如逆流提取、渗漉法、超临界提取、多功能提取和动态提取等。但浓缩装备的落后制约了中药浓缩效率，增加了企业的能耗。节能、高效、安全、简易及绿色环保是浓缩工艺及装备研发的重要方向，尽量减少浓缩过程中的成分损失，综合考虑浓缩工艺与装备的选择和设计。另外，需进一步加强提取浓缩新技术与自动化的融合，对工艺参数和操作进行有效及严格的监测和控制，实现整个工艺过程的全自动化控制，从而提高中药产品质量和生产效率。

（四）中药生产过程间存在信息孤岛

基于物联网和大数据的信息融合是智能制造时代的先进生产力。中成药制造系统由制药装备、生产设施及公用装备三大硬件系统组成。为使药品制造过程得到合规、有效和科学管控，制药装备及生产设施需符合 GMP 要求，三大硬件系统应实施数字化、自动化和信息化，大力推进中成药制造执行系统（MES）的研发与广泛应用。一方面对制药流程每一环节的输入及输出物料质量进行检测调控，并执行物料投入与产出衡算控制；另一方面应对原辅料进厂、药品下线直至临床采用物联网技术实行全程流向追踪、数字标识可追溯管理，并对仓储实施数字化管理，确保物料质量。应重视先进制药技术和智能装备的融合应用，重视制造活动中质量相关数据的积累和信息挖掘与融合。

网络化系统是中药生产过程控制的基础。以前馈控制为例，其是指通过观察情况、收集整理信息，将可能发生的偏差消除在萌芽状态中。在化学药品生产过程中应用前馈控制方法可以增加对药品生产过程的理解，达到减少药品质量波动的目的。在中药生产过程中，由于中药种类的多样性和组分的复杂性，以及中药材质量必然具有的波动性，利用前馈控制建立的回归模型可以用于对实际生产过程进行调控和指导，有利于提升中药质量的一致性及生产过程的稳定性。在中药生产过程中安装先进传感器，与中央 MES/ERP 系统的数据对接，使整个工厂的生产流程变得透明与可视。利用已有数学模型，基于自动控制系统通过传感器获取数据，实时建立新的过程平衡并进行有效控制运行，可对工艺参数进行优化，提高生产过程的过程稳定性和质量一致性。

二、中药产业智能制造发展的关键技术

（一）大数据

大数据（big data）是指从庞大复杂数据信息中系统地分析以提取出有价值的信息，具有强大的决策力、洞察发现力和流程优化能力，能够适应海量、高增长率和多样化的信息处理需求。大数据的核心不是储存这些冗杂的信息数据，而是经专业化处理获取其中的价值，其创造价值的关键在于提高对数据的"加工能力"，通过"加工"来对数据进行"增值"，从而对过程进行优化、对关系进行揭示和对结果或行为进行预测（图 11.7）。

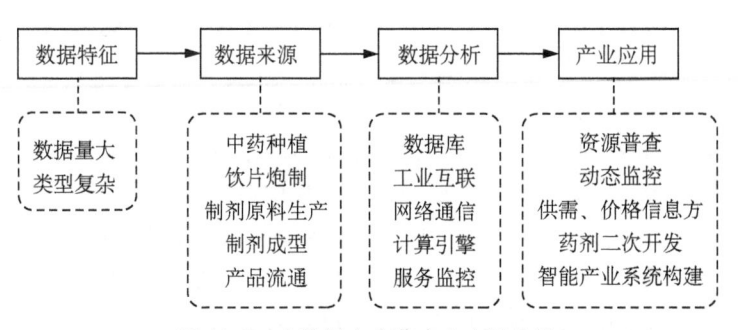

图 11.7 大数据在中药产业中的应用

中药产业领域的过程数据具有数据量庞大和数据类型复杂的特征。获取如此庞杂的数据，对其"加工"等系统性处理来榨取出对中药产业有利的价值。应用于中药材种植、销售方面，通过大数据开展中药资源普查、动态监测和预警，系统收集中药资源种类、分布、蕴藏量及变化趋势、栽培和野生情况、收购量、需求量和质量等相关信息。例如，药材价格不稳定，是因为我们不知道市场需要多少，应该种多少，而这些可以由

大数据提供支持；哪个药该进，哪个药不该进，通过大数据进行分析，整合中药材种植、中药生产流通到客户需求信息，及时公布中药材交易价格变动等相关信息，使种植、生产导向化和消费透明化，尽可能消除中药材等产品的价格、数量波动。

例如我国"一带一路"的建设，可以通过大数据分析参与国家的需求，开拓更大的海外市场，解决我国中医药产业创新不足、过于分散等问题，同时将我国传统中医药推向海外。通过整合、采集工商数据、海关数据、电子商务数据、知识产权数据等，了解"一带一路"沿线国家中医医疗资源需求，共建智慧诊疗与远程医疗体系，通过医疗信息互通互用，实现优质医疗资源在"一带一路"沿线国家的合理配置，同时扩大我国中药产业的对外规模。

大数据技术还能应用于我国经典名方的收集、整理和处理方面，为经典名方"二次开发"提供可行性预测；还可以通过互联网平台，开展众创研发模式，收集各方面人群的建议并进行处理分析，使大数据辅助中药新药的研发；还可将生产工人、用药患者及销售人员的需求反馈进行收集，在中药研发与生产环节进行相应的改进调整，通过多次的良性循环来构建产业智能生态系统等，为中药智能制造乃至产业升级提供有价值的信息。

（二）物联网

物联网（the internet of things，IOT）是以互联网为载体，使用各种独立装置与技术（如信息传感器、射频识别技术、全球定位系统、红外感应器、激光扫描器等）并通过实时监测、互联来收集所需的温度、化学指标、参数指标、生物指标、实时位置等信息，并联合传感设备与互联网形成的庞大的信息网络，通过这个网络实现"物—物""物—人"的实时联系，实现对物品和过程的智能化监测和管控，即不受时间、地点的限制，达到人与物的互相联通。

中药材种植对自然环境的依赖性较明显，且目前多为人工种植，生产效率低下，并且种植人员专业化程度参差不齐，种植过程中会存在各种问题，使产品质量不达标，最终导致亏损。物联网技术可实时监控种植环境的全方面影响因素，用互联网进行预警与调整建议，有效降低人工管理成本，可提高种植人员统揽全局的能力，对所监测数据进行相应的分析处理，可了解各种药物的生长特性和环境要求，不同中药进行针对性种植，合理施肥，实现中药种植的规范化、集成化和智能化。

目前我国中药物联网技术规范化种植水平整体较落后，在中药种植采收、饮片加工炮制环节仍依赖于传统经验，不同中药在种植过程中对营养物质、水分、酸碱度和温度等需求仍存在差异，药材种植的 SOP 在实际种植中也没有得到实时监测，无法知晓其是否符合 SOP 的规范。一方面，实际种植存在一系列问题难以使中药生产规范化、规模化；另一方面也难以准确把握药材生产的详细信息。

通过物联网系统的各种传感器（温湿度、pH、光照）设备，检测环境中的温度、相对湿度、pH、光照强度、土壤养分等参数，实时了解中药材状况并对其进行相应调整，创造出适宜优渥的生长环境，提高中药材的产量和质量，形成中药种植的规模化和标准化。此外，物联网应用过程中各种传感器等信息监测收集装置的数据信息可作为质量追溯体系的构建依据。中药饮片追溯体系的构建如图11.8所示。中药饮片追溯体系普及使用后将加速中药饮片产业的转型升级和结构调整，促使其由传统产业向真正意义上的现代化产业转型。另外，此系统还可以推广应用到中药制剂甚至化学制剂等制药行业，其物联网应用模式可供食品、农业、环保等领域安全追溯、参考借鉴。

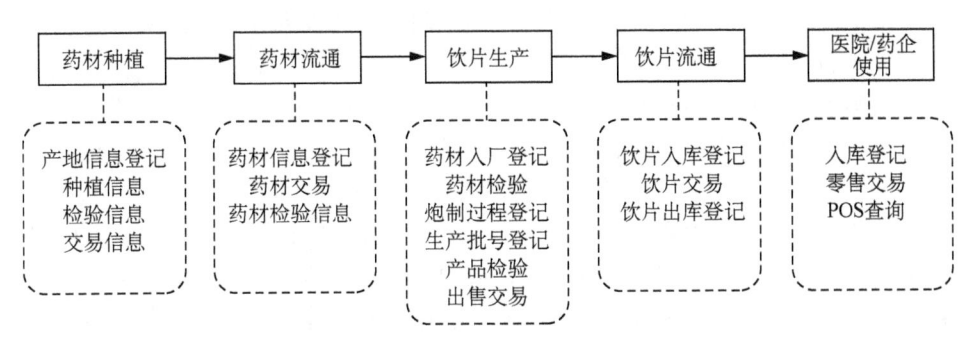

图 11.8　中药饮片追溯体系的构建

（三）传感器

传感器作为自动化系统的神经末梢，能快速、准确地获取信息，并按一定规律将被测信息量值转换成电信号或其他量值输出，这是自动控制系统达到高水平的体现。通过引入自动控制系统和在线监测系统，将进一步改善中药个性柔性化和自动化生产制造水平。传感器在中药制造产业中的作用如图 11.9 所示。利用电子计算机或控制器对生产过程进行自动化控制，须及时检测各种工艺参数的信息，而其中的检测和控制离不开传感器系统技术。

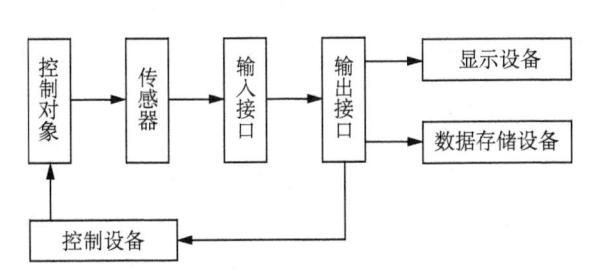

图 11.9　传感器在中药制造产业中的作用

提取工艺是整个中药制造过程的重要环节之一，具有能耗较大、传热复杂的特点，提取操作规范与否直接影响中药成品质量。中药因其成分复杂，在整个提取过程中需要控制好压力、温度、湿度、蒸汽等工艺参数，尽量避免有效成分在提取的过程流失，可谓一项复杂的操作流程。此外，各工艺参数间还会相互制约、影响，需要对其进行实时调控管理，确保各参数间的动态平衡。中药提取自动控制系统中传感器在中药提取系统中发挥数据收集功能，同时还能结合反应变化对提取过程进行动态管理。传感器在中药提取阶段需要借助自动检测系统对各工艺参数进行数据采集、信息处理、结果显示、预警分析。传感器技术的应用不仅能够对中药提取各操作工艺进行实时监控与管理，同时还能有效降低能源损耗及前期成本。

中药浓缩作为药物浸膏的关键步骤，需要在压力传感器、液位传感器、流量传感器、温度传感器的共同作用下才能顺利完成。传感器在中药浓缩工艺中需要对许多项目进行实时监测与管理，浓缩工艺变量多、扰动大，一旦遇到不良因素，势必会引起结焦、液冷或热分解等问题，严重影响中药成品的质量与疗效。传感器技术的融入能够有效提高中药浓缩工艺的调控管理水平，确保中药生产稳定、安全，符合相关操作标准。传感器覆盖整个自动控制装置系统，不仅涵盖了整个浓缩生产流程，而且对各个控制点参数进行精密自动化的控制，可大大提高浓缩控制系统的效率与质量，减少许多人为因素对浓缩步骤的干扰。

中药干燥工艺中利用传感器技术能够实现对中药生产工艺参数的科学调控、严格管理，上述工艺参数包括物料温度、药剂流速、成分含量、含水质量、崩解时间及施加压力等。通过对中药干燥工艺进行连续智能管理，有效提高中药加工效率，降低生产成本，确保制造的中药符合国家安全标准。为了更好地推动传感器技术的发展，很多设备厂家对中药干燥设备进行了编程控制处理，成功设计出能够直接投入生产车间的热泵干燥设备，这套设备涵盖了检测装置、传感元件、控制模块等多项技术，有效实现了对中药干燥工艺的全程管理与调控，不仅降低了中药加工成本及干燥工艺能耗，而且大大提高了中药成品质量。

中药灭菌工艺涵盖了多个影响中药成品质量的工艺参数，如灭菌温度、处理时间、辐照剂量、施加压力、耐热参数、致死率等，传感器技术的有效应用能够对上述参数进行实时监控与管理，同时还能将收集到的数据信息及时传输给终端控制系统，有助于工作人员尽早发现异常数据，避免可能出现的操作故障。我国学者在微波灭菌原理知识的基础上研制出了具有温度控制功能的微波自动灭菌装置，该装置能够对中药灭菌过程的温度进行准确测量，并能通过控制微波输出频率的方式，为灭菌中药提供低温、常压的操作环境，确保中药成品符合相关标准的同时，还能节省很大一部分能耗费用。

融入了自动控制、实时监测设备的中药智能制造系统，能够大幅提高中药制剂制造水平，有助于推动我国中药制造行业的发展壮大。传感器融合了21世纪先进科学技术，作为中药智能制造系统的前端模块，对中药制剂的制造与生产发挥着不容忽视的作用。在传感器技术的推动下，使得中药智能制造系统的建模、控制与优化上升到新的高度，为中药制剂的制造生产奠定了良好的基础；同时也推动了中药制造行业的智能化、数字化、自动化发展，充分展示出我国中药智能制造业的发展态势，并且在很大程度上提高了我国中药制造行业的市场竞争力。

（四）区块链技术

区块链技术是将数据分区块进行存储，每一区块包含一部分内容，且都会记录着前一区块的ID，并按时间顺序形成一个链状结构，以密码学方式保证数据不可篡改[20]。目前，区块链已经融会吸收了包括分布式架构、块链式数据验证与存储、点对点网络协议、加密算法、共识算法、身份认证、智能合约、云计算等多类技术，并在某些领域与大数据、物联网、人工智能等形成交集与合力，成为一种整体技术解决方案的总称[21]，具有去中心化、信息不容篡改性、开放性、匿名性、自治性等特征。

中药溯源系统有两代。一代中药溯源系统通过RFID物联标签、身份认证和关键信息的绑定，贯穿"中药种植、饮片加工、流通使用"三个环节，同步到网络后台数据库，将每个环节中的药品质量参数、企业诚信指标、交易流水数据三类关键信息统一编码，自动采集，并通过网络实现信息传递和网络后台实时校验，时间和数量的不可逆，实现了中药材质量追溯，但是存在硬件成本高、流程复杂、平台服务的公益性不足及可持续发展差等缺点，在质量追溯过程中，存在参与主体众多且分散、难以中心化方式管理与运作，以及数据和信息整合难、产业各方之间信任度不一等问题[22]。

基于区块链、云计算、大数据、物联网的中药溯源平台构建，是区块链技术与新一代信息技术结合在中药领域应用的尝试，有望重建中药行业诚信生态，实现中药材"从种植到消费"全过程的追踪和监管，保证中药质量和安全，促进中药行业健康发展。然而，目前尚未见到区块链技术在中药领域应用的文献报道，但区块链技术可应用于中药产业中各个环节，如图11.10所示。基于区块链、云计算和大数据的中药溯源平台重构，建立中药行业诚信生态，是在中药行业应用的一种尝试。

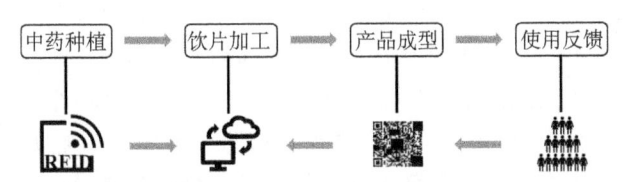

图 11.10 区块链技术在中药产业中各环节的应用

区块链技术与云计算、大数据、物联网等新一代信息技术的结合应用，将有利于完善中药质量追溯系统，重新塑造中药行业诚信生态，进一步落实国家"建立中药材质量追溯体系"的重要部署，实现中药来源可查、去向可追、责任可究，强化全过程质量安全管理与风险控制，保证中药质量与安全，促进中药行业可持续、健康、快速发展。鉴于区块链的许多优点，以及中药既复杂又重要的性质，区块链不仅能为中药行业服务并作出贡献，还可以利用区块链技术溯源系统架构与数据处理进行优化，建立企业诚信评估机制，重建诚信行为，提高诚信意识，进而构建中药行业诚信平台，从而调整和升级现代中药产业的结构。

（五）中药制造信息化软件

制药企业特殊的生产作业环境要求实现对"人、环境、设备"的全面监视、监测、监控，以保障安全生产的进行，因此企业实现集中监控的难点和重点在于集成系统的种类多样性，不仅要集成自动化系统，同时还要集成企业特有的其他非自动化类专业子系统、多媒体调度系统等，并且随着技术的发展，非自动化类专业子系统将不断增多。这些特点对于制药生产集中监控平台的集成能力、数据融合应用能力、可扩展能力都有着特殊的行业要求。

集中管控系统（SCADA）集数据通信、处理、采集、控制、协调、综合智能判断、图文显示于一体，能够在各种情况下准确作出反应，及时处理，协调各系统工作，达到实时、合理监控的目的。对生产及公用系统的数据进行实时采集并集中展示，可实现对全系统信息的远程监控，提高管理效率。

制药生产执行系统（MES）是以电子批记录为核心，用于制药生产过程的执行控制和全程可追溯的软件系统。MES系统在充分满足制药GMP规范化管理的基础上，实现了工艺配方管理，生产指令下发执行，物料流转，称量配料和设备运行的实时跟踪，自动采集生产过程参数，以进行追溯和质量监控，确保制药生产过程的数据真实性、完整性和可靠性。

GMP文件管理系统（DMS）严格遵循GMP规范，实现文件从申请、起草/修订、审批、培训、生效、复审、打印发放及回收、失效等全生命周期的在线管理。采用对文件在线进行起草、编辑的方式，使整个文件的内容全部在系统中进行管理，起到良好的保密效果。

能源管理系统（EMS）从"能源生产、输送、使用"全流程实时监控能耗数据。全程跟踪及统计从全厂、车间到单条生产线的能耗，能耗异常则会报警。通过各设备的节能优化管理，保障生产过程各个环节都达到安全、节能、环保的绿色产业链要求。

（六）中药绿色制造

我国中药制药工业现代化进程起步较晚，中药制药行业及制药技术与世界发达水平存在差距。其中比较突出的问题有能耗大，污染严重，资源综合利用率低，制造工艺装备落后，配套能力低下，自动化程度低，企业管理粗放，创新能力差，国际市场开拓能力及占有率与中药资源大国的地位远不匹配等，使我国中药制药业与制药技术无法满足国民经济发展和参与国际竞争的需要。中药制药业对环境的影响如图11.11所示。为此，在中药制药行业大力推广绿色制造理念与技术已经迫在眉睫[23]。

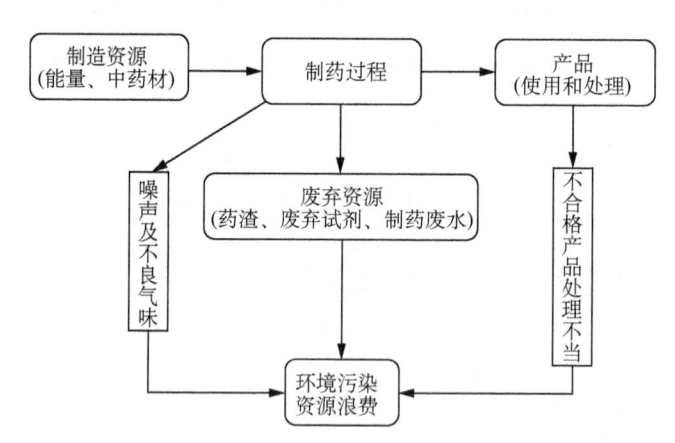

图 11.11　中药制药行业对环境的影响

绿色制造的目标是企业对资源和能源能够高效、合理利用，将制药过程对环境的破坏降至最低限度，对原料资源的利用率达到最大化，从而实现生产企业的经济、社会效益协调优化。例如，通过上市品种二次开发，改进生产工艺，通过使用新技术、新方法提高中药材的利用率，循环利用药材资源，改变转移率低的局面，实现中药的"保性增效"。制药过程应最大限度地降低能源的使用，开展节能减排技术设备开发，同时保证药品的质量和疗效。

在中药提取液的浓缩方面，江中药业、太极集团、汇仁药业均采用机械蒸汽再压缩（MVR）相关设备来浓缩提取液，可节能60%~70%，MVR浓缩设备可以将二次蒸汽循环利用，通过压缩机做功对二次蒸汽升温，再重复利用，可以大大降低能源消耗。由于浓缩过程往往是制药企业中耗能较大的工序，因此采用MVR浓缩通常可以大大降低企业的能耗，降低生产成本[24]。再如以岭药业在生产环节积极回收利用药液沸腾产生的蒸汽，配合动力能源优化系统和能源计量系统回收余热等资源，可节约部分能源，并在提取车间设计安装两座酒精回收塔、两套酒精尾气回收系统，每年可节约酒精1 000吨[25]。

中药配方颗粒、中药提取物及药生产的过程产生了大量的固体废弃物，不同原料药产生的固体废弃物中资源性成分存在较大差异。这些资源性成分主要为具有生理活性的资源性成分及木质纤维素类成分。目前,资源性成分的利用主要包括以下几种形式:①生理活性物质的资源化利用。银杏内酯提取物的制备过程中产生大量的银杏叶药渣,这些药渣含有丰富的黄酮、聚戊烯醇等资源性成分,可利用石油醚和95%乙醇有效提取药渣中的聚戊烯醇成分和黄酮类成分[26]。②以药渣作为微生物发酵的培养基。黄连药渣提取物可抑制病原微生物的生长,其原因在于经提取后黄连药渣中仍残留一些抑菌成分。③利用现代生物技术对药渣中的木质纤维类成分进行资源再利用。目前研究发现木质纤维素物质的厌氧发酵可以生产酸类如乙酸、丙酸、丁酸等短链脂肪酸[27],也可以产氢气、甲烷、乙醇等能源气体[28]。如木质纤维素大量存在于丹参药渣中,利用纤维素酶处理丹参药渣,不仅可以提高丹参酮类成分的提取率还可以得到葡萄糖等可发酵性的生物糖[29](图11.12)。

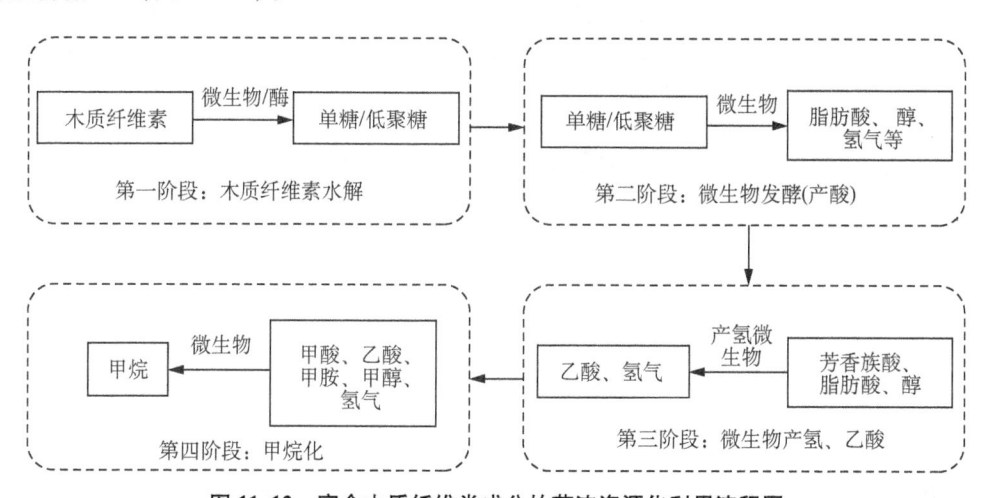

图11.12 富含木质纤维类成分的药渣资源化利用流程图

随着各种新的制药技术的出现及其他领域技术在中药行业的应用,促使这些生产工艺的改进、生产资源的高效利用,以及对废弃物中资源性成分的资源化价值进行挖掘和再利用研究。粉碎、混合、提取、分离、浓缩、干燥、灭菌等操作装置与之前技术相比有了很大的提升,如混合机自动喷液装置、挥发油提取收集分离设备、吊篮式循环提取技术、复合式多层螺旋振动逆流干燥、振动灭菌剂灭菌设备等[30],均在提升生产资源利用率和价值,促进绿色制药发展中发挥重要作用。

(吴志生 曾敬其 杨立诚)

| 参考文献 |

[1] 程翼宇,瞿海斌,张伯礼.论中药制药工程科技创新方略及其工业转化[J].中国中药杂志,2013,38(1):3-5.
[2] 丰志培,张然,彭代银."互联网+"与中药产业升级的协同融合研究[J].中草药,2018,49(24):5980-5984.
[3] 曹婷婷,王耘.中药智能制造理论模型的构建[J].中国中药杂志,2019,44(14):3123-3127.

[4] 王海涛,宋丽华,向婷婷,等.人工智能发展的新方向——人机物三元融合智能[J].计算机科学,2020,47(11A):1-5,22.

[5] 于佳琦,徐冰,姚璐,等.中药质量源于设计方法和应用:智能制造[J].世界中医药,2018,13(3):574-579.

[6] 曾丽华,伍振峰,王芳,等.中药制剂质量均一性的现状问题及保证策略研究[J].中国中药杂志,2017,42(19):3826-3830.

[7] 张村,李丽,刘颖,等.中药饮片生产模式的变革与生产技术的创新——中药饮片智能化生产可行性探讨[J].中国中药杂志,2018,43(21):4352-4355.

[8] 林环玉,伍振峰,曾丽华,等.中药配方颗粒发展现状及产业升级对策分析[J].中国医药工业杂志,2018,49(8):143-147.

[9] 丰志培,张然,彭代银."互联网+"与中药产业升级的协同融合研究[J].中草药,2018,49(24):5980-5984.

[10] 欧祖勇,高锡斌.传感器技术在中药智能制造中的应用[J].自动化应用,2018,(11):126-127.

[11] 魏远,杨劼,焦宁.中药制剂工艺中新技术应用进展[J].临床合理用药杂志,2019,12(7):180-181.

[12] 柯仲成,侯雪峰,贾晓斌.基于有效成分群探讨精致型现代中药制剂原料的发展思路[J].中国中药杂志,2016,41(13):2566-2570.

[13] 柯仲成,林传燕,贾晓斌.基于代表性成分辨识的中药组分整体生物药剂学性质表征探讨[J].中国中药杂志,2018,43(23):4592-4598.

[14] 杨明,伍振峰,王芳,等.中药制药实现绿色、智能制造的策略与建议[J].中国医药工业杂志,2016,47(9):1205-1210.

[15] 杜慧,徐冰,徐芳芳,等.大数据驱动的热毒宁注射液金青醇沉关键工艺参数辨识研究[J].中国中药杂志,2020,45(2):233-241.

[16] 徐冰,史新元,吴志生,等.论中药质量源于设计[J].中国中药杂志,2017,42(6):1015-1024.

[17] 徐冰,史新元,罗赣,等.中药工业大数据关键技术与应用[J].中国中药杂志,2020,45(2):221-232.

[18] 郝俏君,费文玲,于蕊,等.中药制剂吸湿机制及防潮技术应用的研究进展[J].中成药,2018,40(10):2271-2275.

[19] 邓锦松,张海燕,李艳,等.中药制药装备发展现状与对策[J].中国医药工业杂志,2019,50(3):345-348.

[20] 杨春松,张伶俐,高山,等.区块链技术在我国医药领域的应用现状评价[J].中国药房,2020,31(17):2060-2064.

[21] 张小波,王慧,郭兰萍,等.基于区块链的道地药材高质量发展和认证系统建设探讨[J].中国中药杂志,2020,45(12):2982-2991.

[22] 肖丽,谭星,谢鹏,等.基于区块链技术的中药溯源体系研究[J].时珍国医国药,2017,28(11):2762-2764.

[23] 郭立玮,党建兵,陈顺权,等.关于构建中药绿色制造理论与技术体系的思考和实践[J].中草药,2019,50(8):1745-1758.

[24] 杨明,伍振峰,王芳,等.中药制药实现绿色、智能制造的策略与建议[J].中国医药工业杂志,2016,47(9):1205-1210.

[25] 田易.以岭药业:绿色全产业链中药制造的示范者[J].国际融资,2019,(7):24-25.

[26] 闫精杨,江曙,刘培,等.银杏叶中药渣中聚戊烯醇和总黄酮的综合提取工艺研究[J].南京中医药大学学报,2017,33(1):104-108.

[27] MOHAN S V, MOHANAKRISHNA G, GOUD R K, et al. Acidogenic fermentation of vegetable based market waste to harness biohydrogen with simultaneous stabilization[J]. Bioresour Technol, 2009,

100(12):3061-3068.
[28] DAHIYA S, SARKAR O, SWAMY Y V, et al. Acidogenic fermentation of food waste for volatile fatty acid production with co-generation of biohydrogen[J]. Bioresour Technol, 2015, 182: 103-113.
[29] 戴新新,沈飞,宿树兰,等. 酸碱预处理后酶解提升丹参药渣中丹参酮类成分的提取效率研究[J]. 中国中药杂志,2016,18:3355-3360.
[30] 唐雪,伍振峰,孙萍,等. 新工艺与新设备在中成药生产中的应用展望[J]. 中国中药杂志,2019,44(21):4560-4565.

第十二章 中药品质现代分析技术

第一节 概 述

中药的品质将直接影响中药临床治疗的效果[1]。然而,由于中药品种繁多,来源广泛,往往出现同名异物、同物异名的情况。中药的质量还受生长环境、采收时间、加工炮制、储藏条件及各地不同的用药习惯等因素影响,导致市场上的中药质量参差不齐。且与化学药物相比,中药及其制剂的质量控制和安全性评价更为复杂及困难。因此,中药品质评价的方法显得至关重要。中药鉴定的对象不仅包括中药材,还包括饮片和中成药。利用现代分析技术,可对其作出鉴别、检查、含量测定等各方面的评价,建立科学合理的评价体系,制订符合中医药特色的质量标准,从而保证中药用药的安全性、可控性、稳定性和有效性。

中药鉴定知识是人类在长期与疾病做斗争的医疗实践中产生和发展起来的,经历了漫长的发展过程。古有"神农尝百草之滋味,一日而遇七十余毒"的说法,这说明了中药鉴定是随着中药的发现与应用而产生的。在文字发明之前,中药鉴定知识只能依靠师承口授的形式流传后世。直至有了文字,中药鉴定的知识才逐渐被记录下来,出现了医药书籍。我国第一部诗歌总集《诗经》中就记载有治病的药物,逐渐形成了初步的性状鉴别方法。东汉末年,出现了我国最早的药物学专著《神农本草经》。从南北朝时期的《雷公炮炙论》,到梁朝的《本草经集注》、唐代的《新修本草》、北宋的《证类本草》,再到明代的《本草纲目》及清代的《本草纲目拾遗》等,中药鉴定知识在此期间不断得到发展和完善。这些历代本草著作反映出先人在中药鉴定方面积累的宝贵经验。

西方生药学的传入对我国中药鉴定技术的发展产生了重大影响。1806年,德国药师从阿片中分离得到了吗啡碱,开创了生药有效成分研究的先河。1838年,德国学者Schleiden发现细胞是植物体的基本构造单位后,显微镜也被用来研究生药的内部构造,发展了中药的显微鉴定法。20世纪30年代,生药学传入我国,通过生物效价法鉴别生药的方法得到了迅速发展,为中药的质量评价提供了新的思路和技术。随着现代物理学的发展和分析仪器的发明,1930年以后发展起来的物理化学分析方法如荧光分析法、毛细管气相色谱分析法、比色法等逐渐应用到中药鉴定中来。新中国成立以后,许多中药学工作者运用现代科学技术,对中药进行研究、调查、考证,促使中药由传统的经验鉴别和质量管理发展到了现代的品质分析。随着色谱技术、光谱技术、电镜技术等现代仪器分析方法在中药分析中的应用得到广泛推广，中药理化鉴定的系统方法逐渐形成并趋于完善，中药鉴定学的理论体系逐渐形成。20世纪90年代，Mullis首创了PCR技术之后，DNA分子遗传标记技术和mRNA差异显示技术也相继试用于中药的品种和质量鉴定。其间出现了用X射线衍射Fourier图谱分析研究道地药材的实例。与此同时，出现了非线性科学用于中药分类的技术，如采用工程技术手段模拟生物神经网结构、特征、功能一类的人工神经网络鉴定系统。近年来，随着分子生物学和细胞生物学、电化学分析技术、色谱与光谱联用技术、药效学和药动学等学科先进技术的应用，弥补了传统中药鉴定方法和技术上的不足，使中药的品种鉴定与质量评价从朴素的认识论向客观化、科学化的方法论迈出了关键的一步。以高效液相色谱（HPLC）、质谱（MS）、磁共振（NMR）、红外光谱（IR）、气相色谱（GC）、毛细管电泳（CE）等及联用技术进行化学指纹图谱定性和有效成分或指标性成分的定量分析，并结合人工智能技术，建立中药化学质量模式识别系统，用量化来提高中药鉴定的准确性，将是实现中药质量标准化、规范化、国际化的重要途径。

在中药的品质分析中，最根本的问题是药材品种的"真伪优劣"问题。因此对于中药的品质分析大体可分为两种：一种是中药品种（真、伪）的鉴别分析；另一种是中药质量（优、劣）的鉴别分析。故本章重点围绕这两个方面进行介绍。

第二节 真伪鉴别技术

《神农本草经》中指出："药有酸、咸、甘、苦、辛五味，又有寒、热、温、凉四气及有毒无毒，阴干暴干，采治时月，生熟，土地所出，真伪陈新。"中药的真伪直接关系到临床疗效，如果中药的真伪辨别问题都不能解决，出现品种混乱，同名异物，张冠李戴，以次充真，那就谈不上什么"如法炮制"和"中药妙用"[2]。唐代大文学家柳宗元，曾患病求医，医生告诉他宜服茯神，然而却上了卖药人的当，买到的全是老芋，服"药"后病情不但不减轻，反而加重，得知真相后，他十分气愤，便写了一篇《辨茯神文并序》的文章，"余病痞且悸，谒医视之。曰：'惟茯神为宜'。明日，买诸市，烹而饵之。病加甚，召医而尤其故。医求其观滓，曰：'吁！尽老芋也。彼鬻药者欺子而茯售，子之懵也，而反尤于余，不以过乎？'余戚然悟，怃然忧。推是类也以往，则世之以芋自售而病乎人者众矣，又谁辨焉？"告诫人们要仔细地辨别药材的真伪，以免"求福得祸"[2]。而如今，由于各地用药习惯不尽相同，同名异物、异名同物现象普遍，加之药材紧缺，品种较多，伪造掺假，中药从业人员技术素质差，收假收错等因素，导致滥用、误用、混用现象严重。中药材质量问题的出现，特别是伪品，严重影响中医药的信誉和广大人民用药安全。因此，必须保证中药名实相符，以期用药安全有效，真正达到治疗疾病的目的。对于厘清中药材混乱品种，加强中药材的生产、采收、炮制、储存、使用等各个环节的质量管理，特别是进行真伪鉴别、正本清源，实为当务之急。然而，由于历史条件的限制，使古代药材鉴别始终停留在经验鉴别的阶段。如"眼观"一法，局限于肉眼所及的范围，无法识别药物更为精细的结构，致使鉴别的精确性和适用范围受到限制。随着近现代科学技术的发展，显微鉴定、理化分析、光谱、色谱技术及基因鉴别等新的方法极大地扩大了中药的鉴定范围，推进了中药鉴别学科向前发展。

中药真伪鉴别是在继承祖国医药学遗产和劳动人民长期积累的丰富实践经验的基础上，运用近现代自然科学知识和技术，研究中药的性状、显微特征及寻找和扩大新的药源等理论和实践问题的一门应用科学。因此，中药真伪鉴别的主要任务是：①整理中药品种，普查药源，发掘祖国药学遗产；②鉴定中药的真伪优劣，澄清中药材混乱品种，确保中药质量与用药安全；③寻找和扩大新的药源，发展中药生产，保证医疗用药的需要[2]。中药真伪鉴定主要依据国家药品标准和地方药品标准。国家药品标准指的是《中国药典》和《中华人民共和国卫生部药品标准》（简称部颁药品标准）。《中国药典》规定了药品来源、质量要求和检验方法，是国家的药品法典，具有官方法律性。全国药品生产、供应、使用和检验部门都必须严格遵照执行。部颁药品标准是补充在同一时期该版药典中尚未收载的品种和内容，同《中国药典》一样具有法律性，全国药品生产部门、供应部门、使用和检验部门都必须遵照执行。地方药品标准是各省、自治区、直辖市卫生厅（局）制定和批准的地方性药品法规。在该地区的药品生产部门、供应部门、使用和检验部门必须遵照执行，对其他地区虽无约束力，可以作为参考执行的标准。对于国家药品标准和地方药品标准没有收载的品种，或收载品种中检验方法不完备时，可参照中药鉴别资料或书籍作为真伪鉴别时的参考和依据。

一、性状鉴别

性状鉴别，是对药材的形、色、味、大小、质地、断面等特征，采用眼观、手摸、鼻闻、口尝、水试、火试等简单的物理、化学反应，直接感观药材，作出符合客观实际的结论以鉴别药材真伪的方法。各药材由于来源不同，组织结构、所含的化学成分也有所差异，因此在性状上反映出一定的特异性。同时，参照《中国药典》或地方药品标准等，就能准确地鉴定药材。这个方法是几千年来劳动人民同疾病作斗争中总结出来的宝贵经验。尽管有许多先进的现代鉴别手段，但由于性状鉴别法简便、易行、迅速，仍为广大药学工作者所习用。性状鉴别方法的优点是过程简单，成本低廉，无须借助太多外在工具。然而正是因为其主要依靠医药工作者的经验进行，主观和经验主义色彩浓厚，导致鉴别效率较低且结果无法量化，对于鉴定结果也会有一定的影响。但是目前市场上的中药真伪品鉴别方法仍然以性状鉴定为主，这就要求鉴定者具有丰富的中药知识储备，提升自身鉴别能力。性状鉴别通常包括以下几个方面。

（一）性状特征

形状是指药材或饮片的外形特征，一般比较固定。药材的形状与药用部位有关，观察时一般无须预处理。药用部位不同，形状也不相同，如根类药材多为圆柱形、纺锤形等；茎有圆柱形、方柱形、三角形、中空（秆）等；叶一般较薄，有心形、椭圆形、卵圆形等；而皮类药材常为板片状、卷筒状等；种子类药材多为类球形、扁圆形等。传统的经验鉴别术语形象生动，通俗易懂，如对海马的外形鉴别术语称为"马头蛇尾瓦楞身"；人参的根茎称为"芦头"，芦头上凹窝状茎痕为"芦碗"，须根上明显的疣状突起为"珍珠点"，根茎上生长的不定根为"艼"（图12.1）；川贝称为"怀中抱月"（图12.2）；防风为"蚯蚓头"等。炮制成饮片后，根及根茎大多为类圆形切片，如甘草；

木本茎多为类圆形切片，如大血藤；草木茎多为段状，圆柱形的如金钱草，方柱形的如薄荷，三角形的如水蜈蚣，中空而节明显的如芸香草；皮类常为弯曲或蜷曲的条片，如厚朴；叶呈丝条状，如枇杷叶，或皱缩，如艾叶，或保持原形，如番泻叶，或呈碎片状，如桑叶；果实、种子则呈类圆形片状，如五味子，扁圆形如酸枣仁，心形如苦杏仁等，大者常切成类圆形片状等，如槟榔。

图 12.1　人参之"芦头""芦碗""珍珠点""芋"　　图 12.2　川贝之"怀中抱月"

大小指的是药材或饮片的长短、粗细和厚薄，一般药材的大小均在一定的范围之内。如测量大小与规定有差异时，应测量较多的供试品，可允许有少量高于或低于规定的数值。测量时可用毫米刻度尺。对细小的种子或果实类，可将每 10 粒种子紧密排成一行，以毫米刻度尺测量后求其平均值。药材的大小除了表明特定的长短、粗细和厚薄外，还可表现中药材特殊商品的质量、规格和等级的划分，杜仲的药材等级划分如表 12.1 所示。中药饮片片型的长短厚薄是饮片规格、质量的一项重要指标，根据 2020 年版《中国药典》一部的规定，片：0.5 mm 以下为极薄片，1~2 mm 为薄片，2~4 mm 为厚片；段长：10~15 mm；块：8~12 mm 的方块；皮类丝宽 2~3 mm，叶类丝宽 5~10 mm。有的地方中药炮制规范有补充，如 2~4 mm 为中片，4~5 mm 为厚片；5~10 mm 为短段，10~15 mm 为中段，长约 30 mm 为长段等，各地中药炮制规范具体尺寸略有不同。

表 12.1　杜仲药材等级划分

等级	大小
一等	长 70~80 cm，宽 50 cm，厚 0.70 cm 以上
二等	长 70~80 cm，宽 40 cm，厚 0.50 cm 以上
三等	长宽大小不分，厚在 0.30 cm 以上
四等	长宽大小不分，厚在 0.29 cm 以下

色泽是指药材或饮片的颜色及光亮程度，一般是固定的。色泽通常能够反映药材的质量。药材的品种、加工条件、储藏时间都会影响其固有色泽，也表示其质量改变。药材的颜色与其成分有关，如黄芩主要含黄芩苷、汉黄芩苷等，若药材保管或加工不当，则黄芩苷在黄芩酶的作用下水解成葡萄糖醛酸与黄芩素。黄芩素具 3 个邻位酚羟基，易氧化成醌类而显绿色，因此黄芩由黄变绿后质量降低。又如丹参色红、紫草色紫、玄参色黑，都说明色泽是衡量药材质量好坏的重要标准之一。通常大部分药材的颜色不是单一的而是复合的，如用两种色调复合描述色泽时，以后一种色调为主色，如黑褐色，即以褐色为主色。对光泽的描述，一般采用形象的比喻法，如珍珠，即彩色闪光；石膏，

即绢丝光泽等。

表面是指药材表面或内表面的具体特征，是光滑还是粗糙，有无皱纹、皮孔、毛茸或其他附属物等。如白芥子表面光滑；紫苏子表面有网状纹理；天麻表面有鹦哥嘴、圆脐疤、点状环；海桐皮表面有钉刺；辛夷（望春花）苞片外表面密被灰白色或灰绿色有光泽的长茸毛（图12.3），均为重要鉴别特征之一。切片的饮片可分为外表面和切面。外表面属植物的保护组织，切面是植物分生组织、薄壁组织、机械组织、输导组织、分泌组织的综合反映。草本植物根、茎、果实类中药等最外层由表皮细胞组成，饮片外表面显得较为光滑，如陈皮；双子叶植物根、根茎、皮的最外层常由木栓细胞组成，饮片外表面显得较为粗糙，有时呈鳞片状剥落，如苦参；外表面有环状横纹、须根、鳞叶者常是根茎类饮片，如香附。饮片的切面大多为横切面，特征较多。双子叶植物根、根茎、茎有环状形成层和放射状环列的维管束，饮片切面显环纹和放射状纹理，如羌活；放射状纹理的疏密形成了"菊花心"，如甘草，或形成了"车轮纹"，如大血藤；单子叶植物根、根茎有环状内皮层，不具放射状纹理，中柱小或维管束散列，饮片切面显木心，如麦冬，或饮片切面散在筋脉点，如莪术；蕨类植物根茎、叶柄基部的中柱有一定形状或分体中柱环列，如狗脊根茎饮片中柱呈圆形环，紫萁贯众饮片叶柄基部中柱呈"U"字形，绵马贯众饮片叶柄基部有分体中柱，环列。双子叶植物根茎、单子叶植物根切面中央具髓，如天冬，而双子叶植物根、单子叶植物根茎切面中央一般无髓，如山药。有的饮片具异常结构，如牛膝、川牛膝维管束同心多层环列，束间无形成层，饮片切面上显环状排列的筋脉点；商陆维管束亦同心多层环列，束间有形成层且连接成环，饮片切面上显"罗盘纹"；何首乌皮部具多个复合的维管束，饮片切面上显"云锦状花纹"；大黄根茎髓部具多数复合的维管束，射线呈放射状排列，形如星状，饮片切面上显"星点"等（图

图12.3 辛夷苞片外表面密被长茸毛

图12.4 大黄根茎髓部具星点、锦文

12.4)。木质藤本植物导管较粗大，饮片切面上显"针眼"，如鸡血藤。树皮中韧皮部纤维束或石细胞群与薄壁组织相间排列，则皮类中药饮片显层状结构，如秦皮。切面上有分泌组织也是重要的识别特征，如人参、五加皮具树脂道，饮片皮部具棕黄色小点；苍术具大型油室，饮片显"朱砂点"；鸡血藤具分泌细胞，饮片皮部有树脂样红棕色分泌物等。细胞中含有的成分不同，可使饮片外表面、切面有不同的颜色，如丹参表面红色、番泻叶表面黄绿色，天花粉切面白色，黄柏切面鲜黄色，玄参切面黑色，麻黄切面有朱砂芯，槟榔切面具大理石样花纹，黄芪、板蓝根切面皮部白色，木部黄色，习称"金井玉栏"等。

质地是指药材或饮片的轻重、软硬、坚韧、疏松或松泡、致密、黏性、粉性、纤维性、油润性等特征。这与组织结构、细胞中所含的成分、炮制加工方法等有一定的关

系。以薄壁组织为主，结构较疏松的药材及饮片一般较脆或较松泡，如南沙参、生晒参等；富含淀粉的药材显粉性，如山药、半天花粉等；含纤维多的药材则韧性强，如桑白皮、葛根等；含糖、黏液多的药材一般黏性大，如黄精、鲜石斛等；富含淀粉、多糖成分的药材经蒸煮糊化干燥后质地坚实，呈角质状，如红参、天麻等。

断面是指药材折断面及其饮片横切面所具有的特征。同样与细胞组织的结构、细胞中所含的成分有着密切的关系，常有平坦、纤维性、颗粒性、分层、刺状、粉尘飞扬、胶丝、海绵状等。通过药材折断时的现象及断面构造特征进行鉴定、区别单双子叶植物及其药用部位。折断时有无粉末飞扬、折断时的响声、折断的难易等，折断面的平坦、粗糙、颗粒性、纤维性、胶丝及层层剥离等情况，此法主要用于皮类，长条状的根及根茎类、藤、枝类药材的鉴别，如富含淀粉的山药折断时粉尘飞扬；杜仲折断时有白色胶丝。以薄壁组织、淀粉为主的饮片折断面一般较平坦，如牡丹皮；含纤维多的饮片具纤维性，如厚朴；含石细胞多的饮片呈颗粒性，如肉桂；纤维束或石细胞群与薄壁组织相间排列，有硬韧与软韧之分，饮片常现层状裂隙，可层层剥离，如秦皮；木类中药主要由木纤维构成，质硬，饮片折断面常呈刺状，如苏木；薄壁组织结构疏松的饮片有的呈海绵状，如陈皮等。对不易折断或折断面不平坦的药材，可削平后观察横切面维管束排列情况、射线的分布等异常构造特征，如"菊花心"是指药材断面维管束与较窄的射线相间排列成细密的放射状纹理，形如开放的菊花，如黄芪、甘草、白芍等。"朱砂点"是指药材断面散在的红棕色油点，如图 12.5 所示茅苍术，以及大黄的"星点"、牛膝与川牛膝的"筋脉点"、何首乌的"云锦状花纹"等（图 12.6），这些特征对于鉴别药材及饮片具有特殊意义。

图 12.5　茅苍术断面"朱砂点"　　图 12.6　何首乌断面"云锦状花纹"

彩图 12.5

彩图 12.6

气是指有些药材有特殊的香气或臭气，这是由于药材中含有挥发性物质，也是鉴别药材的重要特征之一。如阿魏具强烈的蒜样臭气，檀香、麝香有特异芳香气等。对气味不明显的药材，可进行折断、破碎、搓揉或用热水浸泡后再闻。木兰科植物组织中大多含油细胞，如辛夷、厚朴。五加科植物组织中具树脂道，如五加皮、人参、西洋参各有不同的香气。唇形科植物组织中一般有腺毛或腺鳞，如薄荷、藿香、荆芥、香薷、紫苏等。伞形科的中药饮片具分泌组织，常因含挥发油有明显而特殊的香气，如当归的气辛而清香，独活的气辛而浊香，北柴胡微有香气，南柴胡有败油气。花类中药常具蜜腺，含挥发油，香气宜人。木类中药饮片大多有树脂及挥发油而有特殊香气，如沉香、檀香、降香等。有的中药具有香气成分，如牡丹皮、徐长卿含丹皮酚，具有特殊香气，香加皮含甲氧基水杨醛具奶油话梅样香气。

味是指口尝中药的味觉，有酸、甜、苦、辣、咸、麻、涩、淡等，与中药"四气五味"的味不同，是中药鉴别最早采用的方法之一。药材的味与其所含有的化学成分及含量、质量好坏有关。如乌梅、木瓜、山楂含有机酸以味酸为好；甘草含甘草甜素、党参含糖，以味甜为好；黄连、黄柏含小檗碱，穿心莲含穿心莲内酯，以味苦为好；干姜含姜辣素而味辣；海藻含钾盐而味咸；地榆、槟榔、五倍子含鞣质而味涩。如果味感改变，就要考虑品种和质量是否有问题。品尝时一定要注意取样的代表性，因为药材的各部分味感可能不同，如果实的果皮与种子，根的皮部和木部等。而对具有强烈刺激性和有毒药材，取样不能太多，应注意防止中毒，如半夏、草乌等。有时，饮片同时有特殊的气和味，如黄芪和山豆根均有豆腥气，黄芪味微甜，山豆根味极苦；小茴香和蛇床子均有香气，小茴香味微甜，蛇床子味辛凉，有麻舌感；五味子果肉气微，味酸，种子破碎后有香气，味辛而微苦。

（二）鉴别方法

眼观法是利用眼睛观察中药性状特性，对中药材和饮片真伪进行鉴别。通过观察中药材体积大小、粗细、长短、厚薄等进行鉴别，例如中药材体积较小的车前子，在鉴别时可将中药材样品放在光线充足的地方，观察不清时可利用放大镜。

有些中药材如薄荷、泽兰通过眼观法会发现外形较相似，但是气味差别较大，薄荷具有强烈清凉味道，而泽兰则无气味。通过鼻嗅能够鉴别中药材，特别是具有独特气味的中药材，如肉桂、麝香、鱼腥草等。对于自身气味不明显的中药材，可以通过如折断、切碎、揉搓、用热水浸泡等方法处理来增加气味后再用鼻嗅法鉴别。

口尝，通过咀嚼品尝中药材味道，依靠味觉来鉴别中药的真伪优劣，充分咀嚼让药材接触到舌的各个位置。口尝中药材在鉴别上分为口感和味道两个方面，味道可分为苦、咸、甘、酸、辛，在口感上可分为凉、淡、滑、涩、麻。例如山豆根、黄连的味道极苦，山茱萸的味道为酸，青风藤和海风藤的味道较辛辣。天南星和半夏在口尝后均有麻辣感，胡黄连和苦参具有苦味，牛黄则是先苦后甜有清凉感。对于有毒药材应取少量口尝，之后立刻漱口洗手，毒性较大的药材则不适合口尝。

中药的质地还可以通过手摸方式来判断，不同中药材的触感不同，山药的粉性更强，当归有油润质感，天冬和郁金的断面可以触摸到角质。药草的质量可通过手握感受药材的含水量。不同药材通过手摸存在较大差异，同一种中药炮制方法不同则会有不同的触感。如北沙参质地较硬脆而南沙参的质地较松软，黑附片的手感较坚硬，盐附片的质地较柔软。

水试是利用某些药材在水中的比重不同，或遇水发生变色，或有黏性、膨胀性、荧光等特殊变化而进行鉴别药材的一种方法，这些现象常与药材中所含有的化学成分或其组织构造有关。水试法主要是根据中药材经过水浸泡后产生的各种特殊变化来鉴别中药材，如颜色改变、产生泡沫、黏性、滑腻、膨胀及其他现象等，用以确定中药材的真伪优劣。如西红花加水浸泡后，水液染成金黄色，而花不变色；秦皮水浸，浸出液在日光下显碧蓝色荧光；熊胆粉投入清水杯中，即在水面旋转并呈黄色线状下沉而短时间内不扩散；南天仙子遇水显黏性等。

火试是利用某些药材用火烧能产生特殊的气味、颜色、烟雾、响声等现象以鉴别药材的一种方法。如珍珠在用火烧后会有爆裂声音并裂分光亮的薄片，伪品在火烧后会发生碳化；血竭放在白纸上火烧，逐渐熔化然后会渗入纸内变成黑红色，无油迹扩张情况，在光线检测下可转变为鲜艳的血红色，伪品在火烧后会变成灰烬；降香微有香气，点燃则香气浓烈，有油状物流出，灰烬呈白色；青黛微火灼烧有紫红色烟雾；海金沙火烧有爆鸣声及闪光等。点燃少量麝香会发生膨胀，香气浓郁，最终为灰白色灰烬；马勃在燃烧后会出现火星四溅的情况并产生大量白色烟雾；玳瑁用火烧后会发出羽毛烧焦的臭味，同时会发出闪光和爆鸣声；朱砂、硫黄、自然铜燃烧后会生成二氧化硫气体，发出刺激性气味。

随着检测技术的发展，人工智能感官评价仪器如电子鼻和电子舌等仿生技术开始涌现。电子舌采用了与人类舌上的味觉细胞工作原理相类似的人工脂膜传感器技术，可以客观、数字化地评价样品的基本味觉感官指标，目前较多应用于药物样品的研究[3]。电子舌在中药矫味效果的评价方面也有应用，如用电子舌评价了不同类型掩味剂对龙胆、苦参、穿心莲、莲子心4种中药水煎液的抑苦效果及抑苦规律[4]。但是使用电子舌要求所测样品必须是澄清液体，不能含有有机试剂，且脂肪含量不高于5%、酒精含量低于20%，上述条件限制了电子舌在药物味道测定中的应用。电子鼻主要由样品处理器、气体传感器阵列、模式识别系统3部分构成，工作原理是通过模拟人类和动物的嗅觉系统，将气味进行数字化、客观化表征，主要用于中药领域的药材性状鉴定、质量判别及对炮制品的质量评价等。如刘晓梅等利用电子鼻和顶空-气质联用技术探究了地龙腥味的物质基础和炮制矫味原理，发现地龙腥味成分主要为醛类和胺类，不同的炮制方法均可使这些腥味成分减少，甚至可以产生香气成分掩盖其不良气味[5]。虽然人工智能感官具有客观性强、重复性好、抗疲劳工作能力强、检测响应快等优点，但是其不能完全代表人的真实感受，人工智能感官评价亦不能完全替代志愿者感官评价[6]。

二、显微鉴别

中药显微鉴别是指利用显微技术对中药进行显微分析，以确定其品种和质量的一种鉴定方法，主要包括组织鉴别、粉末鉴别和显微化学鉴别。显微鉴别一直是鉴别药材真伪的手段之一，有着其他鉴别手段不可替代的作用，具有简便、快速、准确的优点，但由于植物组织特征的相似性高，凭借显微解剖特征难以解决近缘种药材的鉴定问题，通常应用于：①性状不易鉴别的药材；②性状相似不易区分的多来源药材；③破碎中药材及粉末中药材；④用饮片粉末制成的制剂，如丸、散、片、胶囊中药材的鉴别；⑤纯度检查等[7]。进行显微鉴定时，由于鉴定材料的不同（完整、破碎、粉末）和药用种类及药用部位的不同，选择显微鉴定的方法也不同。鉴定时，首先要根据观察的对象和目的选择具有代表性的药材，制备不同的显微制片，然后依法进行鉴别。

（一）组织鉴别

组织鉴别是通过观察药材的切片或磨片鉴别其组织构造特征，适用于完整的药材或粉末特征的同属药材的鉴别。1977年版《中国药典》依据中药材组织鉴别研究的一些成果，首次收载了中药材与中成药的显微鉴别项目。

进行组织构造与细胞形态鉴别时，鉴定者必须具有植（动）物解剖的基本知识，掌握制片的基本技术。例如，在中药材横切面组织构造的研究中，根、根茎、藤茎、皮、叶、果实、种子类等中药材一般需要制作横切片进行显微观察，必要时制作纵切片；木类药材制作横切片、径向纵切片及切向纵切片 3 个面进行观察。而在中药材表面特征的研究中，多利用整体封藏法、表面撕离法对植物的叶片、果实或植物茎的表皮组织进行观察，可观察表皮细胞形态、气孔类型、毛茸特征和着生情况等。

中药材横切面在判断药材真伪方面有突出的作用，如人参为五加科植物人参的干燥根与根茎，常见的伪品有豆科的野豇豆、商陆科的商陆、茄科的华山参、菊科的山莴苣等植物的根。人参根横切面的显微鉴别图可见木栓层（图 12.7），韧皮部中有树脂道，栓内层、薄壁及射线细胞中含有草酸钙簇晶。而伪品（图 12.8），有的虽有树脂道，但无草酸钙晶体；有的虽有草酸钙晶体却为砂晶或针晶，不是簇晶，且无树脂道；有的伪品还有异型维管束构造等。不同的人参伪品组织特征或细胞内含物不同，显微观察可将人参与伪品准确地区别开来[2]。

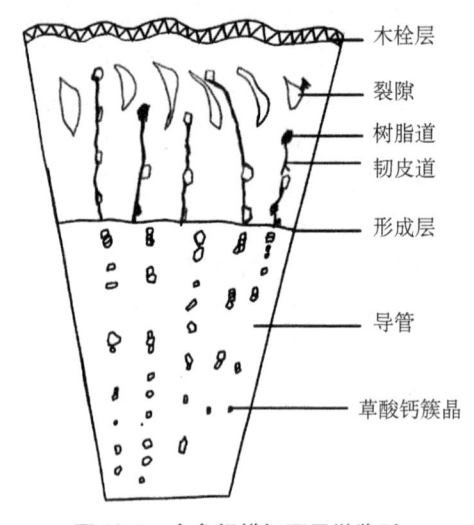

图 12.7　人参根横切面显微鉴别 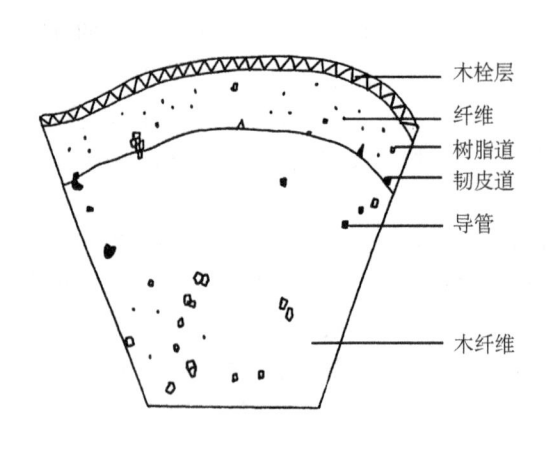　　　图 12.8　伪品显微鉴别（野豇豆根横切面）

中药材的组织鉴别，不但可以鉴别中药材的伪品与正品，还可以区分多基源植物药材的不同物种。2015 年版《中国药典》一部收载的百部来源于百部科百部属 3 个物种的块根，即直立百部、蔓生百部和对叶百部。3 种百部的块根外形极为相似，较难区分，显微鉴别法却可以将这 3 种百部区分开来。除此之外，通过观察 5 种植物茎的横切面，可利用维管束排列和韧皮部纤维的有无，区分药典品肉苁蓉、管花肉苁蓉和非药典品草苁蓉、沙苁蓉及盐生苁蓉[2]。

（二）粉末鉴别

粉末鉴定是通过观察药材的粉末制片或解离片鉴别其细胞分子及内含物的特征，适合于破碎、粉末状药材或中成药的鉴别。我国中药材显微鉴定前辈徐国钧院士在 1951 年发表了 101 种《粉末生药鉴定检索表》，其中包括国产生药 40 余种；随后 1986 年出版的研究专著《中药材粉末显微鉴定》，收录了 380 种中药材粉末鉴定的全文和显微特征图。2012 年胡浩彬老师出版了《名贵中药显微图鉴》，应用先进的数码显微摄影技术采集了大量显微特征图，是迄今为止首部关于名贵中药材显微特征原创彩色图谱。时至今日，各国药典标准中多有生药的粉末鉴别。

粉末制片是指粉末状药材可选用甘油醋酸试液、水合氯醛试液或其他适当试液处理后观察。为了使细胞、组织能观察清楚，需用水合氯醛液装片透化。其透化的目的是溶解淀粉粒、蛋白质、叶绿体、树脂、挥发油等，并使已收缩的细胞膨胀。透化方法为：取粉末少许，置载玻片上，滴加水合氯醛液，在小火焰上微微加热透化，加热时必须续加水合氯醛液至透化清晰为度。为避免放冷后析出水合氯醛结晶，可在透化后滴加稀甘油少许，再加盖玻片。

中药伪品及误用现象在粉末药材及破碎的药材中容易发生，如川贝母常打成粉末吞服，其粉末颜色为白色，在临床应用中发现川贝粉末中混入粮食类淀粉，有时发现有用半夏粉末伪充，但从粉末的显微特征上，川贝母与伪品则较易鉴别如图12.9、图12.10所示。

图 12.9　川贝母粉末鉴别
1. 淀粉粒；2. 气孔

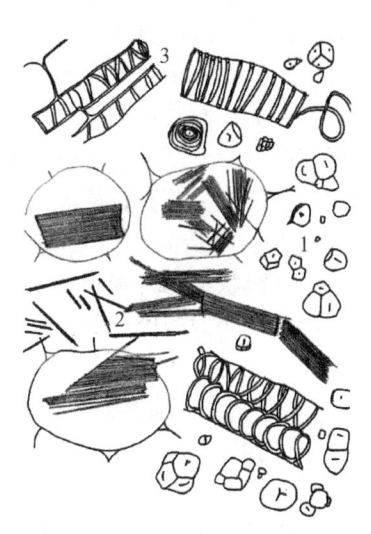

图 12.10　伪品粉末鉴别（半夏）
1. 淀粉粒；2. 草酸钙簇晶；3. 导管

中成药的显微鉴别始于1948年，当时管光地为了论证云南白药包装中附有的一粒"保险子"是否由茄科曼陀罗属植物的种子所制成，曾做了保险子的粉末鉴定。1956年徐国钧等将粉末生药学方法应用于"南京灵应痧药"的鉴定，并检出了麝香、天麻、麻黄、大黄、朱砂等组分，开创了中成药显微鉴别的先例。1975年，南京药学院受国家药典委员会的委托举办了中成药显微鉴别经验交流学习班，共同对全国各地起草的近百种中成药显微鉴别项标准进行复核。随后1977年版《中国药典》首次收载了179种中成药的显微鉴别项目，占所收载的全部中成药品种的66.3%。以上这些研究成果被收入了该版药典。随着中成药检验水平的不断发展，各版药典收载有显微鉴别项的中药成方制剂不断增加[2]。

除了植物类药材以外，一些矿物或动物类药材也具有稳定的粉末特征，以判别这些中药材在中成药中是否被投料。例如，在中成药的质量标准中经常利用埋有细小方形结晶的淡黄棕色无定形团块鉴别麝香；利用淡灰黄色的表面有裂隙或细纹理的不规则骨碎块鉴别鳖甲、龟甲等；利用表面有极细的菌丝体的无色体壁碎片鉴别僵蚕等。矿物类中药材如朱砂、金礞石、石膏等的粉末特征，在中成药标准中也经常被进行显微鉴别[2]。

（三）显微化学鉴别

显微化学反应是将生药的干粉、徒手切片、升华物或少量浸出液置于载玻片上，滴加某些化学试剂使其产生沉淀、结晶或特殊的颜色，在显微镜下观察反应结果，从而进行鉴定。显微化学反应主要用于细胞壁，糖类如淀粉、菊糖、可溶性糖类、黏液质和果胶质类，蛋白质（糊粉粒），草酸盐，碳酸盐和各类化学成分的鉴别。

例如依据细胞壁的性质，可用于区别不同类型细胞壁构成：木质化细胞壁加间苯三酚试液 1~2 滴，稍放置，加盐酸 1 滴，因木化程度不同，显红色或紫红色；木栓化或角质化细胞壁遇苏丹Ⅲ试液，稍放置或微热，呈橘红色至红色；纤维素细胞壁遇氯化锌碘试液，或先加碘试液湿润后再加硫酸溶液显蓝色或紫色；硅质化细胞壁遇硫酸无变化；黏液细胞壁遇钌红试液显红色。

例如，可利用草酸钙结晶的有无鉴别三七药材的真伪：五加科植物三七根的薄壁细胞中含有草酸钙簇晶，而其伪品菊科植物菊三七根茎中无草酸钙晶体；另一种伪品姜科植物莪术的根茎中也没有草酸钙晶体。又如，利用中药升华物在显微镜下观察其结晶形状、颜色及化学反应作为鉴别特征。大黄粉末升华物有黄色针状（低温时）、枝状和羽状（高温时）结晶，在结晶上加碱液则呈红色，可进一步确证其为蒽醌类成分。薄荷的升华物为无色针簇状结晶（薄荷脑），加浓硫酸 2 滴及香草醛结晶少许，显黄色至橙黄色，再加蒸馏水 1 滴即变紫红色。牡丹皮、徐长卿的升华物为长柱状或针状、羽状结晶（丹皮酚）。

（四）生药学之父——徐国钧先生

徐国钧先生（1922—2005），江苏常熟人，是我国著名生药学家，药学教育家，中国药科大学教授、博士生导师，中药生药显微鉴定的奠基人，尤其在粉末生药学和中成药显微分析鉴定方面取得了开创性的成果，被称为我国的"生药学之父"。他通过显微镜来观察生药的组织碎片、细胞形状及内含物的特征，用以鉴定生药的真伪和纯度，经过 20 多年坚持不懈地研究，于 1951 年，完成了 380 种《中药材粉末显微鉴定》。此后他一直沉醉于学术，陆续发表了六味地黄丸、桂附地黄丸、十全大补丸、礞石滚痰丸、如意金黄散等 18 种商品常见中成药的鉴定，出版专著、教材、教学参考书五十余部。其中最有名的是其生药粉末显微鉴定的研究方法。更值得一说的是，这一方法为同时期挖掘出的马王堆汉墓的研究提供了很大帮助。

"谈到我国生药学研究和发展，我始终无法忘记我的恩师徐国钧先生。他为我国的生药学事业，特别是粉末生药学的奠定、现代生药学的发展、青年生药学人才的培养，可谓殚精竭虑、鞠躬尽瘁。"在《缅怀徐国钧先生，开创生药学研究新局面》一文中，中国工程院院士胡之璧这样写道。

1922 年，徐国钧出生在常熟市东张镇横塘村一个贫苦农民的家庭里，迫于生计，读完高小的他就辍学了，十四岁那年，为了减轻病弱母亲肩上的担子，他只身到异地一家米店当学徒。"七七事变"后，他和家人失散了，孤身飘零，但在此，他遇见了他的指路人——周太炎。1937 年，周太炎受聘国立药专（现中国药科大学）植物系教员，因国立药专西迁，携一家老小十余人避难至重庆，周先生十分同情这位已经风霜然而充满骨气的少年，毅然把他带进了由南京迁往重庆的国立药学专科学校。太炎先生向孟目的校长举荐徐国钧为生物、生药室技术助理员，时年 1938 年 3 月，从此徐国钧与药科大学结下不解之缘。在任技术助理员期间，他参加生物学、药用植物学、生药组织学实验课的准备，这三年半技术助理员的经历为他日后的发展奠定了扎实的基础，也决定徐国钧一生的人生走向。其间在艰辛的环境中，徐国钧以顽强的毅力和惊人的速度自学中学基础课程和英语。1941年9月，徐国钧又以优异的成绩正式考入国立药专学校本科。1942年暑假，他到北碚中国生物科学社进修组织切片制作技术，观察生物组织构造，为生药显微鉴定打下了基础。1945年8月，他以优异的成绩毕业，留校任生药学助教，担任本科生药学、生药组织学实验指导和高职科生药学讲课。

  1951年，徐国钧首次发表101种《粉末生药检索表》。后经过二十多年坚持不懈地研究，完成了380种《中药材粉末显微鉴定》，使我国粉末生药学的研究工作跃居国际领先地位。1953年徐国钧主编出版的以中药材为主要内容的《生药学》，结束了我国生药学教材依赖外国教科书的历史。1956年，以"灵应痧药"为突破口，率先应用显微分析技术，将麝香等十味药材一一检出，打破"丸散膏丹，神仙难辨"的神秘观，开创中成药鉴定之先河。之后，继续研究斛夜光丸、再造丸等近百种中成药显微鉴定标准，填补了国家药典的空白。1957年，徐国钧被确诊为颅骨外"左筛窦未分化癌"。后经抢救造成了顽固的后遗症——头痛以及三叉神经痛，但仍然重返工作岗位，坚持带病工作，数十年如一日。1960年3月，徐国钧和赵守训、叶三多等教研室的同志们通力合作，编写出一部220余万字的《药材学》参考书，这部罕见的鸿篇巨制着重阐述了我国中药材的生产、鉴定和应用的系统知识，共收载常用各种药材634种，每种药材分中文名、别名、来源、历史、形态、产地、生产、储藏、性状、组织、粉末、品质鉴别、用途及附注等项。全书共插图1 300余幅。迄今，外国生药学界仍将这部书视为珍品，列为主要参考文献，著名的美国哈佛大学吴秀英教授（美籍华人）称之为我国近代中药研究中的"四大巨著之一"。

  20世纪70年代以来，徐国钧开始对多来源中药材进行全面的品种整理和质量研究。"六五"期间完成贝母、金银花和石斛三大类药材的系统研究。"七五""八五"期间，"常用中药材品种整理和质量研究"课题被列入国家重点科技攻关项目。作为南方协作组组长，组织完成112个大类药材的研究。该课题运用多学科理论和技术，对多来源中药进行系统研究，取得举世瞩目的成就，成为中药发展史上的一个创举，为中药科学化、标准化、国际化作出积极贡献。作为该项目的第一完成者，荣获国家科技进步奖一等奖。20世纪70~80年代，徐国钧亲自培训各省市药检人员，对我国中成药产品的检验与质量保证起到了重要作用。

  1972年秋，中国向全世界发布了一则重大新闻，在湖南长沙马王堆汉墓出土了一具保存完好的千年女尸。在随葬物陶熏炉、绣花枕、绣花囊中发现均有一些中草药，其外观干缩、色泽暗褐、质地疏而易碎，有的已变质炭化，这立即引起全世界的瞩目。可是这些深埋地下2 000多年、早已炭化的东西，如何被正确无误地分辨出来呢？国家有关机构忽然想起了生药显微鉴定领域内的先驱人物徐国钧。他隆重地接受如时代使命般地抓住这一难得的机遇，和合作多年的助手、老师等积极配合，争分夺秒地探索求证，凭借着他在这一领域深厚的造诣，通过数月的艰苦研究，终于将马王堆女尸手中的药材一一分辨出来，鉴定出香茅、高良姜等9味药材，解开了这一千古奇谜，开创了药物考古史上的先河。华夏民族为之生辉，为之自豪，全世界也为之惊叹不已，徐国钧教授因此被称为"东方草药之王"。

1982年，徐国钧完成了日方委托的海马补肾丸显微分析，将海马等20种组成药物逐一检出，成为我国第一个具备完整科学鉴定标准的出口中成药，赢得国际信誉。此后短短6年中，他主编和参加编写《中草药学》（中册、下册）、《粉末药材显微鉴定》（100种）、《长沙马王堆汉墓出土药物鉴定》等15篇论著。其中，《粉末药材显微鉴定》（100种）、《长沙马王堆汉墓出土药物鉴定》分别荣获1978年全国科学大会成果奖和协作成果奖。不久，他以卓越的成就升任为生药学教授，又被光荣地评为全院优秀共产党员和全国医药卫生大会先进工作者。1995年，徐国钧当选中国科学院院士。2001年，获何梁何利基金科学与技术进步奖。

从徐国钧院士的身上，我们看到了老一辈知识分子为振兴祖国中药事业顽强的拼搏精神。传奇人物总有退出历史大舞台的一刻，2005年6月17日18时10分，徐国钧院士在南京逝世，享年82岁。他传奇的一生值得我们自豪，他尊重学术、献身学术的精神，也值得我们每一位药学学子去学习。

三、分子生物鉴别

传统鉴定手段在中药材鉴定中发挥了重要的作用，但这些方法容易受到药材产地环境、生物学遗传因素及加工和炮制方法等的影响，而导致重复性和稳定性较差。随着科学技术的发展，分子鉴定技术逐渐成熟，逐步成为中药鉴定的重要手段。DNA分子遗传标记技术是一种根据不同生物个体遗传物质DNA的差异来鉴别生物物种的方法。因为生物的外观性状、细胞形态、组织结构、化学成分、蛋白质、血清等不仅受遗传因素的影响，还与生物的生长环境、发育阶段、生理状态等有关。而DNA作为遗传信息的直接载体，不受上述因素的影响，因此DNA分子遗传标记鉴别药材的方法具有高度的准确性与可靠性。基于遗传信息的中药基源DNA分子鉴定，如随机扩增多态性DNA（RAPD）、DNA条形码等，是基于不同生物固有的特异性DNA序列而建立的用于识别中药样本种属来源的方法，能直接分析生物的基因型，主要用于中药基源的鉴定。2010年版《中国药典》收载了乌梢蛇饮片、蕲蛇饮片、川贝母药材的DNA分子鉴定方法。标志着中药材的分子鉴定从实验室科研层面进入国家标准的应用层面。该类方法的出现，使得中药鉴定实现了从宏观到微观，从表面现象到遗传本质的跨越，有力地促进了DNA分子鉴定法在中药质量控制中的普及和应用，具有遗传稳定性、化学稳定性、灵敏、专属性强，易于标准化，不受时间、环境影响等优点。但目前绝大多数动植物的DNA序列还尚未弄清，加上提取的技术烦琐和相关实验的周期长，操作较为困难，因此分子DNA的比对方式还不够普及。

（一）DNA条形码技术

DNA条形码于2003年由加拿大科学家Paul Hebert首次提出，指一段相对保守的较短的序列片段。DNA条形码既有种属的保守性，又有近缘物种的特异性，且不会受物种不同时期生长状态的影响。DNA条形码鉴定技术通过比较物种中的一段标准的DNA片段，对物种进行快速、准确地识别和鉴定，所得结果重复性和稳定性均较高，符合中药材鉴定简单、精确的特点并且有明确的判断标准，能够实现对中药材及其多基源物种的准确鉴定。DNA条形码技术鉴别中药及其多基源物种的方法是采集样品并提取各自的 DNA，利用通用引物 PCR 扩增候选片段，纯化 PCR 扩增产物，测序并分析序列，寻找目的 DNA 条形码序列，构建 DNA 条形码识别系统。除了核基因条形码序列外，动物线粒体 COI、CytB 序列条形码、植物类中药材线粒体 psbA-trnH 序列条形码在中药材鉴定中有着广泛的应用。2015 年版《中国药典》收载了"中药材 DNA 条形码分子鉴定法指导原则"。

DNA 条形码技术能够从分子水平上对药材、动物药及其混伪品进行有效鉴定，且具有较高的准确性和时效性。中药 DNA 条形码用于中药鉴定的意义在于：①传统鉴定方法的有效补充；②促进中药新资源的开发与利用；③缓解中药鉴定人才的缺乏状况；④有助于中药市场的流通管理；⑤弥补形态学难以攻克的隐种问题，是对中药资源生物多样性的保护。

（二）DNA 条形码技术在中药鉴定中的应用[8-10]

基源的准确鉴定是中药发挥药效和用药安全的基本保障，随着植物 DNA 条形码研究的不断深入及该技术的通用性和可操作性不断提高，中药 DNA 条形码鉴定技术必将在中药鉴定等领域大放异彩。目前，国内外应用 DNA 条形码鉴定中药材基源物种及其混伪品的研究已有广泛的报道。例如，基于 ITS2 序列对《中国药典》收载中药材羌活、枸杞子和红景天及相应混伪品进行有效鉴定；有学者利用 DNA 条形码技术研究了市场上的红景天中药饮片，100 份样品中只有 36 份（36%）是《中国药典》收录的大花红景天［*Rhodiola crenulata*（Hook. f. et Thoms.）H. Ohba］，其他皆为伪品；在一项利用 DNA 条形码对我国中药市场的掺假状况的研究中，1 260 份样品中有 4.2% 存在掺假，存在掺假的中药主要集中在人参、茅莓根、降香、石菖蒲、旋覆花、金银花、五加皮和柴胡；除此之外，在印度 10 个自然保健品原料市场的调查中，利用 DNA 条形码对心叶黄花稔（*Sida cordifolia* L.）保健品原材料进行分析，发现原料药掺假行为十分猖獗，所有的心叶黄花稔都用黄花稔（*Sida acuta* Burm. f.）代替。因此，DNA 条形码可以在中药鉴定领域发挥巨大的作用，同时也必须承认，鉴于中药制备、储藏、炮制过程的复杂性，DNA 条形码在中药鉴定领域也并非万能的，尤其是对于经过了高强度工业加工的植物提取制品。要完全解决中药鉴定中的难题，DNA 条形码必须与代谢组学及基于需求的转录组学和蛋白质组学相结合。

动物药的使用历史悠久，远在几千年前，古人就利用动物的各种器官、组织及代谢产物进行疾病防治，其具有疗效高、活性强、应用广、潜力大的特点。我国动物药材多数来自野生，资源十分有限，一些药材的基源动物如穿山甲、黑熊、棕熊、虎、马鹿、梅花鹿等已被列入《国家重点保护野生动物名录》。使用药用动物的全身整体作为入药部位，进行鉴定较为容易，但一些动物药使用动物的某组织或某器官（脏器）、角、骨、甲、贝壳，或外壳以及生理、病理产物作为入药部位，其形态、性状特征并不完整，难以鉴定。市场中流通的动物药混伪品种类繁多且复杂，严重影响了药材市场的发展及药材的质量。DNA 条形码分子鉴定技术是传统鉴别方法的补充，推动动物药鉴定进入分子时代。DNA 条形码基因序列较短，在物种间有充足的基因变异，并且测序较为简单，它不依赖于药材本身的形态及性状，并且排除了鉴定者的主观因素，所以该技术在动物药的鉴定中被逐渐广泛应用，尤其在珍稀名贵动物药的鉴定中，根据 DNA 条形码不仅可以鉴别动物药真伪，还能发现物种之间的亲缘关系，从而获得更加准确的物种分类信息。

(三) DNA 条形码技术的未来展望

DNA 条形码自 2003 年提出以来，已经在生物鉴别方面取得显著成效。然而，DNA 条形码技术的使用多数还停留在实验研究阶段，并不能独立走出实验室与现代电子产品相结合从而达到生物鉴别的智能水平。该技术受自身条件的局限，在中成药真伪鉴别方面的应用还存在一定的挑战。研究者正尝试突破技术难关，攻克中成药 DNA 提取方面的困难，为 DNA 条形码在中成药真伪鉴别领域应用打下基础。在以后的工作中应进一步扩大 DNA 条形码的覆盖范围，利用分子生物学的方法鉴定中药基源，通过构建中药 DNA 条形码数据库，建立一套完整的中药 DNA 条形码鉴定流程，实现中药基源鉴定的标准化、自动化，以更好地推进中药材鉴定向产业化方向发展。

(四) 聚合酶链式反应 (PCR) 技术

PCR 是由美国 Kary Mullis 发明的一种用于扩大及对特定的 DNA 进行扩增的分子生物鉴定技术[11]，其原理是首先让双链 DNA 变性成单链，然后使特定的引物与单链 DNA 结合，使单链 DNA 在聚合酶的推动下向 3′末端延伸合成，进而生成新的双链 DNA，新生成的双链 DNA 将成为模板，继续按照以上的反应不断扩增出所需 DNA 双链，最后将获得呈指数倍增的目的片段[12]。PCR 技术的最大特点是在有限的 DNA 情况下能够对其进行扩增，从而对 DNA 进行识别。无论是应用于考古研究、历史学的研究，还是应用于中药鉴定中的研究，只要从中分离出一些 DNA，就能利用 PCR 技术对分离出的 DNA 进行扩增，从而将其与已知的 DNA 对比[13]。目前，中药鉴定始终是中药流入市场前最重要的一关，而传统的鉴定方法耗时耗力，且对中药鉴定相关知识要求较高，限制了中药鉴定的发展。PCR 技术就是对中药鉴定相关技术的弥补，其通过对 DNA 序列的扩增，能够高效快速地鉴别药材的真伪，为中药材的鉴别提供了有力手段。现阶段，以 PCR 为基础的分子生物鉴定技术[14] 主要有扩增长度片段多态性（amplified fragment length polymorphism, AFLP）技术、随机扩增多态性 DNA 标记（random amplified polymorphic DNA, RAPD）技术、位点特异性 PCR 技术、ISSR 技术、mRNA 差异显示（mRNA differential display reverse transcription PCR, DDRT-PCR）技术、基因测序和基因芯片等。

PCR 技术不需要知道研究对象的 DNA 信息，利用随机引物对 DNA 模板进行扩增，目前在中药鉴定领域有一些相关报道[15-17]，郑司浩等[18] 运用生物学软件在鼓槌石斛的非保守基因序列中设计出一对特异性 PCR 引物，对 35 份石斛属植物的 DNA 模板进行 PCR 扩增，优化了 PVR 检测体系，结果显示为阳性的可判定为鼓槌石斛。陈维明等[19] 以 GenBank 数据库中与蚯蚓相关的 12SrRNA 基因序列为引物对 10 种广地龙药材样本进行 PCR 扩增，并进行测序，根据其序列间的差异设计 3 对非保守区特异性引物，并筛选出对广地龙具有特异性鉴别意义的 PCR 引物，增强了广地龙基源鉴别的真实性、准确性。但是 PCR 技术鉴定成本较高，在实际应用方面具有一定的局限性。

第三节 优劣鉴别技术

中药的质量直接影响到临床用药的安全性和有效性，质量不符合标准的中药入药可能会导致生产、科研及临床疗效的失败，最终误病害人，影响生命健康及带来经济损失。1997年曾发生过一位年轻的母亲因服用了伪劣中药龙胆草而致死的案例。因此，通过加强中药鉴别保证中药质量对于中药及其制剂的研究、生产和应用是极其重要的。中药品种的真伪需要重视，中药质量的优劣也不容忽视。"优"是指符合甚至高于国家药品标准规定的各项指标的药品，"劣"是指不符合国家药品标准规定的各项指标的药品。中药的优劣鉴别按照历史沿革，可以将其分为三类：①道地药材鉴别；②化学成分鉴别；③生物效应鉴别。

一、道地药材鉴别

道地药材（genuine regional drug）是指质优效佳的药材，这一概念源于生产和中医临床实践，作为古代药物标准化一个约定俗成的概念，是辨别优质中药材质量独具特色的综合标准，也是中药学中控制药材质量的一项综合判别标准。通常认为："道地药材就是指在一特定自然条件和生态环境的区域内所产的药材，并且生产较为集中，具有一定的栽培技术和采收加工方法，质优效佳，为中医临床所公认"。中药的栽培与药材质量关系密切，是质量的源头，其有效成分的形成和积累与其生长的自然条件有着密切的关系。《神农本草经》载："土地所出，真伪陈新，并各有法。"《本草经集注》指出"诸药所生，皆有境界"，并列出40多味药材的最佳生境。《新修本草》亦载："离其土，则质同而效异。"《本草纲目》云："性从地变，质与物迁。"这些传统理念均充分说明产地与药材质量的相关性，不同生长环境的药材其质量有所不同。我国土地辽阔，同种药材会因产地不同（土壤、气候、光照、降雨、水质、生态环境的各异）引起药材质量上的差异。例如，防风产于东北及内蒙古，引种到南方后，其药材常分枝，且木化程度增高，与原有的性状特征相差很大；葛根因产地不同成分变化幅度较大（5~6倍），葛根素含量为1.04%~6.44%，总黄酮的含量为1.42%~7.88%。广藿香产在广州石牌者，香气纯正，含挥发油虽较少（茎含0.1%~0.5%，叶含0.3%~0.4%），但广藿香酮的含量却较高；而产于海南岛的广藿香，气较辛浊，挥发油含量虽高（茎含0.5%~7%，叶含3%~6%），但广藿香酮的含量却甚微。道地药材就充分反映了产地与药材的关系，这直接影响了中药质量的可控性，也导致临床疗效的差异，因此在建立种植基地时一定要选择最适宜该药材生长的地域。

现代研究对道地药材的形成机制可以从两个方面进行阐释：一是从遗传基因水平来看，物种的遗传变异与自然环境有关，优良的物种基因是决定品质的内在因素，长期的环境演变与同时期的空间异质决定了物种遗传基因，因此从遗传基因与环境相关性的角度研究道地性是解释道地性科学内涵的基础。例如，对"南药"广藿香不同产地间的叶绿体和核基因组的基因型与挥发油化学型的关系研究中发现，广藿香基因序列分化与其产地、所含挥发油化学变异类型呈良好的相关性。基因测序分析技术结合挥发油分析数据可作为广藿香道地性品质评价方法及物种鉴定的强有力工具。二是自然环境与道地药材相关性，包括地质、土壤、大气、水、群落环境等。例如，对当归栽培土壤理化性质研究表明，甘肃岷县当归栽培土壤的物理性状、有机质和矿质元素含量综合因子最佳；对三七的水环境及大气环境研究结果表明，一月的降水量和年温差是影响三七总皂苷含量的关键因子，降水量过大有利于三七中黄酮含量的累积，而对总皂苷、多糖和三七素含量的累积有抑制作用；对黄连生长的地形地貌研究结果表明，同一时期生长在低海拔处的根茎质量和小檗碱含量高于高海拔处；不同地域植物内生菌、土壤微生物也能影响植物的次生代谢产物的产量，影响土壤质量，进而影响药材质量。当然，在道地产区形成过程中，积累了大量的育种栽培、采收加工技术和经验，这些技术经验保证了药材的道地性，也体现出道地药材与非道地药材的品质差异，形成了药材的道地性优势。

对于道地药材的评价方法和体系，一方面继承传统经验鉴别，形成"辨状论质"理论；另一方面不断引入现代方法和手段，诠释中药材质量的内涵。传统药材性状质量评价主要以感官认识为主，包括"眼看、鼻嗅、口尝、手摸、水试、火烧"等方法和手段，形成了中药"形、色、质、气、味"为主的质量评价认识。随着科学技术的发展，出现了以计算机视觉和人工智能为核心的现代多层次表型采集技术，使得对生物的表型研究已经发展到精确的表型鉴定，有利于推动道地药材从"辨状论质"向特征化、标准化发展，从而实现从经验判断到规律研究的转化和提升。数字可视化中药分析系统的建立实现了中药形态性状鉴别的数字化、可视化和智能化，为中药真伪优劣特别是道地药材与非道地药材鉴定提供了新的有效手段，主要包括两个技术，一是中药形态结构数字可视化技术，简称中药可视化技术，利用该技术可以"形象直观"地再现药材的立体形态结构；二是中药组织细胞显微图像体视分析技术，简称中药体视分析，利用该技术可以从二维形态图像"抽象"地推导出三维形态结构参数。这两个技术为我们从组织形态学角度全面客观准确地鉴定中药品质增添了助力。中药可视化技术，又称中药计算机三维重建与显示技术，还可称为中药计算机三维仿真技术。计算机三维重建是指通过输入物体的两个以上的二维图像，利用计算机进行自动分析和处理，以获取该物体的三维几何信息和拓扑信息，建立物体的立体模型，并以适当的方式显示出来。具体来说，就是根据组织连续切片图形在量化过程中被赋予相应的深度信息及其变化，将物体不同切片上的二维图像按照切片的空间位置关系依次叠加排列而组成物体的三维数据；再利用计算机图像处理技术、图形生成理论及视觉心理学原理，在二维平面上形象直观地显示出具有生动性和立体感的三维图像。

二、化学成分鉴别

中药化学成分复杂，结构类型繁多，传统的鉴定方法需要消耗大量的药材，耗时耗力，且其成分结构解析结果误差大。道地产地的确定只是初步对质量进行把控，由于人为掺入异物或混入非药用部分，以次充好，如柴胡、龙胆混入大量的地上茎；西红花中掺入花丝、雄蕊、花冠；羚羊角中夹铁钉、铅粒等，严重影响了中药材的质量，还有些中药如人参、八角茴香、天麻、独活等，经过化学成分提取、干燥后再用，其外观形状与原药材相似，但药材的内在质量却发生了变化，而中药的化学成分能部分反映中药材的质量。因此化学成分的定性、定量检测可以帮助鉴别道地药材的优劣，保证临床用药的有效性和安全性。中药化学成分研究是阐明中药药效物质、药理作用及其机制和临床疗效的先决条件，是中药现代化的重要组成部分[20]。

目前中药定性、定量分析常用的方法包括色谱法和光谱法。色谱法又称层析法，是一种物理或物理化学分离分析方法，也是中药化学成分分离和鉴别的重要方法之一，其基本原理是利用物质在流动相与固定相两相中的分配系数差异而被分离，当两相相对运动时，样品中的各组分将在两相中多次分配，分配系数大的组分迁移速度慢，反之迁移速度快而实现分离。根据色谱分离原理，可分为吸附色谱、分配色谱、离子交换色谱、空间排阻色谱等。根据流动相与固定相的分子聚集状态及操作形式，可将色谱分离法分为纸色谱法、柱色谱法、薄层色谱法、气相色谱法、高效液相色谱法、蛋白电泳色谱法、毛细管电泳法等。光谱分析法是以分子和原子的光谱学为基础，用来鉴别物质及确定其化学组成和相对含量的分析方法，包括能源提供能量，能量与被测物质相互作用，产生被检测讯号三个主要过程。光谱法分类很多，用物质粒子对光的吸收现象而建立起的分析方法称为吸收光谱法，如紫外-可见吸收光谱法、红外吸收光谱法和原子吸收光谱法等。利用发射现象建立起的分析方法称为发射光谱法，如原子发射光谱法和荧光发射光谱法等。

（一）薄层色谱法

薄层色谱法是一种吸附薄层色谱分离法，通过将适宜的吸附剂（又称固定相，常为硅胶、氧化铝或纤维素）涂于玻璃板、塑料或金属板上，形成一均匀薄层，进行点样、展开操作后，利用各成分对同一吸附剂吸附能力不同，使在流动相流过固定相的过程中，连续地产生吸附、解吸附、再吸附、再解吸附，从而达到各成分互相分离的目的，如图 12.11、图 12.12 所示。将比移值（R_f 值）与适宜的对照物按同法所得的 R_f 值进行参照，用以进行中药的鉴别、杂质检查或含量测定。该方法设备简单、显色容易，展开时间仅需 15~20 分钟；既适用于只有 0.01 μg 的样品分离，又能分离大于 500 mg 的样品用作制备，还可以使用如浓硫酸、浓盐酸之类的腐蚀性显色剂，但是对生物高分子的分离效果不甚理想。

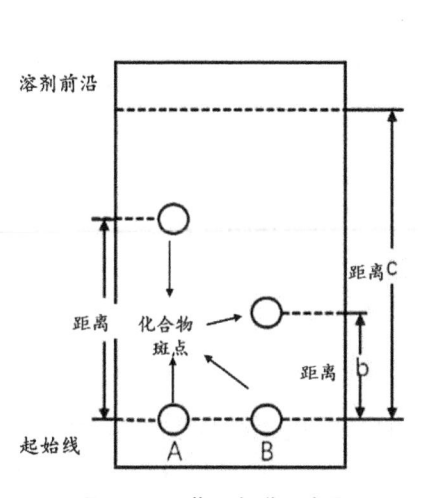

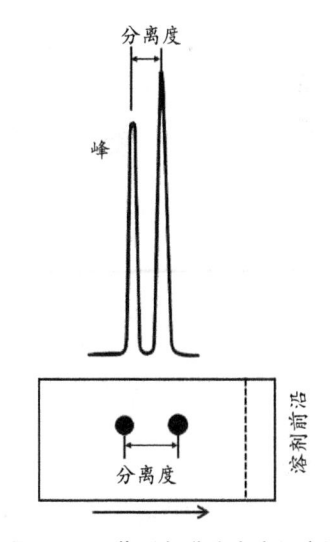

图 12.11　薄层色谱示意图　　图 12.12　薄层色谱分离度示意图

采用薄层色谱法结合质谱法可以建立升麻（*Cimicifuga foetida* L.）中色原酮、有机酸和三萜皂苷薄层色谱指纹图谱，并且对升麻进行相似度分析、聚类分析及主成分分析，提供升麻的质量控制依据[21]。而通过乙酸乙酯-甲酸-乙酸-水（30∶1.5∶1.5∶3）为展开剂，建立了洋甘菊（*Matricaria chamomillal* L.）的活性标志物芹菜素-7-葡萄糖苷的高效薄层色谱指纹图谱，也可作为洋甘菊质量评估的指南[22]。

（二）高效液相色谱法

高效液相色谱法是以液体为流动相，采用高压输液系统，通过高压输液泵将不同类型的单一溶剂或不同成分比例的混合溶剂等流动性液体置于固定的色谱柱中，对柱中的所有组分分离分析后，再将其输入至对应检测器进行检测，进而对样品进行分析。该方法是目前中药成分定性定量最为常见的方法，其仪器构成如图 12.13 所示，高效液相色谱法有"四高一广"的特点：①高压，流动相为液体，流经色谱柱时，受到的阻力较大，为了能迅速通过色谱柱，必须对载液加高压；②高速，分析速度快、载液流速快，较经典液体色谱法速度快得多，通常分析一个样品在 15～30 分钟，有些样品甚至在 5 分钟内即可完成，一般小于 1 小时；③高效，分离效能高，可选择固定相和流动相以达到最佳分离效果，比工业精馏塔和气相色谱的分离效能高出许多倍；④高灵敏度，紫外检测器可达 0.01 ng，进样量在 μL 数量级；⑤应用范围广，70% 以上的有机化合物可用高效液相色谱分析，特别是对于高沸点、大分子、强极性、热稳定性差化合物的分离分析，显示出优势；⑥柱子可反复使用，用一根柱子可分离不同化合物；⑦样品量少、容易回收，样品经过色谱柱后不被破坏，可以收集单一组分或做制备。此外高效液相色谱还有色谱柱可反复使用、样品不被破坏、易回收等优点。但也有缺点，如"柱外效应"，从进样到检测器之间，除了柱子以外的任何死体积（进样器、柱接头、连接管和检测池等）中，如果流动相的流型有变化，被分离物质的任何扩散和滞留都会显著导致色谱峰的加宽及柱效率降低，且灵敏度不及气相色谱。

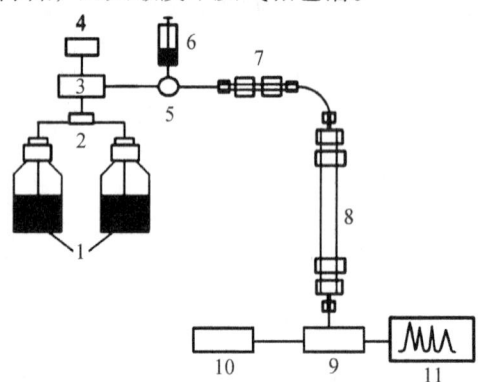

图 12.13　高效液相色谱仪结构示意图
1. 储液瓶；2. 混合室；3. 高压泵；4. 梯度洗脱装置；5. 进样器；6. 注射器；
7. 预柱；8. 色谱柱；9. 检测器；10. 废液瓶；11. 数据处理和控制系统

通过高效液相色谱学结合化学计量学方法可以筛选出牡丹皮物质基础的 9 个代表性成分，如图 12.14 所示。又对不同牡丹皮中 9 个代表性成分进行含量测定，由图 12.15 可以发现道地牡丹皮与非道地牡丹皮所含化学成分的种类相似，但量和量的关系上有明显区别，道地牡丹皮（20 批，图 12.15）代表性成分含量变化趋势基本一致，并且其中萜苷组分中氧化芍药苷、芍药苷、苯甲酰芍药苷之间的量比关系具有特征性。而非道地牡丹皮（12 批）中代表性成分含量差异较大，说明不同地区的牡丹皮的内在质量也存在差异，可能是由地理位置、栽培环境、采收加工方法等原因造成的，可为牡丹皮的质量优劣提供参考价值[23]。

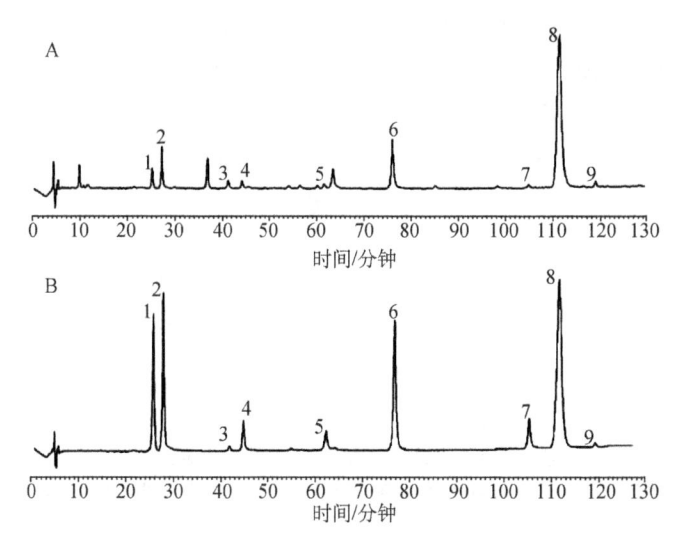

图 12.14　牡丹皮配方颗粒样品及混合对照品的高效液相色谱图（A. 对照品，B. 供试品）
1. 没食子酸甲酯；2. 氧化芍药苷；3. 芍药苷；4. 1, 3, 6-三-O-没食子酰葡萄糖；5. 没食子酰芍药苷；
6. 五没食子酰葡萄糖；7. 苯甲酰氧化芍药苷；8. 丹皮酚；9. 苯甲酰芍药苷

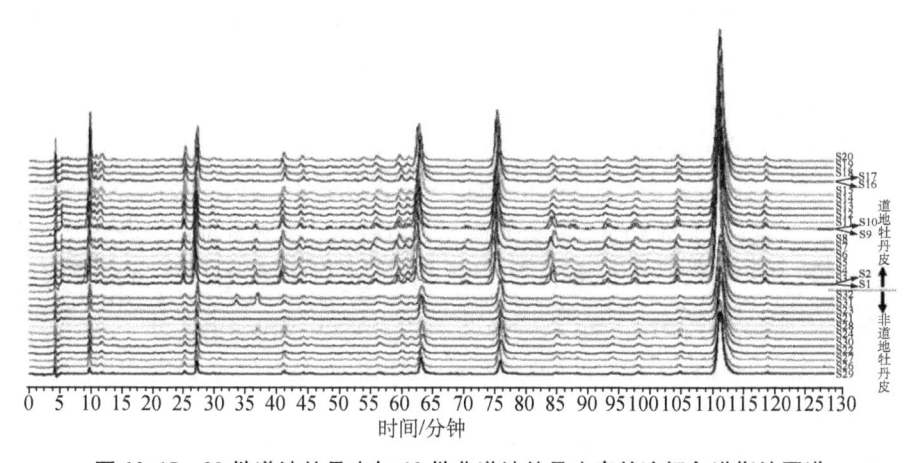

图 12.15　20 批道地牡丹皮与 12 批非道地牡丹皮高效液相色谱指纹图谱

（三）气相色谱法

气相色谱法（gas chromatography，GC）是以气体作为流动相的色谱方法，其分离原理是基于样品在两相之间的分配系数不同，其中一相是表面积较大的固定相，另一相是通过固定相的气体，利用混合物的沸点、极性或吸附性质的不同进行分离。气相色谱仪结构如图 12.16 所示，优点：①分离效率高，分析速度快，例如可将汽油样品在两小时内分离出 200 多个色谱峰，一般的样品分析可在 20 分钟内完成；②样品用量少和检测灵敏度高，例如气体样品用量为 1 mL，液体样品用量为 0.1 μL，固体样品用量为微克级别，用适当的检测器能检测出含量在百万分之十几至十亿分之几的杂质；③选择性好，可分离、分析恒沸混合物，沸点相近的物质，某些同位素，顺式与反式异构体邻、间、对位异构体，旋光异构体等；④应用范围广，虽然主要用于分析各种气体和易挥发的有机物质，但在一定的条件下，也可以分析高沸点物质和固体样品。缺点是在对组分

391

直接进行定性分析时，必须用已知物或已知数据与相应的色谱峰进行对比，或与质谱、光谱方法联用，才能获得直接肯定的结果。在定量分析时，常需要用已知物纯样品对检测后输出的信号进行校正。

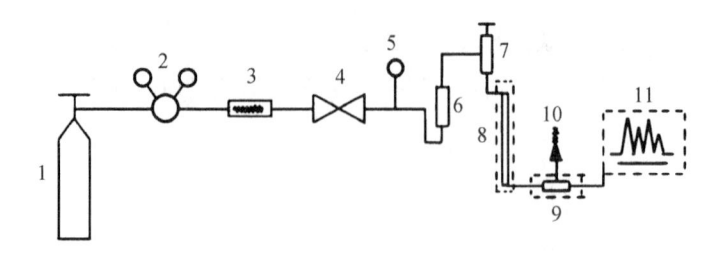

图 12.16　气相色谱仪示意图
1. 载气瓶；2. 压力调节器；3. 净化器；4. 稳压器；5. 柱前压力表；6. 转子流量计；7. 进样器；
8. 带有柱温箱的色谱柱；9. 带有保温箱的检测器；10. 尾气出口；11. 记录仪

通过气相色谱-氢火焰离子化检测（GC-FID）法建立了简单且可靠的广藿香[*Pogostemon cablin* (Blanco) Benth.] 精油指纹图谱，分析中得到 12 个共有峰，其峰面积总和占总峰面积多于 90%，结合化学计量学分析可鉴别广藿香和评价其样品的质量[24]。通过建立气相色谱指纹图谱，并对华细辛（*Asarum sieboldii* Miq.）中主要 3 种成分甲基丁香酚、α-蒎烯、莰烯进行定量测定，方法简单、准确且重复性好，可用于华细辛的质量评价控制[25]。

（四）毛细管电泳色谱法

毛细管电泳色谱法（capillary electro phoresis chromatography，CEC）是依靠高压直流电场作为驱动力，以毛细管为通道，以缓冲盐为电解质，通过样品中各化学成分的迁移速度和分配的不同来实现离子及中性分子分离的技术。毛细管电泳仪器装置如图 12.17 所示，溶质从毛细管的正极端进样，带正电的粒子最先流出，中性粒子次之，带负电的粒子在中性粒子之后流出。溶质依次通过检测器，得到与色谱图极为相似的电泳分离图谱。根据动物、植物类中药细胞中普遍含有受遗传基因控制的蛋白质分子，且具有种属的特异性和稳定性这一规律，可以将现代生物技术与传统的中药学科相结合，创立了"中药电泳鉴别法"新技术，将传统的中药品种鉴别推进到了分子水平，解决了常规中药鉴定方法分辨率低、专属性不强、同属相近品种不易区分的难题。在此基础上，还探讨了同工酶分析在中药鉴定中的应用，进而引入指纹图谱技术，提出了"中药电泳指纹图谱"新理念。中药电泳指纹图谱可准确鉴定中药的不同栽培品种，跨越了传统质量控制方法的障碍，结果稳定、重现性高、操作方法简便，具有很高的实用价值和广阔的推广应用前景。同高效液相色谱法比较，毛细管电泳色谱法明显地简化了输送体系，操作简单，使分析科学从微升水平得以进入纳升水平，分离柱效高，成本低。但该方法重现性较差，分析结果的可靠性及准确度较低，检测灵敏度方面比高效液相色谱法稍差，使用局限性较大。

运用毛细管电泳色谱法在硼砂-硼酸-庚烷磺酸钠（100∶100∶5）缓冲液中，以甘草苷峰作为参照物峰确立了 19 个共有指纹峰，可以通过毛细管电泳指纹图谱定量法对 15 批牛黄解毒片的质量优劣做出评价[26]。通过对 10 批乌梢蛇［*Zaocys dhumnades*

（Cantor）］药材进行比较分析得到了 7 个共有峰，建立了乌梢蛇的高效毛细管电泳（HPCE）指纹图谱，该方法各特征峰的分离效果良好，并且精密度符合要求，也可作为评价乌梢蛇药材质量的有效方法[27]。

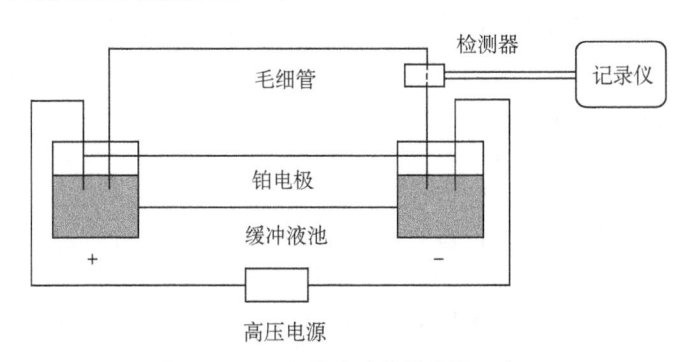

图 12.17　毛细管电泳仪器装置示意图

（五）液相色谱-质谱联用

液相色谱-质谱联用（LC-MS）技术（以下简称液质联用）是 20 世纪 90 年代发展起来的一门综合性分析技术，是目前使用最广泛的分析手段之一（图 12.18）。它以液相色谱作为分离系统，质谱作为检测系统，将色谱的高分离性能和质谱的高鉴别能力相结合，实现了两者的优势互补。待测样品在液相色谱中完成分离，而后进入接口进行去除溶剂并离子化，经质谱的质量分析器将离子碎片按质荷比分开，经检测器得到各种色谱和质谱数据，具有高效快速、灵敏度高、样品处理简单、用量少的优势，广泛应用于中药中化学成分的精准鉴定及定量分析，实现了中药分析的自动化和现代化，有效地降低了分析工作的难度，提高了工作效率。液质联用除了可以分析气相色谱-质谱（GC-MS）所不能分析的强极性、难挥发、热不稳定性化合物之外，几乎可以检测所有的化合物，比较容易地解决了分析热不稳定性化合物的难题。除此之外，液质联用还有以下优点：①分离能力强，即使被分析混合物在色谱上没有完全分离开，但通过 MS 的特征离子质量色谱图也能分别给出它们各自的色谱图来进行定性定量；②定性分析结果可靠，可以同时给出每一个组分的分子量和丰富的结构信息；③检测限低，MS 具备高灵敏度，通过选择离子检测（SIM）方式，其检测能力还可以提高一个数量级以上；④分析时间快，HPLC-MS 使用的液相色谱柱为窄径柱，缩短了分析时间，提高了分离效果。HPLC-MS 具有高度的自动化，随着科技软件的发展，检测技术在液相色谱及液质联用技术的支持下开始了很广泛的应用，准确度也提高了很多。此外，随着现代化高新技术

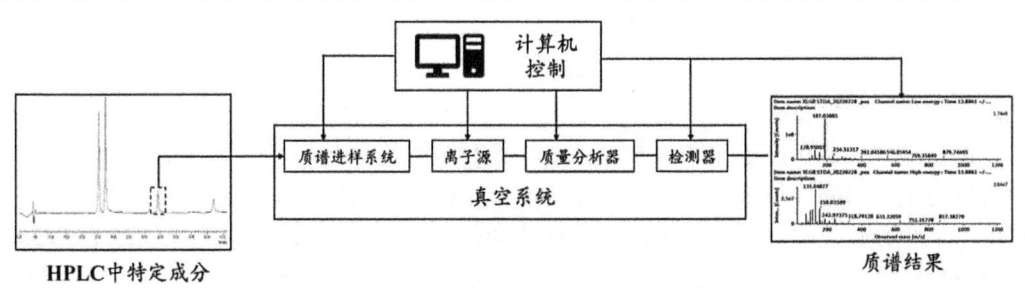

图 12.18　液质联用结构示意图

的不断发展，液质联用技术将液相色谱和质谱结合起来，既体现了液相色谱的高分离性能，又体现了质谱强大的鉴别能力，在分析检测方面有着不可磨灭的优势，对多数物质的检测灵敏度超过了其他方法，在化工、医药、食品、生物等各个领域的应用有着重要的地位，真正体现了现代各类物质分析中高通量和高精度的要求。

虽然上述方法在中药分析方面具有独特的优势，但中药成分十分复杂，常含有几百种到上千种组分，目前的定性方法和手段尚不能达到中药有效成分的完全解析。中药中还含有很多微量成分，在现有分析级别下，很多成分仍难以得到很好的鉴别。因此，未来仍需不断提高分析仪器的分析能力，弥补各类分析方法的不足之处，探索更好的鉴定方法与技术。随着研究的深入，仪器的分析能力、分析方法、分析过程、分析结果等各方面的不足将被逐步解决。建立更加科学、可行、有效的质量评价体系，提升并完善中药质量标准，突破中药分析及质量标准研究中关键问题并指明新的方向，为保证临床用药安全提供重要支撑。

（六）光谱法

光谱法是通过测定物质在特定波长处或一定波长范围内对光的吸光度或发光强度，对该物质进行定性、定量分析的方法。一般常用波长为：紫外光区 200~400 nm，可见光区 400~850 nm，红外光区 2.5~15 μm，使用的仪器有紫外分光光度计、可见分光光度计（或比色计）、红外分光光度计和原子吸收分光光度计。光谱法主要应用于大生产中快速真伪优劣的鉴别，对成分含量的鉴别局限性较大，因此在成分鉴别方面使用较少。

紫外-可见吸收光谱法是利用某些物质的分子吸收 10~800 nm 光谱区的辐射来进行分析测定的方法，这种分子吸收光谱产生于价电子和分子轨道上的电子在电子能级间的跃迁，广泛用于有机和无机物质的定性、定量测定。该方法具有灵敏度高、准确度好、选择性优、操作简便、分析速度快等特点。使用紫外光谱法对中药进行鉴别，可以避免色谱法等烦琐的流程，实现大生产中药材的快速真伪分析，从而进行质量优劣控制。用紫外光谱对灵芝及其伪品进行鉴别分析，发现两者的紫外光谱差异较大，可有效区分灵芝及其伪品[28]。紫外指纹图谱法结合偏最小二乘回归法判别分析（PLS-DA）可以鉴别不同产地的珠子参 [*Panax japonicus* C. A. Mey. var. *major* (Burk.) C. Y. Wu et K. M. Feng]，虽然其特征吸收峰的吸收波长相似，但峰强度存在差异，能有效运用峰强度来区别不同产地的珠子参[29]。

当一定频率的红外光照射分子时，如果分子中某个基团的振动频率和外界红外辐射频率一致，光的能量通过分子偶极矩的变化而传递给分子，这个基团就吸收一定频率的红外光，产生振动跃迁。将分子吸收红外光的情况用仪器记录就得到该试样的红外吸收光谱图，利用光谱图中吸收峰的波长、强度和形状来判断分子中的基团，对分子进行结构分析，常用于中药化学成分的结构分析。中药材是多种成分的混合物，其红外和拉曼光谱是中药材所含各成分光谱的叠加，只要所含化学成分不同，各成分含量的比例不同，就会导致红外和拉曼图谱的差异。在红外和拉曼检测过程中，样品无须分离提取，中药材的主要成分（纤维素、淀粉、挥发油、多糖、生物碱等）并不干扰药材的鉴别，相反与某些有效成分相结合会增强图谱的识别能力。红外光谱法测定显示的是中药混合化学成分图谱，具有加和性，不能定量分析，多用于蛤蟆油、黄连、珍珠及成分简单复方制剂等中药的真伪鉴别。另外，有利用近红外光谱法建立片仔癀中三七皂苷 R1、人参皂苷 Rg1 和人参皂苷 Rb1 及总皂苷的定量分析模型,可用于片仔癀中药效成分的快速检测,提高其质量控制水平。近红外光谱的谱区范围为 780~2 526 nm（12 820~3 959 cm^{-1}）,测定迅速,可以进行无损检测,可对原药材、固体样本进行分析,近红外光谱法在中药材鉴定方法中具有鉴别速度快、效率高、重现性好、无损等优点[30]。自 20 世纪 70 年代以来,近红外光谱在中药真伪优劣的鉴别等方面被广泛使用。但是近红外光谱法对样品的要求较高,代表性强、分布均匀、数量足够多的样本是建立稳健近红外模型的首要前提。中红外光谱技术因其指纹区特征强的特点在中药材鉴定方面广泛应用。中红外光谱技术在中药材鉴定领域具有很多优势:①能够反映中药材样品的整体化学信息[31];②与多种附件技术合并使用,可以实现快速鉴别,且样品不需要经过分离提取等预处理过程;③操作简便、重复性较好。但是,很多近缘中药材品种在图谱特征上变化较小,因此中红外光谱技术应用具有一定的局限性[32]。

X 射线衍射法（XRD）是利用 X 射线进行晶粒的大小和形状的检测,对测量样品无污染,测量精度高,能够采集有关晶体的大量信息。目前,X 射线衍射法主要应用于矿物类中药材的鉴定。如有研究指出,X 射线衍射法可用于对炉甘石进行化学成分含量鉴定,通过对其主要化学成分 $ZnCO_3$ 或 ZnO 的含量进行测定,对炉甘石真伪品进行鉴别[33]。

三、生物效应鉴别

化学成分的含量能体现中药的部分药效,然而随着造假手段的升级,对中药中一些特定成分的测定也存在较大的局限性,例如三聚氰胺奶粉,造假药品可能只需要满足检测成分达标,其余不需要检测的成分一概忽略,导致中药质量的评价控制方面出现问题,制约着中药现代化的发展。因此仅基于化学基准的中药质量控制模式存在指标性成分难以全面地反映整体质量,与临床有效性及安全性关联不够紧密,不能充分体现中医药特色等问题。

生物效应评价技术是近年来兴起的一种中药品质鉴定新方法,具有先进性、适用性、可操作性及专属性强、重现性好等特点,并且能够突出中药的药效学作用,准确性高。生物效应评价技术是利用中药或其所含的药效组分对生物体的作用强度,也就是通过对中药所含化学物质的生物效应（对整体动物、离体组织、器官、微生物和细胞等实验系的药效、活力或毒力）测定来鉴定中药质量优劣,是继化学成分鉴别之后,推动中药质量标准走进临床、关联疗效的关键举措。中药质量的评控问题是制约中药现代化发展的瓶颈,因此有必要在现有检测方法的基础上结合生物评价,继而更为全面地保证中药质量。生物效应鉴定是完善中药质量标准、保证临床功效和安全性评价的重要方法,已成为中药质量标准化发展趋势之一。

生物效应评价理论上可用于大多数中药的质量评价,特别适用于化学成分及药效作用机制不清楚且缺乏定量药效评价指标的中药,包括生物活性值或效价（biopotency）、生物活性标志物（biomarker）、生物效应表达谱（biological fingerprint）等。除此之外,中药质量生物评价方法还包括效应成分指数（effective components index，ECI）、效应当量（efficacy equivalent，EE）、道地指数（dao-di index，DDI）等综合性指标。基于生物活性与效应基准的中药质量评价技术特点与适用范围见表 12.2。

表 12.2　基于生物活性与效应基准的中药质量评价技术特点与适用范围

技术名称	特点	适用范围
生物效价测定技术	在一定剂量范围内的量效关系明显（定量）	化学物质基础不明确、常规理化方法难以评价其质量或不能反映其临床生物活性的中药及其制剂
生物活性限值技术	达到某一特定值（如给药量）后，才表现出某效应（半定量、定性）	未能建立生物效价测定的中药
生物毒价测定技术	可直接反映中药产品的毒性	用于有毒中药的质量评价
效应成分指数评控技术	融合了化学评价的精准性与生物评价关联药效和安全性的优势，快速、准确、普适性广	药效物质及活性成分相对明确的中药
生物效应表达谱	能反映药物作用于生物的更多指纹和（或）动态信息，具有指纹性或专属性	中药注射剂质量监测

（一）中药生物活性测定技术

生物活性测定与中药临床疗效和安全性的关联性较为紧密，是反映临床功效的基本方法之一。其内容以药物的生物效应为基础，以生物统计学为工具，结合中药及其制剂的主治功能或毒副作用，通过比较对照品和供试品对生物体或离体器官与组织、生物标志物等特定的生物效应，从而评价和控制中药整体的质量及活性。测定技术包括生物效价测定技术、生物活性限值技术和生物毒价测定技术。其中生物效价与生物活性限值的区别在于前者在一定剂量范围内的量效关系明显，而后者往往在达到某一特定值（如给药量）后才表现出某效应，如出现死亡、惊厥等，属于半定量或定性范畴。

中药毒性具有现代生物技术难以检测的微小毒性、综合毒性等特点，是中药安全性评价的关键问题之一。如何准确、快速、高效地评价中药的毒性，是中药毒性研究的重要方向。化学毒性评价存在一定的问题，如部分成分不能完全代表有毒中药的整体毒性，成分之和简单相加缺乏依据等。而生物毒价可直接反映中药产品的毒性，与生物效价检测方法相似，是一种关联临床、客观准确、快速经济的评价方法，可用于中药的安全性评价。以毒价作为统一的毒性标示对药材生产、加工、炮制等环节质量进行序贯控制，可辅助医生在临床上根据标示毒价调整剂量，确保用药安全。例如中药附子具有回阳救逆、补火助阳的功效，而附子所含的多种强心成分具有较强的心脏毒性，可从生物活性层面对附子进行质量控制，利用生物活性限值技术，测定附子引起的大鼠室性期前收缩的最小中毒量（MTD），建立附子毒性成分指数，作为附子炮制品减毒程度和质量评价的重要参考指标，以此评价生附片、黑顺片、白附片、蒸附片、炮天雄、制附片的生物毒性，该方法具有快速、准确、经济易行的技术优势，还可用于不同商品等级的黑顺片、附子配方颗粒、含附子的注射剂及川乌、草乌等的质量评价，为毒性中药的质量评控与临床应用提供了新的思路与方法。

（二）效应成分指数评控技术

效应成分指数（ECI）是一种综合量化的评价指标，融合了化学评价的精准性与生物评价关联药效和安全性的优势，是一种关联中药临床功效与活性的评价方法，克服了目前中药质量评价指标片面、分散、脱离药效等弊端，适用于药效物质及活性成分相对明确的中药。有效性中效应成分指数越高，表明质量和疗效越好；安全性中毒性效应成分指数越高，表明安全性风险越高。基于效应当量（EE），还可以对不同质量的中药进行剂量调整，从而实现疗效稳定，解决质量差异对临床疗效稳定性的影响。

由于产地来源的差异，不同来源中药的化学组成也不尽相同，可能导致它们在质量和功效方面存在显著差异，而现有的质量评价方法不与功效相关，不能反映不同化学成分对整体药效的贡献度。效应成分指数评控方法可为临床中药实现辨质用药、优质优价和科学监管提供新的科学依据及技术支持。例如，通过构建一种基于生物效价权重系数加权的多组分化学定量分析的大黄质量评控模式——致泻效应成分指数，其利用ICR小鼠便秘模型测定12个化学成分的致泻生物效价，以番泻苷A的致泻生物效价为基准，得到各个化学成分的生物效价权重系数（ECE），进而计算大黄致泻效应成分指数。该指数有望指导临床中医师更合理地使用不同来源的大黄：当用于治疗便秘时，可选用效应成分指数数值较高（15~20）的大黄；当用于治疗其他疾病时，可选择效应成分指数数值较低（1~10）的大黄，从而避免效应成分指数数值较高的大黄带来的剧烈腹泻副作用[29]。因此，效应成分指数方法有望成为传统中药质量评控方法的有益补充。

（三）生物效应表达谱

生物效应表达谱（bio-response profile）是指在特定的实验条件下，供试药物作用于生物体系所表达出的一组特征生物学信息或图谱，通常具有时间-效应或剂量-效应依赖关系，包括生物热活性指纹图谱、基因表达谱、蛋白质表达谱、代谢物表达谱、细胞表型特征谱、生物自显影薄层色谱等。相对于经典生物效价检测，生物效应表达谱能反映药物作用于生物的更多指纹和（或）动态信息，具有指纹性或专属性，不仅可以鉴别中药的真伪优劣，还可用于中药质量波动监测。在中医药理论指导下，以中药的归经、功能主治为线索，通过高效液相色谱、液相色谱-质谱联用、气相色谱-质谱联用等现代分离分析手段和放射性配体、受体结合分析法研究中药活性成分对机体生物分子的作用，可以建立国际承认的中药质量评价、控制方法。中药的有效与否最终要根据其对生物体的作用来评价，利用生物效应评判中药质量优劣是一种新兴的中药鉴定方法，基于生物活性与效应基准的中药质量评价技术体系如图12.19所示。中药生物效应鉴定法的目的是通过受体与中药的作用，搞清中药的组成成分、结构性质、体内活性和药效，阐明有效中药的作用机制和药效物质基础，实现对中药质量和疗效的科学化、规范化评价。生物效应分析高度、灵敏、专一，同时又具备快速、微量、经济的特点，一天内可同时做数十种受体，测试几百个样品，所得亲和力数据对定量构效关系的计算很有价值。生物效应分析法能使中药鉴定直接服务于临床、服务于现代化的中药新药的研制开发。

中药注射剂成分复杂，包含多种化学部位如黄酮、皂苷和多糖等，由于化学分析方法所提供的信息与体内活性之间缺乏相关性，无法保证中药注射剂的临床安全性和有效性等产品质量问题，这也是中药注射剂不良反应的重要原因之一，因此对其进行质量控制与安全性评价至关重要。将生物效应表达谱引入中药注射剂的质量控制体系有助于提高其质量标准。此外，生物热活性图谱可以区别高温处理样品及污染变质样品，全面反映模型生物的热生物热活性信息，提供专属性较强的二维信息，因此可作为化学特征图谱的有益补充。从质量均一性出发，以中药注射剂的主要功效为着眼点，采用微量量热法，以生物热活性图谱及热动力学参数等定性定量地表征中药注射剂的功效差异，由此

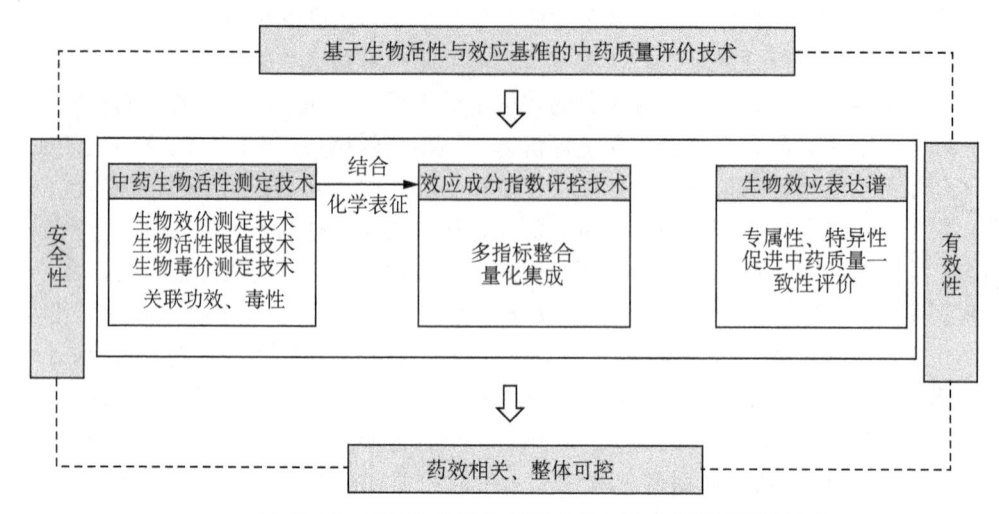

图 12.19　基于生物活性与效应基准的中药质量评价技术

建立了注射用双黄连冻干粉、注射用益气复脉冻干粉、清开灵注射液、茵栀黄注射液等的热活性指纹图谱[34]。该法可以灵敏准确地区分不同批次产品、不同处理样品及污染样品的生物活性差异,实时监测中药注射剂的质量信息,为其质量一致性和稳定性评价提供新方法。

（许风国　吕青林　王贝　张萌）

参考文献

[1] 娄千,辛天怡,宋经元.DNA 条形码技术在中药全产业链的应用进展[J].药学学报,2020,55(8)：96-103.

[2] 毛文山,吕兰勋.中药真伪鉴别[M].西安：陕西科学技术出版社,1986.

[3] WESOŁY M, CIOSEK S P. Comparison of various data analysis techniques applied for the classification of pharmaceutical samples by electronic tongue[J]. Sens Actuators B, 2018, 267：570-580.

[4] 李学林,康欢,田亮玉,等.不同类型掩味剂对龙胆、苦参、穿心莲、莲子心 4 种中药水煎液的抑苦效能及抑苦规律评价[J].中草药,2018,49(22)：5280-5291.

[5] 刘晓梅,张存艳,刘红梅,等.基于电子鼻和 HS-GC-MS 研究地龙腥味物质基础和炮制矫味原理[J].中国实验方剂学杂志,2020,26(12)：1154-1161.

[6] 魏晓嘉,万国慧,李佳园,等.中药制剂矫味技术及评价方法的研究进展[J].中国药房,2021,32(8)：1009-1013.

[7] 王珺,张南平.中药显微鉴别研究与应用进展[J].中国药事,2018,32(8)：1051-1057.

[8] 方强强,王燕,彭春,等.中药 DNA 条形码分子鉴定技术的应用与展望[J].中国实验方剂学杂志,2018,24(22)：197-205.

[9] 张国林,邢以文,薛满.DNA 条形码等分子鉴定技术与动植物类中药材的鉴定[J].中国现代中药,2021,23(2)：381-388.

[10] 荆礼,苏航,睢博文,等.DNA 条形码分子鉴定在动物药中的研究进展[J].中国中药杂志,2018,43(23)：4587-4591.

[11] 杨德平.浅谈上海市临床PCR实验室的建立和管理[J].国际检验医学杂志,2016,37(5):714-716.

[12] 胡孔兴,董菁,陈佳峰,等.PCR技术在食品药品检测中的应用[J].常州工学院学报,2018,31(4):52-57.

[13] 罗达龙,黄琳.PCR技术在中药鉴定中的应用[J].临床医药文献电子杂志,2017,4(24):4731.

[14] 时圣明,潘明佳,王洁,等.分子鉴定技术在中药中的应用[J].中草药,2016,47(17):3121-3126.

[15] 高琳惠,尹艳,李佳,等.基于ITS序列位点特异性PCR鉴别桃仁与苦杏仁[J].世界中医药,2017,12(9):2190-2194.

[16] 陈康,蒋超,袁媛,等.快速PCR方法在蛇类药材真伪鉴别中的应用[J].中国中药杂志,2014,39(19):3673-3677.

[17] 李振华,龙平,邹德志,等.基于ITS序列位点特异性PCR的肉苁蓉与其混伪品的鉴别研究[J].中国中药杂志,2014,39(19):3684-3688.

[18] 郑司浩,黄林芳,陈士林.鼓槌石斛特异性PCR分子鉴定[J].中草药,2013,44(6):744-748.

[19] 陈维明,马梅,龚玲,等.广地龙特异性PCR分子鉴定[J].广州中医药大学学报,2015,32(3):499-503,507.

[20] 崔园园,周永峰,马艳芹,等.基于UPLC-Q-TOF-MS法分析生、炙甘草中化学成分的差异性[J].中国药房,2020,31(9):30-34.

[21] 肖宏华,孙磊,金红宇,等.5种升麻中有机酸、色原酮和三萜皂苷的薄层色谱指纹图谱分析[J].药物分析杂志,2014,34(3):547-553.

[22] GUZELMERIC E, VOVK I, YESILADA E. Development and validation of an HPTLC method for apigenin 7-O-glucoside in chamomile flowers and its application for fingerprint discrimination of chamomile-like materials[J]. J Pharm Biomed Anal, 2015, 107: 108-118.

[23] 夏昀卿,朱毛毛,李如,等.牡丹皮道地性物质基础组分结构特征研究[J].中国中药杂志,2020,45(14):3351-3359.

[24] YANG Y, KONG W, FENG H, et al. Quantitative and fingerprinting analysis of pogostemon cablin based on GC-FID combined with chemometrics[J]. J Pharm Biomed Anal, 2016, 121: 84-90.

[25] 于游,马海英,牛思佳,等.华细辛气相色谱指纹图谱及药材含量测定研究[J].中南药学,2015,13(2):116-118.

[26] 胡玥珊,孙国祥,刘迎春.系统指纹定量法评价牛黄解毒片毛细管电泳指纹图谱[J].中南药学,2015,13(9):897-900.

[27] 李峰,张阳,张振秋,等.乌梢蛇药材的高效毛细管电泳指纹图谱研究[J].辽宁中医杂志,2015,42(10):1953-1954.

[28] 金鹏程,张霁,沈涛,等.传统中药灵芝及其伪品的紫外光谱特征分析[J].分析测试学报,2015,34(10):1113-1118.

[29] 钟贵,张霁,张金渝,等.紫外指纹图谱结合PLS-DA法鉴定不同产地珠子参[J].河南农业科学,2015,(9):91-94.

[30] 孙得森,王欣然,王京昆.中药材鉴定方法概述[J].中南药学,2017,15(4):487-491.

[31] 龚海燕,罗晓,雷敬卫,等.不同产地金银花中红外光谱分析[J].中医学报,2016,31(1):96-98.

[32] 高姗姗.中药饮片中红外光谱鉴定的方法研究[D].成都:成都中医药大学,2016.

[33] 孙扬波.矿物类中药炉甘石鉴定方法的系统研究[D].武汉:湖北中医药大学,2018.

[34] 肖小河,王伽伯,鄢丹.生物评价在中药质量标准化中的研究与应用[J].世界科学技术-中医药现代化,2014,16(3):514-518.

第十三章 中药产品生产全过程质量控制技术

第一节 概述

工业和信息化部"十三五"《医药工业发展规划指南》中明确指出制药企业要充分结合先进的质量管理方法和控制技术，建立贯穿产品生产整个生命周期的质量管理和全产业链质量追溯体系，以保证产品生产全过程质量控制。中药多组分、多靶点、多途径起效的特点决定了其在临床上的治疗优势。然而，药材品种误用、炮制不当、长期不合理服药、配伍不当与药证不符等问题导致了临床不良反应的发生。目前，中药质量控制方法也逐渐由"单一指标性成分的定性定量分析"向"活性成分、有效成分和多指标成分"转变。中药质量的评价方法不断改进，如色谱指纹图谱、多维指纹图谱和全息指纹图谱等技术逐渐成熟[1]；生物质量控制方法的研究也已获得初步的进展，如基于生物热力学的生物效价检测等。此外，制药装备的发展也大大提升了中药制造过程的质量控制水平。

中药产品生产全过程质量控制包括两个维度，即中药产品生命周期维度和中药产业链维度。中药产品生命周期维度涵盖一个产品从设计研发到生产销售、再到退市的全过程；中药产业链维度对应某批次产品从原料到终产品的全过程。中药生产过程涉及环节较多，每一个节点与产品的最终质量均有关联。中药产品生产全过程质量控制需要依赖生产工艺的精细化，构建一套自调整、自动化的中药质量控制体系，依据中药产品生产的特点选择合适的质量控制技术，保障中药产品在生产加工各个环节的稳定、可控。然而，由于中药成分、作用机制、制作工艺的复杂性及其研究思路和方法等多种因素的局限性，生产全过程的质量控制成为提升中药产品质量的技术瓶颈之一。

中药产品生产全过程质量控制技术是中药产业高质量发展的重要保障。本章节聚焦"组分结构理论指导下的多生产全过程质量控制体系"，重点介绍光谱和色谱技术在中药生产全过程质量控制中的应用，并展望中药产品生产全过程质量控制技术的发展趋势和方向。

第二节 基于组分结构理论的生产全过程质量控制

中药物质基础研究是阐述其药理作用机制和保障临床疗效的基础，也是进一步研发中药新药、完善工艺和剂型、制定质量标准、发挥和提高临床疗效的关键,更是中药现代化发展的重大科学问题。化学药物具有服用剂量小、靶点单一明确等特点,临床应用具有显著优势。中药药效是多种成分多靶点的相互协同作用,然而,中药研究受到化学药物技术发展的影响,注重单一药效成分而忽视了中药的整体性原则。中药化学物质成分复杂,活性成分和作用机制难以完整阐释,限制了中药质量控制水平的提升。因此,探索能够代表中药整体药效的物质基础是中药产品生产全过程质量控制的研究重点之一[2]。

中药单一成分不能解释其复杂的作用机制,发挥疗效也不是通过各种成分的简单堆积,而是成分间相互协同作用的结果。中药物质基础是拥有着等级的多层次系统,群体既是上一级(整体)中的局部,也是下一级(个体)的整体[3]。但在研究过程中,个体层面单体活性成分及群体层面有效组分与中药物质基础整体之间的关系仍是亟待解决的关键问题。中国药科大学组分结构创新中药课题组经过多年研究总结出组分中药的物质基础,提出"组分结构理论"[4],在中药系统性和整体性的基础上,认为中药发挥疗效的物质基础是一个具有科学规律的整体。

"组分"是由理化性质和药理活性相似的一类成分组成,不同的组分依照一定的比例形成多成分群体。这种构成中药整体的成分间、组分间的量比关系,称为"组分结构"。组分结构不同,生物效应也会有差异,合理的组分结构特征可以产生协同增效作用[5]。开展组分间/组分内量比关系与生物效应关系的研究,将单一成分的"量-效"关系研究提升至多组分的"组-效"关系研究层次,从而深化对有效成分的认识[6],有助于对中药多成分物质基础的理解,是中药制剂生产全过程质量控制的重点基础,也是中药国际化发展的重要突破口。

一、以组分结构理论指导的生产全过程质量控制

中药品质是保障临床疗效和安全性的重要基础。为了评定中药制剂的质量,国家药品标准一般采用一个或多个高含量的指标性成分进行质量控制。然而,"唯含量论"的质量控制模式严重背弃了中药整体性的观点,很难真实地精准评价出中药的质量优劣。此外,生产中药制剂关联到多个环节,影响每个环节的因素颇多,这些都会影响最终中药制剂产品的质量。中药物质成分相互协同共同发挥出临床药效,所以指标性成分控制质量难以充分反映中药产品的品质。

中药产品生产全过程质量控制不单是控制原药材质量,更要在生产中药的整个过程中(成品、中间体和炮制工艺等)实现控制。制备过程中物质传递波动性特点决定了产品的药效优劣,如中药制剂工艺过程中的溶媒和加热可影响成分的稳定性及有效性。将中药"组分结构"理论融入其质量控制中,建立一套具有多维结构的全过程动态质量控制技术模式,从组分到组分构成、从微观到宏观全面覆盖,在中药质量控制层面限定组分及组分中各有效成分含量的波动范围,从多维度动态把控中药质量,范围包括原药材、中间体、成品和炮制工艺过程,从而保障最终产品的质量[7]。

(一)多维结构过程动态质量控制技术体系

中药的研究及深入开发,归根到底是将其作为产品运用于临床实践。在严格践行GAP、GSP、GMP的基准上,中药产品的质量并不能仅用生产过程中的某一环节质量来

体现，其产品的质量涉及多个环节，需要体现中药制药或产品制造的全过程。基于此，从过程动态的角度对中药制造过程中有效成分传递规律进行跟踪检测，实现真正意义上的产品质量可控。多维结构过程动态质量控制技术体系从多维的角度实现符合中药整体性和系统性特点的质量控制，对中药质量从宏观到微观整体系统的控制，从"组分"层面到"组分结构"层面，实现组分及组分中各有效成分含量的合理配比控制。

多维结构过程动态质量控制体系核心技术：与临床防治疾病相关的物质基础组分结构的多维特性，其是一个有序的整体，具有"3个层次多维结构"：从单体成分、组分及复方整体物质基础3个层次阐述清楚与功效相关、与安全性相关、与剂型特征相关、与生产过程相关的物质基础。控制与有效性和安全性相关的物质基础是中药产品质量控制的重要组成部分；临床都以一定剂型形式用药，剂型是保证临床防治疾病功效和安全性的重要因素，因此针对剂型特征的质量控制具有重要意义；实现多层次动态过程质量控制，药品是生产出来而不是检验出来的，结合生产过程实现过程动态质量控制尤为关键。因此，从原药材到产品即药材、中间体、炮制工艺、成品等环节，实现多层次动态的过程质量控制，以获得质量稳定均一的终成品。

中药质量问题涉及药材基源、饮片炮制、处方组成、精制纯化、辅料、剂型、制备工艺、储运等多个方面[8]。中药临床不良反应主要源自其自身的毒性或潜在的毒性因素、药物相互作用、配伍禁忌及临床不合理用药等。中药质量控制技术均基于"安全性"和"有效性"两个原则来对药品与产品进行评估、筛选和试验，以此来评估中药是否有效，同时保证中药的安全性。多维结构过程动态质量控制重点关注以下4个方面的质量因素（图13.1）：①原药材本身；②辅料；③复方制剂中种种成分间的协同作用；④精制纯化工艺。多维结构过程动态质量控制技术符合中药自身特点，对保障中药产品的临床疗效具有重要意义，有利于中药迈进国际市场。

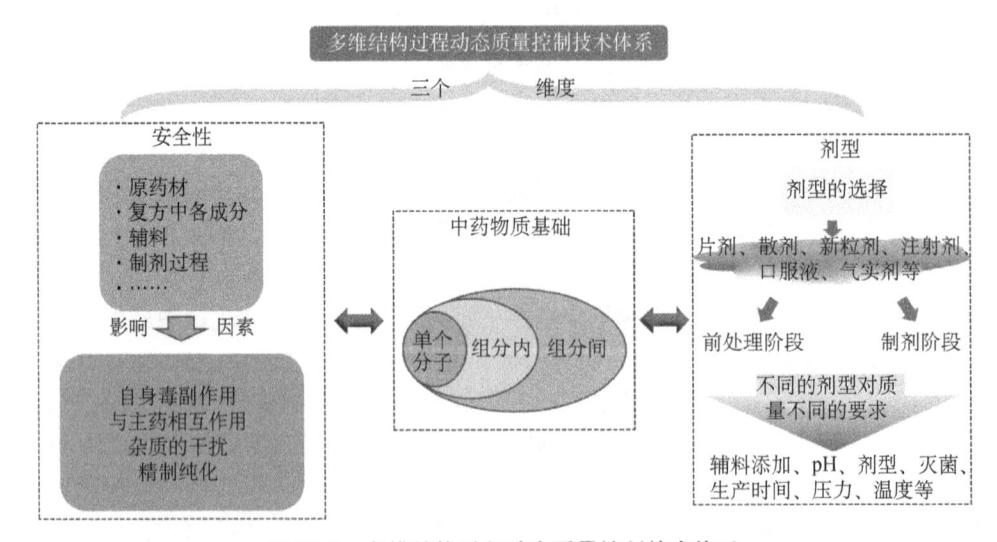

图 13.1　多维结构过程动态质量控制技术体系

（二）多维结构过程动态质量控制的优势

中药发挥防病治病的功效是多组分物质共同作用的结果。但是，中药物质基础研究进展缓慢，成为限制中药现代化发展、中药质量控制标准化的瓶颈问题。多维结构过程动态质量控制技术符合中药的系统性和整体性特点，推动了中药质量控制从"单一"向"多个"量化控制发展，即从单体成分研究转向组分内及多组分的整体组成结构特征的解析。基于中药物质基础的多维结构，中药质量标准需要体现中药整体性内涵，构建多层次综合评价体系，在多维结构水平上实现单体成分分析向多组分（成分）整体构成的跨越，以稳定结构比范围的"可控范围窗"作为中药质量控制的新标准。多维结构过程动态质量控制用这种微观的量比结构作为中药质量控制的方法是有效且可控的，能为中药质量控制提供坚实的基础。

中药的质量标准研究实践证明，仅以单一指标作为中药的质量评价及疗效特征与中药整体性特点相违背，也导致中药临床用药有效性难以重复和安全性无法保证。作为成分复杂的中药，忽视组分及成分之间的组成结构，无法科学地阐述中药物质基础整体性的特征。无论是从组分效应还是从组分结构特征来看，多维结构认识为中药的质量提供了具体的、科学的优化配比，从不同层次展示了中药物质的真实"多面化"构成，剖析了中药乃至其复方制剂安全、有效的物质基础特征。因此，基于中药物质基础多维结构的质量控制研究，是对中药质量的独特性认识，也是中药质量控制的创新。

二、中药大品种丹参滴注液物质基础组分结构特征与质量控制

（一）丹参滴注液的功效物质基础研究解析

丹参滴注液中主要成分为水溶性的酚酸类化合物和多糖，通过 HPLC 图谱可以得知酚酸类组分主要为邻苯二羟基类，包含丹参素，丹参酚酸 A、B、C、D、E、G，原儿茶醛，紫草酸，迷迭香酸，咖啡酸，异阿魏酸等。通过 NMR 鉴定出多糖组分包含棉子糖、蔗糖、α-葡萄糖、β-葡萄糖、α-阿拉伯糖、β-阿拉伯糖、α-半乳糖、β-半乳糖、α-甘露糖 9 种单糖[9]。酚酸类化合物和多糖是丹参滴注液临床疗效的重要物质基础，其组成结构见图 13.2，酚酸（65.1%）、多糖（25.9%）和其他（9.0%），酚酸类化合物和多糖占总固形物比重的 91%，酚酸类成分主要包括丹参素、原儿茶醛、去丹参素丹酚酸 E_2 和丹酚酸 B 等[10]（图 13.2）。

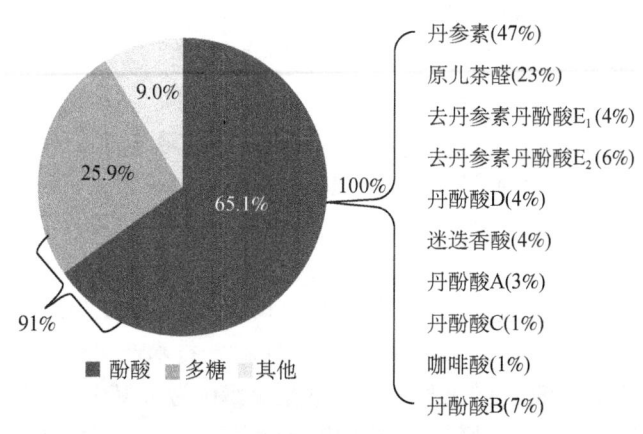

图 13.2 丹参滴注液物质基础组成结构特征

（二）丹参滴注液的多维结构过程动态质量控制

丹参滴注液发挥临床功效的物质基础是由酚酸类和多糖组分构成的，这些成分协同

发挥整体性防病治病作用。目前，对丹参滴注液的质量控制以丹参素和原儿茶醛作为控制指标，这难以充分体现丹参滴注液成分整体作用特点。丹参酚酸类组分因其结构特征，在生产制备过程中不稳定，容易分解，如丹酚酸 B 的结构由 3 分子丹参素和 1 分子咖啡酸缩合而成，对丹酚酸 B 的湿热降解进行动力学研究发现，较低温度（70~80 ℃）加热初始阶段（0~5 小时），丹参水提液中丹酚酸 B 含量逐渐增加，经过一定时间达到最高，然后开始减少。因此，需要对丹参滴注液进行多维结构过程动态质量控制。

丹参滴注液的多维结构过程动态质量控制主要包括以下 4 个方面：①与功效相关的成分（组分）多维结构的控制；②与安全性相关物质的多维结构控制；③滴注液剂型特征的质量控制；④制剂过程动态质量控制。通过以上 4 个方面的质量控制，实现丹参滴注液多层次、过程动态的质量控制，有效提高产品的质量和降低不良反应的发生率，从而增强产品的市场竞争力。

1. 与功效相关的成分（组分）多维结构的控制　中药制剂产品的功效物质基础是由多组分按照一定组成结构比构成的，是一个有序的整体，具有"3 个层次多维结构"。丹参滴注液的功效物质基础是由酚酸类和多糖组分构成的，前期物质基础解析显示酚酸、多糖组分间存在一定组成结构特征，组分内成分之间也存在一定的组成结构比。因此，在对丹参滴注液进行质量控制时，基于组分结构特征，以多个指标进行质量控制，采用 HPLC 图谱对丹参滴注液中酚酸类组分进行含量测定。除了上述的组成结构比外，还精确定量了丹参滴注液（250 mL/16 g 和 250 mL/12 g 规格）中丹参素、原儿茶醛、迷迭香酸、丹酚酸 B 和丹酚酸 A 5 种酚酸的含量，其加和平均值分别为 160.67 mg/16 g、129.39 mg/12 g；半定量了丹酚酸 D 的含量，平均值分别为 11.59 mg/16 g、9.66 mg/12 g。除此之外，还估算了其他酚酸类成分加和平均值分别为 44.90 mg/16 g、38.02 mg/12 g。对于多糖组分，质量分数应不小于 25.9%。

2. 与安全性相关的物质基础多维结构控制　中药（制剂）产品质量还与安全性密切相关，因此，控制与安全性相关的物质基础是中药（制剂）产品质量控制的重要组成部分。在临床使用中，原标准的丹参滴注液不良反应率较高，产品安全性亟待提高。丹参注射剂中不良反应主要为过敏性不良反应，出现皮疹、发热、恶心、呕吐、气喘等症状，发生比例占所有不良反应的 96.36%[11]。除此之外，还出现如语言障碍、呼吸道出血、静脉炎等不良反应。不良反应的发生与丹参滴注液中所含有的相关物质密切相关。一方面是含有的一些大分子物质的沉积，出现浑浊等现象；另一方面是药材或工艺过程中带来的细菌、重金属、鞣质、蛋白质、微粒、无机离子及热原等。这些都会导致不良反应的发生。针对含有的物质，运用膜分离和 pH 稳定技术，不仅可以保留有效成分，还可以滤掉丹参滴注液里的细菌、蛋白质、微粒、重金属及无机离子等，大大降低了不良反应率。2002~2010 年，选用膜分离和 pH 稳定技术产出的丹参滴注液经过国家食品药品监督管理局的检测，结果显示其不良反应率仅为 7/100 万，远低于同类药品。

3. 滴注液剂型特征的质量控制　临床用药都需要一定剂型形式，剂型是影响临床防治疾病功效和安全性的重要因素，因此针对剂型特征的质量控制具有重要意义。对于中药制剂产品，不同剂型都有其独特的质量控制特征，这与每种剂型的工艺密切相关。pH 要求、渗透压、剂型辅料本身及辅料引入的杂质等，这些都具有剂型特征，对产品的质量都有一定的影响。丹参滴注液是丹参制剂中应用较广的一种注射剂剂型。丹参滴注液中酚酸类组分多为邻苯二羟基类化合物，结构不稳定，容易受温度、压力等因素的影响，导致成分发生改变。滴注液是注射剂中一种较为常见的给药形式，工艺过程涉及灭菌和澄明度检查等。因此，需要对这些与剂型特征相关的因素进行质量控制。

溶液 pH 是影响丹酚酸 B 降解的最主要因素之一。研究表明，丹酚酸 B 的稳定状态仅基于弱酸的条件下，而在强酸、中性、碱性条件下均不能维持其稳定状态，尤其是在碱性条件下，会加速其分解[12]。此外，研究发现丹酚酸 B 的 pH-速率曲线是一条 S 形曲线，拟合该曲线发现 pH 为 2 时，丹酚酸 B 的状态最为稳定；pH 小于 2 时，它的降解速率随之减小而增大；pH 大于 2 时，降解速率又随之增加而增加[13]。缓冲盐体系对溶液中丹参酚酸成分的稳定性也有一定的影响，在丹参滴注液制备过程中需要加入亚硫酸氢钠。丹参酚酸成分的降解速率随缓冲盐浓度的增加而增大，随温度的升高而加快。因而，pH 因素在丹参滴注液质量控制中起着关键性的作用，能够提高其产品澄明度的合格率，确保其质量的均一性。采取 pH 稳定技术，有效降低了澄明度的不合格率，保证了产品质量的稳定性。

4. **制剂过程动态质量控制**　中药制剂产品与西药不同，涉及药材、炮制、提取、制剂工艺等多个环节，但目前都集中对终产品进行指标检测。药材本身质量的不一致及过程中影响因素控制不当等，均会导致每批产品的质量控制指标不一致，产品报废率高，生产成本提高。"药品是生产出来而不是检验出来的"，这就势必要进行生产过程动态质量控制。因此，从原药材到产品的多层次过程进行动态质量控制，即药材、制剂全部环节、工艺关键点、中间体（中药制剂原药材）、成品。

酚酸类组分多为缩合酚酸，该物质易分解，遇热不稳定，极易受到温度和 pH 的影响。同时，高压、缓冲液等因素也会导致提取物的含量与成分相差较大[14]，常常通过灭菌处理就会导致其含量改变，成品率降低。例如，在高温高压的处理下，丹酚酸 B 与紫草酸的主要产物为丹酚酸 A；紫草酸是丹酚酸 B 反应的中间产物，在同等条件下紫草酸比丹酚酸 B 更易转化为丹酚酸 A；在高温高压条件下，丹酚酸 A 的结构不稳定，易分解成其他小分子化合物[15]。含量总体趋势降低的成分有丹酚酸 B、丹酚酸 E、紫草酸及其异构体。含量总体趋势升高的成分有丹参素、咖啡酸和原儿茶醛。因此，在制备过程中需要对多个环节动态把控丹参滴注液的质量，以确保最终产品的质量。针对丹参药材、精制液、成品，分别以丹参素、原儿茶醛、迷迭香酸、丹酚酸 B、丹酚酸 A 和丹酚酸 D 等多个指标进行含量测定，跟踪检测主要指标性成分的含量变化，并采取工艺关键控制点，保证最终产品质量的一致性。在对丹参滴注液固体物含量测定中发现，固体物的含量绝大部分是生产过程中加入的葡萄糖的量，在进行多糖含量控制时，需要考虑此部分葡萄糖含量。基于以上的动态检测结果，滴注液中丹参药材带入的糖类成分应不小于 25.9%。这为最终的产品质量控制提供了科学依据。

第三节　基于光谱技术的生产全过程在线质量控制

传统的中药质量控制主要应用高效液相色谱法、紫外分光光度法、气相色谱法、薄层色谱法、毛细管电泳等来进行有效成分的检测。但是这些传统的质量控制方法都有预处理复杂、检测过程烦琐等特点，无法满足在线过程分析快速简便的条件。利用光谱技术就可以克服以上的弊端，通过利用特征成分在不同光谱区段的吸收，直接进行定性定量分析，从而较为客观地反映产品的质量。光谱技术有操作简单快捷，成本低廉，预处理简单甚至不需要进行样品预处理的优点，已经成为很多药品生产管理企业的首选方法。光谱技术主要是依据中药药效成分或其表征性成分在光谱中存在吸收差异，定性辨别和定量解析中药的内在质量。紫外、红外、近红外、荧光等技术都属于光谱技术，其中紫外、红外和近红外法应用最为普遍[16]。

一、中药生产过程分析技术

过程分析技术（PAT）是一种设计、分析和控制生产的系统，通过实时监测起始物料与过程物料，以及工艺的关键质量与特性，以确保最终产品质量[17]。PAT主要包括四部分，其操作流程如图13.3所示，目的是更加了解制备过程，保障药品质量。实际应用中，从实验室规模切换到最后制造规模，经常会出现各种各样的问题，此时需采用PAT来进行解决。应用PAT技术必须保证严格遵循以下流程：①评估安全风险；②制订高标准的生产流程；③明确每一环节的临界值；④建设监制体系；⑤实施应对方案；⑥执行验证程序；⑦管理文件。2004年FDA颁布了一项《PAT工业指南》，希望在制药生产过程及工艺上主动积极推进PAT技术的实施，来保障药品的质量[18]。

2007年科学技术部、卫生部、国家中医药管理局等印发的《中医药创新发展规划纲要（2006—2020年）》

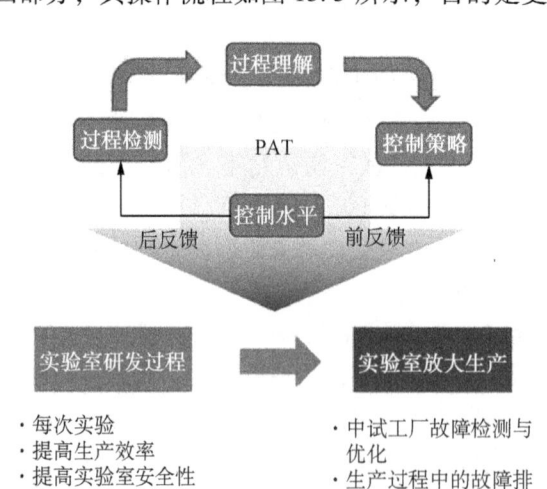

图13.3 PAT操作流程图

中提出需要重视加强中药生产关键技术的创新研究。2009年国家重点关注PAT技术在中药产业应用的发展和研究。现代分析仪器是PAT的重要组成部分，比如传感器、计算机、PLC控制器等均有广泛的应用，部分无法直接测量的工艺参数可采用软测量法[19]。质量参数的分析方法有近红外成像、质谱、核磁、紫外-可见光谱、高效液相色谱、红外、近红外和气相色谱等。过程分析技术在中药质量控制中的研究报道较多[20-22]，其中，近红外光谱分析技术的运用最为普遍，适用于液体、黏稠体和粉末等样品的测定[23-25]。

PAT在中药生产过程检测目标产品质量，同时控制中间体的品质，保障中药产品的一致性。将PAT运用于中药生产过程，能够全面监测整个生产过程的数据，提升质量稳定性。中药制剂制备全过程都有PAT技术应用的案例，其中大部分都是单一的在线分析技术，多个在线技术应用较少，在诸多单一在线分析技术中，近红外技术占据主导地位，还有部分紫外-可见光谱技术的应用，一些制剂过程如药材提取、醇沉、液液萃取等中试规模或生产规模也实现了在线分析[26-30]。

二、近红外光谱技术发展现状与优势

近红外光谱（NIRS）是介于可见光（VIS）和中红外光（MIR）之间的电磁辐射波。美国材料检测协会（ASTM）定义其波长范围为 780～2 500 nm（12 800～2 500 cm^{-1}），主要反映分子中 N—H、C—H、O—H、S—H、C≡O 和 C≡C 等化学键的伸缩和弯曲振动的组合频和倍频吸收。其中短波近红外（SW-NIR）波长范围为 800～1 100 nm（12 800～9 091 cm^{-1}），主要为分子二级倍频（second overtone）和三级倍频（third overtone）吸收，透射能力强，可透射固体样品深度达 0.6～3 cm，适合透射分析。长波近红外（LW-NIR）波长范围为 1 100～2 500 nm（9 091～4 000 cm^{-1}），主要为分子组合频（combinations）和一级倍频（first overtone）吸收，透射能力相对较弱，适合反射分析。同时，近红外光谱在普通的低羟基石英光纤中传输损耗很小，因此可以利用光纤探头实现复杂环境的在线分析，在石油化工和制药等领域应用广泛。

近红外光谱主要是由化合物分子的非谐振动使分子从基态向高能级跃迁时产生的。区别于中红外光谱单个能级跃迁的谐振动，非谐振动由多个能级跃迁产生且能级间能量间隔不完全等距，即倍频吸收的频率略小于基频吸收的整数倍。与中红外相比，近红外光谱吸收是重叠的宽谱带，同时倍频和组合频吸收易受温度和氢键的影响，因此只能对主要谱带进行归属而无法解析分子结构。近红外光谱吸收特征总结如下[31]：

（1）近红外光谱的吸光度系数比中红外光谱低 1～3 个数量级。

（2）近红外光谱的倍频和组合频吸收重叠，同时费米共振使许多谱带出现在近红外光谱区域，导致近红外谱带归属复杂。

（3）近红外光谱主要反映含氢基团（O—H、C—H、N—H 等）的振动信息，其原因在于 X—H 基团伸缩振动的非谐振常数大且基频频率较高。5 260～5 130 cm^{-1} 区域常出现 C≡O 基团伸缩振动的二级倍频吸收谱带[32]。C≡C 基团的振动吸收不会出现在近红外光谱区域，然而近红外光谱区域 C—H 基团的振动吸收会受与其相连的 C≡C 基团影响。

（4）近红外光谱易受氢键和分子间的相互作用影响。中红外光谱由于氢键和分子间的相互作用而引起特定谱带偏移和强度变化，近红外光谱对应倍频的偏移和强度变化远大于中红外光谱。

（5）近红外光谱比中红外光谱更容易分辨单体化合物和聚合物 X—H 基团（X≡O、N）伸缩振动的吸收谱带，甚至能够准确归属线性缔合物自由末端 X—H 基团的吸收谱带[33]。

（6）近红外光谱中单体化合物 X—H 基团（X≡O、N）伸缩振动一级倍频的吸收强度显著高于聚合物对应谱带，其原因在于单体化合物具有更大的非谐性。

近红外光谱仪主要由光源、分光系统、测样附件和检测器等部分构成。近红外光谱仪测试方法可分为透射式、透漫射式和漫反射式等（图 13.4）。对于均匀且流动性好的液体样品，如汽油、白酒和药品注射剂等，多采用透射测量池进行分析；对于颗粒、粉末和织物等固体样品，如谷物、饲料和药片等，多采用漫反射积分球进行分析；对于浆状、黏稠状和含有悬浮颗粒的液体，如牛奶、涂料和油漆等，多采用透漫射式测量池进行分析。随着检测器和分光技术的发展，装备阵列检测器的光栅扫描型便携式近红外光谱仪在制药、农业和食品等领域获得广泛关注。其采用后分光模式，光源所发出的光先经过样品，通过色散后聚焦在阵列检测器同时被检测。常用的阵列检测器有电荷耦合器件（CCD）和二极管阵列（PDA），其中电荷耦合器件多用于近红外短波区域的光谱仪，二极管阵列检测器则用于长波近红外区域。

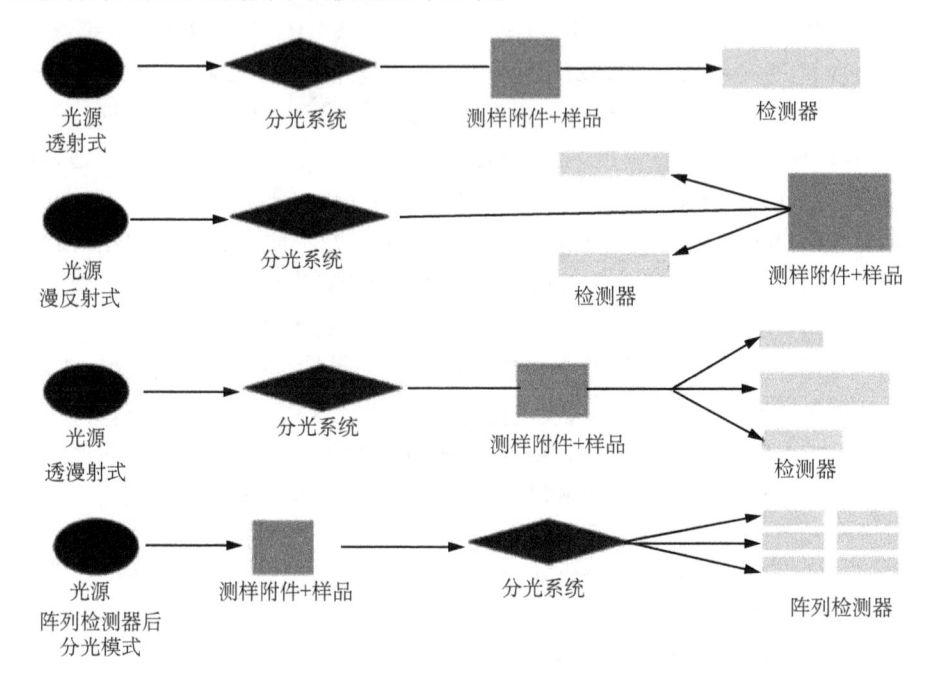

图 13.4　近红外光谱仪器测试方法

近红外光谱技术作为一种快速的分析方法，无须使用化学试剂进行样品的预处理，可以直接通过透射、漫反射、散射等光谱学的检测方法对样品进行光谱扫描，利用光导纤维技术和计算机技术相结合的方法来对光谱数据进行快速分析。因此，对比其他的化学分析方法，近红外光谱技术拥有突出的优势。利用近红外光谱技术只需根据扫描样品的近红外光谱图，通过事先建立的数学模型，就可以在短时间内得到样品的参数。它比常规的高效液相色谱分析方法及气相色谱法的工作效率提高了数十乃至上百倍。

近红外光谱技术优点：①分析速度快，可在 3 秒内完成光谱采集；②分析结果准确度高，受参考结果准确度影响；③分析过程无破坏性，不改变样品物理和化学属性；④分析操作安全性高，恶劣环境中可通过光导纤维传输信号；⑤分析成本低，无须使用化学试剂，且可同时预测多个指标；⑥分析范围广，可分析固态、液态和乳状体系样品。

近红外光谱技术缺点：①分析灵敏度较低，不适用于痕量分析；②分析依赖模型。

三、近红外光谱技术在过程质量控制中的应用

近红外光谱技术主要应用于中药原料、产品及其生产过程的定性分析和定量分析。目前，国内已有大量研究报道了近红外光谱技术在中药定性分析中的应用，例如，基于偏最小二乘回归的类模型方法用于中药牛黄的真伪鉴别[34]；通过近红外光谱仪采集白

及不同品种及混伪粉样品的近红外光谱图后，采用聚类分析方法，快速鉴别白及同属药材及其混伪粉样品[35]；应用 NIR 技术鉴别红参及其伪品，发现该方法快速、准确，可用于红参类药材的鉴别[36]；采用近红外光谱技术结合聚类分析和主成分分析的模式，可用于鉴别虎掌南星和天南星药材，该技术简单、快速，具有可操作性[37]；应用近红外光谱技术研究三个不同产区的淫羊藿，鉴别其产地，表明该技术结合化学计量学是一种快速可靠的方法，可用于淫羊藿产地的鉴别[38]。

此外，还有许多应用于定量分析领域的案例：采用近红外光谱技术测定芍药根中芍药苷和芍药内酯苷含量的方法，快速评价其质量[39]；采用近红外光谱技术快速测定不同厂家的银黄颗粒中黄芩苷含量，并得出该方法准确、快速、简便，可实现大批量样品的快速分析的结论[40]；采用近红外光谱技术在线监测复方丹参滴丸料液中有效成分含量，可快速准确测定滴丸料液中成分含量，适用于滴丸料液均一性的判断[41]；结合偏最小二乘法（PLS）建立近红外光谱与 HPLC 分析值之间的定量分析模型，快速测定盾叶薯蓣中伪原薯蓣皂苷的含量，发现该方法准确性高[42]。通过近红外光谱技术结合化学计量学模型，可以实现中药生产过程的快速定性和定量检测，为中药质量控制提供重要的技术支撑。

过程轨迹是指用来形容工艺运转过程中工艺参数或物料形态变化的迹线。过程轨迹通过多种过程分析仪收集生产时产生的信号，经过多变量分析法剖析这些所获取的信号，且选取出具有代表性的统计量，明确设定它的运行方向及正常波动界限，以此来控制新一批次的工艺过程。假设新一批次的工艺过程的轨迹波动符合正常范围，则为运转正常；否则视为运转异常。当过程出现异常时，结合之前工艺实践经验和分析数据，快速发现异常原因。该技术可完成保障药品质量稳定、减少终产品的离线检测、产品实时放行等目标。

过程轨迹结合近红外光谱技术是指重新整理已获得的近红外光谱，将原来的三维数据整合为二维，且多向主成分分析（MPCA）、多向偏最小二乘（MPLS）等多向方法将高维变量数据投影到低维特征空间上，创建多变量统计过程控制（MSPC）模型[43]。依据 MSPC 模型，获得过程轨迹的波动范围，以此明确控制的限度，将新一批次所获得的过程数据投影到已建的 MSPC 模型，相比正常的波动范围，辨别该批次产品的受控状态，实时监测产品的异常情况，并及时解决。

红外光谱技术结合 MSPC 方法应用于中药质量控制主要包括 4 个步骤：①采集生产过程的在线近红外光谱；②整合三维数据为二维；③明确主成分、HotellingT^2、DModX 等统计量的运行迹线和正常波动范围；④创建 MSPC 模型实时监测产品的状态。近红外光谱技术应用于中药产品生产全过程质量控制，有利于提高中药制造过程的质量控制水平，从而促进中药产品的高质量发展，推动中药产业的现代化和国际化发展。

第四节　基于色谱技术的生产全过程离线质量控制

色谱技术是 2020 年版《中国药典》收录最广的分析方法，包括气相色谱（GC）、液相色谱（LC）、毛细管电泳（CE）及薄层色谱（TLC）等，是一种分离复杂混合物中各个组分的有效方法，适用于中药复杂体系中化学成分的分离分析。色谱分析仪器对环境要求较高，需要进行样品前处理，一般采用离线分析。中药色谱指纹图谱方法能客观地反映中药物质基础的整体观，是更为科学、有效的质控方法，该技术不仅能够对比研究植物的标志化合物或活性化合物，而且能够采用整体性模式剖析可测量的化合物组进而控制其质量。系统性、特征性和稳定性是中药色谱指纹图谱的三大属性，其本质是中药（包含中药单味药与中药复方制剂）整体性的化学表征[44]（图 13.5）。

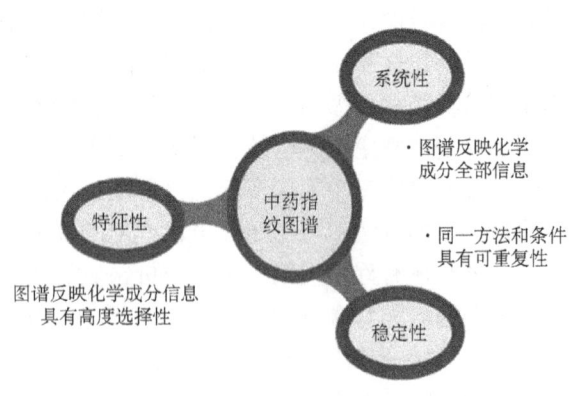

图 13.5　中药色谱指纹图谱三大属性

一、中药色谱指纹图谱技术

中药色谱指纹图谱技术能够呈现出中药的整体性特点，有利于严控药品的质量，而且信息全面的指纹图谱对研究中药的作用机制也有重要的参考意义。中药指纹图谱技术使我国目前的中药产品在一定意义上实现了分析技术从"单元"走向"集成"，过程控制从"点"走向"线、面"，质量控制从"单一"走向"整体"。近年来，FDA、英国草药典、德国药用植物学会等均采用色谱指纹图谱技术控制药品质量，国际认可度较高，这也间接说明了该技术的有效性。色谱指纹图谱分析是中药产品生产全过程质量控制的重要内容。中药色谱指纹图谱相似度评价适用性广，可应用于中药关键工艺的整体质量评价。中药色谱指纹图谱的相似度评价方法见表 13.1。

表 13.1　中药色谱指纹图谱的相似度评价方法

评价方法	定义	应用
相关系数	以两组向量的相关系数来反映样品间相似性	同属不同种，鉴别真伪优劣
夹角余弦	以两组向量的夹角余弦大小来反映样品间相似性	较好评价指纹图谱间相似性
Nei 系数	以两图谱峰重叠比率来反映两者相关性	只作为现有评价方法考虑的因素之一
改进 Nei 系数	同 Nei 系数法	判断真假优劣
模糊欧氏距离	以几何中两点间距离大小来反映样品间相似性	与总量有关的中药与中药材的质量分析

色谱指纹图谱技术已被应用于热毒宁注射液生产全过程的质量控制。在生产阶段，将指纹图谱技术应用于工艺验证、风险评估、逆流萃取、膜分离等环节中，来确保产品质量的一致性。热毒宁注射液生产工艺通过设置指纹图谱的控制点来保证产品质量的安全性和有效性，针对整个制备过程的每个环节形成的原药材、中间体、成品等，建立 6 个气相色谱和 8 个液相色谱指纹图谱控制点[45]。此外，热毒宁注射液产品的质量标准也有较大改进：①测定成分量占总固体量的比例不小于 80%；②有着明确结构的物质成分含量占比需大于 60%；③在已经明确结构的物质成分中 90%需在指纹图谱中有所呈现并能够识别出来。全过程动态指纹图谱控制不仅确保了原药材的质量，而且保证了中间体、半成品、成品等的质量安全性。

二、色谱技术在中药量效关系研究中的应用

中药药效一般是通过其中所含的多种成分整体的协同作用发挥疗效的。在研究中药药效物质基础时，传统方法多采用化学物质分离，结合生物活性，进一步确定有效成分。然而，传统方法仍存在许多限制，包括系统分离用时长、效率低下、成本高，研究其中的化学成分时易疏忽中药物质基础的整体性。

主流观点认为中药的成分要发挥功效，需要入血才能到达靶器官和靶细胞。血清药物化学正是基于这种特性，采用先进的技术，提取、分离、鉴定口服中药后血清中的移行成分，且探索该成分与疗效的关联度，阐释体内药效物质。因此，研究人员也从整体角度结合体内成分分析研究中药药效，如血清药物化学、谱效关系研究和药动学-药效学等研究思路和策略[46]。例如，刘菊燕[47]等借助超高效液相色谱串联四极杆飞行时间二级质谱（UHPLC-Q-TOF/MS）检测方法，对茅苍术提取物的含药血清进行检测，发现其发挥药效的主要成分有15个原型成分和4个代谢产物，并且表明其参与的代谢途径为葡萄糖苷酸化。

中药指纹图谱技术既可以标记中药中复杂的化学成分，还能全局控制中药质量，然而，对标记出的中药复杂化学成分是否有效，该成分与中药的治疗效果的相关性都没有明确的根据。所以，中药谱效学研究将指纹图谱技术和药效指标进行关联，便于最终潜在药效物质基础的确定。刘旭[48]等将三七提取物药效数据与指纹图谱共有峰的相对峰面积相关联，研究药物治疗心肌缺血作用的物质基础及谱效关系，结果证实人参皂苷Rg_1、人参皂苷Rb_1、三七皂苷R_1均是中药三七治疗心肌缺血的主要有效成分。

第五节　中药产品全过程质量控制技术展望

原药材不稳定、重要环节要素不明确、工艺质量关联度不清晰、质量控制技术水平低、质量标准不完善是目前中药质量得不到保障的五大原因。其中，中药制剂生产工艺较为烦琐，环节众多，有提取、分离、纯化、干燥等，只要任一关键环节出现异常情况，均会使药品质量不均一。中药制剂生产工艺中所存在的问题见图13.6。中药产品

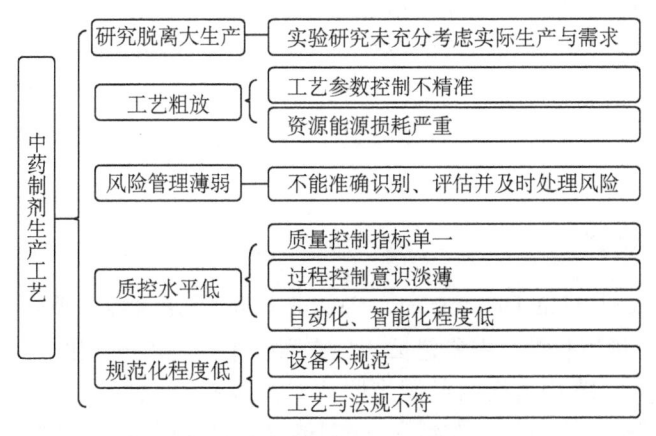

中药制剂生产工艺：
- 研究脱离大生产 —— 实验研究未充分考虑实际生产与需求
- 工艺粗放 —— 工艺参数控制不精准；资源能源损耗严重
- 风险管理薄弱 —— 不能准确识别、评估并及时处理风险
- 质控水平低 —— 质量控制指标单一；过程控制意识淡薄；自动化、智能化程度低
- 规范化程度低 —— 设备不规范；工艺与法规不符

图13.6　中药制剂生产工艺存在的问题

的生产全过程质量控制，不仅需要依靠各种新技术、新方法，还需要中药生产过程质量控制理念和规章制度层面的转变创新。本节简要介绍一些全过程质量控制的新技术。

一、中药质量源于设计

2002年FDA首次提出"21世纪制药cGMP"，倡导将现代制造、检测和控制方法应用在中药生产工艺中，用来提高工艺的可预测性和效率。2004年FDA提出"PAT"应用于中药制药生产过程中[49]。2005年人用药品注册技术要求国际协调会议（ICH）出台ICHQ8/Q8R2（药物研发方面）、Q9（质量风险管理方面）和Q10（药品质量体系方面）[50]，尤其是ICHQ8中提出的质量源于设计（QbD）的质量管理理念：在设计方面就使药品质量得到保证，前移了药品质量控制模式。2007年国际制药工程协会开展研究药品的质量生命周期，以为实施QbD理念提供较多的建议。从QbT理念到QbD理念的转变见图13.7。

QbD理念是一种具有体系的且基于科学的、合理的中药质量风险评估，而事先设定好目标，着重于了解与把控药材与工艺的研发模式。它从根本上提高了药品质量，将药品质量监管体系贯穿于药物的研发、生产和行政监管等各个阶段的全过程，无须检验，实时放行。

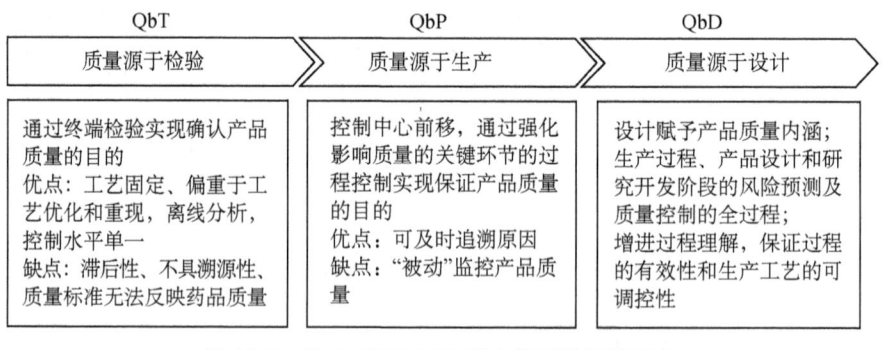

QbT	QbP	QbD
质量源于检验	质量源于生产	质量源于设计
通过终端检验实现确认产品质量的目的 优点：工艺固定、偏重于工艺优化和重现，离线分析，控制水平单一 缺点：滞后性、不具溯源性、质量标准无法反映药品质量	控制中心前移，通过强化影响质量的关键环节的过程控制实现保证产品质量的目的 优点：可及时追溯原因 缺点："被动"监控产品质量	设计赋予产品质量内涵；生产过程、产品设计和研究开发阶段的风险预测及质量控制的全过程；增进过程理解，保证过程的有效性和生产工艺的可调控性

图13.7 从QbT到QbD的中药质量控制理念

2010年《工业和信息化部、卫生部、国家食品药品监督管理局关于加快医药行业结构调整的指导意见》中指出迅速将先进的技术融合进中药制备过程中，并推动提取、分离、纯化等质量控制手段。此外，2010年我国新版"GMP"中也加入了部分QbD理念。中药生产过程质量控制在保持自身特色的同时，正逐步与国际上现代化的制药质量控制理念接轨。因此，为了保证中药质量的一致性和可控性，需要现代化的PAT或QbD理念融合进药品制备过程中，且需要工艺技术、装备技术、管控技术和信息技术等各环节密切配合构成系统的整体。

二、中药CMC研究

CMC（Chemistry，Manufacturing and Controls）的研究内容主要包括药品的化学成分、制造方式和质量控制等，主要包括3个方面：①"C"——化学实体，通过探索中药治疗效果的物质基础及其作用机制来明确其中发挥疗效的"C"，一般来说中药的"C"是混合物，鲜有单体；②"M"——制造方式，通过探究药物制备工艺、设备和工程化来明确中药产品的"M",一般来说,不同环节的中药产品开发制备出不同批次的样品,用途不同,分别为 clinical batches(临床)、pilot batches(中试)、engineering batches(工程)、process validation batches(过程验证)和 commercial batches(商业);③"C"——质量控制,依据中药质量探究 CQA,建立质量控制指标模式,实施质量控制方法,尤其是中药制备过程中质量控制的方法。

中药 CMC 申报是新药申报材料的重要组成部分,是保障新药质量的核心。中药 CMC 申报的 5 个步骤为:①依据丰富的用药经验及一些药效的研究结果,分析其中的化学成分,确定所含的中药化学实体或药效成分(一般为混合物);②开展动物实验探究发挥疗效的物质基础和作用机制,进而评估中药化学成分的有效性并精确地表征其特征;③通过开展人体临床试验来确认中药质量的可控性和安全性;④将制药工艺进行中试放大,找出合适的制造方式;⑤设置控制生产过程质量模式,建立质量标准,使药品生产规模化。

中药 CMC 研究的核心目标:①客观地表征出中药产品中的化学成分及其质量,明确中药产品的目标产物和关键质量属性;②规划中药制备流程,配备先进技术设备,进行工程化方式验证,明确中药产品的制造方式;③将中药产品的制造过程融合进中药产品的质量设计,优选出合适的全程中药产品生产的质量控制模式。另外,中药 CMC 研究的主要特征如下:

(1) 中成药化学实体,中药产品的原药材(饮片)主要源于天然产物,因此中成药所含的化学成分难以辨别确认其组成,且一致性低,复杂多样,此外其中能起到治疗效果的化学成分含量却不一定高,且难以辨识出来。

(2) 中成药质量概貌,想要客观地了解中成药的质量概貌较为棘手,根本无法控制其中发挥疗效物质成分含量的限度。临床用药时定位模糊的现象层出不穷,想要探索出中成药的药效物质基础及其作用机制也同样困难重重。

(3) 中成药制造方式,如果基于投料和组方相同,依照事先设定好的工艺模式进行生产,则不能确保生产的中药产品中的化学成分一致性。因此,必须设立一个科学的质量一致性评价模式,构筑出一种具有精细化、定量化的质量制造方式,这样才能实现生产出高标准的中药产品。

(4) 中成药制造过程控制,想要在中药产品生产过程中确保起治疗效果的化学成分足量,同时去除有害物质成分、控制保持中药产品质量的高一致性,难度较大[51]。如果设立中药 CQA 与制备工艺状态参数间的关系模型,研究出关键过程的确定性参数,进而基于风险性分析建设全过程的质量控制模型,就可以精准地控制整个中药制药工艺的流程及中药物料、生产设备等。

(5) 中成药制造过程管理,中药产品的原药材主要源于天然产物,但中成药制造过程管理体系反而更加严格,才能确保质量的高一致性。可以看出中药 CMC 的研究与化学、生物药品相比更加不易,要求不仅多且更加严格。因此,需要将中药产品的质量控制和中药制药工艺、生产设备及物料的检测等同步进行设计规划,融合进制药方式,来确保中成药制药过程管理的科学性、合理性、真实性与中药产品的安全性、有效性及高一致性。探索中药 CMC 就需将工程化理论融合进工业制造实际,设立一种具有高效的、能发挥药效的中成药质量控制方式,来完成质量控制的任务。

综上所述，中药制剂质量控制所需解决的难题，主要包括以下几个方面：①各操作单元分段化、单一化，这会导致整个过程缺失完整性，环节之间不连接，信息之间不流通，"虎头蛇尾"致使中药产品质量有着较弱的稳定性；②工艺参数与质量关联度小，指忽略阶段之间的参数与质量的相关性导致目前生产环节孤立化；③评价体系不健全，主要表现为单一化学成分不能实现对中药产品质量的控制，欠缺一种全局动态的质量控制体系，亟待建立中药产品生产的全过程质量控制技术体系。

（吴志生　封亮　曾敬其　姜梦华）

参考文献

[1] 徐冰.中药制剂生产过程全程优化方法学研究[D].北京:北京中医药大学,2013.

[2] 杨蕾.抗肺癌红参稀有皂苷组分的结构优化及肿瘤靶向二元混合胶束的制备[D].镇江:江苏大学,2018.

[3] 贾晓斌.基于整体观中药物质基础认识与创新中药研发[J].世界科学技术-中医药现代化,2017,19(9):1430-1434.

[4] 贾晓斌,杨冰,封亮,等.中药药剂学研究前沿:组分制剂技术基础与关键科学问题[J].药学学报,2018,53(12):1943-1953.

[5] FENG L, ZHANG M, GU J, et al. Innovation and practice of component structure theory on material basis of traditional Chinese medicine prescriptions[J]. China J Chin Mater Med, 2013, 38(21): 3603-3607.

[6] 秦昆明,曹岗,杨冰,等.基于组分结构理论的中药炮制现代研究进展[J].中国科学(生命科学),2019,49(2):129-139.

[7] 姜梦华,孙娥,封亮,等.中药产品生产全过程动态质量控制技术与发展[J].世界中医药,2020,15(15):2210-2215.

[8] 顾俊菲,封亮,张明华,等.中药产品"多维结构过程动态质量控制技术体系"构建与应用(Ⅰ)[J].中国中药杂志,2013,38(21):3613-3617.

[9] 封亮,张明华,顾俊菲,等.基于组分结构理论的丹参滴注液的多维结构过程动态质量控制研究[J].中国中药杂志,2013,38(21):3622-3626.

[10] 戈升荣,俞一心,谢更新.丹酚酸的药理作用研究进展[J].中药材,2002,25(9):683-686.

[11] 王之羽,王友群,李明.302例丹参注射液临床不良反应分析[J].中国药房,2010,21(32):3035-3037.

[12] 潘坚扬.丹酚酸类物质降解规律研究[D].杭州:浙江大学,2019.

[13] 郭永学,张华,董悦生,等.丹酚酸B的水解动力学及降解机理[C].中国药学会、河北省人民政府.2008年中国药学会学术年会暨第八届中国药师周论文集.中国药学会、河北省人民政府:中国药学会学术会务部,2008:2617-2630.

[14] ZHOU L N, ZHANG X, XU W Z, et al. Studies on the stability of salvianolic acid B as potential drug material[J]. Phytochem Anal, 2011, 22(4): 378-384.

[15] 王颖,朱靖博,付绍平,等.高温高压下丹酚酸B、紫草酸水溶液化学变化的研究[J].中国中药杂志,2011,36(4):434-438.

[16] 戚毅.近红外光谱分析技术在葛根提取物生产过程中的应用研究[D].杭州:浙江大学,2007.

[17] 王智民,张启伟.美国FDA产业指南:创新的药物开发、生产和质量保障框架体系-PAT[J].中国中

药杂志,2009,34(24):162-167.

[18] 徐冰,史新元,乔延江,等.中药制剂生产工艺设计空间的建立[J].中国中药杂志,2013,38(6):151-156.

[19] 程跃,程文明,郑严.支持向量机在中药浓缩浓度软测量中的应用[[J].计算机工程与应用,2010,46(5):240-242.

[20] ZENG J, ZHOU Z, LIAO Y, et al. System optimisation quantitative model of on-line NIR: a case of glycyrrhiza uralensis fisch extraction process[J]. Phytochem Anal, 2021, 32(2): 165-171.

[21] KARANDE A D, HENG P W, Liew CV. In-line quantification of micronized drug and excipients in tablets by near infrared (NIR) spectroscopy: Real time monitoring of tabletting process[J]. Int J Pharm, 2010, 396(1-2): 63-74.

[22] DE BEER T, BURGGRAEVE A, FONTEYNE M, et al. Near infrared and Raman spectroscopy for the in-process monitoring of pharmaceutical production processes[J]. Int J Pharm, 2011, 417(1-2): 32-47.

[23] SAERENS L, DIERICKX L, QUINTEN T, et al. In-line NIR spectroscopy for the understanding of polymer-drug interaction during pharmaceutical hot-melt extrusion[J]. Eur J Pharm Biopharm, 2012, 81(1): 230-237.

[24] ROSAS J G, BLANCO M, GONZÁLEZ J M, et al. Quality by design approach of a pharmaceutical gel manufacturing process, Part 2: Near infrared monitoring of composition and physical parameters[J]. J Pharm Sci, 2011, 100(10): 4442-4451.

[25] VANARASE A U, JARVINEN M, Paaso J, et al. Development of a methodology to estimate error in the on-line measurements of blend uniformity in a continuous powder mixing process[J]. Powder Technol, 2013, 241: 263-271.

[26] 朱向荣,李娜,史新元,等.支持向量机与紫外光谱法用于鉴别清开灵注射液六混中间体[J].光谱学与光谱分析,2008,28(7):1626-1629.

[27] XIONG H, GONG X, Qu H. Monitoring batch-to-batch reproducibility of liquid-liquid extraction process using in-line near-infrared spectroscopy combined with multivariate analysis[J]. J Pharm Biomed Anal, 2012, 70: 178-187.

[28] WU Z, SUI C, XU B, et al. Multivariate detection limits of on-line NIR model for extraction process of chlorogenic acid from Lonicera japonica[J]. J Pharm Biomed Anal, 2013, 77: 16-20.

[29] HUANG H, QU H. In-line monitoring of alcohol precipitation by near-infrared spectroscopy in conjunction with multivariate batch modeling[J]. Anal Chim Acta, 2011, 707(1-2): 47-56.

[30] WU Y, JIN Y, LI Y, et al. NIR spectroscopy as a process analytical technology (PAT) tool for on-line and real-time monitoring of an extraction process[J]. Vib Spectrosc, 2012, 58: 109-118.

[31] CZARNECKI M A, MORISAWA Y, FUTAMI Y, et al. Advances in molecular structure and interaction studies using near-infrared spectroscopy[J]. Chem Rev, 2015, 115(18): 9707-9744.

[32] CHEN Y, MORISAWA Y, FUTAMI Y, et al. Combined ir/nir and density functional theory calculations analysis of the solvent effects on frequencies and intensities of the fundamental and overtones of the C-O stretching vibrations of acetone and 2-hexanone[J]. J Phys Chem A, 2014, 118(14): 2576-2583.

[33] CZARNECKI M A. Two-dimensional correlation analysis of hydrogen-bonded systems: basic molecules[J]. Appl Spectrosc Rev, 2011, 46(1): 67-103.

[34] 徐路,付海燕,姜宁,等.基于偏最小二乘回归的类模型方法用于中药牛黄的真伪鉴别[J].分析化学,2010,38(2):36-41.

[35] 鄢玉芬,李峰庆,刘珈羽,等.近红外光谱技术鉴别白及粉及其混伪品[J].天然产物研究与开发,2018,30(7):1219-1225.

[36] 王钢力,聂黎行,张继,等.应用近红外光谱技术鉴别红参药材[J].中草药,2008,39(3):438-440.

[37] 陆丹,邓海山,池玉梅,等.近红外光谱技术鉴别虎掌南星与天南星[J].中成药,2011,33(5):118-121.

[38] 吴永军,陈勇,杨越,等.近红外光谱技术快速鉴别淫羊藿药材产地[J].时珍国医国药,2017,28(8):1902-1905.

[39] 马越,刘永强,门宇凤,等.近红外光谱法快速测定芍药根中芍药苷和芍药内酯苷[J].中草药,2018,49(3):700-707.

[40] 白雁,张威,王星.近红外光谱法测定不同厂家银黄颗粒中黄芩苷含量[J].中国中药杂志,2010,35(2):40-42.

[41] 章顺楠,杨海雷,刘占强,等.近红外光谱法在线监测复方丹参滴丸料液中有效成分含量[J].药物分析杂志,2009,29(2):192-196.

[42] 谢彩侠,左春芳,白雁,等.近红外光谱技术快速测定盾叶薯蓣中伪原薯蓣皂苷的含量[J].中国药房,2013,24(15):1396-1399.

[43] 李文龙,瞿海斌.基于近红外光谱技术的"过程轨迹"用于中药制药过程监控的研究进展[J].中国中药杂志,2016,41(19):3506-3510.

[44] 谢贵香.当归的分离纯化及鱼腥草注射液的定性定量分析[D].长沙:中南大学,2011.

[45] 杨娟.热毒宁注射液质量分析报告[J].中草药,2013,44(24):3493-3495.

[46] 汪小莉,刘晓,韩燕全,等.中药药效物质基础主要研究方法概述[J].中草药,2018,49(4):941-947.

[47] 刘菊燕.茅苍术的血清药物化学和血清药理学研究[D].南京:南京中医药大学,2015.

[48] 刘旭,李晓,崔晓博,等.基于谱效关系表达的中药三七药效物质筛选研究[J].中国药师,2016,19(2):205-209.

[49] 周璐薇,吴志生,史新元,等.中药关键质量属性快速评价:近红外化学成像可视化技术[J].世界科学技术中医药现代化,2014,16(12):2568-2574.

[50] 陈华丽.三七醇提与水沉工艺研究[D].杭州:浙江大学,2015.

[51] 李振皓,钱忠直,程翼宇.基于大数据科技的中药质量控制技术创新战略[J].中国中药杂志,2015,40(17):70-74.

第十四章 中医药现代服务技术

第一节 概 述

随着社会经济的日益发展和医疗模式向"生物-心理-社会医学模式"转变，21世纪的医学将从"疾病医学"向"健康医学"发展，从"重治疗"向"重预防"发展。随着生活方式的改变，人们对自身健康更为重视，也对医疗服务提出了更高的要求。中医药具有"辨证施治""因人因时制宜"等原则，成为人们治疗疾病、预防保健、个体化调养的重要选择。传统的中医药服务方式存在着自身特点，如中药配药采用人工秤称的方式，不仅效率较低，而且容易出错；患者取药后，需自行煎煮，煎煮麻烦，口感差且服用量大等，适应不了患者的新需求。《中华人民共和国中医药法》《中共中央 国务院关于促进中医药传承创新发展的意见》《关于加快中医药特色发展的若干政策措施》相继规定需要以中医优质服务、特色服务为重点，强化中医药服务内涵和能力，提升居民健康水平的最佳服务模式，将更多资源投入到服务当中去。

为了更好地服务患者，方便患者用药，很多医院对中药服务进行了改进和提升，实现中医药服务的智能化、信息化和便捷化。其一，为方便患者煎煮用药，也为了保证中药的质量和疗效，开展中药代煎服务，其监管程序可以对医院或企业的代煎过程进行监控。科学的管理体系可以严格把关膏方的质量，促进膏方的研制和生产。另外，改良的包装也有助于提升膏方的质量，可以防止膏方在储藏期间发生变质。其二，为了减少患者的取药时间，医院对传统药房进行了改革，或企业联合医院，充分利用现代化通信技术，将处方系统与药房调剂系统进行对接，采用智能化煎药、发药设备，并提供中药配送服务，能最大限度地减少患者等候时间，如智慧药房平台、中药颗粒调剂设备、免煎中药处方调配系统等。其三，在不影响临床效用和保证安全性的前提下，患者可根据需要选择中药的使用方式，如中药汤剂、个性化膏方、中药配方颗粒，甚至可以定制剂型，免去了患者煎药的麻烦，极大程度地方便了患者用药。最后，患者与医院的沟通也是中药服务的一个重要环节，多个线上平台可以实现患者与医院的即时交流，让医院充分了解患者的需求，让患者掌握药品动态，及时解决服药过程中产生的问题。

医院根据服务的类型，采用不同的服务平台和技术体系。本章对代表性的中药服务技术进行介绍。

第二节　中药汤剂煎煮服务技术

汤剂是中医临床应用最为广泛的剂型形式，符合中医辨证施治的原则，满足随证加减用药的要求，具有制备简便、吸收和起效迅速等优点。传统汤剂是由药房按照处方为患者调剂后患者自行煎煮。现代社会人们生活节奏越来越快，传统汤剂不便煎煮等弊端显得尤为突出。如何使传统中药汤剂与时俱进地适应现代生活的节奏，既保证药效和安全性，又能实现携带、保存和服用更加方便的目的，是临床应用中经常面对和需要解决的重要问题之一。

近年来，很多医院为了方便患者用药，为患者提供了中药代煎服务。与患者自行煎煮相比，中药代煎具有更多优势：①中药代煎由专业的药师负责，煎煮过程更加科学，可以保证药效；②医院的煎煮设备更加先进，能够增加有效成分的煎出，煎煮完成后可以对药液实行真空包装，不易发霉或变质；③中药代煎可实现全过程自动化，投料准确，可一次将多剂中药煎煮完成，具有稳定、均一的质量；④中药代煎后的汤液可分剂量包装，方便患者携带，服药时不受地点限制。

为了提高中药代煎服务水平，减少患者等候时间，方便患者取药，提高代煎中药的质量，多家医院对中药代煎的模式进行了深入探究，融合先进的网络信息技术，开发出多种服务平台，为患者提供药事服务。

一、智慧药房平台服务技术

目前，国内多家医院启动了"智慧药房"[1]项目，拓宽了中医药服务的人群和领域，成为中药药房信息化和智能化发展的重要方向。智慧药房又称中央药房、在线药房、共享中药房，是在统筹物联网、大数据技术和互联网的基础上，联合自动控制技术，将线上与线下的资源进行整合，对传统取药模式进行变革，实现融合预约挂号、付费、药事咨询、中药代煎、药品配送全过程的在线信息化管理的综合药事服务平台。

（一）智慧药房系统组成

智慧药房服务平台的组成包括电子处方传递系统、处方条形码识别管理系统、处方审核与调剂系统、智能化煎药管理系统和药品配送管理系统（图14.1）。

电子处方传递系统能够实现医院信息系统与智慧药房之间信息的精准传递，保证医生开具的处方与智慧药房收到的处方一致。同时还加入了服务与管理方面的信息，如患者是否要代煎、送货时间等。

处方条形码识别管理系统通过为每一张处方生成专属的条形码，保证医院的处方号、订单号、配送号相一致，追踪处方的流程信息，包括参与审核、调剂、煎煮等过程的人员与煎药过程中的各种参数，方便药师调剂、煎煮、配送，同时患者可通过扫描处方号实时查询进度，方便患者与医院之间的沟通。

处方审核与调剂系统通过建立中药处方审核数据库，帮助药师对处方进行审核，并制订统一的调剂给付标准，防止在调配药品时发生错配。中药处方审核数据库包含了处方中的配伍禁忌、有毒药物、中药用量等数据，能自动分析处方中可能存在的问题，及时提示审核人员，防止不合理用药事件的发生。

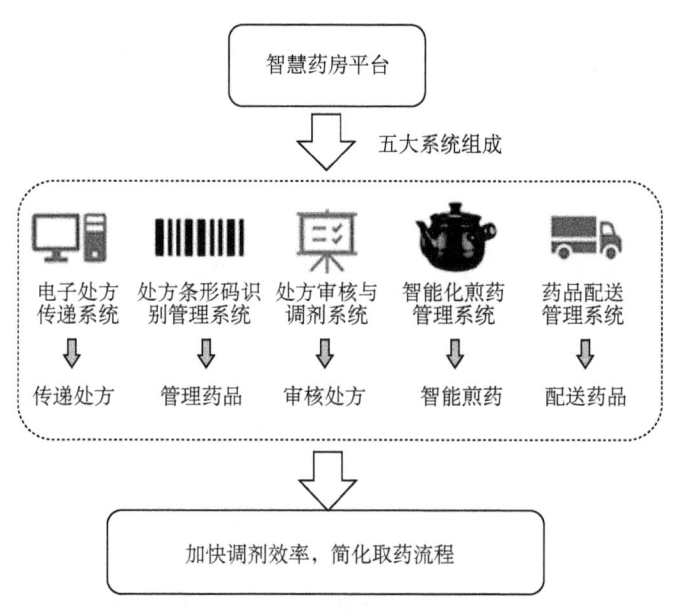

图 14.1　智慧药房平台系统组成

智能化煎药管理系统采用了智能煎药质量控制技术，依据每味中药独特的性味归经，设定最适合的加水量、浸泡时间、火候、煎煮时间与次数、特殊的煎煮方式等，智能选择浸泡和煎煮模式，对煎药过程实行智能化控制。

药品配送管理系统配备了专业的药品物流配送团队，将配送区域分为若干小区域，设置最佳位置的物流配送点，快速确定每张处方的最佳配送路线，保证药品及时、精准地送到患者手中。

（二）智慧药房工作流程

智慧药房的内部机构主要包括处方审核中心、调剂中心、煎煮中心、物流中心和客服中心等（图 14.2）。处方审核中心由专业的药师负责，处方审核系统找出有疑问的处方后，审核中心的药师能够及时与医疗机构药师沟通，确保患者的用药安全。调剂中心负责调剂工作和复核工作，由专业的调剂人员和执业药师来完成。根据不同医疗机构的情况，煎煮服务中心可采用现代化的煎药机或传统瓦锅对中药进行煎煮，由经过专业培训的专业人员负责。物流中心由打包、分拣和配送人员组成，同时设置一定的储存区域。客服中心是负责药房与患者沟通的部门，沟通的内容包括患者的地址、联系方式、配送时间等，若药品有质量问题，或患者需要咨询药物用法用量、服用时间等，也由客服中心负责。

图 14.2　智慧药房工作流程

医生开具处方后，传递到处方审核中心进行审核，通过审核的处方传递到调剂中心进行调剂，调剂好的药品根据患者的不同需求传递到煎煮服务中心、个体化制剂加工中心进行加工，加工完成后送到物流中心，或直接将调配好的饮片送到物流中心，由物流中心将药品配送到患者手中。

国药集团同济堂（贵州）制药有限公司在2018年建设了"共享中药智能煎药配送中心"，为患者提供药品调剂、饮片煎煮、送药上门、用药咨询等一站式可追溯的综合药事服务。"共享中药智能煎药配送中心"在互联网和物联网等技术的支持下，与医院信息系统对接，获取电子处方，按照中医药理论进行严格审方，对中药进行精准调配，采用先进煎药遵循传统煎煮工艺对中药进行煎煮，符合制剂生产要求。处理过程中利用PDA扫码确保物料精准传递，并采用全程视频监控智能系统确保每张处方处理过程可追溯。医生只要将处方信息、患者电话、家庭住址等信息录入电脑，通过互联网上传到中药共享平台智能煎药配送中心，煎好的中药就能在5个小时内送到患者家中。体验过共享平台智能煎药配送中心的患者表示，去医院看完病后在家等几个小时就能收到煎好的中药，省心又省时。

智慧药房平台的使用，是对传统就医取药模式服务的优化升级，使得患者除了问诊，其他环节均可以在线上完成，能够享受便捷化、智能化的服务。智慧药房平台的使用，还是加强药品质量监控的有效途径，通过处方条形码识别管理系统，可以实现对药品配伍、加工、配送整个供应过程的溯源化。同时，在传统的取药模式中，患者只能在取药窗口等待自己的药品，无法掌握药品的调剂与加工状态，而智慧药房平台的使用，使药房的服务过程更加透明。患者可通过处方的识别码，查询药品的状态，掌握药品的调剂信息、煎煮过程及配送进度。共享中药房操作流程图见图14.3。

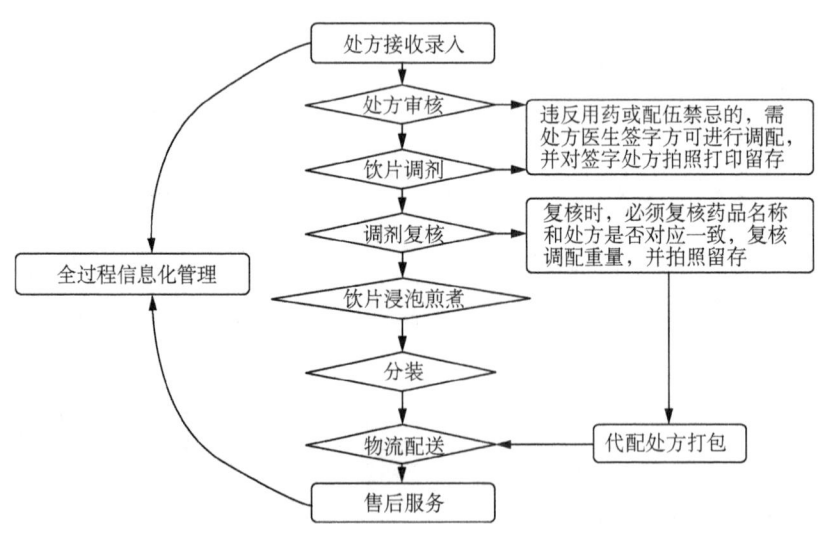

图14.3 共享中药房操作流程图

（1）处方接收录入：医院通过计算机系统上传处方，共享中药房接收后，自动转换为作业处方单，并生成唯一处方单号和条形码。后面工序通过扫描条形码进行处方状态的确认。

(2) 处方审核：根据处方审核要求，对处方进行四查十对，如有特殊用药的或配伍禁忌的，需处方医生重新开具处方或签字确认，并对签字处方拍照打印留存。处方审核完成后签字确认，并在处方性质一栏如清热芳香类、一般类、滋补类这三类后勾选（也可进一步细分类型），确认处方性质，指导后续工序作业。

(3) 饮片调剂：拿到处方后，根据处方业务类型选取相应的袋子，根据处方调配要求逐味足量称取，每味药取少量饮片进行留样便于复核。完成后签字确认。

(4) 调剂复核：对调配完成的处方进行复核，根据处方，逐一核对留样盒中的样品，必须同处方一致，不得出现多配或漏配的情况，并对处方单和留样样品进行拍照留存，代煎药对调配总量进行复核，代配药对每剂总量进行复核，总量偏差在±5%以内。

(5) 饮片浸泡煎煮：中药饮片加水浸泡 30 分钟后加入煎药机中进行煎煮。根据处方要求选择模式。"先煎"将先煎药物煮沸 15 分钟后再将其他药物一起同煎，有特殊要求的根据处方要求设置煎煮时间。"后下"将后下药物加入后再煮沸 7~10 分钟即可。"另煎"处方中有贵重饮片的，且根据处方要求和饮片药性的特点确定煎煮时间，用水适量，压榨取汁过滤后兑入已煎好的药汁。"烊化"将煎好的药汁注入包装机后，将要溶化的胶类或粉状类药物置于药汁中再加热，同时不断搅拌，使之溶化或溶解即可。

(6) 分装：根据调剂包装数量和包装袋数即可进行分装。

(7) 物流配送：根据处方配送要求，选择自行配送或第三方物流配送的不同进行打包，自行配送者，核对数量后用塑料薄膜袋装好即可；第三方物流配送者，核对数量后用塑料薄膜袋装好后应进一步用纸箱装好，防止碰撞或挤压导致破损。

二、中药代煎监管模式服务技术

医院传统的代煎服务[2]存在着很多的不足之处，患者无法了解代煎的过程，药房需要配备足够的工作人员整理代煎过程中的各种数据。为了能够更好地监管代煎中药的质量，实现中药饮片代煎质控信息化，有学者分析设计了能够对代煎过程进行监管的线上标准 SOP，将整个代配代煎的流程和医院信息系统与患者的微信相关联，使患者可以随时跟踪医院服务。

该系统首先分流从医院信息系统中获取的电子处方，将其自动转入相应的处理系统，只有标记为代煎的处方转入代煎质量控制系统。系统为每位患者提供专属电子凭证，包含了患者信息和处方信息。在每个处方的药品包装袋上都粘贴了纸质版的条形码，通过扫描条形码可完成添加处方调剂、加工与配送全过程中的关键信息，添加的信息包括中药名称、数量与供应商，浸泡时间，煎煮时间，煎煮温度，煎煮锅炉编码，包装时间，配送员与配送时间等。

该系统的工作主要包括：

1. 处方警示　通过 PDA 扫码可获得患者与处方信息，再通过扫描中药饮片识别码自动识别中药名称、数量、供应商等基本信息，并加入电子凭证中。之后系统会对配方进行审核。如果配方中的数据与患者的处方不一致，系统会发出警示，为调剂人员提供有问题的中药信息，方便调剂人员审核。

2. 浸泡警示　工作人员在系统中添加了适合于不同中药饮片的浸泡时间。在开始浸泡时通过扫描电子凭证将开始浸泡时间传递到系统中，并开启系统对中药浸泡的监管程序。如果浸泡时间过长或没有达到规定的浸泡时间便开始煎煮，系统则会发出浸泡异常警告，提醒工作人员及时操作。

3. 煎煮警示　工作人员根据不同中药的性质设置最佳煎煮时间与温度，如滋补类中药需要的煎煮时间较长，解表类中药需要的煎煮时间较短等，依据系统对中药煎煮的监管程序。如果煎煮时间过长或没有达到规定的煎煮时间便结束，或者温度异常，系统会发出异常警告，提醒工作人员及时处理。

此外，该系统还能实现患者和医生的沟通及交流，患者在手机上就可以查询处方信息和配送信息，在服药过程中遇到的问题可以随时与医生沟通解决。执业药师和医生根据患者反馈为患者增减服药量，提供个性化服务。

线上标准 SOP 的使用，将煎煮过程的各项参数传递到系统中，由系统自动进行监管，节省了大量劳动力，对煎药过程的控制更加精准，能够提高医院煎药的质量，保证患者用药的药效。在以后的发展中，系统还需解决需要特殊煎法中药的煎煮问题。一个处方中包含了多味中药，对于先煎、后下、包煎等特殊煎法的中药，不能与其他中药共同煎煮，系统需要设定相应的程序进行监管。

医院提供中药代煎服务方便了患者用药，智慧药房和中药代煎监管模式是医院与患者在线沟通的尝试，这都与通信技术的发展息息相关。同时，医院在减少患者等待时间，方便患者与医院沟通的同时，也要注意代煎中药品质的提升，服务技术离不开高质量产品的支撑，只有患者能够享受到良好的疗效，才能实现医院为患者提供的真正高质量的服务。

第三节　膏方服务技术

膏方，又名"膏滋"，一般系指中药饮片加水煎煮，去渣浓缩后，加炼蜜或糖制成的稠厚半流体制剂，是传统中药方剂剂型之一。因具有补虚扶弱、抗衰延年、纠正亚健康状态、防病治病等功效，尤其适用于阴阳、气血、津液失衡的人群（体质虚弱者、老年人、亚健康人群及慢性病患者等），同时又具有浓度高、体积小、效果显著、剂型稳定、服用方便、口感良好等诸多特点，备受广大群众青睐，成为重要的保健养生手段之一，有着"宁得一料膏方，不用金玉满车"的说法。

根据处方中饮片、细料、胶类、糖类、辅料等用料的不同，膏方可以划分为荤膏、清膏、素膏、蜜膏等。传统膏方的制作工序较为繁杂，需经过选、制、洗、泡、煎、秘、滤、收 8 道工序；制作经过要求较为严苛，比如需要浸渍 12 小时，3 道提取，4 次浓缩，48 小时化胶，武火煮 3 次，文火收成膏，大约 7 天时间才能熬成。另外，辨证精确、配伍严谨的膏方，其质量很大程度取决于医生的中医理论功底和临床经验，因此，对医生有着较高的要求，中医界素有"宁看十人病，不开一膏方"之说。现代膏方制作是在传承传统膏方制作工艺精髓的基础上，结合现代技术发展膏方工艺，改进升级膏方制造和包装设备，不断提高膏方质量和制作水平。医药企业不断提升膏方的服务能力和制作水平，比如苏州某国药连锁总店有限公司，秉承传统工艺精髓，结合现代技术设备，其膏方制作技艺被列入苏州市非遗目录中传统中医膏方制作技艺。

根据膏方处方的特点，可以分为成方膏方和个体化膏方两种，成方膏方的处方为经典方或传统方，疗效确切，处方固定，个体化膏方为客户量身定制，一人一方，处方不定，适用人群广泛。个体化膏方的应用具有以下特点[3]：①口感良好，体积小，便于服用，克服了中药汤剂口感差、服用量大的缺点，显著提高了患者应用中药治疗的依从性；②膏方药味甘缓，药力缓和而持久，适宜长期服用，可用于慢性疾病和急性病恢复期患者的长期调治；③膏方制作完成后可使用几个月，在患者服用的过程中无法更改处方，为确保膏方的疗效，更加需要"一人一方"和"一方一法"；④中药膏方大多能够攻补兼施，具有滋补强身、扶正祛邪、治病纠偏、调达气血、调整体质等多重作用，适用于亚健康人群身体状态的调节。

在膏方的使用过程中，也存在着很多问题，例如，有些基层医疗单位缺少专门从事膏方工作的人员，开具处方和制作膏方的人员没有足够的资质；应用不规范，存在着乱开现象；膏方的制作过程没有统一的标准，影响膏方质量；缺乏对膏方疗效的评价系统，对患者服用膏方后产生的不良反应没有即时监测。需要建立完善的膏方管理模式，为患者提供更优质的服务。此外，膏方的保存也会对患者的使用过程产生影响。

一、科学的膏方管理体系与服务技术

为保证膏方工作的有序进行，医院建立了膏方管理体系，包括宣传部门、处方部门、制作部门和客服部门4个团队，管理模式具有规范化、具体化、专业化和系统化的特点。在管理的过程中通过规范化的流程与科学的标准对膏方工作进行约束，力保到达患者手中的每个膏方都具有高品质质量，确保患者在整个就诊取方的过程中都能享有良好的服务。膏方管理体系[4]的工作主要包括以下几点。

(1) 好的膏方首先需要优质的处方，医院对开具处方的医生资质有严格要求，具备足够工作经验的医生才可从事开具膏方工作；为患者开路方，调节患者的脾胃功能，以利于膏方吸收，同时便于医生熟悉患者体质；规范处方结构、组成和用量，使处方足够严谨和规范；严格控制膏方的使用范围，只对适宜服用膏方的人群开具膏方。

(2) 精良的膏方离不开优质的饮片和先进的制备工艺，医院对药材的质量严格控制，以质量上乘的饮片作为制备膏方的原料，根据传统的制备经验制订膏方的制作工艺，采用现代化的制作设备，提高膏方制备效率，成立膏方质控体系和质控中心对膏方质量实时监测，由制膏经验丰富的人员组成制膏团队，完成膏方的制作和质量监管，保证膏方的品质。

(3) 定期为处方人员和膏方制备人员提供培训，设立考核制度，保证膏方制备人员具备专业素质和技能。对处方人员的培训包括膏方文化，膏方的使用方法，中药的性味归经、功能主治，膏方制作技术，相关政策法规等专业知识，在为患者开具处方时更加注重"一人一方"，以及膏方的合理性与规范性，提高处方的质量；对制备人员的培训主要包括膏方制备的理论学习与强化操作技能，提供膏方制备的操作手册，使膏方制作过程更加规范。

(4) 开设膏方门诊作为医院为患者提供膏方服务的专业部门，为患者提供良好的就医环境，配备具有相应资质的医生开具高质量的膏方处方，通过专业的服务平台为不同需要的消费者服务，保证膏方开方与普通的诊疗活动互不干扰，增强对患者的疗效。若在膏方门诊就诊的患者人数过多,可以采取限号、预约等措施,使医生对每位患者都具有足够的问诊时间,充分了解患者的需求。同时,客服团队负责登记患者信息,为患者提供预约、导医、咨询、投诉等服务,解答患者的疑难问题,将膏方邮寄至患者手中,患者使用膏方后要跟踪回访,观察临床疗效,指导患者服用膏方,监测不良反应。采用信息系统,为每位患者的膏方设定一个专属识别码,保证患者能够实时查看膏方的制作状态。此外,对每个使用膏方的患者都要回访,调查服务满意度并征询患者的意见,建立患者档案和膏方数据库,方便医院提高膏方服务的质量。

(5)成立专业的宣传团队,加大力度对膏方进行宣传推广,提高膏方的知名度,通过电视、网络等媒体让更多的人了解膏方,通过"膏方节"等活动为消费者提供义诊、体验、科普等,培育独特的膏方文化,使更多的消费者加入到服用膏方养生、改善自身健康状况的队伍中来,提高膏方的使用量。

二、膏方包装改良技术

传统的膏方包装多为罐装,大多采用陶(搪)瓷罐、砂锅、玻璃瓶为容器,罐装的膏方在成膏后,要及时放入凉膏间冷却,待冷却至室温后再加盖,防止水蒸气冷凝后聚集成滴,滴至膏体表面易造成膏方发霉变质。开启膏方后,对膏方的保存需要更加注意。应配备一个专门用于舀取膏方的药匙,将药匙洗净并干燥之后才能使用,避免带入水分,以防对膏方造成二次污染。膏方开封之后会逐渐变硬,虽然不影响膏方的功效,但会使膏方不易取出,且会对膏方的口感造成影响。膏方在存放时间过长或没有得到妥善保存时,表面容易产生小霉点,这就需要刮除带有霉点的表层,将剩下的部分重新放入锅中熬煮,熬煮彻底后重新装入干燥容器,或者将剩下的部分隔水高温蒸透,待冷至室温后,再加盖密闭保存,放入冰箱中冷藏[5]。

近年来,部分医院推出了分袋式定量小包装的膏方(图14.4),定量小包装通过使用专业的包装设备,将膏方按照一次服用的剂量用药用包装材料密封好,制作时只需将成膏趁热包装,无须放入凉膏间凉膏,具有剂量准确,便于服用和保存,不易发霉,质量稳定,可避免二次污染等特点,患者只要每次取膏滋一包加少量温开水冲服即可,解决了传统罐装膏方在保存方面的问题,受到了越来越多消费者的青睐[6]。

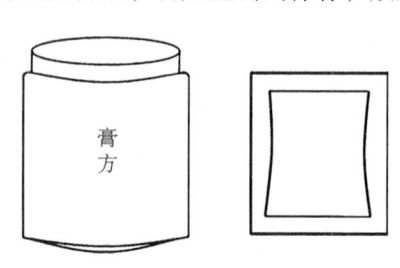

图14.4 传统罐装膏方与小包装膏方

膏方的定量小包装可以通过膏方包装机来实现,现有的膏方包装机有多种型号,大多具有以下优势:设有打印接口,可联网打印患者信息;采用的灌装设计可包装高黏度厚膏,可满足传统膏方的包装要求;具有调节包装容量的功能,可根据需要选择不同规格的包装容量;具有自动计数装置,可自动按照要求计算包装数目;实现灌装、封口、切断成包过程自动化;具有良好的灌注系统,重复性强,填料精确,可避免浪费膏体;设备拆装简单,便于清洗。

膏方包装机(图14.5)的使用也存在一些问题,基于中医"药食同源"的理论,膏方中会加入黑芝麻、核桃仁等材料,具有疗效优良、味道可口和营养丰富的特点。但这些材料多以粉末的形式加入到膏方中，在使用膏方包装机时容易造成卡顿，对设备造成损害。因此，在使用膏方包装机时需要避免出现不溶性粉末。

上海某医院开设的膏方门诊已有40多年的历史，为了推广膏方，每年都会举办"膏方节"，举办义诊活动，受到了广大市民的欢迎。在膏方的制作过程中，采用优质中药，由经验丰富的专业药师按照传统工艺加工，坚持一人一方，定制完成，严格遵守相关管理制度和标准操作规程，对膏方质量严格把关。为了优化患者的就诊流程，提高患者就诊体验，该医院推出了网上预约功能，患者就诊后，医院可将膏方配送给患者。岳阳膏方除传统陶罐装外，还推出了真空小包装剂型，受到了广大年轻人的欢迎。很多亚健康的消费者表示对医院推出的膏方服务较为满意，经过膏方的调理，自己健康状况得到了较大改善。

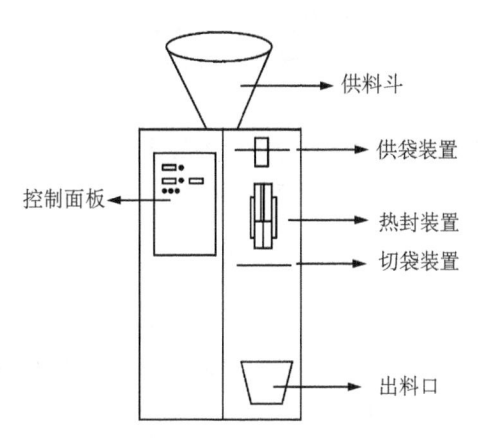

图 14.5　自动膏方包装机示意图

第四节　中药配方颗粒服务技术

随着中药制药技术的不断发展，中药配方颗粒逐渐成为现代中药发展的重要趋势，其不仅可保留原中药饮片的独有特征，医师可辨证论治，随证加减，而且免除了煎药等冗长的制备方法，患者直接冲服，起效快，疗效准确，以上这些独特优势决定了其良好的发展前景。中药配方颗粒以传统中药饮片为原材料，经提取、浓缩、干燥等处理后，制成规格统一、剂量统一、质量标准统一的新型配方用药。中药配方颗粒在一定程度上替代了中药饮片的使用，在调剂时具有以下优势[7]。

（1）剂量更加准确：传统中药饮片由调剂人员人工称量，再将其分到每一剂中，容易造成同一处方的不同剂之间饮片数量差异较大。而中药配方颗粒每袋具有固定的规格，调剂时只需按照处方取出相应的袋数，减少了调剂过程产生的误差。

（2）方便复核，减少错配：中药饮片调剂后只能复核饮片的种类，无法复核饮片的数量，容易发生错漏，而中药配方颗粒的包装袋上打印了药品名称、规格及用法用量等信息，便于复核。

（3）耗时较短，效率较高：中药饮片需要调剂人员逐一称取再分配到每一剂中，耗时长，效率低，而中药配方颗粒免去了称量的麻烦，节省了配药时间。

（4）占地小，便于保存：中药饮片的体积较大，在保存时对存储条件的要求较高，以防发生发霉、虫蛀等情况。中药配方颗粒由中药饮片提取浓缩而来，体积小，占用的存储空间小，而且密封包装将其与外界隔离，便于保存。

自中药配方颗粒出现以来，越来越多的企业得到了生产许可，在全国范围内的医院推广使用。目前，很多医院还采取传统的人工调剂方法，即企业将单位药的配方颗粒预先包装于小袋中，药师根据医生开具的处方取出相应数量的配方颗粒，而后装包，发药。但随着配方颗粒处方量的上升，在不增加调剂人员的情况下，手工调剂的弊端日益显现，如调配时间长，小包装袋在撕断过程易撕裂，造成颗粒浪费。因此，中药配方颗粒现代智能化中药房服务技术与智能化调剂服务技术应运而生，其可更安全、更便捷地保障中药配方颗粒在市场推广和在临床应用。

一、散装配方颗粒调剂技术

近年来，中药配方颗粒调剂技术[8]得到了快速发展，主要用于散装配方颗粒的调剂。目前，国内很多医院采用了这种调剂模式，即将一个处方中包含的所有中药配方颗粒按比例混合后封装在一个小袋或小盒中，与小袋装配方颗粒相比，患者每次服药前只用打开一包或一盒即可，不用拆除每味药的小包装。

中药配方颗粒调剂技术相关的设备主要包括显示器、药品柜及调剂主机三个部分。显示器主要用于显示处方信息和药品调剂状态，并提示调剂过程中出现的错误。药品柜与调剂设备相连，其中放置的药瓶具有发药装置，粘贴了独特的识别码，用于存放不同种类的中药配方颗粒。药品柜中每个存放位置都安装了提示灯，用于提示药师药品的存放位置。调剂主机是配方颗粒调剂设备的核心部分，能够根据医生处方或患者所需的用药剂量、剂数等要求，自动完成药品识别、计量、称重、分装、封口及喷码等操作。中药配方颗粒调剂技术服务系统如图14.6所示。

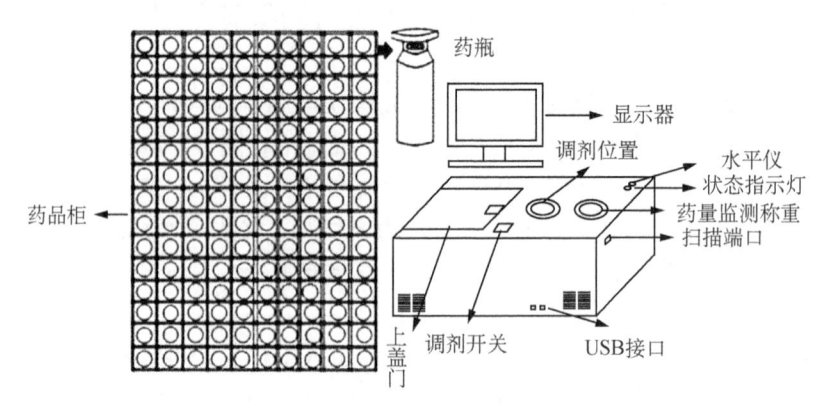

图14.6 中药配方颗粒调剂系统

中药配方颗粒调剂设备与医院的信息管理系统（HIS）相连，可以获取处方信息。调剂系统获取处方后，对处方进行复核，检查处方中的药量是否超过安全范围，是否有配伍禁忌。确认处方后，点亮药柜中相应配方颗粒存放位置的指示灯，由药师按照提示取出药瓶，经调剂系统扫码识别后插入称重位，确认药瓶正确并检查剩余药量，之后将药瓶移至调剂位中，按下调剂开关开始调剂，发药机开始自动称重、计量、分装、封袋、喷码等操作。当药师拿错药品时，设备会进行提示，避免错拿药品（图14.7）。

某药业有限公司于2014年采用了MD6110型中药配方颗粒调剂设备，其与两个药品柜相连，可存放416种中药配方颗粒，单次最高调配处方可达14副，可同时调配两个处方，调剂更快。可依据不同中药配方颗粒的性质调整称量体积，称量更精准，保证了用药安全，提升了中药房管理水平，减少了患者等候时间。中药配方颗粒调剂服务系

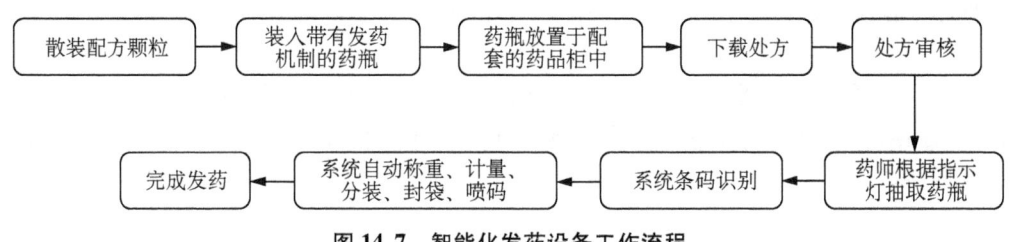

散装配方颗粒 → 装入带有发药机制的药瓶 → 药瓶放置于配套的药品柜中 → 下载处方 → 处方审核

完成发药 ← 系统自动称重、计量、分装、封袋、喷码 ← 系统条码识别 ← 药师根据指示灯抽取药瓶

图 14.7　智能化发药设备工作流程

统的出现给医院、患者都带来了很大的福音，对中药配方颗粒产业化起着积极的推动作用。

二、袋装配方颗粒调剂技术

目前，除散装配方颗粒外，生产企业还为很多医院、患者提供小包装的配方颗粒，即将配方颗粒按照品种及固定常用剂量预先单包装成条带小袋装。小袋上印有配方颗粒的识别码，药房工作人员将条带式小袋装的配方颗粒扫码识别后存放于药品柜的药盒中。调剂设备获得处方后，自动发药机从相应的药盒单元中出药，发药机中具有剪切装置，根据剂量将相应数量的小袋切断，落到传送带上，传送到尾端后按照处方自动包装，并在包装袋上喷印出患者的基本信息，传递到发药窗口完成发药过程[9]。与散装配方颗粒相比，小袋装配方颗粒便于运输和储存，但在调配时，只能调配固定剂量的配方颗粒，无法随证加减；发药机的剪切装置需要精确操作，当配方颗粒的条带位置出现偏差时，会致切割无法正常进行。

目前，出现一种新型的袋装配方颗粒调剂技术模式[10]。在处方量较大时，可以将小袋装配方颗粒按照常用剂量包装成盒，使其可以用槽式自动发药机完成调配。如有医院门诊处方剂量大多为 7 袋和 14 袋，便把 7 袋配方颗粒包装为一盒。发药系统通过扫描盒上的识别码，由机械手将药品盒放到相应的药槽中。获取处方后，发药系统审核处方所需配方颗粒的袋数，若为 7 的倍数，发药系统则按照剂量从药槽中进行发药，由传送带传递给药师复核发药；若不是 7 的倍数，发药机则拒绝调配，将处方信息打印出来，转由人工对盒装的配方颗粒进行拆分调配。

散装配方颗粒与小袋装配方颗粒的调剂均存在优势与不足，但智能药房技术在不断发展，人工参与调剂的模式有逐渐被智能化调剂模式取代的趋势。

中药配方颗粒的使用仍存在一些问题[7]：

（1）缺乏统一的国家质量标准。迄今，已颁布多个批次的配方颗粒国家标准和省部标准，但是仍不够完善。只有规定了质量控制与标准制定的技术要求，中药配方颗粒生产工艺与质量标准才会统一，更有利于后续的调剂和智慧药房的服务。

（2）缺乏科学与标准的制备工艺。传统中药汤剂是将处方所有的中药合煎，而配方颗粒是将单味药的配方颗粒进行混合后冲服，饮片没有共同煎煮的过程，其中化学成分的组成及含量与传统汤剂有所不同，导致配方颗粒在安全性、有效性、生物等效性方面与传统汤剂存在差异，医生和患者对其药效存在疑惑。

（3）缺乏统一的规格，医师开具处方效率相对较低。中药饮片在制备为配方颗粒后，用药剂量是根据中药饮片的用量换算得来，不同企业在生产过程中，同等数量的配方颗粒使用的中药饮片数量却不尽相同，规格没有得到统一，给医师开具处方带来了困扰。

中药配方颗粒使用的目的是方便患者用药，在一定程度上成为中药饮片的替代品，因此，需要进一步改进中药配方颗粒的制备工艺，才能制备出高质量的配方颗粒，确保患者用药后的疗效。

第五节　个性化定制服务技术

实施中药个体化用药服务是传承中医药特色，践行"健康中国"战略的需要。随着经济的发展，人民生活水平的不断提高，传统用药模式无法满足患者的用药需求，越来越多的患者想要根据自身需要定制剂型和服务。医院顺应市场需求，推出个体化的服务模式以满足不同患者的用药需求。

一、中药临方制剂技术

中药临方制剂[11]的历史源远流长，是中医临床用药的特点与优势之一。临方制剂是指医生对个体患者进行诊断后，结合个体患者疾病的辨证治疗需要和组方原则开具处方，提出临时的调配要求，再由药师根据要求采用相关工艺为患者加工成不同剂型的制剂。临方制剂的实施是为患者提供个性化药学服务的重要举措。

中药临方制剂具有独特的优势。现有的中成药处方组成较为固定，无法随证加减，难以满足患者个性化的治疗需求，而临方制剂能满足中医辨证施治的要求，即医生根据患者病证情况及病情发展适时调配处方，反映了中医以人为本的诊疗模式。临方制剂可根据需要提供不同剂型，而不同剂型与不同给药途径对疾病的治疗效果及患者依从性均会有影响，临方制剂可根据处方制备成疗效最适宜的剂型，改善传统汤剂的不足，适用于中药汤剂依从性差的患者，从而提高患者用药的安全性和有效性。临方制剂的制备需要医生、药师与患者的充分沟通，在满足临床治疗需要的同时，也满足患者对用药的需求。临方制剂的应用极大提升了个性化药学服务水平。

与中成药、医院制剂相比，临方制剂有所不同，主要体现在以下几个方面。

1. **处方组方依证而变**　中医讲究辨证施治，不同患者、疾病发展不同阶段，遣方用药均有所不同。即便不同的患者症状相似，其处方组成也会有所不同，同一位患者随着病程的进展，其处方组成也会发生改变。

2. **生产量小而灵活**　临方制剂的生产量较小，只需要满足单个患者的需求，在生产制备中可在较短时间内完成制备；而规模化中成药的生产对原料的需求量大，生产制备过程完成需要花费较多工作时间。

3. **短时完成完整制备工艺**　药师在拿到处方后，需要临时完成饮片的粉碎、混合，或者提取、浓缩、干燥及制剂成型、包装等全部工艺过程。临方制剂是针对单个患者的，没有成品的库存，为了尽快治愈患者，防止病情进展，需要尽快完成临方制剂的制备。

4. **成熟的制备工艺**　中成药在研发的过程中要不断改进制备工艺，而临方制剂在药师拿到临方制剂处方后，没有时间和条件通过预实验考察制剂的工艺，所有的工艺过程要一次性完成，所采用的制备工艺均为常见的成熟工艺，可减少原料的浪费。

5. **存放时间短** 中成药在生产的过程中要考虑到销售的情况，为了增加药品的稳定性会加入适量的防腐剂，而临方制剂是患者定制的，需要患者及时服用，存放时间长则1~3个月，短则1~2周，因此临方制剂的有效期相对较短。

目前，为满足患者不同的用药需求，大多数中医院都设有中药临方制剂室，主要提供散剂、丸剂、膏剂、颗粒剂、胶囊剂及外用制剂加工等个性化服务，这些剂型工艺简单，大多为手工完成，对生产设备的要求较低。比如上海某创新中心中药健康产品研究团队在国内率先建立了机械化、智能化制造临方丸剂的技术体系，使得临方丸剂的制造不再依赖于手工生产。该体系建立了中药和辅料的数据库，依据不同中药的性质创建了丸剂生产过程中不同参数的数学模型，可以根据处方在生产的过程中实现智能决策，确立临方丸剂生产工艺的关键参数，控制辅料的用量，并实现临方丸剂的在线控制和智能制造。

二、中药产业大规模定制服务技术

大规模定制是一种全新的生产方式和服务模式[12]，基本思路是重新对产品结构和制造流程进行规划，结合互联网技术与柔性生产技术等先进技术，把产品的定制生产转化为大规模生产，利用大规模生产模式的低成本和高速度，满足每个客户的个性化定制需要。大规模定制模式结合了定制生产和大规模生产的优势。

中药企业采用大规模定制的模式，可以借助大规模生产的低成本及高生产速度，提供定制化产品，满足顾客个性化需求，促进中药生产的现代化。江西某药业已经开始了对大规模定制模式的探索，将不同种类中药经过现代化的生产工艺和程序，浓缩成不同模块的制品单元，再按照中医辨证施治的原则进行模块组合，制成所需中成药，而组合的过程可以在企业的销售点、医院或者交由患者来实现。

传统模式中，中药企业大规模生产的中成药处方组成是固定的，而中医讲究辨证施治，不同患者的处方应不尽相同。采用大规模定制模式的中药企业生产的中成药可根据处方对制品单元的种类和数量进行配给，通过药丸合成器等设备进行合成，甚至简单的中药小包装颗粒剂可由患者进行自我组合，开水冲服即可，最大限度地满足患者的个性化需求。

中药的大规模定制模式将会是中药产业未来的发展方向，其具有以下优势：首先，与传统的中药生产模式相比，大规模定制模式以消费者为中心，根据消费者的需求生产相应的产品。其次，中药设备的智能化为中药大规模定制提供了技术支撑。每一个消费者需要的中药产品都是由一个复方组成的，中药调剂设备的智能化缩短了企业为患者调剂药品的时间。再次，信息技术的不断升级为中药大规模定制提供了可能。信息技术可以将医院、企业、消费者联系在一起，医院可以及时将处方信息传递给企业，消费者可以随时与企业沟通自己的要求，企业可以根据医院与消费者提供的信息在最短的时间内生产出相应的产品。

定制服务适应性强，具有多种方式，可满足不同企业的经营需求。中药制药企业可根据本企业产品生产特征等，选择适合自己的一种或多种定制服务方式。

1. 合作型定制 企业直接与患者沟通交流，为患者介绍产品的特点、所含成分和功能主治，并尽快将定制生产的产品配送到患者手中。企业分区域建立营业点，按照医生为患者开具的处方进行配药，放入药丸合成器等设备中制备成所需中成药，设备中输入了处方的各种数据，可以尽快找出生产工艺。工作人员还可根据患者的需要对产品的口味进行调节，或者将患者的处方信息与产品要求发送到企业，由企业负责在规定的时间内完成生产。

2. 选择型定制 消费者可以根据自身需要与企业营销人员沟通自己对包装的要求，方便消费者服药。对于这种情况，企业可以先对消费者进行调研，根据消费者的不同情况设计出几种不同的药品包装，供消费者选择。此外，根据消费者居住地点的不同，为消费者提供上门服务，或者交给快递公司进行配送，尽可能满足消费者需求。

3. 消费型定制 这种模式适用于与企业沟通意愿较低的消费者。企业无法通过与消费者沟通直接获得消费者的需求，需要根据消费者的消费行为了解消费者的偏好和特点，设计出能让消费者满意的产品，并主动与消费者联系，为其提供更贴心的服务，提高消费者对企业的偏好，增加消费者选择企业的次数。

中药是可以实施大规模定制模式的产品，企业通过实施这一模式，将可能加速实现中药产业的现代化，在满足中医辨证论治的前提下，为患者提供个性化定制服务，改善中药原有的味苦、服用量大等弊端，提升患者的用药体验。中药大规模定制仍需要进一步发展，需要先进的制剂技术作为支撑，为患者提供质量更好的中药定制产品。

（朱毛毛　孙宜春　李如）

参考文献

[1] 钟燕珠,李辉诚,区炳雄,等.基于"互联网+中医药"背景下我院智慧药房管理模式的建立及实践[J].中国药房,2019,30(18):2460-2468.

[2] 魏宏赟,蒋世杰,马莹,等.O2O场景下的中药饮片代配代煎监管模式的实践[J].中国数字医学,2019,14(6):95-96,108.

[3] 贾建营,张红梅,陈晓晖,等.浅论中药膏方[J].光明中医,2019,34(24):3718-3720.

[4] 张锋,袁明洋,刘毓玲,等.膏方推广应用管理初探[J].亚太传统医药,2015,11(20):1-3.

[5] 李淳.中药膏方制备、贮存及服用方法探讨[J].亚太传统医药,2016,12(5):148-149.

[6] 尉迟白甫,向海燕.中医膏方常见问题及解决方案探讨[J].中国民间疗法,2020,28(1):91-92.

[7] 涂传智,李刚,张增珠,等.中药配方颗粒及其在中药智能化药房中的应用发展概况[J].世界科学技术-中医药现代化,2017,19(2):207-211.

[8] 时潇丽,杨德超,刘力.中药配方颗粒调剂智能化发展概况及应用分析[J].中国药师,2019,22(2):322-324.

[9] 路海英.一种袋装药自动化药房[P].中国专利:201520043368.6,2015.7.1.

[10] 刘力,赵燕燕,金培琪,等.中药配方颗粒一种新调剂模式的探索与实践[J].中国医院药学杂志,2018,38(20):2161-2164.

[11] 胡志强,鲜洁晨,楚世慈,等.中药临方制剂技术的发展现状及研究策略[J].中国中药杂志,2019,44(1):28-33.

[12] 孙小明.江西JM药业的大规模定制模式研究[D].南昌:南昌大学,2010.